Rechtssoziologie am Ende des 20. Jahrhunderts

Rechtssoziologie am Ende des 20. Jahrhunderts

Gedächtnissymposion für Edgar Michael Wenz

Herausgegeben
von

Horst Dreier

Mohr Siebeck

Die Deutsche Bibliothek – CIP-Einheitsaufnahme

Rechtssoziologie am Ende des 20. Jahrhunderts : Gedächtnissymposion für Edgar Michael Wenz / Hrsg. Horst Dreier. – Tübingen : Mohr Siebeck, 2000
ISBN 3-16-147352-3

Das Buch wurde von Computersatz Staiger in Pfäffingen aus der Garamond-Antiqua belichtet, von Gulde-Druck in Tübingen auf alterungsbeständiges Werkdruckpapier der Papierfabrik Niefern gedruckt und von der Großbuchbinderei Heinr. Koch in Tübingen gebunden.

Vorwort

Der vorliegende Band dokumentiert ein rechtssoziologisches Symposion, das Mitte Juni 1999 an der Universität Würzburg zum Gedenken an Edgar Michael Wenz stattfand, der am 13. September 1997 überraschend verstorben war. Edgar Michael Wenz war ein erfolgreicher mittelständischer Unternehmer aus dem unterfränkischen Arnstein, Honorarprofessor der Universität Würzburg und ein bedeutender Förderer der Wissenschaften, namentlich der juristischen Grundlagendisziplinen Rechtsphilosophie, Rechtstheorie und Rechtssoziologie. Die Tagung widmete sich mit der Rechtssoziologie demjenigen Fach, welchem stets das besondere Interesse des Verstorbenen gegolten und für das er seit 1980 an der Juristischen Fakultät der Universität Würzburg regelmäßig einen Lehrauftrag wahrgenommen hatte. Edgar Michael Wenz verstand sich als Mäzen und als Wissenschaftler zugleich.

Erfreulicherweise gelang es, zahlreiche renommierte Fachvertreter als Referenten zu gewinnen, deren Vorträge durchgängig in leicht überarbeiteter und gelegentlich ergänzter, zudem mit einem Fußnotenapparat versehener Fassung abgedruckt werden. Hinzugekommen ist dankenswerterweise eine Fallstudie zur Gesetzesforschung von Doris Lucke.

Dem Herausgeber verbleibt an dieser Stelle nur, noch einmal Dank zu sagen. Er geht zuvörderst an die Witwe des Geehrten, Frau Margaretha Wenz, die die Veranstaltung wohlwollend und fördernd begleitet hat; sodann an die Referenten für ihre Bereitschaft zur Teilnahme und die zügige Ablieferung der Manuskripte; des weiteren an den Universitätsbund Würzburg und die Edgar Michael Wenz-Stiftung für großzügige finanzielle Unterstützung des Symposions und des Tagungsbandes; schließlich nicht zuletzt an die Mitarbeiterinnen und Mitarbeiter meines Lehrstuhls, die mit großem Engagement und Einsatz die zeitaufwendige Vorbereitung der Tagung und ihre Durchführung in die Hände genommen wie auch bei der Publikation hilfreiche Dienste geleistet haben. Ein herzliches Dankeschön also an meine Sekretärin, Frau Gertrud Bauer; an meine wissenschaftlichen Assistenten, Herrn Dr. Axel Tschentscher, LL.M., und Herrn Fabian Wittreck; last but not least an die studentischen Hilfskräfte, Frau Andrea Laube und die Herren Lutz Aye, Jan Heisel, Thorsten Müller und Michael Wagner.

Würzburg, im Januar 2000 Horst Dreier

Inhaltsverzeichnis

Einleitung

Horst Dreier

I.

Einer kompakten Themenumschreibung gemäß sind es zwei große Bereiche, die den Gegenstand der Rechtssoziologie bilden[1]. Zum einen geht es um die Erkundung und Analyse derjenigen Vorgänge, die zur Entstehung von Recht führen und um die Frage, welche Faktoren dabei dominant sind („genetische" Rechtssoziologie). Zum anderen ist Gegenstand der Untersuchung, auf welche Weise das Recht seinerseits auf die Gesellschaft ein- und zurückwirkt, warum es befolgt, wie und von wem es angewandt und durchgesetzt wird und welche Faktoren sich hierbei für die Wirksamkeit des Rechts als wesentlich identifizieren lassen („funktionale" oder „operationale" Rechtssoziologie). Die Rechtssoziologie fragt also nicht – wie die Rechtsgeschichte – nach dem Inhalt des Rechts vergangener Zeiten und auch nicht – wie die Rechtsphilosophie – nach dem richtigen oder gerechten Recht[2]. Die Rechtssoziologie will vielmehr in prinzipiell wertungsabstinenter Weise die Entstehungs- und Wirkungsbedingungen des Rechts und damit im Kern die vielfältigen Wechselwirkungen und Rückkoppelungseffekte zwischen Recht und Gesellschaft erkunden. Damit reflektiert sie, daß das Recht zugleich Ausdruck und Instrument, Produkt wie Faktor (und zuweilen möglicherweise gar Motor) der gesellschaftlichen Entwicklung ist[3].

Natürlich ist die in solcher Weise umschriebene Fragestellung der Rechtssoziologie im Grunde so alt wie das Recht selbst, und so verwundert es nicht, daß sich einschlägige Passagen zu Faktoren der Rechtsentstehung bereits bei Montesquieu[4], ja auch bei Aristoteles und anderen Klassikern der Philosophie und

---

[1] *M. Rehbinder,* Rechtssoziologie, 4. Aufl. 2000, § 1 Rn. 2; s. auch *A. Heldrich,* Art. Rechtssoziologie, in: Staatslexikon der Görres-Gesellschaft, 7. Aufl., Bd. 4, 1988, Sp. 734 ff. (734): die Rechtssoziologie fragt „nach den gesellschaftlichen Entstehungsursachen der Rechtsentwicklung einerseits und nach den Einflüssen des Rechts auf das Sozialleben andererseits".

[2] Dazu näher *H. Ryffel,* Rechtssoziologie. Eine systematische Orientierung, 1974, S. 33 ff. sowie Beiträge von *T. Raiser, R. Dreier* und *D. Willoweit* am Ende dieses Bandes (S. 309 ff.).

[3] Siehe *H. Dreier,* Gesellschaft, Recht, Moral, in: Universitas 48 (1993), S. 247 ff.

[4] Er wird als Rechtssoziologe vergleichsweise eingehend behandelt bei *H. Rottleuthner,* Einführung in die Rechtssoziologie, 1987, S. 7 ff.; s. auch *J. Carbonnier,* Rechtssoziologie,

Geistesgeschichte finden[5]. Freilich sind die Erörterungen hier fest eingefügt in weitere politisch-philosophische Reflexionen und „noch nicht verselbständigte Themen einer ausschließlich empirischen Forschung im engeren Sinn"[6]. Auch die wesentlichen Beiträge zur Gesellschaftsanalyse von Auguste Comte, Karl Marx und Emile Durkheim[7] mündeten nicht sogleich in eine „Sondersoziologie"[8], die sich ausschließlich mit Entstehung und Wirkung des Rechts befaßt. Als eigenständige Disziplin etablierte sich die Rechtssoziologie vielmehr erst zu Beginn des 20. Jahrhunderts[9]. Als bis heute wichtige Leitschriften können insofern Eugen Ehrlichs „Grundlegung der Soziologie des Rechts" von 1913[10] und Max Webers einschlägige Analysen aus dem Zeitraum von 1911 bis 1913 gelten, die sich in verschiedenen Abschnitten von „Wirtschaft und Gesellschaft" wiederfinden[11]. Für den in den unmittelbaren Vorkriegsjahren vollzogenen Terraingewinn rechtssoziologischer Fragestellungen kennzeichnend ist ferner der Umstand, daß auf dem 31. Deutschen Juristentag im Jahr 1912 die

---

1974, S. 52 ff., und *P.L. Weinacht,* Montesquieu und die doppelte Rechtskultur im alten Frankreich, in: Der Staat 36 (1997), S. 118 ff.

[5] Zu ersten Anfängen vgl. die knappe Darstellung bei *G. Gurvitch,* Grundzüge der Soziologie des Rechts, 1960 (frz. Original 1940), S. 47 ff.; *Carbonnier,* Rechtssoziologie (Fn. 4), S. 48 ff.

[6] *Ryffel,* Rechtssoziologie (Fn. 2), S. 17; vgl. auch *K.F. Röhl,* Rechtssoziologie. Ein Lehrbuch, 1987, S. 5.

[7] Diese drei Autoren fehlen praktisch in keiner einschlägigen Darstellung als wichtige Vorläufer und Begründer der Rechtssoziologie; vgl. *Ryffel,* Rechtssoziologie (Fn. 2), S. 19 ff.; *Rottleuthner,* Einführung (Fn. 4), S. 14 ff., 19 ff.; *Röhl,* Lehrbuch (Fn. 6), S. 7 ff., 20 ff.; *T. Raiser,* Das lebende Recht, 3. Aufl. 1999, S. 24, 71 ff., 82 ff.

[8] Vgl. *Ryffel,* Rechtssoziologie (Fn. 2), S. 51 ff.; s. noch *Carbonnier,* Rechtssoziologie (Fn. 4), S. 15 f.

[9] Natürlich sind solche Datierungen immer prekär, erleichtern freilich auch die erste Orientierung. Zum Eindruck einer „Gründerzeit" (*Rottleuthner,* Einführung [Fn. 4], S. 21) trägt vor allem bei, daß sich am Ende des 19. und am Beginn des 20. Jahrhunderts die Anzahl einschlägiger rechtssoziologischer Publikationen verdichtete (*Röhl,* Lehrbuch [Fn. 6], S. 15 f.). Vgl. noch den folgenden Text.

[10] Dazu *M. Rehbinder,* Die Begründung der Rechtssoziologie durch Eugen Ehrlich, 2. Aufl. 1986. Zu Ehrlich auch eingehend *Röhl,* Lehrbuch (Fn. 6), S. 27 ff.; *Raiser,* Recht (Fn. 7), S. 94 ff.; *A. Heldrich,* Eugen Ehrlich (1862–1922). Begründer der Rechtssoziologie, in: H. Heinrichs u.a. (Hrsg.), Deutsche Juristen jüdischer Herkunft, 1993, S. 469 ff.

[11] Es handelt sich dabei um folgende Passagen: in erster Linie *M. Weber,* Wirtschaft und Gesellschaft, 5. Aufl. 1976, S. 387–513 (= Zweiter Halbband, Kapitel VII: „Rechtssoziologie"); daneben auch, jedenfalls partienweise, S. 122–176 (Erster Halbband, Erster Teil, Kapitel III: „Die Typen der Herrschaft"), S. 541–868 (Zweiter Halbband, Kapitel IX: „Soziologie der Herrschaft") und nicht zuletzt S. 17–19 (Erster Halbband, Erster Teil, Kapitel I, § 6: „Arten der legitimen Ordnung: Konvention und Recht"). – Zu berücksichtigen wäre wegen entsprechender „Wahlverwandtschaften" (vgl. *H. Treiber,* Wahlverwandtschaften zwischen Webers Rechts- und Religionssoziologie, in: S. Breuer/H. Treiber [Hrsg.], Zur Rechtssoziologie Max Webers, 1984, S. 6 ff.) zudem noch seine Religionssoziologie. – Eine geschlossene Darstellung von Webers Rechtssoziologie aus seiner Feder gibt es also nicht; das von Johannes Winckelmann herausgegebene Buch (*Max Weber,* Rechtssoziologie, 1960) täuscht daher auf den ersten Blick. – Zu Webers Rechtssoziologie vgl. in diesem Band den Beitrag von *W. Schluchter* (S. 8 ff., 21 ff.).

Frage behandelt wurde: „Was kann geschehen, um bei der Ausbildung (vor und nach Abschluß des Universitätsstudiums) das Verständnis des Juristen für psychologische, wirtschaftliche und soziologische Fragen in erhöhtem Maße zu fördern?"[12]

II.

Hat die Rechtssoziologie Grundlegung und charakteristisches Profil somit zu Beginn des 20. Jahrhunderts erhalten, so ist das Ende dieses Jahrhunderts wohl kein ungeeigneter Zeitpunkt, den Versuch einer Zwischenbilanz zu wagen und nach Erträgen, Aufgaben und Perspektiven dieser Disziplin zu fragen.

Allerdings kann man schon im Vorfeld eines solchen Unternehmens kritischen Einwänden nach dessen Sinnhaftigkeit nicht ausweichen. Unverblümt gesagt: Ist es nicht so, daß aus dieser Zwischenbilanz unausweichlich eine Endbilanz werden muß, weil man gar nicht sicher sein kann, ob das Fach das Ende des Jahrhunderts lange überleben wird? Hätte man angesichts der vielfach beklagten und beklagenswerten Situation der Rechtssoziologie den Titel der Veranstaltung nicht erheblich knapper fassen können oder vielleicht sollen: also nicht „Rechtssoziologie am Ende des 20. Jahrhunderts – Erträge, Aufgaben, Perspektiven" (so das ausführliche Tagungsthema), sondern einfach „Rechtssoziologie am Ende", möglicherweise mit einem dicken Ausrufungszeichen?

Eine Reihe von Indizien geben derartiger Skepsis Nahrung[13]. Erstes Indiz: Wenn die Anzahl der Habilitationen für ein bestimmtes Fachgebiet Ausweis seiner Lebendigkeit ist, dann ist es um die Rechtssoziologie besorgniserregend bestellt. Zweites Indiz: Das Lehrangebot der juristischen Fakultäten läßt durchgängig sehr zu wünschen übrig, da nur die wenigsten von ihnen über Lehrstühle verfügen, die allein der Rechtssoziologie gewidmet sind und das Fach bei den Kombinations-Lehrstühlen (sei es mit einem dogmatischen Fach, sei es mit einem anderen Grundlagenfach) häufig in den Hintergrund tritt. Drittes Indiz: in den Juristenausbildungsordnungen der einzelnen Länder erscheint die Rechtssoziologie entweder als Grundlagenfach in normativer Gleichordnung zu anderen Grundlagenfächern oder als Wahlfach, freilich wiederum

---

[12] Eugen Ehrlich erstellte dazu ein Gutachten. Vgl. *Rehbinder,* Begründung (Fn. 10), S. 20 f.; *Raiser,* Recht (Fn. 7), S. 95. Das Gutachten ist abgedruckt in: *E. Ehrlich,* Recht und Leben. Gesammelte Schriften zur Rechtstatsachenforschung und zur Freirechtslehre. Ausgewählt und eingeleitet von M. Rehbinder, 1967, S. 61 ff.

[13] Vgl. zum folgenden auch den durchweg in Moll gehaltenen Bericht in der Ausbildungszeitschrift „Juristische Schulung" von *S. Machura,* Rechtssoziologie in der Juristenausbildung, JuS 1997, S. 953 ff. – Ausführliche Darstellung der Entwicklung der Rechtssoziologie in der Bundesrepublik bei *G. Bender,* Rechtssoziologie in der alten Bundesrepublik. Prozesse, Kontexte, Zäsuren, in: D. Simon (Hrsg.), Rechtswissenschaft in der Bonner Republik. Studien zur Wissenschaftsgeschichte der Jurisprudenz, 1994, S. 100–144.

nicht eigenständig, sondern in Verbindung mit Rechtsphilosophie und Rechtstheorie. Im einen wie im anderen Fall tritt sie in der Praxis zurück und spielt im und für das Staatsexamen „praktisch keine Rolle“[14]. In der Lehre wie in der Prüfungspraxis kommt ihr also kaum mehr als eine Statistenrolle zu. Die zunehmende Marginalisierung der juristischen Grundlagenfächer, die heutzutage von einer Großen Koalition zwischen Unvernunft und Kurzsichtigkeit betrieben wird, trifft die Rechtssoziologie offenkundig besonders hart.

Mit anderen Worten: Während sich die Rechtssoziologie nach durchaus bescheidenen Anfängen in der Nachkriegszeit am Ende der sechziger Jahre einem zur Schlagwortberühmtheit gelangten Buchtitel zufolge „vor den Toren der Jurisprudenz“ wähnte[15] (was viele Juristen eher als Bedrohungsszenario denn als freundliche Einladung zur Kooperation verstanden haben dürften), scheint sie sich mittlerweile im Stadium der debellatio zu befinden. Und dies, obwohl es seit jenen stürmischen Tagen des Aufbruchs nicht nur viel Gefechtslärm[16] gegeben, sondern auch an ebenso ernsthaften wie konstruktiven Versuchen nicht gefehlt hat, Rechtswissenschaften und Nachbarwissenschaften generell etwas stärker aufeinander zu beziehen[17] und sozialwissenschaftliche Befunde im allgemeinen wie rechtssoziologische Erkenntnisse im besonderen in direkterer Weise für Rechtswissenschaft und Rechtsdogmatik fruchbar zu machen[18]. Nachhaltige Wirkung haben diese Versuche offenbar kaum erzielt. Heute hat es mehr denn je den Anschein, als sei die Rechtssoziologie – wie es jüngst Konrad Redeker in einem kleineren Beitrag eher beiläufig formuliert hat – „im Kanon der Rechtswissenschaften immer nur ein mehr oder weniger geduldetes, nicht aber anerkanntes Fach geblieben.“[19]

---

[14] *T. Raiser,* Aufgaben der Rechtssoziologie als Zweig der Rechtswissenschaft, in: Zeitschrift für Rechtssoziologie 15 (1994), S. 1 ff. (1).

[15] *R. Lautmann,* Soziologie vor den Toren der Jurisprudenz, 1971. Siehe auch *K.-D. Opp,* Soziologie im Recht, 1973.

[16] Zu den Frontstellungen der oft hochpolemisch geführten Debatten in den siebziger Jahren im Überblick *Bender,* Rechtssoziologie (Fn. 13), S. 119 ff., 124 ff.

[17] Vgl. besonders *D. Grimm (Hrsg.),* Rechtswissenschaft und Nachbarwissenschaften, 2 Bde., 1973 (2. Aufl. 1976). Speziell zum Strafrecht siehe die ausführliche Textsammlung von *K. Lüderssen/F. Sack (Hrsg.),* Vom Nutzen und Nachteil der Sozialwissenschaften für das Strafrecht, 2 Teilbände, 1980.

[18] Vgl. *H.-W. Schünemann,* Sozialwissenschaften und Jurisprudenz. Eine Einführung für Praktiker, 1976; *W. Hoffmann-Riem (Hrsg.),* Sozialwissenschaften im Studium des Rechts. Band II: Verfassungs- und Verwaltungsrecht, 1977 (weitere Bände in der Reihe waren dem Zivil- und Wirtschaftsrecht [1977], dem Strafrecht [1978] und der Rechtsgeschichte [1978] gewidmet); *W. Hoffmann-Riem (Hrsg.),* Sozialwissenschaften im Öffentlichen Recht. Fälle und Lösungen in Ausbildung und Prüfung, 1981.

[19] *K. Redeker,* Rechtsethologie – Wirkungsforschung im Recht, in: Neue Juristische Wochenschrift 1999, S. 1686 ff. (1687).

III.

Gibt es wirklich keinen Lichtblick in dieser Negativbilanz? Kann man über Rechtssoziologie am Ende des 20. Jahrhunderts wirklich nur in dem Tone sprechen, der bei Begräbnissen von Personen angeschlagen wird, die man eigentlich nie gemocht hat, aber über die man pietätvollerweise nichts Schlechtes sagen möchte?

Es sind zwei Gründe, die Anlaß geben könnten, sich der Frage nach Vergangenheit und Zukunft, nach Erträgen und Perspektiven der Rechtssoziologie in einer etwas offeneren, nicht schon vorweg entschiedenen Weise zuzuwenden. Der erste Grund ist eher atmosphärisch-wissenschaftssoziologischer Natur. Es scheint nicht die schlechteste Voraussetzung für eine nüchterne Analyse und Bestandsaufnahme, wenn es um das Objekt des Interesses etwas ruhiger geworden ist. Heute kann man sich der Rolle und Bedeutung der Rechtssoziologie anders als in den siebziger Jahren annehmen, ohne bei den einen illusorische und absolut übersteigerte Erwartungen an Leistungsfähigkeit und Reichweite der Rechtssoziologie anzutreffen – aber auch, ohne bei anderen mit einer ausgeprägten Phobie gegenüber allen die Enge der Rechtsdogmatik überwindenden Fragestellungen rechnen zu müssen. Wir können die Disziplin heute also *sine ira et studio* betrachten.

Wichtiger erscheint ein zweiter, materieller Punkt, der Fragestellungen und Erkenntnisinteressen betrifft. Denn möglicherweise täuscht der Eindruck eines rasanten Bedeutungsschwundes der Rechtssoziologie – oder eben besser: ihrer Fragestellung, ihrer gegenständlichen Orientierung, ihres Problemzugriffes. Hand aufs Herz: traktieren wir nicht in den verschiedenen juristischen Teildisziplinen und darüber hinaus auf breiter Front rechtssoziologische Themen, ohne sie als solche auszuweisen, also ohne von Rechtssoziologie zu sprechen? Hat sich möglicherweise gegenüber den siebziger Jahren die „Ausflaggung" geändert, nicht aber die Sache selbst? Sind uns womöglich originär rechtssoziologische Problemstellungen schon so sehr zur Gewohnheit geworden, daß wir uns ihrer Natur gar nicht mehr recht bewußt werden?

Dieser spekulative Gedanke sei zum Abschluß dieser Einleitung an einigen eher zufällig ausgewählten Beispielen kurz erläutert. Die im Öffentlichen Recht seit Jahren mit großer Intensität anhaltende Debatte um Notwendigkeit und Grenzen einer (materiellen, funktionalen oder formellen) Privatisierung des Staatshandelns, die mittlerweile zu höchst kunstvollen Ausdifferenzierungen und zu Konzepten einer Verantwortungsteilung geführt hat[20] – stellt sie nicht

[20] Vgl. *F. Schoch*, Privatisierung von Verwaltungsaufgaben, in: Deutsches Verwaltungsblatt 1994, S. 962 ff.; *G.F. Schuppert*, Die öffentliche Verwaltung im Kooperationsspektrum staatlicher und privater Aufgabenerfüllung – Zum Denken in Verantwortungsstufen, in: Die Verwaltung 31 (1998), S. 415 ff.; *E. Schmidt-Aßmann*, Das allgemeine Verwaltungsrecht als Ordnungsidee, 1998, S. 154 ff., 208 ff., 297. – Zum Verantwortungstopos auch *H. Dreier*, Verant-

einen Paradefall für die Soziologie der öffentlichen Verwaltung oder gar eine noch zu verfassende Staatssoziologie dar? Beruht nicht, um ein zweites Beispiel zu nennen, jede kriminalpolitische Diskussion auf rechtssoziologisch mehr oder minder gut fundierten Aussagen bzw. Annahmen über die Wirkung des Rechts, speziell seiner Steuerungsfunktion, wie sich besonders deutlich an der Debatte um die Drogenlegalisierung als einem möglicherweise probaten Mittel gegen die Beschaffungskriminalität[21] zeigt? Und gewinnen nicht die Reformabsichten im Bereich der sog. Ökosteuer[22] ebenso wie die liberal-konservativen Gegenvorschläge schärferes Profil erst vor dem Hintergrund tieferliegender Annahmen über Steuerungsweise und Motivationskraft des Rechts? Ein vorletztes Exempel: muß man nicht moderne Erscheinungsformen staatlichen Handelns wie das informale Verhaltungshandeln[23] oder das „plea bargaining" in Strafprozessen[24] zu jenen Phänomenen zählen, die sich eigentlich nur mit rechtssoziologischem Rüstzeug adäquat deuten und erfassen lassen? Und schließlich: verweist die Folgenberücksichtigung[25] als Faktor oder Abwägungsgesichtspunkt bei der konkreten Rechtsentscheidung, sofern man sie überhaupt für praktizierbar oder zulässig hält[26], nicht zwingend auf sozialwis-

---

wortung im demokratischen Verfassungsstaat, in: U. Neumann/L. Schulz (Hrsg.), Verantwortung in Recht und Moral, 2000, S. 9 ff.

[21] Für eine zumindest partielle Legalisierung *M. Adams*, Heroin an Süchtige – Kollektiver Wahnsinn oder das gesuchte Konzept zur Zerstörung des Drogenmarktes, in: Zeitschrift für Rechtspolitik (ZRP) 1994, S. 106 ff.; *ders.*, Heroin an Süchtige? – Ein abschließender Schlagabtausch, in: ZRP 1994, S. 421 ff.; *ders.*, Heroin an Süchtige, in: ZRP 1997, S. 52 ff. – Strikte Gegenposition: *H. Eylmann/R. Kusch*, Heroin an Süchtige – Wolkenkuckucksheim oder professorale Genialität?, in: ZRP 1994, S. 209 ff.; *dies.*, Heroin an Süchtige? – Ein abschließender Schlagabtausch, in: ZRP 1994, S. 426 ff.

[22] Vgl. *E. Rusch*, Ökosteuern. Ihre Umsetzungsmöglichkeiten aus rechtlicher Sicht und Folgen für die Wirtschaft, in: Zeitschrift für Rechtspolitik 1999, S. 180 ff. – Ähnlich umstritten sind die arbeitsmarkpolitischen Effekte der Reformen des Kündigungsschutzgesetzes (vgl. *B. Rüthers*, Arbeitsrecht und ideologische Kontinuitäten? Am Beispiel des Kündigungsschutzrechts, in: Neue Juristische Wochenschrift [NJW] 1998, S. 1433 ff.; *W. Däubler*, Das Gesetz zu Korrekturen in der Sozialversicherung und zur Sicherung der Arbeitnehmerrechte, in: NJW 1999, S. 601 ff.).

[23] *H. Bauer*, Informelles Verwaltungshandeln im öffentlichen Wirtschaftsrecht, in: Verwaltungsarchiv 78 (1987), S. 241 ff.; *H. Dreier*, Informales Verwaltungshandeln, in: Staatswissenschaften und Staatspraxis 4 (1993), S. 647 ff.; *H. Schulze-Fielitz*, Kooperatives Recht im Spannungsfeld von Rechtsstaatsprinzip und Verfahrensökonomie, in: Deutsches Verwaltungsblatt 1994, S. 657 ff.

[24] Früh dazu *K.F. Schumann*, Der Handel mit Gerechtigkeit, 1977; aus der jüngeren Diskussion siehe *B. Schünemann*, Absprachen im Strafverfahren?, Gutachten B für den 58. Deutschen Juristentag, 1990; *C. Roxin*, Strafprozeßrecht, 25. Aufl. 1998, § 15 A II; *S. Sinner*, Der Vertragsgedanke im Strafprozeßrecht, 1999.

[25] Vgl. etwa *T.W. Wälde*, Juristische Folgenorientierung, 1979; *G. Lübbe-Wolff*, Rechtsfolgen und Realfolgen, 1981; *M. R. Deckert*, Folgenorientierung in der Rechtsanwendung, 1995.

[26] Kritisch *N. Luhmann*, Rechtssystem und Rechtsdogmatik, 1974, S. 31 ff.; Gegenkritik bei *H.-J. Koch/H. Rüßmann*, Juristische Begründungslehre, 1982, S. 233 ff., die die Folgenberücksichtigung von Entscheidungen als Aspekt der objektiv-teleologischen Auslegung behan-

senschaftliche Kenntnisse oder gar Methoden, um die konkreten Folgen einer Entscheidung überhaupt annähernd sicher beurteilen zu können?

Diese kurzen Hinweise auf die Möglichkeit, daß sich „die" Rechtssoziologie – verstanden als Komplex bestimmter sachlicher Fragestellungen, nicht als institutionalisiertes Fach – eventuell als quicklebendig erweist, aber unter anderer terminologischer Flagge segelt, mögen einstweilen genügen. Sie dienten ohnehin lediglich dazu, die der Tagung zugrundeliegende Themenstellung, sofern dort von künftigen Aufgaben und weiteren Perspektiven die Rede ist, einem von vornherein bestehenden Sinnlosigkeitsverdacht zu entziehen. Ob die in diesem Band versammelten Beiträge dazu geeignet sind, einen derartigen Verdacht weiter zu zerstreuen, können nicht Herausgeber und Autoren, sondern nur die Leser entscheiden.

---

deln wollen (S. 227 ff.). Das hier interessierende sachliche Problem der Informiertheit des Rechtsanwenders über soziale Prozesse und gesellschaftliche Zusammenhänge bleibt davon freilich unberührt. – Für den Gesetzgeber stellt sich das Folgenabschätzungsproblem natürlich in gleicher, gewissermaßen generalisierter Weise: s. jüngst *L. Brocker*, Gesetzesfolgenabschätzung und ihre Methodik, in: H. Hof/G. Lübbe-Wolff (Hrsg.), Wirkungsforschung im Recht I: Wirkungen und Erfolgsbedingungen von Gesetzen, 1999, S. 35 ff.; *G. Konzendorf*, Innovation im Rechtsetzungsprozeß durch Gesetzesfolgenabschätzung, in: Zeitschrift für Rechtssoziologie 20 (1999), S. 105 ff.

Rechtssoziologie als empirische Geltungstheorie

Wolfgang Schluchter

Einleitung: Rechtssoziologie zwischen allgemeiner und spezieller Soziologie

Ich beginne meine Ausführungen mit zwei Vorbemerkungen. Die eine betrifft den Titel des Symposiums, die andere den Titel meines Beitrags dazu. Der Titel des Symposiums signalisiert, daß es um Zustand und Entwicklungschancen der Rechtssoziologie am Ende des 20. Jahrhunderts gehen soll, also in erster Linie um ihre Zukunft, nicht um ihre Vergangenheit. Dennoch halte ich es für nützlich, den Blick voraus um den Blick zurück zu ergänzen. Denn nur so läßt sich der Fortschritt ermessen, der gemacht worden ist. Historiker sprechen von langen und kurzen Jahrhunderten. Vielleicht war dieses Jahrhundert für die Rechtssoziologie nur kurz und ihr Fortschritt nicht sonderlich groß? Der Titel, den ich für meinen Beitrag gewählt habe, birgt die Gefahr des naturalistischen Fehlschlusses in sich. Dessen bin ich mir bewußt. Doch es geht mir nicht um die Unterscheidung von Faktizität und Geltung, sondern um die Unterscheidung von *Geltungsarten*, die sich wechselseitig voraussetzen und aufeinander bezogen werden müssen. Rechtssoziologie ist aus meiner Sicht nicht bloße Wirksamkeitsforschung, sondern Wirksamkeitsforschung *in Gestalt* von Geltungsforschung. Das kann man an den ‚Klassikern' des ‚Faches' studieren, die deshalb im Mittelpunkt meiner weiteren Überlegungen stehen.

Das Angebot an ‚Klassikern' ist freilich groß, zu groß für meine eingeschränkten Zwecke. Emile Durkheim, Max Weber, Eugen Ehrlich, Theodor Geiger sind nur einige der Namen, an die man hier denken kann. Ich beschränke mich auf Emile Durkheim und Max Weber. Der Grund ist einfach: Für beide ist Rechtssoziologie in erster Linie Teil einer *allgemeinen* Sozialtheorie. Wir können zwei Auffassungen unterscheiden, das Recht soziologisch zu betrachten: Entweder sieht man im Recht *eine*, vielleicht sogar *die* Konstitutionsbedingung des sozialen Lebens, oder man sieht im Recht einen besonderen institutionellen Bereich. Im ersten Fall ist Rechtssoziologie Teil einer allgemeinen Sozialtheorie, im zweiten Fall Bereichssoziologie, die die allgemeine Sozialtheorie mit Blick auf einen besonderen Kontext spezifiziert und anwendet. Während bei den ‚Klassikern' die erste Auffassung überwog, schob sich im Laufe des

Jahrhunderts die zweite Auffassung in den Vordergrund. Dies ließ Rechtssoziologie zur „Bindestrichsoziologie“, zur speziellen Soziologie, werden. Gegenwärtig scheint die erste Auffassung wieder an Boden zu gewinnen. Beide Auffassungen stehen sich natürlich nicht diametral entgegen. Doch es ist ein Unterschied, welche von beiden man betont.

Gerade auch deshalb halte ich die Rückbesinnung auf den Ausgangspunkt der Rechtssoziologie bei Emile Durkheim und Max Weber für nützlich. Ich leite diesen Vergleich mit zwei Thesen ein: 1. Für beide ist Recht in erster Linie eine Konstitutionsbedingung des sozialen Lebens, die im Rahmen einer allgemeinen Sozialtheorie zu entwickeln ist, und erst in zweiter Linie ein institutioneller Bereich, auf den diese angewandt werden muß. 2. Die jeweilige Sozialtheorie führt zu einem sehr unterschiedlichen Verständnis von Recht.

Ich beginne meinen Vergleich mit einer Darstellung der Position von Emile Durkheim, und zwar in vier Schritten : 1. Eine positive Wissenschaft von den Verhaltensregeln; 2. Grundzüge einer Physik der Sitten und des Rechts; 3. Die zwei Gesetze der Strafrechtsentwicklung; 4. Menschenrechte als Strafrecht.

I. Emile Durkheim

1. Eine positive Wissenschaft von den Verhaltensregeln

Emile Durkheim entwickelte sein soziologisches Programm sehr früh, und zwar hauptsächlich aus der eigenwilligen Verbindung von zwei Denkrichtungen: der französischen, in der Soziologie als eine positive Wissenschaft, als eine Sozialphysik, aufgefaßt wurde, und der deutschen, in der, unter dem Einfluß der historischen Schulen, eine positive Moralwissenschaft entstanden war. Für die französische Richtung stand in erster Linie Auguste Comte, der mit Hilfe seines Drei-Stadien-Gesetzes der Geistesentwicklung der Menschheit und seines Hierarchiegesetzes der Wissenschaften die Soziologie als eine positive Wissenschaft vom sozialen Leben zur Leitwissenschaft der Moderne erheben wollte.[1] Für die deutsche Richtung stand in erster Linie Wilhelm Wundt, der mit seiner Völkerpsychologie ein Beispiel dafür gab, wie diese Leitwissenschaft zu einer Wissenschaft nicht bloß der Menschheit und ihrer Moral, wie bei Comte, sondern der Völker und ihrer Moralen auszugestalten sei.[2] Man kann auch sagen: Nach Durkheim sollten sich französischer Cartesianismus und deutscher

[1] Vgl. dazu *A. Comte*, Rede über den Geist des Positivismus, 1956, S. 5 ff., 205 ff.

[2] Emile Durkheim, nach dem Studium an der Ecole Normale Superieur zunächst Gymnasiallehrer für Philosophie in Saint-Quentin, unternahm 1885 eine Studienreise nach Deutschland, die ihn vor allem nach Berlin und Leipzig führte. Daraus entstanden zwei längere Texte, die zu den konstitutiven Elementen seiner Soziologie gehören: „Die Philosophie an den deutschen Universitäten“ und „Die positive Moralwissenschaft in Deutschland“, beide in Überset-

Kantianismus zu der neuen Wissenschaft Soziologie als einer Art Sozialpyschologie verbinden, beide entscheidend modifiziert durch das empirisch-induktive Verfahren. An die Stelle einer *deduktiven Metaphysik* der Sitten und des Rechts sollte eine *induktive Physik* der Sitten und des Rechts treten. Sitten und Recht – das waren allerdings für Durkheim von Beginn an keine physischen, sondern mentale, keine individuellen, sondern soziale Tatsachen, solche, die der *Assoziation* der Individuen entspringen, mit sui generis-Charakter und großer historischer Variabilität.

2. *Grundzüge einer Physik der Sitten und des Rechts*

Im Mittelpunkt dieser *Physik der Sitten und des Rechts* steht deshalb die Analyse von sanktionsbewehrten Verhaltensregeln in vergleichender Perspektive. Die Vergleiche sind interkulturell und intertemporal angelegt. Schon in Emile Durkheims Eröffnungsvorlesung zu seinem *Cours de Science Sociale*, im Wintersemester 1887/1888 an der Universität Bordeaux gehalten und gewissermaßen der Ausgangs- *und* bleibende Bezugspunkt seiner Lehre[3], finden sich die entscheidenden Bestimmungen von Gegenstand und Methode dieser neuen Wissenschaft. Durch die Ökonomen in die Welt gesetzt, so Durkheim, dann durch Comte konstituiert, durch Spencer konsolidiert, durch Schäffle determiniert und durch die deutschen Ökonomen und Juristen (der historischen Schule, W. S.) spezialisiert, seien Gegenstand und Methode der neuen Wissenschaft wie folgt zu bestimmen:

1. Jede Gesellschaft besitzt eine gewisse Anzahl von *gemeinsamen Ideen und Gefühlen*, die von Generation zu Generation weitergegeben werden. Diese Phänomene sind psychischer, mentaler Natur, aber sie lassen sich nicht von einer Individualpsychologie, sondern nur von einer Sozialpsychologie, einer Völkerpsychologie à la Wundt, erkennen.
2. Einige dieser *gemeinsamen Ideen und Gefühle* beziehen sich auf die Praxis des sozialen Lebens und sind obligatorisch. Es handelt sich um *Maximen*, die sich an das Individuum richten und von ihm Nachachtung, Befolgung, verlangen.
3. Einige dieser *Maximen* sind der Gesellschaft so wichtig, daß sie *Organe* einrichtet, um diese Nachachtung, diese Befolgung, sicherzustellen. Sobald dies

---

zung abgedruckt in: *E. Durkheim*, Über Deutschland. Texte aus den Jahren 1887 bis 1915, hrsg. von Franz Schultheis und Andreas Gipper, 1995, S. 27 ff. und S. 85 ff.

[3] *Durkheim* hielt seit 1890 den Kurs „Leçons de sociologie. Physique des moeurs et du droit" regelmäßig an der Faculté des lettres der Universität Bordeaux, und zwar bis 1900, dann, von 1904 bis 1912, wieder an der Sorbonne. Das aus dem Nachlaß edierte Manuskript dieser Vorlesung ist in Übersetzung erschienen unter dem Titel: Physik der Sitten und des Rechts. Vorlesungen zur Soziologie der Moral, 1991.

der Fall ist, werden aus moralischen Be- und Verurteilungen „juridische Formeln“[4]. Nun kann neben eine Moral- eine Rechtssoziologie treten.

4. Auch die ökonomischen Phänomene, die in erster Linie um Eigennutz, nicht um Verpflichtung zentriert sind, müssen in diesen Zusammenhang gestellt werden. Die Wirtschaftswissenschaft ist, wie die Moral- und Rechtswissenschaft, eine *Sozialwissenschaft*.

Im Mittelpunkt dieser Physik der Sitten und des Rechts steht also die soziologische Analyse von Regeln, insbesondere von *Rechtsregeln* in vergleichender Perspektive. Soziologie ist in erster Linie vergleichende Rechtssoziologie.

Tatsächlich sind Durkheims erste inhaltliche Studien, insbesondere seine berühmte Untersuchung über die soziale, nicht: ökonomische Arbeitsteilung, im Kern rechtssoziologische Analysen. Wenn es später bei ihm heißt, am Anfang der sozialen Entwicklung sei alles Religion gewesen, bei ihm also eine Wende hin zur Religionssoziologie stattfindet, so heißt es im Fruhwerk: am Anfang war alles Recht, genauer: Strafrecht, wenn auch noch nicht formalisiert, kodifiziert und organisiert.[5] Soziologie *als* Rechtssoziologie geht dabei von der Annahme aus, die Rechtsentwicklung begleite die soziale Entwicklung (Entsprechungsthese), ferner davon, das Recht sei Symbol (Repräsentationsthese) und deshalb geeignet, als ein Indikator für soziale Zustände zu dienen (Erkenntnisthese). Sie nimmt darüber hinaus an, die Sitten seien gegenüber dem Recht zweitrangig (Hierarchiethese), und sie beschäftigt sich, anders als die Wirtschaftswissenschaft, nicht mit eigennützigem, sondern mit pflichtmäßigem Handeln, vor allem deshalb, weil das kollektive Leben der Ausdruck von Verpflichtungen ist. Wer aber Verpflichtung sage, so Durkheim, der müsse zugleich Zwang sagen[6] (Zwangsthese). Die entscheidende Folgerung, die sich mit diesem Ansatz verbindet, lautet deshalb: Es gilt nicht: Eine Handlung verletzt das gemeinsame Bewußtsein, weil sie kriminell ist, sondern: sie ist kriminell, weil sie das gemeinsame Bewußtsein verletzt. Den Kern des gemeinsamen Bewußt-

---

[4] *E. Durkheim*, Frühe Schriften zur Begründung der Sozialwissenschaft, hrsg., eingel. und übersetzt von Lore Heisterberg, 1981, S. 46.

[5] Durkheim schrieb im Jahre 1907 im Rückblick: „Ich habe Wundt im Jahre 1887 gelesen und erst 1895 ein deutliches Gefühl für die hervorragende Rolle gehabt, welche Religion im sozialen Leben spielt. In jenem Jahr fand ich zum ersten Mal einen Weg, das Studium der Religion soziologisch anzugehen. Dies ist eine Offenbarung für mich gewesen. Die Vorlesung von 1895 bezeichnet so sehr eine Wende in der Entwicklung meines Denkens, daß alle meine vorangehenden Untersuchungen mühevoll überarbeitet werden mußten, um mit den neuen Einsichten in Einklang gebracht zu werden. Wundts *Ethik*, die ich acht Jahre vorher gelesen hatte, hat auf diesen Orientierungswandel keinerlei Einfluß gehabt. Er beruht vollständig auf den von mir unternommenen religionsgeschichtlichen Studien und vor allem auf der Lektüre der Arbeiten von Robertson Smith und seiner Schule.“ Vgl. *E. Durkheim,* Über Deutschland (Fn. 2), S. 241.

[6] *E. Durkheim*, Über soziale Arbeitsteilung. Studie über die Organisation höherer Gesellschaften, 2. Aufl., 1988, S. 97.

seins aber bilden jene in Maximen geronnenen Ideen und Gefühle, die von Generation zu Generation weitergegeben werden und als ‚heilig' gelten. Soziologie ist also in erster Linie nicht nur Rechtssoziologie, sondern genauer: *Strafrechtssoziologie*.

Durkheims Soziologie hebt also an mit einer analytischen Zergliederung des Regelbegriffs und einer daraus abgeleiteten Klassifikation von Regeln.[7] Wichtig für ihn ist zunächst, ob eine Verhaltensregel sanktionsbewehrt ist oder nicht. Ist sie sanktionsbewehrt, so kommt es darauf an, welcher Art die Sanktion ist, die sich mit ihr verbindet: ob appellativ, etwa durch einen Appell an das Gewissen, oder schädigend, und zwar im weiteren Sinn. Ist sie schädigend, so kann sie dazu dienen, daß Vergeltung geübt oder ein status quo ante wiederhergestellt wird. Dies ist die Bedeutung von Durkheims bekannter Unterscheidung zwischen repressivem und restitutivem Recht. Sie ist analytisch gemeint und relativ

Durkheims Typologie der Verhaltensregeln

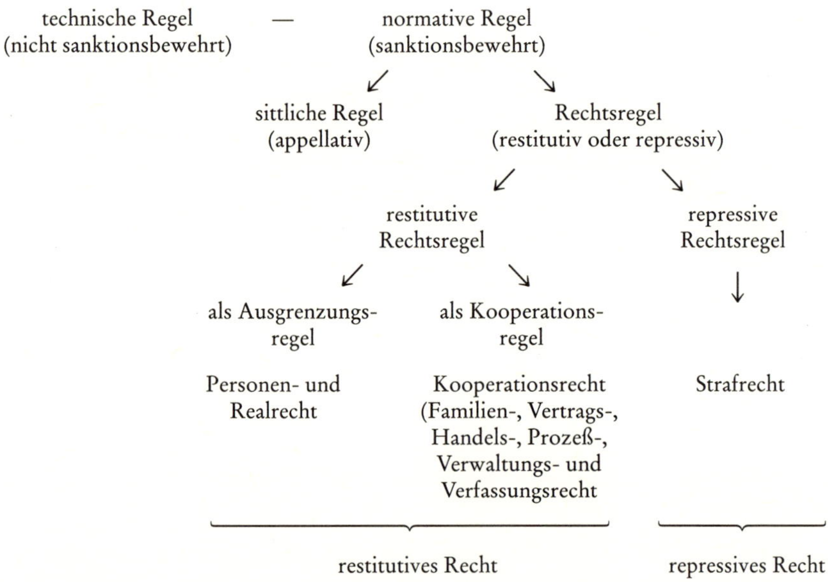

[7] Die klarste Formulierung in dieser Hinsicht findet sich freilich in einem späten Text, in dem Aufsatz „Die Bestimmung der moralischen Tatsache" von 1906, wo Durkheim den Unterschied zwischen technischen und moralischen Regeln, allgemeiner: zwischen Regeln der Klugheit und Glückseligkeit und solchen der Verpflichtung, an Hand eines Gedankenexperiments erklärt. Es geht ihm dabei um die Verknüpfung von Handlung und Handlungsfolge. Ist diese Verknüpfung gleichsam ‚natürlich' oder ‚künstlich', analytisch oder synthetisch, wie Durkheim sagt? Handelt es sich also um eine „Ist"-Verknüpfung oder um eine „Soll"-Verknüpfung? Wo letzteres der Fall ist, erfolgt die reale Verknüpfung mittels Sanktionierung! Vgl. *E. Durkheim*, Soziologie und Philosophie, 1967, S. 84 ff., bes. S. 93 f.

unabhängig von konkreten Rechtsmaterien, wenngleich zwischen diesen und dieser Unterscheidung eine Wahlverwandtschaft besteht (Strafrecht versus übriges Recht).[8]

Doch spielt das Recht im sozialen Leben nicht allein diese negative Rolle, entweder zu vergelten oder wiederherzustellen sowie die Gesellschaft vor abweichendem Verhalten zu schützen. Es hat auch eine positive Rolle, indem es Solidarität erzeugt. Die Rechtsregeln repräsentieren ja letztlich nur jene Ideen und Gefühle, die von den Mitgliedern einer Gesellschaft als erstrebenswert anerkannt werden, die sie als verbindlich erachten, *weil* sie für sie vorbildlich sind. Wie das Recht in seiner negativen Rolle, so kann es auch in seiner positiven Rolle vor allem zwei Zielen dienen: Es stiftet entweder Ähnlichkeit zwischen den Mitgliedern einer Gesellschaft oder (komplementäre) Unähnlichkeit. Im ersten Falle ist die (positive) Solidarität mechanisch, im zweiten organisch. Das

Durkheims Typologie der Solidaritäten

negative Solidarität (aufgrund fehlender sozialer Beziehungen) — *positive* Solidarität (aufgrund sozialer Beziehungen)

↙ ↘

mechanische Solidarität (aufgrund von Ähnlichkeit) | *organische* Solidarität (aufgrund von komplementärer Unähnlichkeit)

↙ ↘

retributive oder Vertrags-Solidarität (aufgrund von Tauschgerechtigkeit) | *distributive* Solidarität (aufgrund von Verteilungsgerechtigkeit)

↙ ↘

Inter-*Gruppen*-solidarität (aufgrund gleichgerichteter Interessen) | *mitmenschliche* Solidarität (aufgrund von Mitleid)

---

[8] Durkheims Klassifikation folgt also nicht der üblichen Unterscheidung zwischen Privatrecht und Öffentlichem Recht. Entscheidendes Abgrenzungskriterium für die Rechtsmaterien ist für ihn vielmehr die Art der Sanktion. Auch diese Abgrenzung läßt sich allerdings nicht immer durchhalten. So kennt z.B. das amerikanische Recht den sogenannten Strafschadensersatz (punitive damage), also eine Verbindung von repressiver und restitutiver Sanktion.

repressive Recht ist Ausdruck für erstere, das restitutive Recht aber für letztere. Die Typologie der Verhaltensregeln wird in Durkheims Werk durch eine Typologie der Solidaritäten komplettiert.

3. Die zwei Gesetze der Strafrechtsentwicklung

Umfang, Intensität und Festigkeit des gemeinsamen Bewußtseins einer Gesellschaft hängen für Durkheim also aufs engste mit dem Rechtsbewußtsein zusammen, das im Kern Strafrechtsbewußtsein ist. Um diesen Kern bilden sich konzentrische Kreise, wobei der Abstand vom Kern etwas darüber aussagt, wie intensiv und fest die geteilten Ideen und Gefühle noch sind. Natürlich ist nicht nur pflichtmäßiges, sondern auch eigennütziges Handeln geregelt, kann also Solidarität stiften. Dies war Durkheims große Entdeckung, als er sich mit der Arbeitsteilung beschäftigte, der er dadurch eine ‚moralische' Dimension abgewann. Denn er erkannte: Auch Arbeitsteilung kann unter bestimmten Bedingungen Solidarität erzeugen, freilich eine Solidarität besonderer Art. Er nannte sie, wie bereits gesagt, organisch in Abgrenzung von mechanisch. Aber aus seiner Theorieanlage wird klar, daß für ihn organische Solidarität nicht aus eigennützigem Handeln heraus verständlich zu machen ist. Wie rational kalkuliert dieses auch immer sei – und dazu kann auch die Einsicht gehören, daß es unter bestimmten Bedingungen vorteilhafter ist, mit anderen freiwillig zu kooperieren, will man seinen Nutzen mehren –, die durch das Motiv des Eigennutzes gestützte Kooperation wird nach Durkheim niemals zu einer stabilen sozialen Ordnung führen. Dazu bedarf es des pflichtmäßigen Handelns, das zum eigennützigen hinzutreten muß. Jenes aber verweist auf sanktionsbewehrte Verhaltensregeln. Organische Solidarität ist deshalb mehr als bloße Vertragssolidarität. Auch sie basiert letztlich auf *repressiven* Sanktionen. Werden diese schwächer, so leiden Intensität und Festigkeit des gemeinsamen Bewußtseins. Jede Gesellschaft, auch die moderne, bleibt deshalb letztlich um das Strafrecht zentriert.

Durkheim ging zunächst davon aus, die Rechtsentwicklung sei dadurch gekennzeichnet, daß *an die Stelle* des repressiven Rechts das restitutive Recht trete. Je arbeitsteiliger eine Gesellschaft werde, desto weniger lasse sie sich mit Hilfe des repressiven Rechts steuern, desto mehr sei sie angewiesen auf restitutives Recht. Obschon am Anfang tatsächlich alles Strafrecht gewesen sei, könne dies in einer arbeitsteiligen Gesellschaft so nicht bleiben, weil die Glieder einander immer unähnlicher würden. Deshalb schrumpfe der relative Umfang des Strafrechts mit der sozialen Entwicklung, während dagegen insbesondere das Kooperationsrecht wachse. In einer Gesellschaft, in der die Ähnlichkeit zwischen ihren Gliedern abnehme, verliere das Strafrecht aber nicht nur an Umfang, sondern auch an Intensität und Festigkeit.[9]

---

[9] Durkheims Analyse ist allein schon deshalb unbefriedigend, weil nicht klar ist, was hier

Umfang, Intensität und Festigkeit des gemeinsamen Bewußtseins nach Durkheim

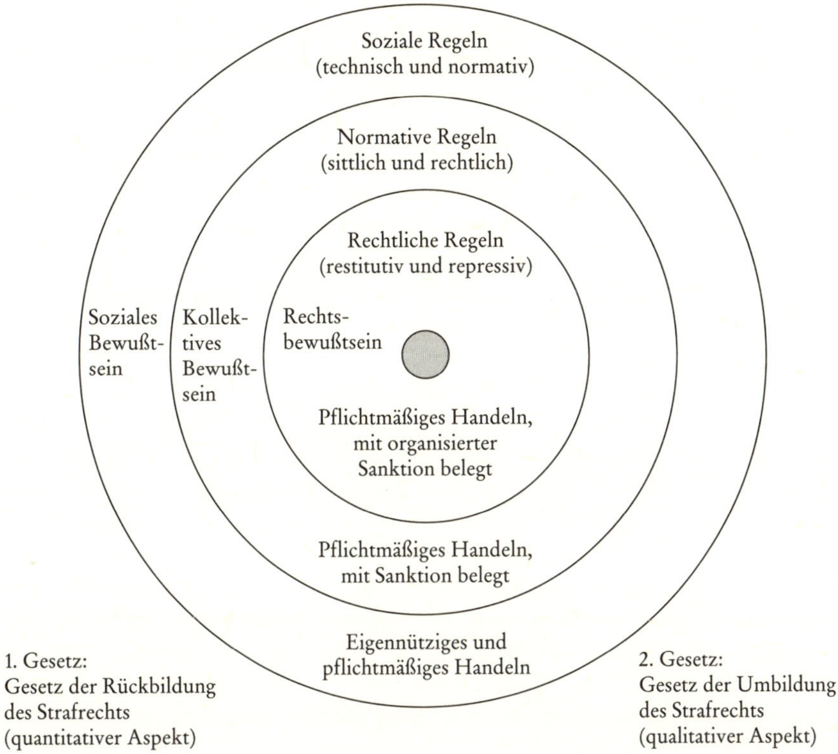

Durkheim modifizierte freilich diese allzu einfache These, die noch seine Studie über die soziale Arbeitsteilung bestimmte, in seinen späteren Schriften dadurch, daß er die Idee von der *Substitution* des repressiven durch das restitutive Recht um die Idee vom *Umbau* des repressiven Rechts ergänzte. Das Strafrecht mache nämlich, so seine Einsicht, nicht nur im Verhältnis zum restitutiven Recht, sondern auch *an sich selbst* eine Entwicklung durch. (Dasselbe gilt natürlich auch für das restitutive Recht.) Das Strafrecht bilde sich mit wachsender Arbeitsteilung in der Gesellschaft zwar tatsächlich zurück (quantitativer

---

'Glied' heißt: Redet er über Individuen oder über soziale Einheiten, und wenn über soziale Einheiten, über (Berufs-) Gruppen oder über institutionelle Bereiche als Träger von Funktionen? Zudem schwankt er zwischen einer analytischen und einer konkreten Verwendung der Unterscheidung mechanisch-organisch. Dies hat erhebliche Verwirrung in der Sekundärliteratur ausgelöst und zu untauglichen Hilfskonstruktionen geführt (z.B. zur Unterscheidung zwischen Sozialintegration und Systemintegration). Vgl. dazu vor allem *D. Lockwood*, Solidarity and Schism. 'The Problem of Disorder' in Durkheimian and Marxist Sociology, 1992.

Aspekt), es verändere sich aber zugleich grundlegend (qualitativer Aspekt) und könne deshalb den Kern auch noch einer arbeitsteiligen Gesellschaft bilden. Was sich in diesem radikalen Wandel niederschlage, sei der radikale Wandel in den geteilten Ideen und Gefühlen. Diese würden nicht länger die einzelne Gruppe ‚heiligen', sondern das Individuum, insofern es die Menschheit repräsentiere. An die Stelle des Kults der Gruppe trete der Kult des Individuums.

Durkheim unterscheidet also *zwei* Gesetze der Strafrechtsentwicklung: Das Gesetz der Rückbildung und das der Umbildung.[10] Das Gesetz der *Rückbildung* besagt, daß der Umfang des repressiven Kerns mit der sozialen Entwicklung schrumpft, daß alle sozialen Bande, die der Ähnlichkeit entstammen, an Bindungskraft verlieren, daß das restitutive Recht auf Kosten des repressiven Rechts vordringt, daß all dies eine Folge zunehmender Individualisierung ist. Das Gesetz der *Umbildung* besagt, daß sich vor allem Intensität und Festigkeit des repressiven Kerns ändern, daß die sozialen Bande, die sich der ergänzenden Unähnlichkeit verdanken, gegenüber denen aus Ähnlichkeit an Bindungskraft gewinnen, daß aber der repressive Kern dennoch erhalten bleibt, freilich in neuer Gestalt. Dies zeige sich vor allem an der veränderten Auffassung von Strafe. Durkheims Auffassung ist hier ungewöhnlich modern. Übersetzt man seine Analyse in zeitgenössische Begriffe, so kann man sagen: Das Vergeltungsprinzip wird zum Schuldprinzip sublimiert und das Präventionsprinzip um die Spezialprävention erweitert. Individualisierung besteht in der wachsenden Bedeutung des subjektiven Anteils an der verbotenen Handlung. Deshalb kennt das moderne Strafrecht den Verbotsirrtum, den entschuldigenden Notstand und die Schuldunfähigkeit. Individualisierung besteht aber auch in der wachsenden Bedeutung des Resozialisationsgedankens. Es bleibt zwar die Generalprävention, die Abschreckung der Allgemeinheit und die Stärkung des Rechtsbewußtseins, bestehen, aber sie wird ergänzt um die Spezialprävention, die Abschreckung des Täters vor Tatwiederholung und vor allem: seine Resozialisation. Mit der Individualisierung – vom Kult der Gruppe zum Kult des Individuums – ist also zugleich eine Subjektivierung und Psychologisierung – von physischen zu psychischen Strafen – verbunden. Michel Foucault analysierte später diesen Vorgang in *Überwachen und Strafen*, ganz in der Nachfolge Durkheims, freilich mit gänzlich anderer Zielsetzung.[11]

---

[10] Der entsprechende Text ist nicht übersetzt. Er findet sich in *E. Durkheim*, Deux lois de l'évolution pénale, in: Journal sociologique (1969), S. 245–273. Die beiden Gesetze lauten im Original: 1. „Loi des variatious quantitatives": „L'intensité de la peine est d'autant plus grande que les sociétés appartiennent à un type moins élevé – et que le pouvoir central a un caractère plus absolu" (S. 245). 2. „Loi des variations qualitatives": „Les peines privatives de la liberté et de la liberté seule, pour des périodes de temps variables selon la gravité des crimes, tendent de plus en plus à devenir le type normal de la répression" (S. 256).

[11] Vgl. *M. Foucault*, Überwachen und Strafen. Die Geburt des Gefängnisses, 1976. Foucault ging es darum, hinter der scheinbaren Humanisierung der Strafe und ihres Vollzugs die

Hält man sich die geschilderten Zusammenhänge vor Augen, so wird Durkheims differenziertes System von Rechtsregeln, wie es sich bereits in seiner Studie über die Arbeitsteilung findet, besser verständlich:[12]

I. – Règles à sanction répressive organisée

Règles prohibant des actes contraires à des sentiments collectifs

I

AYANT DES OBJETS GÉNÉRAUX

- *Sentiments religieux*
  - Positifs (Imposant la pratique de la religion).
  - Négatifs
    - Relatifs aux croyances touchant le divin.
    - — au culte.
    - — aux organes du culte.
      - Sanctuaire.
      - Prêtres.
- *Sentiments nationaux*
  - Positifs (Obligations civiques positives).
  - Négatifs (Trahison, guerre civile, etc.).
- *Sentiments domestiques*
  - Positifs
    - Paternels et filiaux.
    - Conjugaux.
    - De parenté en général.
  - Négatifs. — Les mêmes.
- *Sentiments relatifs aux rapports sexuels*
  - Unions prohibitées
    - Inceste.
    - Sodomie.
    - Mésalliances.
  - Prostitution.
  - Pudeur publique.
  - Pudeur des mineurs.
- *Sentiments relatifs au travail*
  - Mendicité.
  - Vagabondage.
  - Ivresse.
  - Réglementation pénale du travail.
- *Sentiments traditionels divers*
  - Relatifs à certains usages professionels.
  - — à la sépulture.
  - — à la nourriture.
  - — au costume.
  - — au cérémonial.
  - — à des usages de toutes sortes.

---

tiefe Dehumanisierung sichtbar zu machen, die durch die Anonymisierung des Strafens und durch die Umstellung der Strafe auf psychische Disziplinierung entsteht.

[12] Die Übersicht ist dem Original entnommen, weil die Übersetzung nicht immer den gemeinten Sachverhalt trifft. Vgl. *E. Durkheim,* De la division du travail social, 1994, S. 102 und S. 127 f. Die Klassifikationen der beiden Regelarten, die Durkheim an verschiedenen Stellen seines Buches präsentiert, sind hier zusammengeführt. Durkheim orientiert sich dabei offensichtlich am Code civil.

Sentiments relatifs à l'organe de la conscience commune	En tant qu'ils sont offensés directement	Lèse-majesté. Complots contre le pouvoir légitime. Outrages, violences contre l'autorité. – Rébellion.
	Indirectement	Empiétement des particuliers sur les fonctions publiques. – Usurpation. – Faux publics. Forfaitures des fonctionnaires et diverses fautes professionelles. Fraudes au détriment de l'État. Désobéissances de toutes sortes (Contraventions administatives).

II

AYANT DES OBJETS INDIVIDUELS

Sentiments relatifs à la personne de l'individu	Meurtres, blessures. — Suicide.	
	Liberté individuelle	Physique. Morale (Pression dans l'exercice des droits civiques).
	L'honneur	Injures, calomnies. Faux témoignages.
Aux choses de l'individu	Vols. — Escroquerie, abus de confiance. Fraudes diverses.	
Sentiments relatifs à une généralité d'individus, soit dans leurs personnes, soit dans leurs biens.		Faux-monnayage. – Banqueroute. Incendie. Brigandage. – Pillage. Santé publique.

II. – Règles à sanction restitutive déterminant des

Rapports négatifs ou d'abstention	De la chose avec la personne.	Droit de propriété sous ses formes diverses (mobilière, immobilière, etc.). Modalités diverses du droit de propriété (servitude, usufruit, etc.).
	Des personnes entre elles	Déterminés par l'exercice normal des droits réels. Déterminés par la violation fautive des droits réels.
Rapports positifs ou de coopération	Entre les fonctions domestiques.	
	Entre les fonctions économiques diffuses.	Rapports contractuels en général. Contracts spéciaux.
	Des fonctions administratives.	Entre elles. Avec les fonctions gouvernementales. Avec les fonctions diffuses de la société.
	Des fonctions gouvernementales.	Entre elles. Avec les fonctions administratives. Avec les fonctions politiques diffuses.

4. Menschenrechte als Strafrecht

Folgt man dieser frühen Klassifikation der Rechtsregeln, so wird deutlich, daß sie bereits jene zwei Arten von repressiven Rechtsregeln enthält, die später stärker in eine entwicklungsgeschichtliche Perspektive gerückt werden: solche, die die Gruppe schützen, und solche, die dies für das Individuum tun. Je stärker sich das *Kollektivideal* des Individualismus durchsetze, das deshalb für Durkheim keinen egoistischen, sondern einen *moralischen* Individualismus vorschreibt, desto stärker würden die Gruppenrechte durch Individualrechte gebrochen.[13] Die Physik der Sitten und des Rechts stellt in vergleichender Perspektive dar, daß die Rechtsentwicklung der Menschheit in den Menschenrechten und -pflichten kulminiert. Während der Mensch in einfachen Gesellschaften nichts oder doch wenig zähle, zähle er in komplexen Gesellschaften, spätestens seit den politischen Revolutionen des 18. Jahrhunderts, nahezu alles. Was Kant apriorisch gesetzt hatte, den Menschen als Zweck an sich selbst, entwikkelt Durkheim genetisch: der Mensch als vertragsfähiger Eigentümer ist nicht nur in das konkrete Gruppenleben einer arbeitsteiligen Gesellschaft mit seinen sich kreuzenden sozialen Kreisen eingebunden, sondern jedem konkreten Gruppenleben auch immer schon voraus. Es ist freilich nicht der konkrete Mensch, den das moderne repressive Recht letztlich schützt, sondern der ideale Mensch, das INDIVIDUUM, la personne humaine, d. h. die Menschheit in ihm. Regeln, die den Staat verpflichten, dieses INDIVIDUUM zu schützen, besitzen deshalb in den ‚höheren Gesellschaften' auch die höchste Autorität. Man muß freilich genauer sagen: Sie *sollten* sie besitzen. Denn jede statistische Untersuchung zu Durkheims Zeit und auch noch heute würde zeigen, daß es mit der Nachachtung, der Befolgung, der Menschenrechte und -pflichten keineswegs zum Besten steht.

Fassen wir Durkheims entwicklungsgeschichtliche Perspektive zusammen: Während in segmentär strukturierten Gesellschaften, wie umfassend und verschachtelt auch immer, die partikularen Gruppenrechte und -pflichten Vorrang vor den Rechten und Pflichten des Individuums haben, ist dies in arbeitsteilig strukturierten Gesellschaften anders: Hier dreht sich dieses Verhältnis um. Nun müssen die partikularen Gruppenrechte und -pflichten die universalistischen Menschenrechte und -pflichten in sich integrieren. Diese aber sind bei Durkheim als Regeln des Strafrechts konzipiert!

Wie bereits angedeutet, fundierte Emile Durkheim seit 1895 die Rechtsentwicklung zunehmend in der Religionsentwicklung. Aus der Religionsentwicklung ergibt sich die Unterscheidung in heilige und profane Objekte, die in der Rechtsentwicklung, insbesondere in der Strafrechtsentwicklung, mitvollzogen

---

[13] Vgl. dazu ausführlicher *W. Schluchter*, Über Individualismus, in: *ders.*, Individualismus, Verantwortungsethik und Vielfalt. Skizzen (erscheint demnächst).

Aufbau der Physik der Sitten und des Rechts

Sanktionsbewehrte Verhaltensregeln

a) Genese der Verhaltensregeln: Historischer Vergleich
b) Autorität der Verhaltensregeln: Statistischer Vergleich

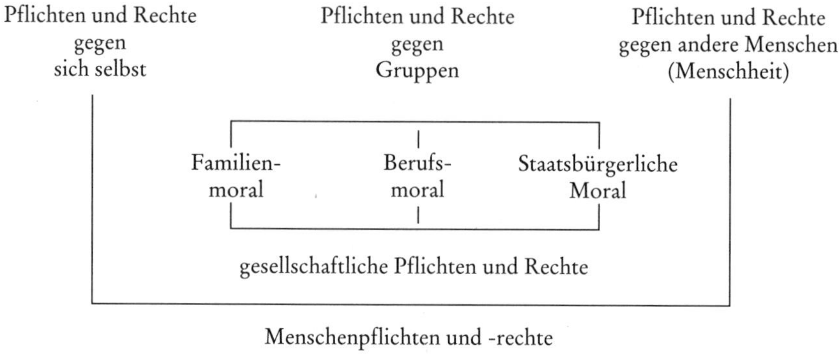

wird. Es gibt zwar den Prozeß der Säkularisierung, aber dieser ist vom Prozeß der Profanisierung scharf zu unterscheiden. Im Prozeß der Säkularisierung wird die Religion nicht zerstört, sondern umgebaut. Die Menschenrechte und -pflichten müssen deshalb letztlich in eine *Zivilreligion* eingebettet werden, über die sie mit den gesellschaftlichen Rechten und -pflichten – den staatsbürgerlichen, den beruflichen, den familialen – verknüpft werden, man kann auch sagen: dadurch würden sie kontextualisiert.

Weil eine Zivilreligion im Unterschied zu einer Erlösungsreligion letztlich bindungsschwach ist, gewinnt das Recht gerade in der modernen Gesellschaft trotz seiner partiellen Abkünftigkeit von der Religion doch wieder zentrale Bedeutung, freilich nur jenes Recht, das mit einem organisierten Sanktionsapparat verbunden ist. Gerade dies aber scheint das Problem der Menschenrechte und -pflichten, zu Durkheims Zeit ebenso wie heute. Er hätte deshalb die neueren Entwicklungen des Völkerrechts, daß nämlich die Souveränität des Staates, seine sogenannten inneren Angelegenheiten, an den Menschenrechten und -pflichten relativiert werden, sicherlich begrüßt.

In Durkheims Sozialtheorie spielt also die Rechtssoziologie tatsächlich eine zentrale Rolle. Strenggenommen ist die Gesellschaft als Rechtssystem konzipiert. Recht ist nicht nur *eine*, sondern *die* Konstitutionsbedingung des sozialen Lebens. Dies ist bei Max Weber anders. Ihm wende ich mich jetzt zu.

Ich tue dies gleichfalls in vier Schritten: 1. Eine verstehende Wissenschaft vom Handeln. 2. Grundzüge einer Typologie sozialer Beziehungen, Ordnungen und Verbände. 3. Formale und materiale Rechtsrationalisierung. 4. Menschenrechte als regulative Idee.

II. Max Weber

1. Eine verstehende Wissenschaft vom Handeln

In seinen „Soziologischen Grundbegriffen", 1919/20 für die neuere Fassung seines Beitrags zum *Grundriß der Sozialökonomik* geschrieben, definiert Max Weber Soziologie als eine Wissenschaft, „welche soziales Handeln deutend verstehen und dadurch in seinem Ablauf und seinen Wirkungen ursächlich erklären will".[14] Drei Aussagen dieser Definition ragen heraus: 1. Soziologie ist eine Erfahrungswissenschaft, die wie alle Erfahrungswissenschaften auf gültige kausale Zurechnungen, auf Erklärungen, aus ist. 2. Sie erklärt aus sinnadäquat konstruierten Handlungstypen, geht vom subjektiv gemeinten Sinn des Han-

Architektur der „Soziologischen Grundbegriffe" nach Max Weber

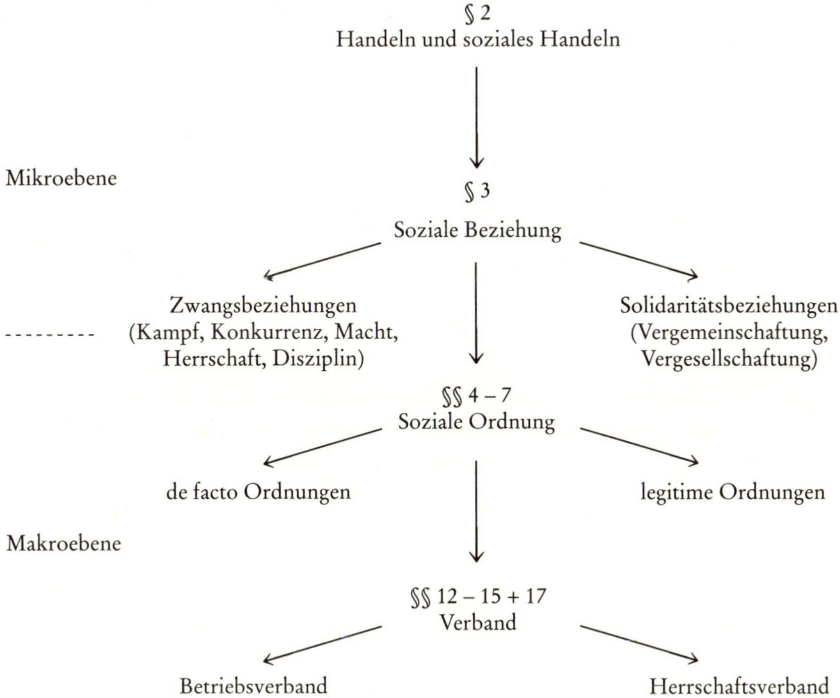

[14] *M. Weber*, Wirtschaft und Gesellschaft, 5., rev. Aufl., 1972, S. 1 (hinfort: WuG).

delnden aus. 3. Sie erklärt aber zugleich auch aus Strukturprinzipien, d.h. sie wechselt methodisch kontrolliert zwischen der Mikro- und der Makroebene und bleibt nicht auf einer Ebene stehen. Sie benötigt also Grundbegriffe, die ebenenspezifisch ausfallen. Dies läßt sich an der Architektur dieser „Soziologischen Grundbegriffe" verdeutlichen, die vom Handeln über soziale Beziehungen und gesellschaftliche Ordnungen bis zu den Verbänden reichen, also ebenenspezifische Begriffe entwickeln, die in einer *logischen*, nicht in einer genetischen Folge stehen.

Weil es Soziologie mit Handeln im Kontext von Strukturen zu tun hat, kann sie außer dem beobachtenden Erklären auch das verstehende Erklären verwenden, ein Gedanke, der Emile Durkheim fremd war. Denn Handeln ist für Max Weber sinnbezogen, und in Strukturen, die Handeln restringieren und zugleich ermöglichen, die aber nur im Handeln produziert und reproduziert werden, ist Sinn inkorporiert.

2. Grundzüge einer Typologie sozialer Beziehungen, Ordnungen und Verbände

Max Webers Überlegungen zum Recht sind nun auch Teil dieser Grundbegriffe. Man muß sich zwei Zusammenhänge klar machen, um dies richtig zu verstehen. Der eine Zusammenhang betrifft seine Auseinandersetzung mit Rudolf Stammler, der eine sozialphilosophische Untersuchung über Wirtschaft und Recht nach der materialistischen Auffassung 1906 in zweiter, dem eigenen Anspruch nach verbesserter Auflage vorgelegt hatte. Die Grundbegriffe, ursprünglich Kategorien genannt, waren zunächst auch entwickelt, „um zu zeigen, was Stammler ‚hätte meinen sollen'"[15], insbesondere bei der soziologischen Fassung des Begriffs des Rechts. Der andere Zusammenhang betrifft Max Webers Beitrag zum *Handbuch der politischen Ökonomie*, später: *Grundriß der Sozialökonomik*, das er selbst konzipiert hatte und für das er unter dem Titel „Wirtschaft und Gesellschaft" auch über „Wirtschaft und Recht" schreiben wollte, und zwar 1. über ihr „prinzipielles Verhältnis" und 2. über die „Epochen der Entwicklung des heutigen Zustands".[16]

Von den Texten, die sich nach Max Webers Tod in seinem Nachlaß fanden, entsprechen zwei annähernd dieser Gliederung: Der Text „Die Wirtschaft und die Ordnungen", von dem es zwei Fassungen gibt, eine frühe, vermutlich aus der Zeit vor 1910, und eine spätere, nicht älter als 1913, sowie der Text, bekannt als seine Rechtssoziologie, die man aber nicht als „Bindestrichsoziologie", als eine bloße Bereichssoziologie also, mißverstehen darf. Vielmehr geht es darin

[15] *M. Weber*, Gesammelte Aufsätze zur Wissenschaftslehre, 3. Aufl., 1968, S. 427.

[16] Vgl. dazu den von Max Weber entworfenen „Stoffverteilungsplan" für dieses Sammelwerk vom Mai 1910, abgedruckt in: Max Weber-Gesamtausgabe II/6, S. 766 ff., hier: S. 768.

um die Entwicklung des Rechts im Zusammenhang mit der Entwicklung der übrigen gesellschaftlichen Ordnungen und Mächte, und zwar in universalhistorischer Perspektive, diese Entwicklung betrachtet als rechtsinterner Vorgang einerseits, als rechtsexterner Vorgang andererseits.

Was kann man diesen Texten für unsere Fragestellung entnehmen? Ich beginne mit dem Text „Die Wirtschaft und die Ordnungen". Er behandelt das Verhältnis der Rechtsordnung zur Wirtschaftsordnung, aber auch das Verhältnis der Rechtsordnung zur Konventionalordnung und zur Sitte und schließlich die Bedeutung und die Grenzen des Rechtszwangs für die Wirtschaft, ist also tatsächlich auf das *prinzipielle* Verhältnis von Recht und Wirtschaft aus soziologischer Sicht zentriert. Der Text ist, wie bereits angedeutet, auch ein Angriff auf Stammler. Das macht die folgende Bemerkung, die sich darin findet, besonders klar: „Vor allem aber geht bei Stammler zunächst die *ideelle*, vom Rechtsdogmatiker oder Ethiker wissenschaftlich deduzierbare ‚Geltung' einer ‚Norm' mit der zum Objekt einer empirischen Betrachtung zu machenden *realen* Beeinflussung des empirischen Handelns durch *Vorstellungen* vom Gelten der Normen durcheinander. Und weiterhin dann gar noch die *normative* ‚Geregeltheit' eines Verhaltens durch Regeln, welche als ‚gelten *sollend*' von einer Vielheit von Menschen faktisch behandelt werden, mit den *faktischen* Regelmäßigkeiten des menschlichen Verhaltens. Beides ist begrifflich streng zu scheiden."[17]

Wie trifft nun Max Weber selbst diese von ihm verlangten begrifflichen Scheidungen? Zunächst scheidet er streng zwischen zwei *Betrachtungsweisen*: der juristischen und der sozialökonomischen bzw. soziologischen. Dies führt ihn zu der Unterscheidung zweier *Geltungsarten* von Normen, die sich wechselseitig voraussetzen und aufeinander bezogen werden müssen: der *normativen* und der *empirischen*. Sodann scheidet er streng zwischen zwei *Verhaltensregelmäßigkeiten*: den bloß *faktischen* und den *regelgeleiteten*. Dies führt ihn zu der Unterscheidung zwischen Konvention, Recht und Sittlichkeit einerseits, bloßer Sitte andererseits. Regelgeleitetes Verhalten aber ist ordnungstauglich. Es hängt dann von der Art der Regel und von ihrer Garantie ab, welche Ordnung daraus entsteht.

Max Weber arbeitete diese frühe Typologie der gesellschaftlichen Ordnungen ein in seine „Soziologischen Grundbegriffe" von 1920, allerdings insofern modifiziert, als zwischen dieser frühen Typologie und den „Soziologischen Grundbegriffen" die Entfaltung seiner Herrschaftssoziologie liegt, in deren Mittelpunkt der Legitimitätsbegriff steht. Folgerichtig heißt es in § 5 der „Soziologischen Grundbegriffe: „Handeln, insbesondre soziales Handeln und wiederum insbesondre eine soziale Beziehung, können von seiten der Beteiligten an der *Vorstellung* vom Bestehen einer *legitimen Ordnung* orientiert wer-

---

[17] *M. Weber*, WuG, S. 191.

Max Webers (frühe) Typologie der gesellschaftlichen Ordnungen

Faktische Regelmäßigkeit *des* Handelns	—	Regeln *für* das Handeln	
‚Sitte‘	↙		↘
Verteilung *faktischer Chancen* für bestimmte Interessen	Zweckmäßigkeitsregeln für das Handeln (Zweck-Maxime)		normative Regeln für das Handeln (Norm-Maxime)
	↓	↙	↘
	Garantiert aufgrund von Nützlichkeitserwägungen der Beteiligten	Garantiert aufgrund von Billigung oder Mißbilligung der sozialen ‚Umwelt‘	Garantiert aufgrund eines organisierten Zwangsapparates mit Zwangsmitteln (physisch oder psychisch) in einem Verband
	↓	↓	↓
	Wirtschaftsordnung	*Konventionalordnung*	*Rechtsordnung*
	Verteilung der *faktischen Verfügungsgewalt* über Güter und ökonomische Dienste	Verteilung der *faktischen Chance,* für bestimmte (materielle und ideelle) Interessen *Unterstützung* zu erlangen	Verteilung der *faktischen garantierten Chance,* für bestimmte (materielle und ideelle) Interessen die *Hilfe eines Zwangsapparates* zu erlangen (*subjektives Recht*)

den. Die Chance, daß dies tatsächlich geschieht, soll ‚Geltung‘ der betreffenden Ordnung heißen.“ Und weiter unten fährt er fort: „Einen Sinngehalt einer sozialen Beziehung wollen wir a) nur dann eine ‚Ordnung‘ nennen, wenn das Handeln an angebbaren ‚Maximen‘ (durchschnittlich und annähernd) orientiert wird.“ Wir können ergänzen: Diese Maximen können zunächst sowohl Zweck- als auch Normmaximen sein. Dann folgt die Einschränkung: „Wir wollen b) nur dann von einem ‚Gelten‘ dieser Ordnung sprechen, wenn diese tatsächliche Orientierung an jenen Maximen mindestens *auch* (also in einem praktisch ins Gewicht fallenden Maß) deshalb erfolgt, weil sie als irgendwie *für* das Handeln geltend: verbindlich oder vorbildlich, angesehen werden."[18] Dies aber trifft letztlich nur auf Normmaximen zu.

In diesen Definitionen sind enthalten: 1. Die beiden Geltungsbegriffe; 2. die beiden Begriffe von Regelmäßigkeit; 3. die Unterscheidung zwischen einer Zweckordnung und einer Normordnung; 4. bei der Normordnung die Unterscheidung zwischen Konventional- und Rechtsordnung. Allerdings betont Weber im Zusammenhang mit der Rechtsordnung nun die Legitimität im Sinne eines empirisch nachweisbaren Legitimitätsglaubens. Dies ist eine Folge der inzwischen entwickelten Herrschaftssoziologie.

Die rechts*soziologische* Betrachtung stellt also das empirische Gelten der Rechtsordnung als einer Summe von Rechtssätzen in den Mittelpunkt, im Unterschied zur rechts*dogmatischen*, die deren normatives Gelten beschäftigt, seien diese Rechtssätze nun Ausfluß von Gewohnheitsrecht oder von gesatztem Recht. Ein Rechtssatz verknüpft einen Tatbestand mit einer Rechtsfolge (wenn A, dann soll B sein), und es ist das Charakteristische dieser Verknüpfung, daß sie nicht immer eintritt, daß sie also mittels eines Zwangsapparats garantiert werden muß. Hier ergibt sich die größte Nähe zu Durkheim, obgleich Weber hier zugleich stärker an Abstufungen denkt. So könne ein objektives Recht auch indirekt garantiert oder gar ungarantiert sein, ohne seinen Charakter, objektives *Recht* zu sein, zu verlieren, und wo es garantiert werde, müsse die Garantie nicht staatlich, sie könne auch außerstaatlich oder vorstaatlich sein. Dem objektiven Recht aber korrespondiert das subjektive. Weber definiert ein subjektives Recht soziologisch als die einer Person kraft objektiver Rechtsordnung faktisch garantierte Chance, „für bestimmte (ideelle oder materielle) Interessen die Hilfe eines dafür bereitstehenden ‚Zwangsapparates' zu erlangen".[19] Dieses subjektive Recht kann wiederum indirekt, etwa Ausfluß einer Reflexwirkung, oder direkt, und als solches entweder angeboren oder erworben sein.

Sechs Punkte sind im Zusammenhang mit Max Webers Begriff der empirischen Rechtsordnung wichtig: 1. Jede empirische Rechtsordnung hat Lücken. Die Darstellung des objektiv-richtigen Sinns der Rechtssätze als eines logisch in sich widerspruchslosen und geschlossenen Systems ist ein nie gänzlich erreichbares rechtsdogmatisches Ideal. 2. In jeder empirischen Rechtsordnung gelten Rechtssätze mehr oder weniger. Auch diese gradualistische Sichtweise widerspricht letztlich dem rechtsdogmatischen Ideal. 3. Der Grad der empirischen Geltung einer Rechtsordnung ist in der Regel von der Geltung anderer Normordnungen abhängig, insbesondere von Konventionalnormen, aber auch von Normen der Sittlichkeit. 4. Rechtsordnungen sind nicht nur „in lückenloser

---

[18] Ebd., S. 16.

[19] Ebd., S. 184. Weber ersetzt übrigens den in den älteren Manuskripten verwendeten Begriff Zwangsapparat später durch den Begriff Erzwingungsstab.

Stufenleiter" mit Sittlichkeit, Konvention und Sitte verbunden, es gibt in einer Gesellschaft meist mehrere, die untereinander und mit anderen Ordnungen in Konflikt liegen, so daß man vom Kampf der Ordnungen sprechen kann. 5. Rechtsordnungen regeln nur einen kleinen Ausschnitt des Handelns, erfassen „nur Fragmente desselben"[20], und sie können zwar normativ gelten, aber empirisch völlig kraftlos sein. 6. Obgleich Rechtsordnungen nur mehr oder weniger durchrationalisiert werden können, gibt es drei Entwicklungen, die in rechtsgeschichtlicher Perspektive bedeutsam wurden und unter den Titel Rechtsrationalisierung fallen: a. die Vereinheitlichung der Rechtsordnung; b. ihre relative Autonomisierung gegenüber anderen Normordnungen; und c. die Monopolisierung des Rechtszwangs durch den Staat. Letzteres aber sei, so Weber, das Werk der Marktentwicklung: „Die universelle Herrschaft der *Markt*vergesellschaftung verlangt einerseits ein nach rationalen Regeln *kalkulierbares* Funktionieren des Rechts. Und andererseits begünstigt die Marktverbreiterung, die wir als charakteristische Tendenz jener kennenlernen werden, kraft der ihr immanenten Konsequenzen die Monopolisierung und Reglementierung aller ‚legitimen' Zwangsgewalt durch *eine* universalistische Zwangsanstalt, durch die Zersetzung aller partikulären, meist auf ökonomischen Monopolen ruhenden ständischen und anderen Zwangsgebilde."[21]

Im Unterschied zu Emile Durkheim ist für Max Weber das Recht also nicht *die*, sondern nur *eine* Konstitutionsbedingung des sozialen Lebens. Freilich gewinnt sie aus seiner Sicht mit fortschreitender gesellschaftlicher Differenzierung an Bedeutung, weil sich dieser Vorgang auch, ja sogar in erster Linie als eine Verrechtlichung sozialer Beziehungen beschreiben läßt. Dabei erfährt das Recht eine Umgestaltung von Grund auf. Max Weber brachte diesen Vorgang, anders als Durkheim, unter die Formel von der formalen und materialen Rationalisierung des Rechts.

3. Formale und materiale Rechtsrationalisierung

Es ist hier nicht der Ort, Max Webers umfassende Darstellung der ‚Epochen der Entwicklung des heutigen Rechtszustands' wiederzugeben, wie sie sich in seinem rechtssoziologischen Manuskript findet. Wichtig freilich ist, daran zu erinnern, daß er diese Entwicklung, anders als Emile Durkheim, *nicht* unter dem Gesichtspunkt des Wandels des repressiven und des restitutiven Rechts und ihres Verhältnisses zueinander untersucht. Es geht ihm vielmehr darum, den heutigen Rechtszustand in erster Linie als die Folge einer *formalen* Rationalisierung der Rechtsfindung zu erweisen, die, gleichsam als eine dialektische Gegenbewegung, bei einem Teil der Rechtsinteressenten das Verlangen nach materia-

[20] Ebd., S. 194.
[21] Ebd., S. 198.

ler Rechtsrationalisierung erzeugt. Denn die moderne Rechtsordnung steht nicht nur in Spannung zu den übrigen gesellschaftlichen Ordnungen, sie ist auch von einer Rechtsidee beherrscht, die in sich selbst eine tiefe Spannung aufweist. Um es mit Gustav Radbruch zu sagen: Es ist die Spannung zwischen der Idee der Gerechtigkeit einerseits, der Idee der Rechtssicherheit und der Idee der Zweckmäßigkeit andererseits. Wo nun ein Recht formal rationalisiert wird, gehen unweigerlich Rechtssicherheit und Zweckmäßigkeit in Führung. Das zeigt sich nach Weber daran, daß die moderne Rechtsfindung vier Prinzipien durchherrschen: 1. Sie wird bestimmt vom Subsumtionsprinzip, demzufolge die Rechtsfindung in der Anwendung eines abstrakten Rechtssatzes auf einen konkreten Sachverhalt bestehe. Die Tatbestandsmerkmale müssen dabei generell und eindeutig sein. 2. Sie wird bestimmt vom Konstruktionsprinzip, demzufolge sich für jeden konkreten Sachverhalt mit den Mitteln der Rechtslogik eine Subsumtion gewinnen lassen müsse. Dabei sind diese Mittel verstandesmäßig kontrolliert und rechtsimmanenter Natur. 3. Sie wird bestimmt vom Geschlossenheitsprinzip, demzufolge das geltende Recht ein lückenloses System von Rechtssätzen darstelle. Diese Geschlossenheit ist Folge der logischen Sinndeutung und der konstruktiven Erfassung rechtlich relevanter Lebensverhältnisse. 4. Sie wird schließlich bestimmt vom Relevanzprinzip, demzufolge nichts als rechtlich relevant gelten könne, was sich juristisch nicht konstruieren lasse. Dies verweist auf die Differenz von Tatbestand und Sachverhalt und auf die ‚Unwirklichkeit' des Rechts.[22]

Max Weber behandelt ausführlich die Mächte, die diese formale Rechtsrationalisierung besonders im Okzident vorangetrieben haben: die politischen und hierokratischen Gewalten, die Vertreter der verschiedenen Rechtsschulen, die verschiedenen Gruppen von Rechtsinteressenten und die organisatorische Verfaßtheit der Rechtsordnung selbst. So differenziert dies alles ist – und man sieht allein schon daran den Abstand zu Durkheim –, was hat es mit der materialen Rechtsrationalisierung auf sich? Was wird, bei Steigerung von Rechtssicherheit und Zweckmäßigkeit, aus der Gerechtigkeit?

4. Menschenrechte als regulative Idee

Max Weber beschreibt selbst die Gegenbewegungen zum Rechtsformalismus. Sie sind zunächst durchaus rechtsinterner Natur. Er erwähnt etwa die Ablösung des formal gebundenen Beweisrechts durch die freie Beweiswürdigung, die Ablösung der formal gebundenen Tatbestandsmerkmale durch das Abstellen auf den wirklichen Willen der Parteien, die wachsende Berücksichtigung der ‚Gesinnung' bei der Ermittlung der Rechtsfolgen, vor allem aber das Eindringen unbestimmter Rechtsbegriffe wie Treu und Glauben oder gute Sitten in

---

22 Hierzu bes. ebd., S. 395 ff.

das formale Recht. Doch noch wichtiger sind rechtsexterne Entwicklungen. Einzelne Gruppen von Rechtsinteressenten, vor allem aber Rechtsideologen, so Weber, wollten materiale Gerechtigkeit *an die Stelle* von formaler Legalität setzen.[23] Solche Trägergruppen des Antiformalismus ortet er in der monarchischen Wohlfahrtsbürokratie genauso wie bei den sozialen Demokraten oder den Standesideologen der Rechtspraxis. All diesen sei gemeinsam, daß sie das formale Recht in den Dienst außerrechtlicher politischer und ethischer Postulate stellen wollten, und damit ebneten sie tendenziell auch die Differenz zwischen rechtsexterner und rechtsinterner materialer Rationalisierung ein.

Es ist nämlich für Max Weber ein Kennzeichen des heutigen Rechtszustands, daß, mit dem Schwinden des Naturrechts, das Rechtssystem insgesamt von außerrechtlichen auf innerrechtliche Gerechtigkeitspostulate umgestellt wurde. Das moderne formale Recht kennt allenfalls noch einige wenige überpositive Rechtsgrundsätze, die man, wie Hermann Heller dies einmal formulierte, als Bauprinzipien des Rechtsinhalts mit sittlichem Geltungsanspruch verstehen kann.[24] Zu solchen Bauprinzipien, die zunächst als kulturkreis*gebunden* gelten müssen, gehören ohne Zweifel die Menschenrechte, die Emile Durkheim in den Mittelpunkt der ‚höheren Gesellschaften' rückte und von denen Max Weber meinte, daß ohne sie der moderne Mensch nicht leben könne. Denn auch für ihn gilt Kants Einsicht, der Mensch sei Selbstzweck und dürfe niemals zu einem bloßen Mittel degradiert werden, weil er dann die ihm eigene Würde verliere. Dennoch wäre er wohl nicht auf den Gedanken verfallen, die Menschenrechte als Strafrecht zu interpretieren. Er war sich nicht einmal sicher, ob man sie als kulturkreis*entbunden*, also als universalistisch im konstitutiven Sinne verstehen darf. Freilich: Würde man diesen Universalismus nicht wenigstens *unterstellen*, so stünde die formale Rechtsrationalisierung vor der Gefahr, Rechtssicherheit und Zweckmäßigkeit zu verselbständigen und den Rechtsformalismus nicht mehr in einen spannungsreichen Ausgleich mit der Gerechtigkeitsidee als Teil der Rechtsidee zu bringen. Wie eine zu starke Materialisierung die Leistungsfähigkeit des modernen Rechts untergraben kann, so auch das Abkoppeln seiner formalen Rationalisierung von jeder rechtsexternen und rechtsinternen materialen Rationalität.

---

[23] Ebd., S. 507.

[24] Vgl. dazu, mit Bezug auf Hermann Heller und Max Weber, *W. Schluchter*, Die Entstehung des modernen Rationalismus. Eine Analyse von Max Webers Entwicklungsgeschichte des Okzidents, 1998, S. 223 ff.

Ausblick: Die Rückkehr der Rechtssoziologie als Sozialtheorie?

Beginnen wir unseren Ausblick mit einem zusammenfassenden Vergleich der von uns behandelten Klassiker des rechtssoziologischen Denkens: Was ist ihnen gemeinsam, was unterscheidet sie? Gemeinsam ist ihnen zweifellos, daß sie die Grenzen der ökonomischen Betrachtungsweise des sozialen Lebens und die außerökonomischen Voraussetzungen und Folgen von wirtschaftlichen Ordnungen, insbesondere einer kapitalistischen Verkehrswirtschaft, verdeutlichen: Durkheim in seiner Studie über die soziale Arbeitsteilung in direkter Auseinandersetzung mit der utilitaristischen Sozialtheorie, Weber in seinen Studien über die Entstehung des modernen Kapitalismus in direkter Auseinandersetzung mit dem Historischen Materialismus einerseits, mit der neoklassischen Schule der Ökonomie andererseits. Für beide spielt bei dieser Auseinandersetzung das Recht eine herausragende Rolle. Doch wie sie diese Rolle bestimmen, das unterscheidet sie.

Ich fasse die Unterschiede in vier Punkten zusammen:

1. Für Durkheim ist das Recht der *Kern* des sozialen Lebens, für Weber nur eine wichtige kausale Komponente unter anderen. Trotz der Verrechtlichungstendenz, der gerade moderne gesellschaftliche Ordnungen unterliegen, erfaßt es immer nur ein *Fragment* des Handelns, nicht mehr.
2. Für Durkheim ist das Recht Symbol des sozialen Lebens, also in erster Linie Teil seiner *Kultur*, für Weber ist Recht *Ordnung*, also in erster Linie Teil der Ordnungskonfiguration, innerhalb deren sich das soziale Leben vollzieht.
3. Für Durkheim besteht, sieht man von vorübergehenden Krisenzeiten ab, eine *Entsprechung* zwischen der Rechtsentwicklung und der sozialen Entwicklung, für Weber verläuft die Rechtsentwicklung teilweise *eigengesetzlich* und kommt ihr auch ein *Eigenrecht* gegenüber anderen Entwicklungen zu.
4. Für Durkheim ist die Ausdifferenzierung des Rechts Teil der funktionalen Differenzierung moderner Gesellschaften, für Weber bedeutet Ausdifferenzierung des Rechts in erster Linie Ausdifferenzierung von Werten mit unterschiedlicher normativer Dignität, an die sich dann eine institutionelle Differenzierung, eine Differenzierung von Ordnungen, anschließen kann.

Auf eine Formel gebracht: Kern versus Fragment, Kultur versus Ordnung, Entsprechung versus Eigengesetzlichkeit, funktionale Differenzierung versus Wertdifferenzierung, diese Unterschiede markieren verschiedene Konzeptionen von Recht im Rahmen sehr verschiedener Sozialtheorien.

Ist diese Einbindung der Rechtssoziologie in die allgemeine Sozialtheorie veraltet? Ich meine nein. Blickt man auf die gegenwärtige Szene in Deutschland, so nahmen zwei der prominentesten Sozialtheoretiker eine solche Einbindung erst jüngst vor: Niklas Luhmann, indem er das Recht im Rahmen seiner allgemeinen Theorie sozialer Systeme als ein ausdifferenziertes, operativ geschlossenes, eigenstrukturiertes Teilsystem behandelte, das sich in struktureller Koppelung mit den anderen ausdifferenzierten Teilsystemen entwickelt[25], und Jürgen Habermas, indem er dem Recht im Rahmen seiner sprachphilosophisch fundierten allgemeinen Kommunikationstheorie eine Brückenfunktion zwischen kommunikativer und administrativer Macht zuwies, durch die es der Doppelaufgabe moderner Gesellschaften, sowohl die Sozialintegration wie die Systemintegration sicherzustellen, gerecht werden soll.[26] Freilich sind die theoretischen Grundlagen dieser beiden Ansätze gänzlich andere als die von Emile Durkheim und Max Weber. Und sie sind untereinander mindestens genauso verschieden, wie man dies von den Ansätzen Emile Durkheims und Max Webers sagen kann. Auch weicht die Rolle, die dabei dem Recht zugeschrieben wird, sowohl von der Einschätzung der Klassiker ab, wie sie auch im Vergleich untereinander sehr verschieden bestimmt ist. In der Sicht der Klassiker jedenfalls war das Recht weder ein autopoietisches System, noch konnte es die ‚doppelte' Integration moderner Gesellschaften sichern, obgleich zumindest Emile Durkheim sowohl dieser Begrifflichkeit wie dieser Sicht zweifellos sehr nahekam. Doch besonders von Max Weber läßt sich sagen, daß er jedenfalls die Rolle des Rechts für das soziale Leben weder, wie Luhmann, unter- noch, wie Habermas, überstrapazierte. Vielleicht sollte man sich auch deshalb nach fast einem Jahrhundert öfter an diesen Klassiker der Rechtssoziologie erinnern, bevor man autopoietische oder linguistisch-pragmatische Wenden in der Sozialtheorie vorbehaltlos mitvollzieht.

---

[25] Vgl. *N. Luhmann*, Das Recht der Gesellschaft, 1993, und jüngst auch *ders.*, Ausdifferenzierung des Rechts. Beiträge zur Rechtssoziologie und Rechtstheorie, 1999. Luhmann beschäftigte sich bereits vor seiner autopoietischen Wende mit dem Recht. Vgl. etwa seine zweibändige Rechtssoziologie, 1972.

[26] Vgl. *J. Habermas*, Faktizität und Geltung. Beiträge zur Diskurstheorie des Rechts und des demokratischen Rechtsstaats, 1992.

Vom Nutzen der empirischen Rechtssoziologie

Erhard Blankenburg

Zugegeben, „empirische Rechtsoziologie" ist ein opportunistisch gewähltes Markenzeichen, gerichtet auf die Erkennbarkeit auf einem Markt der Forschung und der Lehre. Als Bezeichnung einer wissenschaftlichen Disziplin wäre der Zusatz „empirisch" überflüssig. Steht nicht mindestens seit *Karl Popper*, eigentlich aber seit *David Hume* fest, daß jede Empirie auf der Basis von theoretisch fundierten Fragen betrieben wird? Finden sich nicht in jeder Rechtstheorie Aussagen über die Wirklichkeit des Rechts? Und ist nicht jede Wirklichkeit des Rechts eine soziale Wirklichkeit, die Aussage darüber mithin „Soziologie" in der einen anderen Tradition? Unsere klassischen Theorieväter *Karl Marx*, *Emile Durkheim* oder *Max Weber* sind allemal *auch* Empiriker gewesen. Soziologie ist keine Mathematik, die man cartesianisch aus der reinen Vernunft ablesen könnte, aber auch keine ungeleitete Beschreibung, die sich aus der Beobachtung selbst ergäbe.

Die empirische Rechtssoziologie bezieht ihre *Disziplin* von dieser Wissenschaftstheorie der Soziologie. Dabei heißt *Disziplin* nicht akademische Abgrenzung, sondern sie steht für das Programm einer methodischen Festlegung. Empirische Methoden, wie sie nicht nur von Soziologen, sondern auch von Psychologen oder Politologen angewendet werden, können sich auf alle möglichen sozialen Lebensbereiche erstrecken, *einer* davon ist das Recht und seine Institutionen. Andererseits sind die Fragen, die Soziologen aus ihrer Theorietradition an das Recht stellen wollen, nicht immer empirisch zu operationalisieren: viele Abhandlungen beziehen sich auf rein spekulative Fragestellungen (etwa wo bestimmte Aussagen soziologischer Theorien im Kontext von Rechtstheorien anzusiedeln wären), oder sie stammen aus Sinn- und Zweckfragen der Jurisprudenz, sind damit also normativ aufgeladen. Es gibt daher Rechtssoziologien, die sich nicht empirisch disziplinieren lassen. Zusammengefaßt: empirische Rechtssoziologie ist durch ihren Themenbezug auf das Recht eine Teilmenge aller empirischen Disziplinen, und sie fügt sich durch ihre methodische Festlegung in eine Teilmenge aller möglicher soziologischen Theorietraditionen.

Wenden wir uns den möglichen Abnehmern für die Forschungen der Rechtssoziologen zu.

Da wären zuerst die Juristen an der Universität zu nennen. Kennzeichnend für sie ist, daß sie selten Fragen stellen, für die sich empirische Disziplinen anbieten. Sie sehen ihren Auftrag in erster Linie in der dogmatischen Konsistenz eines Rechtssystems (auf der Basis, wohlverstanden, eines möglichst konsistenten normativen, also rechtsphilosophischen Entwurfs). Angesichts einer sich dogmatisch stets mehr differenzierenden Jurisprudenz ist zu begreifen, daß weder Dozenten noch Studenten sich – *R. von Jhering* zum Trotz – Fragen nach der empirischen Relevanz ihres Systems stellen. Studenten müssen erst einmal das System der Dogmatik mit all seinen Festlegungen und Wissenswertigkeiten in den Griff bekommen, und da können selbst Rechtsphilosophen froh sein, wenn sie am Rande noch eine Vorlesung halten dürfen, warum die Regelungen so konstruiert sein sollten, wie sie es sind. Angesichts der Ausdifferenzierung des Rechts und seiner Begründungssysteme muß die Pragmatik, wie dies nun effektiv umgesetzt werden soll, kann und schließlich wird, eine begreiflich nachgeordnete Rolle spielen.

Für die akademische Jurisprudenz in Deutschland gilt dies im besonderen. Von einer niederländischen Rechtsfakultät kommend, bin ich immer wieder erstaunt, zu welchem Ausmaß die Staatsexamina die deutschen Kollegen disziplinieren; das System der Prüfer von verschiedenen Universitäten und noch mehr der Justizpraktiker zwingt die Lehre zur Dogmatisierung ihres Lehrstoffs. Der Druck inflationärer Studentenzahlen und kürzerer Ausbildungsdauer (man denke nur an den sogenannten *Freischuß*, mit dem selbst die besten Studenten in die Kurse der Repetitoren getrieben werden) kommt hinzu. Das Scheitern aller Reformversuche hat den Lehrbetrieb an deutschen Jurafakultäten zu einem Festival sozialer Fiktionen gemacht. Wahlfächer passen in solche Schemata nicht hinein, sie zeichnen sich durch eher offenen Diskurs und Schulenstreit aus. Nicht nur in der Lehre sind alle meta-dogmatischen Wahlfächer daher mit Erfolg marginalisiert worden – die Folgen kann man auch an Dissertationen und Habilitationen ablesen. Rechtsgeschichte, Rechtsphilosopie und einige Traditionen auch soziologisch informierter Rechtstheorie mögen dabei in Ansätzen noch vermittelbar sein. Das rechtssoziologische Wahlfach jedoch dient gerade noch als Girlande zur Verzierung der Abwesenheit. In den besseren Habilitationsschriften dienen allenfalls „Metajuridica" als Paraplünie der externen Wissenschaften mit Bezug auf Rechtsfragen. Einfallstore sind dabei die traditionell offenen Fragen der Rechtstheorie, Rechtsphilosophie und Dogmatik, wobei sie selbst hinter historisch etablierte Vorgänger zurückfallen, die den Bezug selbst richterlicher Rechtsauslegung auf soziale Voraussetzungen und Folgen eingefordert haben. Sie wissen schon, ich denke hierbei an:

- die deutsche Freirechtslehre (*H. U. Kantorowicz*) als notwendigem Korrektiv einer unrealistisch positivistischen Rechtsauffassung und dem vorsichtigen Loslösen von richterlichen Legalitätsillusionen,

- den amerikanischen Rechtsrealismus (von *Carl Llewellyn*, *Ezra Pound* und anderen) als notwendigem Korrektiv einer *equity*-Praxis, die sich als eine Art Richter-Naturrechtslehre gebärdete,
- oder auch den Rechtspluralismus (eines *Eugen Ehrlich*) als notwendigem Korrektiv einer einseitig nationalstaatlichen Rechtsauffassung und der im österreichisch-ungarischen Staat besonders plausiblen Loslösung von der Konsistenz-Illusion seines Rechts‚systems'.

Moderner als diese Zweifler an den (Begriffs-)Jurisprudenzen des 19. Jahrhunderts sind die heute zunehmenden Argumentationen mit Verfassungsprinzipien. Wer die Urteilsbegründungen des Bundesverfassungsgerichts studiert, kommt ja nicht umhin, die ausführlichen soziologischen Analysen zur Kenntnis zu nehmen, die dabei herangezogen werden. Allerdings ist auch die Verfassungsjurisprudenz als Entscheidungshilfe für richterliche Rechtsprechung ausgelegt (besonders deutlich etwa bei amerikanischen Rechtsphilosophen wie etwa *Ronald Dworkin*). Allerdings: was hier interessiert, sind allgemeine soziologische und politik-wissenschaftliche Analysen. Von einer Selbstanalyse des Rechts und seines Betriebs, worauf Rechtssoziologien sich richten, ist auch hier keine Rede.

Auch zeitgenössische Rechtstheorien ziehen ausführlich soziologische Thesen heran, vor allem wenn sie ihren Blick auf Fragestellungen des Konstitutionalismus richten. Die unter Juristen breite Rezeption ihrer Gegenwartsanalysen stellt für die Kleinarbeit empirischer Rechtssoziologen eine unschlagbare Konkurrenz dar. Die oft modischen Thesen einer Sozialgeschichte rechtsinterner Argumentationsmuster verfahren nach dem Muster der Frage: „Wie denkt das Recht?"[1] und erfüllen damit die Funktion einer Selbstverständigung der juristischen Profession, wenn sie die These der materiellen Offenheit positiver Rechtsnormen durch Prozeduralisierung reflektieren oder als Gegenstück die der Konstitutionalisierung dagegen halten.

Diese Rechtstheorien beziehen externe und interne Gesichtspunkte des Rechts auf vielfältige Weise. So etwa erfüllt die Moralphilosophie von *Habermas*[2] eine kritisierend/legitimierende Funktion, auf abstrakt-umwegige Weise auch die Theorie der *Autopoiësis*[3]. Für Juristen bilden sie eine Art Sonntagstheologie. In der Praxis orientieren sich Juristen fachnäher an normativ wendbaren Modellen, die jeweilige interne Probleme lösen: die Schriften der Rechtsökonomen sind hierfür ideal, da ihre Modelle ein eigenes normatives Modell vorschlagen, das zwar von Verhaltensannahmen ausgeht, deren empirische Abwegigkeit jedoch für das Argument nichts zur Sache tut, solange es der unter-

---

[1] So der Titel einer epistemologischen Analyse von *G. Teubner*, in: Law and Society Review 23 (1989) 727–757.

[2] *J. Habermas*, Faktizität und Geltung, 1992.

[3] *N. Luhmann*, Das Recht der Gesellschaft, 1993.

stellten Rationalität entspricht[4]. Auf ähnliche Weise werden auch Thesen aus der Rechtssoziologie und Rechtspsychologie herangezogen, wenn sie in die Argumente passen. Das Ergebnis zählt, nicht aus welchem Steinbruch die jeweiligen Argumente bezogen werden.

Offene Fragen an empirische Disziplinen kommen eher von Rechtspraktikern und da regelmäßig in der Form der Frage: „*Was tun?*“ – worauf Soziologen gerne zurückfragen mit: „*Ja, was tut ihr denn eigentlich*?“ Richter kommen mit den Verfahrens- und Organisationsproblemen der Justiz, Verwaltungsleute mit den Implementations-Problemen ihrer Programme und die Ministerialbürokraten und Ausschüsse der Gesetzgeber mit Prognosefragen nach der voraussichtlichen Wirkung von neuen Gesetzen. Zahllose Berater- und Forschungsinstitute bieten hier ihre Dienste an: Ökonomen und Soziologen, Politologen und Psychologen – ihre Antworten sind so vielfältig wie die Fragen an die diversen Politikfelder. Rechtssoziologen spezialisieren sich hier wieder auf eine kleine Teilmenge: auf die Frage nämlich, welchen Anteil rechtliche Institutionen haben an dem Versuch, gesellschaftliches Verhalten zu regeln.

Dieses enge Gebiet der Justiz- und Rechtsforschung ist wenig institutionalisiert. Die Konkurrenz der Disziplinen hat denn auch Tabuisierungen aufkommen lassen, die allerdings den Ärger der Empiriker hochkochen lassen: Wortspiele, nach denen der Soziologe händeringend gebeten wird, sich doch bitte als „*Rechtstatsachenforscher*“ zu bezeichnen[5], scheuen das Lächerliche nicht.

Die Bezeichnung empirische Rechtssoziologie steht also nicht für ein Lehr-, sondern ein Forschungsprogramm. Die Ausbildung hierfür ist weder im Rahmen der juristischen Fakultäten zu leisten, noch allein bei den Soziologen, denen das Vorwissen über die Probleme des Rechts fehlt, zu suchen. Die Schlußfolgerung ist klar: Empirische Rechtssoziologie kann angesichts der Ausbildungsenge der Fakultäten nur an Forschungsinstituten angesiedelt werden, etwa in Zusammenarbeit mit Max-Planck-Instituten für Rechtsforschung und Rechtsvergleichung. Der Vergleich von Rechtssystemen wäre als methodischer Königsweg für das Gewinnen rechtssoziologischer Fragestellungen besonders geeignet. Auch dem sind in den siebziger Jahren aus disziplin-strategischer Engstirnigkeit allerdings Riegel vorgeschoben worden.[6]

Ein Blick in anglo-amerikanische Akademia lehrt, wie solche Institutionen aussehen könnten. Die ›*Law and Society Bewegung*‹ (wie sie sich gern selber nennt) vereinigt mindestens vier Elemente von Common Law Kulturen[7]:

---

[4] Deutliche Beispiele liefert *M. Adams*, Ökonomische Analyse des Zivilprozesses, 1982.

[5] So wiederholt geschehen bei meinen Auftragsforschungen für Rechtsanwälte, Justizministerien und Gerichte von den 70er bis in die 90er Jahre.

[6] Dies lehrte 1979 das traurige Ende der rechtssoziologischen Forschungsgruppe am privatrechtlichen Max-Planck Institut in Hamburg, dem nie die seinerzeit zugesagte Zusammenarbeit mit Sozialwissenschaftlern am Ort gefolgt ist.

[7] Vgl. *B. Garth*, *J. Sterling*, From Legal Realism to Law and Society: Reshaping Law for the Last Stages of the Social Activist State, in: Law and Society Review 31,2 (1998) 409-471.

- einen konsequenten *Szientizismus*, als Verantwortung aller Aussagen an dem Kanon empirisch-positivistischer Methoden,
- einen durchgängigen *Instrumentalismus*, unter dem der politische Einsatz von Recht gesehen wird,
- einen engagierten *Demokratismus* als Ausrichtung an der Teilhabe-Emanzipation von marginalisierten Gruppen,
- und das Verständnis von *Recht* nicht nur als *Regeln*, die zu befolgen sind, sondern auch als *Rechten,* die man einfordern kann. Diese *Bewegung* ist radikal pragmatisch: Nicht die Tradition der akademischen Disziplin zählt, sondern das Problem der Forschung, nicht die Geschlossenheit eines Lehrkanons, sondern die Kombination der Disziplinen, die einen Beitrag liefern. Rechtliche Regelung wird dabei als ein Ausschnitt aus allen tatsächlichen sozialen Regelungen gesehen. Wer das Gesichtsfeld auf soziale Normen erweitert, beobachtet Verhalten, das Recht zu vermeiden, Konfliktfelder, die außergerichtlich verarbeitet werden, und dafür sogar Institutionen errichtet haben, bis hin zu explizit *vor*-gerichtlichen Verfahren. Empirische Beobachter von Rechtsverhalten[8] sind sich angesichts der Vielfalt von Formen und Institutionen um dieses herum schnell einig geworden, ihre Konzepte des *Rechtlichen zu* gradualisieren.

Die Vielfalt der Fragestellungen, die sich diesem gemeinsamen Objektbereich von Juristen und Soziologen aufdrängt, ist riesig. Gerade in unseren zeitgenössischen Gesellschaften, in denen sich dem Beobachter allerorten Verrechtlichungen aufdrängen, wird deutlich, wie wenig Lebensbereiche (noch) *nicht* juridisiert sind. Dies läßt sich an den Grenzverschiebungen von sozialen und rechtlichen Normen ebenso ablesen wie an den Bewegungen der Formalisierung und Entformalisierung innerhalb der rechtlichen Institutionen. Plausibel ist, daß sich gerade an solchen Fragestellungen des spürbaren sozialen Wandels die Fragestellungen von Auftragsforschung und Beratung entzündet haben, mit denen innerhalb der Justiz verdienstvoll[9] zur Institutionaliserung eines Forschungsfeldes der *Rechtstatsachenforschung* angesetzt wurde:

- Anwaltssoziologie, Richtersoziologie und einer Professionssoziologie der Juristen im weiteren Sinne

wären wichtige Aufgaben einer Dauerbeobachtung, ebenso wie weitere Forschungen zu

- Organisationsfragen der Justiz und der Verfahrenssoziologie.

---

[8] So schon *Th. Geiger*, Vorstudien zu einer Soziologie des Rechts, 1947; in der englischsprachigen Literatur ohne Bezug auf denselben *D. Black*, Behavior of Law, 1976.

[9] Siehe die Schriftenreihe und weit gestreuten Publikationen des Bundesjustizministeriums unter der Ägide von Ministerialrat *D. Strempel* von 1980 bis 1998.

Jede einzelnen dieser Fragenbereiche kennt ihren je eigenen Kompromiß zwischen pragmatischem Erkenntnisinteresse und Methodenkanon. Weil die Adressaten überwiegend Juristen (und nicht Kollegen Sozialwissenschaftler) sind, verzichten die meisten Studien auf aufwendige Methoden, oder zumindest auf ihre komplizierte Darstellung. Der Beiname „empirisch" für oft simple (aber Augen öffnende) Beschreibungen ist ein Versuch, zumindest für einen Teil der Forschung eine methodische Disziplin (eben den Standard der empirischen Sozialwissenschaften) zu reklamieren; das aber (wie oben gesagt) lediglich als Markenzeichen und Anspruch, der angesichts der verschiedenen Wissenschaftstraditionen, die sich auf dem Gebiet der relevanten Fragestellungen tummeln, kaum mit Erfolg durchgesetzt werden kann. Gerade deshalb kann die Rechtssoziologie keine *Disziplin* (im Sinne einheitlicher methodischer Festlegung) sein.

Für eine solche Strategie ließe sich der Beitrag der rechtssoziologischen Empirie im Sinne der Leistungsbilanz einer entwicklungsfähigen Forschungstradition darstellen. Das heißt zwar nicht, dem Bedürfnis Genüge zu tun, in der Form eines Lehrbuches oder einer zurückblickenden Festschrift den Kanon einer Wissenschaft mit Tradition und kumulativem Erkenntnisfortschritt zu konstruieren. Der Wissenschaftssoziologe, der ich heute für Sie bin, weigert sich: Nach meiner Beobachtung und Erfahrung ist der Beitrag empirischer Rechtssoziologie so nicht beschaffen (und es scheint mir auch wenig sinnvoll, ihn mit Lehrbüchern, die wie ein Opernführer durch die schöne Welt einer Nicht-Disziplin führen, dazu zu machen zu suchen). Darin liegt keine Klage um Versäumtes oder Verfehltes, sondern ein anderes, nämlich ein weniger *disziplinäres* Verständnis vom Ziel wissenschaftlicher Bemühungen. Unter den oben angegebenen Bedingungen einer Nicht-Disziplin bleibt für mich das Streben der Rechtssoziologie auf neue Fragestellungen gerichtet, das heißt auf Sichterweiterungen innerhalb der *allzu disziplinären* Rechtsgelehrtheit.

Ich nenne einige dieser, für mich wichtigen Paradigmawechsel im Verständnis von „*Recht*", die von Sozialwissenschaftlern mit empirisch erarbeiteten Forschungen (auch) in Deutschland in den vergangenen dreißig Jahren unterbaut wurden:

- Da ist zunächst der Beitrag der Rechtsethnologie mit der Erkenntnis, daß es *Recht* durchaus auch ohne *Staat* geben kann. Damit meine ich nicht die utopisierenden Darstellungen einer *Gesellschaft gegen den Staat*[10], die in die Bibliothek zum *guten Wilden* gehören, sondern etwa den Nachweis strikter Gleichheitsregeln, die (im Rahmen der strukturbestimmenden Verwandt-

[10] So der Titel eines Erfolgsbuches der Zivilisationskritik von *le Clastre,* 1980; s. dagegen *G. Spittler,* Streitregelung im Schatten des Leviathan, ZfRechtssoziologie 1 (1980), S. 4–32.

schaftssysteme) sogenannte *anarchische* Gesellschaften zusammenhält.[11] Die daraus resultierende Relativierung unserer Begriffe vom *Recht* hat etwa in der Rezeption bei *Uwe Wesel*[12] zu einer neuen, empirisch informierten Evolutionstheorie des Rechts geführt. Mit der Kenntnis einer Vielfalt frühen Rechts sind wir heute weit entfernt von der ebenso romantisierenden, wenn auch eher gruseligen Vorstellung ursprünglicher Repression, wie sie etwa *Emile Durkheim* und seiner von den Kolonialerfahrungen geprägten Zeit vorschwebten.

- Einen ähnlich bedeutenden Sichtwechsel stellt die Etikettierungstheorie in der Kriminologie dar (besser bekannt als *labelling approach*). Die schlichte Einsicht, daß zur *Kriminalität* nicht nur Kriminelle, sondern auch Akteure und Instanzen gehören, die ihr dieses Etikett erfolgreich aufdrücken, ist ja keine Entschuldigung, als welche sie etablierte Kriminologen der Strafrechtszunft abtun wollten, sondern die Öffnung des Blicks auf den gesellschaftlichen Apparat ideologischer und institutioneller Einrichtungen, die gesellschaftliche Normen immer neu konstruieren und für ihre Aufrechterhaltung sorgen. Das *Kriminologische Journal* und seine Autoren haben sich dreißig Jahre lang als Erneuerer fühlen können, bis heute keine Einleitung in die Kriminologie mehr um ihren Ansatz herum kommt.
- Eine ebenso bahnbrechende Sichterweiterung stellt für mich die Implementationsforschung dar, die die Politologie des Rechts aus den Fesseln der Staatsrechtslehre befreit hat.[13] Theoretisch zunächst den pragmatischen Bedürfnissen der Policy-Beratung verpflichtet, hat die empirische Kenntnis der wechselseitigen Prozesse von Gesetzesformulierung und ihrer Ausführung – auf den je verschiedenen Politkfeldern – nicht nur den Verwaltungsjuristen geholfen, sich von ihrem administrativem Legalitätspositivimus zu lösen, sondern auch den Rechtstheoretikern, ihren übermäßigen Steuerungsoptimismus der instrumentellen Rechtsauffassung zu entschlacken.
- Solcher Einstieg in die Ideologien der Rechtswissenschaften gelingt in der Regel über normative Postulate. Dies trifft auch auf die Verfahrenssoziologie zu, die sich über die Forderung nach Abbau der Zugangsbarrieren zu Rechtsanwälten und Gerichten den Bedingungen der Mobilisierung von Recht zuwandte. Der Themenwechsel der juristischen Diskussionen zeigt aber auch die Schwäche solch rechtspolitischer Abhängigkeit: während die Prozeßrechtler in den 1970er Jahren die Notwendigkeit verbesserter Rechtshilfe für sozial Schwache entdeckten (und an den vermeintlichen Standesinteressen der Anwaltschaft strandeten), hatten sie sich schon in den 80er Jahren mit dem Abbau des Sozialstaates der übergroßen Prozeßflut und der ver-

[11] *Ch. Sigrist*, Regulierte Anarchie, 1967.

[12] *U. Wesel*, Geschichte des Rechts, 1995.

[13] *R. Mayntz* (Hrsg.), Implementation politischer Programme I/II, 1980/1983; *H. Wollmann* (Hrsg.), Politik im Dickicht der Bürokratie, Leviathan-Sonderheft 1980.

meintlichen Medizin außergerichtlicher Konfliktbearbeitung zugewandt. In beiden Fällen wurde eine Lösung angedient, bevor das Problem analysiert ist: schon kleine empirische Untersuchungen und bescheidene Vergleiche des Rechtsverhaltens in verschiedenen Sozialbereichen oder auch verschiedenen Ländern zeigen Wechselwirkungen zwischen Perzeption und Verhalten, Zugang und Vermeiden von Recht[14], die zu ignorieren Rechtstheorien blind und Rechtspolitik ziellos machen.

Abschließend diese Aufzählung von (für mich bedeutsamen) Paradigmata überschauend, fällt auf, wie sehr dabei die Kritikpunkte der 68er Jahre eine auslösende Rolle gespielt haben. Diese Paradigmenwechsel sind natürlich kennzeichnend für meine Generation. Daß sie Erfolg hatten, ist abzulesen an den Sprachneuerungen der Juristen. Es passiert den Sozialwissenschaftlern häufig, daß ihre Sichtweisen mit der Rezeption in das Alltagswissen der betroffenen Sozialbereiche – und damit deren Sprache – übernommen werden. Wenn dann die Frage kommt „Was ist daran eigentlich neu, was Ihr uns erzählt – das wußten wir doch schon immer“ – dann hat der Paradigmawechsel bei den gefestigten Professionen und deren Wissenschaften Erfolg gehabt. Dann ist es an der Zeit, sich andere Sichtbegrenzungen vorzunehmen und deren Wechsel vorzubereiten.

---

[14] Eine bescheidene Zusammenfassung findet sich in *meiner* Einführung zur Rechtssoziologie „Mobilisierung von Recht“ 1985.

Zur Bedeutung der Rechtssoziologie für das Zivilrecht

Klaus F. Röhl

I. Einleitung

1. Bedeutung ist nicht Nützlichkeit

Rechtssoziologie scheint unter permanentem Rechtfertigungszwang zu stehen. Sie ist ständig bemüht, ihre Nützlichkeit oder gar Notwendigkeit zu begründen oder zu verteidigen[1]. Auch das Thema, das mir aufgetragen worden ist, könnte den Eindruck erwecken, mir werde die Beweislast dafür zugeschoben, daß Rechtssoziologie für das Zivilrecht in dem Sinne bedeutsam sei, daß man konkret ihren Nutzen angeben könne. Wäre das so, würde ich diese Beweislastumkehr aber nicht akzeptieren. Dafür gibt es zwei Gründe. Der erste folgt aus einem Vergleich mit den anderen Grundlagenfächern der Rechtswissenschaft. Rechtsphilosophie, Rechtstheorie und Rechtsgeschichte werden selten oder nie mit der Frage nach ihrer Bedeutung für die dogmatischen Fächer oder für die Rechtspraxis konfrontiert, obwohl solche Bedeutung keineswegs einfach zu belegen wäre[2]. Entweder wird diese Bedeutung für selbstverständlich gehalten, oder diese Fächer sind so selbstbewußt, daß sie sich selbst genug sind. Der zweite Grund dafür, daß ich mich nicht in eine Verteidigungsstellung drängen lasse, liegt in dem Anlaß dieses Symposiums. *Edgar Michael Wenz*, den wir heute ehren, war nicht von Zweifeln über die Bedeutung der Rechtssoziologie angekränkelt. Er hat die Rechtssoziologie wie selbstverständlich für notwendig und interessant angesehen und sich eben deshalb mit ihr befaßt. Deshalb halte ich es auch für ausgeschlossen, daß der Veranstalter mir mit der Themenwahl eine Apologie der Rechtssoziologie zumuten wollte. Dennoch ist diese Vorbemerkung notwendig, denn der Grundtenor meines Vortrags besagt, daß es ausgeschlossen ist, eine Punkt-zu-Punkt-Beziehung zwischen Rechtssoziologie und Zivilrecht herzustellen und auf diese Weise die Bedeutung der Rechtssoziologie im Sinne von Nützlichkeit für das Zivilrecht zu belegen. Das könnte leicht mißverstanden werden, wenn nicht zuvor klargestellt ist, daß ich mich nicht nur hier und heute weigere, das Thema apologetisch zu interpretieren,

[1] Z. B. *Thomas Raiser*, Was nützt die Soziologie dem Recht?, JZ 1970, S. 665–671.

[2] Für die Rechtsgeschichte *Klaus F. Röhl*, Wozu Rechtsgeschichte?, Jura 1994, 173–178.

sondern eine solche Interpretation prinzipiell für verfehlt halte. Ich kann mich nicht daran erinnern, daß schon einmal jemand nach der Nützlichkeit des Zivilrechts für die Rechtssoziologie gefragt hätte. Auch die umgekehrte Frage sollten wir vergessen.

2. *Abgrenzungen*

Bevor ich zur Sache komme, sind einige Abgrenzungen erforderlich. Die erste betrifft den Begriff des Zivilrechts. Ich verstehe hier das Zivilrecht in einem sehr weiten Sinne, der sich nicht auf das klassische bürgerliche Recht beschränkt, sondern alle Rechtsgebiete einschließt, die sich nicht ohne weiteres als Strafrecht oder als öffentliches Recht zu erkennen geben. Das bedeutet unter anderem, daß auch das Arbeitsrecht dazugehört. Das bedeutet aber nicht, daß ich die ganze Breite des Zivilrechts gleichmäßig bedenken kann.

Eine Abgrenzung oder vielmehr Eingrenzung ist auch hinsichtlich des zugehörigen Verfahrens notwendig. Zwar haben es die Juristen immer schon gewußt, aber die Rechtssoziologie hat es ihnen bestätigt und unterstrichen, daß das materielle Recht nur soviel Wert ist wie das zu seiner Durchsetzung verfügbare Verfahren. Auch insoweit folgt der Eingrenzung gleich wieder eine Einschränkung. Rechtstatsachenforschung zum Zivilprozeß und zum Arbeitsgerichtsverfahren sind so ertragreich gewesen, daß sich ihre Bedeutung in diesem Rahmen nur erwähnen, aber nicht angemessen würdigen läßt. Schließlich ist bei der Eingrenzung des Themenfeldes zu bedenken, daß das Zivilrecht sich auf drei Ebenen entfaltet, nämlich in Gesetzgebung, Rechtsprechung sowie in Wissenschaft und Lehre.

3. *Annäherungsversuche*

Die Bedeutung der Rechtssoziologie für das Zivilrecht läßt sich kaum direkt beobachten. Daher habe ich versucht, sie auf vier verschiedenen Wegen indirekt einzukreisen.

Zunächst habe ich rechtssoziologische Arbeiten, die den gleichen Objektbereich erfassen wie das Zivilrecht, bibliographiert und sie thematisch geordnet. Auch ohne das Bemühen um Vollständigkeit ist schnell eine beträchtliche Zahl von Arbeiten zusammen gekommen. Aber über die Bedeutung der Rechtssoziologie für das Zivilrecht besagt diese Sammlung wenig. Viel eher spiegelt sich darin umgekehrt die Bedeutung des Zivilrechts und seines Normbereichs für die Rechtssoziologie.

Sodann habe ich zivilrechtliche Literatur daraufhin durchgesehen, ob und ggfs. wie sie an rechtssoziologische Arbeiten anknüpft. Konkret habe ich die seit 1974 erschienenen Hefte des Archivs für die civilistische Praxis (AcP) mit den Beiträgen der Zivilrechtslehrertagungen zur Hand genommen und im Fußnotenapparat nach Bezugnahmen auf rechtssoziologische Arbeiten gefahndet. Sieht man von dem Referat *Andreas Heldrichs*[3] ab, der 1986 vor den Zivilrechtslehrern das gleiche Thema behandelt hat, wie ich hier und heute, war die Ausbeute kümmerlich. Ich werde sie an geeigneten Stellen vorzeigen.

Drittens habe ich rechtssoziologische Autoren befragt, wie sie selbst die Bedeutung ihres Fachs für das Zivilrecht einschätzen. Dabei bin ich nicht bei *Luhmann* stehen geblieben, der bekanntlich apodiktisch meint, Rechtssoziologie und Jurisprudenz spielten sich in verschiedenen Welten ab. Ich habe vielmehr rekapituliert, was man gewöhnlich unter der Überschrift „Soziologische Jurisprudenz" abhandelt, und bin zu dem Ergebnis gekommen, daß das Unternehmen Soziologische Jurisprudenz nicht nur de facto gescheitert ist, sondern notwendig scheitern mußte.

Den vierten Anlauf habe ich mit Hilfe der sogenannten Verwendungsforschung gemacht. Er hat mich dahin geführt, am Ende die Bedeutung der Rechtssoziologie für das Zivilrecht als Resonanzphänomen zu beschreiben. Die Idee ist nicht neu. Aber etwas Besseres ist mir nicht eingefallen.

II. Themenschwerpunkte und Konjunkturen zivilrechtlich relevanter Rechtssoziologie

Es wäre langweilig, aufzuzählen, was an rechtssoziologischen Arbeiten zum Gegenstandsbereich des Zivilrechts zu finden war. Auch ein Inhaltsreferat wäre sinnlos. Ich begnüge mich damit anzudeuten, wo mir Schwerpunkte und Defizite aufgefallen sind.

Zur Auswahl (S. 67ff.) ist anzumerken, daß in die im Anhang mitgeteilte Bibliographie nur solche Titel aufgenommen worden sind, die sich explizit und zentral mit zivilrechtlich relevanten Themen befassen. Ausgeschlossen sind damit etwa Lehrbücher und Gesamtdarstellungen, die sich natürlich auch zu zivilrechtlichen Fragen äußern, oder Arbeiten, deren Schwerpunkt auf allgemeinen rechtssoziologischen Themen liegt, zum Beispiel Evolution des Rechts, Veränderungen des Rechtsbewußtseins, Verrechtlichung und Normenflut, Rechtsversagen, Verfahrensgerechtigkeit (procedural justice), Globalisierung, juristische Berufe oder Gerichtsorganisation, wiewohl auch unter solchen Überschriften einschlägige Gegenstände abgehandelt werden. Unabhängig davon finden sich in solchen Arbeiten vielleicht sogar Gesichtspunkte, die für das Zivilrecht interessanter sind, als zivilrechtsspezifische Ausführungen. Auch eher privatrechtstheoretisch orientierte Arbeiten sowie Arbeiten zur ökonomischen Analyse des Rechts – soweit sie nicht konkret werden – wurden ausgelassen. Die Auswahl wurde im Zweifel nach dem Motto getroffen, Kunst ist, was

[3] Zur Bedeutung der Rechtssoziologie für das Zivilrecht, AcP 186, 1986, S. 74–114.

im Museum hängt, also danach, ob die Arbeit in einer Veröffentlichungsreihe erschienen ist, die sich explizit der Rechtssoziologie oder Rechtstatsachenforschung widmet oder ob der Autor als Rechtssoziologe bekannt ist oder sich als solcher deklariert. Ausländische Literatur konnte nur ganz am Rande berücksichtigt werden.

Interessant sind die Konjunkturen von Themen, die Schwerpunkte und die Lücken. Die Produktion rechtssoziologischer Arbeiten setzt Ende der 60er Jahre ein. Einen Höhepunkt erreicht sie in der ersten Hälfte der 80er Jahre. Sehr deutlich ist die Abhängigkeit von den Angeboten zur Wissenschaftsförderung zu beobachten. Seit Anfang der 80er Jahre war für mehr als ein Jahrzehnt das Referat Rechtstatsachenforschung des Bundesjustizministeriums der wichtigste Sponsor, der freilich, wie kein anderer, auch die Themen vorgab. Sie konzentrierten sich naturgemäß auf das Gerichtsverfahren. Die Aktivitäten der 90er Jahre werden überwiegend von dem 1991 eingerichteten Förderschwerpunkt „Recht und Verhalten" der Volkswagenstiftung bestimmt[4]. Zivilrechtliche Themen stehen dabei nicht im Vordergrund.

Die spezifisch zivilrechtsrelevanten Themen wurden zunächst von der marxistisch inspirierten Rechtskritik bestimmt. Es ging um Rechtsbedürfnisse, Zugangs- und Erfolgsbarrieren auf dem Weg zum Recht, um Verbraucherschutz und Verbraucherverschuldung. Während Untersuchungen zur Wohnungsmiete vereinzelt blieben, haben Kündigungsschutz und Arbeitsgerichtsverfahren größere Beachtung gefunden. Diese Themen sind inzwischen abgeflaut. Die Diskriminierung besonderer Personenkreise war kaum Thema. Es fehlt an Arbeiten zur Altersdiskriminierung und zur Diskriminierung von Behinderten. Auch von Ausländerdiskriminierung war im Zusammenhang mit dem Zivilrecht kaum die Rede. Langsam kommen die Untersuchungen zur Europäisierung, Internationalisierung und Globalisierung des Zivilrechts in Gang. Ich vermisse Untersuchungen zur Funktion des Eigentums und zur Verteilung des Reichtums. Auch die Realfolgen der zahlreichen (Verbraucher-, Arbeitnehmer-, Jugend-, Mieter-) Schutzgesetze sind kaum bedacht worden.

Eine erstaunliche Dauerkonjunktur gibt es zum Gesamtbereich Familie, Ehe, Unterhalt und Sorgerecht und für den Komplex der alternativen Streitregelungsverfahren. Auch die Frauenforschung hat Dauerkonjunktur. Allerdings können nicht alle Arbeiten für die Rechtssoziologie vereinnahmt werden. Insoweit ist die Situation ähnlich wie beim Themenkomplex Ehe und Familie.

---

[4] *Hagen Hof*, Recht und Verhalten. Ein Förderschwerpunkt der Volkswagen-Stiftung, ZfRSoz 18, 1997, S. 247–305.

III. „Rechtswissenschaft als Sozialwissenschaft"

1. Der relative Erfolg der Aktionsforschung

Drei Programme stehen zur Auswahl,

- Rechtswissenschaft als Sozialwissenschaft
- Rechtswissenschaft und Sozialwissenschaft als autonome Disziplinen
- Sozialwissenschaft als Hilfswissenschaft des Rechts.

In ihrem Selbstverständnis ist Rechtssoziologie keine bloße Hilfswissenschaft der Jurisprudenz. Sie will sozusagen aus eigener Kraft relevant werden. In der Aufbruchszeit seit der Mitte der 60er Jahre haben viele Autoren immer wieder den möglichen Rationalitätsgewinn für Rechtsprechung und Gesetzgebung durch eine sozialwissenschaftlich gestützte Argumentation betont[5]. Dabei wurden ganz verschiedene Strategien verfolgt, um Rechtssoziologie in das Recht einzubringen.

Eine direkte Strategie baute darauf, durch kritische Sozialwissenschaft unmittelbar besseres Recht zu schaffen. Insoweit war *Rottleuthners* Titel „Rechtswissenschaft als Sozialwissenschaft"[6] Programm. Das Motto lautete etwa: Soziologen sind die besseren Richter und Gesetzgeber. Jenseits aller wissenschaftstheoretischen Probleme, die in den 60er Jahren unter dem Titel „Positivismusstreit" ausgetragen wurden, mußte diese Strategie an der Systemgrenze zwischen Soziologie und Recht scheitern. Ein Rollentausch zwischen Soziologen und Juristen ließ sich nun einmal nicht herbeireden. Gewisse Erfolge waren immerhin auf dem Wege der Aktionsforschung zu erzielen. Den Hebel dazu boten Rechtsberatung und strategische Prozeßführung, vorbereitet und begleitet von entsprechenden wissenschaftlichen Arbeiten. Zeitweise wurden, besonders aus den Niederlanden[7] und den USA, beachtliche Aktivitäten gemeldet. Für Deutschland ist hier exemplarisch auf die Tätigkeit von *Udo Reifner* hinzuweisen. Ursprünglich aus der Berliner Rechtssoziologie herkommend, hat er später von Hamburg aus systematisch die Kreditnehmer unter den Verbrauchern mobilisiert und damit das Gesicht einer ganzen Branche verändert. Das ist nicht nur eine bewundernswerte persönliche Leistung. Hier kann man ausnahmsweise einmal eine direkte Spur verfolgen, die die Soziologie im Zivilrecht hinterlassen hat.

---

[5] *Jutta Limbach*, Empirische Argumentation im zivilgerichtlichen Urteil, in: *Frank Rotter/Günter Dux/Rüdiger Lautmann* (Hrsg.), Rechtssoziologie Examinatorium, Heidelberg 1980, S. 68 ff.; *Karl-Dieter Opp*, Soziologie im Recht, Reinbek bei Hamburg, 1973; *Klaus F. Röhl*, Das Dilemma der Rechtstatsachenforschung, Tübingen 1974.

[6] Frankfurt a.M. 1973. Ähnlich *Rüdiger Lautmann,* Soziologie vor den Toren der Jurisprudenz, Stuttgart 1971.

[7] *Albert Klein*, Die soziale Advokatur in den Niederlanden, ZfRSoz 4, 1983, S. 65–83.

2. *Juristen als Soziologen*

Zeitweise gab es die Hoffnung, die Personalunion von Juristen und Rechtssoziologen könne den Transfer zwischen Recht und Sozialwissenschaft bewerkstelligen. Die Vorstellung, daß man die Juristenausbildung als trojanisches Pferd einsetzen könne, um die Juristen zu Soziologen zu machen, hat sich allerdings schnell als unrealistisch erwiesen. Das ändert aber nichts daran, daß die personell vermittelte Verwendung soziologischen Wissens relativ erfolgreich ist. Zwar ist das Modell der Personalunion zwischen Zivilrecht und Rechtssoziologie nicht so prominent wie die entsprechende Kombination zwischen Strafrecht und Kriminologie. Aber es gibt im akademischen Rechtsbetrieb doch eine stattliche Anzahl von Juristen, die sich zugleich als Rechtssoziologen verstehen. Auch das Bundesverfassungsgericht zählt immerhin drei bekennende Rechtssoziologen zu seinen Mitgliedern.

IV. Rechtssoziologie als Hilfswissenschaft: Soziologische Jurisprudenz

1. *Freirechtsschule und Interessenjurisprudenz*

Auf die Frage, wie denn das Zivilrecht selbst die Bedeutung der Rechtssoziologie einschätzt, antworten verschiedene Schulen der soziologischen Jurisprudenz.

Soziologische Jurisprudenz hat im Zivilrecht Tradition. Gegen Ende des 19. Jahrhunderts formierte sich zunächst im Zivilrecht der Widerstand gegen die Begriffsjurisprudenz und das mit ihr verbundene Dogma von der Geschlossenheit der Rechtsordnung. „Das Leben ist", so schrieb *Rudolf von Ihering*, „nicht der Begriffe wegen, sondern die Begriffe sind des Lebens wegen da". Anstöße für eine soziologische Betrachtung des Rechts setzte vor allem sein Werk über den „Zweck im Recht". *Eugen Ehrlich*, gleichfalls Zivilrechtler, gab mit seinem 1903 erschienen Vortrag „Freie Rechtsfindung und freie Rechtswissenschaft" der Freirechtsschule den Namen. Auch die Freirechtsschule forderte eine stärkere Berücksichtigung der sozialen Wirklichkeit und berief sich dazu auf die in der Zeit vor dem Ersten Weltkrieg erstmals aufblühende Rechtssoziologie.

Der von *Ihering* ausgehende Anstoß wurde von *Philipp Heck* aufgenommen. Unter Zweck verstand *Ihering* nicht ein vom Gesetzgeber sich selbst gegebenes Ziel, sondern die in der Gesellschaft auftretenden Bedürfnisse und Wünsche. Die Bedürfnisse und Wünsche der Menschen bilden die von *Heck* sog. Interessen. In den Interessen sah *Heck* die treibende Kraft der Gesetzgebung. Die Gesetze waren für ihn nur die „Resultanten oder Kraftdiagonalen der in jeder Rechtsgemeinschaft einander gegenübertretenden und um Anerkennung ringenden Interessen". Diese konfliktsoziologische Vorstellung von der Genese des Gesetzes diente *Heck* als Modell für eine juristische Methode, um unterhalb des Gesetzes, also de lege lata, neue Entscheidungen zu produzieren. Wo das Gesetz Unklarheiten oder Lücken zeigt, soll der Richter bei seiner Entscheidung die im Gesetz erkennbare grundsätzliche Interessenwertung zugrunde legen und, wo eine solche Interessenabgrenzung durch den Gesetzgeber nicht erkennbar ist, selbst eine Abgrenzung der Interessen vornehmen.

Die Schulen der soziologischen Jurisprudenz haben es indessen alle bei einer Art Parallelsoziologie in Juristenköpfen belassen. Keine hat mit der Rezeption rechtssoziologischer Forschung ernst gemacht. Die Interessenjurisprudenz ist alsbald zur Wertungsjurisprudenz mutiert, die zwar durchaus mit sozialen Interessen jongliert, aber keine Anstrengungen unternimmt, die Interessen empirisch zu analysieren.

2. *Die Jagd auf Alltagstheorien*

Ohne Anschluß an die älteren Schulen der soziologischen Jurisprudenz entwickelte sich in der ersten Hälfte der 70er Jahre eine pragmatische Strategie zur Rezeption soziologischen Wissens. Sie gab sich nicht lange mit wissenschaftstheoretischen und methodischen Vorüberlegungen ab, sondern wollte die Jurisprudenz darauf festnageln, daß sie ja immer schon in ihren Argumentationen explizit oder implizit auf Deskriptionen, Kausalerklärungen oder Prognosen zurückgreift, wie sie von den Sozialwissenschaften beigebracht werden. Mit anderen Worten ging es darum, die Alltagstheorien der Juristen aufzudecken und sie nach Möglichkeit durch geprüfte Theorien zu ersetzen oder jedenfalls eine kritische Einstellung gegenüber den Alltagstheorien und ihren möglicherweise verzerrenden Effekten zu wecken[8]. So plausibel dieser Ansatz auch sein mochte, in der Praxis ist er schlicht gescheitert.

Ein Beleg dafür ist *Limbachs* Analyse[9] eines Urteils des LG Braunschweig vom 14. 6. 1976[10], in dem ein Ladendieb zur Erstattung der vom Ladeninhaber ausgelobten Fangprämie verurteilt wird. In der Tat: Das Urteil steckt voller Annahmen über soziale Regelmäßigkeiten, über kausale Zusammenhänge und über

[8] *Karl-Dieter Opp*, Soziologie im Recht, Reinbek bei Hamburg 1973; *Jürgen Bürkle*, Richterliche Alltagstheorien im Bereich des Zivilrechts, Tübingen 1984; *Herbert Maisch*, Vorurteilsbildungen in der richterlichen Tätigkeit aus sozialpsychologischer und forensisch-psychologischer Sicht, NJW 1975, S. 566–570; vgl. auch *Rüdiger Lautmann*, Justiz – die stille Gewalt, Frankfurt a.M. 1972, S. 21 ff.; *Friedrich Kübler*, Über die praktischen Aufgaben zeitgemäßer Privatrechtstheorie, Karlsruhe 1975, S. 7 ff.; *Klaus F. Röhl*, Rechtssoziologie, Köln 1987, S. 90 ff.

[9] Empirische Argumentation im zivilgerichtlichen Urteil, in: *Frank Rotter/Günter Dux/Rüdiger Lautmann* (Hrsg.), Rechtssoziologie. Examinatorium, Heidelberg 1980, S. 68–80.

[10] NJW 1976, S. 1640–1642.

Entscheidungsfolgen. Indessen betont *Limbach* selbst, daß *Naucke* und *Deutsch* in ihrem Gutachten für den 50. DJT gerade erst beschrieben hätten, wie wenig über die Motive, das Dunkelfeld und die wirtschaftliche Bedeutung des Ladendiebstahls bekannt sei und wie wenig eigentlich auch die Rechtssoziologie über die präventive Wirkung von Sanktionen zu sagen wisse. Wie hätte das LG Braunschweig argumentieren sollen? Die Ansprüche der soziologischen Jurisprudenz konnte es unmöglich einlösen. Man könnte dem Gericht allenfalls vorwerfen, daß es sich ganz überflüssigerweise überhaupt auf quasisoziologische Erörterungen eingelassen hat. Es hätte seine Entscheidung allein darauf stützen können, daß es eine adäquate Folge des Ladendiebstahls sei, daß der Inhaber eine Fangprämie zahlt, um dann sogleich an Hand der für die Auslegung des § 249 BGB entwickelten Grundsätze diese Praxis für zulässig oder unzulässig zu erklären. Auch eine solche Kausalitätszuschreibung beruht natürlich auf einem Erfahrungssatz. Doch dabei bewegt sich die Rechtsprechung auf gewohntem Terrain. Auch der BGH hat es in seinem bis heute maßgeblichen Urteil von 1979[11] nicht ganz vermieden, die Ersatzfähigkeit der Fangprämie auf allgemeine Erfahrungssätze zu stützen. Er stellt darauf ab, daß die Fangprämie ein geeignetes Mittel sei, um die Aufmerksamkeit des Verkaufspersonals und seine Bereitschaft zum Eingreifen zu erhöhen. Dafür bezieht sich der BGH sogar auf (nicht genannte) „empirische Untersuchungen". Die Kritik an diesem Urteil stützt sich wiederum nicht auf sozialwissenschaftliche Argumente, sondern darauf, daß es sich bei der Fangprämie um eine Schadensverhütungsmaßnahme handle, die der BGH sonst nicht zum erstattungsfähigen Schaden rechne[12].

3. *Forensischer Gebrauch von Sozialwissenschaften*

Manche Beobachter schöpften Hoffnung, weil Gerichte gelegentlich Sozialwissenschaftler als Sachverständige heranziehen. Wenn immer das geschieht, handelt sich es jedoch nicht mehr um soziologische Jurisprudenz, sondern um konventionelle Beweisaufnahme, bei der nur noch ein zuvor als relevant ermitteltes Tatbestandsmerkmal der Norm zu ermitteln ist. Hauptanwendungsgebiet ist die Verwechslungsfähigkeit einer Marke oder eines Zeichens im Wettbewerbsrecht. Diese Begegnung mit Sozialwissenschaft hat das Zivilrecht auch kaum indirekt sensibilisiert. Eine Ausnahme bildet allenfalls das Kindschaftsrecht. Indessen hat *Simitis* beschrieben, wie wenig die von den Kindeswissenschaften angebotenen Reflexionskritierien zu einer fallspezifischen Argumentation genutzt worden sind. Unübersehbar sei vielmehr eine schnelle Trivialisierung und am Ende eine Redogmatisierung der Entscheidungskriterien[13].

---

[11] BGHZ 75, 230.

[12] Münchener Kommentar-*Grunsky*, Rn. 76 b vor § 249 BGB.

[13] *Dimitros Simitis* in: ders. u.a., Kindeswohl, Frankfurt a. M 1979, S. 35 ff.

4. Standards, Generalklauseln und unbestimmte Rechtsbegriffe

Eine andere Strategie hatte Standards, Generalklauseln oder unbestimmte Rechtsbegriffe als Schnittstelle zwischen Recht und Soziologie entdeckt.

Teubners Vorschlag, die Generalklauseln in ihrer Unbestimmtheit ernst zu nehmen und sie als ein Metaprogramm der Zuordnung von gesellschaftlichen Konflikten und rechtlicher Entscheidung zu verstehen[14], eignet sich als Ansatz soziologischer Analyse der Rechtsprechung, ist aber keine Methode soziologischer Jurisprudenz. Mit dieser Bemerkung ist *Teubners* Programm nicht angemessen gewürdigt. Aber dieses Programm war schon ausführlich Gegenstand des Vortrags von *Heldrich*, auf den ich insoweit verweisen kann[15]. Andere Vorschläge zielen von vornherein auf eine Konkretisierung unbestimmter Rechtsbegriffe, indem sie außerrechtliche Normalitäten als normativen Maßstab heranziehen wollen. Auch diese Idee hat sich in der Praxis nicht durchgesetzt. Dazu will ich wiederum nur ein Beispiel des Scheiterns nennen.

1982 erschien die Dissertation von *Doris Lucke* über „Die angemessene Erwerbstätigkeit im neuen Scheidungsrecht". Sie trug den Untertitel „Zur soziologischen Interpretation unbestimmter Rechtsbegriffe". Darin forderte *Lucke* eine sozialwissenschaftlich abgesicherte Auslegung des § 1574 BGB. Zur Stärkung der Zusammenarbeit zwischen Juristen und Soziologen wollte *Lucke* die Rechtsanwender über sozialpolitische Zielvorstellungen hinter § 1574 BGB und Soziologen über rechtspraktische Anwendungsschwierigkeiten informieren und bot sodann ein analytisches Raster zur Feststellung unterschiedlicher Lebensverhältnisse und Berufsmilieus an. Sie verwies auf die Verwertbarkeit spezieller Soziologien wie Konsumforschung, Schichtungsforschung, Biographieforschung und Berufssoziologie und entwickelte sodann ein von ihr sogenanntes Grundthemen-Konzept zur Bestimmung von sozialen Lebensverhältnissen und angemessenen Erwerbstätigkeiten. Die Arbeit endet indessen nicht mit Ergebnissen, sondern mit Forderungen: Die juristische Methode sei von Verfassungs wegen so einzurichten, daß sie sozialwissenschaftliche Ergebnisse zu rezipieren habe. Der in der Soziologie vorhandene Wissensfundus sei so aufzubereiten, daß er für die Rechtspraktiker unmittelbar verwertbar werde. Noch offene Fragen seien so einzugrenzen, daß sie in absehbarer Zeit hinreichend spezifisch beantwortet werden könnten. Die Rechtsanwender seien dahin zu schulen, daß sie mit soziologischen Methoden und Erkenntnissen umgehen könnten.

Es handelt sich um eine sorgfältige und differenzierende Arbeit. Sie gibt Dogmatikern an keiner bestimmten Stelle Anlaß, Protest anzumelden. Und dennoch: Weder Soziologen noch Juristen sind ihr gefolgt. Einige Kommentare

---

14 *Gunther Teubner*/AK-BGB, 1970, § 242.

15 *Andreas Heldrich*, AcP 186, 1986, 74 ff., 101 ff.

nennen den Titel der Arbeit pflichtschuldigst im Literaturtrailer. Dabei ist es geblieben. Ich habe bei meiner Nachsuche keine Gerichtsentscheidung gefunden, die die Arbeit von *Lucke* auch nur erwähnt hätte.

5. *Isolierte und integrierte Rechtstatsachenforschung*

Noch am besten funktioniert die Rechtstatsachenforschung nach dem Programm von *Arthur Nußbaum. Nußbaum* betonte, daß die Rechtsdogmatik das Kernstück der Rechtswissenschaft sei, das nicht durch eine soziologische Jurisprudenz im Sinne von *Ehrlich* oder *Ernst Fuchs* ersetzt werden könne, aber durch eine Wissenschaft von denjenigen „Tatsachen, deren Kenntnis für ein volles Verständnis und eine sachgemäße Anwendung der Normen" erforderlich sei, ergänzt werden müsse. Es solle sich dabei um Tatsachen wirtschaftlicher, politischer, gesellschaftlicher und psychologischer Natur handeln, die lediglich nach den Bedürfnissen der Rechtslehre selbst auszuwählen seien. Wegen ihrer spezifischen juristischen Färbung könne für sie der Ausdruck Rechtstatsachen gewählt werden. In erster Linie gelte es zu erforschen, wie das Gesetz von den Gerichten und dem Publikum tatsächlich angewendet werde, welche Zwecke tatsächlich mit den Normen verbunden würden und welche Wirkungen die Gesetze äußerten. Dabei hebt *Nußbaum* immer wieder hervor, daß die „typischen" Erscheinungen des Rechtslebens erforscht werden müßten. Das alles sei aber nicht Selbstzweck, sondern für die Dogmatik ein unentbehrlicher Wegweiser, der sie zu fruchtbaren Problemen leite und gegenstandslose Probleme als solche erkennen lasse. *Nußbaum* verzichtete auf einen Einbau der Rechtstatsachenforschung in die juristische Methode und vertraute darauf, daß die bloße Kenntnis der Rechtstatsachen der schon in der Zeit vor dem ersten Weltkrieg vielfach beklagten Praxisferne der Jurisprudenz abhelfen könne.

Niemand widerspricht der Forderung, Rechtswissenschaft müsse möglichst realistisch vorgehen, d.h. eben in Kenntnis der Rechtstatsachen. Die Bedeutung der Rechtstatsachen für die Rechtsgewinnung ist jedoch oft nur schwer zu erkennen, so wenn der Münchener Kommentar (*Rebmann*) in der Einleitung zum Band Familienrecht I auf 42 Seiten Zahlenreihen des Statistischen Bundesamtes als „Rechtstatsachen zum Familienrecht" abdruckt.

Ein Postulat der Rechtstatsachenforschung ist die Darstellung moderner Vertragstypen. *Manfred Rehbinder* machte einen Anfang mit einer Darstellung des Tankstellenpachtvertrages. Ein Sammelband von *Chiotellis* und *Fikentscher*[16] behandelte vor allem neue, durch Gesetz nicht geregelte Vertragstypen (Nachnahmegeschäft, Schrankfachvertrag u. a.), um damit eine bessere Grundlage für ihre rechtliche Beurteilung und auch für die geplante Reform des Schuldrechts zu liefern. Doch isoliert von der Dogmatik betriebene Rechtstat-

[16] *Chiotellis/Fikentscher* (Hrsg.), Rechtstatsachenforschung, 1985.

sachenforschung ist bedeutungslos geblieben. Moderne Rechtswissenschaft hat wie selbstverständlich die Ermittlung der Rechtstatsachen in ihre Arbeit integriert. Das kann man besonders bei den zivilrechtlichen Gutachten beobachten, die für den Deutschen Juristentag erstattet worden sind. Speziell zu neuen Vertragstypen sind *Peter Ulmers* Arbeiten über den Vertragshändler und die wegweisenden Arbeiten von *Michael Martinek*, vor allem über Franchising-Verträge, zu nennen[17]. Ein neues Beispiel ist die Habilitationsschrift von *Knut Werner Lange* über „Das Recht der Netzwerke"[18]. Wie selbstverständlich beschreibt *Lange* zunächst die Produktions- und Vertriebsnetzwerke der Automobilindustrie und die Funktionen von Lean Production, Lean Distribution und Just – in Time – Zulieferung. Ein Blick in das Literaturverzeichnis des Buches zeigt, daß dazu nicht nur juristische Literatur im engeren Sinne ausgewertet worden ist, sondern Informationsquellen sehr unterschiedlicher Art und Qualität. Etwas anders verfährt *Mathias Rohe*. An den Anfang seiner Monographie setzt er eine „an den Rechtstatsachen orientierte Bestandsaufnahme" [19]. Dabei handelt es sich um eine Zusammenstellung des von der Rechtsprechung behandelten Fallmaterials. Man kann methodisch an solchen Juristenarbeiten mäkeln. Mir scheint indessen, das Ergebnis spricht für sich, so daß ich die Methode eher mit dem Label „qualitative Textanalyse" adeln würde. Dazu noch einige Beispiele mehr: Von *Karsten Schmidt* erfahren wir, daß er für seinen Vortrag auf der Zivilrechtslehrertagung 1981 über „Den bürgerlichrechtlichen Verein mit wirtschaftlicher Tätigkeit" „rechtstatsächliche Umfragen" gemacht hat[20]. *Leipold* hat gar für sein Referat über „Wandlungen in den Grundlagen des Erbrechts" eine formidable Aktenuntersuchung angestellt[21]. Darüber hinaus konsultiert er die Ergebnisse aus zwei vom Bundesministerium der Justiz in den Jahren 1970 und 1971 veranlaßten Meinungsumfragen über den mutmaßlichen Erblasserwillen[22]. Ein Vergleich mit der Rechtsgeschichte drängt sich auf. Es besteht Konsens, daß man für das Verständnis eines Gesetzes historische Kenntnisse benötigt. Ich habe aber noch nicht gehört, daß für dieses Geschäft professionelle Historiker bemüht worden wären. Juristen betreiben Rechtsgeschichte im Do-It-Yourself-Verfahren. Genau so gehen sie mit der Rechtstatsachenforschung um. Aber Rechtstatsachenforschung ist keine Soziologie, denn sie ist atheoretisch.

---

[17] München 1969.

[18] Heidelberg 1998.

[19] Netzverträge, Tübingen 1998, S. 7.

[20] AcP 182, 1982, S. 1–59, S. 8.

[21] *Dieter Leipold,* Wandlungen in den Grundlagen des Erbrechts, AcP 180, 1980, S. 160–237.

[22] *Hans A. Stöcker,* Die Neuordnung der gesetzlichen Erbfolge im Spiegel des mutmaßlichen Erblasserwillens, FamRZ 1971, S. 609–618.

6. Beratung von Institutionen im Wandel

Die Nachfrage nach sozialwissenschaftlicher Beratung hat sich heute auf die Institutionen verlagert. Die Gesellschaft als ganze und das ihr entsprechende Rechtssystem erscheinen zwar therapiebedürftig. Sie sind aber als Ganzes nicht greifbar und scheiden deshalb als Nachfrager aus. Anders liegt es bei Organisationen, privaten Unternehmen ebenso wie öffentlichen Einrichtungen, Universitäten etwa oder der Justiz. Überall spürt man wachsende Komplexität und in der Folge unbewältigte Kontingenz. Die Stichworte sind bekannt: Soziale Differenzierung, Globalisierung, Umwälzung der Informationstechnik, Risikopotential der Technik. Die Attitüde der Selbstbeobachtung hat ein gestiegenes Bewußtsein für Ungewißheit und die Notwendigkeit von Anstrengungen zur Bewältigung des sozialen Wandels und der Zukunft hervorgerufen. So wie Individuen professionelle Hilfe bei Psychologen und Psychiatern suchen, drängen sich Unternehmen und Organisationen nach professioneller Beratung. Hier ist ein großer Markt entstanden, in den etwa im Justizbereich *Kienbaum, Wibera* und *Prognos* eingedrungen sind. Was sie anbieten, ist eingekochte Rechtssoziologie ohne Quellenangabe.

7. Folgenberücksichtigung

Eine methodisch elaborierte Strategie soziologischer Jurisprudenz versteht Rechtsnormen prinzipiell als Mittel für soziale Zwecke und baut auf *Max Webers* Darstellung des Zweck-Mittel-Zusammenhangs und der darauf gründenden Verantwortungsethik oder auf dem kritischen Rationalismus von *Popper* und *Albert* auf. Spezifische Ausprägungen dieser Strategie sind das Postulat der Folgenberücksichtigung im Recht oder das Effizienzpostulat der ökonomischen Analyse. Folgt man diesen Vorstellungen, so stellt sich nicht länger die alte Frage soziologischer Jurisprudenz, ob denn soziologisches Wissen juristisch überhaupt relevant werden könne. Jetzt stellt sich das Problem, daß solches Wissen eigentlich ubiquitär Verwendung finden müßte; denn wo immer die Entscheidung offen ist, lassen sich verschiedene Normhypothesen unter dem Gesichtspunkt möglicher Realfolgen vergleichen. Jetzt sehen wir, was wir alles wissen müßten, um rational zu entscheiden, und wie wenig wir tatsächlich wissen. Zwar gibt es hier und da Wissensinseln. Aber sie sind unbedeutend im Verhältnis zu dem Meer des Nichtwissens und den Untiefen ungesicherter Annahmen. In dieser Situation verbietet es sich, der juristischen Methode die Suche nach sozialwissenschaftlich abgesicherten Entscheidungen zur Pflicht zu machen. Akzeptiert man die Folgenberücksichtigung als Element juristischer Methode, so liegt darin allenfalls die Erlaubnis, Argumente sozialwissenschaftlich abzustützen. Ob und in welchem Umfang das geschieht, kann die juristische Methode nicht mehr verantworten.

8. Das Dilemma soziologischer Jurisprudenz

Das Unternehmen einer soziologischen Jurisprudenz ist gescheitert, und es konnte gar nicht anders kommen. Gründe dafür habe ich vor nunmehr 25 Jahren als „Das Dilemma der Rechtstatsachenforschung" beschrieben, und sie haben sich als stärker erwiesen, als ich es damals befürchtete. Heute unterscheide ich zwischen einem moralischen und einem epistemologischen Problem. Das moralische Problem des Konsequentialismus besteht allerdings in dieser Weise nur für die Rechtsprechung. Es liegt darin, daß es problematisch ist, über Handlungen, die sich in der Vergangenheit ereignet haben, nach der Maßgabe von Folgen zu urteilen, die man für die Zukunft gutheißt. Das epistemologische Problem ist das Informationsparadox. Es geht kurz gesagt darum, daß man die Bedeutung einer Information erst dann beurteilen kann, wenn man die Information kennt. Das gilt jedenfalls dann, wenn nicht zuvor die Frage auf eine Ja-/Nein-Antwort zugespitzt ist. Deshalb ist es, jedenfalls im Gerichtsverfahren, nicht rational, sich auf die Suche nach Unbekanntem zu machen, wenn die Frage nicht als Beweisbeschluß formuliert werden kann mit der Folge, daß, ganz gleich wie die Antwort ausfällt, eine Entscheidung möglich ist.

Die Möglichkeiten, die sich zur Verbesserung juristischer Urteile mit Hilfe der empirischen Sozialforschung auftun, müssen dennoch nicht ungenutzt bleiben. Ein Ausweg besteht darin, daß die Gerichte auf einen von der Wissenschaft erarbeiteten und in der Literatur verfügbaren Bestand zurückgreifen, ähnlich wie man den Revisionsgerichten die Verwertung von Erfahrungssätzen zubilligt. In der Praxis werden sich nur wenige die Mühe machen, auf diese Weise nach soziologisch fundierten Argumenten zu suchen. Man kann die Praxis zu soziologischer Jurisprudenz ebensowenig verpflichten, wie man sie ihr untersagen könnte. Daher eignet sich soziologische Jurisprudenz kaum als Alltagsmethode. Als Methode der Rechtsgewinnung hat sie ihren Platz in der Rechtswissenschaft, wie sie vor allem in den Universitäten institutionalisiert ist. Der Wissenschaftler verfügt noch am ehesten über die notwendige Distanz zu den Entscheidungszwängen der Praxis, um mit soziologischer Jurisprudenz ernst zu machen. Er ist insbesondere in der Lage, drängende und lohnende Probleme auszuwählen. Er kann sich aus dem vorhandenen Wissensbestand, durch Zusammenarbeit mit Fachsoziologen und aus eigenen Untersuchungen, ein Bild von den relevanten Tatsachen machen und auf dieser Basis die Rechtspraxis kritisieren und ihr neue Lösungen vorschlagen. Viele anspruchsvollere rechtswissenschaftliche Untersuchungen nutzen auch sozialwissenschaftliche Argumente. Für eine rechtswissenschaftliche Habilitationsschrift gehörte es zeitweise zum Standard, die Folgendiskussion aufzunehmen und sozialwissenschaftliches Material zu verwerten[23]. Zwar kann die Rechtswissenschaft nur ausge-

---

[23] Vgl. z.B. *Klaus Lüderssen*, Erfahrung als Rechtsquelle, Frankfurt a.M. 1972; *Johannes*

suchte Themen auf soziologischer Grundlage behandeln. Die unvermeidliche Subjektivität der Themenwahl fällt nur wenig ins Gewicht, da die Entscheidungsvorschläge für die Praxis nicht unmittelbar verbindlich sind. Man wird einwenden, daß aus eben diesem Grunde eine Rechtswissenschaft auf soziologischer Grundlage zur Unwirksamkeit verurteilt sei. Aber es gibt keine Alternative.

Inzwischen hat die Rezeption soziologischen Wissens in der Rechtswissenschaft wieder nachgelassen. Bis zu einem gewissen Grade werden an Stelle soziologischer jetzt Argumente einer ökonomischen Analyse des Rechts aufgenommen. Bei der Durchsicht der Referate für die Zivilrechtslehrertagungen fanden sich etwa gleich viel oder vielmehr gleich wenig Bezugnahmen auf Literatur zur ökonomischen Analyse des Rechts wie auf rechtssoziologische Arbeiten.

9. Hat die Rechtssoziologie ein normatives Programm?

Es ist noch gut in Erinnerung, daß Rechtssoziologie von der Dogmatik, auch vom Zivilrecht, massiv abgewehrt wurde, weil man hinter der soziologischen Analyse des Zivilrechts – nicht ganz unberechtigt – ein politisches Programm vermutete. Indessen hat die Rechtssoziologie als Disziplin kein eigenes normatives Programm. Sie kann durchaus im Sinne *Max Webers* als wertfreie Wissenschaft betrieben werden. Ein normatives Programm hat aber in der Regel der einzelne Wissenschaftler, sei er Soziologe oder Dogmatiker. Das läßt sich gar nicht vermeiden. Problematisch war nur jene Aufbruchszeit, in der sich die politischen Vorstellungen der Rechtssoziologen so addierten, daß manche den Eindruck gewannen, dieses Programm sei der Disziplin inhärent. Auch wenn heute bei den meisten, die Rechtssoziologie betreiben, das normativ-politische Programm in den Hintergrund getreten ist, so bleibt doch die Tatsache bestehen, daß von der Rechtssoziologie eher solche Personen angezogen werden, die einem sozialen Wandel das Wort reden als andere, die man gewöhnlich als konservativ kennzeichnet.

Köndgen, Selbstbindung ohne Vertrag, Zur Haftung aus geschäftsbezogenem Handeln, Tübingen 1981; *Thomas Raiser*, Das Unternehmen als Organisation, Berlin 1969; *Udo Reifner*, Alternatives Wirtschaftsrecht am Beispiel der Verbraucherverschuldung, Neuwied/Darmstadt 1979; *Gunther Teubner*, Organisationsdemokratie und Verbandsverfassung, Tübingen 1978; *Gisela Zenz*, Kindesmißhandlung und Kindesrechte, Frankfurt a.M. 1979.

IV. Die Bedeutung der Rechtssoziologie für die Gesetzgebung

1. Zur funktionellen Differenzierung zwischen Gesetzgebung und Rechtsprechung

Die Rechtssoziologie hat dazu beigetragen, die Grenze zwischen Gesetzgebung und Rechtsprechung aufzulösen. Es ist heute eine Banalität, daß Rechtsprechung sich nicht auf die bloße Anwendung des Gesetzes beschränkt, sondern weit in den Bereich der Rechtsschöpfung eindringt. Rechtstheoretisch betrachtet ist die Aufgabe der Rechtsgewinnung für Gesetzgebung und Rechtsprechung sehr ähnlich. Die Gerichte sind durch Verfassung und Gesetze nur lückenhaft programmiert. Sie müssen daher Entscheidungen treffen, die, ungeachtet allen Streits um die Rechtsquelleneigenschaft des Richterrechts, präjudizielle Wirkung haben. Wenn es jedoch um die Heranziehung soziologischen Wissens geht, dann baut sich die Grenze zwischen Gesetzgebung und Rechtsprechung wieder auf. Jetzt liegt der Unterschied nicht länger in Freiheit oder Bindung an Normtexte, sondern im Anlaß und in den organisatorischen Handlungsbedingungen des Entscheidens. Anlaß ist ein konkreter Fall, und die sozialen Bedingungen des Entscheidens sind durch die Prozeßordnungen vorgegeben. Sozialforschung verträgt sich nicht mit der Zeitperspektive konkreter Entscheidungsverfahren und paßt schon gar nicht in das Kostengefüge des Prozesses.

Die Gesetzgebung verfügt nicht nur über einen weiteren Zeithorizont, sondern auch über die Ressourcen für eine sozialwissenschaftliche Beratung. Sie nutzt solche Beratung nicht bloß für eine Verbesserung der Entscheidungsqualität, sondern strategisch zur Beschaffung von Legitimation. Das hat am Beispiel der Reform des Scheidungsrechts *Lucke* anschaulich und detailliert berichtet[24].

2. Rechtssoziologie und die Reform des Scheidungsrechts

Scheidung und eheliches Güterrecht, Steuerrecht, Unterhaltsrecht, Namensrecht, Sorgerecht oder die Stellung nichtehelicher Kinder haben sich in den 50 Jahren seit der Gründung der Bundesrepublik Deutschland grundlegend gewandelt. Hätte man Laien 1949 den heutigen Rechtszustand ausgemalt, so hätten sie sich diesen Wandel kaum anders als eine Revolution vorstellen können. Doch es war nur eine „stille Revolution"[25], die ohne den Schub von sozialen Bewegungen oder auch nur starker Interessengruppen vor sich ging. Die starke

---

[24] *Doris Lucke*, Recht ohne Geschlecht? Zu einer Rechtssoziologie der Geschlechterverhältnisse, Pfaffenweiler 1996.

[25] Nach *Herbert Jacob*, Silent Revolution. The Transformation of Divorce Law in the United States, University of Chicago Press 1988.

Beteiligung von Sachverständigen am Gesetzgebungsverfahren deutet darauf, daß die Reform relativ unpolitisch war. Der Boden war durch den sozialen Wandel vorbereitet. Die gestiegene Lebenserwartung führte trotz höheren Heiratsalters zu einer längeren Ehedauer. Veränderungen des Arbeitsmarktes und bessere Ausbildung ließen die Ehefrauen zum Haushaltseinkommen beitragen, machten sie finanziell unabhängiger und verschafften ihnen soziale Kontakte ohne Vermittlung des Mannes. Die Kinder verloren ihre Bedeutung als ökonomische Absicherung und wurden zur emotionalen Ressource. Soziologische Aufklärung in der Folge der *Kinsey*-Reports, wirksame Verhütungsmittel und eine gewisse Liberalisierung der Abtreibung untergruben das normative Monopol der Ehe für legitime sexuelle Beziehungen. Die Ehescheidung war nicht länger ein sozial stigmatisierendes Ereignis, sondern nur noch ein Problem der Kernfamilie. Mehr oder weniger im Gleichklang veränderte sich unter diesen Einflüssen etwa seit 1965 das Familienrecht in allen westlichen Industrienationen und darüber hinaus. Die Kirchen leisteten vergleichsweise – man denke an die Reform des § 218 StGB – milden Widerstand. Feministische Rhetorik half ein wenig nach. In Deutschland schob das Verfassungsgericht die Reform an manchen Stellen an. Rechtsoziologie spielte in diesem gewaltigen Veränderungsprozeß nur die Rolle eines Mauerblümchens, das in den Rissen der alten Gesetze blühte. Sie hinkte dem sozialen Wandel kaum weniger hinterher als das Recht selbst.

Bei der Eherechtsreform ging es um zwei Themen, die nur begrenzt miteinander zusammenhängen, nämlich um das Ob der Scheidung und um die Modalitäten der Scheidungsfolgen. Was das Ob der Scheidung betrifft, so hat der Gesetzgeber den Wandel von Ehe und Familie, den wir zwar heute sehr viel deutlicher sehen, der aber auch 1976 schon erkennbar war und von der Familiensoziologie beschrieben wurde, gar nicht ernsthaft zur Kenntnis genommen. Die Ehescheidung galt als pathologischer Befund; die Aufgabe des Rechts bestand zunächst darin, den Eintritt dieses Ereignisses zu verhindern. Das alte Recht ging vom Verschuldensprinzip aus und gestattete nur unter sehr engen Voraussetzungen die Scheidung auch wegen objektiver Zerrüttung der Ehe. Im Verfahren galt nicht nur der Untersuchungsgrundsatz. Vielmehr war auch die Staatsanwaltschaft beteiligt, und ein sogenannter Sühneversuch war obligatorisch. Rechtstatsachenforschung hätte beschreiben können, wie sich die Rechtspraxis immer weiter von dem offiziellen Recht entfernte. Es war nicht nur ein Anstieg der Scheidungsziffern zu beobachten. Vor allem die Praxis der verdeckten Konventionalscheidung war allgemein bekannt. Sie war abzulesen an der Konzentration des Scheidungsgrundes auf „andere Eheverfehlungen" i.S. des alten § 43 EheG auf über 95 %. Um die Differenz zwischen dem law in action und dem law in the books zu erkennen, bedurfte es aber gar keiner Rechtstatsachenforschung. Forschung war auch nicht notwendig, um die rechtspolitische Diskussion voranzubringen. Das besorgten die Medien. Erstaunlicherweise kam die Scheidungsursachenforschung in Deutschland, aber auch in anderen Ländern, erst nach der Reform des Scheidungsrechts richtig in Gang[26].

Was die Scheidung selbst betrifft, so wurde der Präventionscharakter des Scheidungsrechts nicht in Frage gestellt. Im Gegenteil, aus heutiger Sicht kann man den Übergang vom Verschuldensprinzip zum Zerrüttungsprinzip als einen Versuch verstehen, der Justiz die Kontrolle der Ehescheidung, die unter dem Verschuldensregime verloren gegangen war, zurückzugewinnen. Schon damals war aus der Untersuchung *Rheinsteins* bekannt, daß die Ausgestaltung des Scheidungsrechts für die Frequenz der Ehescheidung keine große Bedeutung hat. Aber dieser Sachverhalt wurde schlicht ignoriert. Auch als das Zerrüttungsprinzip 1980 auf den Prüfstand der Verfassung geriet[27], gab sich das Gericht ohne weiteres mit der Präventionswirkung des Zerrüttungsprinzips zufrieden, ohne überhaupt die Frage aufzuwerfen, wieweit dieses Prinzip tatsächlich die ihm im Gesetzgebungsverfahren zugeschriebene Präventivwirkung entfaltet. An der soziologischen Beobachtung, daß die Stabilität von Ehe und Familie als Institution nicht von der Stabilität individueller Ehen abhängt, hatten weder der Gesetzgeber noch das Bundesverfassungsgericht irgendein Interesse. Daher ging die Scheidungsrechtsreform auch längst nicht soweit, wie es nach dem soziologischen Befund angezeigt gewesen wäre. Nach wie vor kommt die Praxis nicht ohne die verdeckte Konventionalscheidung aus.

Eigentlich ist es rätselhaft, warum ein so handfestes Ergebnis wie das von der fehlenden Präventionswirkung des Scheidungsrechts in der Reformdiskussion nicht akzeptiert wurde. Ich habe den Verdacht, daß die beteiligten Sozialwissenschaftler selbst die Ignorierung ihres Angebots provozierten, weil sie ihr Wissen nur im Paket mit einer Denunzierung der Wertvorstellungen von Juristen und Politikern präsentierten. In diesem Sinne heißt es etwa bei *Lucke*[28]: „Am Grundsatz der auf lebenslange Dauer angelegten Ehe als Leitbildauffassung wurde gleichwohl auch im neuen Ehescheidungsrecht festgehalten. Hierbei handelt es sich offensichtlich um einen Tribut an die Kirchen und rechtskonservative Traditionalisten, deren dogmatischen Positionen familiensoziologische Befunde zur empirisch vorfindbaren Scheidungsrealität untergeordnet wurden." Es gibt keinen soziologischen Grund, warum man nicht auch kontrafaktisch an einem Leitbild festhalten könnte. Davon abgesehen wäre doch zu fragen, ob sich das Eheleitbild an den gescheiterten oder an der Mehrheit der gelungenen Ehen ausrichten sollte. Und schließlich wäre zu bedenken, daß vermutlich auch diejenigen, deren Ehe später scheitert, mit dem Ziel einer lebenslänglichen Bindung in die Ehe gehen. Es wäre daher nicht die Aufgabe der

[26] Eine gute Zusammenfassung findet sich bei *Margret Rottleuthner-Lutter*, Gründe von Ehescheidungen in der Bunderepublik Deutschland, Köln 1992, S. 51–97.

[27] BVerfGE 53, 224 = NJW 1980, S. 689.

Rechtssoziologie gewesen, den Kirchen ihr Eheleitbild zu vermiesen. Sie hätte sich vielmehr darauf konzentrieren sollen, die Ungeeignetheit des Rechts zur Zementierung von Ehen zu betonen und vielleicht noch auf die innere Widersprüchlichkeit eines Eheleitbilds hinweisen können, das den sakramentalen Charakter der Ehe durch äußeren Rechtszwang zu wahren sucht. Auf der anderen Seite waren die Sozialwissenschaftler nicht zynisch genug, um auf die latente Funktion einer objektiven Scheidungsfolgenregelung hinzuweisen. Auch bei der Frage der innerehelichen Funktionsteilung gab es einen merkwürdigen Bias auf Seiten der Sozialwissenschaften. Natürlich waren die geschlechtsspezifischen Regelungen der alten §§ 1356 und 1360 BGB unhaltbar geworden. Aber die Sozialwissenschaften, in diesem Fall die Frauenforschung, kämpfte ihrerseits dogmatisch auf der Leitbildebene, anstatt zu betonen, wie irrelevant sich rechtliche Regeln über das Binnenverhältnis der Ehegatten erwiesen hatten.

Für das aktuelle Familienrecht könnte die Rechtssoziologie zwei Akzente setzen. Zunächst zeigt sie, daß es nicht gerechtfertigt ist, kulturpessimistisch von einer Krise von Ehe und Familie zu reden, einer Krise, der sich das Recht entgegenstemmen müßte[29]. Das Phänomen, das beschrieben wird, ist vielmehr die erstaunliche Flexibilität der Institutionen von Ehe und Familie. Nach wie vor ist die Ehe die bestimmende Lebensform, wenn es um Privatheit und Kinder geht. Die relativ hohe Scheidungsrate wird durch eine bemerkenswerte Wiederverheiratungsquote ausgeglichen. Die Rechtsprobleme konzentrieren sich daher praktisch ganz auf die Bewältigung der Scheidungsfolgen. Daher ist die Scheidungsfolgenforschung für das Zivilrecht wichtiger geworden als die Scheidungsursachenforschung.

Auch die Scheidungsfolgenforschung erlebte ihre Konjunktur erst nach der Eherechtsreform von 1976[30]. Immerhin blieb diese Forschung insofern nicht ganz irrelevant, als die gesetzlichen Regelungen noch mehrfach nachgebessert wurden. Als Beispiel der Scheidungsfolgenforschung ist die Untersuchung von *Limbach* zur Praxis der gemeinsamen Sorge geschiedener Eltern zu nennen, die zwar die relative Seltenheit dieses Verfahrens betont, seine Wirkung jedoch verhalten positiv einschätzt[31]. Erwähnung verdient auch eine Untersuchung von *Lempp* u. a., die sich mit der Anhörung der Kinder gemäß § 50 b FGG befaßt[32]. Das eigentlich Bemerkenswerte an diesen Untersuchungen scheint mir aber zu sein, daß sie durch Entscheidungen des Bundesverfassungsgerichts ausgelöst

---

[28] AaO. S. 74.

[29] *Thomas Klein*, Pluralisierung versus Umstrukturierung am Beispiel partnerschaftlicher Lebensformen, KZfSS 51, 1999, S. 469–490.

[30] *Lucke*, aaO. (Fn. 24), S. 105.

[31] *Jutta Limbach*, Die gemeinsame Sorge geschiedener Eltern in der Rechtspraxis, Köln 1989.

[32] *Reinhart Lempp/Vera von Braunbehrens/Ernst Eichner/Doris Röcker*, Die Anhörung des Kindes gemäß § 50 b FGG, Köln 1987.

wurden, die Untersuchung von *Limbach* durch ein Urteil vom 3. 11. 1982, das § 167 1 IV 1 BGB wegen Verstoßes gegen das Elternrecht des Art. 6 II 1 GG für nichtig erklärte, weil die Bestimmung ein gemeinsames Sorgerecht geschiedener Ehegatten für ihre Kinder selbst für den Fall ausschloß, daß die Eltern gemeinsam eine solche Regelung wünschten[33]. Immerhin berief sich das Gericht auf kinderpsychiatrische und -psychologische Literatur und bemühte dazu auch zwei Sachverständige. Die Untersuchung von *Lempp* u. a. zur Anhörung von Kindern unter 14 Jahren wurde vom Bundesjustizministerium im Anschluß an einen Beschluß des Bundesverfassungsgerichts vom 5. 11. 1980[34] veranlaßt, der die Regelung des § 50 b FGG zwar bestätigte, dennoch aber zu einer Verunsicherung der Familien- und Vormundschaftsrichter geführt zu haben schien. Nimmt man die späteren Entscheidungen des Bundesverfassungsgerichts zur Stellung des nichtehelichen Kindes[35] und schließlich das Kindschaftsrechtsreformgesetz vom 16. 12. 1997 hinzu, so scheint sich ein Befund zu bestätigen, den *Gerd Winter* bereits 1969 vortrug[36]: Mindestens im Bereich des Eltern- und Kindschaftsrechts hinkt das offizielle Recht nicht unbedingt dem sozialen Wandel nach, sondern läuft mindestens auf der Bugwelle mit.

3. Ex-post-Analysen

Die Reform des Ehe-, Familien- und Kindschaftsrechts ist aus einem weiteren Grund interessant. Sie hat eine Gattung rechtssoziologischer Literatur produziert, die ich höher schätze als viele der kurzatmig um Nützlichkeit und Reform bemühten Arbeiten. Ich meine die Gattung der Ex-post-Analysen, die das, was geschehen ist, aus der Distanz einordnen und vielfach latente Zusammenhänge aufzeigen. Was konkret die Reform des Ehe- und Familienrechts betrifft, so ist mein Favorit die „Silent Revolution" von *Herbert Jacob*. Aber auch aus Deutschland gibt es Untersuchungen, die mir die Augen geöffnet haben für Vorgänge und Zusammenhänge, die ich bisher so nicht gesehen hatte. Dafür will ich drei Beispiele nennen, nämlich *Wolfgang Voegelis* Aufsatz über den „Funktionswandel des Scheidungsrechts" in der Kritischen Justiz 1982[37], *Doris Luckes* „Abhandlung über die Verwendung soziologischen Wissens in der Familiengesetzgebung" sowie den Artikel von *Margret Rottleuthner-Lutter* und *Hubert Rottleuthner* über den „Wandel von Ehe, Familie und Recht in der Bundesrepublik Deutschland". Die zuletzt genannte Arbeit ist leider an etwas entlegener Stelle abgedruckt, in den Oñati-Proceedings Bd. 13, 1991, S. 131-155.

---

[33] BVerfGE 61, 358 = NJW 1993, S. 101 f. = FamRZ 1982, S. 1182 ff.
[34] BVerfGE 55, 171 = NJW 1981, S. 217.
[35] BVerfGE 85,80 = FamRZ 1992, S. 157 = NJW 1992, S. 1747.
[36] *Gerd Winter*, Sozialer Wandel durch Rechtsnormen, Berlin 1969.
[37] S. 133–155.

Sie ist bestens geeignet zur Verwendung ebenso in der Rechtssoziologie – wie in der Familienrechtsvorlesung.

4. Leistungsgrenzen der Rechtstatsachenforschung

Sozialwissenschaftliche Theorien bilden und bewähren sich erst in einem längeren Forschungs- und Diskussionsprozeß. Man kann daher nicht ad hoc Sozialforschung betreiben, um juristische Probleme zu lösen. So wenig, wie die Medizin für die Behandlung eines bestimmten Patienten ein neues Arzneimittel entwickelt und testet, kann die Rechtspraxis sich für die Entscheidung ihrer Fälle von den Sozialwissenschaften Lösungen erarbeiten lassen[38]. Negativbeispiele für die kurzschlüssige Verwendung von Rechtstatsachenforschung in der rechtspolitischen Diskussion geben die Untersuchungen von *Blankenburg* und *Fiedler*, von *Raiser* und *Jagodzinski* zur Bedeutung der Rechtsschutzversicherungen sowie die Untersuchung von *Rottleuthner* zum Einsatz des Einzelrichters.

Indessen bietet auch eine über ein Jahrzehnt dauernde und mit großer Beteiligung betriebene Behandlung eines Themas noch keine Gewähr für brauchbare Ergebnisse. Beispiel dafür ist das gewaltige Corpus der Untersuchungen zu alternativen Streitschlichtungsverfahren. Hier wurden der Rechtspolitik Versprechungen gemacht, die schlechthin nicht einlösbar waren und sind.

V. Das Echo des Zivilrechts auf die Rechtssoziologie

1. Stichworte aus der Verwendungsforschung

In dem von *Max Weber* angezettelten Werturteilsstreit und in seiner Neuauflage in der Positivismusdebatte wurde um eine wissenschaftstheoretische Hürde für die Relevanz der Soziologie in Politik und Recht gestritten. Nachdem diese Hürde umgangen war, gab es für beide Seiten eine Enttäuschung: Die Sozialwissenschaften konnten die Hoffnung von Politik und Recht auf Hilfe nicht erfüllen. Dafür lassen sich zwei Gründe benennen. Der erste wäre, daß sich die Sozialwissenschaft auf grundlegende Wertorientierungen der politischen und juristischen Akteure einlassen müßte[39]. Dazu ist sie in aller Regel nicht bereit. Im Gegenteil, in der Regel ist soziologische Forschung gerade durch einen Wertedissens zu den in den Institutionen tätigen Juristen motiviert. Soziologen

---

[38] *Richard Lempert*, From the Editor, LSR 18, 1984, 505–513, 509 f.

[39] *Carol Weiss*, Forschung zum Nutzen der Politik. Die Aufklärungsfunktion sozialwissenschaftlicher Forschung, in: *G.-M. Hellstern/H. Wollmann*, Handbuch zur Evaluierungsforschung Band 1, Opladen 1984, S. 554.

wehren sich gegen eine Rolle als Gehilfen der Technokratie. Der zweite Grund liegt in der Qualität soziologischen Wissens. Die Aussagen sind oft nur tentativ, nicht selten innerhalb der Disziplin selbst umstritten, und ihre Reichweite ist begrenzt, oder ihre Daten sind veraltet. Umgekehrt schien es den Sozialwissenschaften, daß Recht und Politik sich ihren Problemdefinitionen und Zielvorstellungen verschlossen. In dieser Situation nahm, was bis dahin als Theorie-Praxis-Problem behandelt worden war, unter der Bezeichnung „Verwendungsforschung" einen neuen Anlauf. In Deutschland konzentrierten sich die Anstrengungen in dem seit 1981 bestehenden DFG-Schwerpunktprogramm „Verwendungszusammenhänge sozialwissenschaftlicher Ergebnisse".

Ausgangspunkt der Diskussion heute ist in der Regel ein Aufsatz von *Ulrich Beck* und *Wolfgang Bonß* mit dem Titel „Soziologie und Modernisierung. Zur Ortsbestimmung der Verwendungsforschung"[40]. Für die Rechtssoziologie wurde diese Diskussion 1988 mit einem von *Doris Lucke* verantworteten Schwerpunktheft der Zeitschrift für Rechtssoziologie rezipiert. Die Stichworte aus dieser Diskussion sind etwa folgende:

Die Vorstellung eines organisierten Wissenstransfers von den Sozialwissenschaften zu Recht und Politik gilt als gescheitert. Für obsolet erklären jedenfalls *Beck* und *Bonß* auch das Aufklärungsmodell, das von einem Rationalitätsgefälle zwischen der Soziologie und der sie umgebenden Gesellschaft ausgeht und darauf vertraut, daß soziologisches Wissen in die Gesellschaft diffundiert, mögen dabei auch Blockaden und Widerstände zu überwinden sein. Den Grund dafür sehen *Beck* und *Bonß* darin, daß längst keine einseitige Rationalitätslücke mehr zwischen Sozialwissenschaft und Praxis klafft, denn die gesellschaftliche Praxis sei längst so von sozialwissenschaftlichen Wissenselementen durchdrungen, daß sie selbst über den soziologischen Blick verfüge. *Beck* und *Bonß* sprechen von der latenten Versozialwissenschaftlichung der Gesellschaft. Daß die „Versozialwissenschaftlichung" – ich rede lieber von Soziologisierung – latent bleibt, erklären *Beck* und *Bonß* unter Bezugnahme auf *Tenbruck* mit der Trivialisierung soziologischen Wissens. Grundbegriffe der Soziologie, etwa Handlung, Rolle, Institution, System, Klasse, soziale Schichtung usw. sind längst in den allgemeinen Sprachgebrauch übergegangen. Die Gesellschaft hat sich soziologisches Wissen in einer Weise angeeignet, daß es „verschwunden" ist. Zur Soziologisierung gehört aber nicht nur die Veralltäglichung soziologischer Konzepte, sondern auch die von *Beck* sog. „reflexive Modernisierung". Gemeint ist die ständig mitlaufende Selbstbeobachtung. Diese Entwicklung hat nach Ansicht von *Beck* und *Bonß* eine doppelte Konsequenz. Sie führt erstens zur Autonomisierung der Nachfrage gegenüber dem Angebot. Die potentiellen Verwender von Sozialwissenschaft sind in der Lage, selbst zu steuern, ob, wann und wieviel an Sozialwissenschaft sie zur Kenntnis nehmen wollen. Die Sozio-

---

[40] Soziale Welt 1984, S. 381–406.

logisierung der Gesellschaft führt zweitens zu Formen „gespaltener Verwendung“. Am Beispiel der Ranking-Umfragen über Universitäten: Nach innen wertet man die Ergebnisse und die in ihnen steckende Kritik aus. Nach außen wehrt man die Untersuchungen als prinzipiell verfehlt oder als „methodisch unzulänglich“ ab.

Die These von der Soziologisierung der Gesellschaft und der damit verbundenen Trivialisierung soziologischen Wissens erscheint plausibel. Ebenso einsichtig ist, was *Beck* und *Bonß* als Autonomisierung der Nachfrage und als „gespaltene Verwendung“ beschreiben. Dagegen kann ich ihnen nicht mehr folgen, wenn sie ein „Rationalitätsgefälle“ zwischen Sozialwissenschaft und soziologisierter Gesellschaft verneinen. Wenn die Soziologisierung via Trivialisierung verläuft, so zeigt sich doch gerade darin der Rationalitätsvorsprung der Sozialwissenschaften. Problematisch ist allerdings der Rationalitätsbegriff, denn es gibt nicht nur die eine sozialwissenschaftliche Rationalität, sondern konkurrierende Rationalitätsansprüche, und speziell im Verhältnis von Soziologie und Jurisprudenz kann daher nicht von einem Rationalitätsgefälle, sondern nur von konkurrierenden Rationalitäten die Rede sein.

Ulrich Beck und *Wolfgang Bonß* halten mit ihrer These vom Verschwinden der Soziologie in der Praxis[41] einen Trost bereit. Erfolgreiche Verwendung bestehe in einem „Selbstverständlichwerden“ oder „Unsichtbarwerden“ der Soziologie in der Praxis, darin, daß soziologische Wissensbestände und Deutungsmuster den Relevanzstrukturen des Alltagshandelns folgend bis zur Unkenntlichkeit umformuliert würden. Gerade dies mache ihre spezifische Wirksamkeit aus. Aber mit der These des Verschwindens soziologischen Wissens ist wenig anzufangen, denn sie läßt sich nicht widerlegen. Ich ziehe es daher vor, im Anschluß an *Carol Weiss* zunächst an der Aufklärungswirkung der Soziologie festzuhalten. *Weiss* betont die allmähliche Ablagerung von Einsichten, Theorien, Konzepten, Perspektiven und Weltanschauungen[42]. Ich behaupte, daß sich darüber hinaus im Recht auch Resonanzen auf soziologisches Wissen feststellen lassen. Die Aufklärungswirkung läßt sich etwa an der Diskussion um das Sozialmodell des Zivilrechts festmachen, die Resonanzen an synchronen Themenkonjunkturen.

---

[41] *Ulrich Beck/Waldemar Bonß*, Soziologie und Modernisierung. Zur Ortsbestimmung der Verwendungsforschung, Soziale Welt 35, 1984, S. 381–406.

[42] *Carol Weiß*, aaO. (Fn. 39), S. 541–556.

2. Themenkonjunkturen: Kritik der Privatautonomie

Man kann die Wirkungen von Rechtssoziologie auf das Recht nicht im strengen Sinne beweisen und erst recht nicht quantifizieren. Die Bedeutung der Rechtssoziologie für das Recht im Allgemeinen und für das Zivilrecht im Besonderen läßt sich eher mit dem Verhältnis von Medien und Politik vergleichen. Die Rechtssoziologie greift bestimmte Themen auf, definiert und interpretiert sie als soziale Probleme, für die das Recht eine Rolle spielt, sei es als Ursache des Problems, sei es als Mittel zu seiner Behandlung. Die soziologischen Relevanzzuweisungen und Problemdeutungen finden im Rechtssystem Resonanz, auch wenn gar nicht ausdrücklich auf sie Bezug genommen wird. Gelegentlich wird das Recht von der Soziologie sogar nur mittelbar auf dem Umweg über die allgemeinen Massenmedien angestoßen. Für eine Überprüfung dieser „Resonanztheorie" könnte man nach dem Vorbild der Medienwirkungsforschung die Agenda der Rechtssoziologie mit derjenigen von Gesetzgebung, Rechtsprechung und Rechtswissenschaft vergleichen.

3. Faktische Ungleichheit als Grundkondition der Gesellschaft

Der Großangriff des Marxismus, der sich ja auch als soziologische Theorie verstand, ist allerdings gescheitert. Er hat jedoch viele Einzelangriffe inspiriert und vorbereitet, die durchaus nachhaltige Wirkung zeigen.

Für das Zivilrecht zentral war und ist die Feststellung, daß die Vertragsfreiheit nur als Axiom verstanden werden darf, während in der sozialen Wirklichkeit Zwangslagen vorherrschen, die die Freiheit zum Vertragsschluß erheblich einschränken. Solche Beschränkungen hat die Rechtssoziologie besonders für vier Rechtsgebiete aufgezeigt, nämlich für den Bereich der Allgemeinen Geschäftbedingungen, für das Mietrecht, das Arbeitsrecht sowie für Kredit und Bürgschaft. Insoweit lassen sich nun doch deutliche Resonanzphänomene beobachten. Seit den 60er Jahren häufte sich die rechtssoziologisch inspirierte Kritik der Privatautonomie. Alsbald bildete sich ein „fortschrittliches" Lager heraus, das seine Argumente nicht nur aus marxistischer Kapitalismuskritik, sondern auch aus der Rechtssoziologie bezog. Interessant ist, wie das Thema von der traditionellen Dogmatik aufgenommen wurde.

1975 hielt *Hermann Weitnauer* vor der Juristischen Studiengesellschaft in Karlsruhe eine Vortrag über den „Schutz des Schwächeren im Zivilrecht". Er begann: „Ein böses Wort geht um in unserem Lande und in der ganzen westlichen Welt, das die Jungen verwirren und verführen, die Alten verunsichern soll; es lautet: ‚Das herrschende Recht ist das Recht der Herrschenden?'"[43]. Was *Weitnauer* dann vortrug, war eine Verteidigung des geltenden und praktizierten

---

[43] *Hermann Weitnauer*, Der Schutz des Schwächeren im Zivilrecht, Karlsruhe 1975, S. 7.

Zivilrechts gegen den Vorwurf, es diene als Mittel der Repression. Man kann wohl sagen, daß der Stellungnahme *Weitnauers* jegliches Gespür für dasjenige abgeht, was die Amerikaner die „social science perspective" nennen. *Max Webers* Rechtssoziologie wird nur für eine historische Reminiszenz zitiert, nämlich für die constitutio „de actionibus ad potentes translatis"[44]. *Rudolf von Ihering* ist nur als Vorläufer *Schmidt-Rimplers* erwähnenswert[45]. Über ein Schillerzitat – „Verbunden sind auch die Schwachen mächtig" – findet *Weitnauer* den Übergang zum Lobpreis der Koalitionsfreiheit als Panier der Schwachen[46]. *Karl Marx* muß nur herhalten, weil er „polemisch" formuliert habe, die Arbeitskraft werde in „Behältern von Fleisch und Blut" gehandelt[47]. Dann werden über Mitbestimmung, soziales Mietrecht, Minderjährigenrecht, § 138 BGB, Abzahlungsgesetz, § 74a HGB, die Kontrolle von AGB über § 242 BGB, Arbeitsrecht und Kündigungsschutz die Instrumente vorgeführt, mit denen das Recht die Schwachen schützt. Der Vortrag endet: „Fassen wir das Besprochene zusammen, so können wir – so glaube ich – mit gutem Gewissen sagen, daß unsere Rechtsordnung und unsere Gerichte die Hüter des Rechts des Schwächeren sind und daß sie sich dieser Frage mit Tatkraft und Erfolg angenommen haben"[48]. Abschließend wird noch einmal der Stein des Anstoßes, der Satz vom Recht als Recht der Herrschenden, als marxistische Verirrung dargestellt.

Eine gewisse Ironie liegt darin, daß *Weitnauers* Vortrag mehr durch seinen Titel als durch seinen Inhalt gewirkt hat. *Weitnauer* antwortete explizit nur auf die marxistische Rechtskritik. Aber marxistische und bürgerliche Rechtssoziologie ließen sich in den 60er und 70er Jahren nicht immer trennen. Im Verein haben sie das Verdienst, manchen Juristen das gute Gewissen ausgetrieben zu haben.

In der Folgezeit gab es auch in der Rechtsdogmatik eine extensive Kritik der Privatautonomie. Insgesamt spiegelt die dogmatische Diskussion durchaus die rechtssoziologischen Arbeiten zu Chancengleichheit und Diskriminierung, Zugangs- und Erfolgsbarrieren. Im Ergebnis wurde die Kritik allerdings weitgehend abgewehrt. Insbesondere wurde erhebliche Kraft darauf verwendet, ein Sonderprivatrecht für Verbraucher zu verhindern. Diesem Thema widmeten sich drei Vorträge auf der Zivilrechtslehrertagung 1977[49], einer davon, nämlich

---

[44] AaO. S. 14.

[45] AaO. S. 18.

[46] AaO. S. 18.

[47] AaO. S. 20.

[48] AaO. S. 61

[49] *Harm Peter Westermann*, Sonderprivatrechtliche Sozialmodelle und das allgemeine Privatrecht, AcP 178, 1978, S. 150–195; *Manfred Lieb*, Sonderprivatrecht für Ungleichgewichtslagen? Überlegungen zum Anwendungsbereich der sogenannten Inhaltskontrolle privatrechtlicher Verträge, AcP 178, 1978, 196–226; *Hans-Joachim Mertens*, Deliktsrecht und Sonderprivatrecht – Zur Rechtsfortbildung des deliktischen Schutzes von Vermögensinteressen, AcP 178, 1978, 227–262.

derjenige von *Harm Peter Westermann,* allerdings sehr zurückhaltend und erkennbar rezeptiv gegenüber der einschlägigen Rechtssoziologie. An der Spitze der Veränderung stand dann auch nicht die Dogmatik, sondern Richtlinien aus Brüssel. Durch spezielle Verbraucherschutzgesetze, allen voran das AGB-Gesetz, Produkthaftungs-, Verbraucherkredit- und Haustürwiderrufsgesetz brachten sie schließlich doch das von der Dogmatik überwiegend abgelehnte Sonderprivatrecht für Verbraucher.

Im Kernbereich des Zivilrechts sorgte erst das Bundesverfassungsgericht für Konsequenzen. In einem Urteil vom 2. 7. 1990[50] hatte es sich zum Ausschluß einer Karenzentschädigung bei Wettbewerbsverboten für Handelsvertreter zu äußern. Hier begründete das Gericht die Zulässigkeit und Notwendigkeit von Einschränkungen der Privatautonomie damit, daß „Ungleichgewichtslagen" bestehen könnten, die die freie Selbstbestimmung der Vertragspartner und damit einen sachgerechten Interessenausgleich mit Mitteln des Vertragsrechts verhindern. Ihre Fortsetzung fand diese Rechtsprechung in dem Bürgschaftsurteil von 1993[51], das den Zivilgerichten von Verfassungs wegen die Inhaltskontrolle von Verträgen aufgab, „die einen Vertragspartner ungewöhnlich stark belasten und das Ergebnis strukturell ungleicher Verhandlungsstärke sind". Man geht nicht fehl in der Annahme, diese Entscheidungen als Echo der soziologisch inspirierten Kritik der Privatautonomie zu interpretieren, die ihren Höhepunkt in den 60er und 70er Jahren hatte. Verräterisch ist die Wortwahl von der strukturell ungleichen Verhandlungsstärke[52]. Ich meine schon, daß man in der Rechtsprechung des Bundesverfassungsgerichts eine Resonanz der sozialwissenschaftlichen Rechtskritik sehen kann.

Seither haben wir immer wieder die gleiche bemerkenswerte Konstellation: Das Bundesverfassungsgericht schlägt unter Berufung auf das Grundgesetz dazwischen. Alle Zivilisten, mich eingeschlossen, sind empört, weil das Bundesverfassungsgericht sich so weit in das Zivilrecht eingemischt hat. Unisono erklären sie, im Ergebnis habe das Gericht ja zutreffend entschieden, aber das gleiche Ergebnis hätte sich auch mit den konventionellen Instrumenten des Zivilrechts erreichen lassen. Richtig, aber keiner hat es erreicht.

---

[50] BVerfGE 81, 242–263 = NJW 1990, S. 1469–1472.

[51] BVerGE 89, 214 = NJW 1994, S. 36.

[52] *Adomeit* hat sie über einen vom Gericht zitierten Aufsatz von *Limbach* zu *Norbert Reichs* Buch „Markt und Recht" von 1977 zurückverfolgt und dessen Begriff der strukturellen Verhandlungsstärke in die Nähe des von *Herbert Marcuse* geprägten Begriffs der „strukturellen Gewalt" gerückt. *(Klaus Adomeit*, Die gestörte Vertragsparität – ein Trugbild, NJW 1994, S. 2467–2469, S. 2468). Nur leider war das die falsche Fährte. *Reich* spricht nicht von struktureller Gewalt, und bezieht sich insoweit auch nicht auf *Marcuse*. Ich will nicht ausschließen, daß der Begriff durch Marcuse vorgedacht worden ist. Aber populär geworden ist er als Titel eines Buches von *Johann Galtung* aus dem Jahr 1975.

4. Allgemeine Geschäftsbedingungen und Verbraucherschutz

Das Gesetz zur Regelung des Rechts der Allgemeinen Geschäftsbedingungen stammt vom 9. 12. 1976. Für den 50. DJT 1974 erstattete *Heinz Kötz* ein Gutachten zu der Frage „Welche gesetzgeberischen Maßnahmen empfehlen sich zum Schutze des Endverbrauchers gegenüber Allgemeinen Geschäftsbedingungen und Formularverträgen?". Er meinte eingangs[53], über die rechtstatsächliche Dimension des Problems sei relativ wenig bekannt. Zwar verfüge jeder über Erfahrungen, die er als Richter, als Rechtsanwalt, als Wirtschaftsjurist oder auch als persönlich Betroffener mit AGB gemacht habe. Doch an systematisch erhobenem, intersubjektiv übertragbarem Tatsachenwissen fehle es weithin. *Kötz* lieferte dann selbst eine Typisierung der AGB und meinte schließlich, die Vorstellung von Vertragsgestaltungsfreiheit des Verbrauchers müsse selbst dann illusorisch bleiben, wenn man unterstelle, daß der Unternehmer wegen der Wettbewerbslage Verhandlungen über den Vertragsinhalt durchaus zugänglich sei und der Verbraucher die dafür erforderlichen Rechts- und Geschäftskenntnisse besitze[54]. In der Tat: Es geht hier zunächst um ein Transaktionskostenproblem. Der Aufwand für die Aushandlung individueller Verträge wäre für den Verbraucher insgesamt gesehen nicht lohnend. Es bedurfte daher gar nicht des Nachweises einer sozialen Unterlegenheit der Verbraucher oder eines verbreiteten Mißbrauchs, um das Eingreifen des Gesetzgebers zu rechtfertigen.

5. Frauengleichstellung im Zivilrecht

Ein zweiter für das Zivilrecht wichtiger Bereich ist das Problem der Diskriminierung der Frauen. Normativ war es zwar durch Art. 3 Abs. 2 GG a. F. gelöst, zumal das Bundesverfassungsgericht nach Ablauf der in Art. 117 I GG gesetzten Übergangsfrist am 31. März 1953[55] alsbald ohne soziologische Nachhilfe zentrale Vorschriften des BGB ausräumte, die der Gleichberechtigung der Frau im Wege standen[56]. Aber die subtileren Benachteiligungen der Frauen und vor allem die Notwendigkeit einer aktiven Politik zu ihrer faktischen Gleichstellung wurden erst durch sozialwissenschaftliche Bemühungen aufgedeckt[57]. Rechtlich greifbar waren sie vor allem in der Arbeitswelt. Insoweit ist in der Tat

---

[53] S. A 11.

[54] S. A 33,

[55] BVerfGE 3, 225 = NJW 1954, 65.

[56] Eine Aufzählung der einschlägigen Entscheidungen im Münchener Kommentar (*Rebmann*), Einleitung vor § 1297 BGB, Rn. 58 f.

[57] *Uta Krautkrämer Wagner/Michael Meusel*, Juristische Schutzwälle gegen Frauengleichstellungspolitik. Zur Funktion sozialwissenschaftlichen Wissens in unterschiedlichen Relevanzsystemen, ZfRSoz 9, 1988, 229–246; *Doris Lucke*, Recht ohne Geschlecht? Zu einer Rechtssoziologie der Geschlechterverhältnisse, Pfaffenweiler 1996.

eine juristische Rezeption der sozialwissenschaftlichen Frauenforschung gegeben[58]. Während der öffentliche Dienst sozusagen im Sinne vorauseilenden Gehorsams sein Verhalten gegenüber Frauen im Sinne einer affirmative action geändert hat, muß der marktorientierte private Bereich doch recht mühsam durch Recht in diese Richtung gedrängt werden. Natürlich sind nicht alle mit den Ergebnissen des rechtlichen Wandels zufrieden. Manche vermissen immer noch ein Antidiskriminierungsgesetz. Wenn man jedoch ein paar Schritte zurücktritt, dann stellt sich die Frage, was eigentlich soziologisch unwahrscheinlicher war, der Wandel in Richtung auf eine Gleichstellung der Frauen oder die Konservierung der bestehenden Verhältnisse.

6. Vom Sozialmodell zur Theorie des Privatrechts

Auf der Suche nach dem Umschlagplatz von Rechtssoziologie in Rechtsdogmatik landet man früher oder später bei der Vorstellung eines Sozialmodells[59]. Eigentlich bietet dieses Modell nur eine Rekonstruktion des juristischen Vorverständnisses aus Gesetzen, Entscheidungen und juristischer Literatur. Nachdem es aber einmal ans Licht gezerrt worden ist, wird es nicht bloß fortgeschrieben, sondern es wird auch daran herumgemeißelt[60]. An die Stelle eines vorgefundenen Modells tritt eine mehr oder weniger reflektierte Theorie des Privatrechts. Die Erörterungen spielen sich auf einer Abstraktionsebene ab, auf der sich kaum noch zwischen Rechtssoziologie, Rechtstheorie und Rechtsdogmatik unterscheiden läßt. Immerhin ist die Diskussion ein Indikator für Resonanzen der Dogmatik auf die Rechtssoziologie.

Inhaltlich hat sich die Diskussion um eine adäquate Privatrechtstheorie von der marxistisch inspirierten Kritik der Privatautonomie auf die Abgrenzung oder vielmehr Vermischung der Sphären des öffentlichen und des Privatrechts verlagert. Die neunziger Jahre sind zum Jahrzehnt der Privatisierungen geworden. Zugleich ist aber über immer weitere Bereiche des Privatrechts ein Netz öffentlich-rechtlicher Regulierung oder gerichtlicher Kontrolle gespannt worden. Die Tendenz geht dahin, das öffentliche Recht den Rechtstechniken des Privatrechts, also vor allem dem Vertrag, zu öffnen und umgekehrt die materiellen Standards des öffentlichen Rechts in das Privatrecht hineinzutragen. In dieser Situation hat *Teubner* vorgeschlagen, „nicht nur die Unterscheidung von

---

[58] Als Beleg mag dienen *Susan Emmenegger*, Feministische Kritik des Vertragsrechts, Freiburg/Schweiz, 1999.

[59] *Jürgen Habermas*, Paradigmen des Rechts, in: ders., Faktizität und Geltung, 1992, S. 468 ff.; *Otto Kahn-Freund*, Das Sozialmodell des Reichsarbeitsgerichts, 1931; *Franz Wieakker*, Das Sozialmodell der klassischen Privatrechtsgesetzbücher und die Entwicklung der modernen Gesellschaft, in: ders., Industriegesellschaft und Privatrechtsordnung, 1974, S. 9 ff.

[60] Z.B. von *Friedrich Kübler*, Über die praktischen Aufgaben zeitgemäßer Privatrechtstheorie, Karlsruhe 1975.

öffentlichem und privatem Sektor als viel zu grobe Vereinfachung der gegenwärtigen Gesellschaftsstruktur zu verwerfen, sondern ebenso alle Ideen einer Fusion privater und öffentlicher Aspekte aufzugeben" und „statt dessen die einfache Dichotomie öffentlich/privat durch die anspruchsvollere Vorstellung der Polykontexturalität" zu ersetzen" [61]. Der Gegensatz politisch – ökonomisch, so *Teubner*, wird der modernen Zivilgesellschaft nicht gerecht. Sie hat sich in vielen Sektoren verselbständigt. Neben Politik und Wirtschaft stehen Erziehung und Wissenschaft, Gesundheitswesen und Sport, Medien und Kunst, Familie und Religion. Sie lassen sich nicht auf den Gegensatz öffentlich – privat reduzieren. Dieser Ausgangspunkt ist einleuchtend, und auch die Aufgabe ist klar. Es geht darum, die verschiedenen Sektoren der Zivilgesellschaft in ihrer jeweiligen Eigenheit vor dem Zugriff der Politik und vor den Marktkräften zu schützen, ohne auf die Effizienzvorteile des Marktes zu verzichten. *Teubners* Rezept ist Fragmentierung und Hybridisierung. Unter Fragmentierung versteht er die Entwicklung von bereichsspezifischen Sonderprivatrechten. „Hybrid" sind die jeweiligen Rechtsbeziehungen insofern, als sie zwei unterschiedlichen Systemen angehören, nämlich durch die Vertragsform dem Wirtschaftssystem und der Sache nach dem jeweiligen Sozialbereich. In der Folge könne sich das Privatrecht nicht länger auf bloße Randkorrekturen ökonomischer Transaktionen etwa nach den §§ 138, 242 BGB beschränken, andererseits könne es auch nicht auf die Politik warten, sondern es müsse unmittelbar auf die spontane Normproduktion des beteiligten Sektors reagieren.

VII. Ausblick

Obwohl ich mit der Weigerung begonnen hatte, apologetisch die Bedeutung der Rechtssoziologie für das Zivilrecht herauszustellen, habe ich meinen Vortrag nun doch fast ganz aus der Sicht der Rechtssoziologie gehalten. Die Frage, worin denn aus der Sicht des Zivilrechts die Bedeutung der Rechtssoziologie bestehen könnte, habe ich vernachlässigt. Aber das geschah mit gutem Grund. Das Zivilrecht selbst kann gar nicht oder nur in sehr allgemeinen Formulierungen angeben, wozu es die Rechtssoziologie eigentlich braucht. Soziologische Jurisprudenz ist, wie gesagt, zum Scheitern verurteilt. Im Verhältnis von Rechtssoziologie und Zivilrecht gilt, was man in der Wirtschaft die Angebotstheorie nennt. Es hat keinen Sinn, die Nachfrage anzuheizen. Das käme nur ein Strohfeuer heraus. Entscheidend ist ein nachhaltiges Angebot der Rechtsoziologie. Es wird sich selbst seine Abnehmer suchen.

---

[61] *Gunther Teubner*, Nach der Privatisierung? Diskussionskonflikte im Privatrecht, ZfRSoz. 19, 1988, 8–36, S. 10.

Ich halte es nicht für sinnvoll, daß sich die Rechtssoziologie Mut macht, indem sie eine Legitimationskrise des Rechts herbeiredet, um sich dann selbst als Retter anzubieten. Nicht weniger sinnvoll wäre es, sich anzubiedern und die Wertorientierung des Zivilrechts zu übernehmen, um Gehör zu finden. Ich möchte daher die von *Carol Weiss* ausgegebene Devise „think big" aufgreifen. Frei übersetzt würde ich sagen: Die Rechtssoziologie soll sich ein Vorbild an Rechtsphilosophie und Rechtsgeschichte nehmen und sich wie selbstverständlich für wichtig halten.

Anhang

Bibliographie zur zivilrechtlich relevanten Rechtssoziologie

Abkürzungen

AcP	Archiv für die civilistische Praxis
JbRSoz	Jahrbuch für Rechtssoziologie und Rechtstheorie
JZ	Juristenzeitung
JA	Juristische Arbeitsblätter
KZfSS	Kölner Zeitschrift für Soziologie und Sozialpsychologie
KritV	Kritische Vierteljahresschrift für Gesetzgebung und Rechtswissenschaft
Schriften der VRS	Schriften der Vereinigung für Rechtssoziologie
Schriftenreihe	Schriftenreihe zur Rechtssoziologie und Rechtstatsachenforschung
VW	Volkswagen-Stiftung
ZRP	Zeitschrift für Rechtspolitik
ZfRSoz	Zeitschrift für Rechtssoziologie
ZfSoz	Zeitschrift für Soziologie

A. Allgemeines

I. Zur Bedeutung der Rechtssoziologie für das Zivilrecht

Dubischar, Roland, Wirtschaft und Recht, Geschichte und Gegenwart einer Fragestellung innerhalb der Wahlfachgruppe „Rechtsphilosophie – Rechtssoziologie", JA 1978, 313–364.

Heldrich, Andreas, Zur Bedeutung der Rechtssoziologie für das Zivilrecht, AcP 186, 1986, 74–114.

Hopt, Klaus, Was ist von den Sozialwissenschaften für die Rechtsanwendung zu erwarten, JZ 1975, 341–349.

Gottwald, Walther, Der Beitrag der psychologischen Verfahrensforschung für die Ziviljustiz – Einige Fragen und Erwartungen in: *Bierbrauer, Günter/Gottwald, Walter/Birnbreier-Stahlberger, Beatrix,* Verfahrensgerechtigkeit. Dr. Otto Schmidt, Köln 1995, 73–82.

Jost, Fritz, Soziologische Feststellungen in der Rechtsprechung des Bundesgerichtshofs in Zivilsachen, Berlin 1979.

Röhl, Klaus F., Das Dilemma der Rechtstatsachenforschung, Tübingen 1974.

Schmidt, Eike, Der Umgang mit Normtatsachen im Zivilprozeß, FS für Wassermann, 1985, 807 ff.

Walz, Rainer W. (Hrsg.), Sozialwissenschaften im Zivilrecht, Neuwied/Darmstadt 1983.

II. Soziologie wirtschaftlichen Handelns

Hutter, Michael, Die Produktion von Recht. Eine selbstreferentielle Theorie der Wirtschaft, angewandt auf den Fall des Arzneimittelpatentrechts, Tübingen 1989.

Soziologie wirtschaftlichen Handelns, KZfSS Sonderheft 28, 1987.

III. Klassenjustiz/Soziale Schichtung/Ungleichgewichtslagen

Armut im modernen Wohlfahrtsstaat, KZfSS Sonderheft 32, 1992.

Bock, Michael, Neues von der Kultursoziologie des Rechts? Kritische Anmerkungen zu Werner Gepharts „Kulturelle Aspekte des Rechts – Vom Klassen- zum Kulturparadigma?", ZfRSoz 11, 1990, 147–151.

Carlin, Jerome E./Howard, Jan, Legal Representation and Class Justice, U.C.L.A. Law Review 12, 1965, 381–431.

Gephart, Werner, Kulturelle Aspekte des Rechts – Vom Klassen- zum Kulturparadigma? ZfRSoz 11, 1990, 177–187.

Gerhard, Ute, Klassenjustiz heute?, Vorgänge 12, Heft 1, 1973.

Haaß, Bernhard, Justizkritik bei Karl Liebknecht. Der Begriff „Klassenjustiz", ZfRSoz 11, 1990, 120–136.

Menger, Anton, Das bürgerliche Recht und die besitzlosen Volksklassen, 3. Aufl., Tübingen 1904.

Peebles, Gustav, „A Very Eden of the Innate Rights of Man"? A Marxist Look at the European Union Treaties and Case Law, Law and Social Inquiry 22, 1997, 581–618.

Raiser, Thomas, Vom Problem der Klassenjustiz, JbRsoz 5, 1976, 123–136.

Rasehorn, Theo, Recht und Klassenjustiz, Darmstadt/Neuwied 1974.

Rottleuthner, Herbert, Klassenjustiz? Kritische Justiz 1969, 1–26.

Sykes, Gresham M., Legal Needs of the Poor in the City of Denver, Law and Society Review 1969, S. 255 – 277.

Zwick, Michael M. (Hrsg.), Einmal arm, immer arm? Neue Befunde zur Armut in Deutschland, Frankfurt/New York 1994.

IV. Diskriminierung und Affirmative Action

Bausinger, Hermann, Sprachbarrieren vor Gericht, in: FS Sigmund Kramer, 1976, 12 ff.

Dobberthien, Marliese, Frauenerwerbsarbeit gleich Frauendiskriminierung? Beschränkungen der Frauenerwerbsarbeit aus soziologischer, rechtlicher und sozialgeschichtlicher Sicht, unter besonderer Berücksichtigung des Mittelalters, ZfRSoz 5, 1984, 276–295.

Dohse, Knuth, Von der Ausländerdiskriminierung zu einer Anti-Diskriminierungspolitik, in: *Hassemer, Wienfried/Hoffmann-Riem, Wolfgang/Limbach, Jutta,* Grundrechte und soziale Wirklichkeit, Schriften der VRS 6, 1982, 275–308.

Jungbauer-Gans, Monika, Der Lohnunterschied zwischen Frauen und Männern in selbständiger und abhängiger Beschäftigung, KZfSS 51, 1999, 364–390.

Lautmann, Rüdiger/Gerhard, Ute, Über das Problem einer Herstellung der Gleichheit der Geschlechter durch Gesetz, in: Arbeitslosigkeit als Problem der Rechts- und Sozialwissenschaften, Schriften der VRS 4, 1980, 287–294.

Lucke, Doris, Recht ohne Geschlecht?, Zu einer Rechtssoziologie der Geschlechterverhältnisse, Pfaffenweiler 1996.

Lucke, Doris, Egalitäres Recht und geschlechtsspezifische Ungleichheit, in: *Hoffman-Riem, Wolfgang/Mollnau, Karl A./Rottleuthner, Hubert* (Hrsg.), Rechts-soziologie in der Deutschen Demokratischen Republik und in der Bundesrepublik Deutschland, Schriften der VRS 14, 1990, 187–209.

McNeil, Kenneth u.a., Market Discrimination against the Poor and the Impact of Consumer Disclosure Laws: The Used Car Industry, Law and Society Review 13, 1979, 695–720.

Müller-Weisterger, June, Diskriminierung im ehelichen Güterrecht. Reformbestrebungen zugunsten der gesetzlich „Ausgeschlossenen", Schriftenreihe 60, 1986.

Pfarr, Heide M., Herstellung und Sicherung von Chancengleichheit durch Recht – dargestellt am Beispiel der Frauen, in: *Hassemer, Winfried/Hoffmann-Riem, Wolfgang/ Limbach, Jutta,* Grundrechte und soziale Wirklichkeit, Schriften der VRS 6, 1982, S. 255–274.

Plett, Konstanze, Rechtliche Hindernisse auf dem Weg zur Gleichberechtigung der Frauen, VW-Projekt; vgl. ZfRSoz 18, 1997, 269.

Pabst, Franziska/Slupik, Vera, Die geschlechtsneutrale Arbeitsplatzausschreibung gem. § 611 BGB, ZRP 7 1984, 178–184.

Rehbinder, Manfred, Die Diskriminierung: Ihre Ursachen und ihre Bekämpfung, Schriftenreihe 77, 1995.

Slupitz, Vera, Kompensatorischer Rechtsbedarf von Frauen versus organisierte Besitzstandspolitik, JbRSoz 9, 1983, 51–58.

Westfal-Georgi, Ursula, Strategien gegen Arbeitslosigkeit und geschlechtspezifische Arbeitsteilung, in: *Hassemer, Winfried/Hoffmann-Riem, Wolfgang/Limbach, Jutta,* Grundrechte und soziale Wirklichkeit, Schriften der VRS 6, 1982, 239–254.

Williams, Martha/Hall, Jay, Knowledge of the Law in Texas: Socioeconomic and Ethnic Differences, Law and Society Review 1972, 99 ff.

V. Zugang zum Recht

Baumgärtel, Gottfried, Gleicher Zugang zum Recht für alle, Köln 1976.

Bierbrauer, Günter/Falke, Josef/Koch, Klaus-Friedrich/Rodigen, Hubert, Zugang zum Recht, Bielefeld 1978.

Blankenburg, Erhard/Kaupen, Wolfgang (Hrsg.), Rechtsbedürfnis und Rechtshilfe, empirische Ansätze im internationalen Vergleich, JbRSoz 5, 1978.

Cappelletti, Mauro, (Hrsg.), Access to Justice. Bd. 1: A World Survey, Bd. 2: Promising Institutions, Bd. 3: Emerging Issues and Perspectives, Bd. 4: Anthropological Perspective, Mailand/Alphen aan den Rijn 1978/79.

Curran, Barbara, The Legal Needs of the Public, Chicago: American Bar Foundation 1977.

Fechner, Erich, Kostenrisiko und Rechtswegsperre – Steht der Rechtsweg offen? JZ 1969, 349–354.

Franke, Stefan, Zur Reform des Armenrechts, Schriftenreihe 46, 1980.

VI. Verrechtlichung

Bühler, Ottmar, Grundsätzliches zum Thema Gesetzesflut und der aufgeblähten Verwaltung, JZ 1959, 297 – 300.

Kübler, Friedrich (Hrsg.), Verrechtlichung von Wirtschaft, Arbeit und sozialer Solidarität, Frankfurt a.M. 1985.
Gegentendenzen zur Verrechtlichung, JbRSoz 9, 1983.
Ladeur, Karl-Heinz, Verrechtlichung der Ökonomie – Ökonomisierung des Rechts, JbRSoz 8, 1982, 74–92.
Mayer-Maly, Theo, Rechtskenntnis und Gesetzesflut, Salzburg 1969.
Strempel, Dieter (Hrsg.), Mehr Recht durch weniger Gesetze?, Köln 1987.
Vogel, Hans-Jochen, Zur Diskussion um die Normenflut, JZ 1979, 321 ff.
Voigt, Rüdiger (Hrsg.), Verrechtlichung, Königstein (Ts.) 1980.

VII. Globalisierung, transnationales Recht, internationales Privatrecht, internationale Schiedsgerichtsbarkeit

Dezalay, Yves/Garth, Bryant G., Dealing in Virtue. International Commercial Arbitration and the Construction of a Transnational Legal Order, The University of Chicago Press 1996.
Hartwig, Oskar, International Business Transactions, Projekt VW-Stiftung, vgl. ZfRSoz 18, 1997, 260.
Gessner, Volkmar, Internationaler Rechtsverkehr (drei Dissertationen), Projekt VW-Stiftung, vgl. ZfRSoz 18, 1997, 286.
Gessner, Volkmar (Hrsg.), Foreign Courts. Litigation in Foreign Legal Cultures, Aldershot 1996.
Röhl, Klaus F./Magen, Stefan, Die Rolle des Rechts im Prozeß der Globalisierung, ZfRSoz 17, 1996, 277.
Schanze, E., Transformations in the Institutional Structure of Production, VW-Projekt, vgl. ZfRSoz 18, 1997, 277.
Schricker, G., Interdisziplinäre und rechtsvergleichende Untersuchung von Markenverletzungen, VW-Projekt, vgl. ZfRSoz 18, 1997, 277.
Teubner, Gunther, Globale Bukowina. Zur Emergenz eines transnationalen Rechtspluralismus, Rechtshistorisches Journal 15, 1996, 255–290.

VIII. Privatisierung

Gusy, Christoph, Öffentliche Sicherherheit durch private Sicherheitsunternehmen, VW-Projekt, vgl. ZfRSoz 18, 1997, 285.
Hitzler, R., Rechtliche Rahmenbedingungen und Vollzugswirklichkeit bei drei Modellversuchen der bayerischen Sicherheitswacht, VW-Projekt, vgl. ZfRSoz 18, 1997, 292.

IX. Individuum und Organisation

Abel-Smith, Brian/Zander Michael/Brook, Rosalind, Legal Problems and the Citizen, 1973.
Blomeyer, Wolfgang, Die Verbandsabhängigkeit des Sportlers, VW-Projekt, vgl. ZfRSoz. 18, 1997, 272.
Ott, Claus, Recht und Realität der Unternehmenskorporation. Ein Beitrag zur Theorie der juristischen Person, Tübingen 1977.
Raiser, Thomas, Das Unternehmen als Organisation, Berlin 1969.
Röhl, Klaus F., Zu einer Jurisprudenz der Organisation, in: *Hoffman-Riem, Wolfgang/ Mollnau, Karl A./ Rottleuthner, Hubert* (Hrsg.), Rechtssoziologie in der Deutschen Demokratischen Republik und in der Bundesrepublik Deutschland, Schriften der VRS 14, 1990, 266–283.

Teubner, Gunther, Organisationsdemokratie und Verbandsverfassung, Tübingen 1978.
Teubner, Gunther, „Verbund“, „Verband“ oder „Verkehr“, ZHR 154, 1990, 294–324.
Teubner, Gunther, Unternehmenskorporatismus. Neu Industrial Policy and das „Wesen“ der juristischen Person, KritV 1987, 61–85.
Teubner, Gunther, Die vielköpfige Hydra: Netzwerke als kollektive Akteure höherer Ordnung, in: *Krohn, Wolfgang/Küppers, Günter* (Hrsg.), Emergenz: Die Entstehung von Ordnung, Organisation und Bedeutung, Frankfurt a.M. 1992.

B. Materielles Zivilrecht

I. Allgemeiner Teil und Schuldrecht

1. Schuldrechtsreform/Allgemeines Zivilrecht.

Hager, Günter, Der Einfluß des amerikanischen Rechts auf die deutsche Schuldrechtsreform, Schriftenreihe 75, 1994.
Joerges, Christian, Die Überarbeitung des BGB-Schuldrechts, die Sonderprivatrechte und die Unbestimmtheit des Rechts, Kritische Justiz 1987, 166–182.
Nußbaum, Arthur, Theorie und Wirklichkeit in den Allgemeinen Lehren des bürgerlichen Rechts, Schriftenreihe 12, 1968 [Nachdruck].

2. Vertragsfreiheit/außervertragliche Grundlagen des Vertrages

Beale, Hugh/Dugdale, Tony, Contracts between Businessmen: Planning and the Use of Contractual Remedies, British Journal of Law and Society 2, 1975, 45–60.
Bounded Rationality and the Analysis of State and Society, VW-Projekt, vgl. ZfRSoz 18, 1997, S. 252.
Ehrlich, Eugen, Die soziale Frage im Privatrecht, Schriftenreihe 61, 1986 [Nachdruck].
Esser, John P., Institutionalizing Industry: The Changing Forms of Contract, Law & Social Inquiry 21, 1996, S. 593–629.
Grimm, Dieter, Soziale, wirtschaftliche und politische Voraussetzungen der Vertragsfreiheit, Frankfurt a.M. 1987.
Hart, Dieter, Risikotransparenz als Voraussetzung für die Funktionsfähigkeit von Märkten und Regulierungen – Zur privat- und öffentlich rechtlichen Verfassung von Risikodiskursen im Arzneimittelrecht, VW-Projekt, vgl. ZfRSoz. 18, 1997, 276.
Macaulay, Stewart, Non-contractual Relations in Business: A Preliminary Study, American Sociological Review 28, 1963, 55 – 67.
Macaulay, Stewart/Kidwell, John/Whitford, William/Galanter, Marc, Contracts: Law in Action, 2 Bände, Charlottesville, Virginia, 1995.
Richter, R., Market Organisation and Market Behavior, VW-Projekt, vgl. ZfRSoz. 18, 1997, 274.
Röhl, Klaus F., Außervertragliche Voraussetzungen des Vertrages, in: Recht und Gesellschaft. Festschrift für Helmut Schelsky, Berlin 1978, 435–480.
Röhl, Klaus F., Der Gebrauch von Recht zur Änderung des status quo, ZfRSoz 2, 1981, 7–17.
Schwind, Walter, Zur sozialen Wirklichkeit des Vertrages, Schriftenreihe 52, 1983.
Teubner, Gunther, Nach der Privatisierung? Diskurskonflikte im Privatrecht, ZfRSoz 19, 1998, 8–36.
Willke, Helmut, Die Qualität des Rechts als Wettbewerbsfaktor: Risiko- und Wissensmanagement im Recht organisierter Finanzmärkte, VW-Projekt,vgl. ZfRSoz 18, 1997, 275.

3. Standards und Generalklauseln/Vertrauen

Blankenburg, Erhard, Empirisch meßbare Dimensionen von Rechtsgefühl, Rechtsbewußtsein und Vertrauen im Recht, in: Recht und Verhalten, Inderdisziplinäre Studien zu Recht und Staat 1, 1994, 83–110.

Fikentscher, Wolfgang, Zur Generalklausel des § 242 BGB als Schlüssel des zivilrechtlichen Vertrauensschutzes: „Sonderverbindung" oder „neue Sachnormen"? – Ein Beitrag zur Rechtsverhaltensforschung, in: Recht und Verhalten, Interdisziplinäre Studien zu Recht und Staat 1, 1994, 165–182.

Lüderssen, Klaus u.a., Generalklauseln als Gegenstand der Sozialwissenschaften, Schriften der VRS 1, 1978.

Oswald, Margit E., Vertrauen – eine Analyse aus psychologischer Sicht, in: Recht und Verhalten, Interdisziplinäre Studien zu Recht und Staat 1, 1994, 111–128.

Schmidtchen, Dieter, Ökonomik des Vertrauens, in: Recht und Verhalten, Inderdisziplinäre Studien zu Recht und Staat 1, 1994, 129–164.

Schmidtchen, Dieter, Verschiedene Arbeiten zu Recht und Vertrauen, vgl. ZfRSoz 1997, 254f.

Teubner, Gunther, Standards und Direktiven in Generalklauseln, Frankfurt a. M. 1971.

Wiegand, Dieter, Rechtsschein und Vertrauen, in: Recht und Verhalten, Interdisziplinäre Studien zu Recht und Staat 1, 1994, S. 183–198.

4. Allgemeine Geschäftsbedingungen/Verbraucherschutz

v. Falckenstein, Roland, Schäden der Verbraucher durch unlauteren Wettbewerb, Köln 1979.

Hörmann, Günter, Verbraucher und Schulden, Schriften der VRS 12, 1987.

Lenders, Helmut, Normenflut und Verbraucherschutz: Selbstregulierung als Lösung?, in: *Strempel, Dieter* (Hrsg.) Mehr Recht durch weniger Gesetze?, Köln 1987, 57–60.

Macaulay, Stewart, Lawyers and Consumer Protections Laws, Law and Society Review 14, 1979, 115–171.

Ramsay, Iain, Consumerism and Civil Justice: A Critical View on Thatcherist England, in: *Plett, Constanze/Meschievitz, Catherine S.* (Hrsg.), Beyond Disputing, Baden-Baden 1991, 67–92.

Rehbinder, Manfred, Das Kaufrecht in den Allgemeinen Geschäftsbedingungen der deutschen Wirtschaft, Schriftenreihe zur Rechtssoziologie und Rechtstatsachenforschung 18, 1970.

Reifner, Udo, Alternatives Wirtschaftsrecht am Beispiel der Verbraucherverschuldung, Neuwied 1979.

Reifner, Udo, Neue Formen der Verbraucherrechtsberatung, Frankfurt a. M. 1988.

Schandwet, Manfred, Bankenkontokorrent und Allgemeine Geschäftsbedingungen, Schriftenreihe 5, 1967.

Schönbauer, Axel, Verbraucherverhalten bei Verbraucherproblemen, KZfSS 39, 1987, 734–763.

5. Schattenwirtschaft/Schwarzarbeit

Evers, Hans-Dieter, Schattenwirtschaft, Subsistenzproduktion und informeller Sektor, KZfSS Sonderheft 28, 1987, 353–366.

Langfeldt, Enno, Die Schattenwirtschaft in der Bundesrepublik Deutschland, Tübingen 1984.

Niessen, Hans-Joachim/Ollmann, Rainer, Schattenwirtschaft in der Bundesrepublik, Opladen 1986.

Smith, Stephen/Wied-Nebbeling, Susanne, The Shadow Economy in Britain and Germany, London 1986.
Stein, Bruno/Wenig, Alois, The Economics of the Shadow Economy, Zeitschrift für die gesamte Staatswissenschaft 139, 1983, 690–707.
The Informal Economy, The Annals of The American Academy of Political and Social Science, Bd. 493, 1987.
Weck-Hanneman, Hannelore/Pommerehne, Werner W./Frey, Bruno S., Schattenwirtschaft, München 1984.
Wiegand, Michael, Ursachen der Schattenwirtschaft in alternativen Wirtschaftssystemen, Frankfurt a.M. 1987.

X. Besonderes Schuldrecht

1. Neue Vertragsformen

Arndt, Gabriele, Der Reiseveranstaltungsvertrag, Schriftenreihe 28, 1972.
Rehbinder, Manfred, Der Kantinenpachtvertrag im Blickfeld der Rechtstatsachenforschung, J. Schweitzer Verlag, Berlin 1972.
Rehbinder, Manfred, Der Tankstellenvertrag im Blickfeld der Rechtstatsachenforschung, Schriftenreihe 77, 1995.

2. Wohnungsmiete

Blankenburg, Erhard, Thesen zur Hausbesetzerbewegung, in: *Gessner, Volkmar/Hassemer, Winfried* (Hrsg.) Gegenkultur und Recht, Schriften der VRS 10, 1985, 227–236.
Hilden, Hartmut Erich, Rechtstatsachen im Räumungsrechtsstreit, Frankfurt a. M. 1976.
Schulz-Rackoll, Rolf, Die Verrechtlichung von Mietkonflikten zur Durchsetzung partikularer Interessen, ZfRSoz 4, 1983, 268–284.

3. Schadenshaftung und Verteilung

a) Allgemeines

Adams, Michael, EG-Produkthaftungs-Richtlinie: Wohltat oder Plage, Betriebsberater Beilage 20, 1987.
Hapke, Uwe, Umwelthaftung, Versicherung und Prävention, ZfRSoz 20, 1999, 55–81.
Japp, K. P., Prävention durch Umwelthaftung, VW-Projekt, vgl. ZfRSoz 1997, 262.
Koch, H., Die Bewältigung von Großschäden – rechtliche und alternative Strategien und Wirkungsanalyse, VW-Projekt, vgl. ZfRSoz 18, 1997, 284.

b) Abwicklung von Verkehrsunfällen

Benke, Michael/Bora, Stefan/Simsa, Christiane, Konflikte vermeiden, Prozesse verhüten – eine Analyse von Einflußfaktoren bei der Verkehrsunfallregulierung in Deutschland, ZfRSoz 17, 1996, 286–299.
Hutmacher, Wolfgang, Verkehrsunfälle vor Gericht – Empirische Befunde und theoretische Perspektiven, ZfRSoz 5, 1983, 247–267.
Simsa, Christiane, Die gerichtliche und außergerichtliche Regulierung von Verkehrsunfällen in Deutschland und den Niederlanden, Köln 1995.

c) Sonstiges

Boergen, Rüdiger, Die vertragliche Haftung des Rechtsanwalts, Schriftenreihe 13, 1968.

XI. Eigentum/Sachenrecht

Bluntschli, Johann Caspar, Eigentum und Erbrecht, Schriftenreihe zur Rechtssoziologie und Rechtstatsachenforschung 56, 1984.

Drukarczyk, Jochen/Duttle, Josef/Rieger, Reinhard, Mobiliarsicherheiten. Arten, Verbreitung, Wirksamkeit, Köln 1985.

Fleischmann, Gerd, Eigentumsrechte und ökonomische Evolution: Die Bedeutung der Internalisierung externer Effekte und des Anreizes zur Innovation, JbRSoz 12, 1987, 308–319.

Heuer, Uwe-Jens, Eigentum und Recht im gegenwärtigen Sozialismus, in: *Hoffman-Riem, Wolfgang/Mollnau, Karl A./Rottleuthner, Hubert* (Hrsg.), Rechtssoziologie in der Deutschen Demokratischen Republik und in der Bundesrepublik Deutschland, Schriften der VRS 14, 1990, 115–125.

Kimminich, Otto, Das Eigentum in der Spannung zwischen Freiheit und Sozialbindung, JbRSoz 12, 1987, 336–348.

Knieper, Rolf, Eigentum und Vertrag, Kritische Justiz 1977, 147–167.

Lampe, Ernst Joachim, Persönlichkeit, Familie, Eigentum, Grundrechte aus der Sicht der Sozial- und Verhaltenswissenschaften, JbRSoz 12, 1987.

Schott, Rüdiger, Das Grundrecht des Eigentums in ethnologischer Sicht, JbRSoz 12, 1987, 291–305.

XII. Familienrecht

1. Allgemeines

Albertson Fineman, Martha, The Neutered Mother, the Sexual Familiy, and the Other Twentieth Century Tragedies, New York 1995; dazu die ausführlichen Besprechungen „Constructing the Family in Law and Policy“, Law and Social Inquiry 22, 1997, S. 131–148.

Caesar-Wolf, Beatrice/Eidmann, Dorothee, Gleichberechtigungsmodelle im neuen Scheidungsfolgenrecht und deren Umsetzung in die familiengerichtliche Praxis, ZfRSoz 6, 1985, 163–189.

Caesar-Wolf, Beatrice/Eidmann, Dorothee, Zur relativen Autonomie der Rechtspraxis – Am Beispiel der Scheidungsgerichtsbarkeit, in: *Hassemer, Winfried/Hoffmann-Riem, Wolfgang/Limbach, Jutta* (Hrsg.), Juristenausbildung zwischen Experiment und Tradition, Schriften der VRS 11, 1986, 193–212.

Coester, Michael, Erfahrung, Wissenschaft und Wertung bei der Anwendung familienrechtlicher Normen, in: *Hassemer, Winfried/Hoffmann-Riem, Wolfgang/Limbach, Jutta* (Hrsg.), Juristenausbildung zwischen Experiment und Tradition, Schriften der VRS 11, 1986, 213–225.

Der Bundesminister für Jugend, Familie und Gesundheit, Zweiter Familienbericht, Bonn – Bad Godesberg 1975.

Family, Law and Social Policy, Oñati Proceedings 13, 1991.

Gasston, Sarah N., Labor Policy and the Social Meaning of Parenthood, Law & Social Inquiry 22, 1997, 277–310.

Grandke, Anita, Erfahrungen aus rechtssoziologischer Forschung auf dem Gebiet des Familienrechts, in: *Hoffman-Riem, Wolfgang/Mollnau, Karl A./Rottleuthner, Hubert* (Hrsg.), Rechtssoziologie in der Deutschen Demokratischen Republik und in der Bundesrepublik Deutschland, Schriften der VRS 14, 1990, 83–101.

Hill, Paul B./Kopp, Johannes, Familie in der Krise?, Heirat und Familienbildung im Vergleich verschiedener Geburtskohorten, Informationsdienst Soziale Indikatoren, Ausgabe 17, Januar 1997, 1–4.

van Houtte, Jean, Family Law and Family Reality. A Sociolegal Approach, Sociologia del diritto 1998, 61–87.

Limbach, Jutta, Familienforschung im Recht, in: *Hoffman-Riem, Wolfgang/Mollnau, Karl A./Rottleuthner, Hubert* (Hrsg.), Rechtssoziologie in der Deutschen Demokratischen Republik und in der Bundesrepublik Deutschland, Schriften der VRS 14, 1990, 177–186.

Meyer, Thomas, Der Monopolverlust der Familie, KZfSS 45, 1993, 23–40.

Nauck, Bernhard/Onnen-Isemann, Corinna, Familie im Brennpunkt von Wissenschaft und Forschung, Neuwied 1995.

Nußbaum, Arthur, Über die Anwendung gewisser familien- und erbrechtlicher Vorschriften des BGB. Ein Beitrag zur Rechtstatsachenforschung, Schriftenreihe 12, 1968 [Nachdruck].

Nave-Herz, Rosemarie/Markefka, Manfred, Handbuch der Familien- und Jugendforschung, Band I und II, Neuwied 1989.

Pelikan, Christa, Vom Sorgen und Versorgt-Werden der Frauen und Mütter. Das eheliche Unterhaltsrecht in europäischen Kodifikationen des 19. und 20. Jahrhunderts, ZfRSoz 5, 1984, 260–275.

Struck, Gerhard, Entregelung als Phänomen des derzeitigen deutschen Familienrechts, JbRSoz 9, 1983, 140–151.

Voegeli, Wolfgang/Willenbacher, Barbara, Die Ausgestaltung des Gleichberechtigungssatzes im Eherecht, ZfRSoz 5, 1984, 235–259.

Westhoff, Karl/Terlinden-Arzt, Patricia/Klüber, Antje, Psychologische Gutachten für das Familiengericht – Gerechtigkeit und Fairneß für das Kind, in: *Bierbrauer, Günter/Gottwald, Walther/Birnbreier-Stahlberger, Beatrix,* Verfahrensgerechtigkeit, Köln 1995, 99–110.

Zäch, Roger, Postulate zur Bestimmtheit gesetzlicher Regelungen und der Entwurf des neuen Eherechts, Schriftenreihe 56, 1984.

2. Ehe und Ehescheidung

Brüderl, Josef/Diekmann, Andreas/Engelhardt, Henriette, Erhöht eine Probeehe das Scheidungsrisiko?, KZfSS 49, 1997, 205–222.

Caesar-Wolf, Beatrice/Eidmann, Dorothee/Willenbacher Barbara, Die gerichtliche Ehelösung nach dem neuen Scheidungsrecht: Normstruktur und Verfahrenspraxis, ZfRSoz 5, 1983, 202–246.

Caesar-Wolf, Beatrice, Die anwaltliche Scheidungsberatung als stellvertretende Konsensrestitution: eine exemplarische Fallrekonstruktion, ZfRSoz 8, 1987, 167–192.

Diefenbach, Heike, Intergenerationale Scheidungstransmission in Deutschland: Relevanz und Erklärungsansätze, ZfRSoz 18, 1997, 88–105.

Diekmann, Andreas/Engelhardt, Henriette, Die soziale Vererbung des Scheidungsrisikos, ZfSoz 24, 1995, 215–228.

Glatzer, Wolfgang, Starke Zunahme von Kontakten und Ehen zwischen Deutschen und Ausländern, Informationsdienst Soziale Indikatoren, Januar 1998, 1–5.

Hall, Anja, „Drum prüfe, wer sich ewig bindet". Eine empirische Untersuchung zum Einfluß vorehelichen Zusammenlebens auf das Scheidungsrisiko. ZfSoz 26, 1997, 275–295.

Hartmann, Peter (Hrsg.), Warum dauern Ehen nicht ewig? Opladen 1989.

van Houtte, Jean, Marriage in a Socio-Legal Perspective, Ms., 1980.
Jacob, Herbert, Silent Revolution. The Transformation of Divorce Law in the United States, Chicago/London 1988.
König, René, Ehe und Ehescheidung, in: *Bernsdorf, Wilhelm* (Hrsg.), Wörterbuch der Soziologie, Bd. 7, Stuttgart 1972.
Kopp, Johannes, Scheidung in der Bundesrepublik. Zur Erklärung des langfristigen Anstiegs der Scheidungsraten, Wiesbaden 1994.
Kühn, Evelyn, Entwicklung und Diskussion des Ehescheidungsrechts in Deutschland. Eine sozialhistorische und rechtssoziologische Untersuchung, Dissertation, Hamburg 1974.
Lautmann, Rüdiger, Das Eherecht in der Sicht des Rechtsrealisten Karl Llewellyn, Schriftenreihe 75, 1994.
Lemppe, Reinhart, Folgeproblem nach Scheidungsurteilen der Familiengerichte, JbRSoz 11, 1987, 137–147.
Lucke, Doris, Sozialwissenschaftliche Ergebnisse und Argumente in der Familiengesetzgebung. Eine „verwendungssoziologische" Rekonstruktion der Eherechtsreform, ZfRSoz 9, 1988, 130.
Mnookin, Robert H./Kornhauser, Lewis, Bargaining in the Shadow of the Law: The Case of Divorce, Yale Law Journal 88, 1979, 950–997.
Nave-Herz, Rosemarie u. a., Scheidungsursachen im Wandel, Bielefeld 1990.
Nave-Herz, Rosemarie, Ehe – Triumph der Tradition? Familie und Recht 1996, S. 1–3.
Niephaus, Yasemin, Der Einfluß vorehelichen Zusammenlebens auf Ehestabilität als methodisches Artefakt?, KZfSS 51, 1999, 124–139.
Rheinstein, Max, Marriage Stability, Divorce, and the Law, University of Chicago Press, 1972.
Rottleuthner-Lutter, Margret, Gründe von Ehescheidungen in der Bundesrepublik Deutschland. Eine Inhaltsanalyse von Gerichtsakten, Köln 1992.
Scheller, Gitta, Zum gegenwärtigen Stand der Scheidungsursachenforschung, Soziale Welt 42, 1991, 323–348.
Voegeli, Wolfgang, Funktionswandel des Scheidungsrechts, Kritische Justiz 15, 1982, 133–155.
Willenbacher, Barbara/Müller-Alten, Lutz/Diekmann, Jörn, Die Nutzung des gerichtlichen Angebots zur Regelung von Ehescheidungsfolgen, ZfRSoz 7, 1986, 168.
Wolf, Ernst/Lüke, Gerhard/Hax, Herbert, Scheidung und Scheidungsrecht. Grundfragen der Ehescheidung in Deutschland, untersucht an Hand der Statistiken, Tübingen 1959.
Zäch, Roger, Postulate zur Bestimmtheit gesetzlicher Regelungen und der Entwurf des neuen Eherechts, Schriftenreihe 56, 1984.

3. Sorgerecht

Gysels, Monique/Vogels, Mary, Belgian Husbands and Wives. Equal in Patrimonial Matters?, International Journal of the Sociology of Law 10, 1982, 205–216.
Hoefnagels, Peter/van Warmelen, Carla, Die Problematik der Zugangsrechte geschiedener Eltern zu ihren Kindern, JbRSoz 11, 1987, 124–136.
Klotz, Klaus-Ulrich, Die rechtstatsächliche und rechtspolitische Bedeutung der Vorschriften über die Anlage von Mündelgeld, Schriftenreihe 3, 1966.
Lempp, Reinhart/v. Braunbehrens, Vera/Eichner, Ernst/Röcker, Doris, Die Anhörung des Kindes gemäß § 50 b FGG, Köln 1987.
Limbach, Jutta, Die gemeinsame Sorge geschiedener Eltern in der Rechtspraxis, Köln, 1989.
Münder, Johannes, Verhaltenssteuerung des Kindeswohls zwischen Jugendhilfe und Justiz, VW-Projekt, vgl. ZfRSoz 18, 1997, 277.
Lehmkuhl, Gerd, Sexueller Mißbrauch von Kindern – Die Bedeutung von straf-, zivil- und

sozialrechtlichen Bestimmungen für die Praxis im Umgang mit sexuell mißbrauchten Kindern und Jugendlichen, VW-Projekt, vgl. ZfRSoz 18, 1997, 289.

Simitis, Spiros u.a., Kindeswohl. Eine interdisziplinäre Untersuchung über seine Verwirklichung in der vormundschaftsgerichtlichen Praxis, Frankfurt a.M. 1979.

Strempel, Dieter, Gemeinsame Sorge geschiedener Eltern – Rechtstatsachen und gesetzliche Regelung – Köln, o. J. (1990).

4. Ehegatten- und Kindesunterhalt

Benoit, Bastard/Cardia-Vonèche, Laura, Normative oder soziale Logik? Eine Untersuchung der Unterhalts- und Entschädigungsfestsetzung nach Ehescheidung. ZfRSoz 8, 1987, 74–85.

Boigeol, Anne, Aus Anlaß eines neuen Gesetzes: Überlegungen zur Unterhaltsbeitreibung in Frankreich, ZfRSoz 8, 1987, 57–73.

Gibson, Colin S., Maintenance in England and Wales: Entanglement with Reality, ZfRSoz 8, 1987, 86–97.

Lucke, Doris, Die angemessene Erwerbstätigkeit im neuen Scheidungsrecht, Schriften der VRS 8, 1982.

Martiny, Dieter, Des widerspenstigen Schuldners Zähmung – Zur Soziologie des Unterhaltsrechts, ZfRSoz 8, 1987, 24.

Pelikan, Christa, Vom Sorgen und Versorgt-Werden der Frauen und Mütter. Das eheliche Unterhaltsrecht in europäischen Kodifikationen des 19. und 20. Jahrhunderts, ZfRSoz 5, 1984, 260–275.

Willenbacher, Barbara/Voegeli, Wolfgang/Müller-Alten, Lutz, Auswirkungen des Ehegattenunterhaltsrechts in der Bundesrepublik Deutschland, ZfRSoz 8, 1987, 98.

5. Pflegschaft/Betreuung

v. Eicken, Barbara/Ernst, Ellen/Zenz, Gisela, Fürsorglicher Zwang. Eine Untersuchung zur Legitimation von Freiheitsbeschränkungen und Heilbehandlung in Einrichtungen für psychisch kranke, für geistig behinderte und für alte Menschen, Bundesanzeiger 42, 1990, Nummer 31a.

Lüscher, Knut, Regulation von Generationenbeziehungen durch Verfahren – Auslegung des Rechts und Modelle der Generationenbeziehungen in den Bereichen Unterhaltsrecht und Pflegekindschaft, VW-Projekt, ZfRSoz 18, 1997, 276.

Sass, Hans-Martin, Patiententestament und Patientenanwalt, VW-Projekt, vgl. ZfRSoz 18, 1997, 271.

Zenz, Gisela/v. Eicken, Barbara/Ernst, Ellen/Hofmann, Cornelia, Vormundschaft und Pflegschaft für Volljährige. Eine Untersuchung zur Praxis und Kritik des geltenden Rechts, Köln 1987.

6. Nichteheliche Lebensgemeinschaften

Erler, Michael, Nichteheliche Lebensgemeinschaften zwischen Alternative und „Normalität", Familie und Recht 1996, 10–13.

Jost, Fritz, Die nichteheliche Lebensgemeinschaft. Juristische Reaktionen auf private Entregelung, JbRSoz 9, 1983, 124–139.

Meyer, Sibylle/Schulze, Eva, Nichteheliche Lebensgemeinschaften – Alternativen zur Ehe? Eine internationale Datenübersicht, KZfSS 35, 1983, 735–754.

Stichweh, Rudolf, Soziologische Aspekte der Genese von Rechtsnormen: Probleme der Verrechtlichung innerhalb von nichtehelichen Lebensgemeinschaften, VW-Projekt, vgl. ZfRSoz 18, 1997, 270.

Wegner, Jörg, Die Ehe für gleichgeschlechtliche Lebensgemeinschaften, ZfRSoz 16, 1995, 170–191.

Winter, Gerd, Sozialer Wandel durch Rechtsnormen. Erörtert an der Sozialstellung unehelicher Kinder, Schriftenreihe 13, 1968.

XIII. Erbrecht

Kreuzer, Carl, Vererbungsgewohnheiten landschaftlicher Betriebe in Baden-Württemberg in: *Heinz, Wolfgang,* Rechtstatsachenforschung heute, Konstanz 1986, 83–93.

Leipold, Dieter, Wandlungen in den Grundlagen des Erbrechts? AcP 180, 1980, 161–137.

Lauterbach, Wolfgang/Lüscher, Kurt, Erben und die Verbundenheit der Lebensverläufe von Familienmitgliedern, KZfSS 48, 1996, 66 – 95.

Rotering, Paul, Rechtstatsächliche Untersuchungen zum Inhalt eröffneter Verfügungen von Todes wegen, Frankfurt a. M. 1986.

Schulte, Günther, Art und Inhalte eröffneter Verfügungen von Todes wegen, Dissertation, Münster 1982.

Stöcker, Hans A., Die Neuordnung der gesetzlichen Erbfolge im Spiegel des mutmaßlichen Erblasserwillens, Zeitschrift für das gesamte Familienrecht 1971, 609–618.

Szydlitz, Marc, Erben in der Bundesrepublik Deutschland, KZfSS 51, 1999, 80–104.

XIV. Arbeitsrecht, insbesondere Kündigungsschutz

Aliprantis, Nikitas, Zur Justizpolitik und Rechtsideologie der französischen Arbeitgeberverbände, ZfRSoz 1, 1980, 209–231.

Brosziewski, Achim, Zur sozialen Konstruktion von Altersgrenzen im Betrieb. Personalmanagement zwischen Produktions- und Karriereinteressen, KZfSS 50, 1998, 344–361.

Diekmann, Jörn, Kündigungsschutzklagen und Konjunktur. Einige Aspekte des Verhältnisses wissenschaftlicher Entwicklung und subjektiver Reaktion, ZfRSoz 5, 1984, 79–100.

Ehrlich, Eugen, Arbeiterschutz im Privatrecht (1891), Schriftenreihe 61, 1986.

Faist, T., Die Beschäftigung von Werkvertragsarbeitnehmern in der Bundesrepublik Deutschland. Rechtliche Regulierung und politische Konflikte, VW-Projekt,vgl. ZfRSoz 18, 1997, 263.

Falke, Josef, Rechtssoziologie und Arbeitsrecht. Einführende Anmerkungen, ZfRSoz 5, 1984, 46–50.

Falke, Josef, Zum Stellenwert rechtlicher Wirkungsfaktoren für den Kündigungsschutz im Arbeitsrecht. Zugleich ein Beitrag zur Schwierigkeit, den Wirkungsfaktor Recht zu isolieren, ZfRSoz 5, 1984, 120–142.

Gefaeller, Wolfgang, Entstehung und Bedeutungswandel der Arbeitsmündigkeit (§ 113 BGB), Schriftenreihe 10, 1968.

Gester, Heinz, Tendenzen und Gefahren der Verrechtlichung im Arbeitsrecht, in: *Strempel, Dieter* (Hrsg.), Mehr Recht durch weniger Gesetze?, Köln 1987, 63–68.

Höland, Armin, Teil 1: „Befristete Arbeitsverträge nach dem Beschäftigungsförderungsgesetz (BeschFG 1985)“ – Ergebnisse der Untersuchung im Auftrag des Bundesministers für Arbeit und Sozialordnung, ZfRSoz 11, 1990, 257–280.

Kittner, Michael/Breinlinger, Axel, Gewerkschaften und Recht, ZfRSoz 2, 1981, 53–79.

Linne, Gudrun, Überlegungen zur Problematik einer Wirkungsanalyse arbeitsrechtlicher

Normen – dargestellt am Beispiel des Kündigungsschutzrechts, ZfRSoz 5, 1984, 101–119.

Linne, Gudrun/Voswinkel, Stephan, Teil II: „Vielleicht ist ja noch alles offen“ – Ergebnisse der Göttinger Untersuchung über befristete Arbeitsverhältnisse, ZfRSoz 11, 1990, 281–304.

Rottleuthner, Hubert, Rechtssoziologische Studien zur Arbeitsgerichtsbarkeit, Schriften der VRS 9, 1984.

XV. Gesellschaftsrecht

Baums, Theodor, Regulierung von Investmentgesellschaften, VW-Projekt, vgl. ZfRSoz 17, 1997, 266.

Baums, Theodor/Kirchgässner, Gebhard, Institutionelle Anleger und Publikumsgesellschaft, VW-Projekt, vgl. ZfRSoz 18, 1997, 282.

Brinkmann, Thomas, Der Übergang vom Gesellschafts- zum Unternehmensinteresse. Ein Element unternehmensrechtlicher Strukturbildung, JbRSoz 8, 1982, 213–231.

Elle, Horst, Die rechtliche Sicherung der Ansprüche aus Industrieobligationen, Schriftenreihe 4, 1966.

Heinz, Karl Eckhart, Die Partnerschaftsgesellschaft und ihre Haftungsregeln, ZfRSoz 19, 1988, 73–84.

Kohler, Klaus, Die moderne Praxis des Schiedsrichterwesens in der Wirtschaft, Schriftenreihe 8, 1967.

Limbach, Jutta, Theorie und Wirklichkeit der GmbH, Schriftenreihe 2, 1966.

Raiser, Thomas, Sozialer Wandel durch Recht, dargestellt am Bsp. der AG, JbRSoz 3, 1972, 409–427.

Sieveking, Klaus, Rechtsformenwandel staatlicher Sicherungsgarantien im Unternehmensbereich. Die Diskussion über den „Maschinenbeitrag“, JbRSoz 8, 1982, 176–199.

Vogel, C. Wolfgang, Aktienrecht und Aktienwirklichkeit. Organisation und Aufgabenteilung von Vorstand und Aufsichtsrat, Schriften der VRS 3, 1980.

Wälde, Thomas W., Rechtsformen der Verflechtung zwischen Staat und Wirtschaft im Bereich internationaler Wirtschaftsbeziehungen: Zwischenstaatliche Kooperationsabkommen und Modellverträge internationaler staatlicher Organisationen, JbRSoz 8, 1982, 372–390.

Willke, Helmut, Die Disjunktion von Rechtsformen und Machtformen – am Beispiel der Konzertierten Aktion, JbRSoz 8, 1982, 200–212.

XVI. Wirtschafts- und Wettbewerbsrecht

v. Falckenstein, Roland, Schäden der Verbraucher durch unlauteren Wettbewerb, Köln 1979.

Hirsch, Ernst E., Interessen und Gegeninteressen im Urheberrecht, Schriftenreihe 57, 1984, 218–244.

Hirsch, Ernst E., Krise des internationalen Urheberrechts? Schriftenreihe 57, 1984, 143–158.

Kur, Annette, Streitwert und Kosten in Verfahren wegen unlauteren Wettbewerbs, Köln 1980.

Rehbinder, Manfred, Demoskopie als Beweismittel im Markenrecht, Schriftenreihe 78, 1996.

XVII. Sonstiges

Ehrlich, Eugen, Zur Frage der juristischen Person, Schriftenreihe 61, 1986 [Nachdruck].

Ladeur, Karl-Heinz, Verrechtlichung der Ökonomie-Ökonomisierung des Rechts?, JbRSoz 8, 1982, 74–92.

Rottleuthner, Hubert, Rechtsformen – ein symphonischer Nachklang, JbRSoz 8, 1982, 124–153.

C. Gerichtsverfahren

I. Verrechtlichung und Selektion von Konflikten

Ellscheid, Günter, Verrechtlichung und Entsolidarisierung, in: *Hassemer, Winfried/Hoffmann-Riem, Wolfgang/Weiss, Manfred* (Hrsg.), Gegenkultur und Recht, Schriften der VRS 10, 1985, 51–71.

Felstiner, William L. F./Abel, Richard L./Sarat, Austin, The Emergence and Transformation of Disputes: Naming, Blaming, Claiming, Law and Society Review 15, 1980/81, 631–54.

Goebel, Joachim, Zivilrechtsdogmatik und Verfahrenssoziologie, Schriftenreihe 76, 1994.

Macaulay, Stewart, Lawyers and Consumer Protection Laws, Law and Society Review 14, 1979, 115–171.

Roethe, Thomas, Strukturprinzipien professionalisierten anwaltlichen Handelns. Eine hermeneutische Rekonstruktion anwaltlicher Scheidungsberatungen, Schriften der VRS 21, 1986.

Silberman, Matthew, The Civil Justice Process. A Sequential Model of the Mobilisation of Law, Orlando usw. 1985.

Suchman, Mark C./Cahill, Mia L., The Hired Gun as Facilitator: Lawyers and the Suppression of Business Disputes in Silicon Valley, Law & Social Inquiry 21, 1996, 679–712.

Wanner, Craig, The Public Ordering of Private Relations. Initiating Civil Cases in Urban Trial Courts, Law and Society Review 8, 1974, 421–440.

Wanner, Craig, The Public Ordering of Private Relations. Part Two: Winning Civil Court Cases, Law and Society Review 9, 1975, 293–306.

II. Verfahrensgerechtigkeit (Procedural Justice)

Bora, Alfons, Gesellschaftliche Integration durch Verfahren – Zur Funktion von Verfahrensgerechtigkeit in der Technikfolgenabschätzung und -bewertung, ZfRSoz 4, 1993, 55–79.

Hoffmann, Roland, Verfahrensgerechtigkeit. Studien zu einer Theorie prozeduraler Gerechtigkeit, ZfRSoz 14, 1993, 87–92.

Lind, E. Allan, Procedural Justice and Culture: Evidence for Ubiquitous Process Concerns, ZfRSoz 14, 1993, 24–36.

Luhmann, Niklas, Legitimation durch Verfahren, Neuwied 1969.

Machura, Stefan, Niklas Luhmanns „Legitimation durch Verfahren" im Spiegel der Kritik, ZfRSoz 14, 1993, 97–114.

Röhl, Klaus F., Verfahrensgerechtigkeit (Procedural Justice). Einführung in den Themenbereich und Überblick, ZfRSoz 14, 1993, Heft 1, 1–34.

Schmidt, Volker H., Zum Verhältnis prozeduraler und distributiver Gerechtigkeit – Am Beispiel „lokaler" Verteilungsprobleme, ZfRSoz 14, 1993, 80–96.

Vidmar, Neil, Verfahrensgerechtigkeit und alternative Konfliktbewältigung, ZfRSoz 14, 1993, 35–46.

III. Prozeßflut

Blankenburg, Erhard (Hrsg.), Prozeßflut? Indikatorenvergleich von Rechtskulturen auf dem europäischen Kontinent, Köln 1988.
Ehricke, Ulrich, Experimentierklauseln in der Gesetzgebung und Entlastung der Ziviljustiz – eine Kritik im Schnittpunkt von Rechtssoziologie und Jurisprudenz aus der Perspektive des Marktes, in: *Mummert, U./Wohlgemuth, M.* (Hrsg.), Aufschwung Ost im Reformstau West, Baden-Baden 1998, 230–264.
Galanter, Marc, Reading the Landscape of Disputes: What We Know and Don't Know, (and Think We Know) About Our Allegedly Contentious Society, UCLA Law Review 31, 1984, 4–71.
Klages, Helmut, Ursachenfaktoren der Inanspruchnahme der Ziviljustiz, in: Grenzen der Rechtsgewährung, hrsg. vom Deutschen Richterbund, Köln 1983, 195–219 = Deutsche Richterzeitung 1983, 395–402.
Röhl, Klaus F., Gründe und Ursprünge der Geschäftsüberlastung der Gerichte aus soziologischer Sicht in: *Gilles, Peter* (Hrsg.), Effiziente Rechtsverfolgung, 1987, 33–63.
Rottleuthner, Hubert, Verfahrensflut und Verfahrensebbe, ZRP 18, 1985, 117–119.
Wollschläger, Christian, Rechtstatsachenforschung: Konjunkturprognose für die Zivilgerichte, JuS 1989, 683–686.
Wollschläger, Christian, Ungleiche Justizgewähr und Zivilprozeßhäufigkeit in der preußischen Ständegesellschaft um 1750, in: FS Helmut Coing, München, 1982, 435–451.
Wollschläger, Christian, Zivilprozeßstatistik und Wirtschaftswachstum im Rheinland 1822–1915, in: *Luig, Klaus/Liebs, Detlef*, Das Profil des Juristen in der Europäischen Tradition, Ebelsbach 1980, 371–397.

IV. Zugangs- und Erfolgsbarrieren im Gerichtsverfahren

Baumgärtel, Gottfried, Gleicher Zugang zum Recht für alle, Köln 1976.
Bender, Rolf/Schumacher, Rolf, Erfolgsbarrieren vor Gericht, Tübingen 1980.
Blankenburg, Erhard, Mobilisierung von Recht. Über die Wahrscheinlichkeit des Gangs zum Gericht, über die Erfolgsaussichten der Kläger und über die daraus ableitbaren Funktionen der Justiz, ZfRSoz 1, 1980, 33–644.
Blankenburg, Erhard, Rechtsberatung als Hilfe und Barriere auf dem Weg zum Recht, ZRP 8, 1976, 93–96.
Cappeletti, Mauro/Gordley, James/Johnson, Earl, Toward Equal Justice: A Comparative Study of Legal Aid in Modern Societies, New York 1975.
Galanter, Marc, Why the Haves Come out Ahead: Speculations on the Limits of Legal Change, Law and Society Review 9, 1974, 95–160.
Galanter, Marc, The Distribution of Advantages in the Litigation Process, JbRSoz 4, 1976, 245–270.
Galanter, Marc, Afterword – Explaining Litigation, LSR 9, 1975, 347–368.
Menne, Heinz, Sprachbarrieren und Rationalisierung im Zivilprozeß, ZZP 1978, 263 ff.
Reifner, Udo, Erfolgs- und Zugangsbarrieren in der Justiz, Demokratie und Recht 1981, 143 ff., 396 ff.
Unterseher, Lutz, Der Zugang zur Ziviljustiz: Barrieren für den Bürger, ZfRSoz 1981, 241–244.
Wassermann, Rudolf, Der soziale Zivilprozeß, Neuwied 1978.

V. Gerichtskosten, Anwaltskosten, Rechtsschutzversicherung

Blankenburg, Erhard/Fiedler, Jann, Die Rechtsschutzversicherungen und der steigende Geschäftsanfall der Gerichte, Tübingen 1981.

Jagodzinski, Wolfgang/Raiser, Thomas/Riehl, Jürgen, Rechtsschutzversicherung und Rechtsverfolgung, Köln 1994.

Jagodzinski, Wolfgang/Raiser, Thomas/Riehl, Jürgen, Auswirkungen der Rechtsschutzversicherungen auf die Rechtspflege, ZfRSoz 12, 1991, 287–301.

Jost, Fritz, Soziologische Feststellungen in der Rechtsprechung des Bundesgerichtshofs in Zivilsachen, Berlin 1979.

Schröder, Rainer, Anwaltskosten im Zivilrechtsstreit, Kritische Justiz 1986, 140–165.

VI. Verbands- und Popularklagen

Cappeletti, Mauro/Jolowitz, J. A., Public Interest Parties and the Active Role of the Judge in Civil Litigation, Milano, Dobbs Ferry, New York 1975.

v. Falckenstein, Roland, Die Bekämpfung unlauterer Geschäftspraktiken durch Verbraucherverbände, Köln 1977.

Gottwald, Peter, Class Actions auf Leistung von Schadensersatz nach amerikanischem Vorbild im deutschen Zivilprozeß?, ZRP 1, 1978, 1–38.

Groenendijk, Kees, Die Wahrnehmung gebündelter Interessen im Zivilprozeß, ZfRSoz 3, 1982, 240–271.

VII. Gerichtsorganisation und Zivilprozeß

1. Zivilprozeß allgemein

Adams, Michael, Der Zivilprozeß als Folge strategischen Verhaltens, ZfRSoz 7, 1986, 212.

Baumgärtel, Gottfried/Mes, Peter, Rechtstatsachen zur Dauer des Zivilprozesses (erste Instanz), Köln 1972.

Baumgärtel, Gottfried/Hohmann, Gerhard, Rechtstatsachen zur Dauer des Zivilprozesses (zweite Instanz), Köln 1972.

Baur, Fritz, Funktionswandel des Zivilprozesses?, in: Tradition und Fortschritt im Recht, Tübingen 1977, 159–175.

Blankenburg, Erhard, Einstweiliger Rechtsschutz als Konfliktlösung: Kleine Aufweichungen der Zivilprozeß-Dogmatik mit möglichst großen Folgen, ZfRSoz 12, 1991, 274–277.

Blankenburg, Erhard/Rogowski, Ralf, Zur Theorie von Gerichtsverfahren, ZfRSoz 5, 1983, 133–144.

Böhm, Ellen, Evaluation des Gesetzes zur Beschleunigung und Vereinfachung gerichtlicher Verfahren mit der Survival-Analyse, ZfRSoz 13, 1992, 131–140.

Gilles, Peter, Rechtsmittelreform in der Zivilgerichtsbarkeit – Zugleich zu Fragen einer Großen Ziviljustizreform, ZfRSoz 12, 1991, 278–286.

Gilles, Peter/Röhl, Klaus F./Schuster, Paul/Strempel, Dieter (Hrsg.) Rechtsmittel im Zivilprozeß – unter besonderer Berücksichtigung der Berufung –, Köln 1985.

Gilles, Peter, Ziviljustiz und Rechtsmittelproblematik, Köln 1992.

Horn, Ulrich, Der befangene Richter. Rechtstatsachen zur Richterablehnung im Zivilprozeß, Schriftenreihe 39, 1977.

Kininger, Ewald, Theorie und Soziologie des zivilgerichtlichen Verfahrens, Schriften zum Prozeßrecht, Berlin 1980.

Koetz, Axel G., Strukturanalyse der Rechtspflege: Organisation der Amtsgerichte, ZfRSoz 12, 1991, 197–209.

Niederländer, Loni, Lokale Justizkulturen in der vormaligen DDR – Kulturelle Elemente der Klagebereitschaft in Zivilsachen, ZfRSoz 12, 1991, 57–69.

Rasehorn, Theo, Tradition und Ritual im Alltag des Richters, ZfRSoz 11, 1990, 188–196.

Rogowski, Ralf, Amerikanische Zivilgerichte in ihrem Kontext: Das Civil Litigation Research Project, ZfRSoz 4, 1983, 299–309.

Roehl, Wolfgang, Ökonomische Analyse des Zivilprozesses ohne Empirie. Einige Anmerkungen zu Michael Adams, „Der Zivilprozeß als Folge strategischen Verhaltens", ZfRSoz 7, 1986, 226.

Roth, Günther H. (Hrsg.), Rechtssoziologie und Prozeßrecht. Nationalberichte und Generalberichte zum Thema. Der Beitrag der Rechtssoziologie zur Reform des Prozeßrechts des VII. Internationalen Kongresses für Zivilprozeßrecht, Wien 1983.

Rottleuthner, Hubert/Rottleuthner-Lutter, Margret, Die Dauer von Gerichtsverfahren, Schriften der VRS 16, 1990.

Rottleuthner-Lutter, Margret/Rottleuthner, Hubert, Evaluation der ZPO-Vereinfachungsnovelle, ZfRSoz 10, 1989, 28–49.

Rottleuthner, Hubert/Böhm, Ellen/Gasterstädt, Daniel, Rechtstatsächliche Untersuchung zum Einsatz des Einzelrichters, Köln 1992.

Schaper, Jürgen, Studien zur Theorie und Soziologie des gerichtlichen Verfahrens, Berlin 1985.

Schumann, Carola, Anwälte und ihre Klienten im Prozeß der juristischen Transformation privater Konflikte, ZfRSoz 3, 1982, 272–290.

Steinbach, Elmar/Kniffka, Rolf, Strukturen des amtsgerichtlichen Zivilprozesses, Berlin 1982.

Wolf, Manfred, Rolle von Laien in zivil-, arbeits- und sozialrechtlichen Streitigkeiten, in: *Gilles, Peter* (Hrsg.), Anwaltsberuf und Richterberuf in der heutigen Gesellschaft, Baden-Baden 1991, 133–152.

Wollschläger, Christian, Mehr Rechtsschutz ohne Zivilprozeßrecht? Eine Prognose zum vereinfachten Verfahren in geringwertigen Streitigkeiten, ZfRSoz 12, 1991, 248–273.

2. Besondere Parteikonstellationen und Prozeßgegenstände

Dunworth, Terence/Rogers, Joel, Corporations in Court: Big Business Litigation in U.S. Federal Courts, 1971–1991, Law & Social Inquiry 21, 1996, 497–592.

Kenworthy, Lane/Macaulay, Stewart/Rogers, Joel, „The More Things change ...": Business Litigation and Governance in the American Automobil Industry, Law & Social Inquiry 21, 1996, 631–678.

Ruhnka, John C./Weller, Steven, Small Claims Courts, Williamsburg/Virginia 1978.

3. Vergleich im Zivilprozeß

Der Prozeßvergleich. Möglichkeiten, Grenzen, Forschungsperspektiven, hrsg. von *Gottwald, Walter, Hutmacher, Wolfgang, Röhl, Klaus F.* und *Strempel, Dieter*, Köln 1983.

Egli, Urs, Vergleichsdruck im Zivilprozeß, Schriftenreihe 78, 1996.

Gottwald, Walther/Haft, Fritjof (Hrsg.), Verhandeln und Vergleichen als juristische Fähigkeiten, Tübingen 1987.

Röhl, Klaus F. u.a., Der Vergleich im Zivilprozeß. Untersuchungen an einem großstädtischen Amtsgericht, Opladen 1983.

VIII. Zwangsvollstreckung/Verbraucherverschuldung/Insolvenzen

Adler, Michael, Alternativen zur Zwangsbeitreibung von Schulden, ZfRSoz 4, 1983, 41–49.
Brock, D., Lebensführung nach Plan? VW-Projekt, vgl. ZfRSoz 18, 1997, 266.
Caplovitz, David, Consumers in Trouble. A Study of Debtors in Default, New York 1974.
Gessner, Volkmar/Rhode, Barbara/Strate, Gerhard/Ziegert, Klaus A., Die Praxis der Konkursabwicklung in der Bundesrepublik Deutschland, Köln 1978.
Hauschildt, Jürgen/Stahrenberg, Cora, Zur Effektivität von Inkasso-Unternehmen, Betriebs-Berater 1991, 3–7.
Hegenbarth, Rainer, Illusions perdues. Verbrauchererwartung und Gerichtsentscheid, ZfRSoz 2, 1981, 34–52.
Hoene, Eberhard, Präventiver Kreditschutz und Zwangsvollstreckung durch Private, Schriftenreihe 22, 1971.
Holzscheck, Knut/Hörmann, Günter/Daviter, Jürgen, Praxis des Konsumentenkredits, Köln 1982.
Hörmann, Günter, Verbraucher und Schulden, Schriften der VRS 12, 1987.
Hörmann, Günter, Gerichtliche Schuldbeitreibung und ihre Entwicklung, JbRSoz 11, 1987, 72–94.
Hörmann, Günter/Holzscheck, Knut, Schuldbeitreibung im Konsumentenkredit – Ergebnisse einer empirischen Studie, ZfRSoz 4, 1983, S. 26–40.
Jacob, Herbert, Debtors in Court, Chicago 1969.
Kagan, Robert A., The Routinization of Debt Collection, Law and Society Review 18, 1984, 323–371.
Liebl, Karlhans, Geplante Konkurse, Pfaffenweiler 1984.
Reifner, Udo, Verbraucherverschuldung und Arbeitslosigkeit, in: Arbeitslosigkeit als Problem der Rechts- und Sozialwissenschaften, Schriften der VRS 4, 1980, 355–387.
Röhl, Klaus F., Schuldbeitreibung als Kontrolle abweichenden Verhaltens, ZfRSoz 4, 1983, 1–25.
Stahrenberg, Cora, Effektivität des externen Inkassos, Berlin 1995.
Forschungsprojekt „Sozialwissenschaftlicher Systemvergleich Zivilrecht/Strafrecht" (Österreich, vier Berichtsbände).

IX. Arbeitsgerichtsverfahren, insbesondere Kündigungsschutzprozeß

Däubler, Wolfgang, Gewerkschaften und Arbeitsrecht. Einige Thesen, ZfRSoz 2, 1981, 80–87.
Diekmann, Jörn, Einige Bedingungen für den Ausgang von Kündigungsschutzklagen, ZfRSoz 4, 1983, 50–64.
Falke, Josef/Höland, Armin/Rhode, Barbara/Zimmermann, Gabriele, Kündigungspraxis und Kündigungsschutz in der Bundesrepublik Deutschland – ein Forschungsplan, in: Arbeitslosigkeit als Problem der Rechts- und Sozialwissenschaften, Schriften der VRS 4, 1980, 267–280.
Grotmann-Höfling, Günter, Zur Lage der Arbeitsgerichtsbarkeit im Jahr 2000 – Ein Beitrag zur Verringerung der Neuzugänge –, ZfRSoz 18, 1997, 205–224.
Höland, Armin, Bernd Rüthers, Beschäftigungskrise und Arbeitsrecht. Zur Arbeitsmarktpolitik der Arbeitsgerichtsbarkeit, ZfRSoz 18, 1997, 306–309.
Höland, Armin, Das Verhalten von Betriebsräten bei Kündigungen, Frankfurt a.M. 1985.
Kotthoff, Hermann, Zur Anwendung des Bundesverfassungsgesetzes in den Betrieben, in: *Blankenburg, Erhard/Lenk, Klaus/Rogowski, Ralf,* Organisationelle Bedingungen des Gesetzvollzugs, JbRSoz 7, 1980, 328–344.
Moritz, Klaus, Beitrag ehrenamtlicher Richter zur Regelung von Arbeitskonflikten in Deutschland und Frankreich, ZfRSoz 5, 1984, 51–78.

Reifner, Udo, Kollektiver Rechtsgebrauch: Die Massenklagen der IG-Metall gegen die Aussperrung, ZfRSoz 2, 1981, 88–1113.

Rottleuthner, Hubert, Betriebliche Kündigungspraxis und gerichtlicher Kündigungsschutz, in: Arbeitslosigkeit als Problem der Rechts- und Sozialwissenschaften, Schriften der VRS 4, 1980, 209–222.

Rottleuthner, Hubert, Probleme der Beobachtung von Gerichtsverhandlungen, dargestellt am Beispiel richterlicher Vergleichsstrategien und kompensatorischen Verhaltens im Arbeitsgerichtsverfahren, in: *Hassemer, Winfried/Hoffmann-Riem, Wolfgang/ Weiss, Manfred* (Hrsg.), Interaktion vor Gericht, Schriften der VRS 2, 1978, 109–131.

Schönholz, Siegfried, Arbeitsplatzsicherung oder Kompensation – rechtliche Formen des Bestandsschutzes im Vergleich, in: Arbeitslosigkeit als Problem der Rechts- und Sozialwissenschaften, Schriften der VRS 4, 1980, 223–266.

Schönholz, Siegfried, Die Fortsetzung von Arbeitsverhältnissen nach einem Arbeitsgerichtsverfahren, JbRSoz 11, 19897, 197–218.

X. Alternative Konfliktregelung

Die Literatur zur alternativen Konfliktregelung ist sehr umfangreich. Eine von der Prognos durch *Erhard Blankenburg* und *Johannes Stock* im Auftrag des Bundesjustizministeriums erstellte „Sekundäranalyse der Literatur zur außergerichtlichen Streitbeilegung“ nennt 193 Titel und ist immer noch unvollständig. Allerdings betrifft ein Teil nur Straf- oder Verwaltungsverfahren, und längst nicht alle Titel haben rechtssoziologische Qualität. Hier folgt nur eine kleine Auswahl.

Blankenburg, Erhard/Klausa, Ekkehard/Rottleuthner, Hubert/Rogowski, Ralf, Alternative Reformen und Alternativen zum Recht, in: JbRSoz 6, 1980, 358–384.

Breidenbach, Stephan, Mediation, Köln 1995.

Eidmann, Dorothee, Schlichtung: zur Logik außergerichtlicher Konfliktregelung, Schriften der VRS 19, 1994.

Ellermann, Rolf (Hrsg.), Ärztliche Schlichtungsstellen im Brennpunkt, Königswinter 1987.

Gilles, Peter, National Report on German Law. The International Symposium on Civil Justice in The Era Of Globalization, Tokyo 1992 – Collected Reports.

Gottwald, Walter, Verfahrensmäßige Bedingungen alternativer Konfliktregelungen, in: *Brand, Jürgen/Strempel, Dieter,* Soziologie des Rechts, Schriften der VRS 24, 1998, 635–647.

Gottwald, Walther, Streitbeilegung ohne Urteil, Tübingen 1981.

Jansen, Dorothea, Das Güteverfahren vor dem Schiedsmann – ein alternatives Vermittlungsverfahren in zivilrechtlichen Streitigkeiten, in: *Röhl, Klaus F.* (Hrsg.), Das Güteverfahren vor dem Schiedsmannn. Soziologische und kommunikations-wissenschaftliche Untersuchungen, Köln 1987, 1–540.

Morasch, Helmut, Schieds- und Schlichtungsstellen in der Bundesrepublik, Köln 1984.

Niederländer, Loni, Ehemalige Konfliktkommissionen der DDR als konfliktvorbeugende und konfliktregelnde Institutionen außerhalb der staatlichen Gerichte – eine Problemfeldstudie, ZfRSoz 11, 1990, 305–327.

Nothdurft, Werner/Holznagel, Bernd, Konfliktlösung durch Verhandlungen, ZfRSoz 13, 1992, 159–166.

Nothdurft, Werner/Spranz-Fogasy, Thomas, Der kulturelle Kontext von Schlichtung. Zum Stand der Schlichtungs-Forschung in der Rechts-Anthropologie, ZfRSoz 7, 1986, 31.

Röhl, Sabine/Röhl, Klaus F., Alternativen zum Recht?, Deutsche Richterzeitung 1979, 33–38.

Simsa, Christiane/Stock, Johannes, Mögliche Entwicklungen im Zusammenspiel von außer- und innergerichtlicher Konfliktregelungen, ZfRSoz 12, 1991, 302–326.

Rechtssoziologie, Familiensoziologie und Familienrecht

Eine Fallstudie am Beispiel einer Jahrhundertreform

Doris Lucke

I. Problemstellung und Ausgangsannahmen

Innerhalb der deutschen Rechts- und Gesetzgebungskultur ist als genereller Trend seit den 60er Jahren eine Entwicklung zu beobachten, die in der „law and society community" als Verwissenschaftlichung und fortschreitende Akzeptanzorientierung juristischer Entscheidungen diagnostiziert wird[1]. Dies wirft die – in diesem Band von *Röhl* für die Bedeutung der Rechtssoziologie für das Zivilrecht auf allgemeinerer Ebene gestellte – Frage auf, welche Rolle soziologische Ergebnisse und Argumente speziell bei der Legitimation von Reformgesetzen spielen. Ziel dieses Beitrags ist es, anhand einer rechtssoziologischen Untersuchung zum 1977 reformierten Ehe-, Familien- und Scheidungsrecht (1. EheRG) Spuren der Anwendung soziologischen Wissens auf legislativer Ebene aufzudecken und am Fallbeispiel einer Jahrhundertreform aus dem Bereich der Familiengesetzgebung zu rekonstruieren.[2]

Wegen der Ambivalenz von inhaltlich begründeten Verwendungswahrscheinlichkeiten einerseits und gleichermaßen antizipierbaren Rezeptionssperren andererseits erschien das gewählte Fallbeispiel von einem in mehrerlei Hinsicht spannenden (Verwendungs-)Interesse. Im Nebeneffekt erwies sich der

---

[1] *D. Lucke*, Die Akzeptanzorientierung rechtlicher Entscheidungen als Preisgabe des Juridischen. Vorüberlegungen zu einer Akzeptanztheorie des Rechts, in: F. Haft/H. Hof/S. Wesche (Hrsg.), Bausteine zu einer Verhaltenstheorie des Rechts, 2000 (im Erscheinen). Der Band dokumentiert die Beiträge eines interdisziplinären Kolloquiums zum Schwerpunkt: „Recht und Verhalten" der Volkswagen-Stiftung, das im April 1999 auf der Reisensburg über Günzburg stattgefunden hat.

[2] Grundlage der nachfolgenden Ausführungen bildet eine in den Jahren 1986 bis 1988 im Rahmen des DFG-Schwerpunktprogramms: „Verwendung sozialwissenschaftlicher Ergebnisse" durchgeführte Dokumenten- und Materialanalyse, die durch Expertengespräche mit an der Gesetzesreform Beteiligten ergänzt wurde. Die Untersuchung erstreckte sich auf den Zeitraum von 1967, der Einberufung einer Eherechtskommission beim Bundesministerium der Justiz (BMJ), über das Inkrafttreten des Reformgesetzes zum 1.7.1977 bis 1985, zu dessen Novellierung im Bereich des Scheidungsunterhalts und des Versorgungsausgleichs.

Verwendungsfall (der) Familiengesetzgebung als geeignet, einige konzeptionelle und methodische Schwächen empirischer Verwendungsforschung exemplarisch aufzuzeigen, welche die Wahrnehmung rechtssoziologischer Praxisrelevanz teilweise bis heute bestimmen. Ihre Beurteilung bedarf – wie sich als Ergebnis der Untersuchung herausstellt – einer Korrektur.

Aufgrund der Allgegenwärtigkeit und Alltäglichkeit von Eheschließungen, Familiengründungen - mittlerweile auch Ehescheidungen - und der daraus abgeleiteten Jedermann- und -fraukompetenz sind im Familienrecht die Grenzen juristischer Interpretations- und Erkenntnisfähigkeit nicht so augenfällig wie in den Grenzgebieten des Rechts zu den „harten" Disziplinen, etwa der Physik und der Ökologie im Bereich des Atomrechts oder in der Umweltschutzgesetzgebung. In Anbetracht dessen besteht – so ist zu erwarten – juristischerseits eine nur geringe Neigung, Alltagstheorien, persönliche Lebenserfahrungen und -philosophien aufgrund anderslautender Umfrageergebnisse und Statistiken zu korrigieren. Andererseits verweist die Regelungsmaterie des Ehe- und Familienrechts in einer Einsichtigkeit und Unmittelbarkeit auf den Gegenstands- und Erkenntnisbereich der Soziologie, wie dies sonst auf kaum einem Spezialgebiet des Rechts der Fall ist. Dies gilt namentlich für den Verweisungszusammenhang der Familiensoziologie, eine der ältesten und zugleich konservativsten Speziellen Soziologien, die – als Teilgebiet einer insgesamt jungen Disziplin – zum Zeitpunkt der einsetzenden Reformdiskussion bereits seit ca. 100 Jahren wissenschaftlich betrieben wurde und deren Anfänge bis in die Mitte des vorigen Jahrhunderts zurückreichen.[3]

Der rekonstruierte Reformprozeß selbst - es handelte sich um die erste umfassende Reform des Ehe- und Familienrechts seit dem Bürgerlichen Gesetzbuch (BGB 1900) der Jahrhundertwende[4] - begann unter ausgesprochen günstigen Verwendungsbedingungen. Der Legimitimationsbedarf gegenüber einer durch die Ereignisse von 1968 kritischer gewordenen Öffentlichkeit hatte sich erhöht. Inner- und außerjuristische Rechtfertigungszwänge waren gestiegen. Sozialwissenschaftliche Politikberatung und reformpolitische Gestaltungsvorhaben standen im Spiegel der öffentlichen Meinung hoch im Kurs und genossen allgemein Ansehen. Von Zeitpunkt, Dauer und betriebenem Argumentations- und Begründungsaufwand her gesehen kann diese Reformdiskussion für die

---

[3] Als für die bürgerlichen Kreise jener Zeit maßgeblich und auf die Entstehung des BGB einflußreich, in der Soziologie heute aber zwiespältig bewertet ist das Standardwerk von *W. H. Riehl*, Die Familie, 1899 zu nennen. Als lexikalische Übersicht *R. König*, Soziologie der Familie, in: ders. (Hrsg.), Handbuch der empirischen Sozialforschung. Bd. 2, 1969, S. 172 ff.; als neuerer Überblick *U. Gerhardt/S. Hradil/D. Lucke/B. Nauck* (Hrsg.), Familie der Zukunft, 1995, S. 11 ff.

[4] *P. Derleder*, Die Entwicklung des deutschen Familienrechts seit 1945, in: Frauenforschung 8 (1990), S. 78 ff.; *J. Limbach*, Die Entwicklung des Familienrechts seit 1949, in: R. Nave-Herz (Hrsg.), Wandel und Kontinuität der Familie in Deutschland, 1988, S. 11 ff.

Rechtssoziologie mithin als Paradebeispiel einer unter sozialwissenschaftlicher Beteiligung initiierten und inszenierten Gesetzgebungsdebatte gelten, die von zentraler Bedeutung für das 20. Jahrhundert ist.

II. Gesetzgebungsinitiative und Reformverlauf

Für den Gesetzgeber und die interessierte (Fach-)Öffentlichkeit (erneut) zum Thema wurde eine Reform des Ehe-, Familien- und Scheidungsrechts in der zweiten Hälfte der 60er Jahre des 20. Jahrhunderts. Zuvor war eine Reformdiskussion in der Weimarer Republik erfolglos abgebrochen und durch das Großdeutsche Ehegesetz (EheG 1938) während der Zeit des Nationalsozialismus nicht wieder belebt worden.

1. Ausgangssituation

Die Anfänge der Reformdiskussion fielen in eine Situation gesamtgesellschaftlich brüchig gewordener Normierungen, der verloren gegangenen Selbstverständlichkeiten und der offenen Gesellschaftskritik. Aktuelle Erfolge auf den Gebieten der Naturwissenschaft und Technik taten in Zeiten gesellschaftsweiter Aufklärung und Emanzipation, die nicht nur die Autoritäten des Rechts nachhaltig erschüttert hatten, ein Übriges, den Glauben auch an die (sozial)wissenschaftliche Planbarkeit gesellschaftlicher Entwicklungen und an die Steuerbarkeit des rechtlichen Wandels zu nähren. All dies zusammen führte Ende der 60er / Anfang der 70er Jahre zu Ansätzen einer institutionalisierten Politikberatung und Versuchen, die Gesetzgebungsarbeit - auch im Bereich von Familienpolitik und Familienrecht - wissenschaftlich anzuleiten mit dem Ziel, die Gesetzgebung auf diese Weise zu objektivieren und das Recht in einem umfassenden Sinne zu rationalisieren. Nicht zufällig wurde in diesen Jahren die Familienberichterstattung als Instrument der sozialwissenschaftlichen Politikberatung ins Leben gerufen. Auch in anderen Bereichen hatten mit Blick auf den bevorstehenden Regierungswechsel und die sich abzeichnende sozial-liberale Reformkoalition unter dem Motto: „Mehr Demokratie wagen!“ (Willy Brandt) zahlreiche Reform- und Gesetzgebungsaktivitäten eingesetzt und wurden, wie die Psychiatriereform[5], forciert mit sozialwissenschaftlicher Unterstützung[6] betrieben.

---

[5] *W. Stumme*, Psychiatrie-Enquete und empirische Sozialforschung, in: KZfSS-Sonderheft 19 (1977), S. 569 ff.

[6] *B. Riedmüller/E. Koenen/E.v. Kardorff*, Sozialforschung als Mittel der Sozialpolitik, in: SW-Sonderband 1 (1982), S. 307 ff.

Vor dem Hintergrund einer säkularen Säkularisierung religiöser Leitbilder, einer zunehmenden Demokratisierung und Individualisierung des Privaten und einer fortschreitenden Pluralisierung der von den Gesellschaftsmitgliedern tolerierten Formen des Zusammenlebens zwischen den Geschlechtern war im Umfeld von Studentenbewegung und beginnender sexueller Befreiung eine Stimmung des Aufbruchs und der Veränderung entstanden, die auch vor dem Ehe- und Familienrecht nicht haltmachte. Innerhalb eines innenpolitischen Grundklimas der gesellschaftlichen Reformen, der sich ausbreitenden Frauenbewegung und einer international auf Gleichberechtigung und Gleichbehandlung zielenden Rechtsentwicklung mußte speziell ein Ehe- und Familienrecht, das die Ehefrau in Westdeutschland noch bis ins letzte Viertel des Jahrhunderts per Gesetz (§ 1356 BGB) auf die Hausfrauenrolle festlegte, unzeitgemäß erscheinen. In vielerlei Hinsicht unbefriedigend und dringend reformbedürftig war angesichts von Reformen des Scheidungsrechts in fast allen Ländern des Deutschland umgebenden europäischen Rechtskreises, z.B. in Skandinavien, England und in der DDR, auch das in der Bundesrepublik geltende Scheidungsrecht, das die Ehescheidung nur in Verbindung mit einem gerichtlichen Schuldspruch zuließ und im Bereich des nachehelichen Unterhalts wohl das eheliche Wohlverhalten der (treuen) Frau alimentierte, nicht aber die von ihr in die Ehe investierte Arbeitskraft unterhaltsrechtlich honorierte. Die hinter dem Ehe- und Familienrecht seit dem BGB um 1900 im wesentlichen unverändert stehenden Leitbilder und Gesetzesziele waren größer werdenden Kreisen einer aufgeklärten Bevölkerung nicht mehr glaubhaft vermittelbar, aus überkommenen Vorstellungs- und Lebenswelten abgeleitete Scheidungsgründe entzogen sich rationaler Begründung und waren intersubjektiv kaum noch nachvollziehbar, die Scheidungsfolgen zunehmend unkalkulierbar.

Zur selben Zeit hatten sich immer mehr Bürgerinnen und Bürger nicht nur vom sakramentalen Charakter der Ehe distanziert, sondern auch von den gesetzlich erzwungenen Schuldsprüchen der Richter emanzipiert und diese mit der Souveränität selbstbewußt gewordener Rechtssubjekte durch einverständliche (Ehe-)Lösungen ersetzt.[7] Die wachsende Privatautonomie der Parteien wiederum hatte nicht nur die Scheidungsverfahren zur Farce und die Anwendung geltenden Rechts für Richter und Betroffene zur Zumutung werden lassen. Sie konterkarierte die zugrundeliegenden gesetzgeberischen Absichten,

---

[7] Die weitaus überwiegende Zahl aller zum damaligen Zeitpunkt ausgesprochenen Ehescheidungen waren - in den Scheidungsstatistiken so nicht ausgewiesene - Konventionalscheidungen. Bei ihnen hatten sich die scheidungswilligen Partner vor dem Gerichtstermin auf die gesetzlich vorgesehenen (und durch keinen eheerhaltenden Tatbestand widerleglichen) Scheidungsgründe geeinigt und auf dem Wege außer- und vorgerichtlicher Abmachungen die vom Gesetzgeber aus ordnungspolitischen und ideologischen Gründen nicht gewollte einverständliche Scheidung de facto erreicht.

gefährdete auf Dauer die Funktionsfähigkeit der Gerichte und schadete letztlich dem Ansehen des Rechts und seiner Institutionen insgesamt.

2. *Reformbeginn*

In diesem Rechtschaos, das in seinen immanenten Widersprüchen und nicht nur regional bedingten Ungerechtigkeiten mit dem Schlagwort von der „Scheidungsgeographie" noch eher verharmlosend beschrieben ist, war es ein für sich genommen kaum erwähnenswerter Gesetzesvorstoß der FDP zum Widerspruchsrecht bei der Scheidung[8], der im Februar 1967 den Stein ins Rollen brachte und die Reformdiskussion in Gang setzte. Diese war nicht nur wegen ihrer ungewöhnlich langen Dauer denkwürdig. Sie stand im Rückblick den Debatten um die Wiedereinführung der Todesstrafe, den Ausstieg aus der Kernenergie, das Abtreibungsverbot, später um Leihmutterschaft und künstliche Befruchtung oder die ebenfalls nicht nur innerhalb der Frauenöffentlichkeit umstrittene Quote an Grundsätzlichkeit, Heftigkeit und Emotionalität einschließlich der zu ihrer Versachlichung aufgebotenen Autoritäten nicht nach. Angesichts hoher potentieller Selbstbetroffenheit und unmittelbarer Zentralwertebezogenheit löste bereits ihre Ankündigung über das Parlament und die juristische Fachöffentlichkeit hinaus Stellungnahmen und Reaktionen aus allen Kreisen der Bevölkerung aus.

Noch im selben Jahr wurde auf Antrag der SPD-Bundestagsfraktion zur Vorbereitung eines entsprechenden Reformgesetzes (BT-Drucks. V/2162) eine Eherechtskommission beim Bundesministerium der Justiz (BMJ) einberufen und mit Angehörigen unterschiedlicher Fachdisziplinen hochkarätig besetzt.[9] Die von der nach ihrem Vorsitzenden Kurt Rebmann benannten „Rebmann-Kommission" erarbeiteten Thesen und Empfehlungen[10] bildeten die Grundlage des daraufhin unter Federführung des BMJ erstellten „Diskussionsentwurfs eines Gesetzes über die Neuregelung des Rechts der Ehescheidung" (DiskE 1970).

---

[8] Der FDP-Antrag bezog sich auf den schon damals kaum mehr zur Anwendung kommenden sogenannten Heimtrennungsparagraphen (§ 48 EheG).

[9] Zu den nach Kriterien der Interdisziplinarität und der Reputationsselektion bestellten 16 Kommissionsmitgliedern – darunter Namen wie G. Beitzke, F.W. Bosch und W. Müller-Freienfels – zählten sechs Professoren, zwei Abgeordnete des Deutschen Bundestags und eine Familienministerin a.D. (Elisabeth Schwarzhaupt).

[10] *Eherechtskommission beim Bundesministerium der Justiz*, Vorschläge zur Reform des Ehescheidungsrechts und des Unterhaltsrechts nach der Ehescheidung, 1970.

3. Reforminhalte

Der Entwurf enthielt bereits alle vier großen Reformthemen mit vorgesehenen Gesetzesänderungen bei den Scheidungsvoraussetzungen, den persönlichen Ehewirkungen und - schwerpunktmäßig - bei den Ehescheidungsfolgen, die neben einigen verfahrensrechtlichen Änderungen im wesentlichen dann auch Gesetz wurden. Im einzelnen handelte es sich um

- die Abschaffung des Schuldprinzips,
- die Abkehr vom gesetzlichen Leitbild der Hausfrauenehe und die Rollenfreigabe im Bereich der innerehelichen Arbeitsteilung,
- die Regelung des Geschiedenenunterhalts nach ausschließlich wirtschaftlichen und sozialen Gesichtspunkten in Verbindung mit der Einführung einer allgemeinen Erwerbspflicht nach der Scheidung – auch für den in der Ehe nicht berufstätigen Partner – und
- die Neueinführung des Versorgungsausgleichs als Partizipationsrecht des während der Ehe nicht berufstätigen oder weniger verdienenden Partners an den während der Ehejahre gemeinsam erworbenen Renten- und Versicherungsanwartschaften.

Die offizielle Bekanntgabe der Reformpläne erfolgte - noch vor Erlangung der Kabinettsreife und Abstimmung mit den Bundesländern – im Sommer 1970. Sie war mit der ausdrücklichen Aufforderung zur Bürgerbeteiligung und aktiven Mitwirkung an einem im Ergebnis offenen Gesetzgebungsverfahren verknüpft.[11]

4. Reformdiskussion

Die gesamte sich anschließende Reformdiskussion bewegte sich unter dem Damoklesschwert drohender Verfassungsklagen und war begleitet von einem anhaltend hohen Aktualitäts- und öffentlichen Aufmerksamkeitswert. Mit wechselnden Fronten- und Koalitionsbildungen zwischen den eher konservativen Rechtswissenschaftlern, Kirchenvertretern, Frauenverbänden und Versicher-

[11] Der vom damaligen Justizminister H.-J. Vogel mit der Verkündung der Reformpläne verbundene Beteiligungsappell hat von ihm offenbar übersehene Vorbilder in den Motiven zum BGB 1896 (*P. Held*, Die Stellungnahme des Bundesrates zur Reform des Eherechts, in: FamRZ 18 (1971), 490 ff. (490/491), aber auch in der Vorbereitung des Familiengesetzbuches (FGB 1965) der ehemaligen DDR (*A. Grandtke/H. Kuhrig/W. Weise*, Die öffentliche Meinung in der Deutschen Demokratischen Republik zur Entwicklung der Familie und des Familienrechts und ihr Einfluß auf den Inhalt des neuen Familiengesetzbuches, in: KZfSS-Sonderheft 11 (1967), S. 310 ff.). Die (rhetorische) Bürgerbeteiligung entspricht im übrigen den zu dieser Zeit einsetzenden und zwischenzeitlich über Politik und Recht hinaus verbreiteten partizipatorischen Akzeptanzbeschaffungsstrategien (*D. Lucke*, Akzeptanz. Legitimität in der „Abstimmungsgesellschaft", 1995).

tengemeinschaften erreichte die Diskussion streckenweise das Niveau weltanschaulicher Auseinandersetzungen. Sie fokussierte sich schon bald auf die geplante Abkopplung von Unterhaltsansprüchen und Scheidungsschuld (Stichwort: „Unterhalt trotz Untreue") und auf die beabsichtigte Neueinführung des Versorgungsausgleichs. Männlichem Rechtsbewußtsein und den dahinterstehenden Interessen an Besitzstandswahrung und Privilegienerhalt zuwiderlaufend, entstanden Schlagworte von der „lebenslangen Unterhaltsknechtschaft der Männer" und einer im selben Atemzuge heraufbeschworenen „Scheidungsarmut" mit den entsprechenden Interessenvereinigungen, wie dem Bürgerbund gegen Scheidungsunrecht oder der Interessen- und Schutzgemeinschaft unterhaltspflichtiger Väter und Mütter (ISUV).

Verabschiedet wurde das Erste Eherechtsreformgesetz (BT-Drucks. VII/415 und BR-Drucks. 260/73) im Deutschen Bundestag i.d.F. des 1. EheRG vom 14. 6. 1976 (BGBl.I S. 1421) am Ende einstimmig kurz vor Ende der 7. Legislatur, nachdem die SPD die inzwischen längst überfällige Scheidungsreform zum Wahlkampfthema erhoben hatte. Es trat zum 1. 7. 1977 nach einer inner- und außerhalb des Parlaments ungewöhnlich kontrovers geführten Reformdiskussion von fast zehnjähriger Dauer in Kraft.

III. Konkrete Befunde

Im Lichte der neueren, revidierten Verwendungsforschung[12] erscheint diese Reformdiskussion als interessegeleiteter Diskurs, der einer eigenen Verwendungsrationalität folgt. Dank seiner weitgehenden Verschriftlichung und nahezu lückenlosen Dokumentation in Form von Referenten-, Diskussions- und Regierungsentwürfen, Sitzungsprotokollen, Drucksachen von Bundestag und Bundesrat, regierungsamtlichen Verlautbarungen sowie zahlreichen Gutachten und Stellungnahmen konnte die Eherechtsreform - auch anhand von Fachzeitschriftenaufsätzen, der Berichterstattung in den Massenmedien und der mittlerweile von verschiedenen Seiten erfolgten Aufarbeitung des Reformprozesses[13] - nicht nur in ihrem äußeren Verlauf, sondern auch in ihren sozialwissenschaftlichen Einflüssen und impliziten soziologischen Voraussetzungen rekonstruiert werden.

---

[12] Zu deren Stand und Entwicklung von der naiven zur revidierten Verwendungsforschung vgl. *U. Beck/W. Bonß* (Hrsg.), Weder Sozialtechnologie noch Aufklärung? Analysen zur Verwendung sozialwissenschaftlichen Wissens, 1989.

[13] Stellvertretend *E. Kühn/I. Tourneau* (Hrsg.), Familienrechtsreform – Chance einer besseren Wirklichkeit?, 1978.

1. Manifeste Soziologisierung

Schon ein erster, noch naiver Verwendungsblick auf den untersuchten Reformprozeß liefert eine Reihe von Hinweisen auf offenkundige - personelle und institutionelle - soziologische Beteiligung.

a) Personelle Mitwirkung

Zu einem Zeitpunkt, in dem der Zeitgeist wissenschaftliche Verbrämung gebot und es Mode wurde, neben der Dokumentation von Reformwillen auch Aufgeschlossenheit gegenüber der (gesellschaftskritischen) Soziologie und Bereitschaft zu fächerübergreifender Zusammenarbeit zu signalisieren, gehörten der Eherechtskommission beim BMJ neben Fachvertretern aus dem Bereich der juristischen Berufe und der Rechtswissenschaft der Thematisierungsfunktion und Außenwirkung solcher Expertengremien entsprechend nacheinander zwei der renommiertesten und über ihre Disziplin hinaus bekannten Soziologieprofessor/inn/en, René König und Helge Pross, an, die beide nicht nur auf dem Gebiet der Familiensoziologie ausgewiesen waren. Unterstützt wurde die Kommissionsarbeit durch gutachterliche Stellungnahmen der Bundesregierung und externe Gutachten, die u.a. vom Max-Planck-Institut (MPI) für ausländisches und internationales Privatrecht in Hamburg und vom der Bundesanstalt für Arbeit in Nürnberg angegliederten Institut für Arbeitsmarkt- und Berufsforschung (IAB) erstellt wurden.[14]

b) Sprachveränderungen

Weitere Indikatoren stattfindender Verwendung sind die gegenüber den Motiven des BGB des ausgehenden 19. Jahrhunderts signifikante Veränderung des gesetzgeberischen Begründungs- und Rechtfertigungsverhaltens und eine augenfällige Soziologisierung des juristischen Argumentations- und Legitimationsstils, dessen Ausbildung der (zeitlich früher liegenden) Erlangung der Zitierfähigkeit der „herrschenden Meinung" (hM) und der mit ihr gesetzten maßstabsbildenden Zäsur vergleichbar sein dürfte. Die in einer ver(sozial-)wissenschaftlichten Lebenswelt sowohl quantitativ wie qualitativ gestiegenen (fach-) öffentlichen Legitimationsanforderungen an die gesetzgebenden Akteure und die in Reaktion darauf erfolgte Versozialwissenschaftlichung des Reformdiskurses zeigt sich u.a. in einer extensiven Adaption soziologischer Fachterminologie, einer gestiegenen Benutzungshäufigkeit des sozialwissenschaftlichen

---

[14] Weitere Forschungsaufträge – zur Untersuchung der Lage von Ein-Eltern-Familien und der Unterhaltssituation geschiedener Frauen – wurden nach Inkrafttreten des 1. EheRG vergeben, und zwar vom BMJ an das MPI für ausländisches und internationales Privatrecht sowie vom BMJFG an das EMNID-Institut. Auch die öffentliche Anhörung vor dem Rechtsausschuss am 12. 6. 1985 zum Unterhaltsänderungsgesetz (UÄndG) fand unter Heranziehung soziologischer Sachverständiger statt.

Fachvokabulars[15] und in einer fortschreitenden Angleichung des interdisziplinären Sprachgebrauchs, der ohne verräterische Paragraphen- und Urteilszitationen eine Identifikation von Juristen und Nicht-Juristinnen unmöglich machte und zusätzlich dadurch erschwert wurde, daß Soziolog/inn/en sich im Interesse der Allgemeinverständlichkeit ihr häufig moniertes Fachchinesisch immer mehr abgewöhnten. Die sich verdichtende Rezeption soziologischer Begrifflichkeit, wie sie für den untersuchten Bereich insbesondere in den Referentenentwürfen und den Gutachten erkennbar ist, bezieht sich keineswegs nur auf inzwischen nicht nur Bestandteil der Rechtssprache, sondern auch der Alltagssprache gewordene Begriffe, wie „Rolle“, „Status“, „soziale Identität“, „Schicht“ und „Milieu“. Vermehrt treten seitdem - ihrerseits zu Argumentations- und Legimationstopoi verfestigt – auch „der gesellschaftliche Wandel“, „die veränderten wirtschaftlichen und sozialen Verhältnisse“, „die heutige Stellung der Frau in Beruf, Familie und Gesellschaft“, „die in unterschiedlichen sozialen Gruppierungen der Bevölkerung vertretenen Auffassungen von Gleichberechtigung“ etc. neben die klassisch-juristischen Standardbegründungen und normplatonistischen Berufungsformeln „der allgemeinen Anschauung“, „der in Lehre und Schrifttum überwiegend vertretenen Auffassung“, Grundsätze von „Treu und Glauben“ oder den Rekurs auf die fiktive Gemeinschaft „aller billig und gerecht Denkenden“. Dies geschieht bevorzugt in den allgemeinen Normbegründungen, auch des Bundesverfassungsgerichts[16], und im Vorspann von Gesetzestexten, ohne freilich auch hier die personifizierten Appelle („der verständige Rechtsgenosse“), in objektivierender Absicht passivisch gewendeten („man wird annehmen dürfen“), selbstreferentiellen („das Gesetz will es“) oder höhere Instanzen anrufenden Formulierungen („unter dem übergeordneten Gesichtspunkt der Gerechtigkeit“) völlig aus dem legislativen Sprachgebrauch zu verdrängen.

c) Informationsverarbeitung

Parallel dazu erfolgte eine ebenfalls an vielen Textstellen belegbare inhaltliche Zurkenntnisnahme sozialwissenschaftlichen Fakten- und Deutungswissens. In unterschiedlichen Graden soziologischer Informiert- und Elaboriertheit beziehen entsprechende Aussagen sich in Form von Tatsachenfeststellungen, hypothetischen Annahmen und Prognosen sowohl auf die gesellschaftliche Realität und deren künftige Entwicklung als auch auf das Verhalten, die Einstellungen

---

[15] Von der generell zu beobachtenden Assimilationstendenz ausgenommen blieb lediglich der Gebrauch spezifisch marxistischen Fachvokabulars, wie z.B. die im damaligen Soziologenjargon übliche Rede von der „Klassengesellschaft“ oder der „Sozialisationsagentur Familie“. (Vgl. am Beispiel des Rechts der elterlichen Sorge auch *G. Bittner*, Über die sogen. „Sozialisation“ in der Familie, in: Neue Sammlung 4 (1974), S. 379 ff.).

[16] Das BVerfG bestätigte z.B. (noch 1968!) die gesetzliche Pflicht der Ehefrau zur Haushaltsführung explizit soziologisch – mit „geltenden Anschauungen“ (BVerfGE 17, 1 [20 ff.]).

und das Rechtsbewußtsein in der Bevölkerung. Die Informationen dazu beruhen - zumeist ohne in ihrer fachlichen Herkunft im einzelnen ausgewiesen zu sein - auf theoretischen und empirischen Befunden nicht nur aus dem Bereich der Familiensoziologie. Verwendete Ergebnisse stammen auch aus der Schichtungs- und Mobilitätsforschung, der Soziologie der sozialen Ungleichheit, der Rechtssoziologie, der Berufssoziologie, der Arbeitskräfteforschung sowie aus der sozialwissenschaftlichen Biographie- und der Geschlechterrollenforschung. Offensichtlich und verdeckt haben neben Befunden aus der Ethnologie, Demographie und Demoskopie Modelle sozialer Schichtung und Mobilität, Theoreme der Statusinkonsistenz, aber auch Rollenkonzepte, das Drei-Phasen-Modell weiblicher Erwerbsbeteiligung und die soziologisch nachgewiesene Existenz eines geschlechtsspezifischen Chancengefälles in Ausbildung und Beruf Eingang in die Gesetzgebungsdiskussion und das aus ihr hervorgegangene Reformgesetz gefunden.

d) Nutzung von Statistiken und Typologien

Weiterhin zu beobachten ist ein Trend zur vermehrten Benutzung von Zahlen, massenstatistischen Daten und Ergebnissen sozialwissenschaftlicher Empirie. Diese wurden in wachsendem Umfang und vor allem zunehmend explizit zur Begründung sowohl genereller Reformnotwendigkeiten als auch konkreter Einzelnormen herangezogen. Bei einem insgesamt konstatierbaren verstärkten Aktualitäts- und empirisch fundierten Realitätsbezug des legislativen Diskurses fällt auf, daß sich insbesondere die Frauenverbände und die Gewerkschaften bei der Durchsetzung ihrer Forderungen und der Begründung ihrer Positionen quantitativer Befunde, massenstatistischer Daten und repräsentativer Umfrageergebnisse bedienten und dabei gleichzeitig die Unterbewertung weiblicher Arbeitskraft und nicht-beruflicher Arbeit in den größeren Zusammenhang einer allgemeinen – vom Scheidungsfall unabhängigen – Benachteiligung von Frauen in unserer Gesellschaft stellten. Die Rechtswissenschaftler dagegen diskutierten hauptsächlich auf Leitbildebene und argumentierten weniger empirisch als normativ. Ihr von überwiegend konservativen Grundhaltungen geprägtes Hauptinteresse galt dem Problem der Konkordanz juristischer und sozialer Leitbilder. Um sie in Einklang zu bringen, zogen sie sich auf ordnungspolitische, weltanschaulich-religiöse und verfassungsrechtliche Argumente überall dort zurück, wo es allzu fortschrittliche Absichten des Reformgesetzgebers abzuwehren oder unerwünschte emanzipatorische Bestrebungen aus dem Frauenlager zu modifizieren galt.

Konzepte und Modelle soziologischer Typen-, Theorie- und Begriffsbildungen wurden bei perzipierter und auch bei anderen beteiligten Akteuren und den Gesetzesadressat/inn/en antizipierbarer Eingängigkeit, Eindeutigkeit und Einprägsamkeit – frei nach der in der Werbewirtschaft geltenden Regel: „Give them pictures!" – gehäuft genutzt und als akzeptanzsichernde Versatzstücke mit wissenschaftlich verbürgtem Gütezeichen in die sich im Laufe des Diskussionsprozesses etablierenden Zitierkartelle eingebaut.[17] Dies galt insbesondere dann, wenn die übernommenen Kategorien und Klassifikationen, wie z.B. die Einteilungen der Gesellschaft in Unter-, Mittel- und Oberschicht, mittlerweile zum gesicherten Grundbestand der Disziplin gehörten und über die Soziologie hinaus Allgemeingut geworden waren. Daneben hatten vor allem Zahlen und Statistiken mit amtlichem Charakter und bürokratischer Soliditätsgarantie gute Verwendungschancen. So machten die offiziellen Scheidungsstatistiken – nach Ehedauer, Scheidungsalter, gesetzlichen Ehescheidungsgründen und Geschlecht der Antragsteller/innen disaggregiert – zusammen mit den vom Statistischen Bundesamt und der Bundesanstalt für Arbeit regelmäßig veröffentlichten Frauenerwerbsstatistiken und auf Vorrat kompilierten Ergebnissen rechtshistorischer und rechtsvergleichender Forschung den allein schon quantitativ eindrucksvollen Löwenanteil der empirischen Grundlegung der Ehe- und Familienrechtsreform aus. Ergebnisse nicht-regierungsamtlicher Untersuchungen aus dem Bereich der universitären wie der außeruniversitären Forschung dagegen fanden – teilweise trotz Allgemeinzugänglichkeit und unbestreitbarer Seriosität – seltener Eingang in die statistischen Anhangsteile der in den unterschiedlichen Phasen des Reformprozesses vorgelegten Gesetzentwürfe.

2. *Latente Versozialwissenschaftlichung*

Ein zweiter, nicht mehr ganz so naiver Verwendungsblick offenbart bei entsprechendem Wissenshintergrund und soziologisch sensibilisiertem Suchraster ein weit gespanntes Spektrum unterschiedlicher und z.T. recht komplizierter Nutzungsvarianten. Im gesetzgeberischen „double talk“ zwischen offizieller Nicht-Verwendung und tatsächlich stattfindender Verwendung beschert er der spurensuchenden Verwendungsforscherin auch zwischen den Zeilen so manch überraschendes „déjà vu“-Erlebnis.

a) Pseudo-Verwendung und Pauschal-Verwendung

Latente Verwendungsformen verbergen sich u.a. hinter der juristischen Immunisierungsstrategie des Nicht- oder Nicht-so-genau-wissen-wollens. Sie zeigen sich auch in einer pseudo-sozialwissenschaftlichen Fundierung legislativer Entscheidungen. Bei etwas näherem Hinsehen stellt sich beispielsweise heraus, daß längst nicht alle vorgeblich soziologisch gesicherten (Rechts-)Tatsachenbehauptungen und argumentativ hergestellten Zusammenhänge einer genaue-

[17] Ein Fallbeispiel für den gleichwohl auch vorkommenden juristischen Umgang mit uneindeutigen Ergebnissen findet sich bei *J. Limbach*, Die Suche nach dem Kindeswohl, in: ZfRSoz 9 (1988), S. 155 ff.

ren theoretischen und empirischen Überprüfung standgehalten hätten.[18] Gleichzeitig traten hinter einer Fassade manifester Verwendung unterschiedliche Formen der verspäteten, pauschalierenden, simplifizierenden und in ihren Schlußfolgerungen verkürzten sowie der unzulässigerweise extrapolierenden, reifizierenden oder schlichtweg falschen Verwendung hervor. Verfügbares und prinzipiell gesetzgebungsrelevantes Wissen wurde teilweise überhaupt nicht oder nur unter Ausklammerung des erreichten Forschungsstandes – häufig auch in Absehung von innersoziologischen Kontroversen sowie unter Ausblendung konkurrierender Ansätze und sich widersprechender Ergebnisse – rezipiert.

b) Schein-Verwendung und Ankündigungs-Verwendung

Vereinzelt handelte es sich um Fälle einer suggestiv-strategischen Schein-Verwendung. Scheidungs- und Frauenerwerbsstatistiken z.B. wurden unaktualisiert und im einzelnen unkommentiert vom einen in den anderen Gesetzentwurf übernommen und signalisierten so eine umfassendere und vor allem aktuellere empirische Fundierung, als durch die beigefügten Zahlenwerke tatsächlich dokumentiert wurde. Als besonders interessante Verwendungsvariante stellte sich die heimliche Verwendung bei offizieller Nicht-Verwendung heraus. Ein Beispiel hierfür ist die vor allem bei Reformgegnern und Opposition beliebte Einklage von kurz- oder mittelfristig uneinlösbaren Forschungsdesideraten. Als postmoderne Version parlamentarischen Philibusterns erweist sich diese inzwischen weitverbreitete Form der Ankündigungs-Verwendung mittlerweile auch in anderen Bereichen von Politik und Gesetzgebung als hervorragend geeignet, unliebsame Reformvorhaben mit Hilfe wissenschaftlich begründeter – und damit ehrenwerter – Moratorien hinauszuzögern und in gespielt ungeduldiger Erwartung der neuesten Forschungsergebnisse – nicht selten dem aussichtslosen Warten auf Godot gleich – über Legislaturperioden hinweg zu verschleppen.

c) Legitimatorische Artefakte

Eine wieder andere Verwendungsspielart besteht in der Bildung legitimatorischer Artefakte und im Hervorzaubern quasi-empirisch oder pseudo-wissenschaftlich legitimierter Kunstfiguren. Produkt eines solchen Akts rechtsschöpfender Kreativität ist die alternde und einer Jüngeren wegen verstoßene Ehefrau. Mit dieser juristischen Kopfgeburt sollte auf dem Umweg über die soge-

[18] Dies galt u.a. für die meisten Rechtswirksamkeits-, Rechtsfolge- und Normgeltungsbehauptungen, die – ohne den durch Evaluations- oder Validitätsstudien erbrachten empirischen Nachweis – als legitimatorisches Beiwerk nahezu den gesamten Reformdiskurs durchziehen und, obwohl von rein rhetorischer Qualität, eine beträchtliche suggestive Überzeugungskraft entfalteten.

nannte Verstoßungsscheidung die Einführung des Zerrüttungsprinzips verhindert werden. Tatsächlich repräsentiert dieses Konstrukt – bei einem durchschnittlichen Scheidungsalter der Frauen von statistisch deutlich unter 40 Jahren – eine künstlich geschaffene und von Rechts wegen zurecht vernachlässigbare Randfigur, der gemessen an den realistischen Fallzahlen in der Reformdebatte eine unverhältnismäßig hohe Aufmerksamkeit zuteil wurde. Ähnliches gilt für den artifiziellen Rekurs auf eine in Wirklichkeit allenthalben rudimentär entwickelte Soziologie der Ehescheidung. Mit ihrer Erfindung wurde in reputationssteigernder Absicht versucht, juristische Hilfskonstruktionen und dogmatische Fiktionen, etwa der „durchschnittlich gut verlaufenen Ehe“, sozialwissenschaftlich zu untermauern. Als auffallend raffiniert erwies sich schließlich der Versuch, im Zuge einer instrumentell-strategischen Nutzung sozialwissenschaftlichen Wissens Teile des Familienrechts auf arbeitsmarkt- und sozialpolitische Ziele umzulenken, die Reformdiskussion mittels argumentativer Kunstgriffe mit der Arbeitslosigkeit- und Rentendebatte zu verknüpfen und die von Regierung und Justizministerium tatsächlich verfolgten Reformziele hinter anderen, offiziell vorgeschobenen Normbegründungen zu verbergen.

3. *Funktionen angewandten soziologischen Wissens*

Bezugnahmen auf Ergebnisse soziologischer Forschung und sozialwissenschaftlicher Analyse finden sich – so ein erstes Zwischenergebnis – explizit und implizit durchgängig im Verwendungszusammenhang aller vier genannten Reformthemen. Teils an ihrer soziologischen Handschrift unschwer erkennbar, teils erst nach gründlicher Analyse sichtbar werdend, haben Wissensbestände der Soziologie sowohl die Reformen im Bereich der persönlichen Ehewirkungen als auch die Scheidungs- und Unterhaltskonzeption sowie die gesetzliche Neuregelung der nachehelichen Erwerbstätigkeit und die Einführung des Versorgungsausgleichs beeinflußt.[19] Zugleich erfüllte soziologisches Wissen – in den verschiedenen Formen der Statistik, der Umfrageergebnisse und der sozialwissenschaftlich gewonnenen theoretischen Einsichten – in den einzelnen Stadien der Reformdiskussion unterschiedliche, z.T. widersprüchliche und ambivalent zu bewertende Funktionen. Dabei zeigte seine Verwendung teilweise auch unbeabsichtigte (Aus-)Wirkungen. Eine sich verstärkende Nutzungsintensität war vor allem am Beginn der Reformdiskussion zu konstatieren. Nach einem durch das juristische Argumentations- und Begründungsarsenal allein nicht wirkungsvoll genug zu befriedigenden Legitimations- und Rechtsferti-

[19] Ein ausführlicher, für die vier großen Reformthemen aufgeschlüsselter und anhand der untersuchten Materialien und Gesetzgebungsdokumente im einzelnen belegter Nachweis findet sich bei *D. Lucke*, Recht ohne Geschlecht? Zu einer Rechtssoziologie der Geschlechterverhältnisse, 1996, S. 68 ff.

gungsstau war hier ein regelrechter Verwendungsboom zu verzeichnen, der – in der Eigendynamik von Gesetzgebungsverfahren und öffentlichen Thematisierungskarrieren liegend, aber auch mit größeren, themenunspezifischen Verwendungskonjunkturen zusammenhängend – im weiteren Verlauf der Debatte langsam abflaute.

a) Formulierungshilfe und Objektivierungsfunktion

In einer Ausgangssituation, in der es darum ging, die Gesetzesrealität der sozialen Wirklichkeit (wieder) anzupassen und juristisch nicht (mehr) sinnvoll subsumierbare Lebenssachverhalte auf den (unbestimmten Rechts-)Begriff zu bringen, fiel der Soziologie die Funktion der Problembenennung, der realitätsangemessenen Reformulierung und der Übersetzung von sozialen in Rechtstatsachen zu. Neben der mit Hilfe der soziologischen Begrifflichkeit geleisteten Reform der Gesetzessprache erfüllte soziologisches Objektivierungs- und Relativierungswissen wichtige Kalmierungs- und Konfliktneutralisierungsfunktionen und diente dazu, weltanschauliche Gegensätze zu mediatisieren, polarisierte Interessenstandpunkte auszugleichen und die Gesetzgebungsdebatte insgesamt zu versachlichen.

b) Begründungshilfe und Vermittlungsfunktion

Schon im Vorfeld der Reform leisteten sozialwissenschaftliche Ergebnisse darüber hinaus entscheidende Begründungshilfen.[20] Ihre Bereitstellung diente der argumentativen Promotion von Reformimpulsen und ermöglichte es in der Anfangsphase der Reformdiskussion, jenseits von für sich genommen unzureichenden innerjuristischen Korrekturerfordernissen, punktuellen Anpassungsmaßnahmen und nur professionsintern relevanten Praktikabilitäts- und Rekrutierungsinteressen die Notwendigkeit einer groß angelegten Reform öffentlich darzustellen und der Bevölkerung die Reformanliegen „wirtschaftliche und soziale Besserstellung der geschiedenen Frau“ und „Verwirklichung der Gleichberechtigung im bislang vernachlässigten Bereich der Ehescheidung“ glaubhaft zu vermitteln. Mit einem in der Bundesrepublik seit 1962 stetig steigenden Trend der Ehescheidungen dokumentierten insbesondere die amtlichen Scheidungsziffern einen angesichts der unbestechlichen Zahlen unabweisbaren „objektiven Handlungsbedarf“. Die auf Antrag der SPD-Fraktion erstellte und – eine Premiere – 1966 veröffentlichte (erste) Frauen-Enquête[21] lieferte mit ihren aufwendig recherchierten und umfassend aufgearbeiteten Befunden zur „Stellung der Frau in Beruf, Familie und Gesellschaft“ zusätzliche, in einer

---

[20] Zur Unterscheidung von Begründungs- und Entscheidungswissen im Kontext der neueren Verwendungsforschung *C. Lau*, Die Definition gesellschaftlicher Probleme durch die Sozialwissenschaften, in: U. Beck/W. Bonß (Hrsg.), Sozialtechnologie (Fn. 12), S. 384 ff. (384).

[21] SPD-Initiative 1962 (BT-Drucks. IV/837). Frauenenquête (BT-Drucks. V/909).

breiteren Öffentlichkeit konsensfähige Reformgründe und erlaubte es, die Scheidungsfrage zur Frauenfrage zu stilisieren und den hergestellten Themenverbund wahlkampfstrategisch einzusetzen. Mit der soziologischen Identifikation von gesetzgebungsrelevanten Problem- und politisch relevanten Zielgruppen – die Nur-Hausfrauen und die nach langjähriger Ehe geschiedenen Frauen – gingen die hiermit offiziell begründeten Reformnotwendigkeiten erheblich über den ursprünglichen Gesetzesantrag hinaus und schufen das sozialwissenschaftlich abgesicherte Fundament, von dem aus sich der einige Schuhnummern kleiner angelegte Initiativgesetzentwurf der FDP zum gleichstellungs- und sozialpolitischen Jahrhundertwerk ausbauen und auf breiter Basis öffentlich verkaufen ließ. Zugleich verlagerten sich mit dem Öffentlichwerden der Untersuchungsergebnisse und ihrer bald darauf auch unter juristischen Gesichtspunkten erfolgten Auswertung[22] die Diskussionsschwerpunkte von der ursprünglich als vordringlich erachteten Reform der Scheidungsvoraussetzungen (Abkehr vom Schuldprinzip) auf die im weiteren Reformverlauf fokussierte Neuregelung der Scheidungsfolgen (Unterhalt, Versorgungsausgleich).

c) Handlungsdruck und Entlastungsfunktion

Während es im Falle der Frauen-Enquête gelang, die juristische Fiktion einer bereits realisierten Gleichstellung der Frau in allen Lebensbereichen durch Konfrontation mit das Gegenteil beweisenden empirischen Fakten zu widerlegen, die juristisch seit dem Gleichberechtigungsgesetz (GlberG 1957) als abgeschlossen geltende Gleichberechtigungsdiskussion zu reaktualisieren und den Gesetzgeber erneut in die Pflicht zu nehmen, gibt es andererseits Fälle, in denen sozialwissenschaftliche Ergebnisse den Gesetzgeber – und in der Folge dann auch die Rechtsanwender – entlasteten und ihren professionellen und berufsständischen Interessen, z.B. an einer Abschaffung der lästigen Schuldfeststellung oder an der neue Betätigungsfelder schaffenden Neueinrichtung von Familiengerichten, entgegenkamen. Ebenso können soziologische Ergebnisse und Erkenntnisse als Argumentations- und Begründungshilfe für beabsichtigte Regelungsverzichte und gesetzgeberische „non-decisions", aber auch als Beleg für vorhandene Regelungsnotwendigkeiten herangezogen werden und der Rekurs auf die Soziologie mithin sowohl Tendenzen zur Entrechtlichung als auch zur Verrechtlichung und Vergesetzlichung legitimieren. Hierbei können soziologische Argumente durchaus in Konkurrenz zueinander treten und in ihrem Zusammenspiel, wie bei der „angemessenen Erwerbstätigkeit" (§ 1574 BGB), gesetzgeberische Kompromisse ermöglichen. In ihrer Verbindung von Leistungs- und Sozialstaatsgedanken stellt diese Generalklausel letztlich nichts anderes dar als eine Synthese konkurrierender Statusschutz- und Mobilitätsar-

[22] Vgl. *D. Frandsen/U. Daldrup*, Der Frauenbericht der Bundesregierung – rechtliche Konsequenzen, 1969.

gumente der Soziologie, welche die prinzipielle Erwerbspflicht nach der Scheidung auf den Kreis der u.a. den „ehelichen Lebensverhältnissen" angemessenen Erwerbstätigkeiten begrenzt. Angeführte empirische Argumente können sich, wie bei der auf der Grundlage statistischer Extrapolationen und zugrundegelegter Arbeitsmarktprognosen eingeführten Erwerbspflicht, unter veränderten wirtschaftlichen und sozialen Rahmenbedingungen Jahre später aber auch als kontrafaktisch herausstellen und als juristisch kontraproduktiv erweisen, wenn die gemachten Voraussetzungen später nicht eintreffen und die betreffende Normierung ins Leere läuft und Gesetzesmakulatur bleibt.

d) Reformmotor und Reformhindernis

Wie das Beispiel des 1. EheRG weiter zeigt, kann die Heranziehung soziologischer Forschungsergebnisse Rechtsfortschritte (mit-)begründen und die Soziologie – als prädestinierte Mittlerin zwischen dem rechtlichen und (nicht prima facie sichtbaren) sozialen Wandel[23] – die Fortentwicklung von Recht konstruktiv begleiten. Sozialwissenschaftliche Ergebnisse können umgekehrt aber auch dazu benutzt werden, Reformvorhaben zu be- oder verhindern. Vielfältig einsetzbar und in ihren Verwendungszwecken unterdeterminiert und deswegen instrumentalisierbar, lassen sie sich dazu gebrauchen, den gesellschaftlichen „status quo" qua gesetzlicher Festschreibung oder stehender Rechtsprechung rechtlich zu legitimieren und die sich aus neuen Gesetzen ergebenden Konsequenzen antizipatorisch zu unterlaufen. Unter Berufung auf das Rechtsbewußtsein der Bevölkerung und dem Bevölkerungsdurchschnitt standardmäßig unterstellte Gerechtigkeits- und Normalitätsvorstellungen war dies beim behaupteten Unverständnis für Unterhaltszahlungen an Ehebrecherinnen und der ebenfalls lancierten Unteilbarkeitsbewertung von Rentenansprüchen, die vom berufstätigen Partner allein erworben seien und nach verbreiteter Laienauffassung im Scheidungsfall deshalb auch nur ihm zustünden, mit einigem vorauseilenden bzw. nachträglichen Erfolg vorübergehend gelungen.[24]

---

[23] Zu seiner kompetenten Wahrnehmung bedarf es, wie auch in anderen Fällen bei der Beobachtung des Sozialen, des spezifisch soziologischen Blicks, des sogenannten achten Sinns. Vgl. *K.M. Bolte*, Der achte Sinn. Gesellschaftsprobleme der Gegenwart, 1971.

[24] Vor demselben (fiktiven) Legitimationshintergrund sind die Begründungsschwierigkeiten bei der Durchsetzung des Versorgungsausgleichs, aber auch die teilweise Renaissance des Schuldprinzips in der Rechtsprechung zum Geschiedenenunterhalt und die in diesem Zusammenhang diskutierte sinngemäße Anwendung einer „Konkubinatsklausel" zu sehen, derzufolge geschiedenen Frauen beim Zusammenleben mit einem anderen Mann ein Unterhaltsanspruch grundsätzlich versagt werden sollte.

IV. Zusammenfassung der Ergebnisse

Die aus der Dokumenten- und Materialanalyse gewonnenen Erkenntnisse rechtfertigen zusammengefaßt weder die vielfach behauptete Unabhängigkeit des Familienrechts von soziologischen Ergebnissen und sozialwissenschaftlichen Erkenntnissen. Noch erweist sich die Eherechtsreform als ein Dokument rechtssoziologischer Gesetzesirrelevanz, das in der Tradition vor allem während der 70er Jahre erhobener Irrelevanzklagen[25] selbstkritisch überzogene Offenbarungseide von seiten der Soziologie bestätigen würde.[26] Insgesamt belegen die Untersuchungsergebnisse das Bild des gesetzgebenden Nicht-Verwenders ebensowenig wie das des soziologisch optimal informierten und auf dem neuesten Forschungsstand agierenden und entscheidenden Gesetzgebers. Vielmehr wird dieses Bild zugunsten der Ausgangsthese von der interessegeleiteten und von einer Vielzahl unterschiedlicher Faktoren abhängigen Verwendung korrigiert.

1. Ambivalenzen

Im einzelnen lieferte die Dokumenten- und Materialanalyse Anschauungsmaterial dafür, wie es mit Hilfe soziologischer Fakten und Argumente gelang, dogmatische Rechtspositionen in ihren innerjuristisch kaum hinterfragten Geltungsansprüchen zu erschüttern und durch dem Rechtssystem ursprünglich fremde Gegenpositionen allmählich zu verändern. Wie die Untersuchung weiter zeigte, konnten bis dato als zwingend angesehene Zusammenhänge, etwa zwischen Scheidungs(un-)schuld und Versagung bzw. Zubilligung von Unterhalt, argumentativ aufgebrochen und die Einführung des Versorgungsausgleichs durch beharrliche soziologische Aufklärung (in diesem Fall über das von den Eheleuten durch berufliche und nicht-berufliche Arbeit gemeinsam aufgefüllte Rentenkonto) gegen erheblichen Widerstand durchgesetzt werden. Daneben gibt es im untersuchten Reformprozeß Fälle, in denen sozialwissenschaftliche Argumente religiösen Deutungsmustern und juristischen Interpretamenten diskursiv unterlagen, wo aus soziologischer Sicht angezeigte Gesetzesänderungen sich an einer von konservativen Familienrechtlern perfektionierten Dogmatik und überkommenen (Vor-)Urteilen brachen und sozialwissenschaftlich fundierte Reformvorschläge nicht nur am Diktat finanzpolitischer Kostenneutralität, sondern auch an rechtssystematischen

---

[25] Stellvertretend *E. Blankenburg*, Die Praxisrelevanz einer Nicht-Disziplin: der Fall (der) Rechtssoziologie, in: SW-Sonderband 1 (1982), S. 205 ff.

[26] Dieser Befund trifft weitgehend auch auf andere Anwendungsgebiete zu. Einen Überblick über die „Verwendung soziologischen Wissens in juristischen Zusammenhängen" für ausgewählte Praxisfelder gibt das von der Autorin organisierte und eingeleitete Schwerpunktheft (ZfRSoz 2/1988) gleichen Titels.

Grenzen scheiterten. Beispielhaft belegt wird dies u.a. dadurch, daß sich auch noch im reformierten Eherecht die weltanschaulich und religiös überhöhte Auffassung von der „auf lebenslange Dauer angelegten" Ehe (§ 1353 BGB) hielt, obwohl die soziologisch ermittelte Scheidungsrealität bekanntlich anders aussieht und das „lebenslänglich" vielfach nur noch im sprichwörtlichen Sinne dem Wortlaut des Gesetzes entspricht. Empirische Widerlegung und sozialwissenschaftliche Aufklärung über weite Strecken der Reformdiskussion ebenfalls unbeschadet überstanden die von den Hütern von Recht und Ordnung seit jeher geknüpften Zusammenhänge zwischen der Strenge des Scheidungsrechts und der Scheidungshäufigkeit. Mehrfach erhobener rechtssoziologischer, interkulturell vergleichender und rechtshistorischer Gegenbeweise zum Trotz[27] führte das erfahrungswissenschaftlich unzutreffende, aber – wie zwischen Abtreibungsverbot und der Häufigkeit von Schwangerschaftsunterbrechungen in der Diskussion um den § 218 StGB – umso zäher verteidigte Junktim auch im Fall des 1.EheRG zu der im Kontext jedweg erwogener Abschaffung des Schuldprinzips traditionell geführten (Schein-)Diskussion über eine gesetzliche Erleichterung oder Erschwerung der Ehescheidung.

2. *Friktionen*

Innerhalb der rekonstruierten Eherechtsreformdiskussion finden sich des weiteren Hinweise darauf, daß manche Gesetzesänderungen bei umfassenderer soziologisch-empirischer Fundierung schon hätten früher erfolgen und einige der vorgenommenen Änderungen weitreichender sein müssen, aber auch dafür, daß gesetzgeberische Entscheidungen - im Extremfall etwa das Unterhaltsänderungsgesetz (UÄndG 1985) - auf der Basis empirischer Gegenevidenz getroffen wurden und angesichts vorliegender Befunde zur Unterhaltssituation geschiedener Frauen erneute Reformen genau in der entgegengesetzten Richtung angezeigt gewesen wären.[28] Wider besseres soziologisches Wissen wurden Stellvertreterkriege und Phantomdiskussionen geführt und in bereits genannten Beispielfällen versucht, mit einem als homogen fingierten, in Wirklichkeit aber höchst differentiellen Rechtsbewußtsein in der Bevölkerung[29], einer ebenso pauschal unterstellten Scheidungsneigung oder mit Hilfe von juristischen Kunstfiguren ohne Entsprechung in der sozialen Realität Rechtspolitik zu ma-

[27] *E. Wolf/G. Lüke/H. Hax*, Scheidung und Scheidungsrecht, 1959.

[28] *R. Künzel*, Die Situation der geschiedenen Frau in der Bundesrepublik Deutschland, 1975; *B. Caesar-Wolf/D. Eidmann*, Gleichberechtigungsmodelle im neuen Scheidungsfolgenrecht, in: ZfRSoz 6 (1985), S. 163 ff.

[29] Als Überblick über Ergebnisse der neueren Rechtsbewußtseinsforschung *D. Lucke/O.G. Schwenk*, Rechtsbewußtsein als empirisches Faktum und symbolische Fiktion. Methoden- und modernisierungskritische Anmerkungen zur Erfassung der Rechtskenntnis und Einstellung zum Recht, in: ZfRSoz 13 (1992), S. 185 ff.

chen. Und nicht selten bestand die gesetzgeberische Verwenderweisheit in gezielter Nicht-Verwendung. Umgekehrt ist nicht auszuschließen, daß das Reformgesetz in Teilen anders ausgefallen oder die Reformdiskussion insgesamt anders verlaufen wäre, wenn zum Zeitpunkt der Gesetzesinitiative mehr einschlägiges, empirisch gesichertes Detailwissen vorgelegen hätte und den gesetzgebenden Organen und professionellen Akteuren von seiten der Soziologie entsprechend aufbereitete Forschungsergebnisse zur Verfügung gestellt worden wären. Indes ist die Familiengesetzgebung kein Spielfeld, das sich, wie die probeweise Einführung eines Tempolimits im Straßenverkehr, für zeitlich und räumlich begrenzte Maßnahmen einer experimentellen Politik und Gesetzgebung eignen würde. Insofern muß die Frage, ob die Eherechtsreform bei gegebenem Forschungsstand mit oder ohne soziologische Beteiligung „besser" ausgefallen wäre, letztlich ebenso unbeantwortet bleiben, wie die dahinter stehende allgemeinere Frage, ob mit mehr Wissenschaft im Recht mehr Gerechtigkeit zu erzielen sei.

3. Forschungsdefizite und „institutional lags"

Zahlreicher Belege für stattgefundene manifeste Verwendung ungeachtet ist es im Bereich der Familiengesetzgebung nicht zu einer Institutionalisierung und gesetzlichen Verankerung dieser Verwendung, wie im Arbeitsförderungsgesetz von 1969 (§ 6 AFG) oder zuvor schon im Sachverständigenratsgesetz von 1963, gekommen. Trotz institutioneller Ansätze, wie der seit 1968 bestehenden Familienberichterstattung, blieb die Nutzung soziologischen Wissens auf diesem Gebiet sporadisch und selektiv, damit aber auch zufällig, unverbindlich und im einzelnen unkontrollierbar. Weder existiert ein auf direkte Verwendung im Ehe- und Familienrecht ausgerichteter und inhaltlich entsprechend zugeschnittener soziologischer Wissenskanon, wie er für das AFG vom Nürnberger Institut für Arbeitsmarkt- und Berufsforschung (IAB) erstellt wurde.[30] Noch konnte sich eine bei einem Ministerium – naheliegenderweise dem Familienministerium in Verbindung mit dem Justizministerium oder den jeweiligen Landesministerien – konzentrierte Ressortforschung[31] etablieren, wie man bezeichnenderweise – über den Schutzgedanken des Art. 6 GG hinaus – auch eine gesetzliche Normierung familienpolitischer Ziele, wie dies für die Wirtschaftspolitik durch das Stabilitätsgesetz geschehen ist, vermißt. Infolge erfolgreicher Abwehrstrategien der juristischen Profession gibt es nicht einmal die in Zusam-

---

[30] *A. Weymann/M. Wingens*, Soziologisches Wissen im Arbeitsförderungsgesetz, in: ZfRSoz 9 (1988), S. 212 ff.

[31] Am Beispiel der Berufsausbildung und des Bundesinstituts für Berufliche Bildung (BIBB) *V. Ronge*, „Ressortforschung" als Modus der Verwendung (sozial)wissenschaftlichen Wissens, in: ZfRSoz 9 (1988), S. 161 ff.

menhang mit dem Großen Familiengericht zeitweilig diskutierte institutionelle Beteiligung von Sozialwissenschaftler/inne/n im Scheidungsprozeß, die dem Typus der personenvermittelten Verwendung entspräche und das Juristenmonopol bei der Abwicklung von Ehescheidungen, ähnlich wie in der Frauengleichstellungspolitik[32], aufbräche.

In der Folge der Familienrechtsreform ist es weder einer Soziologie der Ehe und der Familie oder der Ehescheidung gelungen, sich - wie die Kriminologie für das Strafrecht[33] oder die Psychiatrische Soziologie im Umfeld der Psychiatriereform - als eindeutig zuordenbare gesetzgebungsrelevante Disziplin zu etablieren und unmittelbar einschlägige Forschungskapazitäten gezielt auf- und auszubauen. Bis heute gibt es kein adäquates soziologisches Pendant zum Familiengerichtstag und keine dem rechtspolitischen Einfluß und (fach-)öffentlichen Aufmerksamkeitswert von Juristentagen (und seit einiger Zeit auch Juristinnentagen) vergleichbare sozialwissenschaftliche Tagungsindustrie. Trotz einiger Impulse, die von den betreffenden rechtlichen Veränderungen auf die soziologische Forschung in und außerhalb der Universitäten – als Hochburgen stellvertretend genannt seien das Deutsche Jugendinstitut (DJI) in München und das an der Universität Bamberg angesiedelte Staatsinstitut für Familienforschung – und die universitäre Lehre[34] ausgingen und auch die Rechtssoziologie nicht unbeeinflußt ließen, ist das Verhältnis von Familienrecht und Familiensoziologie – möglicherweise aus historisch ähnlich belasteten Gründen wie beim Verhältnis von Bevölkerungssoziologie und staatlicher Bevölkerungspolitik – immer noch eher das eines unverbundenen Nebeneinanders zweier Bindestrich-Disziplinen, die sich aus dem Augenwinkel des eigenen Fachs mißtrauisch beäugen und sich allenfalls sporadisch und am Rande perzipieren, nicht aber die Entwicklungen im jeweils anderen Bereich wachen Auges verfolgen und die Ergebnisse systematisch rezipieren.

4. Mesallianzen

Das Familienrecht ist – als ausgemacht konservatives Rechtsgebiet – traditionell soziologiefeindlich, die Familiensoziologie, wie die meisten anderen Speziellen Soziologien – die Rechtssoziologie ausgenommen –, rechtsfern und von einer die Disziplin überziehenden, fast schon notorischen Paragraphenphobie. Insbesondere der Überschneidungsbereich von Rechtssoziologie, Jurisprudenz und Frauenforschung ist dank vergessener Vorfahrinnen und Gründer-

---

[32] *U. Krautkrämer-Wagner/M. Meuser*, Juristische Schutzwälle gegen Frauengleichstellungspolitik, in: ZfRSoz 9 (1988), S. 229 ff.

[33] *O. Hartwieg*, Rechtstatsachenforschung und Kriminologie, 1978; für eine kritische Durchleuchtung dieses Verhältnisse s. auch den Beitrag von *Bock* in diesem Band.

[34] Beispielhaft *S. Simitis/G. Zenz*, Seminar: Familie und Familienrecht, 1975.

mütter[35] und in der Rezeption des „main stream“[36] verdrängter Grenzgängerinnen[37] in eigentümlicher, auf einen Geschlechterbias hindeutender Weise unterbelichtet. Dabei scheint auf einem Gebiet, das sich gefühlsmäßig gegen eine Rationalisierung und vollständige Ver(sozial-)wissenschaftlichung ebenso sperrt wie gegen eine flächendeckende Verrechtlichung[38], die Lernfähigkeit der Familiengesetzgebung und Familienpolitik in bezug auf die Soziologie vom heutigen Stand betrachtet alles in allem (etwas) größer zu sein als diejenige der Familiensoziologie in bezug auf das Recht und dessen bei fortschreitender gesellschaftlicher Entwicklung antizipierbare Veränderungen. Dieser Eindruck entsteht, wenn man sich die mittlerweile vielfältigen Auftragsaktivitäten und breit gestreuten Forschungskooperationen des (jetzigen) Bundesministeriums für Familie, Senioren, Frauen und Jugend (BMFSFJ) ansieht, wohingegen noch bis zum Beginn der 90er Jahre, änläßlich der Eröffnung des 25. Soziologentags in Frankfurt 1990, mit kritischem Blick gegen die Familiensoziologie und ihre damalige Ausrichtung – aus soziologischer Sicht zurecht – eingewandt werden konnte, „im Kern der Kernfamilie sei alles kerngesund“.[39]

Bei allen sonstigen, hier nicht zu erörternden Ähnlichkeiten zwischen Familienrecht und Familiensoziologie ist beiden ein „lag“ relativ zu den gesellschaftlichen Entwicklungen und gleichzeitig eine, je nachdem repetitoriumstaugliche und für die Soziologie des Abweichenden Verhaltens prädestinierende, Vorliebe für den spektakulären Ausnahmefall gemeinsam. In der Soziologie überwiegen die Ex-post-Forschungen und Evaluationsstudien den Umfang der gesetzesvorbereitenden Ex-ante-Forschung um ein Vielfaches. In den 80er Jahren zeigte sich dies bei der sich sprunghaft verbreitenden, in ihrer sozialen Existenz und soziologischen Relevanz bis dahin aber konsequent ignorierten nichtehelichen Lebensgemeinschaft (neL).[40] Nun werden, am Ende des Jahrhunderts,

[35] Selbst in Fachkreisen weithin unbekannt und trotz zweier Nachdrucke (1981 und 1989) bis heute zumeist ungenannt ist die umfassende rechtshistorische und kulturvergleichende Studie von *M(arianne!) Weber*, Ehefrau und Mutter in der Rechtsentwicklung, 1907. Hierzu auch *K. Plett/K. Diegelmann* (Hrsg.), Justitias Töchter. Frühen Juristinnen auf der Spur, 1998.

[36] Bei der Rekonstruktion der Grundlagen des Fachs (Rechts-)Soziologie finden üblicherweise nur die Werke der Gründerväter, Max Weber und Emile Durkheim, Erwähnung (s. auch den Beitrag von *Schluchter* in diesem Band). Dasselbe gilt für das Lehrbuch von *K. F. Röhl*, Rechtssoziologie, 1987.

[37] Beispielhaft hingewiesen sei auf die dokumenten- und materialreich ausgestattete Monographie von *U. Gerhard*, Verhältnisse und Verhinderungen. Frauenarbeit, Familie und Rechte der Frauen im 19. Jahrhundert, 1978.

[38] Zum Mythos der Rechtsfreiheit des Privaten kritisch *S. Berghahn*, Die Verrechtlichung des Privaten – allgemeines Verhängnis oder Chance für bessere Geschlechterverhältnisse?, in: B. Kerchner/G. Wilde (Hrsg.), Staat und Privatheit, 1997, S. 189 ff.

[39] *U. Beck*, Der Konflikt der zwei Modernen, in: W. Zapf (Hrsg.), Die Modernisierung moderner Gesellschaften, 1990, S. 40 ff. (43).

[40] Die in Zusammenhang mit der neL auftauchenden Rechtsprobleme waren indes bekannt und die sich daraus ergebenden Forschungsdesiderate von juristischer und rechtssoziologischer Seite ausdrücklich benannt (*R. Scholz*, Die nichteheliche Lebensgemeinschaft – ein Pro-

ähnliche Lücken bei der nichtehelichen Elternschaft (neE) offenbar. Über die Jahrzehnte hinweg geprägte und nahezu unverändert gepflegte Forschungspräferenzen trugen mit dazu bei, daß Soziolog/inn/en bis vor nicht allzu langer Zeit passen mußten, wo es um systematisierte Bestimmungsgründe für „eheliche Lebensverhältnisse" und eine „angemessene Erwerbstätigkeit"[41], die bei typisierbaren Ehevoraussetzungen angebbare Scheidungswahrscheinlichkeit oder auch nur um die Länge der (Unterhaltsansprüche ausschließenden) „kurzen Ehedauer" ging, deren Höchstdauer in der Eherechtskommission in Ermangelung wissenschaftlicher Befunde per Handzeichen, also qua Abstimmung, festgelegt werden mußte. Ähnliches galt für eine brauchbare Definition der „durchschnittlich verlaufenen Ehe" und für die – bis heute fehlende – juristisch wasserdichte und soziologisch informierte Definition von „Familie".[42]

Daß es bis auf weiteres nicht zu einer Intensivierung des Austausches oder einer Kooperation auf institutionalisierter Ebene kam, war indes nicht nur eine Frage des bis dahin erreichten lückenhaften Stands gesetzgebungsrelevanter soziologischer Forschung oder der begrenzten Verfügbarkeit ausgewiesener Experten, wie dies zunächst auch für den Bereich der staatlichen Sozialpolitik angenommen worden war und sich als Erfolgsbedingung wissenschaftlich beratener rationaler Politik bis in die Steuerungsdebatten der 70er Jahre hielt.[43] Das Nichtzustandekommen einer institutionell abgesicherten Zusammenarbeit hat seine Ursachen vielmehr auch in den Rahmenbedingungen und Interessenkoalitionen des gesetzgeberischen Diskurses selbst, dessen Eigendynamik und innere Logik mehr als die Dignität und Validität (sozial)-wissenschaftlicher Ergebnisse über deren Verwendung oder Nicht-Verwendung entscheiden. Im Gegensatz zu früheren Auffassungen ist es in der neueren Verwendungsfor-

---

blem für den Gesetzgeber?, in: ZfR (1981), S. 115 ff.; *J. Limbach*, Die nichteheliche Lebensgemeinschaft als Regelungsproblem. Recht und Politik (1983), S. 91 ff.), während die familiensoziologischen Reaktionen noch auf sich warten ließen. Dagegen wußte man bereits zu Beginn der 60er Jahre ziemlich viel über das Phänomen der Müttererwerbstätigkeit, das zur damaligen Zeit nur eine verschwindend kleine Minderheit betraf (*E. Pfeil*, Die Berufstätigkeit von Müttern, 1961).

[41] Als Versuche ihrer soziologischen Konkretisierung *D. Lucke/M. Brater*, „Eheliche Lebensverhältnisse" und „Angemessene Erwerbstätigkeit". Die Angemessenheitsklausel des neuen Scheidungsrechts als Problem soziologischer Hilfeleistung für die Rechtsprechungspraxis, in: SW 31 (1980), S. 206 ff.; *D. Lucke*, Die angemessene Erwerbstätigkeit im neuen Scheidungsrecht. Zur soziologischen Interpretation unbestimmter Rechtsbegriffe, 1982.

[42] Hier könnten ähnliche Forschungsimpulse wie von der Scheidungsreform vom sogenannten Familienurteil des BVerfG vom Januar 1999 ausgehen, das nach einer der Vielfalt mittlerweile existierender Lebensverhältnisse von Erwachsenen mit Kindern angepaßten Neudefinition der auf Ehe und nicht auf Ehe begründeten „Familie" geradezu verlangt.

[43] Repräsentativ für diese, seinerzeit häufiger vertretene Auffassung *H. Friedrich*, Staatliche Verwaltung und Wissenschaft, 1970; sowie speziell für die Familiengesetzgebung *M. Wingen*, Umrisse einer rationalen Familienpolitik. Sozialer Fortschritt (1971), S. 169 ff. und 210 ff. sowie ders., Bedingungen und Probleme sozialwissenschaftlicher Familienpolitikberatung, in: KZfSS-Sonderheft 19 (1977), S. 629 ff.

schung mittlerweile Konsens, daß nicht allein schon die Qualität der Forschung oder die Identität von Gegenstandsbereich und Erkenntnisinteressen an sich die Verwendung vorliegender und prinzipiell anwendungsfähiger Ergebnisse garantieren.[44] Wie die Befunde für den untersuchten Bereich der Familiengesetzgebung nahelegen, sind das Fehlen oder Vorhandensein innerjuristischer Anknüpfungsmöglichkeiten[45] oder z.B. auch die Abweichung oder Übereinstimmung mit der internationalen Rechtsentwicklung oftmals die entscheidenderen (Nicht-)Verwendungskriterien. Ebenso kann, wofür die referierte Untersuchung weitere Belege und eine Vielzahl illustrativer Beispiele liefert, das Zusammentreffen von forschungspragmatischen Erfordernissen auf seiten der (Sozial-)Wissenschaft mit den Interessen der Juristen an Rechtssicherheit, Rechtsgleichheit, Vermeidung von kognitiver Dissonanz und weitestgehender Gewährleistung der rechtsförmigen Reduktion von Komplexität die Verwendung eher garantieren als komplexe, hochaggregierte, komplizierte oder gar sich widersprechende Forschungsergebnisse. Diese gilt insbesondere dann, wenn diese weder alltagsweltlich plausibel noch im juristischen Alltagsgeschäft praktikabel sind.

5. Konkurrenzen und Präferenzen

Soziologisches Wissen hat, wie die Mitgliedschaft von Soziolog/inn/en in ministeriell eingesetzten Kommissionen, ihre Beteiligung an Anhörungen im Deutschen Bundestag, die Vergabe von Forschungsaufträgen an sozialwissenschaftliche Institute und nicht zuletzt die beschriebene Soziologisierung des Reformdiskurses zeigen, den Status der zitierfähigen Instanz, nicht jedoch die juristische Hoffähigkeit anderer Disziplinen erreicht. Dies zeigt sich u.a. daran, daß soziologische Befunde und Argumente innerhalb des Gesetzgebungsverfahrens bevorzugt im Kontext von Mehrfachbegründungen auftreten. Dort nehmen sie die Rolle der Sekundanten und Verstärker ein und werden am häufigsten im Verbund mit verfassungsrechtlichen, ordnungspolitischen, arbeitsmedizinischen, biologischen oder psychologischen Argumentationen genannt, die in dieselbe Richtung gehen. Im Zweifelsfall unterliegen Soziolog/inn/en und die von ihnen (re-)präsentierte Forschung dabei den Fachautoritäten angren-

---

[44] So bereits auch *O. Hartwieg/B. Rebe*, Familienrecht und Familiensoziologie, in: Kühn/E. Tourneau (Hrsg.), Familienrechtsreform (Fn. 13), S. 17 ff. (28): „Familienrecht ... behauptet seine Geltung zum Teil auch gegen sozialwissenschaftliche und sonstige Kritik. Sozialwissenschaftliche Theorien, Statistiken und sonstige Analysen können deshalb für sich nicht als zureichender Grund für Rechtskorrekturen genommen werden."

[45] Die von der SPD bereits 1954 geforderte Gütergemeinschaft an den Rentenanwartschaften in der Sozialversicherung und den privaten Versicherungen z.B. kam so gesehen zu früh und war trotz guter, soziologisch ausreichend fundierter Gründe ohne die Anknüpfungsmöglichkeit der erst 1957 realisierten Zugewinngemeinschaft und ohne entsprechende argumentativ-legitimatorische Vorbereitung nicht durchsetzbar.

zender Fächer und sozialwissenschaftlicher Nachbardisziplinen. Auf Gerichtsebene trifft dies für die Forensische Psychiatrie und die Gerichtsmedizin, in der Politikberatung für die Wirtschaftsweisen und deren Jahresgutachten zu. Selbst dort, wo Soziolog/inn/en, wie in Fragen der beruflichen Wiedereingliederung der Frau, nicht mit (Arbeits-)Medizinern, Arbeitsmarktexperten und Wirtschaftswissenschaftlern oder, wie beim Versorgungsausgleich, mit Versicherungsmathematikern und Rentenfachleuten um die richtigen Interpretamente konkurrieren, sondern, z.B. beim Recht der elterlichen Sorge, auf die besonders eng verwandte Entwicklungs- und Sozialpsychologie oder auf die Kinder- und Jugendpsychiatrie stoßen, erscheinen ihre Ergebnisse und Argumente durch diejenigen der benachbarten Disziplinen (fast immer) substituierbar.[46] Erfahrungsgemäß gewinnen manche soziologischen Argumentationen sogar erst dann an Stimme und Gewicht, wenn sie im Zuge einer die Disziplingrenzen überschreitenden, gewissermaßen transdisziplinären Vice-Verwendung von Kapazitäten aus einer der als seriöser angesehenen Wissenschaften vorgetragen und mit der ihnen eigenen höheren Reputation erfolgreich als deren Argumente ausgegeben werden.

6. *Perspektivenwechsel und Horizonterweiterungen*

Aus dem Reformprozeß ebenfalls zu gewinnen ist die Einsicht, daß Ausmaß und Wirkungen einer hinter den Manifestationen „erfolgreicher" Verwendung stattfindenden latenten Versozialwissenschaftlichung mit den herkömmlichen Methoden der Verwendungsforschung nicht auch nur annähernd vollständig und ihrer tatsächlichen Bedeutung entsprechend erfaßt werden können. In Anbetracht verschiedener gesetzgeberischer Verwenderstrategien und professioneller „double talks", zu denen neben der anonymisierten und über das juristische Fachzeitschriftenwesen mediatisierten auch Formen der nicht-authorisierten und der stellvertretenden Verwendung zählen, müssen Zitationshäufigkeiten, ausgewiesene und im einzelnen belegte sozialwissenschaftliche Untersuchungsergebnisse und hierauf explizit ge- und begründete gesetzgeberische (Einzel-)Entscheidungen zu einem konzeptionell und methodisch verzerrten Bild sozialwissenschaftlicher Rechts- und Gesetzeswirksamkeit führen. Die rekonstruierte Reform liefert hierfür eine Fülle auch auf andere Bereiche über-

[46] Ein möglicher Grund für diese Unterlegenheit ist darin zu sehen, daß es der Soziologie als einer vergleichsweise spät entstandenen Disziplin im Unterschied zu den älteren, klassischen Professionen nicht gelungen ist, die exklusive Verwaltung einer – in ihrem Fall der sozialen – Rationalität durchzusetzen, ihre „claims" auf bereits anderweitig besetztem Terrain abzustecken und die soziologisch geschulte Stimme im gut eingespielten Konzert der Wissenschaften angemessen zur Geltung zu bringen. Zur These von der verspäteten und bis in die Gegenwart unvollständigen Professionalisierung der Soziologie vgl. auch *R. M. Lepsius*, Die Soziologie und die Kriterien sozialer Rationalität, in: SW 40 (1989), S. 215 ff.

tragbarer Beispiele. Gleiches gilt für die Häufigkeit und Dichte soziologischer Begriffsübernahmen und terminologischer Anleihen oder für die festgestellte Anzahl durch Abschlüsse im Fach Soziologie ausgewiesener Kommissionsmitglieder, Anhörungsbeteiligungen von Experten, eingeholte Stellungnahmen und schriftlich festgehaltene Diskussionsbeiträge.

Wichtiger als die eine oder andere in den Gesetzesunterlagen vorkommende soziologische Untersuchung, die über ein „name dropping" teilweise nicht hinausgehende Erwähnung eines sozialwissenschaftlichen Forschungsinstituts oder die – zweifellos ebenfalls respektierliche – Kommissionsmitgliedschaft eines bekannten Soziologieprofessors ist, daß im Zuge vor allem der latenten Versozialwissenschaftlichung innerjuristische Diskussionen reaktualisiert oder überhaupt erst möglich werden, daß zuvor unangetastete dogmatische Positionen in Konfrontation mit empirischen Daten und Fakten plötzlich zur Disposition stehen, ehemalige Selbstverständlichkeiten nicht mehr ganz so selbstverständlich erscheinen und juristische und z.T. auch religiöse Tabus im Lichte soziologischer Interpretation gebrochen werden. Mehr als die im Einzelfall korrekte Nutzung verfügbarer Einzelergebnisse können das Aufgreifen (rechts-) soziologischer Fragestellungen oder – generell – die Einnahme einer soziologischen Sichtweise[47] den Blick des Gesetzgebers für dogmatischem Rechtsdenken ferne Aspekte öffnen und über den juristischen Tellerrand hinaus erweitern und eingeschliffene Rechtsstandpunkte im Laufe der Zeit durch ein sozialwissenschaftlich inspiriertes „enlightenment" korrigieren. Nicht zuletzt werden Verlauf und Ausgang von Gesetzgebungsverfahren indirekt dadurch mitbeeinflußt, daß auf dem jeweiligen Stand lebensweltlicher Versozialwissenschaftlichung bestimmte Themen und Argumente ganz oder vorübergehend aus dem juristischen Diskurs ausgeschlossen werden und gleichsam exkommuniziert, dethematisiert und von vornherein delegitimiert sind, während andere im selben Umfeld offiziell thematisierbar, diskutierbar und auf hohem Niveau gesellschaftlicher Legitimität diskursfähig werden. So war beispielsweise die Abschaffung des Schuldprinzips für den Gesetzgeber des BGB um 1900 im Unterschied zum Reformgesetzgeber des 1. EheRG von 1976 überhaupt kein Thema. Vor ähnlich gewandeltem und soziologisch mitbeeinflußtem Legitimationshintergrund verlief in den 50er Jahren die Diskussion um die Ausgestaltung des Ehe- und Familienrechts noch ausschließlich zwischen einer patriarchalischen und einer funktionalistischen Gestaltungsvariante[48], während die inzwischen (formal) geltende egalitäre Normierung seinerzeit nicht (ernsthaft) zur Diskussion stand und als diskussionsunwürdige Utopie außer Konkurrenz wie eine

[47] Zur Übernahme der „social science perspective" als zentralem Befund aus dem us-amerikanischen „knowledge utilization research" vgl. *C. Weiss (Hrsg.)*, Using Social Research in Public Policy Making, 1977.

[48] *W. Voegeli/B. Willenbacher*, Die Ausgestaltung des Gleichberechtigungssatzes im Eherecht, in: ZfRSoz 5 (1984), S. 235 ff.

Morgendämmerung allenthalbem am Horizont legislativer Erörterungen aufschien. Unter heutigen Rahmenbedingungen wiederum ist die patriarchalische Version so „unmöglich" wie die offene geschlechtsspezifische Diskriminierung der Frau angesichts der fortgeschrittenen und nicht mehr hintergehbaren Emanzipationsrhetorik im öffentlichen Diskurs.

7. Konsequenzen

Anhand des rekonstruierten Reformprozesses läßt sich zeigen, wie soziologische Einsichten auf Gesetzesebene praktisch werden, ohne daß Soziolog/inn/en im doppelten Wortsinn zitiert würden oder für die Lancierung und argumentative Abarbeitung von Reformthemen namentlich verantwortlich zeichneten. Auch auf indirektem Wege und über oftmals verschlungene Verwendungspfade verliert das Recht zumindest an einigen Stellen seinen zwingenden Charakter, erscheinen quasi-naturrechtliche Konstanten als gestalt- und veränderbar und werden rechtssystematische Barrieren durchlässig, ohne daß Ergebnisse und Argumente personell – mitunter auch nur disziplinär – zurechenbar wären und im konkreten Einzelfall erkennbar unmittelbar rechtskräftig würden.[49] Beispiele hierfür sind die in den 70er Jahren erfolgte Entideologisierung des Ehe- und Familienrechts, die Entpönalisierung und Entmoralisierung des Scheidungsrechts, die Abkehr von der vom Bundesverfassungsgericht noch 1968 in ihrer Rechtmäßigkeit bestätigten Hausfrauenehe sowie die ebenfalls mit soziologischer Unterstützung durch das 1. EheRG möglich gewordene unterhaltsrechtliche Anerkennung von Hausarbeit und Kindererziehung und die Einführung des Versorgungsausgleichs.

Im Zuge der Versozialwissenschaftlichung der Familiengesetzgebung werden, wie gezeigt werden konnte, nicht nur neue Selbstverständlichkeiten auf dem Niveau des jeweiligen „common sense" einer Gesellschaft reformuliert und in Gesetzesform gegossen. Vielmehr wird auf dem Weg über die Normbegründung der aktuelle Stand gesellschaftlicher Selbstthematisierung in einer Weise verdoppelt und im Gesetz festgeschrieben, die am Ende (fast) nicht mehr als das Ergebnis vorgängiger Versozialwissenschaftlichung identifizierbar ist und mit den Methoden einer „naiven" Verwendungsforschung nicht oder nur sehr unzureichend nachweisbar wäre.

Damit entziehen gerade diese Effekte sich dem Zugriff gängiger Indikatoren erfolgreicher Verwendung, die nur in der Lage sind, Oberflächenphänomene manifester Wissensverwendung mehr oder weniger vollständig zu diagnosti-

[49] Vgl. hierzu auch die innerhalb des Verwendungsschwerpunkts (Fn. 2) kontrovers diskutierte Verschwindensthese. Ihr zufolge erweist sich die Praxisrelevanz soziologischen Wissens auch und gerade darin, daß es in einer versozialwissenschaftlichten gesellschaftlichen Praxis in seiner spezifisch soziologischen Identität nicht auftaucht und gewissermaßen verschwindet.

zieren, wohingegen sie die soziologischen Diskurse über Normen, bevor diese Gesetz und damit in Paragraphen geronnener Konsens werden, systematisch ausblenden. Angesichts unterschiedlicher Formen von erwiesener Schein-Verwendung und soziologischen Argumentationstopoi, die den klassisch-juristischen Berufungsformeln an empirischer Validität und intersubjektiver Überprüfbarkeit mittlerweile kaum mehr überlegen sein dürften, würde der naive Verwendungsforscher Verwendung dort diagnostizieren, wo es sich in Wirklichkeit um rein rhetorische Verwendung oder um das persuasive Aufbieten quasi-empirischer und pseudo-wissenschaftlicher Legitimationen handelt. Die mittel- und langfristig folgenreichere Verwendung, die oftmals unter der Hand und vielfach informell stattfindet, dagegen bekommt er – als außerhalb des „naiven" Verwendungsblicks liegend – auf diese Weise nicht in den Griff.

Besondere Bedeutung gewinnt dieses Ergebnis innerhalb einer Rechts- und Gesetzgebungskultur wie der bundesdeutschen, in der Rechtsfortschritte zunehmend auf der Ebene von konsensfähigen Begründungen und akzeptablen Argumenten erzielt werden und die Fortentwicklung von Recht sich – in verstärktem Maße von der Akzeptanz und dem Konsens in der Bevölkerung abhängig geworden – immer weniger dezisionistisch als argumentativ-legitimatorisch vollzieht.[50] Gerade im Bereich eines Querschnittgesetzes, wie es das Ehe- und Familienrecht darstellt, haben Normbegründungen die mittel- und langfristig tiefreichenderen und nachhaltigeren – bis zu einem gewissen Grade irreversiblen – Folgen mit Auswirkungen auch auf andere Rechtsgebiete und künftige Reformvorhaben als eine einzelne, möglicherweise auch auf sozialwissenschaftlicher Grundlage getroffene (oder nicht getroffene) gesetzgeberische Entscheidung. Die zur Reform des Scheidungsunterhalts aufgebotene Begründung z.B. hatte bereits Konsequenzen für die Anrechnung von Kindererziehungszeiten auch im Hinterbliebenenrenten- und Erziehungszeitengesetz (HEZG 1985). Ähnliche Auswirkungen und nicht mehr rücknehmbare Rechtspositionen dürften sich aus der hierin implizierten Anerkennung von Ehe- und Kindererziehungsjahren als leistungssteigernder Bestandteil weiblicher (und auf absehbare Zeit möglicherweise auch hausmännlicher und väterlicher) Renten- und Versicherungsbiographien für die immer noch anstehende Große Rentenreform ergeben. Auch die mit der reformierten Unterhaltskonzeption ebenfalls indirekt anerkannte Existenz eines geschlechtsspezifisch geteilten Arbeitsmarktes kann für die Einführung diverser Quotenregelungen oder eines europaweit geplanten Antidiskriminierungsgesetzes nun nicht mehr unbeachtlich bleiben. Sie wird, wie die mit dem Gleichbehandlungsgebot von verheirate-

---

[50] Hierzu auch *D. Lucke/S. Hradil*, Inflationäre Begründungen und reduzierte Akzeptanzen. Thesen zu einer Rechtspolitologie in einer veränderten Rechtskultur, in: A. Görlitz/R. Voigt (Hrsg.), Rechtspolitologische Forschungsdesigns, Jahrbuch für Rechtspolitologie 2, 1988, S. 76 ff.

ten und nicht-verheirateten Elternpaaren eher beiläufig vonstatten gegangene höchstrichterliche Akzeptanz der nicht auf Ehe begründeten Familie durch das Familienurteil des BVerfG vom Januar 1999, auf Dauer nicht konsequenzlos und vor allem nicht rechtsunerheblich bleiben (können).

V. Fazit

Trotz zahlreicher antizipierbarer (dogmatischer, struktureller, rechtssystematischer) Verwendungsbarrieren auf seiten der gesetzgebenden Organe und der mehrheitlich juristischen Akteure findet sozialwissenschaftliche Verwendung auch auf dem in vielerlei Hinsicht sensiblen und eher emotional geprägten als besonders rationalisierungsanfälligen Verwendungsfeld der Familiengesetzgebung statt. Die im konkreten Fall festgestellte Verwendung geschah unter günstigen gesellschaftlichen Ausgangsbedingungen. Sie vollzog sich in institutionalisierter und nicht-institutionalisierter Form. Dabei wurde soziologisches Fachwissen insbesondere auf dem Weg der latenten Versozialwissenschaftlichung – über Reformbegründungen und die neuen Rechtsnormen ausgestaltende Argumente – teilweise auch gegen Monopolansprüche und juristische Selbstimmunisierungsbestrebungen rechtswirksam.

Das Bild sozialwissenschaftlicher und speziell soziologischer Verwendung, das sich auf der Grundlage der hier vorgelegten Rekonstruktion der Ehe- und Familienrechtsreform ergibt, ist gleichwohl außerordentlich vielschichtig, kontrovers und uneinheitlich. Es folgt keiner vom naiven Verwendungsforscher rational nachvollziehbaren gesetzgeberischen Verwendungslogik und fügt sich vor allem nicht in die Kategorienbildungen und die Typifikations- und Systematisierungsversuche einer Verwendungsforschung, die trotz Revision letztlich wissenschaftszentriert und im Kern akademisch geblieben ist.

Die mit Hilfe des Konzepts vom interessegeleiteten Diskurs gewonnenen Untersuchungsbefunde zwingen zur Differenzierung pauschaler Vorstellungen über das juristische Informations- und Argumentationsverhalten.[51] Sie verlangen insbesondere nach einer Relativierung der in den 70er Jahren für vorrangig gehaltenen Aufklärungs-, Innovations- und Gestaltungsfunktionen sozialwissenschaftlicher Forschung in (ver)rechtlich(t)en und (ver)gesetzlich(t)en Praxiszusammenhängen. Für den untersuchten Bereich beispielhaft widerlegt wurden u.a. Theorien soziologischer Nicht- oder Unter-Verwendung, denen zufolge die Nicht-Nutzung der Soziologie und die ihr unterstellte Praxisirrelevanz ausschließlich auf die von ihren Vertretern selbst geschaffenen Sprachbarrieren zwischen den zwei Welten der Wissenschaft und der Praxis zurück-

---

[51] Hierzu auch *K. Jungjohann* u.a. (Hrsg.), Informationsverhalten und Informationsbedarf von Juristen, 1976.

gehe.[52] Für legislative Verwendungskontexte ebenfalls relativiert wurde die verbreitete Vorstellung, wonach juristisches Verwenderinteresse sich, wenn überhaupt, dann ausschließlich auf Zahlen und harte Fakten beziehe, wohingegen ein juristischer Bedarf an soziologischer Theorie nicht feststellbar sei.

Der im einzelnen nachgezeichnete Wandel des gesetzgeberischen Argumentations- und Legitimationsstils kann einerseits als Beleg für die Lernfähigkeit des Gesetzgebungssystems und die zwischenzeitlich stattgefundene Sekundär-Versozialwissenschaftlichung der hieran beteiligten Juristen interpretiert werden. Zugleich ist sein mit dieser Untersuchung dokumentierter Wandel Beleg dafür, daß es auf dem gegenwärtigen Stand gesellschaftlicher Selbstthematisierung und lebensweltlicher Versozialwissenschaftlichung offensichtlich nicht mehr möglich ist, über den Regelungsgegenstand des Ehe-, Familien- und Scheidungsrechts anders als in einer soziologischen und mit sozialwissenschaftlichen Inhalten belegten Fachsprache zu reden.

Zieht man hieraus am Ende des Jahrhunderts ein die soziologische und die juristische Profession betreffendes Fazit, so werden (Rechts-)Soziolog/inn/en bei aller Ermunterung zu rechtsnaher und insbesondere auch gesetzesvorbereitender Forschung zur Kenntnis nehmen müssen, daß die Versozialwissenschaftlichung von Gesetzen auch dort, wo sie in der Sache unmittelbar gefragt sind, teilweise ohne sie und ohne ihr Fach bzw. ihre Spezialdisziplin stattfindet. Auf der anderen Seite werden diejenigen, die die Gesetze machen - und das sind in der Hauptsache nach wie vor Juristen und nicht Medizinerinnen, Atomphysiker, Umweltschutzexperten oder Soziologinnen -, anzuerkennen haben, daß ausgerechnet eine „(un)disziplinierte Hilfswissenschaft“ mit soziologischen Fakten und Argumenten - indirekt auch über die qua Versozialwissenschaftlichung der Lebenswelt erzeugten Legitimationszwänge - Rechtspositionen begründet und auf einem Gebiet vermeintlicher juristischer Allein- und Allgemeinzuständigkeiten (Rechts-)Tatsachen schafft, die – so steht rechtssoziologisch informiert zu erwarten – nicht nur auf dem Weg der analysierten Jahrhundertreform bis ins nächste Jahrtausend hineinwirken werden.

[52] Zu dieser „two communities“-Theorie vgl. *N. Caplan* u.a., The Use of Social Science Knowledge in Policy Decisions at the National Level, 1975.

Kriminalsoziologie in Deutschland. Ein Resümee am Ende des Jahrhunderts

Michael Bock

I. Ein wissenschaftsgeschichtlicher Bezugsrahmen

Es gibt verschiedene Möglichkeiten, den Ertrag einer Wissenschaftsdisziplin zu bilanzieren. Man kann den Gegenstand durch klare Definitionen bestimmen und begrenzen und dann eher deskriptiv und additiv erfassen, was sich denn im Namen dieser Disziplin so alles zugetragen hat. Ein solches Verfahren bietet sich an, wenn die entsprechende Wissenschaftsdisziplin im fraglichen Zeitraum eine Phase kontinuierlicher Forschung durchläuft, wenn in einem fest gefügten Rahmen von Begriffen und Fragestellungen gewissermaßen ein Pensum abgearbeitet wird.

Angesichts der Brüche und Verwerfungen, die es auf diesem wissenschaftlichen Gebiet gegeben hat, scheint im Falle der Kriminalsoziologie in Deutschland ein solches Verfahren nun aber gerade nicht förderlich zu sein. Bei dieser in ihren Begriffen und ihrem Umfang niemals auch nur einigermaßen unumstrittenen Disziplin liegt es vielmehr nahe, Erfolg und Mißerfolg, Ertrag und Defizite einzelner Schulen und Richtungen in einem wissenschaftsgeschichtlichen Bezugsrahmen zu diskutieren, bei dem gerade der Wechsel der Paradigmen, um diesen wissenschaftssoziologischen Topos einmal mehr zu bemühen, im Vordergrund zu stehen kommt.

Ein solches Vorgehen empfiehlt sich auch deshalb, weil sich in eine mögliche erkenntnisleitende begriffliche oder theoretische Festschreibung dessen, was denn nun eigentlich Kriminalsoziologie sei, meist eine versteckte geschichtsmetaphysische Teleologie einschleicht: die letzte Gestalt eines Faches ist danach die beste und alles bisherige ist Vorgeschichte und das Abarbeiten von Fehlern und Irrtümern. Fortschritts- und Erfolgsgeschichten dieser Art sind in der Geschichte der Sozialwissenschaften häufig[1] und verleiten zu einer unkritischen Sichtweise auf das, was sich faktisch durchgesetzt hat, während über die Verlie-

---

[1] *A. Oberschall,* The Establishment of Empirical Sociology. Studies in Continuity, Discontinuity and Institutionalization, New York 1972; *E.G. Boring,* A History of Experimental Psychology, 2. Aufl., New York 1957.

rer der Wissenschaftsgeschichte bereits das Urteil gesprochen ist[2]. Diesen Vorbehalt muß man z. B. gegenüber dem ansonsten sehr verdienstvollen Versuch von Franz Streng machen, die Kriminologie in der Zeit des Nationalsozialismus zu dokumentieren und in einen größeren Zusammenhang zu stellen, denn es wird ohne die Frage nach der inhaltlichen Qualität der jeweiligen wissenschaftlichen Leistungen wie selbstverständlich unterstellt, daß mit der Rechtstatsachenforschung und der Kriminalsoziologie seit den 70er Jahren die Kriminologie zu ihrer wahren Gestalt gefunden habe, so daß alles Vorherige wirklich nur noch als „Geschichte" zu dokumentieren sei[3].

II. Zur Vorgeschichte kriminalsoziologischen Denkens

Obgleich also gerade nicht mit Definitionen und Begriffen Vorentscheidungen über Glanz und Elend getroffen werden sollen, scheint es sinnvoll, eine *Vorgeschichte* der hier näher interessierenden Kriminalsoziologie abzuschichten. Es gibt eine uneinheitliche, aber doch ziemlich reichhaltige Literatur, in der, teils in Form von Reflexionen über die Bedeutung des Milieus im Vergleich zur Anlage, teils auch in der Durchführung und Interpretation massenstatistischer Analysen, die *gesellschaftliche* Seite von Verbrechen und Verbrechenskontrolle diskutiert wird[4].

In erster Linie ist hier an Namen wie Quetelet[5] und Guerry[6] zu erinnern, die auf das statistische Material zurückgreifen, das in den westeuropäischen Staaten seit ungefähr 1830 regelmäßig in amtlichen Datensammlungen veröffentlicht wurde. Soziale Physik nannte Quetelet die von ihm inaugurierte Wissenschaft und er meinte, in den statistischen Regelmäßigkeiten, die in diesen Daten zu beobachten waren, die „Gesetze" gefunden zu haben, die in Wahrheit den sozialen (diese meint die sogenannte „Moralstatistik") Handlungen zugrundeliegen. Einen programmatischen Bezug zur „Gesellschaft" hatte auch die Lyoner kriminologische Schule mit ihrem Haupt Lacassagne, welche sich in einer hefti-

[2] Gegen eine solche Geschichtsschreibung vor allem auf dem Feld der Sozialwissenschaften vgl. *F.H. Tenbruck*, Wie kann man die Geschichte der Sozialwissenschaften in den 20er Jahren schreiben? in: K.W. Nörr/B. Schefold/F.H. Tenbruck (Hrsg.), Geisteswissenschaften zwischen Kaiserreich und Republik. Zur Entwicklung von Nationalökonomie, Rechtswissenschaft und Sozialwissenschaft im 20. Jahrhundert, Stuttgart 1994, S. 23–46.

[3] *F. Streng*, Von der „Kriminalbiologie" zur „Biokriminologie"? – Eine Verlaufsanalyse bundesdeutscher Kriminologie-Entwicklung; in: Justizministerium NRW (Hrsg.), Kriminalbiologie. Juristische Zeitgeschichte NRW Band 6, S. 213–244 (233 ff.).

[4] Die wesentlichen Autoren und Werke werden in der Arbeit von *A. Mechler*, Studien zur Geschichte der Kriminalsoziologie, Göttingen 1970 vorgestellt. Vgl. aber auch *K.H. Hering*, Der Weg der Kriminologie zur selbständigen Wissenschaft, Hamburg 1966.

[5] *A. Quetelet*, Sur l'homme et le développement de ses facultés, ou essai de physique sociale (deutsche Ausgabe: Soziale Physik, 2 Bände, Jena 1914 und 1921), Brüssel 1836.

[6] *A.M. Guerry*, Essai sur la statistique morale de la France, Paris 1833.

gen wissenschaftlichen Kontroverse dem biologischen Determinismus der Schule Lombrosos widersetzte[7]. Beide Traditionen wurden im europäischen Rahmen diskutiert und verbreitet und fanden entsprechend auch ihren deutlichen Widerhall im deutschsprachigen Schrifttum[8].

Oft fehlt hier zwar noch das Etikett *Soziologie*, weil es ein akademisch institutionalisiertes Fach dieses Namens bis zur Jahrhundertwende noch gar nicht gibt, in Deutschland bis in die 20er Jahre nicht. Gleichwohl sind deutsche und insbesondere auch österreichische[9] Wissenschaftler daran durchaus führend beteiligt, die einschlägigen Lehrbücher[10] sind voll davon, selbst unter dem Namen Kriminal*biologie*, der seit dem Ende des 19. Jahrhunderts oft die entsprechenden Zeitschriften und Fachverbände ziert, finden sich solche auf das Milieu, die Umwelt, eben ganz generell auf die *Gesellschaft* bezogene kriminologische Äußerungen[11]. Als Teil der „socialen Frage" wurde auch das Verbrechen in den verschiedensten Varianten mit Armut, Verstädterung, Entwurzelung, Proletarisierung in Verbindung gebracht, nicht zuletzt natürlich in der marxistischen Tradition, für welche die einschlägigen Schriften vor allem von Friedrich Engels[12] repräsentativ sind. Einer besonderen Erwähnung bedarf noch, daß der österreichische Kriminalist Julius Vargha schon den Zusammenhang zwischen Gesetzgebung und Kriminalität thematisiert[13] – wie übrigens natürlich auch schon Marx in seiner „Normgeneseforschung" bezüglich des Gesetzes über den Holzdiebstahl[14] – und damit einen zentralen Gedanken der späteren Kriminalsoziologie wenn nicht vorwegnimmt, so doch andeutet[15].

---

[7] *J. A. Lacassagne/E. Martin*, Des résultats posififs et indiscutables que l'anthropologie criminelle peut fournier à l'élaboration ou l'application des lois; in: 5ième Congrès International d'Anthropologie Criminelle, I. Tome: Rapports, Amsterdam 1901, S. 230–232.

[8] Vgl. hierzu im einzelnen die Arbeiten von *Mechler*, Studien (Fn. 4) und *Hering*, Weg (Fn. 4).

[9] Repräsentativ hierfür ist die von Hans Gross inaugurierte „enzyklopädische Kriminologie", dargestellt schon in der Graphik im Vorwort zur 4. Auflage von *H. Gross*, Handbuch für Untersuchungsrichter, 1904, sowie in den Weiterentwicklungen bei *R. Graßberger*, Qu'est-ce que la Criminogie? in: Revue de Criminologie et de Police Technique, 1949, S. 3–9; vgl. aber auch *J. Vargha*, Die Abschaffung der Strafknechtschaft. Studien zur Strafrechtsreform, 2 Bände, Graz 1896–1897.

[10] *G. Aschaffenburg*, Das Verbrechen und seine Bekämpfung (zuerst 1903), 3. Aufl., Heidelberg 1923; *H. Groß/E. Seelig*, Handbuch der Kriminalistik. Handbuch für Untersuchungsrichter als System der Kriminalistik, 2 Bände, 9. Aufl., Berlin/München 1942 und 1954; *F. Exner*, Kriminologie, 3. Aufl., Berlin/Göttingen/Heidelberg 1949.

[11] Mitteilungen der Internationalen kriminalistischen Vereinigung, 21 Bände von 1889 bis 1914, 6 Bände einer „Neuen Folge" erschienen zwischen 1926 und 1933; *T. Würtenberger*, Die Kriminalbiologische Gesellschaft in Vergangenheit und Gegenwart, in: Kriminologische Gegenwartsfragen 8 (1968), S. 1–9.

[12] *F. Engels*, Die Lage der arbeitenden Klasse in England, Leipzig 1845.

[13] *Vargha*, Abschaffung (Fn. 9).

[14] *K. Marx*, Verhandlungen des 6. rheinischen Landtags (3. Artikel). Debatten über das Holzdiebstahlsgesetz (zuerst 1842), in: Karl Marx und Friedrich Engels, Werke Band 1, Berlin 1972, S. 109–147.

[15] *K. Probst*, Die moderne Kriminologie und Julius Vargha, in: Monatsschrift für Krimino-

Die multifaktorielle Auffassung von den Ursachen des Verbrechens, mit der Franz von Liszt[16] und seine Schüler die deutschen Kriminalwissenschaften und auch die Internationale Kriminalistische Vereinigung (IKV)[17] förmlich imprägniert hatten, hielt immer den Blick auf soziale Bedingungszusammenhänge offen.

III. Erste Rezeption us-amerikanischer Vorbilder

Von einer Kriminalsoziologie, die auch unter diesem Namen auftritt, kann jedoch, von Ausnahmen abgesehen[18], in Deutschland eigentlich erst in den 50er Jahren dieses Jahrhunderts die Rede sein, und auch in dieser Zeit waren die Publikationen noch rar. Die Nachkriegssoziologie insgesamt hatte einen starken Zug zur Empirie[19], darin waren sich die verschiedenen Schulen und Lager einig. Auch die später als „Frankfurter Schule" in Erscheinung getretenen Remigranten profilierten sich damals nicht als Theoretiker, sondern als Empiriker[20]. Außerdem war es die Zeit, in der in großem Umfang die us-amerikanischen Human- und Sozialwissenschaften in Deutschland teils oktroyiert[21], teils rezipiert[22] wurden, während die älteren, stärker geisteswissenschaftlich ausgerichteten Schulen zwar noch eine gewisse Spätblüte erlebten, aber im Laufe der 50er Jahre nahezu vollständig von der Bildfläche verschwanden[23]. Diesem all-

logie und Strafrechtsreform 1976, S. 335–351, sowie *M. Bock,* Kriminelles Verhalten, Kriminologie, Kriminalistik, in: K. Acham (Hrsg.), Geschichte der österreichischen Humanwissenschaften, Band 3: Menschliches Verhalten und gesellschaftliche Institutionen, Wien 2000 (i.E.).

[16] *F. v. Liszt,* Das Verbrechen als sozial-pathologische Erscheinung, in: Strafrechtliche Aufsätze und Vorträge, Band 2, Berlin 1905, S. 230–250 (234).

[17] Mitteilungen (Fn. 11).

[18] *W. Sauer,* Kriminalsoziologie, 3 Bände, Berlin 1933; *K.-S. Bader,* Soziologie der deutschen Nachkriegskriminalität, Tübingen 1949.

[19] Vgl. hierzu *O. Rammstedt,* Formierung und Reformierung der Soziologie im Nachkriegsdeutschland, in: K. Acham/K.W. Nörr/B. Schefold (Hrsg.), Erkenntnisgewissen, Erkenntisverluste. Kontinuitäten und Diskontinuitäten in den Wirtschafts-, Rechts- und Sozialwissenschaften zwischen den 20er und 50er Jahren, Stuttgart 1998, S. 251–289.

[20] Vgl. dazu die einschlägigen Arbeiten in C. Albrecht u.a. (Hrsg.), Die intellektuelle Gründung der Bundesrepublik. Eine Wirkungsgeschichte der Frankfurter Schule, Frankfurt 1999

[21] *B. Plé,* Wissenschaft und säkulare Mission. ‚Amerikanische Sozialwissenschaft' im politischen Sendungsbewußtsein der USA und im geistigen Aufbau der Bundesrepublik Deutschland, Stuttgart 1990.

[22] *J. Weyer,* Westdeutsche Soziologie 1945–1960. Deutsche Kontinuität und nordamerikanischer Einfluß, Berlin 1984.

[23] *V. Kruse,* Historische Soziologie als „Geschichts- und Sozialphilosophie" – Zur Rezeption der Weimarer Soziologie in den fünfziger Jahren, in: Acham/Nörr/Schefold (Fn. 19), S. 76–106; vgl. auch im selben Band die Beiträge von *Rammstedt,* Formierung (Fn. 19) und von *G.C. Behrmann,* Die Verselbständigung der Wissenschaft von der Politik. Gründung und Begründung einer neuen Fachwissenschaft, S. 443–479.

gemeinen Befund bezüglich der Sozialwissenschaften entspricht es auch, daß die kriminologischen Lehrbücher von Exner, Mezger, Sauer und Seelig mit ihren multifaktoriellen und insofern auch „soziologischen“ Ansätzen noch Neuauflagen erlebten[24], die jedoch inhaltlich kaum verändert waren und im wesentlichen das wissenschaftlichen Denken der Zwischenkriegszeit reproduzierten[25]. Auch dezidiert „geisteswissenschaftliche“ Positionen, in denen der (straffällige) Mensch ja durchaus auch in seiner Angewiesenheit auf und Prägung durch die Gesellschaft thematisiert wird, wie etwa bei Hellmuth Mayer[26], Thomas Würtenberger[27] und Richard Lange[28], wurden nur noch vereinzelt fortgeführt, etwa durch Joachim Hellmer[29].

So kam es, daß es eigentlich nie eine deutsche Kriminalsoziologie gab, sondern immer nur eine Kriminalsoziologie in Deutschland, die von der Rezeption us-amerikanischer Vorbilder lebte. Zentrum dieser Rezeption war zunächst das Forschungsinstitut in Köln, mit René König an der Spitze. Unter seinen Schülern war auch Fritz Sack[30], von dem noch die Rede sein wird. Als repräsentativ für diese Frühphase mag man das zweite Sonderheft der Kölner Zeitschrift für Soziologie und Sozialpsychologie[31] ansehen, das den Titel „Soziologie der Jugendkriminalität“ trägt. Es weist noch keine starre disziplinäre oder theoretische Festlegung auf die später als kriminalsoziologisch anerkannten Ansätze auf, man findet daher neben klinischen Erfahrungsberichten vor allem auch psychoanalytische Artikel und erst am Ende einen längeren Aufsatz von David Bordua[32], in welchem er die wesentlichen Entwicklungslinien der amerikanischen Kriminalsoziologie dem deutschen Publikum vorführt, angefangen von

---

[24] *E. Seelig/H. Bellavic*, Lehrbuch der Kriminologie, 3. Aufl., Darmstadt 1963; *E. Mezger*, Kriminologie. Ein Studienbuch, München/Berlin 1951; *Sauer*, Kriminalsoziologie (Fn. 18), *Exner*, Kriminologie (Fn. 10).

[25] Vgl. *H. Göppinger*, Kriminologie, 5. Aufl., München 1997, S. 26.

[26] *H. Mayer*, Strafrechtsreform für heute und morgen, Berlin 1962; *ders.*, Die gesellige Natur des Menschen. Sozialanthropologie aus kriminologischer Sicht, Berlin 1977.

[27] *T. Würtenberger*, Die geistige Situation der deutschen Strafrechtswissenschaft, 2. Aufl., Karlsruhe 1959.

[28] *R. Lange*, Das Rätsel Kriminalität. Was wissen wir vom Verbrechen? Frankfurt a.M. 1970, *ders.*, Summa Criminologica. Gesammelte Aufsätze 1952–1991, 2 Bände, Marburg 1991.

[29] Joachim Hellmers Arbeiten stellen insofern eine instruktive Ausnahme dar, als auch er schon recht früh mit soziologischen Arbeiten über die Jugendkriminalität in Erscheinung trat (Sozialisation, Personalisation und Kriminalität, in: G. Wurzbacher [Hrsg.], Der Mensch als soziales und personales Wesen, 2. Aufl., Stuttgart 1968, S. 202–224), hierbei aber an die geisteswissenschaftliche Tradition anknüpfte und konsequenterweise später mit der mainstream-Kriminalsoziologie in einen unüberbrückbaren Konflikt geraten mußte (*J. Hellmer*, Das ethische Problem in der Kriminologie, Berlin 1984).

[30] *F. Sack*, Vom Wandel in der Kriminologie – und Anderes, in: Kriminologisches Journal 1998, S. 47–64.

[31] *P. Heintz/R. König* (Hrsg.), Soziologie der Jugendkriminalität, Köln/Opladen 1957.

[32] *D.J. Bordua*, Hauptrichtungen in Theorie und Erforschung der Jugendkriminalität on den USA seit 1930, in: Heintz/König (Fn. 31), S.156–188.

den kriminalökologischen Studien der Chicago-Schule über die Subkultur- und Kulturkonflikttheorien bis hin zu der bekannten Anomietheorie von Robert K. Merton.

Mit René König wurde vor allem die strukturfunktionalistische Kriminalsoziologie in Deutschland bekannt gemacht, für die Namen wie Emile Durkheim und Robert K. Merton stehen. Wie Durkheim hat René König jedoch abweichendes Verhalten bzw. Verbrechen und Strafe vor allem als exemplarisches Feld zur Verdeutlichung der allgemeinen Soziologie gesehen. Das gilt auch für den theoretischen Schlüsselbegriff der „sozialen Kontrolle“, der in seiner Bedeutung weit über die Kriminalsoziologie hinausreicht, indem er, zusammen mit dem Begriff der „Sozialisation“, die grundlegenden Mechanismen von gesellschaftlicher Ordnung und Stabilität im Zeitablauf meint. Auch für Heinrich Popitz und seine Schüler[33] waren „Dunkelziffer, Norm und Strafe“[34] nur Stationen auf dem Weg zur „normativen Konstruktion von Gesellschaft“[35]. Hans Peter Dreitzel erprobte die Rollentheorie[36] und Dahrendorf stand Pate bei einer Richtersoziologie[37], in welcher die allgemeinen Fragestellungen und Begriffe einer Berufssoziologie nun speziell auf die Richterschaft angewandt wurden.

Ganz deutlich läßt sich also in dieser Phase der Kriminalsoziologie in Deutschland erkennen, daß sie a) im kriminologischen Diskurs noch keineswegs eine führende Position einnimmt und b) daß sie noch nicht fest als eine Bindestrich-Soziologie etabliert ist und insofern von Wissenschaftlern betrieben wird, die man niemals als Kriminalsoziologen bezeichnen würde.

Andererseits deutet sich aber auch schon an, daß zusammen mit den großen bekannten Therorietraditionen der Soziologie auch das auf die „Gesellschaft“ bezogene Nachdenken über Kriminalität einen universalen Erklärungsanspruch anmeldet, der sich nicht mehr in einen multifaktoriellen bzw. interdisziplinären Rahmen stellen läßt. Die Ausbreitung der Soziologie in dieser Zeit hatte Züge einer Missionsbewegung, und ihre Theorien führten einen weltanschaulichen Mehrwert mit sich, nämlich den Glauben, daß die Soziologie und

---

[33] *G. Spittler,* Gerd: Norm und Sanktion. Untersuchungen zum Sanktionenmechanismus, Olten 1967.

[34] *H. Popitz,* Über die Präventivwirkung des Nichtwissens. Dunkelziffer, Norm und Strafe, in: Recht und Staat in Geschichte und Gegenwart, Band 350, Tübingen 1968.

[35] *H. Popitz,* Die normative Konstruktion von Gesellschaft, Tübingen 1980.

[36] *H.-P. Dreitzel,* Die gesellschaftlichen Leiden und das Leiden an der Gesellschaft. Vorstudien zu einer Pathologie des Rollenverhaltens, Stuttgart 1968. Vgl. auch *J. Kaiser,* Jugenddelinquenz in rollentheoretischer Sicht, Stuttgart 1970, der jedoch, bezeichnend für diese Zeit, neben soziologischen und sozialpsychologischen auch psychoanalytische Rollentheorien behandelt.

[37] *R. Dahrendorf,* Bemerkungen zur sozialen Herkunft und Stellung der Richter an Oberlandesgerichten, in: ders., Gesellschaft und Freiheit, München 1961, S. 195 ff.; exemplarisch *W. Kaupen,* Die Hüter von Recht und Ordnung. Die soziale Herkunft, Erziehung und Ausbildung der deutschen Juristen – Eine soziologische Analyse, Neuwied/Berlin 1969.

nur sie an die „eigentlich“ wesentlichen Bestände der Wirklichkeit heranführt, ihre Gesetzmäßigkeiten entschlüsselt und so den endgültig richtigen Weg zur Einrichtung der Verhältnisse weißt[38]. Aber dieser Anspruch gründete sich nicht auf überzeugende wissenschaftliche Leistungen, sondern war ein postulativer Vorgriff im Glauben an eine bessere Welt, freilich insofern mit erheblichen Wirkungen, als konkurrierende Wissenschaften delegitimiert wurden. Dieser weltanschauliche Mehrwert der Soziologie blieb unsichtbar, weil sie gerade nicht dogmatisch auftrat, nicht gewissermaßen positive Glaubenssätze formulierte, deren Anerkennung sie von ihren Anhängern erheischte, sondern dadurch, daß sie ihren selektiven Zugriff auf die Wirklichkeit unter einem Schein von Objektivität verdeckte[39]. Sie gab sich und der Öffentlichkeit nicht Rechenschaft über die Wertgesichtspunkte, die der Auswahl ihrer Begriffe, Methoden und Forschungstechniken zugrunde liegen. So entstand die Täuschung, man lege als Soziologe nur die Wirklichkeit aus, wie sie eben sei. Und so entstand auch der Anspruch, der Politik und dem Individuum den richtigen Weg weisen zu können, einen Weg, durch den die menschlichen Antriebe und Bedürfnisse in vollkommene Harmonie mit der Organisation der gesellschaftlichen Institutionen und Verhältnisse kommen[40].

Die Verbreitung soziologischer Erkenntnisse und ihre politische Umsetzung begannen, eine Glaubensangelegenheit zu werden. Bekenntniszwänge und rituelle Verbeugungen in Sachen guter Gesinnung erzeugten ein Klima, das wissenschaftliche Richtungen und Personen spaltete, denn wer widersprach, war nicht einfach anderer Meinung, sondern er widersetzte sich dem, was offensichtlich an der Zeit und die Forderung des Tages war und zog so die Vorwürfe des uneinsichtigen Dunkelmannes und des von unlauteren Interessen bestimmten Reaktionärs auf sich.

---

[38] *M. Bock,* Soziologie als Grundlage des Wirklichkeitsverständnisses. Zur Entstehung des modernen Weltbildes, Stuttgart 1980.

[39] Schön zu sehen ist dies etwa an Emile Durkheims (von René König übernommenen und propagierten) Methode, die Anforderungen an die Soziologie als Wissenschaft vorab so zu definieren (etwa durch das Postulat, Soziales nur durch Soziales zu erklären oder die „Exteriorität“ und den Zwangscharakter der sozialen Tatsachen), daß von vornherein nur bestimmte Wirklichkeitsbereiche in den Blick kommen konnten, andere aber nicht. Vgl. hierzu *F. H. Tenbruck,* Emile Durkheim oder die Geburt der Gesellschaft aus dem Geist der Soziologie, in: Zeitschrift für Soziologie 1981, S. 333–350.

[40] Vgl. mit viel Gegenpolemik hierzu *H. Schelsky,* Die Arbeit tun die Anderen. Klassenkampf und Priesterherrschaft der Intellektuellen, 2. Aufl., Opladen 1975; vgl. aber auch selbstkritische Stimmen aus der us-amerikanischen Soziologie wie *M. Stein/A. Vidich* (Hrsg.), Sociology on Trial, Englewood Cliffs/N. J. 1963 und *D. Bell,* Die Sozialwissenschaften seit 1945, Frankfurt a.M/New York 1986. Wissenschaftsgeschichtlich und -soziologisch eingeordnet wird dieser ganze Vorgang schließlich bei *F.H. Tenbruck,* Die unbewältigten Sozialwissenschaften oder Die Abschaffung des Menschen, Graz/Wien/Köln 1984.

Angesichts dieser Entwicklung des Aufstiegs der Soziologie zur Schlüsselwissenschaft[41] war es denn auch geradezu ein Anachronismus, daß Anfang der 60er Jahre noch mit den Forschungsinstituten in Heidelberg und Tübingen eine interdisziplinäre bzw. integrierende Kriminologie revitalisiert wurde, in der zwar unausgesetzt und programmatisch *die sozialen Bezüge* des Täters[42] thematisiert und erforscht wurden, dies aber gerade nicht in einer streng an kriminalsoziologischen *Theorien* ausgerichteten Perspektive, sondern mit der wissenschaftlichen Haltung einer interdisziplinären Neugier und Offenheit für die vielfältigen Bedingungszusammenhänge, in denen das Verbrechen steht[43].

Als Abschluß dieser Epoche kann man im übrigen den von René König und Fritz Sack herausgegebenen Reader „Kriminalsoziologie" ansehen, der zuerst 1968 erschien und im Grunde im Jahr seines Erscheinens schon überholt war. Er enthielt ins deutsche übersetzte Originalaufsätze der Größen der amerikanischen Kriminalsoziologie aus den 30er, 40er und 50er Jahren und ist so für den Bereich der Kriminalsoziologie das kanonische Lesebuch für diese erste Rezeptionsphase geworden.

IV. Die alte und die neue Kriminologie

Bereits überholt war dieser Band zum Zeitpunkt seines Erscheinens, weil er vom Sturm der Etikettierungsansätze und in deren Gefolge der radikalen oder kritischen Kriminologie weggefegt bzw. ins Abseits gestellt wurde.

Man kann dies sehr gut biographisch konkretisieren[44]. Fritz Sack hatte die Zusammenstellung der Beiträge organisiert, bevor er zu einem Forschungsaufenthalt in die USA aufbrach, wie es damals für jeden Sozialwissenschaftler, der etwas auf sich hielt, üblich war. Und während dieses Forschungsaufenthaltes hatte er sein Damaskuserlebnis. Angeödet von der in seinen Augen theorielosen und naiv empiristischen Forschungsarbeit des Kriminologen Walter Reckless,

---

[41] *Tenbruck*, Sozialwissenschaften (Fn. 40).

[42] Vgl. die leider viel zu spät im Zusammenhang veröffentlichte grundlegende Untersuchung von *H. Göppinger*, Der Täter in seinen sozialen Bezügen. Ergebnisse aus der Tübinger Jungtäter-Vergleichsuntersuchung. Unter Mitarbeit von M. Bock, J.-M. Jehle und W. Maschke, Heidelberg 1983. Die soziologischen Befunde aus dieser Untersuchung sind noch ausführlicher dargestellt bei *G. Dolde*, Sozialisation und kriminelle Karriere. Eine empirische Analyse der sozioökonomischen und familialen Sozialisationsbedingungen männlicher Strafgefangener im Vergleich zur ‚Normal'-Bevölkerung, München 1978.

[43] *H. Leferenz*, Die Stellung der Kriminologie zwischen Jurisprudenz und Psychiatrie, in: Studium Generale 1959, S. 119–126; *H. Göppinger*, Probleme interdisziplinärer Forschung in der Kriminologie, in: Tübinger Festschrift für Eduard Kern, Tübingen 1968, S. 201–222; *G. Kaiser*, Probleme interdisziplinärer empirischer Forschung in der Kriminologie, in: Monatsschrift für Kriminologie und Strafrechtsreform 1966, S. 1–15.

[44] *Sack*, Wandel (Fn. 30).

der mit seiner sogenanten Halttheorie bekannt wurde[45], kam er im weiteren Verlauf seines Aufenthaltes mit den Stars der Ethnomethodologie zusammen, insbesondere Aron Cicourel und Harold Garfinkel. Er war fasziniert von der Verflüssigung, von der Dekonstruktion der sozialen Realität, die in den Schulen des symbolischen Interaktionismus, der Phänomenologie und der Ethnomethodologie betrieben wurde, deren kriminologischer Platzhalter die Etikettierungsansätze wurden. Im Bewußtsein, einer wissenschaftlichen Revolution beigewohnt zu haben, kehrte Fritz Sack nach Deutschland zurück und stand nun ratlos vor den inzwischen vorliegenden und übersetzten Beiträgen des Bandes, der unter seinem Namen erscheinen sollte. Ratlos deshalb, weil die ausgesuchten Beiträge samt und sonders der alten, ihm nun unbrauchbar erscheinenden vor-revolutionären Kriminalsoziologie zugehörten. So blieb damals für Fritz Sack nichts anderes übrig, als einen längeren Aufsatz ans Ende des Bandes zu setzen[46], in dem er nicht nur die Revolution nach Deutschland importierte, sondern sich gewissermaßen beim Leser dafür entschuldigte, diesen inzwischen überholten Unsinn doch noch zu publizieren.

Der Inhalt dieser Revolution bestand, grob vereinfacht, darin, daß ein interpretatives Paradigma einem normativen Paradigma gegenübergestellt wurde. Kriminalität sollte nicht mehr die Qualität einer Handlung sein, die sich an einer bestimmten, in einer Gesellschaft geltenden Norm gemessen als abweichend oder kriminell darstellte, sondern das Ergebnis einer Zuschreibung. Nicht mehr die Bedingungen und Faktoren, die das Verhalten oder die Motive eines Täters beeinflußten und prägten, sollten kriminologisch von Belang sein, sondern das Handeln der Institutionen der informellen und formellen Verbrechenskontrolle und die hierbei zur Wirkung kommenden Mechanismen von Selektion, Definitionsmacht, Diskriminierung und Stigmatisierung.

Innerhalb weniger Jahre, natürlich auch im Kielwasser der gesamtgesellschaftlichen Aufbruchstimmung seit 1968, veränderte sich damit die kriminalsoziologische Landschaft. Und nicht nur sie, sondern die kriminologische Landschaft insgesamt. Nicht nur die Anomietheorie, die Subkulturtheorien, die Kulturkonflikttheorien oder die Theorie der differentiellen Assoziation gerieten in Acht und Bann, sondern auch alle sozialisationstheoretischen, psychologischen, psychoanalytischen und vollends natürlich alle mit körperlichen Bedingungen argumentierenden Forschungsrichtungen und Ansätze der Kriminologie. So verschieden die Bedingungen auch waren, mit denen hier das Verbrechen in Verbindung gesetzt wurde, so waren sie sich doch alle darin gleich,

---

[45] *W.C. Reckless/S. Dinitz,* Self-Concept as an Insulator against Delinquency, in: D. Dressler (Hrsg.), Readings in Criminology and Penology, 2. Aufl., New York/London 1972, S. 329–339.

[46] *F. Sack,* Neue Perspektiven in der Kriminologie, in: ders./R. König (Hrsg.), Kriminalsoziologie, Frankfurt 1968, S. 431–476.

daß sie diese Bedingungen letztlich als Bedingungen für eine auf Kriminalität gerichtete Motivation eines Täters auffaßten, und aus diesem Grund konnten sie nun einheitlich als *ätiologische* Kriminologie zusammengefaßt und *delegitimiert* werden.

Dies war nicht nur inhaltlich eine Revolution. Man kann heute schwer nachvollziehen, in welchem Umfang diese neue Kriminalsoziologie zu einer sozialen Bewegung wurde, die weit über die Universität hinaus die Öffentlichkeit mobilisierte. Mir sind keine detaillierten Untersuchungen bekannt, in denen die Ausbreitung dieser Bewegung dokumentiert wird. Es kann aber kaum Zweifel daran geben, daß sie sich nicht auf die im engeren Sinn kriminalsoziologische Literatur und Forschung beschränkte, sondern nach und nach die Fachverbände, die Ausbildungs- und Prüfungsordnungen und damit die Berufsbilder der juristischen und nichtjuristischen Disziplinen durchdrang, die mit Kriminalität und sozialer Auffälligkeit befaßt sind[47]. Früh sichtbar ist dies etwa am Bereich der damals so genannten Fürsorgeerziehung, der sich ein richtungweisendes Autorenkollektiv annahm[48], wie ja überhaupt die Pädagogik neben der Soziologie und der Politikwissenschaft das Fach war, in welchem früh und durchschlagend der Habitus der „Kritik" ein Massenphänomen wurde[49].

---

[47] In der Sicht von Hans Haferkamp, also einem der damaligen Hauptakteure, nimmt sich dies so aus: „Anders als alle anderen bisher erörterten Perspektiven zur Analyse der Kriminalität wie der Instanzen sozialer Kontrolle wurde erst diese Perspektive in der BRD auf breiter Basis rezipiert. Wenn man das Auftreten einer speziellen Soziologie in einen Zusammenhang mit der Zahl der theoretischen Publikationen, ihres wechselseitigen Bezuges, der ausgelösten empirischen Forschungsarbeiten und schließlich auch der Schaffung einer organisatorischen Basis für den Fortgang dieser Richtung bringt, kann man sagen, daß die Kriminalsoziologie und die Soziologie der Instanzen sozialer Kontrolle in der BRD erst mit dieser Position begründet wurden. Günther Kaisers, Lieselotte Pongratz' und Hans-Odo Hübners empirische Untersuchungen, René Königs Auseinandersetzungen mit Merton und Durkheim, Matthes' und Peters' Analysen der Sozialarbeit, Opps, Dreitzels und Mosers theoretische Arbeiten zum abweichenden Verhalten blieben ohne breite Resonanz ... Das änderte sich schlagartig nach dem Erscheinen der ersten größeren Arbeit von Fritz Sack (1968), der dann Zug um Zug weitere folgten, die der beginnenden Diskussion neue Themen lieferten" (*H. Haferkamp,* Zur Notwendigkeit handlungstheoretischer Analysen der Kriminalität und der Kriminalisierung, in: Arbeitskreis Junger Kriminologen (Hrsg.), Kritische Kriminologie. Positionen, Kontroversen und Perspektiven, München 1974, S. 44–68 (48).

[48] Autorenkollektiv (R. Ahlheim/W. Hülsemann/H. Kapczyinski/M. Kappeler/M. Liebel/ C. Narzahn/F. Werkentin), Gefesselte Jugend. Fürsorgeerziehung im Kapitalismus, Frankfurt 1971.

[49] *G.C. Behrmann,* Die Erziehung kritischer Kritiker als neues Staatsziel, in: Albrecht (Fn. 20), S. 448–496.

V. Ein folgenschwerer Rezeptionsfehler

Allerdings gilt es bei dieser mit fliegenden Fahnen vor sich gehenden feindlichen Übernahme der Kriminologie noch eine Besonderheit zu beachten, die es rechtfertigt, doch von einer deutschen Kriminalsoziologie zu sprechen. Und wieder ist Fritz Sack im Grunde die entscheidende Figur, denn ihm ist es gelungen, sich die Definitionsmacht über die Rezeption des labeling-approach in der deutschen Kriminalsoziologie zu verschaffen. Charakteristisch für diese durch Sack, Keckeisen und einige andere erfolgte Rezeption des labeling-approach ist eine theoretische Radikalisierung und Vereinseitigung im Vergleich zu den usamerikanischen Vorbildern[50]. Waren dort die Prozesse der Stigmatisierung und Etikettierung als *zusätzliche* Einflußgrößen entdeckt worden, durch die sich die Problematik einer kriminellen Karriere verschärfen könne, in der sich aber durchaus auch gesellschaftliche Herrschaftsverhältnisse reproduzieren können, so wurde dies bei Sack und anderen dahingehend mißverstanden, als ob Kriminalität *erst und ausschließlich* durch Zuschreibung, durch labeling entsteht. Unabhängig von und *vor* dem labeling handelt es sich bei dem entsprechenden Verhalten nach Sack um einen *rein physikalischen* Vorgang[51], nach Keckeisen um ein *ontologisches Nichts*[52], so daß die Erzeugung von Kriminalität durch die stigmatisierende Wirkung des strafrechtlichen Kontrollhandelns im buchstäblichen Sinne einer creatio ex nihilo gleichkommt.

Diese Radikalisierung war folgenschwer. Die amerikanischen labeling-Theoretiker konnten gelassen und konstruktiv den bisherigen kriminalsoziologischen Wissensbestand integrieren, etwa in der Weise, wie Altmeister Edwin Lemert zwischen primärer und sekundärer Devianz unterschied[53]. Prinzipiell war es auch durchaus möglich, die ganze interdisziplinäre Breite der Befunde aufzunehmen, wie sie in der Forschungstradition des multifaktiorellen Ansatzes erarbeitet worden waren. Für einen Howard Becker wäre es ohne weiteres möglich gewesen, sogar eine bestimmte körperliche Disposition für Suchtverhalten in das bekannte Karrieremodell seines Marihuanarauchers[54] einzuflechten, wenn er sich dafür interessiert hätte. In der Variante von Sack jedoch erhiel-

---

[50] Vgl. dazu jetzt eingehend *H. Schneider*, Schöpfung aus dem Nichts. Mißverständnisse in der deutschen Rezeption des Labeling Approach und ihre Folgen im Jugendstrafrecht, in: Monatsschrift für Kriminologie und Strafrechtsreform 1999, S. 202–216.

[51] *F. Sack*, Definition von Kriminalität als politisches Handeln: der labeling approach, in: Kriminologisches Journal 1972, S. 3–31 (18).

[52] *W. Keckeisen*, Die gesellschaftliche Definition abweichenden Verhaltens. Perspektiven und Grenzen des labeling approach, Weinheim/München 1974.

[53] *E.M. Lemert*, Der Begriff der sekundären Devianz, in: K. Lüderssen/F. Sack (Hrsg.), Seminar Abweichendes Verhalten I. Die selektiven Normen der Gesellschaft, Frankfurt a.M. 1975, S. 433–476.

[54] *H.S. Becker*, Außenseiter. Zur Soziologie abweichenden Verhaltens, Frankfurt a.M. 1973.

ten die Etikettierungsansätze eine giftige Unduldsamkeit nicht nur gegenüber den anderen soziologischen Ansätzen, sondern gegenüber allem und jedem, was irgendwie danach roch, als könne es auf die Motivation eines Täters Einfluß nehmen und so einen Beitrag zur Erklärung von Kriminalität leisten.

Die frühe Kriminalsoziologie der 50er und 60er Jahre konnte da nicht mehr zählen. So etwa der Versuch von Karl-Dieter Opp, den jeweiligen Beitrag der verschiedenen kriminalsoziologischen Schulen zu integrieren, indem sie als Variablen aufgefaßt wurden, die den „rational choice" des potentiellen Täters moderieren und jeweils die Wahrscheinlichkeit des Auftretens von Kriminalität beeinflußen[55].

War dies noch mehr oder weniger naheliegend, stellte sich Karl-Dieter Opp doch in das Lager des kritischen Rationalismus, so zeigt sich der Rigorismus besonders deutlich daran, daß auch Mitstreiter aus dem Lager der „kritischen" Kriminologie in Acht und Bann kamen, etwa der schon genannte Hans Haferkamp, weil er sowohl gegenüber dem radikalen labeling-approach als auch gegenüber abgehobenen und abstrakten marxistischen Ableitungszusammenhängen[56] auf der Notwendigkeit einer handlungstheoretischen Grundlage[57] beharrte und dies auch empirisch fruchtbar dokumentierte[58]. Hier lag ein weiterführendes kriminalsoziologisches Forschungsprogramm vor, das durch die empirischen Analysen von ‚Rockern', ‚Einsackern' und ‚Fixern' auch mindestens exemplarisch einlöste, was andere nur versprachen. Im übrigen ist es nicht uninteressant, daß aus den damaligen Mitarbeitern Haferkamps (Hartwig Bohle, Ralf Bohnsack, Peter Boy, Christel Faber, Ulrich Gerke, Werner Meinefeld, Günther Robert und Horst Schneider) die Größen der später sogenannten „qualitativen Sozialforschung" hervorgegangen sind. Haferkamp selbst kam, wie übrigens viele Vertreter der Chicago-Schule, von denen er gelernt hatte, aus der Praxis der Sozialarbeit, was ihm dauerhaft einen realistischen Blick auf die Probleme der Kriminalität sicherte[59].

---

[55] *K.-D. Opp,* Abweichendes Verhalten und Gesellschaftsstruktur, Darmstadt/Neuwied 1974. Daß dieser Versuch selbst wenig überzeugend war, steht auf einem anderen Blatt (vgl. dazu *M. Bock,* Kriminologie als Wirklichkeitswissenschaft, Berlin 1984, S. 21–23 und die dort angeführte Kritik von Alois Hahn).

[56] F. Werkentin/M. Hofferberth/M. Baurmann, Kriminologie als Polizeiwissenschaft oder: Wie alt ist die neue Kriminologie? in: Kritische Justiz 1972, S. 221–252; der Kommentar von Haferkamp braucht keinerlei Ergänzung: „Hier fehlen Analysen, die den Zusammenhang von Klassenlage und einem bestimmten, konkreten Verhalten explizieren, noch ganz ... Mit dem Hinweis auf Armut, Konkurrenz und Entfremdung ist es nicht getan." (*Haferkamp,* Notwendigkeit [Fn. 47], S. 52).

[57] *Haferkamp,* Notwendigkeit (Fn. 47).

[58] *H. Haferkamp,* Kriminelle Karrieren. Handlungstheorie, teilnehmende Beobachtung und Soziologie krimineller Prozesse, Hamburg 1975. Es mag hier im übrigen am Rande erwähnt sein, daß schon Haferkamp die katastrophale Fehlrezeption der us-amerikanischen Kriminalsoziologie durch Fritz Sack gesehen und kritisiert hat (S. 190–200 sowie *ders.,* Notwendigkeit [Fn. 47], S. 59–65).

[59] *Haferkamp,* Karrieren (Fn. 58), S. 16.

Dem theoretischen Rigorismus entsprach auch ein praktischer. Wurde Kriminalität durch Kriminalisierung aus dem Nichts erzeugt, so verloren alle pädagogischen oder therapeutischen Interventionen ihren Sinn, und es konnte letztlich nur noch um die mehr oder weniger weitgehende Reduzierung oder völlige Abschaffung des Strafrechts gehen. War in der Strafrechtsreform eben noch der Strafzweck der positiven Spezialprävention gestärkt worden, so wurde jetzt, wo man nicht nur die präventive Effizienz des Strafrechts in Zweifel zog, sondern ihm geradezu kontraproduktive Wirkungen zuschrieb, eine Fundamentalkritik laut, die sich gerade auch gegen ein „modernes" spezialpräventives Strafrecht richtete[60].

Die Wirkungen dieser Kritik reichten bis weit in die Rechtsdogmatik und die Rechtspraxis hinein. Sowohl der Erziehungsgedanke im Jugendstrafrecht als auch der Resozialisierungsgedanke im Strafvollzugsrecht werden seit dieser Zeit systematisch ausgehöhlt. Den strafrechtlichen Interventionen wird kein eigener positiver Wert beigemessen, sondern die Prinzipien der Erziehung und Resozialisierung werden nur noch bemüht, wenn es um den *Schutz vor* den angeblich nur schädlichen Wirkungen dieser Interventionen (Stigmatisierung, Prisonisierung) geht. So dienen sie letztlich nur noch als Begründung für eine Kriminalpolitik der möglichst weitgehenden Entkriminalisierung und Reduzierung der Eingriffsintensität der strafrechtlichen Praxis[61].

Die 70er Jahre hindurch gab es heftigen Streit zwischen der alten und der neuen Kriminologie, und innerhalb der neuen Kriminologie überboten sich die Vertreter in der Radikalität ihrer Standpunkte[62]. Zum labeling-approach kam hierbei bald, so wie in der allgemeinen Soziologie auch, eine Neubelebung konflikt-theoretischer und marxistischer Ansätze hinzu[63].

Die ganze Erbitterung wird noch einmal deutlich anläßlich eines 1997 ausgetragenen Streites, den ein anspruchsvoller, auf eine integrierende kriminalso-

---

[60] *M. Bock,* Kriminologie und Spezialprävention. Ein skeptischer Lagebericht, in: Zeitschrift für die Gesamte Strafrechtswissenschaft 1990, S. 504–533.

[61] *M. Bock,* Schädlich, überflüssig, schmutzig. Die Argumentationen der kriminologischen Verächter der Resozialisierung; in: W. Feuerhelm/H.-D. Schwind/M. Bock (Hrsg.), Festschrift für Alexander Böhm, Berlin/New York 1999, S. 285–303; *ders.,* Je weniger desto besser. Wie im Jugendstrafrecht kriminologische Torheiten dogmatisch geadelt wurden, in: Festschrift für Ernst-Walter Hanack, 1999 (i.E.); *Schneider,* Schöpfung (Fn. 50), S. 211.

[62] Neben den vielen giftigen Bemerkungen Sacks sei beispielhaft verwiesen auf *D. Kurzeja,* Jugendkriminalität und Verwahrlosung. Zu den Ursachen der Dissozialität Jugendlicher, 2. Aufl., Gießen 1973, der sich im Vorwort über eine (dort erneut abgedruckte) Rezension der ersten Auflage seines Buches durch den „Genossen" Falco Werkentin beschwert.

[63] Ein guter Überblick und die relevante Literatur sind zu finden bei: Arbeitskreis Junger Kriminologen (Hrsg.), Kritische Kriminologie. Positionen, Kontroversen und Perspektiven, München 1974. Relativ stark wurde dabei auch die angelsächsische „radical criminology" rezipiert, vgl. hierzu *H. v.d. Boogaart/L. Seus,* Radikale Kriminologie. Die Rekonstruktion zweier Jahrzehnte Wissenschaftsgeschichte Großbritanniens, Pfaffenweiler 1991 sowie H. Janssen/R. Kaulitzky/R. Michalowski (Hrsg.), Radikale Kriminologie. Themen und theoretische Positionen der amerikanischen Radical Criminology, Bielefeld 1988.

ziologische Theorie gerichteter Aufsatz von Henner Hess und Sebastian Scherer[64] ausgelöst hat. Fritz Sack sprach den beiden Autoren, altgedienten Mitstreitern der kritischen Kriminologie, von vornherein die gute Gesinnung ab[65], weil sie wie seinerzeit Hans Haferkamp an der Reinheit der Lehre von der creatio ex nihilo Verrat geübt hätten und — insoweit völlig richtig natürlich — behaupten, daß *schon die handelnden Subjekte für sich* und längst *vor der Zuschreibung* ihrem Verhalten einen Sinn geben und es – von interessanten Ausnahmen abgesehen — durchaus als kriminell oder nichtkriminell antizipieren und einordnen. Dies bedeutet nun freilich nicht, daß Hess und Scheerer in irgendeiner Weise angekränkelt wirkten, was die grundsätzliche Voreingenommenheit für soziologische Erklärungen von Kriminalität anbelangt. Nur muß man dafür im Kriminologischen Journal schon lange keine Begründungen mehr abgeben. Gestritten wird auf der gemeinsamen Basis eines weltanschaulich überhöhten Wirklichkeitsverständnisses vom ontologischen Vorrang der gesellschaftlichen Tatsachen, wie sie von der Soziologie ausgelegt werden[66].

VI. Versuche empirischer Überprüfung

Fragt man nach dem empirischen Ertrag dieser kriminalsoziologischen Revolution, so kommt man nicht umhin, ein völlig unausgeglichenes Verhältnis zwischen theoretischem Aufwand, auch theoretischer Differenzierung, und empirischem Ertrag zu konstatieren. Es gibt ohne Zweifel einige durchaus respektable Studien, die aus der Aufbruchstimmung der frühen 70er Jahre heraus durchgeführt wurden. Darin wird eindrucksvoll die Fruchtbarkeit demonstriert, die eine Erweiterung der kriminologischen Fragestellungen von der Ätiologie hin zur Analyse der Institutionen der formellen und informellen Sozialkontrolle hatte. Gleichwohl haben sich die vorschnell aufgestellten Thesen in der Mehrzahl nicht halten lassen.

Nehmen wir z. B. die Untersuchung von Dorothee Peters über „Richter im Dienst der Macht,“[67] so sieht man sehr schnell, wo die Schwächen liegen. Zwar wird – und insoweit verdienstvoll – gegenüber der älteren „Richtersoziologie“, die lediglich aus sozialer Herkunft und Weltbild der Richter auf Klassenjustiz schloß[68], der Versuch unternommen, die Diskriminierung von Angehörigen unterer Schichten direkt in der richterlichen Urteilsbildung nachzuweisen. Zu

[64] *H. Hess/S. Scheerer,* Was ist Kriminalität. Skizze einer konstruktivistischen Kriminalitätstheorie, in: Kriminologisches Journal 1997, S. 83–155.

[65] *Sack,* Wandel (Fn. 30).

[66] Vgl. hierzu noch einmal *Bock,* Soziologie (Fn. 38), S. 165–173.

[67] *D. Peters,* Richter im Dienst der Macht, Stuttgart 1973.

[68] Belege bei *T. Raiser,* Das lebende Recht. Rechtssoziologie in Deutschland, 2. Aufl., Baden-Baden 1995, S. 380 ff.

diesem Zweck ließ Peters zwei Gruppen von Richtern fiktive Fälle entscheiden, die sich allein bezüglich der sozialen Herkunft des Beschuldigten unterschieden. Die Ergebnisse waren insofern geradezu desaströs für die Autorin, als ein Architekt strenger sanktioniert wurde als ein Bauarbeiter. Aber auch der Umstand, daß die Richter bei einem Lagerarbeiter mit geregelter Lebensführung eher Milde walten ließen als bei einem Lagerarbeiter mit ungeregelter Lebensführung, spricht nicht für eine schichtspezifisch diskriminierende Urteilsbildung bei der Richterschaft. Beide sind doch schließlich Lagerarbeiter, und das Kriterium, die Geregeltheit der Lebensführung, ist ein wesentlich spezielleres (und übrigens aus der traditionellen Kriminologie wohlbekanntes) als die Schichtvariable. Vor allem handelt es sich dabei um ein Kriterium, das im „ersten code" des Strafrechts bei den Fragen der Strafzumessung im engeren (§ 46 StGB) und weiteren Sinn (§§ 56, 57 StGB) durchaus seinen Platz hat. Peters stellte also entgegen ihren Interpretationen nicht eine nach Schichtzugehörigkeit diskriminierende Urteilsbildung fest, sondern eine an den spezialpräventiven Normen des geltenden Rechts orientierte Differenzierung nach sozialer Auffälligkeit.

Ganz ähnlich verhält es sich mit der ebenfalls an sich sehr originellen und inhaltsreichen Untersuchung von Johannes Feest und Erhard Blankenburg über „Die Definitionsmacht der Polizei."[69] Der zweifelsfrei zutreffende und auch in dieser Untersuchung sehr schön dokumentierte Befund, daß die Polizei in großem Umfang von ihrer Definitionsmacht über Situationen des Verdachts, des Konflikts und der Bagatelle Gebrauch macht und damit über die Entstehung oder Nichtentstehung von „Fällen" entscheidet, sagt eben noch nichts über eine schichtspezifische Diskriminierung. Und so werden denn auch in dieser Untersuchung die Schichtarbeiter keineswegs von einem generalisierten Verdacht erfaßt, während es umgekehrt sehr wohl in den Augen der Polizisten auffällig und daher verdächtig ist, wenn ein junger Mann an einem Werktag vormittags in einem teuren Wagen herumsitzt, zu dessen Unterhalt an sich eine geregelte Arbeit nötig wäre. So sind es auch hier *andere Differenzierungskriterien als schichtspezifische*, ein Ergebnis, das sich bei der Untersuchung der Alltagsroutinen der Staatsanwaltschaft[70] und bei der Strafzumessung fortsetzt, wo es vor allem die regionale Unterschiede waren, die für Unruhe sorgten[71].

---

[69] *J. Feest/E. Blankenburg*, Die Definitionsmacht der Polizei. Strategien der Strafverfolgung und soziale Selektion, Düsseldorf 1972.

[70] *E. Blankenburg/K. Sessar/W. Steffen*, Die Staatsanwaltschaft im Prozess strafrechtlicher Sozialkontrolle, Berlin 1978.

[71] C. Pfeiffer/M. Oswald (Hrsg.), Strafzumessung. Empirische Forschung und Strafrechtsdogmatik im Dialog, Stuttgart 1989; *W. Heinz*, Strafzumessungspraxis im Spiegel der empirischen Strafzumessungsforschung, in: J.-M. Jehle (Hrsg.), Individualprävention und Strafzumessung, Wiesbaden 1992, S. 85–150.

Die Befunde dieser Untersuchungen verlieren dadurch zwar nicht ihren eigenen Wert, doch sind sie nicht geeignet, die theoretisch abgeleitete These zu stützen, daß die schichtspezifische Verteilung der registrierten Kriminalität, die mit dem im Strafverfahren stattfindenden Ausleseprozess bekanntlich immer weiter zunimmt, ein Produkt diskriminierenden Vorgehens der „Instanzen" ist.

Nicht einmal bezüglich der Nichtdeutschen, wo sich bekanntlich schon bei den ermittelten Tatverdächtigen eine massiv überproportionale Belastung ergibt, hat sich diese These bestätigt. Der Nachweis eines Fremde oder ethnische Minderheiten diskriminierenden Anzeigeverhaltens der einheimischen Bevölkerung steht aus[72], und wieder läßt sich aus dem Umstand, daß bei gleicher Schichtzugehörigkeit[73], Schulbildung[74] oder Wohnortgröße[75] die Nichtdeutschen keine stärkere Belastung aufweisen, nichts für die These gewinnen, weil Unterschichtszugehörigkeit bei Nichtdeutschen anders aussieht, andere Gründe hat und daher andere Personen erfaßt als bei Deutschen. Entsprechendes gilt für eine fehlende oder niedrige Schulbildung, die bei Nichtdeutschen ebenfalls andere Gründe hat, und schließlich auch für das Wohnen in der Großstadt bzw. in Ballungsgebieten, denn die Determinanten der Wohnortwahl sind eben auch andere, worüber eigentlich kein Wort zu verlieren ist. Einige Untersuchungen gehen inzwischen sogar davon aus, daß bei Nichtdeutschen in großem Umfang nicht ermittelt oder angeklagt wird (von der privaten Erledigung in der eigenen ethnischen Gruppe einmal abgesehen), weil die Ermittlungsroutinen bei Nichtdeutschen mehr oder weniger ins Leere laufen (Dolmetscherzwang, Abschottung gegen verdeckte Ermittler, keine Kooperation mit den Strafverfolgungsbehörden usw.)[76], wobei sich durchaus fragen läßt, ob in dieser eher kultursoziologisch zu nennenden Betrachtungsweise die kriminalsoziologischen Probleme der Migration nicht ohnehin besser aufgehoben sind als in dem etwas altbackenen Herumrechnen mit Schicht, Bildungsniveau und Wohnortgröße, die doch von vornherein gegenüber den kulturellen Unterschieden gröber und unsensibler sind.

---

[72] *M. Killias,* Diskriminierendes Anzeigeverhalten von Opfern gegenüber Ausländern? Neue Aspekte der Ausländerkriminalität aufgrund von Daten der schweizerischen Opferbefragung, in: Monatsschrift für Kriminologie und Strafrechtsreform 1988, S. 156–165.

[73] *J. Mansel,* Die Selektion innerhalb der Organe der Strafrechtspflege am Beispiel von jungen Deutschen, Türken und Italienern. Eine empirische Untersuchung zur Kriminalisierung durch formelle Kontrollorgane, Frankfurt u.a. 1989.

[74] *R. Geißler/N. Marißen,* Kriminalität und Kriminalisierung junger Ausländer. Die tickende soziale Zeitbombe – ein Artefakt der Kriminalstatistik, in: KZfSS 1990, S. 663–687.

[75] *R. Geißler,* Das gefährliche Gerücht von der hohen Ausländerkriminalität, in: Aus Politik und Zeitgeschichte 1995, B 35, S. 30–39.

[76] *J. Reichertz,* Zur Definitionsmacht der Polizei. Reduktion des Tatvorwurfs als Folge polizeilicher Ermittlungspraxis, in: Kriminalistik 1994, S. 610–616; *J. Reichertz/N. Schröer,* Beschuldigtennationalität und polizeiliche Ermittlungspraxis. Plädoyer für eine qualitative Polizeiforschung, in: KZfSS 1993, S. 755–771.

Die Dunkelfeldforschung, die eine Gleichverteilung potentiell kriminalisierbaren Verhaltens über alle Bevölkerungsschichten hinweg hätte nachweisen sollen (sogenannte Ubiquitätsthese), konnte dies auch nicht, weil im großen und ganzen herauskam, daß diejenigen Bevölkerungsgruppen, die bei der registrierten Kriminalität überrepräsentiert sind, dies auch obendrein noch im Dunkelfeld sind[77].

Nicht viel besser stand es mit der sogenannten Kriminalität der Mächtigen, die mehr theoretisch beschworen als empirisch erforscht wurde[78], und insgesamt auch mit der sogenannten Normgeneseforschung[79]. Es ist ja auch nicht so leicht, nachzuweisen, daß der strafrechtliche Schutz von Leben und Gesundheit oder sexueller Selbstbestimmung nun gerade den Herrschenden nützt, daß das Umweltstrafrecht und das Wirtschaftsstrafrecht gerade den Verwertungsinteressen einer kapitalistischen Wirtschaft dienlich sind, daß sich in der durchgehenden Zurücknahme des staatlichen Strafrechts bei Eigentums- und Vermögenskriminalität die ökonomischen Strukturen einer Klassengesellschaft reproduzieren oder daß bei der notorisch geringen Kriminalisierung von Frauen gerade diese unter einem im Geist des Patriarchats entstandenen Strafrecht nun besonders leiden[80].

---

[77] Vgl. statt anderer *G. Albrecht/C.-W. Howe/J. Wolterhoff-Neetix*, Neuere Ergebnisse zum Dunkelfeld der Jugenddelinquenz: Selbstberichtete Delinquenz von Jugendlichen in zwei westdeutschen Großstädten, in: G. Kaiser/H. Kury/H.-J. Albrecht (Hrsg), Kriminologische Forschung in den 80er Jahren, Band 2, Freiburg 1988, S. 661–696.

[78] *M. Bock*, Kriminalität der Mächtigen. Kritische Anfragen an ein in die Jahre gekommenes Konzept und Seitenblicke auf jüngere Verwandte, in: G. Kaiser/J.-M. Jehle (Hrsg.), Kriminologische Opferforschung. Neue Perspektiven und Erkenntnisse, Freiburg 1994, S. 171–186.

[79] Über die vielen Probleme der Forschung und den spärlichen Ertrag berichtet *J. J. Savelsberg*, Art. Norm, Normgenese, in: G. Kaiser u.a. (Hrsg.), Kleines Kriminologisches Wörterbuch, 3. Aufl., Heidelberg 1993, S. 366–371.

[80] Für die verblasenen argumentativen Kapriolen der feministischen Kriminologie, die durch die offensichtlichen Widerspüche ihrer Programmatik sowohl zum labeling-approach (gemessen an der Ubiquitätsthese ergeht es Frauen bei den angeblich männlich dominierten Instanzen nicht schlechter, sondern besser) als auch zum Abolitionismus (die Entkriminalisierung scheint bei bösen Männern nun wirklich nicht angebracht) nötig wurden, vgl. exemplarisch *G. Smaus*, Feministische Beobachtung des Abolitionismus, in: Kriminologisches Journal 1989, S. 182–193; *dies.*, Das Strafrecht und die Frauenkriminalität, in: Kriminologisches Journal 1990, S. 266–283, sowie schließlich *C. Gransee/U. Stammermann*, Kriminalität als Konstruktion von Wirklichkeit und die Kategorie Geschlecht. Versuch einer feministischen Perspektive, Pfaffenweiler 1992. Inzwischen ist die feministische Kriminologie vorsichtig wieder auf den Boden der Tatsachen zurückgeholt worden. Vgl. hierzu jeweils mit vielen Nachweisen *G. Schmölzer*, Aktuelle Erklärungsversuche zur Frauenkriminalität und ihr Hintergrund, in: D. Rössner/J.-M. Jehle (Hrsg.), Kriminalität, Prävention und Kontrolle, Heidelberg 1999, S. 313–326, sowie *S. Karstedt*, Emanzipation und Kriminalität: Ein neuer „Mythos“? in: H. Ostendorf (Hrsg.), Strafverfolgung und Strafverzicht. Festschrift zum 125jährigen Bestehen der Staatsanwaltschaft Schleswig-Holstein, Köln u.a. 1992, S. 633–672.

Etwas wohler konnte man sich bei der Erprobung kritischer Kriminalsoziologie auf dem Feld der Geschichte[81] fühlen, wobei meist in idolatrischer Verehrung Foucaults und in romantischer Verklärung vorstaatlicher Gesellschaften[82] das moderne Strafrecht als eine der großen Zurichtungs- und Disziplinierungsinstrumente staatlicher Herrschaft decouvriert wurde[83]. Aber abgesehen davon, daß die Historiker sich von Foucault inzwischen mit ebensolchem Grausen abwenden,[84] wie er es von der (ätiologischen) Kriminologie getan hat[85], nimmt eben die Plausibilität dieser Thesen laufend ab, je näher man sich der Gegenwart nähert.

Angesichts dieser Lage der empirischen Forschung verwundert es auch nicht, daß sich die kritische Kriminologie zu einer etwas esoterischen Angelegenheit entwickelt hat, ihre eigenen Zeitschriften und Zitationskartelle bedient und sich nach wie vor in den gleichen Binnenstreitigkeiten zerfleischt wie in den 70er Jahren.

VII. Verlierer und Gewinnler

Wer nun allerdings glaubt, dieser kriminalsoziologische Aufbruch sei nicht viel mehr gewesen als ein Spuk, der zwar die Zunft ein wenig aufgeschreckt, aber insgesamt wenig Wirkung hinterlassen habe, muß sich eines besseren belehren lassen. Denn die Wirkungen waren in der Tat gewaltig. Auch wenn sich die kritische Kriminologie selbst empirisch in keiner Weise durchsetzen konnte, ist es ihr doch gelungen, die alte Kriminologie mehr oder weniger vollständig zu delegitimieren. Einerseits bedarf es keiner empirischen Belege, wenn das Herz links schlägt, und dies ist bei vielen Kriminologen der Fall, die damals mitgemacht haben und heute in Amt und Würden sind. Andererseits fiel die Botschaft, auf die individuelle Verbrechensgenese beim Täter komme es nicht an, auch dort auf fruchtbaren Boden, wo man sich der Mühe nicht unterziehen wollte, diese zu erforschen oder andere Forschungsinteressen vorzog. Die gro-

---

[81] Belege bei *H.-P. Vierhaus,* Zur Bedeutung der Historischen Kriminologie in der neueren Kriminalsoziologie, in: Monatsschrift für Kriminologie und Strafrechtsreform 1990, S. 137–162; *D. Blasius,* Der Opferaspekt in der Historischen Kriminologie, in: G Kaiser/J.-M. Jehle (Hrsg.), Kriminologische Opferforschung. Neue Perspektiven und Erkenntnisse, Band I, Heidelberg 1994, S. 3–20.

[82] Belege bei *E. Blankenburg,* Das Ideologem einer Gesellschaft ohne Recht; in: V. Gessner/W. Hassemer (Hrsg.), Gegenkultur und Recht, Baden-Baden 1985, S. 73–81.

[83] *F. Sack,* Kriminologie und Geschichtswissenschaft: Wege der Reflexion einer Disziplin, in: J. J. Savelsberg, (Hrsg.), Zukunftsperspektiven der Kriminologie in der Bundesrepublik Deutschland, Stuttgart 1989, S. 71–144.

[84] *P. Burke* (Hrsg.), Critical Essays on Michel Foucault, 1992; *K. Racevskis* (Hrsg.), Critical Essays on Michel Foucault, 1999.

[85] Vgl. den Nachweis bei *Sack,* Kriminologie (Fn. 83), S. 79.

ßen Gewinner, um nicht zu sagen Gewinnler des kriminalsoziologischen Hochs waren denn auch andere Richtungen des kriminologischen Denkens, nämlich in den 80er Jahren die sogenannte Sanktionsforschung und in den 90er Jahren die Präventionsforschung.

Nun ist hier sicher nicht der Ort, diese in sich ebenfalls sehr vielfältigen Forschungsrichtungen zu würdigen. Eines ist aber doch auffallend. Und dies ist gerade die Dürftigkeit des kriminalsoziologischen Hintergrundes. Die Sanktionsforschung, so wie sie überwiegend in Deutschland betrieben wird, ist eine rein deskriptive Dokumentation des Entscheidungshandelns der Institutionen der Strafrechtspflege[86]. Insoweit ist sie nicht viel mehr als eine etwas angereicherte und etwas differenzierte Kriminalstatistik, und dies noch überdies rein formal in dem Sinne, daß meistens[87] nur die ausgeworfenen Sanktionen mit den Daten zur Legalbewährung der entsprechenden Personen in Beziehung gesetzt werden. Die interessanten Fragen, ob die gemessenen Rückfälle aufgrund von anomischem Druck, subkultureller Prägung oder diskriminierender Stigmatisierung geschehen, können hierbei natürlich nicht berücksichtigt werden, obgleich stets unterschwellig vorausgesetzt wird, das letztere sei der Fall. Deshalb wird auch der Rückzug des Strafrechts in den letzten 20 Jahren, den diese Forschungsrichtung teils katalysiert, teils dokumentiert hat, als ein eigenmächtiger Trend moderner gesellschaftlicher Gesellschaften stilisiert[88]. Die Rechtfertigung dieses ganzen Forschungsprogramms und der Anspruch, damit alles Nötige für eine rationale Kriminalpolitik bereitzustellen, folgt aber eben aus der vom radikalen labeling-approach *geborgten* (und daher auch mit seiner überaus schwachen empirischen Basis zusammen geborgten) Annahme, es gebe keine für die Genese von potentiell kriminalisierbaren Akten wesentlichen Unterschiede zwischen den Menschen, weshalb denn auch nicht nur jede Art von bio-

---

[86] Die Literatur hierzu ist uferlos. Es sei daher pauschal auf die Forschungsberichte des Max-Planck-Institutes in Freiburg, des Kriminologischen Forschungsinstituts Niedersachsens, des Konstanzer Institutes für Rechtstatsachenforschung sowie der Kriminologischen Zentralstelle in Wiesbaden hingewiesen. Sehr detailliert werden die entsprechenden Forschungen auch in dem Lehrbuch von *U. Eisenberg,* Kriminologie, 3. Aufl., Köln u.a. 1997 dokumentiert.

[87] Anders ist dies in Forschungen, die mit Befragungen über Sanktionserfahrungen und Sanktionserwartungen operieren (vgl. etwa *S. Karstedt-Henke,* Sanktionserfahrungen und Sanktionserwartungen von Jugendlichen, in: Bundesministerium für Justiz [Hrsg.], Jugendstrafrechtsreform durch die Praxis – Informelle Reaktionen und neue ambulante Maßnahmen auf dem Prüfstand, Bonn 1989, S. 168–196 m.w.N.). Freilich muß dabei offen bleiben, ob in der Situation der Befragung nicht künstliche Reflexionen erzeugt und erhoben werden, während sonst diffuse Stimmungen und Gefühlslagen vorherrschen. Dieses Problem stellt sich allerdings auch bei allen Befragungen über das subjektive Sicherheitsgefühl oder die sogenannte Verbrechensfurcht der Bevölkerung.

[88] *W. Heinz,* Aufnahmebereitschaft, Kritik und Widerstände von Richtern und Staatsanwälten bei der Konfrontation mit kriminologischen Befunden, in: Bundesministerium der Justiz (Hrsg.), Das Jugendkriminalrecht als Erfüllungsgehilfe gesellschaftlicher Erwartungen? Bonn 1995, S. 99–143.

logischer oder psychologischer Ätiologie, dies sowieso, sondern auch die kriminalsoziologische Ätiologie obsolet sei[89].

Einen indirekten Hinweis auf das geringe kriminalsoziologische Interesse gibt auch der Umstand, daß überwiegend mit *vorgefundenem* empirischem Material (Aktenanalysen, Sonderauswertungen der Kriminalstatistiken, Daten des Bundeszentralregisters) gearbeitet wird. Kam die Frische und Stärke der älteren Kriminalsoziologie noch aus dem Drang der Forscher, etwa der Chicago-Schule, selbst die Nase in die fremdartigen und anrüchigen Orte und Situationen zu stecken[90] und mit den Individuen, die hierbei interessierten, in Kontakt und Kommunikation zu treten[91], um einen eigenen, unmittelbareren Eindruck von den Dingen zu gewinnen, über die man schrieb, läßt man sich in dieser Art von Sanktionsforschung zusammen mit den Daten natürlich auch die Grenzen des Fragens und der Neugier diktieren. Dies geschieht zwar keineswegs naiv, denn man ist sich durchaus bewußt, daß diese Daten eigene Entstehungskontexte haben, die berücksichtigt werden müssen. Dies führt aber nur zu einer zwar überwiegend skrupulösen und scharfsinnigen, aber letztlich endlosen Kette von Problematisierungen und Relativierungen, zu einer Phantasie und Arbeitskraft in Beschlag nehmenden Dauerreflexion über die Grenzen der Daten und der Aussagemöglichkeiten, die freilich die grundsätzlichen Mängel dieser Daten nicht heilen, sondern nur das methodische Gewissen etwas beruhigen kann.

Die durchaus verbittert klingenden Diagnosen, wonach die klassische Soziologie abweichenden Verhaltens paralysiert sei[92], und daß „labeling approach und kritische Kriminologie das Fundament der klassischen ätiologische Kriminalsoziologie gründlich zerstört"[93] hätten, sind vor diesem Hintergrund nur zu verständlich.

Und was die neueren Präventionsansätze betrifft, so handelt es sich teils um Neuauflagen älterer Ansätze (Kriminalökologie der Chicago-Schule; Lerntheorien bezüglich der sogenannten „broken windows"-Theorie; Theorie der differentiellen Gelegenheit) überwiegend um rein pragmatische Alltagsannahmen vor einem diffusen kommunitaristischen Hintergrund[94]. Einig ist man sich

---

[89] So die programmatischen Äußerungen von *W. Heinz*, Rechtstatsachenforschung heute, in: ders. (Hrsg.), Konstanzer Schriften zur Rechtstatsachenforschung, Band 1, Konstanz 1986, S. 39 ff., anläßlich der Gründung des Konstanzer Institutes für Rechtstatsachenforschung.

[90] Vgl. dazu *Schneider*, Schöpfung (Fn. 50), S. 208 und die dort angegebene Literatur.

[91] Haferkamp und seine Mitarbeiter (vgl. Fn. 47, 58) hatten es noch einmal vorgeführt!

[92] *G. Albrecht/C.-W. Howe*, Soziale Schicht und Delinquenz. Verwischte Spuren oder falsche Fährten? in: Kölner Zeitschrift für Soziologie und Sozialpsychologie 1992, S. 697–730 mit umfassenden Nachweisen.

[93] *S. Karstedt*, Soziale Ungleichheit und Kriminalität – Zurück in die Zukunft? in: K.-D. Bussman/R. Kreissl (Hrsg.), Kritische Kriminologie in der Diskussion. Theorien, Analysen, Positionen, Opladen 1996, S. 45–72 (45).

[94] Auch hier ist die Literatur schon immens. Es sei daher pauschal verwiesen auf J.-M. Jehle

nur auch hier – dies ist ja gerade der Ausgangspunkt der sogenanten strukturellen im Vergleich zur personalen Prävention[95] –, daß nicht mehr die wie auch immer entstandenen Motive und Verhaltensmuster von Tätern Kriminalität hervorbringen, sondern daß es die Gelegenheitsstrukturen sind, die Diebe, Räuber und Steuerhinterzieher machen und daß es daher darauf ankommen muß, den „rational choice" eines abstrakten Normadressaten zu beeinflussen, indem man ihm den Reiz der Gelegenheit vermiest. Aber auch hier wird reiner Tisch gemacht. Die Frage, ob es vielleicht interessieren könnte, wieso die meisten Menschen auch gute Gelegenheiten auslassen, während andere selbst bei schlechten Gelegenheiten zugreifen und erwischt werden, und ob dies vielleicht mit motivations- bzw. verhaltensprägenden Prozessen zu tun hat, die in der ätiologischen Kriminalsoziologie (und natürlich auch in den anderen ätiologischen Traditionen der Kriminologie) längst erforscht worden sind, wird prinzipiell verneint, weil nicht sein kann was nicht sein darf, wie es uns in unerbittlicher Strenge und Unsinnigkeit neuerdings Klaus Sessar in seiner „Kriminologie ohne Täter"[96] vorgetragen hat.

Hier (Sanktionsforschung) wie dort (Präventionsforschung) fehlt es an vertieften kriminalsoziologischen Analysen, die sich der Frage stellen, ob denn überhaupt die gesellschaftlichen Voraussetzungen für die alternativen Konfliktregelungsmodelle – Diversion, Restitution, Mediation – vorhanden sind, die Vertreter der Sanktionsforschung regelmäßig favorisieren bzw. ob der kommunitaristische Appell an den Bürgersinn in einer amorphen, individualisierten Gesellschaft nicht, kriminalsoziologisch betrachtet, einer Münchhauseniade gleichkommt, die den unabweisbaren Anstieg der Kriminalität mit Mitteln bekämpfen möchte, deren Schwinden ihn jedenfalls mitverursacht haben. Die große Aufgabe, angesichts eines hektischen kriminalpolitischen Aktivismus nach Ungleichzeitigkeiten und Brüchen zwischen den Formen der Vergesellschaftung einerseits und den Mechanismen der Konflikterledigung andererseits zu fragen, wird kaum in Angriff genommen.

Zwar ist nicht zu verkennen, daß durch die deutsche Wiedervereinigung und den dadurch in den Blick kommenden Systemvergleich kriminalsoziologische

---

(Hrsg.), Kriminalprävention und Strafjustiz, Wiesbaden 1996; T. Trencek/H. Pfeiffer (Hrsg.), Kommunale Kriminalprävention. Paradigmenwechsel und Wiederentdeckung alter Weisheiten, Bonn 1996; *R. Göbel/F. Wallraff-Unziker*, Kriminalprävention. Eine Auswahlbibliographie, Wiesbaden 1997. Bei *H.-D. Schwind*, Kriminologie. Eine praxisorientierte Einführung mit Beispielen, 9. Aufl., Heidelberg 1998, sind in § 18 die wesentlichen Themen, Befunde sowie weitere Literatur dokumentiert.

[95] *D. Rössner*, Angewandte Kriminologie und Prävention, in: H. Göppinger (Hrsg.), Angewandte Kriminologie – International. XXXVI. Internationale Kriminologische Forschungswoche, Bonn 1988, S. 138–155; *N. Herriger*, Präventives Handeln und soziale Praxis. Konzepte zur Verhütung abweichenden Verhaltens von Kindern und Jugendlichen, Weinheim/München 1986.

[96] *K. Sessar*, Zu einer Kriminologie ohne Täter – oder auch: Die kriminogene Tat, in: MschrKrim 1997, S. 1–24.

Fragen wieder aktueller geworden sind[97]. So lag es natürlich nahe, das Wohlstandsgefälle im Sinne der Anomietheorie zu interpretieren. Es gibt auch wieder verstärkt Subkulturen und Kulturkonflikte, so daß den altehrwürdigen Theorietraditionen wieder ein Resonanzboden in der Realität und damit Plausibilitätschancen zugewachsen sind, die ihnen in der heilen Welt der alten Bundesrepublik fehlten. Gleichwohl dominiert in den meisten Beiträgen zu diesem Thema eine neue Nachdenklichkeit, ja geradezu ein Katzenjammer bezüglich des Standes der Kriminalsoziologie, der noch einmal die Wüste verdeutlicht, in die der radikale labeling-approach und die letztlich von ihm abhängigen Forschungstraditionen dieses Fach geführt haben. Kein Wunder, daß diese eher tastenden Versuche noch nicht als befriedigend angesehen werden[98].

Auch fehlt es gewiß nicht an Versuchen, die neuere Theoriediskussion aus der allgemeinen Soziologie auf die Kriminalsoziologie gewissermaßen herunterzubrechen[99] oder an einzelnen Phänomenen zu erproben[100]. Hier wie dort gibt es eine erfreuliche neue Offenheit sowohl in den theoretischen Orientierungen als auch in den Methoden, wo sich die am Gegenstand orientierten qualitativen Methoden wieder stärker bemerkbar machen. Das Feld ist zwar sehr unübersichtlich und mit den angegebenen Arbeiten keineswegs komplett dokumentiert. Es mehren sich jedoch die Anzeichen, daß die Kriminalsoziologie aus der Sackgasse, in welche sie zu Beginn der 70er Jahre geraten ist, herauszutreten und wieder interessant zu werden im Begriff ist. Das mag auch damit zusammenhängen, daß die Soziologie, vielleicht auch die Wissenschaft insgesamt, nicht mehr in dem Maß weltanschauliche Bedürfnisse befriedigen und gesellschaftspolitische Orientierungen bieten kann wie in den 70er Jahren, so daß die Zeichen der Zeit auf Realismus und Bescheidenheit stehen. Aber das wird das neue Jahrhundert zeigen müssen.

---

[97] *A. Bora/K. Liebl* (Hrsg.), Theoretische Perspektiven rechtssoziologischer und kriminologischer Forschung, Frankfurt a.M./New York 1994; *K. Boers* u.a. (Hrsg.), Sozialer Umbruch und Kriminalität, 2 Bände, Bonn 1994.

[98] *G. Kräupl*, Kriminologische Begleitforschung gesellschaftlicher Transformationen. Erwartungen, Grenzen, Überlegungen, in: Internationale Perspektiven in Kriminologie und Strafrecht. Festschrift für Günther Kaiser zum 70. Geburtstag, Berlin 1998, S. 195–214.

[99] *K.-D. Bussmann/R. Kreissl* (Hrsg.), Kritische Kriminologie in der Diskussion. Theorien, Analysen, Positionen, Opladen 1996, dort vor allem die Beiträge von *Karstedt*, Ungleichheit (Fn. 93), sowie *dies./W. Greve*, Die Vernunft des Verbrechens, S.171–210.

[100] Beispielhaft seien hier einige Forschungen zur Gewalt im allgemeinen und mit fremdenfeindlichem Hintergrund im besonderen genannt: *W. Heitmeyer*, Die Bielefelder Rechtsextremismus-Studie. Erste Langzeituntersuchung zur politischen Sozialisation männlicher Jugendlicher, 2. Aufl., Weinheim/München 1993; *ders./J. Müller*, Fremdenfeindliche Gewalt junger Menschen. Biographische Hintergründe, soziale Situationskontexte und die Bedeutung strafrechtlicher Sanktionen, Bonn-Bad Godesberg 1995; *H. Willems u.a.*, Fremdenfeindliche Gewalt. Einstellungen, Täter, Konflikteskalation, Opladen 1993.

Juristensoziologie

Brun-Otto Bryde

Lassen Sie mich meinen Vortrag über die Soziologie der deutschen Juristen mit einer besonders exklusiven Gruppe beginnen. Damit meine ich nicht die Bundesverfassungsrichter als die Juristen, mit denen ich mich selbst besonders viel beschäftigt habe, sondern die deutsche Rechtssoziologie. Es ist nicht zweifelhaft, daß es sich dabei um eine sehr kleine Gruppe handelt. Ich will angesichts dieses Treffens zum Gedächtnis eines noblen Mäzens nicht in das in rechtssoziologischen Kreisen ziemlich verbreitete Selbstmitleid einstimmen. Es könnte besser um das Fach stehen, aber auch schlechter. Die deutsche Rechtssoziologie wurde in der Bundesrepublik von ganz wenigen aufgebaut. Die Vereinigung für Rechtssoziologie wurde 1976 von einer Handvoll an Rechtssoziologie interessierten Hochschullehrern aus der Rechtswissenschaft und der Soziologie gegründet[1]. Aufbruchshoffnungen von damals erfüllten sich nicht, aber die deutsche Rechtssoziologie ist auch nicht untergegangen. Die Zahl junger Wissenschaftler, die in den letzten Jahren *trotz* einer venia in Rechtssoziologie juristische und soziologische Lehrstühle erhalten haben, dürfte der Zahl der Gründer fast exakt entsprechen. Also kein Wachstum, gemessen am Wachstum anderer Fächer auch ein relativer Bedeutungsverlust, aber immerhin kein Untergang. Aber daß das Fach relativ beschränkte Ressourcen und Forschungskapazitäten hat, ist für meinen Beitrag entscheidend: Es gibt kein zuverlässiges neueres Gesamtbild der deutschen Juristen, das ich vorstellen könnte. Dafür müßte ich auf empirische Arbeiten zurückgreifen können, die nicht vorhanden sind. Es gibt zwar für fast jeden Teil der Zunft exzellente Studien, aber diese sind jeweils Momentaufnahmen und zum Teil ziemlich alt.

Wir wissen viel über die Richter an Oberlandesgerichten von 1960[2], die Bun-

---

[1] Zur – auch für unser Thema interessanten – Entstehungsgeschichte: *Th. Raiser*, Die Entstehung der Vereinigung für Rechtssoziologie, in: Festschrift Blankenburg, 1998, S. 11 ff.

[2] *W. Richter*, Die Richter der Oberlandesgerichte in der Bundesrepublik, in: Hmb.Jb. Wirtschafts- und Gesellschaftspolitik 1960, S. 241 ff.; die Jahreszahl im Vortragstext für diese und die folgenden Untersuchungen ist aus Einfachheitsgründen die des Erscheinungsjahrs, die empirischen Daten sind natürlich entsprechend älter: Vgl. auch *W. Richter*, Zur soziologischen Struktur der deutschen Richterschaft, 1958; *R. Dahrendorf*, Bemerkungen zur sozialen Stellung und Herkunft der Richter an Oberlandesgerichten, in: *ders.*, Gesellschaft und Freiheit, 1961, S. 176 ff.

desrichter von 1965[3], die „Hüter von Recht und Ordnung" von 1969[4], die Verwaltungsrichter von 1970[5], die Jurastudenten von 1982[6], die Arbeitsrichter von 1984[7], die jungen Anwälte von 1988[8], die Juristen in der Wirtschaft von 1990[9], und die Frauen in der Justiz von 1993[10]. Die Forschungskapazität der deutschen Rechtssoziologie reicht für solche Studien, und das ist nicht wenig, aber die Massenbasis an Diplomanden, Doktoranden, studentischen Seminarteilnehmern, die nötig wäre, sie fortzuschreiben, zu überprüfen und an Hand neuen empirischen Materials zu kritisieren, fehlt.

Wenn, um das Gegenbild einer kräftigen rechtssoziologischen scientific community vorzustellen, in den USA Heinz und Laumann in einer zentral wichtigen Studie über Anwälte in Chicago[11] 1982 die These von der Spaltung der bis dahin allgemein als einheitlicher Profession verstandenen Bar in zwei nach Klienten, Tätigkeit aber auch Ausbildung und ethnisch-religiösem und politischem Hintergrund völlig verschiedenen Professionen behaupten, dann wird das in einer Fülle von Studien aufgenommen, modifiziert und getestet (und man entdeckt dabei, daß die Ausdifferenzierung der Anwaltschaft über eine Zweiteilung deutlich hinausgeht und mindestens vier verschiedene „bars" umfaßt)[12] und die Verfasser selbst haben in einem groß angelegten Forschungsprojekt 20 Jahre nach der ersten Studie überprüft, ob ihre Thesen die grundlegenden Wandlungen in der Anwaltschaft der letzten zwei Dekaden (exponentielles Wachstum, weiter fortschreitende Spezialisierung und Verweiblichung) überlebt haben[13].

In Deutschland ist man demgegenüber in rechtssoziologischen Vorlesungen und Lehrbüchern immer wieder versucht, aus dem vorhandenen Material ein Gesamtbild zu entwerfen, ohne sich über die Ungleichzeitigkeit der Teile Rechenschaft zu geben, oder nach der Darstellung von Daten aufgrund der klassischen Werke aus den 60er Jahren anzumerken, daß sie sich nicht ohne weiteres auf heute fortschreiben lassen – obwohl man nicht nur vermuten kann, sondern eigentlich genau weiß, daß sie nicht nur tendenziell, sondern vollständig überholt sind. Aber die These von der Vorliebe katholischer Beamtenkinder vom

---

[3] *J. Feest*, Die Bundesrichter: Herkunft, Karriere und Auswahl der juristischen Elite, 1965.

[4] *W. Kaupen*, Die Hüter von Recht und Ordnung, 1969.

[5] *A. Görlitz*, Verwaltungsgerichtsbarkeit in Deutschland, 1975.

[6] *A. Heldrich/G. Schmidtchen*, Gerechtigkeit als Beruf, 1982.

[7] *H. Rottleuthner* (Hrsg.), Rechtssoziologische Studien zur Arbeitsgerichtsbarkeit,1984.

[8] *Ch. Hommerich*, Die Anwaltschaft unter Expansionsdruck. Eine Analyse der Berufssituation junger Rechtsanwältinnen und Rechtsanwälte, 1988.

[9] *M. Hartmann*, Juristen in der Wirtschaft, 1990.

[10] *A. Hassels/Ch. Hommerich*, Frauen in der Justiz, 1993.

[11] *J. P. Heinz/E. O. Laumann*, Chicago Lawyers: The social structure of the bar, 1982.

[12] *K. F. Röhl*, Rechtssoziologie, 1987, S. 352 f.

[13] *J. P. Heinz/E. O. Laumann et. al.*, The Changing Character of Lawyer's Work Chicago in 1975 and 1995, Law and Society Review 32 (1998), S. 751 ff.

Lande für den Richterberuf gibt halt immer noch eine hübsche Pointe ab, gerade weil sie bei Juristen sofort Abwehr (und den Hinweis auf die eigene Herkunft aus einer protestantischen Hamburger Kaufmannsfamilie) auslöst.

I. Juristensoziologie und Rechtssoziologie

Nun brauchten uns solche Wissenslücken nicht zu stören, wenn lediglich eine Neugier über die eigene Zunft unbefriedigt bliebe, ohne daß Kenntnisse über Juristen für Kenntnisse über die Rolle des Rechts in der Gesellschaft von Bedeutung wären.

In der Tat ist das Verhältnis von Rechtssoziologie und Juristensoziologie problematisch.

Die Rechtssoziologie hat in der Bundesrepublik (aber nicht nur hier) zwar gerade als Juristensoziologie begonnen, aber genau das ist ihr auch zum Vorwurf gemacht worden und hat ihre Akzeptanz behindert.

Luhmann hat bei der Bestimmung des Gegenstandes in seiner Rechtssoziologie Juristensoziologie als eine Flucht vor den Schwierigkeiten der Rechtssoziologie kritisiert. Weil das Recht als Gegenstand für die Soziologie methodisch zu sperrig sei, untersuche sie statt dessen lieber die Juristen. Das sei keine Rechts-, sondern Berufssoziologie und würde auch nur Erkenntnisgewinn für die Berufssoziologie bedeuten[14].

Gleichzeitig hat dieser frühe Schwerpunkt zur Unpopularität für die Rechtssoziologie bei den Juristen beigetragen. Kaupens Beschreibung der „Hüter von Recht und Ordnung" als risikoscheu, obrigkeitshörig, ideologisch und sozial verspätet[15] löste geradezu Aggressionen aus. Aber auch Dahrendorfs Bild von den „Juristen des Kapitals" als der Elite der jungen Bundesrepublik[16] wurde keineswegs als schmeichelhaft empfunden: Dazu ist es – deutlich gespeist aus Vorurteilen des Soziologiestudenten Dahrendorf gegenüber juristischen Kommilitonen, die sich in Kneipen und Verbindungshäusern auf die Karriere vorbereiteten, während man selbst mit ungewissen Zukunftsaussichten schwierigste Weltprobleme lösen mußte – doch zu unattraktiv gezeichnet.

An dieser Empfindlichkeit der Juristen hat sich bis heute wenig geändert und ist wohl auch nicht änderbar: Wer immer eine Gruppe als Beobachtungsgegenstand behandelt und ein Bild zeichnet, das vom Selbstbild abweicht, darf sich auf Ablehnung einstellen. Ich glaube nicht, daß das eine juristische Besonderheit ist: Ärzte oder Lehrer reagieren auch nicht anders. Solche Ablehnung ist auch nicht nur gekränkte Eitelkeit. Selbstbilder können strategische und hand-

---

[14] *N. Luhmann*, Rechtssoziologie, 1972, S. 3 f.

[15] *Kaupen* (Fn. 4), zusammenfassend S. 214 ff.

[16] *R. Dahrendorf*, Gesellschaft und Demokratie in Deutschland, 1968, S. 260 ff.

lungsrelevante Bedeutung für eine Profession haben, deren Zerstörung nicht nur als Kränkung, sondern als Gefahr für ihre Funktion gesehen wird, aber sie können eben auch – und schon deshalb kann man auf solche Kränkung nicht verzichten – notwendige Anpassungen und Modernisierungen verhindern.

Ich hätte dieses Referat nicht übernommen, wenn ich die Zweifel an der rechtssoziologischen Relevanz der Juristensoziologie teilen würde.

Die Frage, was denn nun an einer sozialwissenschaftlichen Beschäftigung mit dem Recht Rechtssoziologie ist, halte ich ohnehin für unfruchtbar, ja schädlich. Der breite Zugriff, den die Angelsachsen auf unser Thema mit Begriffen wie „Law and Society" oder „socio-legal-studies" nehmen, eine Begriffsbildung, für die es im Deutschen leider keine Entsprechung gibt, ist einer ängstlichen definitorischen Verteidigung von Fachgrenzen, bei der dann die Erforschung der Politik der Richterernennungen Rechtspolitologie, die des richterlichen Entscheidungsverhaltens Rechtspsychologie und die Beobachtung des Gerichtsalltags Rechtsethnologie ist, deutlich vorzuziehen.

Es wäre vielleicht heuristisch denkbar, eine eher berufssoziologische Beschäftigung mit Juristen von Forschungen zu unterscheiden, die ihre Rolle im und für das Rechtssystem thematisieren. Zur ersten Gruppe könnte man dann z.B. Forschungen über die Berufsbedingungen von Anwälten rechnen, wahrscheinlich das Teilgebiet meines Themas, für das wir vor allem wegen der Aktivitäten der Bundesrechtsanwaltskammer und ihres STAR-Programms[17] das beste aktuelle Datenmaterial haben[18], zur zweiten Gruppe Forschungen, die Verbindungen zwischen Juristensoziologie und Rechtssystem herstellen, also etwa Forschung über die Streitverhütungsfunktion der Anwälte[19] oder die klassischen Fragestellungen nach dem Zusammenhang von Sozialprofil der Richter und ihrer Entscheidungspraxis.

Für die Rechtssoziologie als Universitätsfach wäre der Verzicht auf in einem solchen Sinne berufssoziologische Themen schon deshalb wenig sinnvoll, weil man damit das die Studenten am meisten interessierende Thema ausschließen würde, nach meiner Erfahrung genau den Bestandteil einer Anfängervorlesung in Rechtssoziologie, der auch solche Studenten in der Vorlesung hält, die nicht vorhaben, Rechtssoziologie als Wahlfach zu betreiben, aber an Auskunft über die Wirklichkeit ihrer zukünftigen Berufsausübung sehr interessiert sind. Wenn schon nicht „Rechtssoziologie", dann wäre die juristische Berufssoziologie doch immerhin wichtiger Bestandteil einer Soziologie für Juristen.

---

[17] *E. Gellner*, Das STAR-Projekt der Bundesrechtsanwaltskammer, in: Festschrift Blankenburg, 1998, S. 505 ff.

[18] Vgl. etwa auch aus den von BMJ und BRAK herausgegebenen Schriften zur Anwaltsforschung: *Hommerich* (Fn. 8).

[19] Vgl. aus derselben Schriftenreihe: *R. Wasilewski*, Streitverhütung durch Rechtsanwälte, 1990.

Aber auch in der Sache wäre eine solche Differenzierung wenig überzeugend. Auch Daten über Anwaltseinkommen, Arbeitsbedingungen und Praxisgrößen sind relevant für das Verständnis eines Rechtssystems. Für dieses ist es von erheblicher Bedeutung, ob wenige reiche oder viele arme Anwälte Rechtsberatung erbringen, ob der rechtsuchende Bürger Spezialisten oder Generalisten gegenübersteht und wie Gesellschaft und Profession Richter-, Anwalts- und Professorenrolle bewertet und damit möglicherweise auch Kompetenzen zur Weiterentwicklung des Rechtssystems verteilt.

Damit sind wir bei einer theoretisch anspruchsvolleren Begründung der Bedeutung der Juristensoziologie für die Rechtssoziologie.

Die Richtersoziologie steht ja nicht zufällig am Beginn der Rechtssoziologie. Wenn die juristische Methodenlehre erst einmal das positivistische Subsumtionsdogma überwunden hat und akzeptieren muß, daß unterschiedliche Interpreten Rechtsnormen unterschiedlich auslegen, ist es naheliegend, nach Gründen für Unterschiede in der Soziologie der Gruppe zu suchen, die das Rechtssystem trägt.

Auf diese Weise entdeckte man in den USA in der Auseinandersetzung zwischen Roosevelt und Supreme Court um die New Deal Gesetzgebung den Einfluß politischer Einstellungen auf die Rechtsprechung[20] und in Deutschland schon im Kaiserreich[21] und dann verstärkt in der Weimarer Republik die „Klassenjustiz"[22]. Daran knüpft die Justizsoziologie in der Bundesrepublik in den 60er Jahren mit Dahrendorfs viel zitiertem Wort von der einen Hälfte der Gesellschaft, die über die andere urteilt[23], an. Das war damals aufgrund der zunächst noch bestehenden Kontinuität von Justiz und Gesellschaftsstruktur plausibler, als es heute im Rückblick erscheinen mag.

Korrelationen ersten Grades zwischen Beruf des Vaters und Urteil würde heute niemand mehr aufzustellen versuchen. Rottleuthners Nachweis, daß gewerkschaftsangehörige Arbeitsrichter entgegen naheliegenden Hypothesen nicht arbeitnehmerfreundlicher urteilen, braucht zwar nicht das Ende der Justizforschung zu bedeuten, wie er selbst die Darstellung seiner Ergebnisse in der Zeitschrift für Rechtssoziologie überschrieben hat, zeigt aber die Grenzen solcher eindimensionaler Korrelationen auf[24]. Die Rechtssoziologie hat die Juristen nicht nur durch den Nachweis außerrechtlicher Einflüsse auf juristische Entscheidungen gekränkt, sondern gleichzeitig mit dem Nachweis von Grenzen der Durchsetzung richterlicher Idiosynkrasie Tröstungen für diese Krän-

---

[20] Hier setzt *Röhl* (Fn. 12), S. 344 ff., den Beginn der Richtersoziologie an.

[21] *K. Liebknecht*, Gegen die preußische Klassenjustiz, (1910), in: Ges. Schriften Bd. 3, 1960, S. 3 ff.

[22] *E. Fraenkel*, Zur Soziologie der Klassenjustiz, 1927; *K. Sontheimer*, Antidemokratisches Denken in der Weimarer Politik, 1978, S. 63 ff.

[23] *Dahrendorf* (Fn. 2), S. 195.

[24] *H. Rottleuthner*, Abschied von der Justizforschung, ZfRSoz 3 (1982), S. 82 ff.

kung entwickelt. Die grundsätzlich jedem juristischen Interpreten offenstehende Möglichkeit, die semantische Offenheit von Rechtsnormen durch eigene Wertungen zu füllen, ist in der Praxis durch professionelle dogmatische Konsense, aber auch durch die Einbindung in ein hierarchisches Gerichtssystem gemindert. Wenn Hilden[25] zeigt, daß zur Miete wohnende Amtsrichter mieterfreundlicher urteilen als Eigenheimler, scheint das zwar zunächst noch einer „Klassenjustiz-"Hypothese zu entsprechen, wenn aber Richter, die selbst Vermieter sind (zugegebenermaßen eine so kleine Zahl, daß der Aussagewert nicht sehr signifikant ist), noch mieterfreundlicher urteilen, spricht einiges dafür, daß eher der Kenntnishorizont als der Interessenstandpunkt von Bedeutung sind, denn solche Richter können die Argumentationstricks anderer Vermieter im Räumungsstreit natürlich besonders gut bewerten[26].

Entwarnung hinsichtlich der unter dem Gesichtspunkt „Klassenjustiz" diskutierten Probleme braucht das noch nicht zu bedeuten. Daß Richter unterschiedlich urteilen, daß sich dabei nicht nur individuelle Abweichungen, sondern konsistente Unterschiede eher „konservativer" und eher „liberaler" Rechtsprechung feststellen lassen, ist nicht bestreitbar, nur, daß sich entsprechende Variationen nicht sinnvoll mit einem einzigen Merkmal, z.B. der Herkunft, korrelieren lassen[27]. Vor allem geht es aber in Dahrendorfs Diktum von der einen Hälfte, die über die andere richtet, weniger um den Vorwurf der Klassenherrschaft als um das Problem einer aus sozialer Distanz entstandenen Verständnisschwierigkeit. Auch wenn sich die soziale Rekrutierungsbasis der Richterschaft verbreitert hat, im Amt sind sie Angehörige des akademischen Mittelstandes und damit z.B. als Strafrichter mit notwendig beschränktem Einfühlungsvermögen in das Milieu, aus dem große Teile ihrer Klientel kommen.

In der Bundesrepublik von 1999 ist die soziale Distanz zwischen Richtern und Parteien in zwei entscheidenden Punkten vielleicht sogar noch größer als in den 60er Jahren. Zum einen werden die unteren Etagen der Gesellschaft zunehmend mit Einwanderern besetzt, und die Welt junger türkischer Straftäter aus einem Ghetto ist dem Richter sicher noch um einiges fremder, als es das Arbeitermilieu der 50er und 60er Jahre für den Bürgersohn war. Zum anderen hat die rechtssoziologische Organisation der Wiedervereinigung gerade im Justizbereich als quasi-koloniales Unternehmen[28] zu einer Situation geführt, in der Westrichter über Ostbürger richten, und daß im Verhältnis von Ost und West unterschiedliche Kulturen aufeinander treffen, wird täglich sichtbarer.

Trotzdem steht die klassische Richtersoziologie zu Recht nicht mehr im Mittelpunkt des rechtssoziologischen Interesses.

---

[25] *H. Hilden*, Rechtstatsachen im Räumungsstreit, 1976.

[26] Vgl. die Diskussion der Studie bei *Röhl* (Fn. 12), S. 360.

[27] Vgl. resümierend *Röhl* (Fn. 12), S. 362.

[28] *I. Markovits,* Die Abwicklung: ein Tagebuch zum Ende der DDR-Justiz, 1993.

Das hat zum Teil Gründe in der Schwierigkeit empirischer Forschung auf diesem Gebiet. Anders als in den USA, wo der einzelne Richter in seiner Rechtsprechung Profil gewinnt, tritt in der Bundesrepublik der Richter (von der untersten Ebene des Amtsgerichts abgesehen) ganz in der durch das Beratungsgeheimnis abgesicherten Anonymität der Kammer bzw. des Senates zurück, und nur die Verfassungsgerichtsbarkeit kennt die dissenting opinion. Daher konzentrieren sich Versuche, Richterpersönlichkeit und Entscheidung zu korrelieren, auch auf wenige Sonderfälle: Einerseits auf das Bundesverfassungsgericht[29], das zwar als Beleg für die Einflüsse von Persönlichkeitsmerkmalen der Richter (z.B. der leicht erhebbaren Parteinähe) auf die Rechtsprechung hervorragend geeignet ist, gleichzeitig aber soviel Besonderheiten aufweist, daß es sich schlecht für Verallgemeinerungen eignet[30]; andererseits den Einzelrichter an Amtsgerichten[31] und – wegen der typischen Neutralisierung der Beisitzer – die Arbeitsrichter[32]. Für den Rest der Justiz ist man für den Versuch, systematische Rechtsprechungsunterschiede mit Richtermerkmalen zu verbinden, auf Methoden wie Fragebogen mit hypothetischen Fällen angewiesen[33], was schon deshalb von begrenztem Wert ist, weil ein hypothetischer Fall anders entschieden wird, als ein wirklicher, und man mit strategischen Antworten der untersuchten Gruppe zum Nachweis der eigenen Unabhängigkeit rechnen muß[34].

Entscheidender als solche Schwierigkeiten scheint mir aber die Erkenntnis zu sein, daß für die fortbestehenden unterschiedlichen Chancen unterschiedlicher Gesellschaftsgruppen vor Gericht andere Faktoren wichtiger sind als die soziologische Zusammensetzung der Richterschaft. Marc Galanters mit Recht als bahnbrechend empfundener Aufsatz „Why the Haves Come out Ahead“[35] hat die Vorteile von Großorganisationen als Repeat Player herausgearbeitet, die mit dem Führen von Prozessen Erfahrung haben, Vertragsbeziehungen daher schon im Hinblick auf zukünftige Prozesse strukturieren können, Kontakte zu den entscheidenden Institutionen haben und ihre Prozeßführung an der langfristigen Entwicklung des Rechts, nicht am Erfolg im Einzelfall ausrichten können.

Auch in einem solchen Modell, das für die Erklärung auch in der Nach-Klassengesellschaft fortbestehenden erheblichen Ungleichheiten im Zugang und im

---

[29] *H. Rottleuthner*, Einführung in die Rechtssoziologie, 1983, S. 106; *E. Blankenburg*, Mobilisierung des Rechts, 1995, S. 107 ff.

[30] *B.-O. Bryde*, Die Verfassungsgerichtsbarkeit in der Rechtssoziologie, in: Festschrift Blankenburg, 1998, S. 490 ff.

[31] *Hilden* (Fn. 25).

[32] *Rottleuthner* (Fn. 7, 24).

[33] *K.-D. Opp/R. Peuckert*, Ideologie und Fakten in der Rechtsprechung, 1971.

[34] Differenzierend zum Wert dieser Methode: *Röhl* (Fn. 12), S. 360.

[35] *M. Galanter*, Why the Haves Come out Ahead: Speculations on the Limits of Legal Change, Law and Society Review 9 (1974), S. 95 ff.

Erfolg im Rechtssystem sicher fruchtbarer ist als alte „Klassenjustiz"-Modelle, spielen aber Juristen eine maßgebliche Rolle. Größere Erfahrung und Ressourcen setzen sich in besserer Versorgung mit Rechtsrat um, der wiederum durch die Berufsstruktur der Anwaltschaft bedingt ist, für den Aufbau von Beziehungen zu den Gerichten ist auch deren soziale Besetzung wichtig, und wie erfolgreich statt für den Erfolg im Einzelfall „for the rules" gespielt wird, hängt auch von der Leistungsfähigkeit der Anwaltschaft für ein solches strategisches Vorgehen ab.

Schließlich ist auch für gesellschaftstheoretische Analysen des Verhältnisses von Rechtssystem und Gesellschaft das Ausmaß seiner Ausdifferenzierung von Bedeutung, und untersucht man diese im interkulturellen Vergleich, dann sind wiederum Daten über Ausbildung, Anzahl und Status von Rechtsspezialisten[36] wichtige Indikatoren.

II. Exponentielles Wachstum

Akzeptiert man diese Bedeutung der Juristen für das Recht, dann führen Defizite in der Juristensoziologie auch zu Defiziten in unserem Verständnis für das Funktionieren des deutschen Rechtssystems.

Ich vermute nun in der Tat, daß das gesamte deutsche Rechtssystem, vor allem aber die Rechtslehre und Rechtswissenschaft, vor dem Hintergrund eines überholten Selbstbildes der Zunft agiert. Wenn ich es mir trotz der eingangs konstatierten Defizite an neueren umfassenden empirischen Studien zutraue, diese Hypothese zu verifizieren, dann deshalb, weil ich für die fundamentalen Wandlungen der juristischen Berufssoziologie auf leicht zugängliche Daten verweisen, für das mit diesen Wandlungen nicht mehr kompatible Selbstbild auf die Evidenz unserer eigenen Erfahrungen als Teil dieser Zunft appellieren kann.

Der deutsche Juristenstand hat in den letzten Jahren grundlegende, ja revolutionäre Änderungen erlebt, die sogar terminologisch schwer zu bewältigen sind, weil es auch in Deutschland mit einiger Verzögerung gegenüber den USA[37] fraglich geworden ist, ob es sich überhaupt noch um einen einheitlichen Stand handelt. Röhl überschreibt daher auch das entsprechend Kapitel seines Lehrbuchs schlicht mit: „Die Juristen".

Die wichtigsten Daten sind – wie gesagt – nicht besonders schwer zu erheben, da sie sich einer schlichten Lektüre des Statistischen Jahrbuchs entnehmen lassen.

---

[36] *R. Abel*, A Comparative Theory of Dispute Institutions in Society, Law and Society Review 8 (1973), S. 217 ff.; *Blankenburg*, Mobilisierung (Fn. 29), S. 95 ff. m.w.N.

[37] Vgl. Fn. 11, 12.

Allgemein bekannt (und aus berufspolitischen Gründen bejammert) ist, daß die Zahl der Juristen enorm zugenommen hat. Sie wächst geometrisch, d.h. sie verdoppelt sich in immer kürzeren Zeitabständen.

Gehen wir von 1965 als Ausgangspunkt aus, was sinnvoll ist, weil dies der Zeitraum der bahnbrechenden Arbeiten über die deutschen Juristen ist, dann hat sich ihre Zahl in 20 Jahren von 50000 bis 1985 auf über 100000 mehr als verdoppelt, inzwischen nochmals verdoppelt, und da genauso viel Juristen in der Ausbildung wie im Beruf sind, wird dieser Prozeß sich weiter beschleunigen.[38]

Schon ein rein quantitatives Wachstum ist von Bedeutung. Die Zahl von Juristen pro Kopf der Bevölkerung ist für die jeweilige Rechtskultur ein wichtiger Indikator. Lawrence Friedman hat den Unterschied zwischen englischem und amerikanischem Recht trotz identischem Common-Law-Hintergrund ganz aus dem Gegensatz eines kleinen elitären Juristenstandes, der auch nur die Elite bediente, in England und der Entwicklung zum „law for the millions" in Amerika erklärt[39]. Es leuchtet wahrscheinlich ohne weiteres ein, daß es für Zugang zum Recht, das Ausmaß der Verrechtlichung einer Gesellschaft, aber auch das Verhältnis der Juristen zum Rest der Gesellschaft und viele andere Themen wichtig ist, ob ein Anwalt auf 10000 oder 350 Einwohner kommt.

Die Studien der 60er Jahre mit ihren Bildern einer sozial homogenen Gruppe mit zünftischem Zusammenhalt sind schon von diesen Zahlen her nicht einfach nur zu relativieren, sondern grundsätzlich überholt. Die Beschreibungen von Dahrendorf[40], Weyrauch[41] oder Kaupen[42] gewinnen ihren kritischen Gehalt aber auch ihren Charme ja gerade aus der Beschreibung einer kleinen, eng verbundenen Elite, die aus dem gleichen gesellschaftlichen Milieu stammt, im juristischen Studium (und zwar weniger durch die akademischen Lehrer, als beim gemeinsamen Repetitorbesuch und auf Verbindungshäusern) sozialisiert wird und auch in der Berufspraxis als Richter, Staatsanwalt und Rechtsanwalt aufgrund ständiger Kommunikation einen gemeinsamen Erlebnishorizont und gesellschaftlichen Zusammenhalt hat.

Schon als Heldrich und Schmidtchen in den 70er Jahren eine repräsentative Erhebung deutscher Jurastudenten machten[43], hatte sich viel geändert. Aber auch ohne daß in ähnlich umfassender Weise neue Studien über Abstammung, Religion, politische Überzeugungen und regionale Herkunft vorliegen, kann man feststellen, daß ein solches zünftisches Bild nicht mehr zutreffen kann. Wenn mehr als 10 % eines Studentenjahrgangs Jura studieren, werden die Juri-

---

[38] Daten (bis 1993) bei *Th. Raiser*, Das lebende Recht, 1995, S. 384; anschließend: Statistisches Jahrbuch der Bundesrepublik, Rechtspflege.

[39] *L. Friedman*, A History of American Law, 1973, durchgehend.

[40] Fn. 16.

[41] *W. Weyrauch*, Zum Gesellschaftsbild der Juristen, 1970.

[42] Fn. 4.

[43] Fn. 6.

sten ganz offensichtlich zu einem eher durchschnittlichen Teil der akademisch gebildeten Bevölkerung, und kein heutiger Versuch einer Gesamtdarstellung der bundesrepublikanischen Gesellschaft käme wohl auf den Gedanken, die Juristen als deren Elite zu definieren.

III. Von der Staatsorientierung zur Wirtschaftsorientierung

Mit dem Wachstum ist eine vollständige Änderung der beruflichen Zusammensetzung einhergegangen.

Am Beginn von Dahrendorfs schon mehrfach erwähntem Kapitel über die „Juristen des Kapitals“ in dem Buch „Gesellschaft und Demokratie in Deutschland“ heißt es schlicht und zutreffend „Mehr als die Hälfte aller Juristen sind Beamte“[44].

Die Zahlen sind zwar nur für Justiz und Anwaltschaft genau, für Verwaltung und Wirtschaft geschätzt, aber mit diesem Vorbehalt kamen 1965 auf ca. 30000 verbeamtete Juristen 20000 Anwälte. Mitte der 80er Jahre haben verbeamtete und private Juristen Gleichstand erreicht, und seither sinkt der Anteil von Juristen in Justiz und Verwaltung an der Gesamtzahl der Juristen mit wachsender Beschleunigung[45].

Bis ca. 1995 nahm die Zahl der Juristen im Staatsdienst immerhin noch zu, wenn auch unterdurchschnittlich, seither geht sie auch absolut zurück, von 1995 bis 1997 sank die Zahl der Richter von 22134 auf 20999[46], und inzwischen dürfte sie unter 20000 liegen. Der Staat nimmt nur noch einen kleinen Bruchteil der Absolventen eines Jahrgangs auf.

Die Juristenschwemme ist also in allererster Linie eine Anwaltsschwemme. Deren Zahl hat sich von 1950 bis 1973 verdoppelt, bis 1986 vervierfacht und steigt weiter geometrisch an[47]. Dies ist nun kein standespolitischer Vortrag und ich bin kein Anwalt. Von der Anwaltsdichte der USA sind wir noch weit entfernt. Aber angesichts nicht nur stagnierender, sondern sinkender Nachfrage öffentlicher Körperschaften und wachsender Absolventenzahlen, die nur die Anwaltschaft aufnehmen kann, da auch die Chance von Juristen in der Wirtschaft in nicht-juristischen Funktionen schlechter sind, als vielfach angenommen[48], sind wir auf dem Wege dorthin. Solange die amerikanischen Zahlen noch nicht erreicht sind, müßte der Markt für juristische Dienstleistungen noch Wachstumspotential haben, und weil das so ist und damit das Arbeitslosigkeitsrisiko niedriger als in anderen akademischen Berufen ist, wird diese Entwick-

[44] *Dahrendorf* (Fn. 16), S. 260.
[45] Zu den Daten Fn. 38.
[46] Statistisches Jahrbuch 1997, S. 364; 1998, S. 350.
[47] *Ch. Hommerich* (Fn. 8), S. 23 ff.
[48] *Hartmann* (Fn. 9), S. 60 ff.

lung auch nicht so schnell aufhören und ist durch noch so fromme Ermahnungen von Standesvertretern auf Informationsveranstaltungen für Abiturienten nicht aufhaltbar.

Wie in den USA, wo Jurist und Anwalt schon sprachlich mit dem selben Wort „lawyer" belegt werden, wird auch in Deutschland der Jurist der Zukunft in der Regel Anwalt sein. Aber anders als in den USA, wo auch der Weg zum Juristen im öffentlichen Dienst über das Bar-Examen und der Zugang zum Richterberuf über die Anwaltstätigkeit läuft, der Behördenjurist z.B. deutlich Regierungsanwalt ist, führt der Weg zur Anwaltschaft in Deutschland noch immer über Justizprüfungen.

Mit der bloßen Konstatierung der Wandlung des deutschen Juristen vom Beamten zum Anwalt, der an sich schon ein fundamentaler Wandel wäre, ist das Bild jedoch noch unvollständig. Die alte Profession war bis in die 70er Jahre noch staatsnäher, als es die beamtete Mehrheit erscheinen ließ. Auch der damalige Anwalt als Organ der Rechtspflege war justiznah. Kaupen[49] und Rüschemeyer[50] haben das ausführlich (und kritisch) beschrieben, bis hin zu solchen schlichten Fakten wie, daß die Anwälte ihre Praxisräume in Gerichtsnähe und nicht in Klientennähe wählten. Das war ja auch sinnvoll. Ein erheblicher Teil ihrer Tätigkeit spielte sich im Gericht ab, die Pausen verbrachten sie gemeinsam mit Richtern und Staatsanwälten in der Justizkantine.

Inzwischen nimmt der forensische Teil der Anwaltstätigkeit rapide ab. Es gibt viele Angehörige großer Kanzleien, die seit Jahren kein Gericht mehr von innen gesehen haben und sich im Bedarfsfall eine Robe leihen müssen. Die Nähe der Praxisräume zu Banken und Versicherungen oder auch Flughäfen ist wichtiger geworden als die zum Gericht.

Dieser Prozeß wird dadurch verstärkt, daß mit erheblicher Zeitverzögerung auch in Deutschland die Entwicklung zu Großkanzleien nach amerikanischem Muster geht. Der Einzelanwalt verliert an Bedeutung, ganz sicher jedenfalls die paradigmatische Rolle, die er für das Bild des deutschen Anwalts lange hatte. Damit geht ein Prozeß der Spezialisierung einher, in dem nur noch einige Anwälte forensisch tätig sind, andere beratend und wieder andere forschend.

Der zukünftige Jurist ist also nicht nur Anwalt, sondern er ist auch Anwalt in einer wirtschaftlich orientierten Großorganisation.

Die Entwicklung vom staatsnahen zum Wirtschaftsberuf ist damit abgeschlossen.

Die Veranwaltung der deutschen Juristen hat Rückwirkungen auf andere juristische Berufe. Der Richterberuf rückt zwar statistisch aus dem Mittelpunkt der Profession, wird dafür aber mit Aufwertung belohnt. Es spricht alles dafür,

---

[49] Fn. 4.

[50] *D. Rüschemeyer*, Juristen in Deutschland und in den USA, 1976, mit dem Fazit einer „beamtenähnlichen" Einstellung der Anwälte zu Staat und Recht.

daß nicht nur der prozentuale Anteil der Richter, sondern auch ihre absolute Zahl weiter sinken wird, und zwar signifikant. Die jüngst von Bundesjustizministerin und Landesjustizministern auf den Weg gebrachte Justizreform wäre nicht im Konsens verabschiedet worden, wenn sie nicht auch eine Entlastung der Haushalte durch Verringerung der Richterzahl anvisierte, Reformziele wie die weitgehende Ersetzung von Kammern durch Einzelrichter in der ersten Instanz und der Abbau von Rechtsmitteln können keine andere Wirkung haben. Gleichzeitig bleibt der Richterberuf populär, vor allem bei Jurastudentinnen ist er primäres Ziel des Jurastudiums[51]. Die Anforderungen an die Kandidaten können also weiter angehoben werden, die Justizverwaltungen können es sich leisten, sich auf die Spitzenabsolventen des Jahrgangs zu beschränken[52]. Der Richterberuf gewinnt damit stärker als je zuvor in der deutschen Geschichte die Chance, elitärer Teil der Profession zu werden. Weitere Aspekte der geplanten Reform weisen in die gleiche Richtung: Die Aufwertung des Einzelrichters gegenüber Kammern und Senaten und der Abbau von Rechtsmitteln stärken die richterliche Rolle. Aber während sie das in die Nähe ihrer angelsächsischen Kollegen rückt, spricht nichts dafür, daß wir auch im Einkommen angelsächsische Verhältnisse haben werden. Was man idealistisch als Abbau von Hierarchien zugunsten des königlichen Einzelrichters beschreiben kann, ist ja prosaisch vor allem auch ein Verlust von Beförderungsposten. Der Richterberuf bleibt daher interessanter für Kandidaten, die Sicherheit dem Risiko, Unabhängigkeit wirtschaftlicher und politischer Macht, den Dienst am Recht Spitzengehältern und eine heimatnahe Verwendung der weiten Welt vorziehen.

Es könnte daher durchaus sein, daß die Entwicklung der 70er und 80er Jahre, als wachsende Bildungschancen und wachsende Justiz die Rekrutierungsbasis des Richterberufs gegenüber den Ausgangsstudien der 60er Jahre radikal verbreiterten und „Klassenjustiz"-Vorwürfe statistisch widerlegbar machten, zu Ende ist und wir zu einer relativ engen Selektion der Gerichte zurückkehren, zwar nicht unbedingt zu katholischen Beamtenkindern vom Lande, aber dafür zu post-materiellen Akademikertöchtern.

Auch insoweit bleibt die Untersuchung der sozialen Distanz zwischen Gericht und Klientel daher auf der Tagesordnung.

IV. Verweiblichung

Die von Kaupen und Dahrendorf beschriebene Zunft ist noch eine reine Männergesellschaft. Inzwischen ist Jura neben der Humanmedizin das paritätischste Studienfach. Während sich in anderen Fächern geschlechtsspezifische Vor-

---

[51] *Hassels/Hommerich* (Fn. 10), S. 144 ff.

[52] Vgl. die Entwicklung der Examensnoten von Richterinnen/Staatsanwältinnen bei *Hassels/Hommerich* (Fn. 10), S. 134 f.

lieben halten oder neu entwickeln, d.h. Natur- und Ingenieurwissenschaften nach wie vor ganz überwiegend von Männern, Geisteswissenschaften und Veterinärmedizin heute überwiegend von Frauen studiert werden, ist das Jurastudium bei beiden Geschlechtern gleich beliebt.

Dabei setzt sich dieser Anteil naturgemäß aus Generationsgründen erst allmählich im Beruf, zumal den höheren Rängen um (Ende der 80er Jahre waren 10 % der Berufstätigen, aber bereits 50 % der Studierenden weiblich)[53], die Zukunft wird sehr viel weiblicher sein als die Gegenwart, die wir noch immer täglich erleben.

Außerdem erfolgt die Verweiblichung der verschiedenen Teilgebiete der Profession in sehr unterschiedlichem Tempo.

Der Beruf der Richterin[54] wird allmählich zu einem der beliebtesten Frauenberufe und nimmt vor allem für Akademikerinnen, die Familie und Beruf verbinden wollen, ein wenig die Stelle der Lehrerin von früher ein[55]. Besondere Attraktivität haben Justiz und Verwaltung aber für Juristinnen nicht nur wegen der gesetzlich garantierten Erleichterung dieser Rollenkombination, sondern auch wegen der Garantie gleicher Einkommen und guter Aufstiegschancen[56].

In der Anwaltschaft bestehen hingegen immer noch Vorurteile und ein deutliches Einkommensgefälle zwischen Mann und Frau[57].

Am schlechtesten ist der Frauenanteil aber in der Rechtswissenschaft. Gemessen an der Entwicklung in anderen Teilen der Profession bedeutet der prozentual kaum meßbare Anteil der Juraprofessorinnen einen schon fast blamablen Modernitätsrückstand. Zwar müßte dieser Zustand angesichts der eher überdurchschnittlichen Examens- und Promotionsleistungen der Jurastudentinnen zügig aufgearbeitet werden können, und tatsächlich sind auf der Assistentenebene Rückstände weitgehend abgebaut, aber solange sich vor den Professorenberuf das ständische Kooptationsverfahren der Habilitation legt, das statt kontinuierlicher Weiterqualifikation einen zeitaufwendigen Kraftakt genau in die idealtypische Familiengründungsphase legt, wird das Professorenamt als Männerbastion erhalten bleiben, weil es für viele Frauen, die Familie und Beruf verbinden wollen, unattraktiv ist und es anders als in andern Fächern, z.B. den Geisteswissenschaften, für Spitzenabsolventinnen attraktive Alternativen gibt.

Während die Verweiblichung des Juristenberufs einschließlich der unterschiedlichen Folgen für unterschiedliche Zweige der Profession sich aus Statistiken leicht nachweisen läßt, sind die Folgen für den Juristenberuf noch weniger deutlich.

---

53 *U. Ernst*, Die Arbeitsmarktsituation für juristische Berufsanfängerinnen, in: Hess. Ministerium der Justiz, Frauen in juristischen Berufen, 1988, S. 21 ff. Zahlen zur Entwicklung von 1965 (11,9%) bis 1988 (45,1%) bei *Hassels/Hommerich* (Fn. 10), S. 41 ff.

54 Zur Situation vgl. *Hassels/Hommerich* (Fn. 10).

55 *Hassels/Hommerich* (Fn. 10), S. 98 ff., 144 ff., 248 ff.

56 *Hassels/Hommerich* (Fn. 10), S. 333 ff.

57 *Hommerich* (Fn. 8), S. 97.

Sicher kann man sagen, daß das zünftische Bild des Jurastudenten, das Dahrendorf zeichnet, durch diese Verweiblichung besonders radikal erschüttert wird. Das männerbündische, das es auch hat, verliert ganz an Bedeutung, nicht nur die gesellschaftliche Entwicklung, sondern auch die Geschlechterparität schließt es aus, den idealtypischen Jurastudenten im Verbindungsstudenten zu sehen.

Interessanter sind die Folgen für die Werte und Berufsausübung von Juristen.

Wir kennen die kontroverse Diskussion, die Carol Gilligan mit ihrer These ausgelöst hat, männliches und weibliches Gerechtigkeitsgefühl würden sich unterscheiden[58]. Wir brauchen uns auf die Tiefen und Untiefen dieser Diskussion, insbesondere die Frage, was an abfragbaren Unterschieden biologisch und gesellschaftlich bedingt ist, nicht einzulassen, um feststellen zu können, daß die nach wie vor bestehenden Unterschiede in der Lebenssituation von Männern und Frauen dazu führen, daß Frauen und Männer Recht als Beruf anders angehen.

Bei meinen Erstsemesterbefragungen in Gießen schwankten die Ergebnisse zwar stark, aber immer war das Geschlecht das Merkmal, das mit unterschiedlichen Berufsvorstellungen und Werthaltungen, aber auch persönlichen Backgrounddaten am stärksten korrelierte. Einige markante Zahlen:

Bei der Heldrich und Schmidtchen entlehnten Frage nach den wichtigsten Aufgaben des Juristen sahen 1994 24,4 % der Männer, aber nur 0,77 % der Frauen die „Aufrechterhaltung von Sitte und Moral" als wichtiges Ziel an. Auch Werte für Gerechtigkeit und sozialen Ausgleich als Ziel liegen typischerweise bei Frauen höher. Die Jurastudenten sind politisch konservativ (in der Parteipräferenz liegt durch die Jahre CDU/CSU weit vorn), bei den Frauen sind es die Grünen. Berufsziel der Männer ist in erster Linie der Anwalt, das der Frauen die Richterin[59].

Dahrendorf und Kaupen hätten also die Jurastudentinnen von 1990 noch weniger wiedererkannt als die Jurastudenten.

Ergebnisse von Untersuchungen geschlechtsspezifischer Unterschiede im Rechtsbewußtsein entsprechen diesen Befunden bei Jurastudentinnen nicht unbedingt: Wenn Lautmanns Thesen zum negativen weiblichen Rechtsbewußtsein[60] korrekt sind, dann stehen vor der Entscheidung für dieses Studium für Studentinnen sehr viel größere psychologische Hürden als für Männer. Es könnte also sein, daß Studentinnen eine andere Auswahl ihres Jahrgangs sind als ihre männlichen Kommilitonen, Jurastudentinnen eher eine Elite repräsen-

---

[58] *C. Gilligan*, Die andere Stimme. Lebenskonflikte und Moral der Frau, 1984; *Röhl* (Fn. 12), S. 283; *R. Lautmann*, Negatives Rechtsbewußtsein, ZfRSoz 1 (1980), S. 165 ff.

[59] In der Tendenz sichtbar schon bei *Heldrich/Schmidtchen* (Fn. 6), S. 154 ff.

[60] *Lautmann* (Fn. 59), S. 165 ff.

tieren. Die Verweiblichung des Rechtssystems sollte daher auch inhaltlich nicht ohne Folgen bleiben.

V. Juristenschwemme und Rechtsschwemme

Exponentiell gewachsen ist nicht nur die Zahl der Juristen, sondern auch das Recht.

Der Jurist bis Ende der 60er Jahre war nicht nur beruflich Justizjurist, auch sein juristischer Horizont war durch die großen Kodifikationen (plus ein bißchen Verfassungs- und Verwaltungsrecht) geprägt. Fächer, die heute ganze Scharen von Anwälten ernähren, wie Umweltrecht, Verbraucherschutz oder Medienrecht, gab es noch nicht einmal als Begriff. Ein guter Jurist konnte noch einen ziemlich guten Überblick über das gesamte Recht haben, das Ideal war das des Generalisten. In den meisten Fächern gab es ein oder zwei wichtige Lehrbücher und Kommentare und eine Handvoll wichtiger Urteile, die regelmäßige Lektüre von NJW und JZ hielt für das gesamte deutsche Recht auf dem Laufenden. Zur Illustration mein eigenes Fach: Als ich 1966 das erste Examen machte, war das BVerfG im 20. Band, ca. 4 seiner Entscheidungen waren von allgemeiner Bedeutung, es gab ein Lehrbuch (Maunz), zwei ziemlich kurze und ziemlich alte Kommentare, der erste Großkommentar war im Erscheinen, alle zwei bis drei Jahre erschien eine verfassungsrechtliche Habilitation. Inzwischen nähert sich das Gericht dem 100. Band, wir erwarten von Prüflingen Vertrautheit mit ca. 100 Entscheidungen und jedes Jahr erscheinen 10 neue Habilitationsschriften. Wir wissen alle, daß heute selbst die Spezialgebiete von den Spezialisten nur noch mit Mühe überblickt werden können, für alle großen Fächer und für viele kleine gibt es mehrere Spezialzeitschriften, nicht einmal mehr der Hochschullehrer als hauptberuflicher Rezipient wissenschaftlicher Literatur kann die Neuerscheinungen im eigenen Fach zur Kenntnis nehmen.

Diese Entwicklung des Rechts steht mit der juristischer Berufe in einem doppelten Zusammenhang. Zum einen ist sie Folge des Wachstums, zum anderen hat sie Folgen für die Profession.

Sie ist Folge, weil mehr Juristen auch mehr Recht produzieren. Damit meine ich nicht einfach nur die Zunahme von Gesetzen: Deren Zahl ist in vergleichbaren Industriegesellschaften vergleichbar groß. Aber die Organisation des Juristenstandes hat erheblichen Einfluß darauf, wieviel tausend Seiten Rechtsprobleme und Auslegungsvorschläge zu diesem Recht entwickelt werden. Der Juristenstand reagiert nicht nur auf einen Markt an Rechtsbedürfnissen, sondern schafft sich diesen Markt auch durch die Erfindung neuer Rechtsprobleme, nur deshalb kann die wachsende Zahl von Juristen in Lohn und Brot gesetzt werden.

Nun ist die beschriebene gewaltige Zunahme an Rechtsstoff nicht allein auf die Bedürfnisse des Rechtssystems zurückzuführen. Über die Rechtswissenschaft ist das Rechtssystem auch mit dem Wissenschaftssystem verbunden, und wieviel Rechtsprobleme erfunden werden, beruht auch darauf, wieviel und welche Art Literatur das Wissenschafts- und Ausbildungssystem fordert: In der Bundesrepublik ist es die Struktur des akademischen Qualifikationswesens mit Promotion und Habilitation, die einen ständigen Überschuß an immer neuen Auslegungsvorschlägen produziert. Inzwischen sind wir bei mehr als zehn verfassungsrechtlichen Habilitationen im Jahr, kaum eine unter 500 Seiten, und alle sollen der Theorie nach innovativ sein, müssen also neue Inhalte der Verfassung behaupten, die bisher noch niemandem aufgefallen sind. D. h. in aller Regel, daß sie zumindest in einem Punkt irgend etwas für verfassungswidrig erklären, was bisher nicht als Problem angesehen wurde, was dann wieder Verfassungsbeschwerden und vielleicht eine neue Spezialisierungsrichtung in der Anwaltschaft zur Folge haben kann. Allerdings ist auch denkbar, daß große Teile solcher literarischer Überproduktion, die sich ja auch in Bibliotheken von Dissertationen, immer neuen Lehrbüchern und Kommentaren und Zeitschriften zeigt, von der Praxis schlicht nicht mehr zur Kenntnis genommen werden.

Aber nicht nur die Wissenschaft produziert Recht. In dem beschriebenen Prozeß des Wachstums der Anwaltschaft und ihrer Suche nach neuen Betätigungsfeldern werden immer weitere Bereiche auf juristische Problematisierbarkeit hin untersucht, und solche neuen Praxisfelder produzieren wiederum neue Spezialzeitschriften und Fachbruderschaften.

Folge für die Profession ist vor allem eine wachsende Spezialisierung, die unter diesen Umständen unumgänglich ist. Die bereits beschriebene Entwicklung zur Großpraxis ist daher nicht aufzuhalten.

Zweiter wichtiger Aspekt der Rechtsentwicklung ist seine Internationalisierung. Auch diese ist bezogen auf das Juristenbild der 60er Jahre, als Recht ganz deutlich national und seine Ausübung sogar lokal verwurzelt war, revolutionär. Die Internationalisierung verstärkt die beschriebenen Prozesse: Der potentiell relevante Rechtsstoff wird noch größer, und zwar nicht nur dadurch, daß er sich um weitere Rechtsschichten wie das Europarecht und transnationales Wirtschaftsrecht erweitert und damit auch neue Spezialisierungen entstehen[61], sondern auch dadurch, daß Auslegungsvorschläge, Probleme und Lösungen grenzüberschreitend diskutiert werden[62].

Folgen für Berufstätigkeit hat dies zunächst vor allem für eine Elite, was zur weiteren Ausdifferenzierung und Spaltung der Profession führt. Der Horizont des Richters bleibt national, auch der des lokalen Anwaltsbüros, während die großen Firmen zunehmend grenzüberschreitend arbeiten und die Kompetenz

---

[61] Vgl. z.B. *Y. Dezalay/B. Garth*, Merchants of Law as Moral Entrepreneurs: Constructing International Justice from the Competition for Transnational Business Disputes, Law and Society Review 29 (1995), S. 27 ff.

[62] Für das Verfassungsrecht (als Nachzügler): *B.-O. Bryde*, Verfassung und Recht in Übersee nach 30 Jahren, VRÜ 30 (1997), S. 459 ff.

zu solcher Arbeit von einer erfreulichen Zusatzqualifikation zur schlichten Einstellungsvoraussetzung wird.

VI. Die Kontinuität eines überholten Juristenbildes und seine Folgen

Gerade weil die hier skizzierten Wandlungen der Juristensoziologie eigentlich jedermann bekannt und durch schlichte Lektüre leicht zugänglicher Statistiken verifizierbar sind, ist bemerkenswert, wie hartnäckig sich ein kontrafaktisches Bild des deutschen Juristen nicht nur behauptet, sondern nach wie vor auch handlungsleitend wirkt, wobei ich vorsorglich zugestehe, daß ich die Diskrepanz vielleicht deshalb überzeichne, weil ich aus dem Teil des Rechtssystems komme, der besonders nostalgisch am alten Juristen festhält, nämlich Rechtswissenschaft und Rechtslehre.

Daß die Tätigkeit des Juristen zunehmend eine wirtschaftliche, keine staatsnahe ist, findet sich im Selbstbild der Juristen aber auch im Bild, das sich andere von ihnen machen, noch nicht hinreichend wieder. Anders ist kaum zu erklären, daß der Anwalt sich im Ansehen der Bevölkerung hartnäckig ganz vorne bei Pastor und Arzt hält, während sich wirtschaftliche Berufe wie der Manager viel weiter hinten finden[63]. Das Bild ist eben noch der väterliche (kaum mütterliche) Vertreter von Witwen und Waisen, oder – in der Mediengesellschaft näher liegend – der juristische Hausarzt á la Liebling/Kreuzberg.

Auch die Studienwahl von Jurastudenten dürfte die Faszination des alten Juristenbildes noch beeinflussen. Eine risikoscheue, bürokratisch gesinnte Persönlichkeit sollte heute kein Jura mehr studieren. Anders als noch Ende der 60er Jahre ist nicht mehr jedem Absolventen (auch dem mit „ausreichendem" Examen) ein Amtssessel mit Pensionsberechtigung mehr oder weniger garantiert. Wie jeder andere Universitätsabsolvent begibt sich der Jurist auf einen Markt, in dem Risiko, Innovationsfähigkeit und Flexibilität prämiert werden. Dafür, daß das Berufsbild juristischer Studienanfänger noch vom alten Juristen geprägt ist, sprechen ihre Berufswünsche. Das Anwachsen der Anwaltschaft bei radikalem Rückgang des Eintritts in den öffentlichen Dienst beruht auf dem Berufsangebot, nicht der Nachfrage. Nur ein eher geringer Teil der jungen Anwälte wollte auch Anwalt werden, vor allem Anwältinnen wollten eigentlich Richterin werden[64]. Das Studium zieht wohl weiter zukünftige Beamte an, die sich dann in ganz anderen Rollen und Milieus bewähren müssen.

Die Anwaltschaft selbst hat ziemlich lang versucht, mit Hilfe des Standesrechts den alten Anwalt zu konservieren, konnte sich aber letztlich gegen den

---

[63] *Raiser* (Fn. 38), S. 382.
[64] *Hommerich* (Fn. 8), S. 63 ff.

Reformdruck, der von den praktischen Bedürfnissen ausging, nicht wehren, wollte sie die Chancen wahren, einer wachsenden Zahl neue Arbeitsfelder zu erschließen.[65] Inzwischen sucht sich der Markt seine Anwälte.[66]

Demgegenüber gelingt es dem akademischen Teil der Zunft, den Rechtsfakultäten, noch immer, den Wandel der Profession einfach zu ignorieren und an einem Ausbildungs- und Prüfungssystem festzuhalten, das am Juristenbild von 1960 (oder früher) ausgerichtet ist und ohnehin mehr den Charakter eines zünftischen Initationsrituals hat. Zwar liegt das Prüfungssystem wegen des Staatsexamens nicht in ihrer Hand, aber sie wehren sich mit Nachdruck dagegen, diese Verantwortung zu übernehmen. Daß sie die Bedürfnisse ihrer Absolventen damit verfehlen, ist wenig zweifelhaft.[67]

Damit meine ich noch nicht einmal die angebotenen Gegenstände, obwohl diese sich im deutschen Universitätssystem an traditionellen Lehrstuhlzuweisungen ausrichten und dieses System sehr viel weniger als z.B. das amerikanische in der Lage ist, sich auf wandelnde Schwerpunkte einzustellen. Vielmehr meine ich das angesichts eines immens gewachsenen und ausdifferenzierten Rechts schlechterdings unsinnige Festhalten an der Fiktion des punktuell im Staatsexamen zu erbringenden Überblicks über die gesamte Rechtsordnung. Das kann dann nur die tatsächlich sichtbare Folge einer immer ausschließlicheren Konzentration des Studiums auf das Lösen von Klausuren sein, die sozusagen autopoietisches Universitätsrecht ohne Bezug zur Realität des heutigen Rechts (und zwar sowohl seiner Praxis wie seiner wissenschaftlichen Standards) ist.

Bei der Forderung nach einer Berücksichtigung der gewandelten Berufswelt geht es also nicht um Unterricht im anwaltlichen Gebührenrecht. Es geht vielmehr um die Erkenntnis, daß das Jurastudium nicht in erster Linie schnell veraltende Rechtskenntnisse, sondern juristische Fähigkeiten vermitteln muß und eben auch bisher völlig vernachlässigte Fähigkeiten, z.B. der Gestaltung statt der Entscheidung, der Phantasie statt angelernten Wissens, der Innovation statt des Hergebrachten. Ein Ausbildungssystem, das auf das Klausurlösen fixiert ist und es als schweren Fehler betrachtet, wenn ein völlig richtig gesehenes Problem nicht exakt am richtigen Ort und nicht genauso behandelt wird, wie BGH und/oder der übungsleitende Professor es wollen und Anpassung an herrschende Meinungen gegenüber kreativer Intelligenz prämiert, ist für die Aufgaben des zukünftigen Juristen mit Sicherheit kontraproduktiv. Und da die Juri-

---

[65] *Ch. Hommerich*, Die Anwaltschaft im Schnittfeld von Expansionsdruck und Modernisierungszwang, in: *B.-O. Bryde/W. Hoffmann-Riem* (Hrsg.), Rechtsproduktion und Rechtsbewußtsein, 1988, S. 27 ff.

[66] *Ch. Hommerich*, Der Markt sucht sich seine Rechtsanwälte, in: Festschrift Blankenburg, 1998, S. 539 ff.

[67] *Hommerich* (Fn. 8), S. 50 ff.

sten keine Zunft mehr sind, hat dieses System nicht einmal mehr eine Rechtfertigung als Initiationsritual.

Damit schließt sich der Kreis. Ich habe meine Ausführungen mit einem Hinweis auf die schwache Stellung der Rechtssoziologie in der deutschen Rechtswissenschaft begonnen. Der Versuch, eine verstärkte sozialwissenschaftliche Selbstreflexion in der deutschen Rechtswissenschaft durchzusetzen, erfolgte parallel zu Bemühungen um die Reform der Juristenausbildung und ist gemeinsam mit ihr gescheitert[68]. Auch in Zukunft sind beide Ziele verbunden: Eine reformierte Juristenausbildung, die sich an der neuen Wirklichkeit der juristischen Profession orientiert, wird ohne rechtssoziologische Erkenntnisse zum Konflikt- und Verhandlungsverhalten oder zum Zugang zum Recht nicht auskommen, wie ohnehin die rechtssoziologische Fragestellung danach, was Richter faktisch tun, auch die Perspektive des Anwalts ist, er macht seinen Klienten gegenüber „prophecies of what the courts will do in fact".[69] Aber umgekehrt müßte jeder Fortschritt bei der Verbreitung von Kenntnissen über die Soziologie juristischer Berufstätigkeit auch zwingend zur Studienreform führen.

Welcher Weg der erfolgversprechendere ist, vermag ich nicht zu sagen, also sollte man sie beide gleichzeitig begehen.

---

[68] Vgl. das Fazit der gescheiterten Reform: *W. Hassemer/W. Hoffmann-Riem/J. Limbach* (Hrsg.), Juristenausbildung zwischen Experiment und Tradition, 1986.

[69] *O. W. Holmes*, The Path of the Law, 1897.

Gesetzgebungslehre als Soziologie der Gesetzgebung

Helmuth Schulze-Fielitz

I. Problemstellung

Durchmustert man die neueren Lehrbuchdarstellungen über „Rechtssoziologie"[1] nach Aussagen speziell zur Soziologie heutiger Gesetzgebung, so wird man nur vereinzelt und spärlich unter Gliederungsabschnitten wie „Gesetzgebung"[2] oder „Soziologie der Gesetzgebung"[3] fündig und findet das Urteil von *Hubert Rottleuthner* bestätigt: „Mit Fragen der Gesetzgebung hat sich die Rechtssoziologie erstaunlich wenig befaßt."[4] Dieser Umstand entspricht anscheinend auch der Beobachtung von *Manfred Rehbinder*[5], daß das Interesse in der heutigen Rechtssoziologie eher dem mehr praktischen, operationalen Aspekt i.S. der Rechtswissenschaft als Sozialtechnik (bzw. Rechtsanwendungswissenschaft) gelte - und zwar zu Lasten des *genetischen* Aspekts der Entstehung des Rechts als Ergebnis gesellschaftlicher Prozesse; demgegenüber habe dieser genetische Aspekt bei den Begründern der Rechtssoziologie wie *Eugen Ehrlich* und *Max Weber* noch im Vordergrund gestanden. Wie dem auch sei[6] – jedenfalls scheint die Gesetzgebungssoziologie eher ein Randthema der Rechtssoziologie zu sein[7]. Ich verstehe dabei Gesetzgebungssoziologie i.S. ei-

---

[1] *E. Blankenburg*, Mobilisierung des Rechts. Eine Einführung in die Rechtssoziologie, 1995; *R. Girtler*, Rechtssoziologie - Thesen und Möglichkeiten. Ein Grundkurs, 1976; *N. Luhmann*, Rechtssoziologie. 2 Teilbände, 1972; *T. Mathiesen*, Das Recht in der Gesellschaft, 1996; *K.-D. Opp*, Soziologie im Recht, 1973; *T. Raiser*, Rechtssoziologie, 1987; *ders.*, Das lebende Recht. Rechtssoziologie in Deutschland, 3. Aufl. 1999; *M. Rehbinder*, Rechtssoziologie, 3. Aufl. 1993; *K.F. Röhl*, Rechtssoziologie, 1987; *H. Rottleuthner*, Einführung in die Rechtssoziologie, 1987; *H. Ryffel*, Rechtssoziologie, 1974.

[2] *Rottleuthner*, Einführung (Fn. 1), S. 36 ff.

[3] *Rehbinder*, Rechtssoziologie (Fn. 1), S. 233 ff.; s. auch *J. Carbonnier*, Rechtssoziologie, 1974, S. 271 ff., 282 ff.

[4] *Rottleuthner*, Einführung (Fn. 1), S. 43.

[5] Vgl. *Rehbinder*, Rechtssoziologie (Fn. 1), S. 2.

[6] Auch bei *Ehrlich* findet man jedenfalls zum institutionalisierten Rechtsetzungsprozeß im Wege parlamentarischer Gesetzgebung nur punktuelle, keine systematischen Aussagen, vgl. *E. Ehrlich*, Grundlegung der Soziologie des Rechts (1913), 4. Aufl. 1989; das folgt auch schon aus seinem gesellschaftsorientierten theoretischen Ansatz, s. einführend *Raiser*, Recht (Fn. 1), S. 96 ff.

[7] Es spricht für das wissenschaftliche Gespür von *Edgar Michael Wenz*, wenn er sich ge-

ner Soziologie der Entstehung oder Setzung von positivem (geschriebenem) Recht. Man könnte zwar Gesetzgebungssoziologie auch weiter fassen i.S. der Gesamtheit aller soziologischen Aussagen über parlamentarische Gesetze oder gar über Recht; dann aber liefe sie weithin auf eine andere Umschreibung von Rechtssoziologie hinaus und erlaubte jedenfalls kaum noch eine spezifische Abgrenzung zu anderen Feldern der Rechtssoziologie – die gesamte existierende Wirkungsforschung zum positivierten Recht[8] etwa wäre dann kurzerhand Teil der Soziologie der Gesetzgebung.

Ich möchte demgegenüber in einem engeren Verständnis zunächst nach Erklärungen für den Sachverhalt einer Vernachlässigung der Fragen der Entstehung von positivem Recht in der aktuellen Rechtssoziologie suchen (II.), um in einem zweiten gedanklichen Schritt zu begründen, weshalb sich ein solcher Trend in Zukunft umkehren könnte (III.), auch wenn die wissenschaftsinstitutionellen Rahmenbedingungen für eine solche Reanimierung der Gesetzgebungssoziologie dagegen zu sprechen scheinen (IV.).

II. Auf der Suche nach Gründen für die Defizite einer Soziologie der Gesetzgebung

1. Rechtssoziologen über Gesetzgebung heute

Betrachtet man zunächst einmal die Ausführungen zur (besonders: parlamentarischen) Gesetzgebung in neueren rechtssoziologischen Lehrbüchern, so fällt eine starke Heterogenität auf. Dennoch lassen sich wohl zwei Generaltendenzen feststellen. Für die erste steht die soziologische *Betrachtung des Verfahrens der parlamentarischen Gesetzgebung* im Vordergrund, so dürftig die entsprechenden Ausführungen auch erscheinen. Bei *Manfred Rehbinder*[9] finden sich nach höchst allgemeinen Überlegungen zu ökonomischen, politischen und ideologisch-kulturellen Legislativkräften (S. 246) vor allem kritische Ausführungen zur Macht der politischen Parteien und der Verbände, die weithin mit gemeinwohlwidriger Interessenwahrnehmung gleichgesetzt wird (S. 250 ff.), und eher kulturkritischen Bemerkungen zur Lage der Demokratie (S. 256 ff.), denen ein spezifisch rechtssoziologischer Gehalt offenkundig abgeht. *Hubert*

---

rade diesen weißen Flecken auf der wissenschaftlichen Landkarte zugewendet hat, vgl. jetzt *U. Karpen* u.a. (Hrsg.), Rechtsforschung, Rechtspolitik und Unternehmertum. Gedächtnisschrift für Prof. Edgar Michael Wenz, 1999 (i.E.).

[8] Vgl. zuletzt die Forschungsbilanz bei *H. Hof/G. Lübbe-Wolff* (Hrsg.), Wirkungsforschung zum Recht I. Wirkungen und Erfolgsbedingungen von Gesetzen, 1999.

[9] *Rehbinder*, Rechtssoziologie (Fn. 1), S. 245 ff.; die Erstauflage von 1977 enthält in institutioneller Hinsicht nur Bemerkungen zur Soziologie der Justiz (ebd., S. 173 ff.), die in der Zweitauflage (1989) um Kapitel auch zur „Soziologie der Verwaltung" (ebd., S. 214 ff.) und eben zur Gesetzgebung (ebd., S. 233 ff.) ergänzt wurden.

Rottleuthner erläutert den Unterschied von Gesetz als Ausdruck gesellschaftlicher Vorgegebenheiten zum Gesetz als Instrument steuernder Veränderung[10], äußert Skepsis gegenüber der Existenz einer Normenflut (S. 43 f.) und den makrotheoretischen Annahmen eines generellen Wandels der gesetzten Regelungsformen (S. 51) und stellt vor allem ungeklärte Forschungsfragen, die den informellen Bedingungen erfolgreicher Gesetzgebung gelten: Welche Akteure mobilisieren den Gesetzgeber? Wie läßt sich der Inhalt eines Gesetzes erklären (S. 46 ff.)? Ähnlich fragt *Thomas Mathiesen* in seinen zwei Beispielen für die Beeinflussung der Rechtsetzung durch die gesellschaftlichen Verhältnisse[11] außer nach den Gründen für die Entstehung von Gefängnissen infolge eines wirtschaftsstrukturell bedingten Problems zunehmender Bettler und Landstreicher im 17. Jahrhundert (S. 79 ff.) auch nach den Gründen für die verspätete Arbeitsschutzgesetzgebung für die Arbeiten auf den norwegischen Ölplattformen seit den 60er Jahren dieses Jahrhunderts (S. 85 ff.).

Fast alle solche Fragen werden indessen ebenso oder gründlicher in politikwissenschaftlichen (Fall-)Studien[12], in Arbeiten zur politischen Soziologie und ebenso in der juristischen Literatur zum Verfahren parlamentarischer Gesetzgebung[13] thematisiert. Insoweit lassen sich dort ähnliche Schwerpunkte der Analysen erkennen. Einmal geht es vor allem um die jeweiligen *Interessen*, die sich im Rechtsetzungsverfahren dominierend oder kompromißhaft durchsetzen oder durchgesetzt haben[14]. Das individuelle oder soziale (Partial-)Interesse „hinter" dem Inhalt der rechtlichen Regelungen und in politischen Entscheidungsprozessen scheint eine, wenn nicht die zentrale Frage der Soziologie der Gesetzgebung zu sein. Zum anderen geht es i.S. der Entscheidungstheorie des Gesetzgebungsverfahrens um die Phasen des Gesetzgebungsprozesses, in denen die maßgeblichen Entscheidungen fallen – der *Orte der Entscheidung*: Ob innerhalb oder außerhalb des Parlaments, ob innerhalb oder außerhalb formeller Verfahren, ob unter maßgeblichem Einfluß von bestimmten Politiker-Persönlichkeiten oder gleichsam „anonym" Entscheidungen fallen – das scheint eine zweite wichtige Fragestellung für Studien zu sein, die sich dem Feld einer Soziologie der Gesetzgebung zuordnen lassen[15]. Gegenstand einer Soziologie der Gesetzgebung ist jedenfalls vor allem die Analyse des – weit verstandenen – Verfahrens der (parlamentarischen) Gesetzgebung.

---

[10] *Rottleuthner*, Einführung (Fn. 1), S. 36 ff.

[11] *Mathiesen*, Recht (Fn. 1), S. 74 ff.

[12] Vgl. nur als Synthese *K. v. Beyme*, Der Gesetzgeber, 1997, S. 73 ff., 176 ff., 207 ff., pass.; bibliographische Hinweise zu Fallstudien bei *P. Schindler* (Bearb.), Datenhandbuch zur Geschichte des Deutschen Bundestages 1949 bis 1999, 1999, S. 2512 ff.

[13] Vgl. nur *H. Schulze-Fielitz*, Theorie und Praxis parlamentarischer Gesetzgebung, 1988, pass.

[14] Vgl. z.B. *Schulze-Fielitz*, Theorie (Fn. 13), S. 264 ff., 275, 281 f., 393 ff. u.ö.

[15] Vgl. z.B. *Schulze-Fielitz*, Theorie (Fn. 13), S. 255 ff., 280 ff., 304 ff., 356 ff., 361 ff. u.ö.

Abweichend von dieser Tendenz zur Soziologie des Gesetzgebungsverfahrens läßt sich ein *zweiter Haupttrend* feststellen. Seine Art der Betrachtung fragt nach der *Verwertung soziologischer Kenntnisse und Theorien* bei der Rechtsetzung, wie sie beispielhaft einst *Karl-Dieter Opp* – dabei überaus methodisch orientiert – am Beispiel von zwei Gesetzentwürfen (zum Strafvollzugsgesetz und zu einem Gesetz zum Schutz freier Meinungsbildung) durchexerziert hat[16]. Es geht um die Verwertung allgemeinen oder bereichsspezifischen soziologischen Wissens über potentiell alle denkbaren sozialen Sachverhalte *im* Recht und bei der Rechtsetzung, wobei die überaus hohen methodischen Anforderungen sich für den Alltagsgesetzgeber als sehr realitätsfern erwiesen haben. Diese Perspektive berührt sich mit dem, was z.T. auch als Rechtstatsachenforschung bezeichnet wird.

Den genannten Haupttrends einer Soziologie der Gesetzgebung gemeinsam ist indessen, daß sie eine fachlich abgrenzbare, als spezifisch *rechts*soziologisch identifizierbare Problemstellung nicht, jedenfalls nicht auf Anhieb erkennen lassen. Vielmehr macht der politisch-instrumentelle Charakter heutiger Gesetzgebung das Verfahren der Gesetzgebung primär zum Gegenstand der Politikwissenschaft, nicht zu einem Zweig der Rechtssoziologie. Und die Frage nach der Verwertung soziologischer Kenntnisse und Theorien im Recht erstreckt sich auf den Wissensbestand sämtlicher Sozialwissenschaften. Es scheint mithin an einem identifizierbaren Forschungsgegenstand und Forschungsstand zur Soziologie der Gesetzgebung zu fehlen. Das muß Gründe haben.

2. *Erklärungsversuche*

a) Die institutionelle Verknüpfung mit dem Rechtsstab

Eine erste Erklärung kann an den schon erwähnten Umstand anknüpfen, daß sich die Rechtswissenschaft als primär praxisorientierte Disziplin versteht[17], für die das bestehende positive Recht in rechtsdogmatischer Anwendungsperspektive ganz im Vordergrund steht. Rechtssoziologische Fragestellungen knüpfen an diese Praxisperspektive an: Rechtssoziologische Forschung soll entweder in einer anwendungsorientierten Perspektive die konkrete Anwendung bestimmter Bereiche des positiven Rechts verbessern helfen, etwa durch die Effektivitätsforschung, Evaluation oder Implementationsforschung, oder aber sie soll die Tätigkeit des professionellen Rechtsstabes allgemein metadogmatisch beschreiben, erklären oder verbessern helfen, z.B. durch die verschiedenen Er-

---

16 *Opp*, Soziologie (Fn. 1), S. 132 ff., 159 ff.; s. auch *Carbonnier*, Rechtssoziologie (Fn. 3), S. 282 ff.

17 Vgl. zu diesem Selbstverständnis der Rechtswissenschaft etwa *K. Engisch*, Einführung in das juristische Denken, hrsgg. von T. Würtenberger und D. Otto, 9. Aufl. 1997, S. 3.

scheinungsformen der Justizforschung. In jedem Fall geht es dominierend um Fragen der Wirkung bzw. Anwendung des bestehenden positiven Rechts, unter Ausblendung oder Vernachlässigung des vorangehenden Prozesses der Entstehung dieses Rechts: Die an der Anwendungspraxis des Rechtsstabes orientierte Perspektive der Rechtswissenschaft bestimmt auch die Heuristik der Rechtssoziologen.

Dieser Zusammenhang wird gefördert durch den Umstand, daß wissenschaftlich tätige Rechtssoziologen meistens selbst auch Fachjuristen sind (und nicht nur reine Geistes- oder Sozialwissenschaftler) oder zumindest einer juristischen Fakultät und deren Arbeitsperspektive zugeordnet sind: Auch diese institutionelle Verknüpfung führt zur Vernachlässigung einer Soziologie der Gesetzgebung (bzw. allgemeiner der Rechtsetzung und/oder Rechtsentstehung).

b) Wissenschaftsspezifische Grenzen einer Soziologie der Gesetzgebung

Dennoch könnte man eine Nachfrage nach soziologischer Forschung zur Gesetzgebung zumindest aus jenen Bereichen staatlicher Institutionen erwarten, die sich professionell mit der Erarbeitung von Gesetzen oder sonstigen Rechtsnormen befassen, etwa aus der Ministerialbürokratie. Statt dessen liest man häufiger die Klage, daß der Gesetzgeber nicht einmal bereits bestehende (rechts-)soziologische Forschungsergebnisse oder sonstige Erkenntnisse der Verhaltensforschung angemessen verwerte[18], geschweige daß er die rechtssoziologische Forschung um Rat frage. Das spricht für die Existenz wissenschaftsspezifischer Grenzen einer Soziologie der Gesetzgebung.

Ein erster Grund könnte in der Leistungsfähigkeit der rechtssoziologisch arbeitenden Wissenschaftsinstitutionen liegen. Ihre Forschungsergebnisse sind entweder zu schmal oder für die Vielfalt der Problemstellungen heutiger Gesetzgeber nicht praktisch verwertbar; oder konkrete Nachfragen oder Aufträge des Gesetzgebers überschreiten oft den Zeithorizont sozialwissenschaftlicher Forschung, denn der Gesetzgeber arbeitet und entscheidet regelmäßig unter Zeitdruck nach politisch und/oder finanziellen Knappheitskriterien, die in der sozialwissenschaftlichen Forschung regelmäßig nur ceteris paribus gesetzt werden. Die Rationalitätsstandards „des" Gesetzgebers werden gemeinhin überschätzt. Zudem bewähren sich sozialwissenschaftliche Theorien oft erst in einem längeren Forschungs- und Diskussionsprozeß, der nicht im Wege einer sozialwissenschaftlichen Auftragsforschung kurzerhand generiert werden kann[19].

---

[18] *Rehbinder*, Rechtssoziologie (Fn. 1), S. 243; *Opp*, Soziologie (Fn. 1), S. 158, 190 u.ö.; zuletzt wieder *K. Redeker*, Rechtsethologie – Wirkungsforschung zum Recht, NJW 1999, S. 1686 (1687).

[19] Vgl. *Röhl*, Rechtssoziologie (Fn. 1), S. 101.

Wichtiger erscheint mir ein zweiter Grund: Wie alle Bindestrich-Soziologien (Kriminalsoziologie, Betriebssoziologie, Wirtschaftssoziologie usw.) rechtfertigt sich eine Verselbständigung der Rechtssoziologie als wissenschaftliches Fach dadurch, daß soziologische Fragestellungen unter bestimmten Perspektiven spezifiziert und damit verengt werden können, so daß zugleich differenziertere, informationshaltigere und auch empirisch überprüfbare Aussagen (Erklärungen) möglich werden. Recht ist nun aber jedenfalls in modernen Gesellschaften ubiquitär, d.h. nahezu jedes soziale Phänomen steht auch in einem spezifischen engen Zusammenhang mit Rechtsnormen und kann in diesem Bezug analysiert werden. Der Teil der Rechtssoziologie, der sich mit der Entstehung von Recht befaßt, also die genetische Rechtssoziologie (und mit ihr auch die Soziologie der – parlamentarischen – Gesetzgebung), muß sich deshalb potentiell mit der Gesamtheit der sozialen Phänomene befassen, die alle bei der Entstehung von Recht mitwirken (können). Darin ist eine potentielle Ausdehnung des Wissenschaftsprogramms der Rechtssoziologie als einer „Überwissenschaft" angelegt, die die disziplinbegrenzende Funktion des spezifischen Bezuges der Rechtssoziologie zum „Recht" aufzulösen droht[20] - und damit eben auch jene Vorteile der Spezialisierung bzw. Ausdifferenzierung der Rechtssoziologie gegenüber der allgemeinen Soziologie. Rechtssoziologie muß sich auf die spezifische Leistung von rechtlichen Institutionen für die Steuerung von Verhalten und die Regelung von Konflikten beschränken. Damit läßt sich jedenfalls teilweise auch erklären, weshalb rechtssoziologische Lehrbuchaussagen zur Entstehung von Recht regelmäßig sehr abstrakt erscheinen und sich in ihrem Informationsgehalt praktischer Verwertbarkeit weithin entziehen[21], und weshalb soziologische Aussagen über Recht oft in makrotheoretische Gesellschaftstheorien (z.B. die Systemtheorie) eingebettet sind[22], die sich erst recht der alltagspraktischen Verwertbarkeit für Rechtsetzungsinstanzen entziehen. Gesetzgebung ist so komplex, daß sozialwissenschaftlich abgesicherte Entscheidungen kaum möglich sind: Weder kann der Gesetzgeber auch nur alle notwendigen Fragen formulieren, geschweige die Sozialwissenschaft sie hinreichend beantworten[23].

Damit ist selbstverständlich nicht gemeint bzw. nicht ausgeschlossen, daß sich einzelne Rechtsnormen oder einzelne parlamentarische Gesetze auch unter spezifischen Fragestellungen auf bestimmte soziale Ursachen und Erklärungen ihrer Entstehung hin analysieren lassen. Insoweit dominieren, wie schon

---

[20] Vgl. *E. Blankenburg*, Rechtssoziologie und Rechtswirksamkeitsforschung: Warum es so schwierig ist, die Wirksamkeit von Gesetzen zu erforschen, in: W. Schreckenberger (Hrsg.), Gesetzgebungslehre, 1986, S. 109 ff. (113).

[21] Vgl. z.B. *G. Gurvitch*, Grundzüge der Soziologie des Rechts, 2. Aufl. 1974, S. 204 ff.

[22] Z.B. *N. Luhmann*, Das Recht der Gesellschaft, 1993; *J. Habermas*, Faktizität und Geltung, 1992.

[23] *Röhl*, Rechtssoziologie (Fn. 1), S. 98.

erwähnt, in der Wissenschaft Erkenntnisinteressen, die den Gesetzesentstehungsprozeß vor allem unter dem Gesichtspunkt der beteiligten sozialen Interessen und Interessengruppen, den politischen Alternativen und Gründen der Entscheidungen im Gesetzgebungsprozeß usw. analysieren. Diese sozialwissenschaftlichen Analysen – und das scheint mir ein dritter Grund für das Fehlen einer Soziologie der Gesetzgebung zu sein – sind aber vor allem Gegenstand politikwissenschaftlicher (Fall-)Studien, die am Gesetzgebungsverfahren als politischem Prozeß interessiert sind und sich insoweit mit dem Gegenstandsbereich einer (Rechts-)Soziologie der Gesetzgebung überschneiden; es fällt deshalb schwer, praktisch bedeutsame Fragestellungen einer spezifischen Soziologie der (parlamentarischen) Gesetzgebung zu erkennen, die nicht auch von politikwissenschaftlichen oder in einem weiten Sinne rechtswissenschaftlichen Fragestellungen (mit-)erörtert worden wären oder werden könnten.

3. Zwischenbilanz

Wenn die vorstehenden Erklärungsversuche tragfähig sein sollten, dann scheint es um die Chancen für eine eigenständige Soziologie der Gesetzgebung schlecht zu stehen: Ihre – jedenfalls am Maßstab von Lehrbüchern zur Rechtssoziologie offenkundige – defizitäre Entfaltung beruht auf strukturellen Gründen; die stiefmütterliche Behandlung läßt sich auch nicht durch gutgemeinte Absichtserklärungen einzelner Wissenschaftler beseitigen.

Ich möchte dennoch nachstehend die These begründen, daß und weshalb die praktische und theoretische Bedeutung einer Soziologie der Gesetzgebung vielleicht zunehmen könnte, und daß in einer solchen wissenschaftlichen (Re-)Animierung der Soziologie der Gesetzgebung eine der großen Zukunftsherausforderungen gerade für die Rechtswissenschaft verborgen liegen dürfte. Leitend ist ein praktisches Erkenntnisinteresse als Jurist: Es kommt mir auf bestimmte Sachprobleme der Gesetzgebung, nicht aber auf eine angemessene wissenschaftsdisziplinäre Verortung ihrer Behandlung an: Die für mich zentralen Probleme mögen sich als rechtssoziologische, politikwissenschaftliche oder verfassungstheoretische qualifizieren lassen oder auch als Probleme der politischen Soziologie, der Gesetzgebungslehre oder der Verwaltungswissenschaften anzusehen sein – es handelt sich jedenfalls um teilweise neuartige soziale Probleme der Rechtsetzung. Ebensowenig möchte ich mich auf die parlamentarische Gesetzgebung beschränken: Der sachliche Regelungszusammenhang zwischen Parlamentsgesetz und untergesetzlicher Rechtsetzung sowie von staatlicher Rechtsetzung und privaten und richterrechtlichen Komplementärregeln gebietet es, die verschiedenen Regelungselemente in ihren Gesamtwirkungen zu erfassen. Schließlich gelten meine Vermutungen tendenziell für alle Bereiche der Rechtsordnung, auch wenn die Beispiele sich ganz überwiegend auf öffentlich-rechtliche Gesetze und insoweit besonders auf die Umweltrechtsetzung bzw. Umweltsoziologie beziehen. In diesem Sinne möchte ich nachstehend zunächst die Gründe für eine Aktualisierung der Gesetzgebungslehre benennen (III.1.), sodann die daraus folgenden Aufgaben einer Rechtsetzungslehre (III.2.), schließlich einige spezifisch soziale Problemstellungen verdeutlichen (III.3.).

III. Perspektiven einer Aktualisierung: Die Notwendigkeit einer Gesetzgebungslehre als Soziologie der Gesetzgebung

1. Der Hintergrund: Entwicklungstendenzen des Wandels moderner Staatlichkeit

Ausgangspunkt der nachfolgenden Überlegungen soll die Vielfalt der Erscheinungsformen sein, die sich – zusammengenommen – als ein tiefgreifender Funktionswandel moderner Staatlichkeit[24] benennen läßt. Ohne jeden Anspruch auf Vollständigkeit möchte ich an einige Haupttendenzen anknüpfen, die symptomatisch für diesen Veränderungsprozeß sind; ich suche sie neutral als eine Ausdifferenzierung von Staatlichkeit zu interpretieren, ohne eine kulturkritische Absicht.

a) Staatsentlastung durch Privatisierung und Instrumentalisierung von Marktstrukturen

Mein erstes Stichwort lautet: Staatsentlastung durch Privatisierung. Es scheint weithin eine Übereinstimmung zu bestehen, daß sich der Staat im Laufe seiner Entfaltung so vieler Aufgaben angenommen hat, daß deren Erfüllung die ihm verfügbaren Ressourcen übersteigt[25]. Ob und Wie der Staatsaufgaben stehen auf einem permanenten Prüfstand[26]. Eine (weltweit beobachtbare) Ausweichstrategie ist eine Fülle von Privatisierungsaktivitäten, deren Folgen in weitem Umfang das Bild des modernen Staates zu verändern[27] im Begriffe sind. Im

---

[24] Vgl. zum folgenden auch schon *H. Schulze-Fielitz*, Der Leviathan auf dem Wege zum nützlichen Haustier?, in: R. Voigt (Hrsg.), Abschied vom Staat – Rückkehr zum Staat?, 1993 [2. Aufl. 1998], S. 95 ff.; *ders.*, Betätigung öffentlich-rechtlicher Institutionen im Onlinebereich, AfP 29 (1998), S. 447 ff.

[25] Symptomatisch *T. Ellwein/J. J. Hesse*, Der überforderte Staat, 1997.

[26] Vgl. *E. Schmidt-Aßmann*, Das allgemeine Verwaltungsrecht als Ordnungsidee, 1998, S. 138 ff.; ausf. *M. Burgi*, Funktionale Privatisierung und Verwaltungshilfe, 1999, S. 41 ff., 71 ff.; Sachverständigenrat, „Schlanker Staat". Abschlußbericht, 3 Bände, 1997; *D. Grimm* (Hrsg.), Staatsaufgaben, 1994; zur Schwäche der verfassungsrechtlichen Determinierung der Staatsaufgaben *H. Schulze-Fielitz*, Staatsaufgabenentwicklung und Verfassung, in: D. Grimm (Hrsg.), Wachsende Staatsaufgaben – sinkende Steuerungsfähigkeit des Rechts, 1990, S. 11 ff.

[27] Vgl. etwa *C. Gusy* (Hrsg.), Privatisierung von Staatsaufgaben: Kriterien – Grenzen – Fol-

Blick auf die *Staatsaufgaben* führt ein „Wanderungsprozeß" auf mehreren Stufen dazu, daß einst staatliche Aufgaben öffentliche werden, die ganz oder teilweise durch Private miterfüllt oder gar völlig aus dem Katalog öffentlicher Aufgaben gestrichen und zu rein privaten Aufgaben werden. Im Blick auf das *Organisationsrecht* findet diese Aufgabenerfüllung in ergänzenden privatrechtlichen Organisationen ihren Niederschlag, die ganz oder teilweise vom Staat getragen werden. Im Blick auf die *Handlungsformen* handeln der Staat oder seine privatrechtlichen Organisationen zunehmend mit den Mitteln des Privatrechts, das die Handlungsformen des öffentlichen Rechts vielfältig ergänzt[28]. Dies alles ist Ausdruck eines Formwandels staatlicher Machtausübung[29].

Diese Privatisierungsprozesse sind nicht identisch mit einem völligen Rückzug des Staates aus der Verantwortung für die Erfüllung öffentlicher Aufgaben; die meist bleibende öffentliche Verantwortung findet in vielfältig abgestuften und sachlich differenzierten neuen Strukturen der Verantwortung ihren Niederschlag, durch die der Staat sich privates Handeln zunutze macht[30]. Es geht allgemein um eine Neubestimmung des Verhältnisses von Staat und Gesellschaft[31] durch abgestufte Zusammenarbeit von Privaten und öffentlicher Hand bei der Erfüllung öffentlicher Aufgaben, selbst in den Bereichen „klassischer" Staatsaufgaben wie der Sicherheits- und Ordnungsverwaltung[32]. Insoweit tritt der Staat in einen engen Kontakt zu Privaten und kooperiert mit ihnen auf vielfältige Weise; in der Tendenz zu stärkerer Kooperation im Recht[33] liegt ein we-

---

gen, 1998; *F. Ludwig*, Privatisierung staatlicher Aufgaben im Umweltschutz, 1998, S. 130 ff.; *K. König/A. Benz* (Hrsg.), Privatisierung und staatliche Regulierung, 1997; ferner *G.F. Schuppert*, Die Privatisierungsdiskussion in der deutschen Staatsrechtslehre, StWStP 5 (1994), S. 541 ff.; *F. Schoch*, Privatisierung von Verwaltungsaufgaben, DVBl. 1994, S. 962 ff.

[28] Vgl. grdl. *W. Hoffmann-Riem/E. Schmidt-Aßmann* (Hrsg.), Öffentliches Recht und Privatrecht als wechselseitige Auffangordnungen, 1996.

[29] Vgl. *R. Mayntz*, Politische Steuerung: Aufstieg, Niedergang und Transformation einer Theorie (1996), in: dies., Soziale Dynamik und politische Steuerung, 1997, S. 263 ff. (284).

[30] Ausf. Übersicht bei *A. Voßkuhle*, Gesetzgeberische Regelungsstrategien der Verantwortungsteilung zwischen öffentlichem und privatem Sektor, in: G.F. Schuppert (Hrsg.), Jenseits von Privatisierung und „schlankem" Staat, 1999, S. 47 ff. (68 ff.); *H.-H. Trute*, Verzahnungen von öffentlichem und privatem Recht – anhand ausgewählter Beispiele, in: Hoffmann-Riem/Schmidt-Aßmann (Hrsg.), Öffentliches Recht (Fn. 28), S. 167 ff. (197 ff.); anders wohl *Burgi*, Privatisierung (Fn. 26), S. 366 ff.

[31] *I. Ebsen*, Öffentlich-rechtliche Rahmenbedingungen einer Informationsordnung, DVBl. 1997, S. 1039 ff. (1041); *G. Hermes*, Staatliche Infrastrukturverantwortung, 1998, S. 139 ff., 146 ff.; *J.-P. Schneider*, Liberalisierung der Stromwirtschaft durch regulative Marktorganisation, 1999, S. 33 f.; krit. *H.-D. Horn*, Staat und Gesellschaft in der Verwaltung des Pluralismus, Die Verwaltung 26 (1993), S. 545 ff.

[32] Vgl. nur *R. Pitschas*, Verantwortungsteilung in der inneren Sicherheit, in: Schuppert (Hrsg.), Privatisierung (Fn. 30), S. 135 ff.

[33] Vgl. zuletzt *S. Tomerius*, Kooperatives Verwaltungshandeln und Demokratieprinzip - Verfassungsrechtliche Strukturvorgaben am Beispiel informeller Absprachen in Genehmigungsverfahren, StWStP 8 (1997), S. 289 ff.; ferner etwa *J.-P. Schneider*, Kooperative Verwaltungsverfahren, VerwArch 87 (1996), S. 38 ff.; *H. Schulze-Fielitz*, Kooperatives Recht im Span-

sentlicher Entwicklungspfad des staatlichen Handelns der Gegenwart[34]. Ein zentrales Medium der Kooperation ist der Informationsaustausch. Dabei gewinnen Formen vorgängiger gesellschaftlicher Selbstregulierung zunehmende Bedeutung[35].

Der Privatisierung liegt zentral die Annahme zugrunde, daß Märkte und ihre Konkurrenzzwänge i.S. einer wettbewerbsgesteuerten Gemeinwohlfindung ganz oder teilweise die Gemeinwohlfindung durch politisch-parlamentarische oder administrative Entscheidungen funktional äquivalent ersetzen können[36]. Das herkömmliche Modell der Leistungserbringung durch die Verwaltung wird abgelöst durch Formen, in denen die Erbringung der notwendigen Leistungen einem Markt anvertraut wird, ohne daß eine flächendeckende Versorgung zu tragbaren Preisen garantiert werden kann[37]. Die Privatisierung kann den Markt als Instrument für Innovation und verbesserte Problemlösungen vor allem dort einsetzen, wo wirklich ein Wettbewerb besteht und das auf Dauer leisten kann, was ein Markt idealiter immer zu leisten in der Lage sein soll.

Eine Instrumentalisierung von Marktstrukturen durch Privatisierung setzt freilich eine bestimmte Vorstellung vom Markt und seiner Funktionsfähigkeit voraus. Der tatsächliche Zuschnitt von Teilmärkten, etwa der Medienmärkte, läßt sich aber, auch vor dem Hintergrund der unabsehbaren Entwicklungen im Multimediabereich, kaum eindeutig festlegen[38] bzw. unterliegt Wandlungen mit vielschichtigen Verflechtungen. In jedem Falle müssen sich rechtliche Regelungen um ihrer Regelungskraft willen einerseits an den Marktstrukturen

---

nungsfeld von Rechtsstaatsprinzip und Verfahrensökonomie, DVBl. 1994, S. 657 ff.; ausf. *R. Voigt* (Hrsg.), Der kooperative Staat, 1995; *A. Benz*, Kooperative Verwaltung, 1994; krit. zuletzt *U. Di Fabio*, Das Kooperationsprinzip - ein allgemeiner Rechtsgrundsatz des Umweltrechts, NVwZ 1999, S. 1153 ff.

[34] Zur Notwendigkeit eines Verwaltungskooperationsrechts: *H. Bauer*, Zur notwendigen Entwicklung eines Verwaltungskooperationsrechts – Statement, in: Schuppert (Hrsg.), Privatisierung (Fn. 30), S. 251 ff.

[35] Vgl. allg. *T. Groß*, Das Kollegialprinzip in der Verwaltungsorganisation, 1999, S. 130 ff.; *M. Schmidt-Preuß/U. Di Fabio*, Verwaltung und Verwaltungsrecht zwischen gesellschaftlicher Selbstregulierung und staatlicher Steuerung, VVDStRL 56 (1997), S. 160 ff. (185 ff., 192 ff.) bzw. S. 235 ff. (242 ff.); *H.-H. Trute*, Die Verwaltung und das Verwaltungsrecht zwischen gesellschaftlicher Selbstregulierung und staatlicher Steuerung, DVBl. 1996, S. 950 ff.; s. auch *D. Weinreich*, Recht als Medium gesellschaftlicher Selbststeuerung, 1995, S. 21 ff.

[36] Vgl. allg. *K. König/A. Benz*, Marktwirtschaftliche Aspekte von Privatisierung und Regulierung, in: dies. (Hrsg.), Privatisierung (Fn. 27), S. 67 ff.; speziell im Blick auf die Kommunen *H. Schulze-Fielitz*, Die kommunale Selbstverwaltung zwischen Diversifizierung und Einheit der Verwaltung, in: H.-G. Henneke (Hrsg.), Organisation kommunaler Aufgabenerfüllung, 1998, S. 223 ff. (225 ff., 235 ff., 245 ff.).

[37] Vgl. *J. Wieland*, Rechtliche Probleme der Privatisierung und Regulierung im Bereich Post und Telekommunikation, in: König/Benz (Hrsg.), Privatisierung (Fn. 27), S. 235 ff. (236, 238, 244).

[38] Vgl. zu einigen Schwierigkeiten *H. Kohl*, Elektronische Massenmedien und staatliche Verantwortung, in: FS für Kübler, 1997, S. 215 ff. (222 ff.); *C. Engel*, Medienordnungsrecht, 1996, S. 33 ff., 36 ff.

orientieren, dürfen aber andererseits deren Funktionsfähigkeit nicht einfach unterstellen oder behindern. Damit sind erhebliche Anforderungen an die staatliche Rechtsetzung formuliert, die die Leistungsfähigkeit des Staates überfordern könnten.

b) Die Teilung der bleibenden öffentlichen Verantwortung

Eine zentrale Einsicht darf dabei aber nicht übersehen werden: Auch wenn der Markt als Instrument der Gemeinwohlfindung eingesetzt und das herkömmliche Modell staatlicher Daseinsvorsorge modifiziert oder gar abgelöst wird, bleibt es bei einer öffentlichen Rahmenverantwortung des Staates, die Voraussetzungen individueller Freiheitsausübung zu schaffen und zu erhalten[39]; grundrechtsdogmatisch entspricht dem das Schutzpflichtenkonzept[40]. Hinzu treten eine sozialstaatlich ableitbare Infrastrukturverantwortung[41] und sachbereichsspezifische Gewährleistungsaufträge wie z.B die in der Allzuständigkeit der Gemeinden begründete lokale Gemeinwohlverantwortung[42]. Der Rückzug oder die Verschlankung des Staates dürfen nicht gleichgesetzt werden mit Gleichgültigkeit gegenüber jenen Gemeinwohlaufgaben, um deren Erfüllung willen es den Staat oder sonstige Erscheinungsformen institutionalisierter Gemeinwesen gibt. Selbst bei einer völligen Privatisierung i.S. der völligen Abgabe einer Staatsaufgabe an den Markt kann es, auch im allgemeinen Rahmen des Straf- und Zivil- bzw. Wettbewerbsrechts, die Privatisierungsfolgenverantwortung[43] des Staates gebieten, bei unerwarteten Fehlentwicklungen etwa zugunsten von marktzerstörenden Vermachtungsprozessen solchen Folgen nachträglich gegenzusteuern.

In der verwaltungsrechtlichen Diskussion werden in neuerer Zeit als abgestufte Erscheinungsformen dieser Verantwortung typologisierend etwa Erfüllungs-, Kontroll-, Privatisierungsfolgen- und Beobachtungsverantwortung[44] oder Ergebnis- (= Erfüllungs-), Gewährleistungs-, Rahmen- und Auffangver-

---

[39] *H.-H. Trute*, Verantwortungsteilung als Schlüsselbegriff eines sich verändernden Verhältnisses von öffentlichem und privatem Sektor, in: Schuppert (Hrsg.), Privatisierung (Fn. 30), S. 13 ff. (38); *H. Schulze-Fielitz*, Kontrolle der Verwaltung durch Rechnungshöfe, VVDStRL 55 (1995), S. 190 ff. (221).

[40] So am Beispiel der Telekommunikation *F. Schoch*, Öffentlich-rechtliche Rahmenbedingungen einer Informationsordnung, VVDStRL 57 (1998), S. 158 (206 ff.).

[41] *P. Lerche*, Infrastrukturelle Verfassungsaufträge (zu Nachrichtenverkehr, Eisenbahnen), in: FS für Friauf, 1996, S. 251 ff.; ausf. *Hermes*, Infrastrukturverantwortung (Fn. 31), S. 152 ff., 334 ff.

[42] *Schulze-Fielitz*, Selbstverwaltung (Fn. 36), S. 241 f.

[43] Dazu näher *R. Wahl*, Privatorganisationsrecht als Steuerungsinstrument bei der Wahrnehmung öffentlicher Aufgaben, in: E. Schmidt-Aßmann/W. Hoffmann-Riem (Hrsg.), Verwaltungsorganisationsrecht als Steuerungsressource, 1997, S. 301 ff. (336 ff.); *J.A. Kämmerer*, Verfassungsstaat auf Diät?, JZ 1996, S. 1042 ff. (1048 ff.).

[44] So z.B. *H. Bauer*, Privatisierung von Verwaltungsaufgaben, VVDStRL 54 (1995), S. 243 ff. (278 ff.); s. auch *G.F. Schuppert*, Rückzug des Staates?, DÖV 1995, S. 761 ff. (768).

antwortung[45] unterschieden; es wird sogar schon vom Übergang vom erfüllenden Wohlfahrtsstaat zum „Gewährleistungsstaat"[46] oder vom „Leistungsstaat" zum „Regulierungsstaat"[47] gesprochen, bei dem der Staat seiner Verantwortung nicht durch eigene Leistungserbringung, sondern durch die Regulierung der privaten Akteure nachkommt[48]. Das gemeinsame Problem besteht in der Art der Verantwortungsteilung zwischen Staat und Privaten, indem auf sehr unterschiedliche Art und Weise Private ganz oder teilweise zusammen mit dem Staat mittelbare öffentliche Verantwortung übernehmen; insoweit gibt es jenes breite abgestufte Spektrum von Zwischenformen der Kooperation zwischen den Polen einer vollen und alleinigen Erfüllungsverantwortung des Staates und der bloßen Rahmenverantwortung zur Abwehr von Gefahren privatautonomer Aktivitäten[49]. Gemeinsam ist ihnen die „planmäßige und gesetzesgeleitete eigenverantwortliche Beteiligung gesellschaftlicher Kräfte bei der Erfüllung öffentlicher Aufgaben"[50].

c) Die staatlichen Handlungsformen im Wandel

Diese Verantwortungsteilung kann sich auch auf die Handlungsformen des Staates und ihre Angemessenheit auswirken. Eine der Hauptaufgaben des öffentlichen Rechts ist die rechtliche Strukturierung der Formen staatlichen Han-

---

[45] *W. Hoffmann-Riem*, Tendenzen in der Verwaltungsrechtsentwicklung, DÖV 1997, S. 433 ff. (441 f.); *ders.*, Organisationsrecht als Steuerungsressource, in: Schmidt-Aßmann/ders. (Hrsg.), Verwaltungsorganisationsrecht (Fn. 43), S. 355 ff. (362 ff.); zu weiteren Unterscheidungen vgl. *Voßkuhle*, Regelungsstrategien (Fn. 30), S. 68 ff.; *Trute*, Verzahnungen (Fn. 30), S. 197 ff.; grdl. für diesen Ansatz: *E. Schmidt-Aßmann*, Zur Reform des Allgemeinen Verwaltungsrechts. Reformbedarf und Reformansätze, in: W. Hoffmann-Riem/E. Schmidt-Aßmann/G.F. Schuppert (Hrsg.), Reform des Allgemeinen Verwaltungsrechts. Grundfragen, 1993, S. 11 ff. (43 f.); krit. *H.C. Röhl*, Verwaltungsverantwortung als dogmatischer Begriff?, in: Die Wissenschaft vom Verwaltungsrecht, 1999 (Die Verwaltung - Beiheft 2), S. 33 ff. (53 ff.).

[46] *H. Hill*, Neuere Organisationsformen in der Staats- und Kommunalverwaltung, in: Schmidt-Aßmann/Hoffmann-Riem, Verwaltungsorganisationsrecht (Fn. 43), S. 65 ff. (69); *Schneider*, Liberalisierung (Fn. 31), S. 31.

[47] So *E. Grande*, Entlastung des Staates durch Liberalisierung und Privatisierung?, in: Voigt (Hrsg.), Abschied (Fn. 24), S. 371 ff. (388 f.); *G. F. Schuppert*, Geändertes Staatsverständnis als Grundlage des Organisationswandels öffentlicher Aufgabenwahrnehmung, in: D. Budäus (Hrsg.), Organisationswandel öffentlicher Aufgabenwahrnehmung, 1998, S. 19 ff. (48 ff.).

[48] Ausf. *Schneider*, Liberalisierung (Fn. 31), S. 123 ff.; *C. Gusy*, Jenseits von Privatisierung und „schlankem" Staat: Duale Sicherheitsverantwortung, in: Schuppert (Hrsg.), Privatisierung (Fn. 30), S. 115 ff. (127 ff.); *G.F. Schuppert*, Vom produzierenden zum gewährleistenden Staat: Privatisierung als Veränderung staatlicher Handlungsformen, in: König/Benz (Hrsg.), Privatisierung (Fn. 27), S. 539 ff. (549 ff., 554 ff.).

[49] Zuletzt *Trute*, Verantwortungsteilung (Fn. 39), S. 20 ff.; s. auch *R. Pitschas*, Verwaltungsverantwortung und Verwaltungsverfahren, 1990, S. 240 ff.; *Schmidt-Aßmann*, Verwaltungsrecht (Fn. 26), S. 155 f.; krit. zur Vorstellung einer „Verantwortungsteilung" *Schmidt-Preuß*, Verwaltung (Fn. 35), S. 165 ff.; speziell zur empirischen Phänomenologie der Verwaltungshilfe *Burgi*, Privatisierung (Fn. 26), S. 100 ff.

[50] So *Voßkuhle*, Regelungsstrategien (Fn. 30), S. 49.

delns. Die Formen der Normsetzung etwa durch Gesetze, Verordnungen und Satzungen oder die Formen verbindlicher Rechtsakte für den Einzelfall etwa durch Verwaltungsakte oder Verwaltungsverträge werden in ihren Zulässigkeitsvoraussetzungen, Rechtsfolgen und Rechtsschutzmöglichkeiten für den Staat wie für die betroffenen Bürger formalisiert und standardisiert. Schon immer gab es zwar staatliches Handeln, das sich Formalisierungen entzog und unter die „Restkategorie" des schlicht-hoheitlichen Handelns subsumiert wurde[51]. Kennzeichnend im öffentlichen Recht der Gegenwart ist aber, daß angesichts des Wachstums und der Ausdifferenzierung der Staatsaufgaben die Erscheinungsformen und das Ausmaß des rechtlich nicht formalisierten Staatshandelns zunehmen; dazu gehören auch die *informierenden Aufgaben* und Handlungsweisen des Staates, etwa die hoheitlichen Warnungen vor oder Empfehlungen zu dem Gebrauch bestimmter Produkte zugunsten der Verbraucher oder der Umwelt. Die moderne Verwaltung steht, auch aufgrund des Informatisierungsprozesses durch die elektronische Datenverarbeitung, mit dem Bürger schon im Vorfeld oder unabhängig von rechtsverbindlichen Akten auf vielfältige Weise im wechselseitigen Kontakt. Dafür hat sich der rechtlich diffuse Begriff des informalen Verwaltungshandelns durchgesetzt[52]. Es verlangt neue Strukturierungsleistungen durch die Rechtsordnung[53].

d) Die Rechtsetzung zwischen Deregulierung und Re-Regulierung

Parallel zur Privatisierung läßt sich einerseits eine verstärkte Forderung nach Deregulierung i.S. der Zurücknahme staatlicher Regelungsansprüche durch Recht zugunsten der selbstregulativen Kräfte des Marktes beobachten[54]. Diese Forderung ist nicht (mehr) eindeutig bestimmten politischen Zielen zuzuordnen, sondern Ausdruck der letztlich unausweichlichen Globalisierung und insoweit nicht Selbstzweck, sondern Instrument z.B. zur Stimulierung des Wettbewerbs unter privaten Anbietern, zur Privatisierung öffentlicher Dienstleistungen oder zur Reform des Politikvollzuges[55]. Andererseits darf Deregulierung nicht mit einem schlichten Regelungsverzicht gleichgesetzt werden, wie sich immer wieder an den Schwierigkeiten der praktischen Umsetzung von Vereinfachungs- und Deregulierungsabsichten zeigt: Der Staat sucht in seiner Gesamtverantwortung (zu Recht) zu verhindern, daß sich Deregulierung auf eine

---

[51] Übersichtlich *G. Robbers*, Schlichtes Verwaltungshandeln, DÖV 1987, S. 272 ff.; ausf. *M. Schulte*, Schlichtes Verwaltungshandeln, 1995, S. 17 ff.

[52] Grdl. *E. Bohne*, Der informale Rechtsstaat, 1981; übersichtlich *H. Dreier*, Informales Verwaltungshandeln, StWStP 1993, S. 657 ff.; *Schmidt-Aßmann*, Verwaltungsrecht (Fn. 26), S. 269 ff.

[53] S. jetzt die Zwischenbilanz bei *Schmidt-Aßmann*, Verwaltungsrecht (Fn. 26), S. 235 ff.

[54] Zuletzt beispielhaft Sachverständigenrat „Schlanker Staat". Abschlußbericht, 3 Bände, 1997.

[55] Vgl. *W. Linder*, Deregulierung - ein politisches Instrument für viele Ziele, LeGes 9 (1998), S. 95 ff.

bloße Begünstigung der Marktstarken reduziert. Er sucht z.B. nach privatrechtlichen Äquivalenten oder Kompensationen oder neuen Institutionen, die die Funktionsfähigkeit privatisierter Verhältnisse i.S. eines Schutzes vor einer dysfunktionalen Vermachtung der Märkte gewährleisten können. Privatisierung und Deregulierung führen daher oft zugleich zu neuem öffentlich-rechtlichen Regelungsbedarf[56], zu komplizierteren Gesetzen und zu Prozessen der Re-Regulierung[57]; man denke nur an die Telekommunikations- und Medienrechtsentwicklung[58]. Praktisch steht hinter der Forderung nach Deregulierung deshalb oft die Notwendigkeit zu einer ausreichend differenzierten Regulierung[59] i.S. einer „hoheitlich regulierten gesellschaftlichen Selbstregulierung"[60].

2. *Konsequenzen: Neue Aufgaben einer Rechtsetzungslehre*

a) Die allgegenwärtige Problematisierung staatlicher Rechtsetzungsformen

Die skizzierten Entwicklungen stellen auch die Gesetzgebungslehre als Rechtsetzungslehre vor neue Aufgaben. Sie lassen zunächst einmal prinzipiell keinen Bereich staatlichen Handelns aus. Auch herkömmlich allein dem Staat zugeordnete Aufgaben sind differenzierten Regelungen zugänglich: Allenthalben wird in der Hoffnung auf eine Entlastung des Staates i.S. einer kooperativen Verantwortungsteilung und Zusammenarbeit von Staat und Privaten und in Differenzierung nach dem jeweiligen Sachbereich nach angemessenen Zwischenformen jenseits der Alternative Gesellschaft *oder* Staat gesucht: Im Mittelpunkt der aktuellen verwaltungsrechtswissenschaftlichen Diskussion stehen deshalb keineswegs nur Formen gesellschaftlicher Selbstregulierung, die an die Stelle staatlicher („imperativer") Regulierung treten sollen. Vielmehr geht es vor allem auch um die abgestuften Zwischenformen hoheitlich regulierter gesellschaftlicher Selbstregelungen bzw. (stärker staatlicher) Formen hoheitlicher Regulierung, in die aber selbstregulative Elemente „eingebaut" werden[61]. Die

---

[56] Vgl. z.B. zsfssd. *K. König/A. Benz*, Privatisierung und staatliche Regulierung – eine Zwischenbilanz, in: dies. (Hrsg.), Privatisierung (Fn. 27), S. 606 ff. (618 ff.); ferner etwa *Bauer*, Privatisierung (Fn. 44), S. 277 ff.; *Kämmerer*, Verfassungsstaat (Fn. 43), S. 1050; *E. Schmidt-Aßmann*, Gefährdungen der Rechts- und Gesetzesbindungen der Exekutive, in: FS für K. Stern, 1997, S. 745 ff. (749 f.).

[57] *Linder*, Deregulierung (Fn. 55), S. 104.

[58] S. nur *F. Schoch*, Verantwortungsteilung in einer staatlich zu regelnden Informationsordnung, in: Schuppert (Hrsg.), Privatisierung (Fn. 30), S. 221 ff. (234 ff.).

[59] *D. Kettiger*, Deregulierung - ein politisches Instrument für viele Ziele - Stellungnahme, LeGes 10 (1999), S. 139 ff.

[60] Z.B. *W. Hoffmann-Riem*, Verfahrensprivatisierung als Modernisierung, in: ders./J.-P. Schneider (Hrsg.), Verfahrensprivatisierung im Umweltrecht, 1996, S. 9 ff. (19 ff.); *Voßkuhle*, Regelungsstrategien (Fn. 30), S. 60 ff.; *Burgi*, Privatisierung (Fn. 26), S. 87 ff.

[61] Vgl. allg. *W. Hoffmann-Riem*, Öffentliches Recht und Privatrecht als wechselseitige Auffangordnungen - Systematisierung und Entwicklungsperspektiven, in: ders./Schmidt-Aß-

Folgerungen werden z.B. selbst im Bereich der staatlichen Justiz diskutiert, indem eine Justizentlastung etwa in Form eines aufeinander bezogenen Systems von gesellschaftlicher Selbstregelung (z.B. durch Schieds- und Schlichtungsstellen der Wirtschaft[62]), von hoheitlich regulierter gesellschaftlicher Selbstregelung (z.B. durch Schiedsgerichte nach den §§ 1025 ff. ZPO) und selbstregulativen Elementen wie der Privat- und Nebenklage im Rahmen der an sich staatlichen Anklagen[63] ins Auge gefaßt wird.

b) Die verstärkte Reflexion des Zusammenhangs der verschiedenen Quellen und Ebenen von Recht

Hinzu kommt ein erhebliches Wachstum an Problemstellungen aufgrund der Notwendigkeit, die Vielfalt von Rechtsquellen und Regelungsebenen in ihrem Zusammenspiel zu berücksichtigen. Ausgangspunkt muß die „Regelungsstruktur" i.S. aller für die Regulierung eines Sachbereichs und einer öffentlichen Aufgabe wichtigen Regelungsinstanzen und Regelungsinstrumente sein[64]. Herkömmlicherweise orientiert sich die empirische Soziologie der Gesetzgebung an der Entstehung einzelner Gesetze, Normen oder rechtlichen Institutionen. Durch die Ausdifferenzierung des Rechts in eine Fülle von einander ergänzenden oder kompensierenden Regelungen, Regelungsinstanzen und Regelungsinstrumenten bedarf es einer starken Beachtung des wechselseitigen Wirkens und Zusammenwirkens unterschiedlicher Normen der staatlichen Regelungsebenen, von der europäischen Rechtsetzung bis zur Gesetzeskonkretisierung durch Satzung oder Verwaltungsvorschriftengebung, aber auch des Zusammenhangs staatlicher und privater Rechtsetzung. Hier versagen schlichte Kausalvorstellungen von Folgen einzelner Normen im parlamentarischen Gesetz i.S. von linearen Wirkungen bestimmter normativer Imperative. In den Begriffen wie „reflexives Recht" oder „Kontextsteuerung" ist das Komplexitätswachstum schon früh rechtssoziologisch thematisiert[65] und auch rechtsdogmatisch rezipiert[66] worden. Für eine auch gesetzgebungspragmatisch orientierte

---

mann (Hrsg.), Öffentliches Recht (Fn. 28), S. 261 ff. (300 ff.); *Schmidt-Preuß*, Verwaltung (Fn. 35), S. 176 ff., 185 ff.

[62] Vgl. zuletzt *H.-J. Heck*, Schieds-, Schlichtungs- und Inkassowesen im Handwerk, WiVerw. 1999, S. 100 ff.

[63] Vgl. *W. Hoffmann-Riem*, Justizdienstleistungen im kooperativen Staat, JZ 1999, S. 421 ff. (423 f.); jetzt ausf. auch in Schuppert (Hrsg.), Privatisierung (Fn. 30), S. 159 ff. (173 ff.).

[64] So *Trute*, Verantwortungsteilung (Fn. 39), S. 21 ff.

[65] Z.B. *G. Teubner/H. Willke*, Kontext und Autonomie: Gesellschaftliche Selbststeuerung durch reflexives Recht, ZfRSoz 5 (1984), S. 4 ff.; krit. *P. Nahamowitz*, „Reflexives Recht": Das unmögliche Ideal eines post-interventionistischen Steuerungskonzepts, ZfRSoz 6 (1985), S. 29 ff.; s. auch *Weinreich*, Recht (Fn. 35), S. 95 ff.

[66] Vgl. nur *Schmidt-Preuß*, Verwaltung (Fn. 35), S. 185 ff., 192 ff. m. ausf. Nw.; grundsätzlich krit. zuletzt *O. Lepsius*, Steuerungsdiskussion, Systemtheorie und Parlamentarismuskritik, 1999, S. 30 ff. u.ö.

(präskriptive) Rechtsetzungslehre folgt daraus, die Fragestellungen einer am Parlamentsgesetz orientierten Gesetzgebungslehre zugunsten einer Rechtsetzungslehre im weiten Sinne auszudehnen; eine Soziologie allein der parlamentarischen Gesetzgebung kann nur noch unterkomplexe Antworten auf die Normsetzungsprobleme im modernen Staat geben. Beispielsweise sind die im Umweltrecht neuerdings in breitem Umfang praktizierten normersetzenden Selbstverpflichtungserklärungen[67] auf die soziale Selektivität der Einflußmöglichkeiten der beteiligten Interessen(verbände), auf ihre Kontrollier- und Sanktionierbarkeit hin zu überprüfen[68].

c) Auf dem Wege zu einer Soziologisierung der Rechtsetzungslehre?

Mit dem angedeuteten Wachstum der Komplexität von Rechtsetzung eng verbunden ist eine Besinnung auf die sozialen Voraussetzungen der Wirksamkeit von Recht und Gesetzen[69]. Wenn nicht alles täuscht, wächst der Sinn für die Notwendigkeit von Wirkungsforschung zum Recht, wie sie etwa in den Projekten zum Ausdruck kommt, die die VW-Stiftung in neuerer Zeit angestoßen hat[70]. Aber auch die Rechtspraxis scheint einen solchen wachsenden Bedarf nach genauerem Wissen über die Wirkungen des Rechts zu spüren, wenn dieses Thema - wie jüngst - die Kommentarspalten der NJW erreicht[71]. Solche Tendenzen spiegeln ein deutliches Unbehagen auch der professionellen Juristen, daß die bloße zentralisierte Rechtsetzung allein oft nicht viel verändert und bewirkt; die Diskussion um „Vollzugsdefizite" etwa im Umweltrecht[72] erörtert einen Teilbereich dieser Probleme, jenen Teilbereich nämlich, wo die Vorstellung vom „Vollzug" von Gesetzen noch anwendbar erscheint. Im übrigen kommt es aber vor allem auf die Qualität der Gesetze an. Diese wird ihrerseits nicht nur durch die legistische Qualität für Juristen bestimmt, sondern auch die Sachangemessenheit der Normen und der Berücksichtigung ihrer sozialen Voraussetzungen: Es geht um die Nutzung der Eigenlogik gesellschaftlicher Teilbereiche im Rahmen staatlicher Steuerung durch Recht[73]. Der Ruf nach

---

[67] Allein im Bereich des Abfallrechts gibt es über 100 derartige Selbstverpflichtungserklärungen, vgl. *A. Rockholz* auf den 7. Kölner Abfalltagen, zit. nach O. Köck, Deregulierung im Abfallrecht - eine Erfolgsstory?, UPR 1999, S. 139 ff. (140).

[68] Vgl. etwa *E. Brandt*, Vergleich zwischen den Zielsetzungen des Gesetzgebers und den tatsächlichen Wirkungen des Gesetzes, in: Hof/Lübbe-Wolff (Fn. 8), S. 23 ff. (27 f.); *G.F. Schuppert*, Das Gesetz als zentrales Steuerungsinstrument des Rechtsstaates, in: ders. (Hrsg.), Das Gesetz als zentrales Steuerungsinstrument des Rechtsstaates, 1998, S. 105 ff. (114 ff.).

[69] Vgl. z.B. *H. Eidenmüller*, Rechtswissenschaft als Realwissenschaft, JZ 1999, S. 53 ff.

[70] Vgl. Fn. 8.

[71] Vgl. *Redeker*, Rechtsethologie (Fn. 18), S. 1686 ff.

[72] Zsfssd. die Übersicht bei *H. Hill/A. Weber*, Vollzugserfahrungen mit umweltrechtlichen Zulassungsverfahren in den neuen Ländern, 1996, S. 21 ff.; s. auch *Schuppert*, Gesetz (Fn. 68), S. 121 f.

[73] *Trute*, Verantwortungsteilung (Fn. 39), S. 17 f., 23, 28; s. auch S. 26.

Wirkungsforschung in einem interdisziplinären, umfassenden Sinn ist Symptom für den Wandel der (steigenden) Anforderungen an staatliche Rechtsetzung als Folge des skizzierten Wandels moderner Staatlichkeit.

3. Exemplarische Folgerungen für Fragestellungen einer Soziologie der Gesetzgebung

Vor diesem Hintergrund stellen sich eine Fülle von soziologischen Problemen, die sich mit den neuen Erscheinungsformen der Rechtsetzung verbinden. Nachstehend sollen beispielhaft einige Fragenkomplexe skizziert werden, um die m.E. zunehmende Wichtigkeit und Aktualität einer Soziologie der Rechtsetzung auch für die Rechtspraxis zu verdeutlichen.

a) Die Wirkungsforschung als „Steinbruch“ für die Soziologie der Gesetzgebung

Die Wirkungsanalyse bestehender Gesetze ist nun allerdings nicht umstandslos mit einer Soziologie der Rechtsetzung gleichzusetzen. Die Wirkungsforschung knüpft an bestehendes Recht an und erklärt dessen Wirkungen, Defizite oder Erfolgsbedingungen[74] – inwieweit liegt darin ein Potential für eine Soziologie der Rechtsetzung in gesetzgebungspragmatischer Absicht? Einmal ist daran zu erinnern, daß Prognosen „umgekehrte“, in die Zukunft gewendete Erklärungen sind: Empirisch-analytische Theorien i.S. von Wenn-Dann-Aussagen bzw. deduktiv-nomologische Erklärungen[75] über die Wirkung von bestimmten Normen werden, in die Zukunft verlängert, zu Prognosen[76]. Insoweit enthält jede rechtssoziologische Wirkungsforschung zwar grundsätzlich den Keim auch für eine Soziologie zukünftiger Rechtsetzung, wie sie auch heute schon partiell in den Ansätzen der Gesetzesfolgenabschätzung praktiziert wird[77].

---

[74] Vgl. zuletzt *D. Strempel*, Perspektiven der Rechtswirkungsforschung (RWF) – Inhalte und Organisation, in: Hof/Lübbe-Wolff (Fn. 8), S. 627 ff., auch abgedruckt in LeGes 9 (1998), S. 75 ff. und ZG 13 (1998), S. 116 ff.

[75] Vgl. nur *Röhl*, Rechtssoziologie (Fn. 1), S. 67 ff.

[76] Vgl. nur *K.-D. Opp*, Methodologie der Sozialwissenschaften, 1976, S. 163 ff.

[77] Zum gegenwärtigen Stand vgl. *L. Brocker*, Gesetzesfolgenabschätzung und ihre Methodik, in: Hof/Lübbe-Wolff (Fn. 8), S. 35 ff.; *W. Zeh*, Gesetzesfolgenabschätzung – Politikgestaltung durch Gesetze?, sowie *H. Wagner*, Gesetzesfolgenabschätzung bei forschungsrelevanten Gesetzen, beide in: W. Jaun u.a. (Hrsg.), Politik und Verwaltung auf dem Wege in die transindustrielle Gesellschaft, 1998, S. 365 ff. bzw. S. 441 ff.;- *W. Bussmann*, Rechtliche Anforderungen an die Qualität der Gesetzesfolgenabschätzung?, ZG 13 (1998), S. 127 ff.; *C. Böhret/G. Konzendorf*, Rechtsoptimierung mittels Gesetzesfolgenabschätzung: Waldgesetz Rheinland-Pfalz, 1998; *M.K. Grün/B. Morsey*, Prospektive Gesetzesfolgenabschätzung zum Problembereich Somatische Gentherapie, 1997, S. 12 ff.; *C. Böhret*, Gesetzesfolgenabschätzung, 1997; *W. Bussmann*, Die Methodik der prospektiven Gesetzesevaluation, LeGes 8 (1997), S. 109 ff. (110: „noch weitgehend eine Idee, die mit Inhalt gefüllt werden muss“); *v. Beyme*, Gesetzgeber (Fn. 12), S. 319 ff., 330 ff.; zuletzt *G. Konzendorf*, Innovationen im Rechtsetzungsprozeß durch

Das damit verbundene Hauptproblem liegt aber in der unvermeidlich begrenzten Aussagekraft sozialer Prognosen[78] und zudem in der Übertragbarkeit von Erklärungszusammenhängen. Jede empirische sozialwissenschaftliche Forschung, die auf informationshaltige Aussagen abzielt, muß bestimmte Parameter isolieren bzw. in Bezug zueinander setzen und andere „ceteris paribus", d.h. als gleichbleibend-feststehend betrachten, will sie sich nicht mit der Erkenntnis begnügen, daß irgendwie „alles mit allem" zusammenhängt[79]. Es kann nun aber in jedem Einzelfall sehr zweifelhaft sein, ob und inwieweit Erkenntnisse, die der „Steinbruch" der Wirkungsforschung zu einzelnen geltenden Gesetzen birgt, auf ganz andere geplante Gesetze oder Regelungskonstellationen übertragbar sind. Insoweit sind angesichts des Standes und der Möglichkeiten der Wirkungsforschung regelmäßig allenfalls Tendenzaussagen möglich; sie helfen dem politischen Gesetzgeber bei der Entscheidungsfindung begrenzt, können dessen verantwortete Entscheidungen aber nie ersetzen: Die oft monierte fehlende objektivierbare wissenschaftliche Grundlage gesetzgeberischer Prognosen[80] ist deshalb zu einem wesentlichen Teil strukturell unvermeidlich. Ein soziologischer Erkenntnisbestand kann nur punktuell - eher zufällig - Fragen des Juristen (Rechtspraktikers) beantworten[81].

Hinzu kommt, daß die Wirkungsforschung sich vor allem an bestimmten einzelnen Regelungsgehalten von Gesetzen und Normen und dem Ausmaß ihrer Umsetzung orientiert[82], daß aber die neueren, komplizierteren Regelungsprobleme einer optimalen Verantwortungsteilung „zwischen" gesellschaftlicher Selbstregulierung und staatlicher Rechtsetzung durch diese Wirkungs- und Implementationsforschung nur partiell zum Thema wird. Die empirische Wirkungsforschung orientiert sich an vereinfachten Normtypen bzw. Regelungsvorstellungen. Dabei scheint es zudem einen Bias zugunsten strafrechtlicher Forschungen zu geben[83], die mit relativ schlichten Normstrukturen (Verbotsnormen und strafrechtliche Sanktionen) arbeiten (können). Für die inso-

---

Gesetzesfolgenabschätzung, ZfRSoz 20 (1999), S. 105 ff.; *ders.*, Gesetzesfolgenabschätzung, Universitas 1999, S. 952 ff.; *H. Wagner*, Gesetzesfolgenabschätzung - Modeerscheinung oder Notwendigkeit?, ZRP 1999, S. 480 ff.; s. auch *I. Unkelbach,* Die Institutionalisierung der Gesetzesfolgenabschätzung auf Landesebene, 1998, S. 7 ff.; zu Ansätzen auf europäischer Ebene *U. Karpen*, Gesetzesfolgenabschätzung in der Europäischen Union, AöR 124 (1999), S. 400 ff., zum deutschen Recht ebd. S. 408 ff.

78 Vgl. dazu *Opp*, Methodologie (Fn. 76), S. 173 ff.

79 Vgl. auch *Röhl*, Rechtssoziologie (Fn. 1), S. 70 f.; *Schulze-Fielitz*, Theorie (Fn. 13), S. 494.

80 Vgl. z.B. *Redeker,* Rechtsethologie (Fn. 18), S. 1687.

81 Das ist kein Argument gegen, sondern für eine Institutionalisierung der Gesetzesfolgenabschätzung. Sie ist erforderlich, gerade weil die Grenzen der sozialen Prognose eine professionalisierte Handhabung verlangen. Vgl. auch *Wagner,* Gesetzesfolgenabschätzung (Fn. 77), S. 485 f.

82 Vgl. übersichtlich *Röhl*, Rechtssoziologie (Fn. 1), S. 243 ff., 252 ff., 300 ff.

83 *G. Lübbe-Wolff*, Schluß-Folgerungen zur Rechtswirkungsforschung, in: Hof/Lübbe-Wolff (Fn. 8), S. 645 ff. (645).

weit gebotene Ausweitung der Evaluationsforschung zur Untersuchung von Regelungsstrukturen und ihren empirischen Folgen[84] stellen sich verschärft Probleme der Übertragbarkeit von Forschungsergebnissen, weil sich die Wirkungen komplexer Regelungsverbünde vermutlich nur sehr begrenzt miteinander vergleichen lassen[85]. Die Evaluation von Institutionen und institutionellen Politiken ist als besonders schwierig erkannt, wie sich am Beispiel der weithin fehlenden sozialwissenschaftlichen Wirkungsforschung im Blick auf die Einführung der neuartigen Steuerungsformen des New Public Management plausibel machen läßt[86].

b) Interessengleichgewichte unter den Bedingungen sozialer Asymmetrien

Wenn ein „Megatrend" zukünftiger Rechtsetzung darin liegt, Formen gesellschaftlicher Selbstregulierung im Rahmen staatlichen Rechts zu initiieren, zu ermöglichen und zu strukturieren, dann stellt sich die Frage nach einer Garantenstellung der staatlichen Rechtsetzung für ein Mindestmaß sozialen Interessenausgleichs neu[87]. Tendenzen zur Deregulierung laufen deshalb keineswegs per se auf den Abbau oder auf eine Vernachlässigung des Sozialstaatsgedankens hinaus[88], sondern geben dem Sozialstaatsgedanken eine andere Erscheinungsform, um einseitige Übergewichtungen sozialer oder wirtschaftlicher Macht zu unterbinden. Eine primäre Aufgabe für eine Soziologie selbstregulierender Gesetzgebung liegt in der Analyse der konträren sozialen Interessen, ihrer jeweiligen Macht und der Rahmenbedingungen für ihren Ausgleich kraft Vereinbarung. Welches sind Verlierer und welches Gewinner bei Neueinführung von Selbstregulierungsmechanismen?

c) Soziale Rahmenbedingungen von staatlichen und privaten Rechtsetzungsverfahren

Ein Teil dieser Analyse der Interessen bezieht sich auf die Vielfalt der Rechtsetzungsprozesse im weiten Sinne, die die parlamentarischen Gesetze ergänzen und überhaupt erst handhabbar machen. Während die Art der richterlichen Ausfüllung von Generalklauseln zu den Standardproblemen der Rechtssoziologie gehört[89], fehlt es weithin an einer Soziologie der untergesetzlichen Rechtsetzungsverfahren. Ihre Gegenstände wären z.B. die Frage, wer jeweils zu den „beteiligten Kreisen" gehört, die z.B. nach § 51 BImSchG vor Erlaß von Ver-

---

[84] *Trute*, Verantwortungsteilung (Fn. 39), S. 35.

[85] Vgl. *Eidenmüller*, Rechtswissenschaft (Fn. 69), S. 56.

[86] Vgl. *W. Bussmann*, Evaluation von NPM-Pilotprojekten, LeGes 8 (1997), S. 137 ff.; s. aber jetzt für die Schweiz *M. Zürcher*, Wider ein betriebswirtschaftlich verkürztes New Public Management: Über Produkte, Indikatoren und die Wirksamkeit, LeGes 10 (1999), S. 105 ff.

[87] Vgl. etwa *Trute*, Verantwortungsteilung (Fn. 39), S. 41 ff.

[88] So allerdings *Rehbinder*, Rechtssoziologie (Fn. 1), S. 127, 258.

[89] Vgl. nur *Rehbinder*, Rechtssoziologie (Fn. 1), S. 12 ff.

waltungsvorschriften und Rechtsverordnungen angehört werden oder worden sind: Gibt es soziale Asymmetrien bei den dort genannten „Vertretern der Wissenschaft, der Betroffenen, der beteiligten Wirtschaft, des beteiligten Verkehrswesens und der für den Immissionsschutz zuständigen obersten Landesbehörden"? Müßten Zusammensetzung und Ausgewogenheit solcher Kreise (oder auch beratender Kommissionen) auch jenseits verfassungsrechtlicher Mindestanforderungen i.S. der Ermöglichung einer „kontroversen Repräsentation"[90] rechtlich geregelt werden, wie das § 17 UGB-KomE für die dort vorgesehene „Umweltkommission" jedenfalls im Ansatz vorsieht[91]? Kann es z.B. richtig sein, wenn ein Politikwechsel in der Bundesregierung zu einem Wechsel der Mitglieder der Reaktorsicherheitskommision und der Strahlenschutzkommission nach dem Gusto des jeweiligen Ministers führt, d.h. Größe und Art und Weise der Zusammensetzung der Kommissionen sachverständiger Beratung nur als ein rechtliches Problem der ministeriellen Organisationsgewalt bzw. ministerieller „Satzunggebung" anzusehen ist[92]? Wie läßt sich gewährleisten, daß der Teufel nicht mit dem Beelzebub ausgetrieben wird?

Solche Fragestellungen gelten aber nicht nur den Formen der staatlichen, sondern auch denen der privaten Normsetzung, auf die das staatliche Recht in mannigfachen Formen zurückgreift, ob durch ausdrückliche Verweisungen oder durch Rezeptionsnormen wie die verschiedenen Technik- und Wissenschaft-Klauseln in den verschiedenen Umweltgesetzen[93]. Gerade wenn man die Staatsentlastung durch partielle Privatisierung der Normsetzung wegen der Flexibilitätsgewinne als positiv einschätzt[94], gehört es zu den vordringlichen

---

[90] Zu diesen *E. Denninger/K.-H. Hohm*, Verfassungsrechtliche Anforderungen an die Normsetzung im Umwelt- und Technikrecht, 1990, S. 179 f. u.ö.; *G. Lübbe-Wolff*, Verfassungsrechtliche Fragen der Normsetzung und Normkonkretisierung im Umweltrecht, ZG 6 (1991), S. 219 ff.; s. zuletzt *S. Paetow*, Rechtsformen der untergesetzlichen Konkretisierung von Umweltforderungen, ZUR 1999, S. 199 ff. (202 f.).

[91] Vgl. *Bundesministerium für Umwelt, Naturschutz und Reaktorsicherheit* (Hrsg.), Umweltgesetzbuch (UGB-KomE). Entwurf der Unabhängigen Sachverständigenkommission zum Umweltgesetzbuch beim Bundesministerium für Umwelt, Naturschutz und Reaktorsicherheit, 1998, S. 115 f., 475 ff.

[92] Vgl. Umwelt 1999, S. 80, 176 f. – Vgl. i.S. einer „organisations- und verfahrensbezogenen Strukturschaffungspflicht" des demokratischen Rechtsstaats *Burgi*, Privatisierung (Fn. 26), S. 370 ff.; ferner *Groß*, Kollegialprinzip (Fn. 35), S. 240 ff.

[93] Vgl. nur *H. Voelzkow*, Private Regierungen in der Techniksteuerung, 1996, S. 25 ff., 219 ff. u.ö.; *I. Lamb*, Kooperative Gesetzeskonkretisierung, 1995, S. 72 ff., 97 ff.; *P. Marburger/T. Gebhard*, Gesellschaftliche Umweltnormierungen, in: A. Endres/P. Marburger (Hrsg.), Umweltschutz durch gesellschaftliche Selbststeuerung, 1993, S. 1 ff.; s. auch allg. *R. Kleindiek*, Die Verantwortung für Entscheidungen über den „Stand von Wissenschaft und Technik" im Atom- und Gentechnikrecht, in: K. Lange (Hrsg.), Gesamtverantwortung statt Verantwortungsparzellierung im Umweltrecht, 1997, S. 117 ff.

[94] Ausf. *H. Schulze-Fielitz*, Zeitoffene Gesetzgebung, in: W. Hoffmann-Riem/E. Schmidt-Aßmann (Hrsg.), Innovation und Flexibilität des Verwaltungshandelns, 1994, S. 139 ff. (187 ff.).

Aufgaben einer Soziologie der Umweltrechtsetzung, die sozialen Folgen und Rahmenbedingungen solcher Privatisierungsprozesse zu beachten: Reicht z.B. die vertragliche Normierung einer Gemeinwohlverpflichtung des Deutschen Instituts für Normung aus, um der Gemeinwohlbindung bei der Erarbeitung von DIN-Normen ausreichend Gewicht zu verleihen? Wo Normen zwischen Privaten und/oder Staatsvertretern „ausgehandelt" werden – wie läßt sich ihre Ausgewogenheit gewährleisten? Können Erfahrungen mit der Praxis von Vorhaben- und Erschließungsplänen i.S. von § 12 BauGB[95] Lösungsoptionen nahelegen?

d) Soziale Wirksamkeitsvoraussetzungen von Regelungsverbünden

Betrachtet man rechtssoziologische Forschungen zur Wirksamkeit von Recht, so stehen dort oft strafrechtliche oder sonstige imperative Normen im Vordergrund; deren Effektivität wird unter dem Gesichtspunkt des Ausmaßes ihrer Befolgung vor allem durch den privaten Gesetzesadressaten, aber auch (im öffentlichen Recht) durch die Vollziehung der Verwaltung betrachtet und bei einem gewissen Ausmaß der Nichtbefolgung bzw. des Vollzugsdefizits als pathologisch angesehen. Der Wandel der Rechtsetzungsformen im modernen Staat verlangt andere Formen der Wirkungsforschung. Erstens geht es nicht nur um lineare Abläufe im zweiseitigen Verhältnis staatliches Recht/Bürger, sondern um mehrere Regelungsebenen und verschiedene Adressaten der Rechtsetzung innerhalb des Staats und innerhalb der Gesellschaft mit unmittelbaren und mittelbaren Normwirkungen in ihrem Zusammenwirken als komplexen Regelungsverbund; es geht also um vielfach gebrochene und umgelenkte Steuerungsimpulse, Wechselwirkungen und Rückkoppelungsprozesse, die sich nur durch bestimmte Ziel-Mittel-Kausalitäten steuernd erfassen lassen[96]. Zweitens ist etwa die moderne (Umwelt-)Gesetzgebung durch einen „Instrumentenmix" gekennzeichnet, der klassische imperative Normen des herkömmlichen Ordnungsrechts der Gefahrenabwehr ergänzt um vielfältige andere Formen von Regelungsansätzen, etwa in Formen von Informationen zur Bewußtseinsbildung, von ökonomischen Anreizen durch die Ersparnis von Abgaben oder Steuern, durch kompensatorische Ausweichmöglichkeiten für den Bürger u.a.m. Drittens wird das herkömmliche Problem der oft unklaren gesetzgeberischen Ziele[97] noch verschärft durch eine Vielzahl gesetzgeberischer Ziele, die sich nicht umstandslos hierarchisieren lassen und eine Fülle von Zielkonflikten generieren, die eine Wirkungsforschung erschweren.

---

[95] Vgl. *Schneider*, Verwaltungsverfahren (Fn. 33), S. 41 ff., 56 ff.

[96] S. etwa *K.-W. Brand*, Politische Steuerung, Akteursnetzwerke und Diskurskoalitionen. Zur Ermittlung ungeplanter Wirkungen der Verpackungsverordnung im Bereich der Kunststoffabfälle, in: Hof/Lübbe-Wolff (Fn. 8), S. 121 ff. (128, 131).

[97] Vgl. z.B. *H. Rottleuthner*, Wirkungsforschung im Bereich des Verfahrensrechts, in: Hof/Lübbe-Wolff (Fn. 8), S. 43 ff. (46).

Es bedarf daher auch der differenzierten Erforschung der verschiedenen Wirkungen der staatlichen oder gesellschaftlichen Handlungsformen in komplexeren Problemstrukturen[98], um den gestiegenen Anforderungen an die Qualität und Komplexität gesetzlicher Regelungen gerecht zu werden; Gesetzgebung wird zum „knappen Gut"[99]. Beispielsweise sieht die Verpackungsverordnung eine Kombination aus ordnungsrechtlichen Rücknahme- und Pfandpflichten und der Befugnis ihrer Abwendung durch ein selbstreguliertes flächendeckendes Sammel- und Verwertungssystem durch die beteiligten Wirtschaftskreise vor, um das zentrale Ziel der Vermeidung von Verpackungsabfall und zahlreiche Unterziele der Abfallvermeidung und Abfallverwertung zu realisieren[100]. Sozialwissenschaftlich lassen sich die Haupt- und Nebenwirkungen erforschen[101], z.B. auch die Ausbildung monopolistischer Strukturen und einer hohen Kostenintensität des Systems. Vor allem „lebt" die Funktionsfähigkeit des „Dualen Systems" nach der Verpackungsverordnung aber von spezifischen Funktionsbedingungen[102], wesentlich auch von der Abfallsammel- und Abfalltrennbegeisterung der Deutschen, die innerhalb der deutschen Bundesländer sehr unterschiedlich ausgeprägt ist[103] und deren Intensität bei einem Nachlassen des ökologischen Bewußtseins bzw. der einschlägigen ökologischen Handlungsbereitschaft mangels fehlender sonstiger Anreize auf Dauer kaum garantiert werden kann. Zu fragen ist etwa, warum diese „freiwillige" Mülltrennaktivität im Haushalt (bislang) relativ erfolgreich praktiziert wird, während ökologische Motive in anderen Bereichen des Umweltrechts trotz hohen ökologischen Bewußtseins weit weniger wirksam realisiert werden: Wir alle kennen z.B. Ärzte, die rauchen, und Umweltrechtler, die mit 200 km/h auf der Autobahn fahren. Gerade der umweltrechtliche „Instrumentenmix" verlangt genauere soziologische Forschungen, denn in vielen Bereichen korreliert Umwelt*bewußtsein* und Umweltproblembewußtsein nur schwach mit entsprechendem Umwelt*verhalten*[104], wenn nicht zusätzlich handlungsleitende Momente wie etwa ökonomische Anreize hinzukommen. Ökonomische Anreize wiederum können zwar etwa im Bereich des privaten Energieverbrauchs sehr

---

[98] *Brandt*, Vergleich (Fn. 68), S. 31 f.

[99] Vgl. allg. *R.J. Schweizer*, Gesetzgebung als knappes Gut – Perspektiven aus der Gesetzgebungspraxis, in: C.J. Meier-Schatz (Hrsg.), Die Zukunft des Rechts, 1999, S. 89 ff. (95 ff.).

[100] Vgl. etwa *M. Schmidt-Preuß*, Duale Entsorgungs-Systeme als Spiegelbild dualer Verantwortung: Von der Verpackungsverordnung zum Kreislaufwirtschaftsgesetz, in: Schuppert (Hrsg.), Privatisierung (Fn. 30), S. 195 ff. (198 ff.); ausf. *A. Finckh*, Regulierte Selbstregulierung im Dualen System, 1998, S. 44 ff., 74 ff.

[101] Vgl. *Brand*, Steuerung (Fn. 96), S. 125 ff.

[102] Vgl. allg. *Finckh*, Selbstregulierung (Fn. 100), S. 389 ff.

[103] Die Mehrweganteile vom Getränkeverbrauch 1997 variieren zwischen 46,32 % (in Berlin) bis 84,13 % (in Baden-Württemberg), vgl. Umwelt 1999, S. 29.

[104] Vgl. *P. Preisendörfer/A. Franzen*, Der schöne Schein des Umweltbewußtseins. Zu den Ursachen und Konsequenzen von Umwelteinstellungen in der Bevölkerung, in: A. Diekmann/C.C. Jaeger (Hrsg.), Umweltsoziologie, 1996 (KZfSS-Sonderheft 36), S. 219 ff. (232 ff.).

effektiv sein, im Bereich der Verkehrsmittelwahl aber nicht, weil hier der relative Zeitbedarf entscheidender ist[105]. Verschiedenartige Verhaltensangebote und Handlungsanreize können sich verstärken, sich mitunter aber auch z.B. i.S. einer „Untergrabung von Moral durch Ökonomie" konterkarieren[106]. Diese Beispiele zeigen: Für eine Soziologie der Umweltgesetzgebung eröffnen sich breite Forschungsfelder für die Frage nach den verschiedenen Wirksamkeitsbedingungen unterschiedlicher Instrumente in unterschiedlichen Bereichen des Umweltrechts.

IV. Ausblick: Die wissenschaftssysteminterne Verortung einer Soziologie der Gesetzgebung

Wer könnte angesichts des institutionellen Defizits an rechtssoziologischer Forschungskapazität[107] und an institutionalisierten Formen der Gesetzgebungslehre an den deutschen Universitäten ein solches anspruchsvolles Forschungsprogramm leisten? Selbst eine besondere wissenschaftspolitische Aktivierung der auf Rechtssoziologie spezialisierten Lehrstühle und der (auch) rechtssoziologisch aktiven Juristen könnte hier nur wenig Schubkraft entfalten. Es gibt freilich Indizien, daß es Veränderungen des Verständnisses von angemessener Verwaltungsrechtsdogmatik gibt, also des fachlichen Selbstverständnisses der Juristen von Rechtsdogmatik, die zu einem stärkeren rechtssoziologisch inspirierten oder sensibilisierten Problembewußtsein jedenfalls im öffentlichen Recht führen könnte.

Walter Krebs meinte jüngst in einem Aufsatz über „Sozialwissenschaften im Verwaltungsrecht: Integration oder Multiperspektivität"[108] darauf hinweisen zu müssen, daß eine streng juristische Methode die Rechtswissenschaft als Disziplin konstituiere und die Verwaltungsrechtswissenschaft sich nur dann nicht überhebe, wenn sie das staatliche Handeln getrennt von anderen Wissenschaften, also nur rechtsdogmatisch behandele; allein dies sei dem Rechtsstaat angemessen. In dieser defensiven Stellungnahme spiegelt sich der Umstand, daß die fortgeschrittene verwaltungs- (und auch staats-)rechtliche Diskussion weithin ohne Berührungsängste mit sozialwissenschaftlichen Parallelbemühungen stattfindet. Nimmt man die Forschungen etwa von *Eberhard Schmidt-Aßmann* als Stand der fortgeschrittenen Wissenschaft, dann läßt sich bei ihm als basso continuo eine Suche nach sozialwissenschaftlich sensibilisierten Problemerör-

---

105 *Preisendörfer/Franzen*, Schein (Fn. 104), S. 237.

106 Ebd. mit Beispielen.

107 Vgl. *Röhl*, Rechtssoziologie (Fn. 1), S. 62.

108 In: Wissenschaft (Fn. 45), S. 127 ff.

terungen feststellen[109]; für weite Teile der neueren Literatur zum öffentlichen Recht gilt als Arbeitsgrundlage, daß eine realistische Dogmatik darauf angewiesen ist, sozial- und verwaltungswissenschaftliche Erkenntnisse zur Leistungsfähigkeit und zu Gemeinwohldefiziten von rechtlichen Instituten zu verarbeiten[110].

Diese Entwicklung mag aus vielerlei Gründen nicht unproblematisch sein. Die Sozialwissenschaftler etwa pflegen sich nicht zu Unrecht gegen eine spezifisch rechtswissenschaftlich geleitete Dominanz, gegen die Ausbeutung der Sozialwissenschaften als bloßen Steinbruch der Beliebigkeit zu wehren, und die Juristen mögen sozialwissenschaftlich voraussetzungsvolle Forschungen nicht immer angemessen rezipieren[111]. Aber per saldo scheint es viele gute Gründe für die Annahme zu geben, daß empirisch das Interesse der Juristen an den sozialen Grundlagen des Rechts zunimmt und präskriptiv auch zunehmen sollte, damit die Rechtsetzung und Rechtsanwendung den gewandelten Anforderungen an staatliche Steuerung im Gemeinwohlinteresse überhaupt gerecht werden kann: Gesetzgebungslehre als Soziologie der Rechtsetzung ist nicht nur eine Aufgabe für Soziologen, sondern vor allem auch eine wachsende Herausforderung für Juristen; um so mehr bedürfen sie der kritischen Begleitung durch die professionalisierten Rechtssoziologen. Möge auch dieses Gedächtnissymposion dazu beitragen!

---

109 S. etwa *Schmidt-Aßmann*, Verwaltungsrecht (Fn. 26), S. 19 ff., 94 ff., 212 f., 258 f., 284 ff. u.ö.; dazu auch *H. Schulze-Fielitz*, Rezension, JZ 1998, S. 1163 ff. (1164).

110 So *Trute*, Verantwortungsteilung (Fn. 39), S. 44 f.; ähnlich *A. Voßkuhle*, Die Reform des Verwaltungsrechts als Projekt der Wissenschaft, Die Verwaltung 32 (1999), S. 545 ff. (549); das gilt selbst für wesentliche Teile des „Handbuchs des Staatsrechts", vgl. *H. Schulze-Fielitz*, Grundsatzkontroversen in der deutschen Staatsrechtslehre nach 50 Jahren Grundgesetz, Die Verwaltung 32 (1999), S. 241 ff. (270 ff.).

111 Vgl. *A. Voßkuhle*, Verwaltungsdogmatik und Rechtstatsachenforschung, VerwArch 85 (1994), S. 567 ff. (571 ff., 578, 584).

Von der Staatssoziologie zu einer Soziologie der Verfassung?

Hasso Hofmann

I. Zentralitätsverlust des Staatsbegriffs

Der Begriff des Staates hat seine systembildende Kraft weithin eingebüßt. Gewinner ist der Verfassungsbegriff. „Verfassungspatriotismus" überwindet die Staatsräson und ersetzt die Vaterlandsliebe. Hier wird zunächst der Zentralitätsverlust des Staatsbegriffs verfolgt, im Kontrast dazu sodann der Aufstieg des Verfassungsbegriffs skizziert, wie er vor über 200 Jahren begonnen hat. Der dritte Teil ist der Frage gewidmet, wie die Staatssoziologie nach der Logik der angedeuteten Entwicklung durch eine Soziologie der Verfassung fortzuschreiben wäre. Abschließend und ausblicksweise werden diese Überlegungen dann noch auf die Frage nach einer europäischen Verfassung bezogen.

Der Abstieg der Kategorie „Staat" zeigt sich auf vielen Feldern. Im Europarecht ist diese Erscheinung längst selbstverständlich, sie spiegelt sich aber auch im Staatsrecht selbst. Darüber hinaus bieten die Disziplinen der Allgemeinen Staatslehre und der Staatssoziologie reiches Anschauungsmaterial.

1. Staat nach Verfassung

Beginnen wir mit der Wissenschaft vom Staatsrecht. In den zahlreichen Lehrbüchern des Staatsrechts der Bundesrepublik Deutschland ist vom Staat wenig oder gar nicht die Rede. Einige einleitende Bemerkungen über Begriff und Wesen des Staates[1] oder zu den geschichtlichen Voraussetzungen der deutschen Staatlichkeit[2]. Das ist alles. Dann wird schon unter den „Grundlagen des Staates" hauptsächlich von der Verfassung, sodann von deren „politischen Grundentscheidungen" oder den „verfassungsgestaltenden Grundentscheidungen" des Art. 20 GG gehandelt[3]. Andere Autoren thematisieren unter dem Titel

---

[1] Siehe *A. Katz*, Staatsrecht, 14. Aufl. 1999, S. 12 ff., S. 17 ff.; *J. Ipsen*, Staatsrecht I (Staatsorganisationsrecht), 10. Aufl. 1998, S. 1 ff.

[2] Siehe *Th. Maunz/R. Zippelius*, Deutsches Staatsrecht, 30. Aufl. 1998, S. 1 ff.

[3] So *Maunz/Zippelius* (Fn. 2), S. 18 ff.; *Katz* (Fn. 1), S. 31 ff.; in der Sache ebenso *Ipsen* (Fn. 1), S. 3 ff., S. 9 ff.

Staatsrecht als erstes umstandslos „Die Verfassung"[4]. Ein umfangreicheres Werk zum Staatsrecht sagt im Untertitel, worum es geht: um eine systematische Erläuterung des Grundgesetzes, und zwar Abschnitt für Abschnitt[5]. Eine knappe, jedoch theoretisch anspruchsvolle, das Fundamentale und Exemplarische betonende Darstellung des Staatsrechts der Bundesrepublik nennt sich denn auch gleich: „Grundzüge des Verfassungsrechts"[6] und ein für eine breitere Öffentlichkeit gedachtes Handbuch firmiert als „Handbuch des Verfassungsrechts"[7].

Das alles ist selbstverständlich völlig korrekt. Das Staatsrecht der Bundesrepublik Deutschland findet sich nun einmal hauptsächlich im Verfassungsrecht ihres Grundgesetzes. Und dies Verfassungsrecht hat namentlich durch die Rechtsprechung seines Verfassungsgerichts – eines Verfassungsgerichts und nicht eines klassischen, auf Klärung von Kompetenz- und Verfahrensfragen beschränkten Staatsgerichtshofs – eine nach Weite des Ausgriffs und Intensität der Wirkung in der Verfassungsgeschichte bis dahin nicht bekannte Bedeutung erlangt. Also mag man kritisch rückfragen, ob die Staatsrechtler heute unter veränderten Umständen nicht genau das tun, was seinerzeit *Paul Laband* mit seinem großen „Staatsrecht des Deutschen Reiches" ab 1876 mustergültig vorexerziert hat[8]. Denn auch er erläuterte die Verfassung des Zweiten Kaiserreichs systematisch und „konstruierte" damit Bismarcks Reich juristisch. Also doch kein Austausch des Orientierungsmusters, seit *Th. S. Kuhns* Wortprägung vulgo „Paradigmenwechsel" geheißen? Sehen wir zu: Objekt von *Labands* Rekonstruktion und Subjekt seiner Lehrsätze des Staatsrechts war das Deutsche Reich, dieser neue Großstaat, nicht dessen Verfassung. Anders als Weimarer Verfassung und Grundgesetz fungierte sie – Produkt der diplomatischen Arbeit Bismarcks – ja auch nur als Organisationsstatut[9]. Im Horizont der Staatenwelt seiner Zeit schrieb der juristische Reichsgründer über: die Entstehung des

---

[4] So *E. Stein,* Staatsrecht, 16. Aufl. 1998, S. 1 ff.; ebenso *Ch. Degenhart,* Staatsrecht I, 14. Aufl. 1998, S. 1 ff.: Verfassungsgestaltende Grundentscheidungen – Staatszielbestimmungen; *K. Doehring,* Das Staatsrecht der Bundesrepublik Deutschland unter besonderer Berücksichtigung der Rechtsvergleichung und des Völkerrechts, 3. Aufl. 1984, S. 13 ff.: Grundsätzliche Fragen der verfassungsrechtlichen Vorverständnisse, S. 50 ff.: Entstehung des Grundgesetzes und Deutschlandfrage.

[5] *P. Badura,* Staatsrecht – Systematische Erläuterung des Grundgesetzes für die Bundesrepublik Deutschland, 2. Aufl. 1996.

[6] *K. Hesse,* Grundzüge des Verfassungsrechts der Bundesrepublik Deutschland, 20. Aufl. 1995.

[7] *E. Benda/H.-J. Vogel/W. Maihofer* (Hrsg.), Handbuch des Verfassungsrechts, 2. Aufl. 1995.

[8] Hier zit. nach der 4. Aufl. in 4 Bden.: *P. Laband,* Staatsrecht des Deutschen Reiches, 1901. Hierzu und zum folg. *W. Pauly,* Der Methodenwandel im deutschen Spätkonstitutionalismus, 1993, S. 168 ff., bes. S. 177 ff.; *M. Stolleis,* Geschichte des öffentlichen Rechts in Deutschland, Bd. 2, 1992, S. 345, 368 ff.

[9] Dazu *A. Voigt* in: *ders.,* Schriften zur Rechts- und Verfassungsgeschichte, hrsg. v. *P. Badura,* 1993, S. 256–268 (257 ff.).

Deutschen Reiches, dessen rechtliche Natur und Verhältnis zu den Einzelstaaten, über die natürlichen Grundlagen des Reiches und die Organisation der Reichsgewalt. Die Verfassung als solche aber ziert keine Kapitelüberschrift im *genitivus subjectivus*; sie und ihre Grundsätze werden nicht thematisiert, nach ihren Zielen nicht gefragt. Charakteristischerweise blieb es *Labands* angesehenem, wissenschaftlich aber weit weniger einflußreichem liberalen Antipoden *Albert Hänel* vorbehalten, sein (unvollendetes) „Deutsches Staatsrecht" von 1892 mit einer Bestandsaufnahme der „deutschen Verfassungen" und einer allgemeinen Verfassungslehre des Staates als eines „korporativen Verbandes" zu beginnen. Denn er sah die „rechtlichen Grundverhältnisse des Staates" gespiegelt „in den Verfassungen, als den Grundgesetzen, welche das deutsche Staatswesen beherrschen"[10].

Heute bestimmt die moderne Staatsrechtslehre den Staat als Verfassungsstaat umstandslos vom Verfassungsrecht her. Sie vertritt den Anspruch des Verfassungsrechts, den Staat und das Staatshandeln nicht nur zu organisieren, sondern den Staat erst zu schaffen und dessen Tätigkeit sozusagen *a priori* rechtlich zu determinieren. Danach gibt es „nur so viel Staat, wie die Verfassung konstituiert"[11].

Den besten Beleg für den hier konstatierten Wandel bietet über die schon zitierten Beispiele hinaus das mit weitem Abstand größte Erläuterungswerk zum Grundgesetz. In 9 von *Josef Isensee* und *Paul Kirchhof* herausgegebenen Bänden behandeln 126 Autoren auf fast 10.000 Textseiten schier alle nur denkbaren Facetten des deutschen Verfassungsrechts[12]. Folglich müßte dieses Handbuch eigentlich „Handbuch des Verfassungsrechts" heißen[13]. Daß das Riesenwerk dennoch den Titel „Handbuch des *Staats*rechts" trägt, ist Trotz. Die Herausgeber stemmen sich damit gegen den Trend, nämlich gegen die Vernachlässigung apriorischer Staatsziele und Staatsaufgaben etwa[14] und gegen die „Staatsvergessenheit der heutigen Staatsrechtslehre"[15] überhaupt. Dementsprechend findet sich kein zusammenfassendes Kapitel über die Verfassung[16]. Dafür handeln die programmatischen Partien von einem dem Verfassungsgesetz vorhergehenden

---

[10] *A. Haenel,* Deutsches Staatsrecht, 1892, S. 73. Dazu *St. Graf Vitzthum,* Linksliberale Politik und materiale Staatsrechtslehre, 1971, S. 169ff.

[11] *P. Häberle,* Verfassungslehre als Kulturwissenschaft, 2. Aufl. 1998, S. 620. Dazu eingehend *K. Sobota,* Das Prinzip Rechtsstaat, 1997, S. 30ff.

[12] *J. Isensee/P. Kirchhof* (Hrsg.), HStR, Bd. I–IX, 1987–1997. Dazu *H. Schulze-Fielitz* Die Verwaltung 32 (1999), 241–281 (250ff.).

[13] So z.B. *A. Baruzzi,* Freiheit, Recht und Gemeinwohl, 1990, S. 159/60.

[14] *J. Isensee* in: HStR I § 13 Rn. 3, 20 mit N 15, Rn. 144 mit N 230.

[15] *J. Isensee* in: HStR (Fn. 12), Bd. III § 57 Rn. 132; s. auch *R. Herzog,* ebd. § 58 Rn. 1ff., 24ff., 28ff.

[16] *J. Isensee* handelt im Kapitel „Staat und Verfassung" von der Verfassung als Grundordnung und als Grundgesetz des Staates (HStR I § 13 Rn. 121ff.), später vom Verfassungsrecht als „politischem" Recht (HStR VII § 162), *P. Kirchhof* schreibt über „Die Identität der Verfassung in ihren unabänderlichen Inhalten" (HStR I § 19).

Staatssubjekt[17], von Aufgaben und Zielen des Staates vor aller Verfassung, vom Gemeinwohl als einer vorverfassungsmäßigen Idee und vom Notrecht des Staates über der Verfassung[18].

2. *Europäischer Entstaatlichungsprozeß*

Gewiß nicht ganz zufällig zeigen sich etatistische Vorbehalte dieser Art auch in der Rechtsprechung des *BVerfG*. Dort dienen sie dem Schutz der deutschen Nationalstaatlichkeit im Prozeß der europäischen Konstitutionalisierung. Vielleicht erinnert man sich noch an die fundamentale, geradezu ewigkeitsfeste Begründung, mit der das Gericht noch vor wenigen Jahren die deutsche Demokratie gegen das kommunale Wahlrecht auch von Ausländern aus der EG verteidigt hat[19] – freilich nicht, ohne im offenen Widerspruch dazu ohne jede Begründung hinzuzufügen, daß die Einführung eines Kommunalwahlrechts für Ausländer durch die EG gleichwohl Gegenstand einer nach Art. 79 Abs. 3 GG zulässigen – und d.h.: das Demokratieprinzip des Grundgesetzes *nicht* antastenden – Verfassungsänderung sein könne[20]. Europarechtlichen Vorgaben fol-

---

[17] *P. Kirchhof*, „Das Verfassungsgesetz setzt den Staat voraus ...“ (HStR I § 19 Rn. 18; vgl. ebd. Rn. 51). Nach *Isensee* setzt der Verfassunggeber den Staat voraus (HStR I § 13 Rn. 87); er spricht vom „Grund“ des Verfassungsgesetzes „in der staatlichen Machteinheit“ und vom modernen Staat als „Rohform“ des Verfassungsstaats (ebd. Rn. 9, 71 ff., 124).

[18] Siehe Isensee, in: HStR I § 13 Rn. 41 ff.; III § 57 Rn. 1 ff.; VII § 162 Rn. 15, 76 ff., 30 ff. Noch entschiedener verficht freilich *E.-W. Böckenförde* (in: *ders.*, Staat, Nation, Europa, 1999, S. 127–140 [133 ff.]) namentlich gegen *Krieles* Lehre von der Souveränität der Verfassung im demokratischen Verfassungsstaat (Fn. 43) in engem Anschluß an *C. Schmitt* die These, daß jede Verfassung einen Staat voraussetze und daß die Frage nach der höchsten Autorität oder Macht im Staat nicht umgangen oder ausgeklammert werden könne. Nun läßt sich ebenso wie der Begriff der rechtlichen Verfassung gewiß auch der des Staates formal (und d.h. hier: in völkerrechtlicher oder soziologischer Außenperspektive) verwenden. In diesem Sinn kann man von beliebigen Machtorganisationen („Staaten“) sagen, daß sie formal eine rechtliche Verfassung (und sei es nur eine „semantische“ Verfassung) haben, sich zu- oder auch wieder ablegen wie Kleider, die eine Figur machen. Von daher ist die Feststellung verständlich, daß die rechtliche Verfassung die Souveränitätsfrage nur verdeckt, bemäntelt (vielleicht besser: suspendiert), aber nicht aus der Welt schafft und daß jede Verfassung ihre Entstehung und Erhaltung einer irgendwie organisierten Macht oder Herrschaft verdankt. Indessen geht diese Redeweise an dem konkreten geschichtlichen Sinn des Begriffs „Verfassungsstaat“ vorbei, der nicht aus zwei formalen Elementen zusammengesetzt ist, sondern in einer weiteren Bedeutung den liberalen bürgerlichen Rechtsstaat und in einem engeren Sinn die liberale, rechtsstaatliche Demokratie meint, die anders als durch eine entsprechende rechtliche Verfassung nicht zu organisieren und ohne sie nicht zu erhalten ist. Daß eine solche rechtliche Verfassung sich auch in der dogmatischen Binnensicht nicht selbst gibt und wirksam erhält, versteht sich. Als nicht sanktioniertes Recht hängen Geltung und Wirksamkeit der Verfassung ganz im Gegenteil in besonderem Maße von komplexen Voraussetzungen ab. Diese, statt sie differenziert zu untersuchen, unter dem Namen des Staates zu subjektivieren und dadurch zugleich mit allen möglichen historischen und ideologischen Konnotationen zu belasten, scheint der Sache jedoch nicht förderlich.

[19] *BVerfGE* 83, 37 (50 ff.); 83, 60 (70 ff.).

[20] *BVerfGE* 83, 37 (59).

gend hat der neue Art. 28 Abs. 1 S. 3 GG diesem Teil der modernen Metöken-Wirtschaft denn auch bald ein Ende gemacht. Ein anderes herausragendes Beispiel für das, was die Europarechtler „eine Art Gemeinschaftsblindheit" der Karlsruher Richter nennen, bietet deren Maastricht-Urteil[21]. Darin zog das Gericht vom nationalstaatlichen Demokratieprinzip her nun den Aufgaben und Befugnissen der supranationalen Gemeinschaft Schranken. Begründung: Die Union beziehe ihre Legitimation hauptsächlich über die nationalen Parlamente von den einzelnen Staatsvölkern in ihrer relativ homogenen Besonderung und kraft deren politischer Betätigung in einem je eigenen nationalstaatlichen Rahmen[22]. Als Hüter deutscher Staatlichkeit nehmen die Richter – über die bekannte Frage des deutschen Grundrechtsschutzes gegen Akte der Gemeinschaft hinaus – die Kompetenz in Anspruch, Akte der Europäischen Union auch daraufhin zu überprüfen, ob sie die Zuständigkeitsgrenzen des Maastrichter Vertrags wahren, namentlich ob sie sich im Rahmen des vertraglichen „Integrationsprogramms" halten – und das nach Maßgabe ihrer eher restriktiven Vertragsauslegung[23]. Mittelbar beansprucht das *BVerfG* damit nicht weniger als die Kontrolle über das vertragsgerechte Verhalten der europäischen Organe, während bis dahin der europarechtliche Satz galt, daß etwaige durch ein Urteil des *EuGH* gedeckte Kompetenzüberschreitungen der Gemeinschaft von den Mitgliedstaaten hingenommen werden müßten[24]. Das *BVerfG* stellt sich so über den *EuGH*, auch wenn es das mit der Formel von einem „Kooperationsverhältnis" der Gerichte bemäntelt[25].

Trotz alledem: Das *BVerfG* hat das angegriffene Zustimmungsgesetz zum Vertrag von Maastricht passieren lassen. Die Integration der supranationalen Rechtsgemeinschaft geht weiter. Und d.h.: der europäische Prozeß der Entstaatlichung durch Übertragung staatlicher Souveränitätsrechte auf die Gemeinschaft und durch das Aufbrechen von Einheit und Impermeabilität der Staaten – etwa über das Mitspracherecht der Regionen – schreitet voran, der „Verfall der Nationalstaaten" nimmt zu[26]. Muß man die Frage mithin nicht gegen das *BVerfG* umkehren? Ist es nicht vielleicht längst so, daß die Mitglied-

---

[21] *BVerfGE* 89, 155 (195) = JZ 1993, 1100, 1107, dazu *Götz,* S. 1081. Zur Kritik *H. P. Ipsen* Europarecht 29 (1994), 1–21 (20); *Ch. Tomuschat* EuGRZ 20 (1993), 489–496 (496); *ders.* DVBl. 111 (1996), 1073–1082 (1077); *J. A. Frowein* DÖV 51 (1998), 806–811 (807) mit weit. Nachw. Zum folg. auch *H. Hofmann* Staatswissenschaften und Staatspraxis 6 (1995), 155–181 (167 f.).

[22] *BVerfGE* 89, 155 (186) = JZ 1993, 1100, 1104. Diese Partie der Begründung ist besonders hart kritisiert worden: *I. Pernice* AöR 120 (1995), 100–120 (103 ff.); *M. Zuleeg* in: Europäische Demokratie, hrsg. v. *J. Drexl* u.a., 1999, S. 11–25.

[23] *BVerfGE* 89, 155 (188) =JZ 1993, 1100, 1104f.

[24] Dazu *E. Klein* VVDStRL 50 (1991), 56–96 (67, 77 ff.).

[25] *BVerfGE* 89, 155 (175).

[26] *A. Bleckmann,* Europarecht, 6. Aufl. 1997, Rn. 79 u. 89.

staaten der EU sich als „integrierte Verfassungsstaaten" gar nicht mehr auf das überkommene Nationalstaatsprinzip stützen können?[27]

3. Von der Staats- zur Verfassungslehre

Ein Blick auf die Reihe neuerer Darstellungen der „Allgemeinen Staatslehre" könnte zu der Annahme verleiten, hier wenigstens stehe eine festgegründete Wissenschaft vom Staat noch immer in Blüte. Davon kann jedoch keine Rede sein. Im akademischen Rechtsunterricht spielt diese von *Robert v. Mohl* 1855 so benannte Disziplin[28] seit Jahren nur noch eine marginale Rolle[29]. Und über die Fragen, was genau Gegenstand der Disziplin und wie ihm methodisch beizukommen sei, gibt es zwischen den Autoren der Lehrbücher wenig Übereinstimmung. Als verallgemeinerte juristische Betrachtung des konstitutionell-monarchischen, substanzhaft gedachten Staates des 19. Jhs. hatte die „Allgemeine Staatslehre" ihren Kanon von Problemen und Begriffen. *Edgar Loenings* dazu verfaßter Artikel im „Handwörterbuch der Staatswissenschaften" von 1911 bietet ein schönes Beispiel[30]. Man vergleiche ihn mit den zerfließenden Bemerkungen, die *Joseph H. Kaiser* für die Neuauflage des Staatslexikons der Görres-Gesellschaft zum Stichwort Staatslehre geliefert hat[31], um schnell einen Eindruck davon zu bekommen, in welche Schwierigkeiten das Fach geraten ist. Noch drastischer: Die ab 1956 erschienene Neuauflage des erwähnten „Handwörterbuchs der Staatswissenschaften" nennt sich „Handwörterbuch der Sozialwissenschaften"[32], hat den Artikel über Staat und Staatslehre durch einen weithin retrospektiven Artikel „Staatswissenschaft" i.S. einer Summe spezieller Fachwissenschaften ersetzt[33] und das Stichwort „Verfassung" aufgenommen[34].

---

27 So *P. Badura* in: FS f. M. Heckel, 1999, S. 695–706 (697); anders freilich ebd. S. 702 f.

28 Nach *R. Mohl,* Die Geschichte und Literatur der Staatswissenschaften, Bd. 1 (1855), Nachdr. Graz 1960, S. 125 f., ist die „Allgemeine Staatslehre" an die Stelle eines Teils des „philosophischen Staatsrechts" getreten, um zu verdeutlichen, daß der Staat nicht lediglich eine „Rechtsanstalt" sei.

29 Als Teil eines Pflichtfachs erscheint die Allgemeine Staatslehre nur noch in den juristischen Prüfungsordnungen Bayerns, des Saarlandes und Sachsens; Baden-Württemberg, Brandenburg, Hessen, Niedersachsen und Schleswig-Holstein führen sie noch als Teil eines Wahlfachs.

30 Handwörterbuch der Staatswissenschaften, hrsg. v. *J. Conrad* u.a., 3. Aufl., Bd. VII, 1911, S. 692–726. Behandelt werden: die Staatstheorien, das Wesen des Staates (Staat als „reales Rechtsverhältnis zwischen dem Herrscher und den Beherrschten": Staat u. Recht; Zweck des Staates; Einheit des Staates); die Staatsgewalt (Wesen; Einheit der Staatsgewalt u. Lehre von der Teilung; Staatsgewalt u. Recht; Allgemeine Funktionen der Staatsgewalt); die Staatsverfassung (als Organisation der Staatsgewalt, wonach sich die Staatsformen klassifizieren lassen).

31 Staatslexikon, hrsg. v. d. Görres-Gesellschaft, 7. Aufl., Bd. 5, 1989, Sp. 188–199.

32 Hrsg. v. *E. v. Beckerath* u.a., 1956.

33 Unter dem Stichwort Staatswissenschaft führt *W. Taeuber* im 9. Bd., 1956, S. 763–770, auf: Allg. Staatslehre, Politik, Verwaltungsrecht, Finanzwissenschaft, Staatswirtschaftslehre, jurist. Staatswissenschaft, Staatssoziologie, Christl. Staatslehre, Staatsphilosophie.

34 Art. Verfassung von *H. Krüger,* aaO., Bd. 11, 1961, S. 72–82. Wenig später hat *H. Krüger*

Der Grund für die Auflösungserscheinungen liegt in der offenkundigen Unzulänglichkeit einer bloß juristischen Betrachtung der durch den Namen „Staat" aufgerufenen Erscheinungen der Tatsachenwelt, verbunden mit der Unsicherheit, welche anderen Disziplinen in welcher Weise ergänzungshalber damit zu kombinieren seien. Exemplarischer Fall ist die große und großartige „Allgemeine Staatslehre" von *Georg Jellinek*[35]. Dieses zuerst im Jahre 1900 erschienene Standardwerk war mit mehreren Auflagen und vielen Nachdrucken bekanntlich außerordentlich erfolg- und einflußreich. Der Heidelberger Altmeister, Freund und Anreger *Max Webers*, hatte die Lösung des Problems in einer „Zwei-Seiten-Lehre" des Staates gesucht. Danach soll der Staat als die „mit ursprünglicher Herrschermacht ausgerüstete" Einheit „seßhafter Menschen" einerseits in der „Rechtslehre des Staates" nach dem zivilistischen Vorbild der fiktiven juristischen Person unter dem Namen der Körperschaft als subjektive Willensmacht gedacht und zum anderen in der komplementären sozialwissenschaftlich-empirischen „Soziallehre des Staates" als „gesellschaftliches Gebilde", als eine aus der Verfolgung gemeinsamer Zwecke sozialpsychisch resultierende „Verbandseinheit" begriffen werden. Über den identischen Begriffsnamen „Staat" hinaus trug nur noch die Einheit des Bewußtseins jener beiden Bewußtseinsphänomene die Einheitlichkeit dieser Staatslehre. Folglich war die Spaltung absehbar.

Mit der größten Entschiedenheit hat *Hermann Heller* seine (postum 1934 erschienene) „Staatslehre" unter Verzicht auf den Allgemeinheitsanspruch als „soziologische Wirklichkeitswissenschaft" betrieben. Seine Absicht, den Staat als historisches Gebilde „unserer politischen Wirklichkeit" „aus dem gesellschaftlich-geschichtlichen Wirkungszusammenhang deutend [zu] verstehen und ursächlich [zu] erklären", führt zu einer politischen Organisationssoziologie[36]. Die andere, die juristische Seite ist von *Hans Kelsen* zu der letzten Konsequenz methodenrein normativistischer Rekonstruktion des Staates getrieben worden. Er identifiziert in seiner „Allgemeinen Staatslehre" von 1925 den Staat mit dessen Rechtsordnung, erklärt die Staatslehre zur Rechtslehre, zur Lehre vom objektiven Recht eines Staates[37]. Folglich will er die allgemeine Staatslehre

---

die umfangreichste „Allgemeine Staatslehre" nach *Georg Jellinek* vorgelegt (1964, 2. Aufl. 1966, XXIII, 1028 S.). Seine „wahrhafte Lehre vom Staat" ist im Kern eine Staatsethik, die gegen „eine Unterkühlung des Staatsbewußtseins und eine Verdunkelung der Staatsvorstellungen" von der „Verantwortung" handelt, daß „ein Volk sich über sein natürliches Sein zum Staat steigert", zum Staat, der ein sinnvolles und werthaftes (geistiges) Sein ist" (S. V f.). Dazu die ironische Besprechung von *P. Badura* JZ 1966, 123–129.

[35] Dazu *Stolleis* (Fn. 8), S. 450 ff.

[36] *H. Heller*, Staatslehre, hrsg. v. *G. Niemeyer*, 1934, S. 64, 48, 81 ff.; jetzt in: *ders.*, Gesammelte Schriften, 2. Aufl. 1992, Bd. 3, 2. Dazu jetzt *M. Stolleis*, Geschichte des öffentlichen Rechts in Deutschland, Bd. 3, 1999, S. 183 ff.

[37] *H. Kelsen*, Allgemeine Staatslehre, zit. nach dem Nachdr. von 1966, die folg. Zit. S. 45. Siehe auch *ders.*, Der soziologische und der juristische Staatsbegriff, 2. Aufl. 1928. Dazu *H.*

als allgemeine Rechtslehre von der Erzeugung und Geltung des Rechts in einem rein normativen Sinn der ausschließlichen Ableitung aus Sollenssätzen verstanden haben. Da die „Probleme der Erzeugung der staatlichen Ordnung", wie *Kelsen* bemerkt, auch im Begriff der Verfassung zusammengefaßt werden, bedeute die Allgemeine Staatslehre insofern eine allgemeine Verfassungslehre, eine Lehre nämlich von der Verfassung als dem „identischen Rechtserzeugungsprinzip", das in der Vielfalt der Rechtserscheinungen einer Rechtsordnung die Einheit begründet. Ihr tritt, fuhr *Kelsen* ebd. fort, „die Besondere Staatslehre als Lehre von einem ‚wirklichen' konkreten Staat, als Lehre von einer positiven Verfassung, zur Seite".

Sie hat *Kelsen* allerdings nicht geschrieben – das tat *Carl Schmitt*. Seine „Verfassungslehre" von 1928 versteht sich – ganz im Sinne *Kelsens* – als *systematische* Theorie der Weimarer Verfassung, die als typische Verfassung des bürgerlichen Rechtsstaats charakterisiert wird[38]. Im Gegensatz zu *Kelsen* nimmt *Schmitt* das Verfassungsgesetz jedoch nicht als homogenes Normengefüge, sondern präpariert aus dieser Vielzahl von Vorschriften unter dem Namen der Verfassung im eigentlichen („positiven") Sinne den politischen Gehalt an strukturbildenden und damit einheitsstiftenden Bestimmungen heraus. Als solch' grundlegende politische Entscheidungen benannte er die für Demokratie, Republik, Bundesstaat, Parlamentarismus und für den bürgerlichen Rechtsstaat. Dessen Elemente, nämlich Grundrechte und Gewaltenteilung, machen nach *Schmitt* den *unpolitischen* Teil der Verfassung aus. Aber in Wahrheit bleibe auch der Rechtsstaat „trotz aller Rechtlichkeit und Normativität, doch immer ein *Staat* und (enthalte) infolgedessen ... immer noch einen anderen spezifisch *politischen* Bestandteil"[39]. Damit ist exakt jener ‚Staatsvorbehalt' eines Staatssubjekts vor aller Verfassung formuliert, dem wir bei der Besprechung des großen Handbuches des heutigen Staatsrechts schon begegnet sind. Was dieser Staat jenseits seiner Explikation in konstitutionellen Strukturbestimmungen ist, bleibt freilich offen. Eine bloße *Verfassungs*lehre muß ihn ja auch nicht definieren. Die Voraussetzung einer substanziellen Staatsvorstellung wird, als handele es sich um eine Selbstverständlichkeit, nicht erörtert. Auf die Verfassung fixiert hebt sich eine spezifisch juristische Betrachtung des Staates ganz im Sinne *Kelsens* klar von aller Soziologie und Politikwissenschaft ab und kann doch als Lehre vom politischen Gehalt der Verfassung zur sachlichen

---

Dreier, Rechtslehre, Staatssoziologie und Demokratietheorie bei Hans Kelsen, 2. Aufl. 1990, S. 208 ff.; *A. Carrino:* L'ordine delle norme – Stato e diritto in Hans Kelsen, 3. Aufl., Neapel 1992, dt. u. d.T.: Die Normenordnung – Staat und Recht in der Lehre Kelsens, Wien/New York 1998, bes. S. 79 ff. – Als eine Art Fortsetzung der Allgemeinen Staatslehre *Kelsens* versteht sich die Allgemeine Staatslehre von *F. Koja* (Wien 1993).

[38] *C. Schmitt*, Verfassungslehre, 1928 u.ö., S. IX, XI. Dazu *H. Hofmann*, Legitimität gegen Legalität – Der Weg der politischen Philosophie Carl Schmitts, 3. Aufl. 1995, S. 124 ff.

[39] *Schmitt* (Fn. 38), S. 125.

Vertiefung aus dem reichen Materialfundus der weiland Allgemeinen Staatslehre beliebig schöpfen, ohne sich je in den endlos fruchtlosen Versuchen zu verheddern, Gegenstand und Methode dieses Faches zu definieren.

Zwar wagte *Rudolf Smend*, der *Jellinek* gegen *Kelsen* verteidigte, noch einmal eine Staatstheorie, nämlich eine Theorie vom Staat als geistigem Lebensprozeß[40]. Aber diese zu Schlagwortberühmtheit gelangte geisteswissenschaftliche „Integrationslehre" ist gleichwohl sehr stark auf „Verfassung und Verfassungsrecht" hin konzipiert – so der Titel der *Smend*'schen Schrift von 1928[41]. Auch sie will „eine juristische Theorie richtiger und vollständiger Auslegung der Verfassung" sein, indem sie ein die demokratischen Verfassungen durchgehend bestimmendes Moment hervorhebt, welches das persönliche Erleben des Gemeinwesens als Stück vom politischen Lebensprozeß im ganzen anregen und dauernd ermöglichen soll, um die freie Zustimmung der Einzelnen einzuwerben. Dies die spätere Selbstinterpretation *Smends*[42].

Vor diesem Hintergrund laviert die Allgemeine Staatslehre heute zwischen Soziologie, Staatsphilosophie, Politikwissenschaft, Verfassungsgeschichte und Verfassungslehre. So verdanken wir einer „Einführung in die Staatslehre", die auf das Prädikat der Allgemeinheit verzichtet, eine vorzügliche historisch-politische und ideengeschichtliche Rechtfertigungstheorie des demokratischen, aber durch die Souveränität seiner Verfassung (!) ausgezeichneten Verfassungsstaates[43]. Ein Kurzlehrbuch zur „Allgemeinen Staatslehre" dient sich im Untertitel ausdrücklich als „Politikwissenschaft" an[44]. Im übrigen läßt die Betonung des normativen Gerüsts des Verfassungsstaates die Staatslehren früher oder später mehr oder minder explizit zu Verfassungslehren werden[45]. Als symptomatisch darf gelten, daß *Felix Ermacora* im Nachwort zu seiner betont normenorientierten Allgemeinen Staatslehre meint, eigentlich bedürfe diese einer Ergänzung durch die Berücksichtigung auch der sog. „Verfassungswirklichkeit"

---

[40] *R. Smend,* Verfassung und Verfassungsrecht (1928), jetzt in: *ders.,* Staatsrechtliche Abhandlungen, 2. Aufl. 1968, S. 119–276 (136): „Integration als grundlegender Lebensvorgang des Staates".

[41] Siehe ebd. S. 120: „Sinnprinzip der Integration, des einigenden Zusammenschlusses, ist nicht das des Staates überhaupt, sondern das seiner Verfassung." Dazu *M. H. Mols:* Allgemeine Staatslehre oder politische Theorie?, 1969.

[42] *R. Smend,* Art. Integration, in: Evangelisches Staatslexikon, 3. Aufl., Bd. 1, 1987, Sp. 1354–1358 (1357).

[43] *M. Kriele,* Einführung in die Staatslehre – Die geschichtlichen Legitimitätsgrundlagen des demokratischen Verfassungsstaates, 5. Aufl. 1994.

[44] *R. Zippelius,* Allgemeine Staatslehre (Politikwissenschaft), 12. Aufl. 1994; der Klammerzusatz Politikwissenschaft erscheint erstmals in der 4. Aufl. 1973.

[45] *R. Herzogs* Allgemeine Staatslehre (1971) versteht sich als juristische Theorie der Staaten mit demokratischer Verfassung. *K. Doehring* repetiert in seiner Allgemeinen Staatslehre von 1991 zur einen Hälfte die tradierten Begriffe der Staatslehre, zur anderen die der Verfassungslehre.

als der „Wirklichkeit des Staates"[46]! Und *Peter Pernthaler* nennt sein Lehrbuch salomonisch „Allgemeine Staatslehre und Verfassungslehre"[47].

4. Die soziologische „Entzauberung" des Staates

Ein Blick schließlich noch auf die Staatssoziologie. In ihrer älteren, handlungstheoretischen Variante ist sie ein Produkt der Auseinandersetzung *Max Webers* mit *Jellineks* Soziallehre des Staates. Wie *Jellinek* hatte sich auch *Weber* gegen die Vorstellung von Kollektivpersönlichkeiten gewandt und alle Kollektivphänomene als soziales Handeln Einzelner auf der Basis bestimmter Vorstellungskomplexe gedeutet. Über *Jellineks* Soziallehre des Staates hinaus hielt *Weber* jedoch auch die Frage der Staatsrechtfertigung für ein soziologisch-werturteilsfrei rein deskriptiv zu behandelndes Problem des jeweils maßgeblichen Glaubens der Herrschenden und Beherrschten. Daraus resultierte bekanntlich seine staatssoziologische Lehre von den drei Typen legitimer (nämlich charismatischer, traditionaler oder rationaler) Herrschaft, nach der er die ganze uns bekannte Geschichte politischer Gemeinwesen klassifizierte[48]. Hier ist nur *Webers* Deutung des neuzeitlichen Staates nach dem Muster rationaler Herrschaft von Belang. Diese beruht nicht mehr auf der Autorität von Personen über Personen, sondern wird in einer versachlichten Weise nach bestimmten Regeln durch eine bürokratische, in Kompetenzbereiche untergliederte Hierarchie von Fachleuten ausgeübt. In einer formalen Weise ist diese gesetzmäßige („legale") Herrschaftsausübung rationaler als jede andere, weil sie „an Präzision, Stetigkeit, Disziplin, Straffheit und Verläßlichkeit, also: Berechenbarkeit für den Herrn wie die Interessenten, Intensität und Extensität der Leistung, formal universeller Anwendbarkeit auf alle Aufgaben" sowie an technischer Perfektionierbarkeit alle anderen Arten übertrifft. Zudem entspricht sie den Legitimitätsideen von Freiheit und Gleichheit, vor allem aber dem sich beschleunigenden, die Entwicklung vorantreibenden kapitalistischen Wirtschaftsverkehr.

In dieser Perspektive erfüllt der Staat heute gegenüber dem dominierenden industriell-wirtschaftlichen Prozeß nur noch Komplementärfunktionen: sozial, ökonomisch, ökologisch und in der technischen Risikovorsorge[49]. Die Hierarchie ist als Organisationsprinzip geschwächt, in der Kooperationsverwaltung wie in den inter- und supranationalen Verflechtungen scheint die Staatsgewalt

---

[46] *F. Ermacora,* Allgemeine Staatslehre – Vom Nationalstaat zum Weltstaat, 2 Teilbde, 1970, S. 1215 f.

[47] 2. Aufl., Wien/New York 1996.

[48] *M. Weber,* Wirtschaft und Gesellschaft, 5. Aufl. 1972, S. 19, 122 ff. Das Folg. S. 125 ff. (128, 129).

[49] Dazu *St. Breuer,* Der Staat, 1998, S. 272 ff.

zu zerfasern, das staatliche Recht droht seine Systemeinheit zu verlieren[50]. Der Staat ist noch nicht tot, aber entmythologisiert, „entzaubert"[51].

In diesem Ergebnis trifft sich die staatssoziologische Betrachtung *Weber*'scher Prägung mit der systemtheoretisch betriebenen Staatssoziologie, die nicht auf das Bewußtsein handelnder Menschen, sondern auf die Eigenlogik sozialer Kommunikationszusammenhänge abstellt[52]. *Luhmann* nimmt den Terminus Staat von vornherein enger nur auf die Moderne bezogen als Formel für die Selbstbeschreibung des politischen Systems der Gesellschaft, wie es sich seit dem Ende des 18. Jhs. ausdifferenziert hat[53]. In einer unaufhaltsam komplexer werdenden Welt ist diese funktionelle Ausformung von gesellschaftlichen Teilsystemen die angemessene Reaktion der Sozietät. Je weiter indes die Entwicklung relativ selbständiger („selbstreferentieller", „autopoietischer") Funktionsbereiche voranschreitet, desto weniger sei das Selbstverständnis, das das politische System von sich hat, nämlich die Spitze des Systems zu bilden, der gesellschaftlichen Dynamik angemessen. Hierarchisch-politische Steuerungsversuche würden kontraproduktiv und für das politische System selbst gefährlich. In ironischer Distanzierung von sich selbst müsse das sich „Staat" nennende gesellschaftliche Teilsystem seine vermeintliche Überordnung aufgeben und sich auf Supervision wie auf dezentrale „Konditionierung der Selbststeuerung" der autonomen Funktionsbereiche der Gesellschaft zurückziehen. Dies ist die auf seine „Entzauberung" folgende „neue Bescheidenheit des Staates", die *Helmut Willke* in seinem Buch „Ironie des Staates – Grundlinien einer Staatstheorie polyzentrischer Gesellschaft" von 1992 auf der Basis der *Luhmann*'schen Systemtheorie verlangt.

Der „Staat" – das scheint danach nur noch der verblassende, theoretisch durchaus entbehrliche Name für ein Handlungssystem, das einst mit dem längst uneinlösbar gewordenen Anspruch auftrat, durch seine Entscheidungen die „Gesamtrationalität" einer Gesellschaft herzustellen und zu bewahren. Daß man diese radikale Marginalisierung des Staates mit guten Gründen kritisieren kann, steht auf einem anderen Blatt. Fraglos wirksamer Zentralbegriff ist der Staat jedenfalls nicht mehr. Daran vermag auch eine in der Staatsrechtslehre emphatisch geübte Wortmagie kaum etwas zu ändern.

---

[50] Siehe dazu ebd. S. 291 ff.

[51] Ebd. S. 300.

[52] Siehe *H. Willke*, Die Entzauberung des Staates, 1983.

[53] Zum folg. *N. Luhmann* Rechtshistorisches Journal 9 (1990), 176–220; *ders.*, Das Recht der Gesellschaft, 1993, S. 470 ff.

II. Der Aufstieg des Verfassungsbegriffs

1. Zukunft durch Verfassung

Die europäische Karriere des Verfassungsbegriffs beginnt nach der Amerikanischen mit der Französischen Revolution und ihrem großen Verfassungskonstrukteur *Sieyes*[54]. Jeder aufgeklärte, freiheitliche und fortschrittliche Staat, das war den bürgerlichen Revolutionären klar, braucht eine geschriebene Verfassung. Und sie wußten auch, was eine solche Konstitution der Freiheit ausmacht. So fixierten sie sogleich den Standard und dekretierten in ihrer den ideellen Umbruch dokumentierenden Menschen- und Bürgerrechtserklärung von 1789[55]:

„Eine Gesellschaft, in der die Verbürgung der Rechte nicht gesichert und die Gewaltenteilung nicht festgelegt ist, hat keine Verfassung." (Art. 16)

Im Rückbezug auf den Anfang der Präambel, wo die Mißachtung der Menschenrechte für alle politischen Übel verantwortlich gemacht wird, scheint sich der Sinn von Verfassung auf den Schutz der Rechte des Einzelnen zu verengen. Die Erinnerung an *Montesquieus* Interpretation der Gewaltenteilung als Gewaltenbalance, an sein *pouvoir arrête pouvoir*, ist geeignet, diesen Eindruck noch zu verstärken. Und wer Art. 1 GG als Antwort auf entsetzlichste Menschenschindereien im Kopfe hat, dem mag es vollends schwerfallen, einen anderen Zugang zu finden. Und doch muß es ihn geben. Denn ein Verständnis von Verfassung als eines perfekten Schutzes vor Machtmißbrauch vermag allein schwerlich zu erklären, weshalb Frankreich seit 1789 – wie Zeitzeugen schrieben – „das Verfassungsfieber quält(e)"[56], warum es „vom Ufer des Ozeans bis zum Jura, von Lille bis zu den Pyrenäen ... nur einen einzigen Willen", nur einen „Gegenstand allen Sehnens" gab: „eine Verfassung"[57]. Die religiöse Überhöhung der „heiligen Verfassung" zum „Katechismus des Menschengeschlechts"[58] kann kaum bloß vom Gedanken des Individualrechtsschutzes getragen worden sein. Im Dunkeln bleibt bei dieser Sicht auch, wieso mit ‚Verfassung' ein absoluter Neuanfang assoziiert und ‚eine Verfassung haben' mit

---

[54] Siehe *E. J. Sieyes,* Politische Schriften 1788–1790, hrsg. v. *E. Schmitt* u. *R. Reichardt,* 1975; dazu *P. Pasquino,* Sieyes et l'invention de la constitution en France, Paris 1998.

[55] Zu den drei Dimensionen der Französischen Revolution mit Nachw. *H. Hofmann* in: ders., Verfassungsrechtliche Perspektiven, 1995, S. 23–50 (S. 29 f.).

[56] *Ch.-P. Ducancel,* La constitution non écrite du royaume de France etc., Paris 1814, S. 1; zit. nach *Wolfgang Schmale,* Entchristianisierung, Revolution und Verfassung in Frankreich, 1715–1794, 1988, S. 12.

[57] Révolutions de Paris, hrsg. v. *L.-M. Prudhomme,* Nrn. 1–225, Paris 17. 7. 1789 – 28. 2. 1794, 21 Bde., Nr. 20: 21.–28. Nov. 1789, S. 3; zit. nach *Schmale* (Fn. 56), S. 13.

[58] Fr. A. Aulard (Hrsg.), Recueil des actes du Comité de salut public, Paris, 34 Bde., 1889 ff., 1964 ff., Bd. 8, S. 273 (7. Nov. 1793), zit. nach Schmale (Fn. 56), S. 13; s. dazu ebd. S. 19 u. 68 über diese „Vergöttlichung" der Verfassung.

‚Zukunft haben' gleichgesetzt wurde[59]. Tatsächlich war der eigentliche Grund natürlich eine ungeheure kollektive Gefühlsaufwallung: das enthusiasmierende Pathos der Freiheit und der menschlichen Gleichheit. Diese Leidenschaft galt nur am Rande in einem negativen Sinne der Ausgrenzung und dem Schutz privater Freiräume, der Abwehr staatlicher Übergriffe. Was die Menschen überwältigte, war das positive Gefühl, durch eine Verfassung in einem allumfassenden Sinne zu Herren des eigenen Schicksals zu werden, allein und gemeinsam, jeder für sich und alle zusammen[60].

Die neuen Grundsätze von Freiheit und Gleichheit reagieren zwar auch auf die lange Geschichte unendlich vieler Unrechtserlebnisse. Hauptsächlich aber proklamieren sie aus einem aufgeklärten Selbstbewußtsein gegen alle Behauptungen religiöser, traditioneller oder naturwüchsiger Abhängigkeiten, Überordnungen und Hierarchien die Autonomie des Menschen. Darauf zielt auch die Beschwörung des Gewaltenteilungsgrundsatzes. In diesem Kontext hat er überhaupt nichts mit *Montesquieus* Gewaltenbalance zu tun. Gemeint ist damit allein das Mittel, wodurch die Verfassung die unpersönliche, vernünftige Herrschaft des allgemeinen Gesetzes als des Ausdrucks der *volonté générale*, des allgemeinen Willens, des Gemeinsinns organisiert (Art. 6 der Déclaration v. 1789). Die Gewaltenteilung erscheint hier als das Instrument, mit dem das künftige Verfassungswerk über den Primat des Erlasses allgemeiner Gesetze die Autonomie des Menschen realisieren soll.

Als Verheißung der Einrichtung souveräner menschlicher Selbstbestimmung hatte der Verfassungsbegriff den Charakter eines Zukunftsentwurfs, eines Plans, der Eröffnung eines neuen Zeitalters.

Eben diese Perspektive möglicher Zukunftsgestaltung, der Gedanke des einheitlichen architektonischen Entwurfs einer gemeinsamen politischen Existenz waren es ja auch gewesen, die eine Generation früher in der allgemeinen Rechtslehre des *Emerich von Vattel* zur theoretischen Einschmelzung aller Konstitutionen und der vielfältigen Grundgesetze, der tradierten *leges fundamentales,* in den kollektiven Singular der einen Konstitution, des einen Grundgesetzes geführt hatten[61]. Und es war der zu weitgehenden Abstraktionen neigende Entwurfcharakter, an dem sich die konservative Kritik *Burkes* und *Hegels* am Verfassungsbegriff der Französischen Revolution entzündete. Beide verstanden Verfassungen als Folgen von Entwicklungen und Veränderungen, nicht als deren Hebel.

---

[59] Dazu *Schmale* (Fn. 56), S. 22, 30, 52, 58, 60.

[60] Zum folg. *H. Hofmann* (Fn. 55), S. 51–72; s. auch *ders.* Der Staat 34 (1995), 1–32 (11 f.).

[61] *Emer de Vattel,* Le Droit des Gens ou Principes de la loi Naturelle, 1758 (Nachdr. 1916), Liv. I Chap. III, § 29, dt. v. *W. Euler,* 1959, S. 41. Dazu *H. Hofmann* in: *ders.,* Recht – Politik – Verfassung, 1986, S. 261–295 (277).

2. *Ein neuer Fundamentalbegriff: Die verfassunggebende Gewalt der Nation*

Mit diesem Begriff der Verfassung rückt zugleich der Begriff der Nation ins Zentrum. Ist die Verfassung nach *Vattel* doch nichts anderes als „die Form, unter der eine Nation in ihrer Eigenschaft als politischer Körper handelt", „nichts anderes als die Aufstellung der Ordnung, nach der eine Nation sich vornimmt, gemeinschaftlich für die Erlangung der Vorteile arbeiten zu wollen, derentwegen die politische Gemeinschaft errichtet ist"[62]. Und die Französische Revolution beginnt eben damit, daß die Vertreter des Dritten Standes sich in einem juristischen Staatsstreich zur *National*versammlung, d.h. zum Organ der souveränen Nation erklären, und drei Tage später im Ballhaus einander schwören, nicht eher auseinanderzugehen, bis eine Verfassung, und d.h.: eine Verfassung eben dieser souveränen Nation, geschaffen sei[63]. Für diejenigen, die behaupten, als Repräsentanten der Nation zu handeln, und für alle, die diesem Anspruch akklamieren, ist die Nation zugleich Akteur und Ergebnis, Subjekt und Objekt dieser konstituierenden Aktion. Erst und allein die werdende Nation bestimmt, was sie ausmacht[64].

Dabei können die Vorstellungen der Handelnden von der Zugehörigkeit zu der auf diese repräsentative Weise sich etablierenden Nation ganz verschieden sein. Für die Franzosen stand das Territorium der bisherigen Herrschaftsordnung im Vordergrund: „vom Ufer des Ozeans bis zum Jura, von Lille bis zu den Pyrenäen". Überdies bewegte sie der gemeinsame Wille zur politischen Vereinigung unter bestimmten Grundsätzen einer Verfassung. Schon nach zeitgenössischer Einschätzung ist die innere Einheitlichkeit der faktisch so vielgestaltigen Nation Folge des revolutionären Aufschwungs, nicht dessen Voraussetzung[65]. Es fehlt die Mystik einer gemeinsamen Sprache ebenso wie die der gemeinsamen Abstammung. Dagegen wird nun der Wille der revolutionär sich vereinheitlichenden Nation mystifiziert, das Gesetz als dessen Ausdruck „vergöttlicht"[66]. Aus bekannten historischen Gründen definiert sich die deutsche Nation nicht von einem staatlichen Territorium oder von einem gemeinsamen politischen Ordnungsentwurf her, sondern stattdessen sprachlich, ethnisch-genealogisch, geschichtlich, geistig: als „Kulturnation". Aber wie auch immer: in einer freiheitlichen Weise vermag ein Volk nur durch eine selbstbestimmte Verfassung sich politisch als Staatsnation zu konstituieren. Man vergleiche die Ver-

---

62 *Vattel* (Fn. 61), 13, § 27, dt. Übers. S. 40 f.

63 Dazu mit Nachw. *Hofmann* (Fn. 55), S. 30. Zum Nationalstaatsprinzip jetzt auch die Berliner Diss. von *A. Siehr* zum Thema: „Die Deutschenrechte des Grundgesetzes – Bürgerrechte im Spannungsverhältnis von Menschenrechtsidee und Staatsmitgliedschaft", MS 1999.

64 Dazu *E.-W. Böckenförde* in: *ders.*, Staat, Nation, Europa, 1999, S. 34–58 (41 ff.).

65 Über dieses politische „Wunder": Révolutions de Paris (Fn. 54), S. 2, zit. nach *Schmale* (Fn. 56), S. 12.

66 *J.-M. Cotteret,* Le pouvoir législatif en France, Thèse Paris 1962, S. 12 ff.

fassungen des sog. monarchischen Prinzips im süddeutschen Frühkonstitutionalismus mit dem revolutionären Verfassungswerk der Frankfurter Paulskirche von 1848/49[67]! Im Horizont der Souveränität der Nation – dieses neuen politischen *quo maius nihil cogitare potest* – wird das alte Problem der Staatsrechtfertigung, der Legitimität der – fürstlichen – Staatsgewalt durch die Theorie der verfassunggebenden Gewalt des Volkes[68] überholt[69].

3. Staatsverfassung der Freiheit

Wie sehr auch die monarchischen Staatsanstalten mit ihrer zentralistischen Organisation der Staatsleitung und ihrer Exekutivmacht der Entstehung von Nationalstaaten den Boden bereitet oder als Kristallisationskern von Nationalstaatsentwicklungen gedient haben: der politische Einheits- und Freiheitswille einer Nation vermag sich darin staatsrechtlich nicht abzubilden. Die monarchische Staatsanstalt muß daher überwunden oder eingebunden, d.h. mittels der Verfassung in den größeren Zusammenhang der Nation „organisch" integriert werden. Denn die nun maßgebliche Vorstellung staatlicher Einheit und Ordnung ist die einer *res publica*, eines Gemeinwesens, „das Bürger und Staatsorganisation, Land und Leute, Geschichte und Gegenwart, Herkunft und Zukunft verbindet – kurz: jenes Ganze, das herkömmlich als Vaterland bezeichnet wurde und das die ethisch-emotionale Zuwendung des Bürgers entfacht: den Patriotismus"[70] – eine genuin republikanische Tugend. Das preußisch-deutsche Hohelied des Nationalstaates um einen Nationalkönig herum als höchster Entwicklungsstufe der Staatlichkeit hat 1814 *Friedrich Schleiermacher* in seiner Staatsformenlehre gesungen[71].

Daraus folgt gerade in Deutschland ein Begriffsamalgam aus Staat, Volk und Verfassung. Ein illustres Beispiel bietet die Rechtsphilosophie *Hegels*. Er schob die seinerzeit aktuelle Frage, „wer die Verfassung machen", d.h. wie das Verfassungsversprechen der Bundesfürsten aus Art. 13 der Bundesakte von 1815 und aus Art. 54 der Wiener Schlußakte von 1820 realisiert werden sollte: durch

---

[67] Dazu *E.- R. Huber*, Deutsche Verfassungsgeschichte, Bd. 1, 2. Aufl. 1967, S. 88 ff., S. 315 ff., 651 ff.; *D. Willoweit*, Deutsche Verfassungsgeschichte, 3. Aufl. 1997, §§ 29 II, 31 II 3; *E.-W. Böckenförde*, Die verfassunggebende Gewalt des Volkes, 1986, S. 13 ff.

[68] Zur Entwicklung dieser Lehre vor und während der Französischen Revolution grundlegend *E. Zweig*, Die Lehre vom Pouvoir Constituant, 1909. S. dazu *R. Redslob*, Die Staatstheorie der französischen Nationalversammlung von 1789, 1912, S. 151 ff.; K. *Loewenstein*, Volk und Parlament nach der Staatstheorie der französischen Nationalversammlung von 1789, 1922, S. 12 ff.

[69] Dazu *H. Hofmann*, Legitimität und Rechtsgeltung, 1977, S. 47 ff.; *Böckenförde* (Fn. 67), S. 29 f.; G. *Roellecke* in: *ders.*, Aufgeklärter Positivismus, 1995, S. 149–164.

[70] *J. Isensee* in: FS für G. Roellecke, 1997, S. 137–163 (147).

[71] *F. Schleiermacher* in: Friedrich Schleiermachers sämmtliche Werke Bd. 111/2, 1838, S. 246–286.

fürstlichen Oktroi oder mittels Vereinbarung zwischen den Monarchen und den (alten oder ad hoc einzuberufenden) Ständen[72], als „sinnlos" beiseite (§ 273)[73]. Denn „obgleich in der Zeit hervorgegangen", sei die Verfassung als gelebte Ordnung eines Volkes aus dessen Geist nichts „Gemachtes". Vielmehr müsse sie als „das schlechthin an und für sich Seiende, als das Göttliche und Beharrende" begriffen werden. Das „in sich Vernünftige" und „Abbild der ewigen Vernunft" ist die Verfassung als „Staatsorganisation", insofern sie die drei Staatsgewalten konstituiert (die gesetzgebende, die regierende und die fürstliche), welche virtuell jeweils das Ganze in sich enthalten (§§ 271, 273). Wegen der Doppeldeutigkeit des Terminus ‚Staatsorganisation' können alle Vernunftprädikate der Verfassung selbstverständlich auch dem Staate selbst beigelegt werden. Und umgekehrt. Man muß, heißt es, „den Staat wie ein Irdisch-Göttliches verehren"; denn er ist „die Welt, die der Geist sich gemacht hat" (§ 272 Zusatz). Da der Geist nach *Hegel* aber nur „als das wirklich ist, als was er sich weiß", muß die Verfassung dem Selbstbewußtsein des Volkes, seinem subjektiven Freiheitsgefühl entsprechen, und muß umgekehrt der Staat als Geist des Volkes vornehmlich mittels der alle Verhältnisse durchdringenden Gesetzlichkeit als Geist gewußt werden (§ 274). Zwar entschärft *Hegel* den politischen Willen der Nation idealistisch-romantisierend, indem er daraus den Geist des Volkes macht. Dennoch ist das Argumentationsschema klar: Es gibt keinen wirklichen Staat ohne eine dem (nicht notwendig umstürzlerischen) Freiheitsgefühl des Volkes entsprechende gewaltenteilige Verfassung und ohne Gesetzlichkeit aller Lebensverhältnisse, also auch des Verfassungswesens selbst. Insoweit haben die Liberalen des Vormärz nicht wesentlich anders gedacht.

Im Staatslexikon ihrer führenden Köpfe *Rotteck* und *Welcker*, dieser Bibel der Liberalen, wird die ganze Thematik zusammenfassend unter dem Stichwort „Staatsverfassung" behandelt.

Diesen umfangreichen Artikel hat im Geiste des „historisch-organischen" Liberalismus *Carl Theodor Welcker* geschrieben[74]. Er stellt die Weichen schon mit seiner Ausgangsfrage nach den „objectiven Hauptgrundsätze(n) des staatsgesellschaftlichen Lebens" „aller freien Bürger"[75]. Sie ist für den Autor identisch mit der Frage, wie sich der „scheinbar völlige Gegensatz der *Vielen* und der *Freiheit* ... gegen die *Einheit* und ihre *umfassende souveräne* Gewalt" harmonisch löst, „welche jene als *Glieder* des ebenfalls selbständigen, höheren un-

---

[72] Dazu *E. R. Huber* (Fn. 67), S. 318 f., 336 ff.

[73] *G. W. F. Hegel*, Grundlinien der Philosophie des Rechts (1821), zit. nach der Ausg. der Werke in stw Bd. 7 (2. Aufl. 1989).

[74] *Carl Welcker*, Art. Staatsverfassung, in: Das Staats-Lexikon – Encyklopädie der sämmtlichen Staatswissenschaften für alle Stände, 2. Aufl., Bd. 12, Altona 1848, S. 363–387. Dazu *E.-W. Böckenförde*, Die deutsche verfassungsgeschichtliche Forschung im 19. Jahrhundert, 2. Aufl. 1995, S. 92 ff.; *Stolleis* (Fn. 8), S. 156 ff., 176 ff.

[75] *Welcker*, Art. Staatsverfassung (Fn. 74), S. 364.

sterblichen Staatslebens vereinigen und nach seinem umfassenden Endzweck und Willensgesetz beherrschen will"[76]. Die Antwort wird metaphorisch entwickelt: Wie der Mensch aus Geist, Körper und Seele besteht, so das Gemeinwesen aus „Verfassungsgesetz, Constitution und Regierung"[77]. Das Verfassungsgesetz ist hier allerdings nicht in dem engen Sinn einer Verfassungsurkunde genommen. Dafür bewunderte *Welcker* das englische Verfassungswesen viel zu sehr[78]. Gemeint ist „das höchste innere Vereinigungs-, Grund- oder Verfassungsprincip oder Gesetz ... die allgemeinste höchste Grundkraft des Staatslebens ... das gemeinschaftliche Lebensprincip des Volkes", das „durch gemeinschaftliche nationale Bildung und Uebereinstimmung bestimmte allgemeine innerliche Willensgesetz der Bürger", welches als Geist des Ganzen in der „wahren, freien und möglichst organisirten patriotischen öffentlichen Meinung" ihr „Organ" hat[79]. Unter „Constitution", dem körperhaft-körperschaftlichen Element, begreift *Welcker* „den aus freien Bürgern frei constituirten Volkskörper", wie er in „Gemeinden, Provinzen, in Volks- und Vertreterversammlungen" nebst den entsprechenden „staatsbürgerlichen Freiheitsrechte(n) zur Verwirklichung und Vertretung (der) Privat- und (der) Verfassungs- und Constitutionsrechte" der freien Bürger „gegenüber der Regierung" sich ausprägt[80]. Sie endlich soll man sich als den seelenhaften Teil des Ganzen vorstellen, und zwar als „souverän", d.h. irgendwie dynastisch „selbständig" und „überlegen", aber dennoch verfassungsmäßig und zugleich „konstitutionell", also dem Verfassungsgesetz in jenem weiten Sinne „untergeordnet" und zudem „gebunden an die verfassungsmäßige Constitution des Volkskörpers"[81]. Diese sowohl für die damalige politische Lage Deutschlands typischen wie für *Welckers* Eklektizismus charakteristischen Formelkompromisse nähern sich im Detail der dialektischen Undurchsichtigkeit *Hegels.* Dennoch ist die Botschaft klar: Nach dem Stande der zivilisatorischen Entwicklung gibt es keinen Staat mehr jenseits der „Staatsgesellschaft" aller freien Bürger, sondern nur noch eine freilich relativ selbständige, aber an die körperschaftlichen Volksrechte gebundene Regierung *unter* der Verfassung der Freiheit, die – ob geschrieben oder nicht – in der freien öffentlichen Meinung wirksam ist. Dieser begriffliche Vorrang der Staatsbürgergesellschaft und ihres Verfassungsprinzips der Freiheit vor deren staatlicher Organisation ist das Kennzeichen aller liberalen politischen Theorien geblieben.

---

76 Ebd. S. 367.
77 Ebd. S. 369.
78 Ebd. S. 386 u.ö.
79 Ebd. S. 369 f.
80 Ebd. S. 370.
81 Ebd. S. 372.

4. „Weltstunde des Verfassungsstaats"?

Als das „durch nationale Bildung bestimmte innerliche Willensgesetz der Bürger" (*Welcker*), als Bauplan für die politische Einheit der Staatsbürgergesellschaft, als Ordnung gemeinsamen Lebens aus dem sich entwickelnden Geist des Volkes (*Hegel*), als Entwurf des freiheitlichen Lebens einer Nation (*Vattel*) erschloß die Verfassung Zukunft: die Zukunft des liberalen konstitutionellen Nationalstaates. Eine Vielzahl konstitutioneller Bewegungen und Entwicklungen nach dem Ende der großen ideologischen Konfrontation und der Auflösung des sowjetischen Imperiums nährt trotz der zugehörigen Nachtseite des Rückfalls in barbarischen Nationalismus die Hoffnung, diese Zukunft sei noch offen. Ist am Ende gar jetzt erst die „Weltstunde des Verfassungsstaates" angebrochen?[82] In der heutigen europäischen Nationalstaatsdämmerung[83] kehrt sich bei unübersehbaren Wucherungen der Wohlfahrtsadministration die einstige Verheißung einer Verfassung der Zukunft indes zugleich um in die skeptische Frage nach der Zukunft der Verfassung[84]. Anderwärts wird dagegen unbefangen von der – nichtstaatlichen – Verfassung der Europäischen Union gesprochen[85]. Dieses Zwielicht verleiht der Frage nach den sozialen Entstehungs-, Wirkungs- und Bewährungsbedingungen des Verfassungskonzepts auch politische Aktualität.

III. Entstehungsbedingungen und Notwendigkeit einer rechtlichen Verfassung

1. Verfassung als evolutionäre Errungenschaft

Niklas Luhmann hat die Verfassung eine „evolutionäre Errungenschaft" genannt[86]. Das ist die Verfassung gewiß insofern, als ihr Erfolg auf der eher unwahrscheinlichen Durchsetzung zweier gewagter Gedanken beruht, nämlich: 1. Rekonstruktion der rechtlichen und politischen Einheit eines Volkes primär aus einem einzigen Grundsätze-Gesetz – oder auch: aus einem vergleichbar kohärenten Ensemble ungeschriebener Prinzipien. 2. Realisierung einer Staats-

---

[82] So *P. Häberle,* Das Grundgesetz zwischen Verfassungsrecht und Verfassungspolitik, 1996, S. 611.

[83] *Hesse* (Fn. 6), Rn. 113: „Dämmerung des Nationalstaats".

[84] *D. Grimm,* Die Zukunft der Verfassung, 1991, S. 397 ff.

[85] Aus der Fülle einschlägiger Äußerungen: *M. Zuleeg,* Die Verfassung der Europäischen Gemeinschaft in der Rechtsprechung des EuGH (FIW-Schriftenreihe H. 160), S. 73–88; *J. A. Frowein* EuR 30 (1995), 315–333; *R. Bieber* in: Verfassungsrecht im Wandel, hrsg. v. *J. Ipsen* u.a., 1995, S. 291–304; *G. C. Rodriguez Iglesias* EuGRZ 23 (1996), 125–131; *Th. Schilling* Staatswissenschaften und Staatspraxis 7 (1996), 387–417; *Badura* (Fn. 27); *W. Hertel,* Supranationalität als Verfassungsprinzip, 1999.

[86] Nachw. in Fn. 53.

bürgergesellschaft und deren staatlicher Organisation durch tatsächliche Befolgung jener nicht sanktionierten, sondern bloß mit ideellem Geltungsanspruch ausgestatteten Grundsätze.

Den Staat gleich einer Kirche auf eine Verfassung als ein säkulares *Symbolon* in dem dreifachen Sinn eines Unterscheidungs- bzw. Identifikationszeichens für das „Wir-sind-wir“[87], eines Bekenntnisses zu bestimmten Prinzipien, v.a. zu Grundrechten und Gewaltenteilung, und eines Einigungsvertrages mit implizitem Befolgungsversprechen zu gründen, entsprach nun allerdings ganz der Absicht der Revolutionäre. Evolutionär kann ihr Werk indes nur genannt werden, wenn und soweit es Elemente enthält, die in einer systembildenden Weise über die Absichten der Akteure hinausgingen. Insofern wiederholt der moderne Evolutionsbegriff *Hegels* Schwierigkeit, die Französische Revolution als die große objektive Umwälzung jenseits des Schreckens der absoluten subjektiven Freiheit sozusagen als Revolution ohne Revolutionäre zu begreifen[88]. So gesehen fehlte den Akteuren wohl die Vorstellung davon, daß sie den langen Prozeß relativer Verselbständigung der Rechtsordnung gegenüber allen politischen Machtansprüchen zum Abschluß brachten, indem sie mit der Verfassung *die* Formel für die Selbstbestimmtheit des Rechts, für die garantierte Einheit, Beständigkeit und Rechtlichkeit der Rechtsordnung und in diesem Sinne für die nicht der politischen Willkür verdächtige Positivität des Rechts gefunden haben. Hier ist der Grund dafür gelegt, daß jede Frage nach Recht und Unrecht nunmehr letztlich und endgültig gemäß der Unterscheidung von Verfassungsmäßigkeit und Verfassungswidrigkeit rechtsimmanent zu lösen ist. Denn über die Verfassung als Emanation der quasi göttlichen verfassunggebenden Gewalt des Volkes hinaus kann von Rechts wegen weder rechtlich noch politisch nach einem höheren Recht über dem positiven gefragt werden.

Diese Schlußfolgerung setzt allerdings eine Zweiteilung *innerhalb* der positiven Rechtsordnung zwischen Verfassungsrecht und „einfachem“ Recht sowie eine Kollisionsregel voraus, die den *lex-posterior*-Grundsatz zugunsten der Verfassung außer Kraft setzt[89]. Der so erzeugte Vorrang der Verfassung liegt in der Logik des Konzepts. Bei den Amerikanern taucht der Gedanke des *paramount law* der Verfassung denn auch schon frühzeitig auf und setzt sich alsbald durch. In Europa dagegen kommt diese Konsequenz nur langsam zum Bewußtsein.

Ganz bewußt und absichtlich, also revolutionär und nicht evolutionär, haben die amerikanischen und französischen Akteure in der Verfassung als einem Rechtstext zugleich die politische Konstitution des Volkes als Staat fixiert, in-

---

[87] *Isensee* (Fn. 70), S. 148.

[88] Dazu *J. Habermas* in: *ders.*, Theorie und Praxis, 1963, S. 89–107 (92, 104 f.).

[89] Hierzu u. zum folg. *R. Wahl* Der Staat 20 (1981), 485–516 (488 ff.); *H. Hofmann* in: *ders.*, Recht – Politik – Verfassung, 1986, S. 261–295 (279 mit weit. Nachw.).

dem sie darin den Grund für Gesetzgebung und Regierung legten. Im Widerspruch zu der daraus folgenden Annahme, daß die Verfassung ein Einheitsregelement für Recht *und* Politik darstelle, vertritt *Luhmann* die These, daß sie ganz im Gegenteil Ausdruck vollständiger Trennung beider Bereiche sei, die sie dann in Form „struktureller Koppelung" wieder miteinander verknüpfe[90]. Die nicht eben klar formulierte Begründung dafür ist schlicht die, daß die rechtliche Fassung von Herrschaft eine, deren faktische Existenz eine andere Sache sei[91]. Und ebenso gehe Politik nicht in deren rechtlicher Reglementierung auf. Nun ist nicht zu bestreiten, daß mit der Verfassung, die das Recht allein auf sich selbst stellt, die Gemengelage von Recht und Politik *begrifflich* ein Ende hat. Und es ist auch richtig, daß das Recht, indem es Gesetzgebung und Regierung reguliert, sich in „struktureller Koppelung" gleichzeitig einem bestimmten Einfluß der Politik oder besser: der Transformation von Politik in Recht öffnet. Und schließlich ist für den Juristen klar, daß eine weitere über den Horizont der Verfassung hinausgehende *rechtliche* Reglementierung der Politik als solcher nicht mehr stattfindet, die Politik danach also ebenfalls für sich steht und nach eigenen Regeln funktioniert. Diese simultane Trennung *und* Koppelung von Recht und Politik erfolgt freilich durch die Verfassung als einen *Rechts*text. Damit bleibt das Verhältnis für jeden, der auf dem Boden der Verfassung steht, „asymmetrisch", d.h. für ihn herrschen die Rechtsbegriffe über die politischen. Politik und politische Herrschaft jenseits der Verfassung liegen sonach außerhalb jeder möglichen rechtlichen Operation und Argumentation. Man denke beispielsweise daran, in welch' unlösbare Schwierigkeiten das rechtsstaatliche Recht (in Gestalt des Bundespräsidenten und des *BVerfG*) kommt, wenn es souveräne politische Gnadenentscheidungen rechtsbegrifflich einfangen soll und dabei gleichzeitig etwas von der Gnaden-Willkür der Politik bewahren will[92]. Das von *Luhmann* in der Theorie der strukturellen Koppelung beschworene begriffliche Gleichgewicht der beiden Bereiche existiert mithin nur für den externen soziologischen, genauer: den systemtheoretischen Beobachter[93]. Eine wissenschaftliche Stütze für die etatistische Staatsrechtslehre liegt darin also nicht.

---

[90] Siehe *Luhmann* Rechtshist. Journal (Fn. 53), S. 201 ff.; *ders.*, Recht der Gesellschaft (Fn. 53), S. 440 ff.; dazu *H. Hofmann*, Das Recht des Rechts, das Recht der Herrschaft und die Einheit der Verfassung, 1998, S. 52 ff.

[91] Siehe *Luhmann* Rechtshist. Journal (Fn. 53), S. 187 Fn. 3.

[92] Siehe *BVerfGE* 25, 352 (358 ff., 363 ff.) = JZ 1969, 736 (736 ff., 738 ff.) m. Anm. *Maurer;* E 45, 187 (242 ff.). Dazu *H. Huba* Der Staat 29 (1990), 117–124; *J.-G. Schätzler*, Handbuch des Gnadenrechts, 2. Aufl. 1992, S. 126 ff.

[93] Siehe *Luhmann* Rechtshist. Journal (Fn. 53), S. 193.

2. *Voraussetzungen der Verfassungsschöpfung*

Was die Voraussetzungen der Verfassungsschöpfung betrifft, die in der historischen Situation lagen, von den Revolutionären also ebenfalls nicht bewußt geschaffen worden sind, sondern allenfalls verstärkt und jedenfalls genutzt wurden, so können wir sie nach unseren bisherigen Überlegungen in solche unterscheiden, die die abschließende Positivierung des Rechts durch die Verfassung ermöglichten (a), und andere, welche die verfassungsrechtliche Reglementierung der Politik erlaubten. Die letztgenannten erscheinen in Gestalt objektiver Umstände einerseits (b) und subjektiver Bedingungen andererseits (c). Insoweit handelt es sich um politische, wirtschaftliche, ideelle, sozial- und mentalitätsgeschichtliche Momente, die in besonderer Weise das Selbstverständnis der Akteure bestimmten.

a) Trennung von Recht und Religion

Tatsächlich war der Prozeß der Positivierung des Rechts, d.h. der Identifizierung des Rechts mit weltlich-staatlicher Regulierung des Zusammenlebens bereits weit vorangeschritten. Man pflegt diese Entwicklung unter dem Stichwort der Säkularisierung, der Trennung von Recht und Religion, aus der Notwendigkeit zu erklären, die konfessionellen Bürgerkriege des 16. und 17. Jhs. zu überwinden. Und das war – so die These – nur durch die souveräne Rechtsetzung einer neutralen Macht möglich[94].

Diese Vorstellung ist natürlich nicht falsch. Sie ist nur etwas zu einfach – unterkomplex sagt man heute. Muß man doch bedenken, daß die frühneuzeitliche Ausbildung des europäischen Fürstenstaats nicht als „Säkularisierung", sondern als „Konfessionalisierung" in die Erscheinung tritt[95]. Für den französischen Modellabsolutismus ist ja nicht etwa des klugen und maßvollen *Heinrich von Navarra* Toleranz-Edikt (1598) charakteristisch, sondern dessen Aufhebung (1685) durch *Ludwig XIV.*, den Adepten des Kardinals *Richelieu.* Und das Reich war gerade mit der Religionsfreiheit der lutherischen Obrigkeiten kraft des Augsburger Religionsfriedens von 1555 aus dem europäischen Prozeß der Herausbildung souveräner Nationalstaaten ausgeschieden. – Recht im Namen von Frieden und Ordnung auf gegebene staatliche Zwangsregeln reduzieren, bedeutet zudem, über die Trennung von Recht und Religion hinausgehend, eine Scheidung von Innen und Außen, von äußerer Verhaltensordnung und innerer Gedankenfreiheit, von Richtigkeit und Geltung, von Recht und Moral,

---

[94] Siehe *E.-W. Böckenförde* in: *ders.*, Staat, Gesellschaft, Freiheit, 1976, S. 42–64. Dazu jetzt auch *G. Frankenberg*, Die Verfassung der Republik, 1996, S. 58 ff.

[95] Dazu näher mit einigen Hinweisen *H. Hofmann*, Die säkularisierte Metaphysik der Autonomie des vernünftigen Menschen, demnächst in einem von *K. Lüderssen* bei Suhrkamp/ Frankfurt a.M. edierten Sammelband.

wie sie zuerst der deutsche Aufklärer *Thomasius* angebahnt hat[96]. Im einzelnen muß und kann das hier jedoch dahinstehen.

Für den positivistischen Gedanken, die Grundlagen des Gemeinwesens und dessen Herrschaftsorganisation umfassend und einheitlich in einem einzigen Rechtsakt zu stiften, gab es zudem ein wirkungsmächtiges Muster: die seit *Hobbes*, *Pufendorf*, *Locke* und *Rousseau* in mehreren Versionen gegenwärtige Lehre vom Sozial- und Herrschaftsvertrag[97].

b) Trennung von Staat und Gesellschaft

Elementare *politische* Voraussetzung für eine derartige verfassungsrechtliche Regulierung der durch Gesetzgebung, Regierung und Verwaltung ausgeübten Herrschaft war die Existenz eines in dieser Weise regulierungsfähigen Gegenstandes. Es mußte also bereits so etwas wie eine einheitliche und zugleich funktionell ausdifferenzierte Staatsgewalt geben. In der Tat erfüllten die absolutistischen Fürstenstaaten diese Bedingung. Zu den notwendigen politischen Prämissen gehörte ferner die Dominanz einer Ordnungsvorstellung, die Staat und Gesellschaft trennt[98]. Dieses Sozialmodell beruhte auf der Voraussetzung, daß die Gesellschaft dank der dynamischen Wertschöpfung durch die je autonom genutzte gleiche individuelle Freiheit aller ihrer einzelnen Mitglieder eine die statische Frage gerechter Güterverteilung überholende Wohlstandsmehrung aus sich heraus zu bewirken vermöge, wenn der Staat auf zentrale Steuerungsversuche verzichtet und sich stattdessen auf die Wahrung eines äußeren gesetzlichen Ordnungsrahmens, insbesondere auf die Wahrung der Freiheit, die Einhaltung der Tauschregeln des Marktes wie die Verhinderung von Monopolbildungen beschränkt.

Damit einher ging der Abschied von der Idee des Gemeinwohls als einer vorgegeben-feststehenden, inhaltlich zu definierenden und vom Staat zu realisierenden Größe. Sie wurde als Funktion eines außerordentlich komplexen Interaktionszusammenhangs hauptsächlich der gesellschaftlichen Kräfte prozeduralisiert und formalisiert.

Alledem entsprach eine in der Verfassung auf sich selbst gestellte, positive und formale, durch die verfassungsrechtliche Verfahrensordnung für die politische Anpassung durch den Gesetzgeber zudem jederzeit änderbare Rechtsordnung in idealer Weise. – Wesentliche politische Bedingung der Verfassungsschöpfung war schließlich die Reife einer revolutionären Situation, die zur Entscheidung drängte und eine Neubegründung der politischen Herrschaft not-

---

96 Dazu W. *Schneiders*, Naturrecht und Liebesethik, 1971, S. 65, 80 f., 86 ff.

97 Dazu jetzt *W. Kersting*, Die politische Philosophie des Gesellschaftsvertrags, 1994.

98 Hierzu u. zum folg. *D. Grimm* in: *ders.*, Die Zukunft der Verfassung, 1991, S. 31–66 (37 ff.).

wendig machte, wie das in Nordamerika und Frankreich gegen Ende des 18. Jhs. aus unterschiedlichen Gründen der Fall war.

c) Aufstieg des Bürgertums

Sozialgeschichtlich gesehen trug das Bürgertum die Verfassungsidee, genauer: der Teil, den man das Besitz- und Bildungsbürgertum nennt. Für Frankreich und Deutschland ist das offensichtlich. Auf die ständelosen nordamerikanischen Verhältnisse sind jene Begriffe zwar nicht umstandslos übertragbar. Doch kann „in einem unständischen Sinn ... das gesamte damalige Amerika als bürgerlich gelten“[99]. Waren die weißen Einwohner doch nicht nur politisch frei, sondern größtenteils auch wirtschaftlich unabhängig, und zwar kraft eigener wirtschaftlicher Tätigkeit, nicht dank Einnahmen aus Ämtern, Grundrenten oder Privilegien. Und durch die von der englischen Kolonialregierung in weitem Umfang zugelassene Selbstverwaltung war die politische Bewußtseinsbildung erheblich gefördert worden. Auf diese Weise hatten die Siedler das nötige Selbstbewußtsein gewonnen, um mittels eigener *constitutions* selbständige politische Körper zu bilden und sich damit vom Mutterland zu lösen, als ihnen die Herrschaft des englischen Parlaments unerträglich geworden war, weil sie nicht darin vertreten waren. In Frankreich erwuchsen Fähigkeit und Bereitschaft zu gemeinsamer Aktion des Bürgertums aus dem Bewußtsein der eigenen, nicht nur ökonomischen Wichtigkeit für die Gesamtgesellschaft im Vergleich zu der geschwundenen Bedeutung von Geistlichkeit und Adel, die nur noch als unproduktiv wahrgenommen wurden, deren politische Vorrechte folglich zunehmend provokativ wirkten.

So wollte das städtische Bürgertum als der treibende Teil des Dritten Standes, daß er – ökonomisch längst „alles“ – endlich auch politisch „etwas“ werde. In seiner berühmten Flugschrift über den Dritten Stand hatte der Abbé *Sieyes* die Parolen geliefert[100]. Dieser Funke sprang über, auch – und das war wohl entscheidend – auf die Bauernschaft. So wollten schließlich alle Nichtprivilegierten über alle sozialen und regionalen Unterschiede hinweg in einer Staatsnation eins und in gleicher Weise frei werden – durch *ein* Grundgesetz für alle: durch eine Verfassung.

3. Fortdauer der „verfassungstragenden Bedürfnisse“?

Dieter Grimm, dem wir einen grundlegenden Text über „Entstehungs- und Wirkungsbedingungen des modernen Konstitutionalismus“ verdanken, hat die Frage gestellt, „ob die Verfassung von ihren Entstehungsbedingungen abgelöst und auch unter gewandelten Voraussetzungen aufrechterhalten werden

---

[99] *Grimm* (Fn. 98), S. 53.

[100] *E. J. Sieyes* in: Schriften (Fn. 54), S. 117–195.

kann“[101]. Anders formuliert: jene Bedingungen können auch als Ausdruck bestimmter gesellschaftlicher Bedürfnisse gelesen werden. Die Frage ist dann die nach deren Fortdauer. In einem frühen kulturanthropologischen Aufsatz „Über die Stabilität von Institutionen, besonders Verfassungen“ von 1949 hat *Helmut Schelsky* folglich über „Konstanz und Wandel der verfassungstragenden Bedürfnisse“ nachgedacht[102].

Ohne Zweifel brauchen wir auch weiterhin einen grundlegenden Rechtstext, der die Positivität der Rechtsordnung legitimiert und – soweit das heute überhaupt noch möglich ist – die systematische Einheit des staatlichen Rechts gewährleistet. Unverzichtbar ist die Verfassung sodann für die Organisation, Beschränkung und Rechtfertigung der politischen Herrschaft, genauer: für die Kanalisierung politischer Einwirkung auf das Recht. Wo immer konsensunabhängige, autokratische oder totalitäre Herrschaftssysteme ihr Ende finden, ob auf der iberischen Halbinsel, in Ost-Mitteleuropa, in Rußland oder sonstwo auf der Welt, zeigt sich diese Notwendigkeit aufs Neue[103]. Alle diese Transformationsprozesse demonstrieren zudem das fortdauernde Bedürfnis, die Rechte des Einzelnen verfassungsrechtlich zu sichern. Darin drückt sich freilich nicht nur das Verlangen nach dem Schutz der Person aus, sondern zugleich der Wunsch nach einer einigermaßen staatsfreien Sphäre gesellschaftlicher Öffentlichkeit. Und zusammen mit dem Demokratieprinzip sind die Grundrechte wie vor 200 Jahren Symbol des Einheits-, Freiheits- und Selbstbestimmungswillens von Staatsvölkern.

Interesse verdienen die vielen Verfassungsschöpfungen der jüngsten Vergangenheit aber noch aus einem ganz anderen Grund: Mit ihren Neuerungen und andersartigen Akzenten verweisen sie auf neue gesellschaftliche Bedürfnisse, die vom alten Verfassungsmodell der bürgerlichen Revolution naturgemäß nicht befriedigt werden[104]. Einschlägige Stichworte, mit denen es hier sein Bewenden haben muß, sind Sozialstaatlichkeit, sozialer Ausgleich, Umwelt- und Nachweltschutz[105]. Das ursprünglich dem Konzept einer Verfassung zugrundeliegende Sozialmodell einer Trennung der Sphären von Staat und Gesell-

---

[101] *Grimm* (Fn. 98), S. 61.

[102] *H. Schelsky* jetzt in: Institution und Recht, hrsg. *v. R. Schnur*, 1968, S. 265–293 (277). Nicht hierher gehört die Diskussion über „Verfassungsvoraussetzungen und Verfassungserwartungen“ i.S. *H. Krügers* (in: FS f. U. Scheuner, 1973, S. 285–306); denn dabei geht es nur um spezielle Funktionsbedingungen, die sich aus dem konkreten Inhalt bestimmter Verfassungsvorschriften ergeben.

[103] Musterhaft dokumentiert und analysiert werden die weltweiten dynamischen Verfassungsentwicklungen besonders seit 1989 in den von *P. Häberle* hrsg. Jahrbüchern des öffentlichen Rechts (n.F. Bde. 39 ff.).

[104] Dazu näher *Grimm* (Fn. 98), S. 62 ff.

[105] Zum Begriff des Nachweltschutzes *H. Hofmann* in: Perspektiven (Fn. 57), S. 325–357 (326 ff., 340 ff., 349 ff.).

schaft[106] ist auch noch in einer anderen Hinsicht überholt, nämlich unter dem Aspekt der Parteienstaatlichkeit. Die politischen Parteien fungieren gerade als Vermittlungsinstanzen zwischen Gesellschaft und Staat. Als freie gesellschaftliche Vereinigungen besetzen sie im Auftrag des Wahlvolks die Staatsorgane und steuern sie. Daß etwa Art. 21 GG diese Realität umfassend und wirksam einfängt, wird niemand behaupten wollen. Damit ist indes kein einfaches Regelungsdefizit, sondern ein in diesem Rahmen unlösbares strukturelles Problem bezeichnet.

IV. Eine Verfassung für Europa?

Zum Schluß: Braucht Europa eine Verfassung? Kann es eine solche überhaupt geben? Oder hat Europa bereits eine Verfassung, wie das europarechtliche Schrifttum glauben macht[107] und vor über 30 Jahren sogar das *BVerfG* schon einmal meinte[108]? Bereits diese Fragestellungen verraten eine gewisse Beliebigkeit in der Verwendung des Terminus „Verfassung". Klar ist eigentlich nur, daß keine Staatsverfassung gemeint ist. Denn die Europäische Union ist trotz vieler und immer mehr ehedem staatlicher Befugnisse kein Staat und soll es wohl nicht werden. Mit einem von der Elektrizitäts- und Verkehrswirtschaft her geläufigen Ausdruck hat das *BVerfG* in seiner Maastricht-Entscheidung von einem „Staatenverbund" gesprochen[109]. Aber das ist vorerst bloß ein Name, kein Begriff[110]. Wenn in diesem Zusammenhang von Verfassung geredet werden soll, muß der Terminus folglich aus seinem spezifisch modernen Kontext der Konstituierung von Nationalstaatlichkeit herausgelöst werden[111]. Das aber heißt Verfassungsrecht ohne staatsrechtlichen Inhalt[112] und bedeutet Reduzierung auf vorrevolutionäre Gehalte[113] oder auf den formalen Gesichtspunkt, daß es auch in und für Europa eine Legislative, Exekutive und Judikative gibt und Rechte gewährt werden[114]. Diese Konsequenz ergibt sich allerdings nicht aus der Auflösung einer angeblich notwendigen Verbindung mit dem Begriff

---

106 Zu diesem großen Thema zuletzt *E.-W. Böckenförde* in: *ders.*, Staat, Nation, Europa, 1999, S. 11–24 (20 ff.); krit. *Hesse* (Fn. 6), Rn. 11.

107 Siehe die Nachw. in Fn. 85.

108 *BVerfGE* 22, 293, 296 (= JZ 1968, 99 ff. m. Anm. *Wengler*): Der EWG-Vertrag sei „gewissermaßen die Verfassung dieser Gemeinschaft".

109 *BVerfGE* 89, 155.

110 Einen beachtlichen Versuch begrifflicher Strukturierung bietet jetzt *A. v. Bogdandy*, Supranationaler Föderalismus als Wirklichkeit und Idee einer neuen Herrschaftsform, 1999.

111 Dazu *Hertel* (Fn. 85), S. 46 ff., 220 ff.

112 Dazu *J. Schwarze* JZ 1993, 585–594 (591).

113 Dazu *H. Mohnhaupt/D. Grimm*, Verfassung – Zur Geschichte des Begriffs von der Antike bis zur Gegenwart, 1995.

114 So *Badura* (Fn. 27), S. 700.

des Nationalstaates, insofern dieser angeblich ein homogenes, zumindest ein homophones Volk voraussetzt, das es auf europäischer Ebene nicht gibt. Die europarechtliche Regression oder sagen wir: Veränderung des Verfassungsbegriffs ist vielmehr eine Folge notwendiger Preisgabe des Begriffs der Verfassung als einer „evolutionären Errungenschaft". Denn in dieser Sicht ist Verfassung die nicht mehr hintergehbare, letzte, einheitliche und exklusive Grundlage einer positiven Rechtsordnung. Rechtliches Fundament der Europäischen Union, das sog. Primärrecht, aber ist als Vertragsrecht der Mitgliedstaaten abgeleitetes Recht, auch wenn es dank der Rechtsprechung des *EuGH* namentlich in Grundrechtsfragen längst Eigendynamik gewonnen hat. Diesen staats- und völkerrechtlichen Ableitungszusammenhang zu kappen, das Europarecht ganz auf sich selbst zu stellen, die positivrechtliche Gründungsgewalt der Staaten als „Herren der Verträge"[115] durch einen eigenen Gründungsmythos nach Art der verfassunggebenden Gewalt des Volkes zu ersetzen, das wäre Revolution[116]. Aber es gibt auf diesem Felde keine revolutionäre Kraft und keine revolutionäre Situation. Es besteht keine Notwendigkeit, die Herrschaftsbefugnisse der europäischen Institutionen neu zu begründen, kein Bedürfnis, durch einen solchen Gründungsakt gegen fremde Herrschaft und Bevormundung eins und frei zu werden und erst durch diese Freiheit Zukunft zu gewinnen. Unterhalb dieser Schwelle bedeutet eine Verfassung für Europa jedoch nur eine Zusammenfassung, Ordnung, Systematisierung, vielleicht auch partielle Verbesserungen der bisherigen Rechtsgrundlagen. Das mag nützlich sein. Daran, daß der Begriff der Verfassung hier auf der Ebene der Organisation bloß einer Teilordnung bleibt, änderte das nichts. Wahrscheinlicher als alles andere ist indes wohl die zunehmende „Ausbildung von Schwebeverhältnissen bis hin zur möglicherweise einmal konstatierbaren Erlangung eines (para-)staatlichen Gesamtzustandes"[117]. Erweist er sich dann im Rückblick auf unsere Zukunft als ein neuer evolutionärer Schritt, wird er auch seine eigene Begrifflichkeit finden.

---

115 *BVerfGE* 89, 155 (190).

116 Siehe dazu auch *D. Grimm* in: Zur Neuordnung der Europäischen Union, hrsg. v. *dems.* u.a., 1997, S. 9–31 (27).

117 *P. Lerche* in: FS f. K. Redeker, 1993, S. 131–147 (144).

Soziologie der öffentlichen Verwaltung*

Aufgaben einer zeitgemäßen Verwaltungssoziologie

Gunnar Folke Schuppert

A. Zum notwendigen Neuaufbau einer Verwaltungssoziologie/ Verwaltungswissenschaft

Wenn man als Nicht-Soziologe, nämlich als Staatsrechtslehrer und Verwaltungswissenschaftler, einen Vortrag über Verwaltungssoziologie halten soll, so fragt man sich bei den Vorbereitungen alsbald, worin die *spezifisch soziologische Perspektive* bei der Betrachtung des Gegenstandes der öffentlichen Verwaltung liegen könnte. Wirft man bei der Suche nach dieser spezifisch soziologischen Perspektive einen Blick in die erstmals 1978 erschienene Soziologie der öffentlichen Verwaltung von Renate Mayntz[1], so erfährt man in der Einleitung dieses Maßstäbe setzenden Werkes dazu die ersehnte Hilfestellung nicht, eher im Gegenteil: „Schwieriger ist es schon" – so schreibt sie – „die verwaltungssoziologische Sichtweise von derjenigen der Verwaltungswissenschaft, der Politikwissenschaft und der Verwaltungslehre zu unterscheiden."[2] So sei denn auch gleich zuzugeben, „daß es keinerlei systematisch begründete Unterschiede zwischen Soziologie, Verwaltungswissenschaft und Politikwissenschaft in der Behandlung der öffentlichen Verwaltung" gebe – vorausgesetzt – und hier erfolgt die Grenzziehung zur herkömmlichen, von den Juristen „betreuten" Verwaltungslehre – „daß man die beiden letztgenannten Disziplinen ebenfalls als empirisch fundierte Sozialwissenschaften versteht." Die Enttäuschung über die fehlende Handreichung wird noch größer, wenn wir einige Seiten weiter lesen, daß die Verwaltungssoziologie sich noch in den Anfängen befinde und „weder über einen einheitlichen theoretischen Ansatz, ein integriertes System empirisch gestützter Aussagen noch über hinreichende empirische Studien zu den wichtigsten verwaltungssoziologischen Fragen verfügt."[3]

---

* Renate Mayntz gewidmet.

[1] *Renate Mayntz*, Soziologie der öffentlichen Verwaltung, 1. Aufl., Heidelberg/Karlsruhe 1978.

[2] Fn. 1, S. 2.

[3] Fn. 1, S. 6; die 1977 erschienenen Verwaltungssoziologien von *Eckart Pankoke/Hans*

Dieser nicht eben ermutigende Befund von 1978 (an dem sich in der Sache wenig geändert hat) findet seine Entsprechung in dem resignativen Abgesang Günter Püttners auf die bisher erfolglosen Versuche, eine fächerübergreifende Verwaltungslehre zu etablieren[4]. Nicht zu Unrecht werde davon gesprochen[5], daß sich „die Institutionalisierung einer Verwaltungswissenschaft ... in einem ziemlich desolaten Zustand befinde"; das große Lehrbuch Bernd Beckers über die Öffentliche Verwaltung[6] markiere – so das Urteil Püttners – wohl eher den Abschluß einer Epoche als einen Neuanfang.

Angesichts dieser – wie wir gestern gehört haben – auch für die Rechtssoziologie Geltung beanspruchenden – deprimierenden Befunde beginnt man zu verstehen, warum die Veranstalter dieser Tagung als Tagungsort eine Kirche gewählt haben, einen sicherlich angemessenen Rahmen für eine Trauerfeier. Aber diese wunderschöne Kirche, in der wir versammelt sind, trägt den Namen „Neubaukirche", und wir sollten dies als Ermunterung dafür auffassen, den Neubau einer Verwaltungssoziologie/Verwaltungswissenschaft in Angriff zu nehmen und dies dadurch zu tun, daß wir nach den *Aufgaben einer zeitgemäßen Verwaltungssoziologie* fragen; dabei – so möchte ich Ihnen vorschlagen – sollten wir doch noch einmal den Versuch machen, spezifisch soziologische Fragestellungen an einen Gegenstand sozialwissenschaftlichen Interesses aufzufinden und – falls wir dabei Erfolg haben – diese als Leitfaden für einen Neuanfang der Verwaltungssoziologie zu benutzen.

B. Gibt es spezifisch soziologische Fragestellungen und welche sind dies?

I. Vier Arten von soziologischen Fragen

Nach einem der wohl populärsten Lehrbücher der Soziologie, dem von Anthony Giddens[7], können wir *vier Arten von soziologischen Fragen* unterscheiden, nämlich:

Nokielski, Verwaltungssoziologie. Einführung in Probleme öffentlicher Verwaltung, Stuttgart u.a. sowie von *Hartmut Häußermann*, Die Politik der Bürokratie. Einführung in die Soziologie der staatlichen Verwaltung, Frankfurt/New York haben bedauerlicherweise keine Nachfolger gefunden.

[4] *Günter Püttner*, Verwaltungslehre?, in: Joachim Burmeister (Hrsg.), Verfassungsstaatlichkeit. Festschrift für Klaus Stern zum 65. Geburtstag, München 1997, S. 733 ff.

[5] *Rainer Koch*, Verwaltungsforschung in Perspektive, in: derselbe (Hrsg.), Verwaltungsforschung in Perspektive, Baden-Baden 1987, S. 13 ff., 17.

[6] *Bernd Becker*, Öffentliche Verwaltung. Lehrbuch für Wissenschaft und Praxis, Percha 1989.

[7] *Anthony Giddens*, Soziologie, Graz-Wien 1995.

- Tatsachenfragen
- Vergleichende Fragen
- Entwicklungsfragen und
- Theoretische Fragen

Was zunächst die *Tatsachenfragen* angeht, so erläutert Giddens sie an einem für Juristen besonders eingängigen Beispiel. Als Mitglied der Gesellschaft wisse jeder von uns etwas über das Rechtssystem und die vorherrschenden Typen krimineller Aktivität. Da dieses Wissen aber in der Regel vage und unvollständig sei, bedürften viele Aspekte des Verbrechens und der Gerechtigkeit näherer soziologischer Untersuchungen – wie etwa die folgenden Fragen:

- Welche Verbrechensformen sind die häufigsten?
- Wieviele Missetäter werden von der Polizei „geschnappt"?
- Wieviele von diesen werden verurteilt oder eingesperrt?

Vergleichende Fragen sind solche, bei denen ein sozialer Kontext einer bestimmten Gesellschaft mit dem einer anderen in Beziehung gesetzt wird und Beispiele, die verschiedenen Gesellschaften entnommen sind, einander gegenübergestellt werden. Ein Beispiel für eine solche vergleichende Frage wäre etwa die folgende: In welchem Ausmaß unterscheiden sich die Muster kriminellen Verhaltens und der darauf reagierenden Sanktionen in den USA und in der Bundesrepublik?

Was nun den Typus der *Entwicklungsfragen* betrifft, so ist auch dieser mit Giddens leicht zu beschreiben: „Um die Natur der modernen Welt zu verstehen, müssen wir frühere Gesellschaftsformen betrachten und auch die Hauptrichtungen identifizieren, die Wandlungsprozesse eingeschlagen haben."[8]

Was schließlich die *theoretischen Fragen* angehe, so würden sie gebraucht, um den unter der Rubrik Tatsachenfragen erhobenen tatsächlichen Befunden einen Sinn abgewinnen zu können. Da im Gegensatz zur landläufigen Meinung Tatsachen nicht für sich selbst sprächen, „müssen wir lernen, theoretische Fragen zu stellen, die es uns gestatten, Tatsachen korrekt zu interpretieren, indem wir die Ursache des Problems, mit dem sich eine bestimmte Untersuchung befaßt, identifizieren."[9] Theorien erforderten die Konstruktion abstrakter Interpretationen, die zur Erklärung empirischer Situationen herangezogen werden können: „Eine Theorie der Industrialisierung etwa würde sich darum bemühen, die Hauptmerkmale, die Prozessen der industriellen Entwicklung gemeinsam sind, festzustellen und zu zeigen, welche davon für die Erklärung dieser Entwicklung am wichtigsten sind."[10]

---

[8] *Giddens* (Fn. 7), S. 20.
[9] *Giddens* (Fn. 7), S. 20.
[10] *Giddens* (Fn. 7). S. 21.

II. Konsequenzen für die Formulierung von Anforderungen an eine zeitgemäße Soziologie der öffentlichen Verwaltung

Wenn wir uns über den Ertrag dieser Vergewisserung über vier spezifisch soziologische Fragestellungen für unser Vorhaben klar werden wollen, so scheint er uns darin zu bestehen, daß wir diese vier Fragestellungen umformulieren können in ebenfalls *vier Anforderungen an eine zeitgemäße Verwaltungssoziologie*:

- Jede Soziologie, so auch die Verwaltungssoziologie, muß eine gewisse *Anschauung von der tatsächlichen Beschaffenheit ihres Gegenstandes vermitteln*. Diese für den amorphen Bereich der Verwaltung gewiß nicht einfache Aufgabe werden wir unter der Überschrift „Die Soziologie der öffentlichen Verwaltung und ihr Gegenstand" etwas genauer in den Blick nehmen.
- Eine Verwaltungssoziologie hätte ferner – die zweite spezifisch soziologische Fragestellung aufgreifend – *ihren Gegenstand vergleichend zu untersuchen*, um auf diese Weise Besonderheiten oder Gemeinsamkeiten des eigenen nationalen Verwaltungssystems klarer hervortreten zu lassen. Insoweit kämen hier *zwei* – von uns an dieser Stelle nicht weiter verfolgte – *Vergleichsansätze* in Betracht:
  - Erstens natürlich die vergleichende *Europäische Perspektive*, die allein schon deshalb unverzichtbar ist, weil bei der Verwirklichung der Europäischen Gemeinschaft als Rechtsgemeinschaft zahlreiche nationale Rechts- und Verwaltungskulturen aufeinandertreffen, was etwa bei dem täglichen Geschäft der Umsetzung von EG-Richtlinien studiert werden kann. Nicht von ungefähr hat der Gesprächskreis Verwaltungslehre der Vereinigung der Deutschen Staatsrechtslehrer für die diesjährige Tagung (1999) das Thema „Die Bedeutung der Verwaltungskultur für die Umsetzung des Europäischen Gemeinschaftsrechts"[11] auf die Tagesordnung gesetzt.
  - Mit dem Stichwort *Verwaltungskultur* erscheint uns eine ertragversprechende weitere Vergleichsperspektive eröffnet, nämlich eine *kulturwissenschaftliche Perspektive*, wie sie etwa von Peter Häberle mit seinem Verständnis der Verfassungslehre als vergleichender Kulturwissenschaft[12] mit Gewinn praktiziert wird. Begreift man die öffentliche Verwaltung als Kulturphänomen und daher als Gegenstand kulturwissenschaftlicher Forschung, so führt dies zu der bisher kaum untersuchten Frage, was Ver-

[11] Es referierten *Werner Jann*, Potsdam, zum Thema „Wandel und Kontinuität der Verwaltungskultur in Großbritannien und Skandinavien" und *Heinrich Siedentopf*, Speyer, über den „Einfluß der nationalen Verwaltungskultur auf die Umsetzung des Europäischen Gemeinschaftsrechts am Beispiel Frankreichs".

[12] *Peter Häberle*, Verfassungslehre als Kulturwissenschaft, 2. Aufl., Berlin 1998; *derselbe*, Europäische Rechtskultur, Berlin 1994.

waltungskultur eigentlich ist und welche Indikatoren darüber Aufschlüsse versprechen. Diese Frage kann an dieser Stelle nicht vertieft werden, sollte aber als Merkposten, etwa als Gegenstand einer wissenschaftlichen Durchdringung am Max-Weber-Kolleg für kultur- und sozialwissenschaftliche Studien[13] in Erinnerung bleiben.

- Eine wichtige Aufgabe einer Soziologie der öffentlichen Verwaltung bestünde darin, *Wandlungsprozesse ihres Gegenstandes* und deren Entwicklungslinien aufzuzeigen und dafür einen entsprechenden analytischen Rahmen bereitzustellen. Dieser für die Verwaltungssoziologie zentralen Aufgabe wollen wir uns im zweiten Kapitel unter der Überschrift „Die Soziologie der öffentlichen Verwaltung und die Veränderungen ihres Gegenstandes“ etwas genauer zuwenden.
- Viertens schließlich muß sich die Verwaltungssoziologie darüber vergewissern, *welche Theorieansätze* als für das Verständnis der modernen Verwaltung besonders ertragreich erscheinen; darüber hinaus muß sie sich angesichts der multidisziplinären Bemühungen um den Gegenstand der öffentlichen Verwaltung[14] fragen und fragen lassen, welche spezifischen Leistungen sie als Disziplin im *Wettbewerb der disziplinären Zugriffe auf die Verwaltung* eigentlich erbringt und für sich reklamieren kann. Diese Frage behandeln wir als Gliederungspunkt III., und zwar unter der Überschrift „Verwaltungssoziologie im Wettbewerb der Wissenschaftsdisziplinen“.

C. Die Soziologie der öffentlichen Verwaltung und ihr Gegenstand

I. Was ist Verwaltung?

Gegenstand der Verwaltungssoziologie ist die öffentliche Verwaltung[15], so daß es hilfreich wäre, wüßte man, was unter öffentlicher Verwaltung zu verstehen ist. Wenn man die klassischen Lehrbücher des Verwaltungsrechts danach befragt, die ja ebenfalls alle mit der Habhaftwerdung ihres Gegenstandes – der Verwaltung und ihres Verwaltungsrechts – beginnen, so wird man dort kaum fündig. Im dramaturgischen Aufbau dieses Vortrages hat jetzt unvermeidlich das bekannte Forsthoff-Zitat zu folgen, das wie folgt lautet[16]:

---

[13] Das Max-Weber-Kolleg für kultur- und sozialwissenschaftliche Studien ist eine fakultätsähnliche zentrale Einrichtung der Universität Erfurt; ihre Besonderheit besteht in der Verbindung von Center for Advanced Study, Forschungsinstitut und Graduiertenkolleg.

[14] Vgl. dazu *Rainer Wahl*, Verwaltungswissenschaft (Einführung in die Literatur der Verwaltungswissenschaft), in: Wolfgang Hoffmann-Riem (Hrsg.), Sozialwissenschaften im Öffentlichen Recht, Neuwied 1981, S. 370 ff.

[15] *Renate Mayntz* (Fn. 1), S. 1: „Gegenstand dieses Buches ist die öffentliche Verwaltung, die aus soziologischer Sicht behandelt werden soll“.

[16] *Ernst Forsthoff*, Lehrbuch des Verwaltungsrechts, 10. Aufl., München 1973, S. 1.

„Von jeher ist die Verwaltungsrechtswissenschaft um eine Definition ihres Gegenstandes, der Verwaltung, verlegen. Das hat seinen Grund nicht in einer mangelnden Durchbildung der Wissenschaft. Es handelt sich überhaupt nicht um einen behebbaren Mangel der Theorie. Vielmehr liegt es in der Eigenart der Verwaltung begründet, daß sie sich zwar beschreiben, nicht aber definieren läßt."

Angesichts dieser *Verlegenheit um ihren Gegenstand* ist es eine in der Verwaltungsrechtswissenschaft gängige Methode, *die Verwaltung negativ zu bestimmen* und die Verwaltung als „die Tätigkeit des Staates oder eines sonstigen Trägers öffentlicher Gewalt außerhalb von Rechtsetzung und Rechtsprechung" zu definieren[17]. Die bisherigen Versuche einer positiven Begriffsbestimmung sind ebenfalls – wie das neoklassische Lehrbuch Hartmut Maurers zutreffend bemerkt[18] – unbefriedigend; daß man von solchen Bemühungen die Finger lassen sollte, zeigt das abschreckende Definitionsbeispiel eines ebenfalls sehr renommierten Verwaltungsrechtsklassikers[19], in dem es wie folgt heißt:

„Öffentliche Verwaltung im materiellen Sinne ist also die mannigfaltige, konditional oder nur zweckbestimmte, also insofern fremdbestimmte, nur teilplanende, selbstbeteiligt entscheidend ausführende und gestaltende Wahrnehmung der Angelegenheiten von Gemeinwesen und ihrer Mitglieder als solcher durch die dafür bestellten Sachwalter des Gemeinwesens."

Da man so nicht weiterkommt, muß eine neu zu schreibende Soziologie der öffentlichen Verwaltung einen anderen, nunmehr zu beschreibenden Weg einschlagen.

II. Zur Befreiung aus der Verlegenheit: die Zerlegung der öffentlichen Verwaltung in Teilgegenstände und deren bereichsspezifische soziologische Untersuchung

Wenn die Verwaltungssoziologie ihres Gegenstandes – der Verwaltung – auch nur halbwegs habhaft werden will, so erscheint es unverzichtbar, die Verwaltung in untersuchungsgeeignete Teilgegenstände aufzuteilen, und zwar nicht – was man natürlich auch tun könnte – in gegenständliche Teilsegmente wie Wirtschafts- oder Sicherheitsverwaltung oder verschiedene Verwaltungsebenen (Bundesverwaltung, Landesverwaltung, Kommunalverwaltung), sondern in einige wenige *Funktionsbereiche der Verwaltung*, wobei diese Unterscheidung nach Funktionsbereichen den Vorteil mit sich bringt, vorhandene *funktionsspezifische Ansätze unterschiedlicher Wissenschaftsdisziplinen* oder Teildisziplinen fruchtbar machen und so den wissenschaftlichen Zugriff auf das Großphäno-

---

[17] So etwa *Walter Jellinek*, Verwaltungsrecht, 3. Aufl., Berlin 1931, S. 6.

[18] *Hartmut Maurer*, Allgemeines Verwaltungsrecht, 11. Aufl., München 1997, S. 3.

[19] *Hans Julius Wolff/Otto Bachof*, Verwaltungsrecht, Bd. I, 9. Aufl., München 1974, § 2 III.

men der Verwaltung besser fokussieren zu können. Wir wollen diese Methode „Die Verwaltung als ...“ – Methode nennen[20] und schlagen vor, die folgenden *vier Funktionsbereiche der Verwaltung* in den Mittelpunkt verwaltungssoziologischer Forschung zu rücken:

- Die öffentliche Verwaltung als Organisation
- Die öffentliche Verwaltung als Entscheidungssystem
- Die öffentliche Verwaltung als öffentlicher Dienst
- Die öffentliche Verwaltung als Unternehmen

Mit diesen vier Funktionsbereichen haben wir zugleich die *vier wichtigsten Steuerungsebenen des Verwaltungshandelns benannt*[21], nämlich

- Steuerung durch Entscheidungsprogramme
- Steuerung durch Organisation und Verfahren
- Steuerung durch Personal
- Steuerung durch Finanzen und Haushalt

und gewinnen so als *funktionenübergreifende Perspektive einen steuerungstheoretischen Ansatz*[22], der als übergreifender Ansatz verhindern kann, daß die funktionsspezifischen Untersuchungsansätze sich verselbständigen und kommunikationslos nebeneinanderstehen.

Da dieser Vortrag keine Soziologie der öffentlichen Verwaltung substituieren, sondern nur bestimmte Aufgaben einer zeitgemäßen Verwaltungssoziologie formulieren kann, können *die vier verschiedenen Verwaltung – als – Bereiche* hier nur holzschnittartig dargestellt werden; und sogar innerhalb dieses Schnitzwerks müssen wir aus Raum- und Zeitgründen Prioritäten setzen und uns auf die Bereiche Verwaltung als Organisation und Verwaltung als Entscheidungssystem konzentrieren.

1. Die öffentliche Verwaltung als Organisation

Unter dieser Überschrift scheinen uns die vier folgenden Unterpunkte wiederum unverzichtbar zu sein, weil diese vier Gliederungspunkte die *öffentliche Verwaltung als Organisation*[23] fast perfekt auszuleuchten vermögen, wobei der

---

[20] Auführlicher dazu *Gunnar Folke Schuppert*, Verwaltungswissenschaft. Verwaltung, Verwaltungsrecht, Verwaltungslehre, Baden-Baden 2000 (im Erscheinen).

[21] Zu den Steuerungsebenen des Verwaltungshandelns weiterführend *Roman Loeser*, System des Verwaltungsrechts, Bd. 2, Baden-Baden 1994, S. 98 ff.

[22] Zur Fruchtbarkeit eines steuerungstheoretischen Ansatzes für die Untersuchung des Gegenstandes „Öffentliche Verwaltung“ siehe *Renate Mayntz*, Politische Steuerung: Aufstieg, Niedergang und Transformation einer Theorie, in: Klaus von Beyme/Claus Offe (Hrsg.), Politische Theorien in der Ära der Transformation, PVS-Sonderheft 26/1995, S. 13 ff.

[23] Dazu *Roman Loeser*, System des Verwaltungsrechts, Bd. 2: Verwaltungsorganisation, Baden-Baden 1994; vgl. auch *Philippe Mastronardi*, Grundbegriffe und Grundsätze der Ver-

Beleuchtungsradius von der klassischen Sonde der Organisations- und Bürokratietheorie über die Betrachtung des Wandlungsprozesses zu einer zunehmenden Ausdifferenzierung und Pluralisierung der Verwaltung bis zum Horizont einer als Steuerungstheorie verstandenen Organisationssoziologie reicht; die folgenden Stichworte mögen dies verdeutlichen:

a) Verwaltungssoziologie als Organisationssoziologie

Die Soziologie der öffentlichen Verwaltung ist in erheblichem Maße und zu Recht immer Organisationssoziologie gewesen, was sich – und das mag hier als Beleg genügen – in besonderer Weise in dem wissenschaftlichen Werdegang von Renate Mayntz veranschaulichen läßt, der in dem kleinen Sammelband, in dem die Reden zu ihrer Emeritierung zusammengefaßt sind, bezeichnenderweise den Titel „Von der Organisationssoziologie zur Gesellschaftsforschung"[24] trägt. Von der 1963 erschienenen „Soziologie der Organisation"[25] über die 1977 gemeinsam mit Rolf Ziegler publizierte „Soziologie der Organisation" als Bestandteil des Handbuches der empirischen Sozialforschung[26] führt der Weg zur 1978 veröffentlichten „Soziologie der öffentlichen Verwaltung"[27], einem Werk, mit dem sie nicht nur in der Soziologie selbst, der Verwaltungs- und Politikwissenschaft, sondern auch in der Rechtswissenschaft – einer sonst bisweilen eher autistischen Disziplin – Aufmerksamkeit gefunden hat.

Es mag an dieser Stelle mit Interesse vermerkt werden, daß die Organisationssoziologie als klassischer Zweig der Verwaltungssoziologie inzwischen – wenn wir richtig zählen – zwei jüngere Geschwister bekommen hat, die organisationstheoretische Befunde und Einsichten aufgreifen, sich aber aus dem Blickwinkel ihrer jeweiligen Disziplinen fortentwickeln: gemeint ist einmal die relativ junge Disziplin der Institutionenökonomik[28], die sich anschickt, für das Verständnis der modernen Verwaltung eine Schlüsseldisziplin zu werden (vgl. dazu Gliederungspunkt E., IV.) und die sogleich zu behandelnde „Entdekkung" von Organisation und Organisationsrecht als Steuerungsressourcen des Verwaltungshandelns[29].

---

waltungsorganisation, in: H. Koller/G. Müller/R. Rienow/U. Zimmerli (Hrsg.), Schweizerisches Bundesverwaltungsrecht, Frankfurt a.M. und Basel 1996.

[24] *Max-Planck-Institut für Gesellschaftsforschung*, Von der Organisationssoziologie zur Gesellschaftsforschung. Reden zur Emeritierung von Renate Mayntz, Köln 1997.

[25] *Renate Mayntz*, Soziologie der Organisation, Reinbek bei Hamburg 1963.

[26] *Renate Mayntz/Rolf Ziegler*, Soziologie der Organisation, in: René König (Hrsg.), Handbuch der empirischen Sozialforschung, Bd. 9, Organisation/Militär von Renate Mayntz, Klaus Roghmann, Rolf Ziegler, 2. Aufl., Stuttgart 1977.

[27] *Mayntz* (Fn. 1).

[28] Grundlegend *Rudolf Richter/Erik Furubotn*, Neue Institutionenökonomik. Eine Einführung und kritische Würdigung, Tübingen 1996.

[29] *Eberhard Schmidt-Aßmann/Wolfgang Hoffmann-Riem* (Hrsg.), Verwaltungsorganisationsrecht als Steuerungsressource, Baden-Baden 1997.

b) Verwaltungssoziologie als Bürokratietheorie

Verwaltungssoziologie ist – das ist hier nicht näher zu belegen – seit Max Weber auch immer Bürokratietheorie[30], und es gibt wohl keine namhafte Darstellung der Verwaltung[31] oder des Staates[32], die ohne Rückgriff auf den Weberschen Bürokratietypus auszukommen vermag. Nun handelt es sich bei diesem Weberschen Bürokratietypus nicht nur um ein theoretisches Konstrukt – wenn auch „von hoher empirischer Relevanz"[33] -; vielmehr sind die wesentlichsten Merkmale bürokratischer Herrschaft über das Vehikel der „hergebrachten Grundsätze des Berufsbeamtentums" (Art. 33 Abs. 5 GG) und über das dem Grundgesetz vor Augen stehende parlamentarische Regierungssystem, das eine dem Parlament voll verantwortliche Verwaltung voraussetzt, auch Bestandteile des geltenden Verfassungsrechts der Bundesrepublik Deutschland, und es sollte daher auch der nicht-juristischen Öffentlichkeit bewußt gemacht werden, in welch großem Umfang in aktuellen verfassungsrechtlichen Kontroversen über die Merkmale bürokratischer Herrschaft gestritten wird. Dies soll an zwei kleinen Beispielen verdeutlicht werden, die zugleich die Notwendigkeit belegen, daß eine Verwaltungssoziologie gut beraten wäre, die *rechtlichen Rahmenbedingungen des Verwaltungshandelns* nicht aus den Augen zu verlieren.

Das erste Beispiel ist die sog. *Dienstrechtsreform*, also die eher zögerlichen und halbherzigen Schritte der Bundesregierung, einer modernen Verwaltung auch ein modernes Dienstrecht zur Seite zu stellen[34]. Zwei Bestandteile dieser Dienstrechtsreform nun haben zu lebhaften verfassungsrechtlichen Kontroversen Anlaß gegeben, nämlich die von verschiedenen Landesgesetzgebern ins Auge gefaßte Einführung von sog. *Führungsfunktionen auf Zeit* und die Einführung der sog. *Einstellungsteilzeit*, worunter man im Gegensatz zu der außer Streit stehenden familienpolitischen Teilzeit (insbesondere für erziehende Mütter) und der arbeitsmarktpolitischen Teilzeit eine Regelung versteht, nach der Berufsanfängern von vornherein nur noch Dienstposten mit herabgesetzter Dienstverpflichtung und dementsprechend herabgesetzten Dienstbezügen angeboten werden[35]. Der darüber geführte Streit wird als Streit über die Gel-

---

[30] Zur Bürokratietheorie Max Webers siehe *Wolfgang Schluchter*, Aspekte bürokratischer Herrschaft. Studien zur Interpretation der fortschreitenden Industriegesellschaft, München 1972; *Andreas Anter*, Max Webers Theorie des modernen Staates. Herkunft, Struktur und Bedeutung, Berlin 1995.

[31] *Bernd Becker*, Öffentliche Verwaltung, Percha 1989, S. 58 ff.

[32] Vgl. etwa *Stefan Breuer*, Der Staat – Entstehung, Typen, Organisationsstadien, Reinbek bei Hamburg 1998, S. 161 ff.

[33] *Breuer* (Fn. 32), S. 165.

[34] Siehe dazu *Hans-Bernd Beus/Knut Bredendiek*, Das Gesetz zur Reform des öffentlichen Dienstrechts, ZBR 1997, S. 201 ff.; *Helmut Lecheler*, Reform oder Deformation. Zu den „Februar-Reformen" des öffentlichen Dienstrechts, ZBR 1997, S. 206 ff.

[35] Vgl. *Ulrich Battis/Klaus Joachim Grigoleit*, Zur Öffnungsklausel des § 44 a BRRG. Bedeutung – Zulässigkeit – Rechtsfolgen, ZBR 1997, S. 237 ff.; *Helmut Lecheler*, Die Zulässigkeit

tungskraft der hergebrachten Grundsätze des Berufsbeamtentums und damit der Merkmale bürokratischer Herrschaft geführt. Was die Vergabe von Ämtern und Leitungsfunktionen auf Zeit angeht, so rügen die Kritiker einen Verstoß gegen den hergebrachten Grundsatz des Lebenszeitprinzips[36], wohingegen die Verfechter dieser Regelung sie durch das Leistungsprinzip als gerechtfertigt ansehen[37], so daß es um die Ausbalancierung von zwei miteinander sich reibenden Grundprinzipien des Berufsbeamtentums geht, man also von einem Insich-Konflikt des Berufsbeamtentums sprechen könnte[38]. Die Einführung einer obligatorischen Teilzeitarbeit berühre – wie die überwiegende Meinung geltend macht[39] – die institutionell wesentliche Funktion der Hauptberuflichkeitstradition und sei deshalb mit Art. 33 Abs. 5 GG nicht vereinbar. Diese Kontroversen sind hier nicht zu vertiefen oder gar zu entscheiden; sie zu erwähnen und zur Kenntnis zu nehmen ist aber deswegen wichtig, weil es bei diesen scheinbar nur beamtenrechtlichen Diskussionen in Wirklichkeit um die Frage geht, inwieweit die hergebrachten Grundsätze eines am Bürokratiemodell Max Webers orientierten Berufsbeamtentums und seines Dienstrechts vom Wandel der gesellschaftlichen Wertorientierung und den sich daraus ergebenden Veränderungen auf dem Arbeitsmarkt[40] sowie vom Phänomen einer Gesellschaft mit zu wenig Arbeit[41] unberührt bleiben können.

Das zweite Beispiel betrifft die *Mitbestimmung im öffentlichen Dienst*[42]. In seiner zweiten Mitbestimmungsentscheidung hat das Bundesverfassungsgericht[43] der personalvertretungsrechtlichen Mitbestimmung im Bereich der öffentlichen Verwaltung äußerst enge Grenzen gezogen und sich dabei – wie die nachfolgende Passage zeigt – von einem bestimmten Bild der öffentlichen Verwaltung leiten lassen, nämlich einer in jeder Hinsicht parlamentarisch verantwortlichen, daher hierarchisch aufgebauten und durchgängig weisungsgebundenen Verwaltungsorganisation nach dem Muster der klassischen Ministerial-

der Einstellungsteilzeit für Beamte im Lande Thüringen, in: Thüringer Verwaltungsblätter 1998, S. 25 ff.

36 Vgl. *Helmut Lecheler,* Leitungsfunktion auf Zeit – Eine verfassungswidrige Institution, ZBR 1998, S. 331 ff.

37 Vgl. *Erhard Denninger/Günter Frankenberg,* Grundsätze zur Reform des öffentlichen Dienstrechts, Frankfurt a.M. 1997, S. 90 ff.

38 *Gunnar Folke Schuppert,* Stellungnahme für die Anhörung vor dem Ausschuß für Innere Verwaltung des Landtages Nordrhein-Westfalen am 26. November 1998 zum Neunten Gesetz zur Änderung dienstrechtlicher Vorschriften, Drucksache 12/3186.

39 Überblick bei *Ulrich Battis,* Zulässigkeit und Grenzen von Teilzeitbeamtenverhältnissen, in: Verantwortung und Leistung, Heft 30/Februar 1997, S. 1 ff.

40 Siehe dazu *Helge Rossen,* Arbeitslosigkeit als Verfassungsproblem, in: Staatswissenschaften und Staatspraxis 1998, S. 421 ff.

41 Dazu *Georg Vobruba,* Ende der Vollbeschäftigungsgesellschaft, in: Kai Eicker-Wolf (Hrsg.), Die arbeitslose Gesellschaft und ihr Sozialstaat, Marburg 1998, S. 22 ff.

42 Vgl. dazu *Gunnar Folke Schuppert,* Zur Legitimation der Mitbestimmung im öffentlichen Dienst, Der Personalrat 1993, S. 1–20.

43 BVerfGE 93, 1.

verwaltung. Zum für die demokratische Legitimation der Staatsgewalt unverzichtbaren Zurechnungszusammenhang zwischen Staatsvolk und Ausübung von Staatsgewalt führt das Gericht unter der Überschrift „*Grundsätze der demokratischen Organisation* und Legitimation von Staatsgewalt" folgendes aus[44]:

„Dieser Zurechnungszusammenhang zwischen Volk und staatlicher Herrschaft wird vor allem durch die Wahl des Parlaments, durch die von ihm beschlossenen Gesetze als Maßstab der vollziehenden Gewalt, durch den parlamentarischen Einfluß auf die Politik der Regierung sowie durch die grundsätzliche Weisungsgebundenheit der Verwaltung gegenüber der Regierung hergestellt."

Zu Recht ist demgegenüber vor einer Überzeichnung der Vorbildfunktion der Ministerialverwaltung[45] und vor einer die Organisationsfreiheit im Bereich der öffentlichen Verwaltung unangemessen einschränkenden Verabsolutierung des Hierarchieprinzips[46] gewarnt worden, Warnungen, die angesichts des ebenfalls die Verwaltungsorganisation betreffenden Vorlagebeschlusses des Bundesverwaltungsgerichts[47] ihre Berechtigung zu haben scheinen und von einer Verwaltungssoziologie als Bürokratietheorie aufgegriffen werden sollten.

c) Verwaltungssoziologie und das Spannungsverhältnis von Einheit und Pluralität der Verwaltung

„Einheit ist kaum das Wort, das einem als Erstes einfällt, wenn man an die deutsche Verwaltung denkt" – mit diesen Worten begann Brun-Otto Bryde seinen Vortrag zum Thema „Die Einheit der Verwaltung als Rechtsproblem" auf der Staatsrechtslehrertagung 1987[48]. Und Walter Krebs schlägt in dieselbe Kerbe, wenn er ausführt: „Der historisch beladenen, zwischen Verfassungstheorie, Verwaltungspolitik, Verwaltungswissenschaft und Rechtsdogmatik changierenden *Beschwörungsformel von der ‚Einheit der Verwaltung'* steht in der Verwaltungswirklichkeit eine vielgliedrig ausdifferenzierte, pluralistische Gesamtheit von Verwaltungseinheiten gegenüber."[49] Ob nun Beschwörungsformel oder Mythos[50], alle Sachkenner sind sich einig in dem – auch von uns wieder-

---

[44] Fn. 43, S. 66.

[45] *Eberhard Schmidt-Aßmann,* Verwaltungsorganisationsrecht als Steuerungsressource. Einleitende Problemskizze, in: derselbe/Wolfgang Hoffmann-Riem (Hrsg.), Verwaltungsorganisationsrecht als Steuerungsressource, Baden-Baden 1997, S. 11 ff.

[46] *Gunnar Folke Schuppert,* Verfassungsrecht und Verwaltungsorganisation, Der Staat 1993, S. 581 ff.

[47] Vom 17. Dezember 1997, BVerwGE 106, 64 ff.

[48] *Brun-Otto Bryde,* Die Einheit der Verwaltung als Rechtsproblem, VVDStRL 46 (1988), S. 182.

[49] *Walter Krebs,* Verwaltungsorganisation, in: Josef Isensee/Paul Kirchhof (Hrsg.), Handbuch des Staatsrechts, Bd. III, Heidelberg 1989, S. 567 ff., 574.

[50] Vgl. dazu *Gunnar Folke Schuppert,* Die Einheit der Verwaltung als Rechtsproblem, DÖV 1987, S. 757 ff.

holt erhobenen[51] – Befund, daß wir es bei der öffentlichen Verwaltung mit einer hochgradig arbeitsteiligen, spezialisierten und pluralisierten Organisation zu tun haben[52].

Um auf diese Entgegensetzung von Einheit und Pluralität der Verwaltung angemessen reagieren zu können, hält die Verwaltungssoziologie zwei unterschiedliche Perspektiven bereit, die man als Systemperspektive und als Organisationsperspektive bezeichnen kann und die von Renate Mayntz wie folgt skizziert worden sind[53]:

> „Soziologischer Untersuchungsgegenstand kann die öffentliche Verwaltung insgesamt oder aber einzelne Behörden oder Behördentypen sein. Die erste Möglichkeit kann man als *Systemperspektive* bezeichnen. Hier wird die öffentliche Verwaltung als abgrenzbares Teilsystem innerhalb der sie umfassenden Gesellschaft betrachtet. Dieses Teilsystem wird gewöhnlich *das administrative System* genannt. Die zweite der genannten Sichtweisen kann man als *Organisationsperspektive* bezeichnen. Hier werden einzelne Behörden bzw. Behördentypen als soziale Gebilde eigener Art analysiert, die in der Soziologie *administrative Organisationen* genannt werden."

Geht es nun – wie in diesem Kapitel – um die Verwaltung als Organisation, so ist die *Organisationsperspektive* die allein angemessene, da nur sie den die moderne Verwaltung kennzeichnenden[54] und nach wie vor anhaltenden Prozeß der Pluralisierung der öffentlichen Verwaltung zu erfassen vermag, ein Prozeß, der vor allem durch die Stichworte „Aufgabenausgliederung" und „Aufgabenprivatisierung" gekennzeichnet werden kann. Eine diese Organisationsperspektive wählende Verwaltungssoziologie hätte nicht nur die Aufgabe, einen zuverlässigen Befund des inzwischen erreichten Ausdifferenzierungsgrades der Verwaltung zu erheben[55], sondern auch nach den Bestimmungsfaktoren *des andauernden Pluralisierungsprozesses* und danach zu fragen, wie dieser Partikularisierung der öffentlichen Verwaltung entgegengesteuert werden kann – etwa durch die Entwicklung und Ausformung *einer Steuerungsaufsicht als funktionalem Korrelat von Aufgabenausgliederung und Aufgabenverselbständigung*[56].

---

[51] Ferner *Gunnar Folke Schuppert*, Die Erfüllung öffentlicher Aufgaben durch verselbständigte Verwaltungseinheiten, Göttingen 1981.

[52] Materialreich dazu *Roman Loeser*, Die Bundesverwaltung in der Bundesrepublik Deutschland. Bestand, Rechtsformen und System der Aufbauorganisation, 2 Bd. (Speyerer Forschungsberichte 50), 2. Aufl., Speyer 1987; siehe ferner *Christopher Hood/Gunnar Folke Schuppert* (Hrsg.), Verselbständigte Verwaltungseinheiten in Westeuropa, Baden-Baden 1988.

[53] *Mayntz* (Fn. 1), S. 8.

[54] *Horst Dreier*, Hierarchische Verwaltung im demokratischen Staat, Tübingen 1991, S. 296 ff.

[55] Vgl. etwa die materialreichen Habilitationsschriften von *Thomas Puhl*, Budgetflucht und Haushaltsverfassung, Tübingen 1996 und von *Winfried Kluth*, Funktionale Selbstverwaltung, Tübingen 1997.

[56] Vgl. dazu *Gunnar Folke Schuppert*, Zur notwendigen Neubestimmung der Staatsaufsicht im verantwortungsteilenden Verwaltungsstaat, in: derselbe (Hrsg.), Jenseits von Privatisierung

d) Verwaltungssoziologie (auch insoweit) als Steuerungstheorie: Organisation und Organisationsrecht als Steuerungsressource des Verwaltungshandelns

Die von Renate Mayntz so genannte *Organisationsperspektive* kann nicht nur eine rein organisationstheoretische sein, die Organisationstypen klassifiziert und ihre Eigenschaften, insbesondere ihre Vor- und Nachteile thematisiert, sie hat unter dem in der Rechtswissenschaft vergleichsweise neu entrollten Banner *„Organisation und Organisationsrecht als strukturelle Voraussetzungen des Verwaltungshandelns“*[57] und damit als Steuerungsressource[58] auch eine *steuerungstheoretische Perspektive* zu sein, die Organisationstheorie und Steuerungstheorie miteinander verknüpft. Worum es bei diesem für die Verwaltungssoziologie als Organisationssoziologie wichtigen Problembereich „Organisation und Organisationsrecht als Steuerungsressourcen“ geht, ist von Eberhard Schmidt-Aßmann und Wolfgang Hoffmann-Riem für uns wie folgt zusammengefaßt worden[59]:

„‚Verwaltungsorganisationsrecht als Steuerungsressource‘ fragt danach, wie die in Organisationen angelegten Regulierungsstrukturen rechtlich so erfaßt, abgestützt und beeinflußt werden können, daß sie ihrerseits auf die für rechtliches Entscheiden wichtigen Prämissen eingehen und einen Entscheidungsprozeß fördern können, der dem Ziel der Entscheidungsrichtigkeit dient. Dabei muß man sich freilich vor simplifizierenden Steuerungsvorstellungen hüten. Organisationen sind sehr komplexe Gebilde. Sie bündeln stets mehrere Faktoren und führen sie zu einem Wirkungsgefüge zusammen. Personal, Arbeitstechniken, Handlungsroutinen und Motivationsanreize bilden so eigene Rationalitätsmuster aus. Formelle und informelle Elemente, Ablauf- und Aufbaustrukturen und Selbstverständnisse verbinden sich und bringen ein Potential ins Spiel, das externe Steuerungsvorgaben auf eine eigenständige und eigenwillige Art aufnimmt und verarbeitet. *Verwaltungsorganisationsrecht steuert nicht unmittelbar die einzelne Verwaltungsentscheidung, sondern beeinflußt die strukturellen Voraussetzungen des Verwaltens.* Wie es auf ein komplexes Gebilde einwirken soll, so muß es seinerseits ein hinreichend breites Spektrum von Regelungsansätzen in sich aufnehmen. Es muß sich Erkenntnisse der Organisationswissenschaften zu eigen machen und komplementäre Steuerungsleistungen benachbarter Rechtsgebiete, insbesondere des Haushaltsrechts und des öffentlichen Dienstrechts, in seine Überlegungen einbeziehen.“

---

und „schlankem“ Staat. Verantwortungsteilung als Schlüsselbegriff eines sich verändernden Verhältnisses von öffentlichem und privatem Sektor, Baden-Baden 1999, S. 299 ff.

[57] Vgl. dazu *Gunnar Folke Schuppert,* Verwaltungsrechtswissenschaft als Steuerungswissenschaft. Zur Steuerung des Verwaltungshandelns durch Verwaltungsrecht, in: W. Hoffmann-Riem/E. Schmidt-Aßmann/G. F. Schuppert (Hrsg.), Reform des Allgemeinen Verwaltungsrechts. Grundfragen, Baden-Baden 1993, S. 65–114.

[58] Siehe dazu *Eberhard Schmidt-Aßmann/Wolfgang Hoffmann-Riem* (Fn. 29).

[59] Fn. 29, S. 5.

2. Die öffentliche Verwaltung als Entscheidungssystem: Verwaltung als decision-making

Die öffentliche Verwaltung als Informationen und Interessen verarbeitendes Entscheidungssystem in den Blick zu nehmen und Verwaltungshandeln als decision-making zu analysieren, darin scheint uns eine der wichtigsten Aufgaben einer modernen Verwaltungssoziologie zu bestehen, und zwar nicht nur deshalb, weil die *Verwaltungssoziologie als Entscheidungstheorie* schon immer ein besonders fruchtbarer Zweig der sozialwissenschaftlichen Beschäftigung mit der öffentlichen Verwaltung gewesen ist[60], sondern weil hier eine von der Verwaltungssoziologie zu beachtende schlechthin zentrale *Schnittstelle zwischen Sozial- und Rechtswissenschaften* liegt: da das Entscheidungsverhalten der Verwaltung in einem rechtsstaatlich geordneten Verfassungsstaat notwendig *ein rechtlich gesteuertes und gerichtlich kontrolliertes Entscheidungsverhalten ist und sein muß*[61], würde jede Verwaltungssoziologie oder Verwaltungswissenschaft, die die rechtlichen Rahmenbedingungen des Verwaltungshandelns als nicht sozialwissenschaftliche Fragestellung ausblendete, notwendig zu einer ihren Gegenstand in wesentlichen Aspekten verfehlenden Teilbetrachtung verkümmern, die zwar nützlich, aber nicht in der Lage wäre, den modernen Verwaltungsstaat als Rechtsstaat wie als Sozialstaat angemessen zu erfassen. Diese These an dieser Stelle zu formulieren, ist nicht etwa Ausdruck eines ohnehin nicht haltbaren, verwaltungsbezogenen Fachimperialismus-Anspruchs der Rechtswissenschaft[62], sondern der Einsicht geschuldet, daß gerade *der Begriff der Entscheidung zu denjenigen Verbund- oder Brückenbegriffen gehört*, die eine disziplinenübergreifende Kommunikation ermöglichen und die verschiedenen disziplinären Diskurse aufeinander zu beziehen vermögen[63].

---

[60] *Herbert A. Simon*, Administrative Behaviour. A Study of Decision-Making Process in Administrative Organization, 3. Aufl., New York 1976 (erstmals 1945); in deutscher Fassung derselbe, Das Verwaltungshandeln. Eine Untersuchung der Entscheidungsvorgänge in Behörden und privaten Unternehmen, Stuttgart 1955.

[61] Vgl. dazu *Ulrich Scheuner*, Das Gesetz als Auftrag der Verwaltung, in: derselbe, Staatstheorie und Staatsrecht, Berlin 1978, S. 545 ff.; ferner *Gunnar Folke Schuppert*, Das Gesetz als zentrales Steuerungsinstrument des Rechtsstaates, in: derselbe (Hrsg.), Das Gesetz als zentrales Steuerungsinstrument des Rechtsstaates. Symposium anläßlich des 60. Geburtstages von Christian Starck, Baden-Baden 1998, S. 105 ff.

[62] Diese Empfindlichkeiten – vgl. etwa *Klaus Dammann*, Verwaltungswissenschaft und Rechtswissenschaft, in: Dieter Grimm (Hrsg.), Rechtswissenschaft und Nachbarwissenschaften, 2. Aufl., München 1976, S. 107 ff. – sollten der Vergangenheit angehören.

[63] Zur Funktion solcher Brücken- oder Verbundbegriffe weiterführend *Hans-Heinrich Trute*, Verantwortungsteilung als Schlüsselbegriff eines sich verändernden Verhältnisses von öffentlichem und privatem Sektor, in: G. F. Schuppert (Fn. 56), S. 11 ff.; vgl. ferner *G. F. Schuppert*, Schlüsselbegriffe der Perspektivenverklammerung von Verwaltungsrecht und Verwaltungswissenschaft, in: Die Wissenschaft vom Verwaltungsrecht, Die Verwaltung, Beiheft 2, 1999, S. 103 ff.

Dies vorausgeschickt, scheinen uns drei theoretische Blöcke in das Zentrum der Aufmerksamkeit einer die öffentliche Verwaltung als Entscheidungssystem würdigenden Verwaltungssoziologie zu gehören, drei Blöcke, die mit den Stichworten „Kommunikation, Entscheidung, Verfahren" gekennzeichnet werden können.

a) Kommunikation: Verwaltungshandeln als kommunikatives Handeln

Es scheint so etwas wie einen disziplinenübergreifenden Konsens darüber zu geben, daß die Funktionsfähigkeit des modernen Staates und seiner Verwaltung in zunehmendem Maße auf *funktionsfähige Kommunikationsbeziehungen* angewiesen ist, und zwar nicht nur innerhalb des Verwaltungssystems selbst (inneradministrative Kommunikation), sondern auch zu anderen Subsystemen der Gesellschaft (externe Verwaltungskommunikation); dies kann als unstreitiges Ergebnis der modernen Steuerungsdiskussion gelten, wie sie zuletzt von Renate Mayntz mit großer Kennerschaft zusammengefaßt worden ist[64]. Aus soziologischer Perspektive ist dieser Befund mit dem *Begriff des argumentierenden Staates* bezeichnet worden[65], aus rechtswissenschaftlicher Sicht mit den Begriffen des *kommunikativen Staates*[66] und des *integrativen Verwaltungshandelns*[67], und aus politikwissenschaftlicher Warte schließlich wird ergänzend der *fortdauernde Bedeutungszuwachs von Kommunikation als administrativer Aufgabe*[68] hervorgehoben.

Angesichts dieser übereinstimmenden Befunde ist es eine wichtige Aufgabe der Verwaltungssoziologie, die verschiedenen Kommunikationsmodi – Verhandeln und Argumentieren[69] – und die ihnen entsprechenden Organisationsformen darzustellen sowie die im öffentlichen Sektor auffindbaren institutionalisierten Arrangements von Kommunikationsbeziehungen empirisch zu untersuchen. Dafür gibt es eine Reihe von geglückten Beispielen wie etwa die Untersuchungen über Akteurskonstellationen und Kommunikationsbezie-

---

[64] *Mayntz* (Fn. 22).

[65] *Wolfgang van den Daele/Friedhelm Neidhardt,* Regierung durch Diskussion. Über Versuche, mit Argumenten Politik zu machen, in: dieselben (Hrsg.), Kommunikation und Entscheidung. Politische Funktionen öffentlicher Meinungsbildung und diskursiver Verfahren, WZB Jahrbuch 1996, Berlin 1996.

[66] *Rainer Pitschas,* Allgemeines Verwaltungsrecht als Teil der öffentlichen Informationsordnung, in: W. Hoffmann-Riem/E. Schmidt-Aßmann/G. F. Schuppert (Fn. 57), S. 219 ff.; ferner *Hermann Hill,* Staatskommunikation, JZ 1993, S. 330 ff.

[67] *Hermann Hill,* Integratives Verwaltungshandeln – Neue Formen von Kommunikation und Bürgermitwirkung, in: Willi Blümel/Rainer Pitschas (Hrsg.), Reform des Verwaltungsverfahrensrechts, Berlin 1994, S. 339 ff.

[68] *Edwin Czerwick,* Strukturen und Funktionen der Verwaltungskommunikation, DÖV 1997, S. 973 ff.

[69] Vgl. dazu die Beiträge in: Volker von Prittwitz (Hrsg.), Verhandeln und Argumentieren. Dialog, Interessen und Macht in der Umweltpolitik, Opladen 1996.

hungen im staatlichen Genehmigungsverfahren[70], über Mediationsverfahren als kommunikative Prozesse[71] sowie über reflexive Verhandlungssysteme am Beispiel der Energiekonsensgespräche[72].

b) Entscheidung: Verwaltungshandeln als Entscheidungshandeln

Daß die Beschäftigung mit der öffentlichen Verwaltung als Entscheidungssystem und damit mit den Entscheidungsprozessen innerhalb der Verwaltung zum Herzstück jeder Verwaltungssoziologie und Verwaltungswissenschaft gehört, dürfte unbestritten sein. Nach Werner Thieme, dem Autor einer in Juristenkreisen klassischen Verwaltungslehre[73] hätte daher – wie er reklamiert hat[74] – die *Verwaltungswissenschaft* in erster Linie eine *Entscheidungswissenschaft* zu sein, und es kann daher nicht verwundern, daß es eine Vielzahl von verwaltungswissenschaftlichen Arbeiten gibt, die sich mit dem Entscheidungshandeln der Verwaltung beschäftigen. Besonders gelungene Beispiele dafür sind diejenigen Untersuchungen, die sich mit *Verwaltungsentscheidungen als Gesetzesvollzug* beschäftigen[75] und dabei nicht nur die berühmten *Vollzugsdefizite der Verwaltung* zu Tage gefördert[76], sondern generell den Vollzug von Entscheidungsprogrammen der Verwaltung zum Gegenstand einer umfassenden *Implementationsforschung*[77] gemacht haben. Auf diese weithin bekannten Arbeiten kann hier verwiesen werden; worum es uns geht, ist, die Aufmerksamkeit der Verwaltungssoziologie auf zwei wichtige Bereiche zu lenken, die uns deswegen am Herzen liegen, weil gerade in ihnen ein interdisziplinärer Dialog zwischen Rechts- und Sozialwissenschaften besonders ertragreich zu sein verspricht.

---

70 *Sybille Stöbe,* Verhandeln und Argumentieren als Kommunikationsstrategien (in) der Verwaltung: Die staatliche Mittelinstanz in der Umweltpolitik, in: von Prittwitz (Fn. 69), S. 183 ff.

71 *Hans Joachim Fietkau,* Kommunikationsmuster und Kommunikationserwartungen in Mediationsverfahren, in: van den Daele/Neidhardt (Fn. 65), S. 275 ff.

72 *Susan Barthe/Karl Werner Brand,* Reflexive Verhandlungssysteme. Diskutiert am Beispiel der Energiekonsensgespräche, in: von Prittwitz (Fn. 69), S. 71 ff.

73 *Werner Thieme,* Verwaltungslehre, 4. Aufl., 1984.

74 *Werner Thieme,* Entscheidungen in der öffentlichen Verwaltung, Köln u.a. 1981, S. 1.

75 Vgl. zu dieser Vollzugsperspektive der Verwaltung eindringlich *Horst Dreier,* Hierarchische Verwaltung im demokratischen Staat, Tübingen 1991.

76 Siehe etwa *Renate Mayntz* (mit Jochen Hucke), Gesetzesvollzug im Umweltschutz – Wirksamkeit und Probleme, Zeitschrift für Umweltpolitik 1978, S. 217–244.

77 *Renate Mayntz,* Die Implementation politischer Programme – Theoretische Überlegungen zu einem neuen Forschungsgebiet, Die Verwaltung 1977, S. 51–66; *dieselbe* (Hrsg.), Implementation politischer Programme I. Empirische Forschungsberichte, Königstein/Ts. 1983 und Implementation politischer Programme II. Ansätze zur Theoriebildung, Opladen 1983.

aa) Verwaltungssoziologie (erneut) als Steuerungstheorie: zu den Möglichkeiten einer rechtlichen Steuerung des Entscheidungsverhaltens der öffentlichen Verwaltung

Sich über die Steuerungsfähigkeit des Rechts gegenüber einer sich mehr und mehr als eigenständig erweisenden Verwaltung[78] zu vergewissern, ist nicht nur eine Fragestellung von verwaltungswissenschaftlichem Interesse; in welchem Umfang sich das Entscheidungssystem „Verwaltung" rechtlich steuern und programmieren läßt und wie das Zusammenspiel von eigenständiger Verwaltung und auf sie einwirken wollenden Steuerungsinstanzen tatsächlich funktioniert, ist zugleich ein Thema von verfassungsrechtlicher Relevanz. Da das Gesetz von Verfassungs wegen das zentrale Steuerungsinstrument des Rechtsstaates zu sein hat[79], wäre ein *Steuerungsversagen des parlamentarischen Gesetzes* ein die verfassungsrechtlich vorgesehene Funktionenordnung nicht einlösendes Steuerungsdefizit des demokratischen Rechtsstaates. Angesichts dessen sind alle verwaltungswissenschaftlichen Befunde über die Funktionsfähigkeit der Steuerungsebenen des Verwaltungshandelns notwendig auch verfassungsrechtlich relevante Befunde.

Vor diesem Hintergrund wären unter der Überschrift der rechtlichen Steuerung des Verwaltungshandelns insbesondere die folgenden Problemausschnitte von verwaltungssoziologischer Bedeutung:

- Der Steuerungsanspruch des Gesetzes im demokratischen Rechtsstaat[80]
- Vorrang und Vorbehalt des Gesetzes als Ausdruck des Steuerungsanspruchs des Gesetzes[81]
- Bedingungsfaktoren wirksamer Gesetzessteuerung[82]
- Modalitäten rechtlicher Steuerung oder wie funktioniert Steuerung durch Recht eigentlich?
- Verwaltung zwischen Rechtsbindung und Gestaltungsfreiheit: Beurteilungsspielräume und Ermessen

Wir können an dieser Stelle nur zu den letzten beiden Stichworten einige ergänzende Bemerkungen machen, also zur Wirkungsweise rechtlicher Steuerung

[78] Vgl. dazu *Horst Dreier*, Zur „Eigenständigkeit" der Verwaltung, Die Verwaltung 1993, S. 137 ff.

[79] *Peter Badura,* Verfassungsrahmen der öffentlichen Verwaltung, in: Klaus König/Heinrich Siedentopf (Hrsg.), Öffentliche Verwaltung in Deutschland, Baden-Baden 1996, S. 55 ff.

[80] *Schuppert* (Fn. 61).

[81] Ausführlich dazu *Jürgen Staupe,* Parlamentsvorbehalt und Delegationsbefugnis. Zur „Wesentlichkeitstheorie" und zur Reichweite legislativer Regelungskompetenz, insbesondere im Schulrecht, Berlin 1986.

[82] *Jochen Hucke/Helmut Wollmann,* Kriterien zur Bestimmung der Wirkung von Gesetzen, in: Bundesministerium des Innern (Hrsg.), Schriftenreihe Verwaltungsorganisation, Bd. 5, Bonn 1982; *Wolfgang Bruder,* Umsetzung und Vollzug von Verwaltungsprogrammen, Die Verwaltung 1983, S. 200 ff.

gegenüber der Verwaltung und zur Stellung der Verwaltung zwischen Rechtsbindung und Gestaltungsfreiheit.

Was zunächst die *Wirkungsweise rechtlicher Steuerung* angeht, so hat bisher fast ausschließlich die Steuerung der Gesellschaft und ihrer Akteure *durch die Verwaltung* im Vordergrund gestanden[83]; demgemäß wurden die dafür in Betracht kommenden *Steuerungsinstrumente* ausführlich diskutiert und kategorisiert, indem bestimmten Programmformen – regulative Programme, Anreizprogramme, Leistungsprogramme – bestimmte typische Steuerungsinstrumente zur Seite gestellt wurden – wie z.B. Gebote/Verbote, positive und negative finanzielle Anreize etc.[84]. Das ist hier nicht gemeint. Uns geht es um die *Steuerung der Verwaltung als Handlungs- und Entscheidungssystem*, um die Frage also, wie das Verwaltungshandeln jenseits der bekannten Dichotomie von konditionaler und finaler Programmierung[85] rechtlich vorgeprägt werden kann, indem vor allem die *strukturellen Voraussetzungen des Verwaltungshandelns*, insbesondere auch Organisation und Verfahren der Verwaltung genauer in den Blick genommen werden. Dies setzt voraus, das der Verwaltung für ihr Handeln zur Verfügung stehende und auf sie einwirkende Recht, also nicht nur die eigentlichen Entscheidungsprogramme, sondern auch und gerade das Verwaltungsverfahrens- und Verwaltungsorganisationsrecht, das öffentliche Dienstrecht und das Haushaltsrecht *steuerungstheoretisch* zu reflektieren und zu analysieren sowie – und dies ist eine prinzipielle neue Perspektive – die *Verwaltungsrechtswissenschaft (auch) als Steuerungswissenschaft* zu verstehen und zu praktizieren[86]. Damit rückt eine so bisher noch nicht gewürdigte Funktion des Rechts, insbesondere des Allgemeinen Verwaltungsrechts, in den Vordergrund, die man als *Bereitstellungsfunktion des Rechts* bezeichnen kann[87], womit – am Beispiel der öffentlichen Verwaltung erläutert – die Aufgabe des Verwaltungsrechts gemeint ist, der Verwaltung all das an Rechtsformen, Entscheidungs-, Verfahrens- und Organisationstypen zur Verfügung zu stellen, wessen sie zu einer sowohl effizienten wie rechtsstaatlich korrekten Aufgabenerfüllung bedarf[88].

---

83 Materialreich dazu *Klaus König/Nikolai Dose* (Hrsg.), Instrumente und Formen staatlichen Handelns, Köln u.a. 1993.

84 Vgl. *Klaus König/Nikolai Dose,* Klassifikationsansätze zum staatlichen Handeln (Fn. 83), S. 79 ff.: Staats- und verwaltungswissenschaftliche Klassifikationen.

85 Vgl. dazu *Gunnar Folke Schuppert,* Grenzen und Alternativen von Steuerung durch Recht, in: Dieter Grimm (Hrsg.), Wachsende Staatsaufgaben – sinkende Steuerungsfähigkeit des Rechts, Baden-Baden 1990, S. 217 ff.

86 Versuch einer Grundlegung bei *Gunnar Folke Schuppert,* Verwaltungsrechtswissenschaft als Steuerungswissenschaft (Fn. 57).

87 *Schuppert* (Fn. 57); siehe ferner *Wolfgang Hoffmann-Riem,* Tendenzen in der Verwaltungsrechtsentwicklung, DÖV 1997, S. 433 ff.

88 *Schuppert* (Fn. 57).

Was die *Stellung der Verwaltung zwischen Rechtsbindung und Gestaltungsfreiheit* angeht, so ist dies deswegen ein reizvolles Terrain, weil hier ein genuin politikwissenschaftliches, verwaltungswissenschaftliches und verwaltungssoziologisches Thema, nämlich die funktionale Zuordnung von steuernder Gesetzgebung, entscheidender Verwaltung und kontrollierender Verwaltungsgerichtsbarkeit, also letztlich das Thema der *staatlichen Funktionenordnung*, auf dem *Felde der Rechtsdogmatik* behandelt und entschieden wird, in dem die dogmatischen Figuren des unbestimmten Rechtsbegriffs, des Beurteilungsspielraums und des Ermessens als Stellschrauben fungieren, um das funktionale Verhältnis von Gesetzgebung, Verwaltung und Verwaltungsgerichtsbarkeit auszutarieren[89]. Lassen unbestimmte Rechtsbegriffe – wie die herrschende Meinung lehrt – nur eine einzige rechtsrichtige Auslegung zu und sind Beurteilungsspielräume nur ausnahmsweise zulässig und daher rechtfertigungsbedürftig, schrumpft – wie auch dem nicht dogmatisch geschulten Auge erkennbar ist – der Entscheidungsspielraum der Verwaltung zusehends und wird dieser – wie manche mit guten Gründen meinen – von der Verwaltungsgerichtsbarkeit „usurpiert“[90]. Wird die *Kontrolldichte* anders, nämlich weniger engmaschig dosiert, verschieben sich die Funktionsbereiche konsequenterweise in die andere Richtung. *Verwaltungssoziologisch* stellt sich damit die wirklich spannende Aufgabe, die Früchte der Rechtsdogmatik und der verwaltungsgerichtlichen Auslegungs- und Entscheidungspraxis *steuerungstheoretisch* zu reflektieren und über das Verständnis von Verwaltungsrechtswissenschaft als Steuerungswissenschaft erneut in den juristischen Diskussionsprozeß einzuspeisen.

bb) Bereichsspezifische Entscheidungslehre der öffentlichen Verwaltung?

Wenn – wie oben kurz angeschnitten – die Wissenschaft von der Verwaltung nicht nur, aber vor allem *Entscheidungswissenschaft* zu sein hätte, so stellt sich für eine entscheidungstheoretisch fundierte Verwaltungssoziologie ganz von allein die Frage, ob die Tatsache, daß *Verwaltungsentscheidungen im Rechtsstaat rechtsgesteuerte Entscheidungen* sind, Verwaltungsentscheidungen als derart eigengeartete Entscheidungen ausweist, daß es – als Konsequenz – einer bereichsspezifischen Entscheidungslehre für den Bereich der öffentlichen Verwaltung bedürfte.

Diese ebenso schwierige wie interessante Frage kann hier nur angetippt werden. Zunächst ist darauf hinzuweisen, daß es in Teilbereichen so etwas wie eine *verwaltungsspezifische Entscheidungslehre* längst gibt: *Verwaltungsentschei-*

---

[89] Vgl. dazu die Beiträge in: *Volkmar Götz/Hans-Hugo Klein/Christian Starck* (Hrsg.), Die öffentliche Verwaltung zwischen Gesetzgebung und richterlicher Kontrolle, München 1985; *Fritz Ossenbühl,* Gedanken zur Kontrolldichte in der verwaltungsgerichtlichen Rechtsprechung, Festschrift für Konrad Redeker zum 70. Geburtstag, München 1993, S. 55 ff.

[90] *Ossenbühl* (Fn. 89).

dungen sind verfahrensstrukturierte Entscheidungen in Organisationen[91] und als solche Untersuchungsgegenstand organisationswissensschaftlicher Arbeiten, die die besonderen Entscheidungsbedingungen und -abläufe in Organisationen analysiert und bestimmte Modelle entwickelt haben, die vom Konzept der „bounded rationality" bis zum „Garbage Can Model of Organizational Choice" reichen[92]. Das ist hinlänglich thematisiert und hier nicht zu wiederholen. Davon zu unterscheiden ist die eher selten diskutierte Frage, ob es – wie Werner Thieme dies reklamiert[93] – einen kategorialen Unterschied zwischen sozialwissenschaftlichen und juristischen Entscheidungen gibt oder ob es sich hierbei – wie wir meinen – um eine einseitig am juristischen Subsumtionsmodell orientierte und daher irreführende Alternative handelt. Selbst wenn man aber im Hinblick darauf, daß juristische Entscheidungen längst nicht immer und eher mit abnehmender Tendenz Subsumtionsentscheidungen, sondern häufig und zunehmend *Abwägungsentscheidungen* sind[94], eine kategoriale Gegensätzlichkeit von juristischen und sozialwissenschaftlichen Entscheidungen bestreitet, bleibt die Besonderheit aller juristischen Entscheidungen bedenkens- und analysierenswert, daß sie sich als Rechtsanwendungsentscheidungen, d.h. in der Regel *als gesetzlich abgeleitete und gesteuerte Entscheidungen zu legitimieren haben*[95]. Rechtsbindung der Verwaltung im Rechtsstaat manifestiert sich also als *Verpflichtung zu rechtlicher Entscheidungsbegründung*, mit der Folge, daß eine juristische Entscheidungslehre als juristische Begründungslehre zu verstehen und zu praktizieren wäre. Für die Verwaltungssoziologie als Entscheidungs- wie Steuerungstheorie eröffnete sich hiermit als interessantes Untersuchungsfeld, inwieweit der Steuerungsanspruch des Gesetzes in einer entsprechenden juristischen Begründungslehre und -praxis seine Einlösung findet und finden kann.

c) Verfahren als Strukturierung von Entscheidungsprozessen der öffentlichen Verwaltung

Verwaltungsentscheidungen sind verfahrensstrukturierte Entscheidungen, da das Verwaltungshandeln nicht nur durch die materiellen, also inhaltlichen Entscheidungsprogramme gesteuert wird, sondern zugleich durch die verfahrensrechtlichen Vorgaben, die in den Verwaltungsverfahrensgesetzen des Bundes

---

[91] *Ulrike Berger/Isolde Bernard-Mehlich*, Die verhaltenswissenschaftliche Entscheidungstheorie, in: Alfred Kieser (Hrsg.), Organisationstheorien, 2. Aufl., Stuttgart u.a. 1995, S. 123 ff.

[92] Klassisch inzwischen *Michael D. Cohen/James G. March/John P. Olsen*, A Garbage Can Model of Organizational Choice, ASQ Vol. 17 (1972), S. 125.

[93] *Thieme* (Fn. 74).

[94] Zur Grundunterscheidung von Subsumtionsentscheidungen und Abwägungsentscheidungen siehe *Robert Alexy*, Ermessensfehler, JZ 1986, S. 701 ff.

[95] Vgl. dazu *Hans Joachim Koch/Helmut Rüßmann*, Juristische Begründungslehre. Eine Einführung in Grundprobleme der Rechtswissenschaft, München 1982.

und der Länder normiert sind. Verwaltungsentscheidungen sind daher – das ist die sich aus dieser *Doppelsteuerung* ergebende Konsequenz – sowohl auf ihre materielle wie auf ihre formelle Rechtmäßigkeit zu prüfen. Für eine sich als Entscheidungs- wie als Steuerungstheorie verstehende Verwaltungssoziologie ist daher die Beschäftigung mit „Steuerung durch Verfahren" sowie – allgemeiner – mit „Verfahren als staats- und verwaltungsrechtliche Kategorie"[96] unverzichtbar, und zwar weniger, um sich aus sozialwissenschaftlicher Sicht zum klassischen Doppelauftrag des Verwaltungsverfahrens zwischen Verwaltungseffizienz und Rechtsschutzgewährung[97] zu äußern, sondern um *drei* – wie wir meinen – *verwaltungssoziologisch besonders ergiebige Funktionen von Verwaltungsverfahren* etwas näher in den Blick zu nehmen:

aa) Verwaltungsentscheidungen als interessenverarbeitende Entscheidungen

Im Prozeß der Entscheidungsfindung durch die Verwaltung geht es nicht nur um die Verarbeitung von Informationen, sondern auch und gerade um die Abklärung von Interessen[98]. Deswegen bedarf es nicht nur einer verfahrensrechtlichen Möglichkeit der Interessenartikulation sowie einer angemessenen Interessenorganisation[99], sondern es bedarf darüber hinaus verfahrensrechtlicher Vorkehrungen, die eine *neutrale und faire Interessenabklärung* durch die Verwaltung zu gewährleisten suchen. Aus dem Charakter der *Verwaltung als interessenabklärendem Entscheidungssystem* ergeben sich also bestimmte Anforderungen an das Verwaltungsverfahren wie etwa die Existenz von Befangenheitsvorschriften oder die Nutzbarmachung einer inneradministrativen Funktionendifferenzierung wie bei der Trennung von Anhörungs- und Planfeststellungsbehörden.

Sind Entscheidungsprozesse in der Verwaltung häufig Prozesse der Interessenabklärung und wird Interessenabklärung in der Regel durch *Abwägung* geleistet – vgl. dazu das sog. Abwägungsgebot in § 1 VI des Baugesetzbuches –, so hat dies Konsequenzen für eine zu entwickelnde *verwaltungsspezifische Entscheidungslehre*, von der soeben schon die Rede war. Element einer rechtsanwendungsorientierten Entscheidungslehre hätte daher nicht nur eine entsprechende Begründungslehre zu sein, die Rechtsanwendungsentscheidungen als

---

[96] *Eberhard Schmidt-Aßmann*, Der Verfahrensgedanke in der Dogmatik des öffentlichen Rechts, in: Peter Lerche/Walter Schmitt-Glaeser/Eberhard Schmidt-Aßmann (Hrsg.), Verfahren als staats- und verwaltungsrechtliche Kategorie, Heidelberg 1984, S. 1 ff., 9.

[97] Vgl. dazu die Referate von *Rainer Wahl* und *Jost Pietzcker*, Verwaltungsverfahren zwischen Verwaltungseffizienz und Rechtsschutzauftrag, VVDStRL 41 (1983), S. 153 ff., 194 ff.

[98] *Eberhard Schmidt-Aßmann*, Das Allgemeine Verwaltungsrecht als Ordnungsidee. Grundlagen und Aufgaben der verwaltungsrechtlichen Systembildung, Berlin/Heidelberg 1998, S. 291.

[99] *Eberhard Schmidt-Aßmann*, Zur Reform des Allgemeinen Verwaltungsrechts – Reformbedarf und Reformansätze, in: Wolfgang Hoffmann-Riem u.a. (Fn. 57), S. 25 ff., 39 f.

gesetzlich fundierte und damit gesetzlich legitimierte Entscheidungen ausweist, sondern Element einer Entscheidungslehre hätte auch – sofern es um interessenabklärende Verwaltungsentscheidungen geht – eine *Abwägungslehre*[100] zu sein, ein Ort also, der wiederum dazu einlädt, als Schnittstelle von Rechts- und Sozialwissenschaften zu fungieren.

bb) Zur zweifachen Kompensationsfunktion des Verwaltungsverfahrens

Daß dem Verwaltungsverfahren eine zweifache Kompensationsfunktion zukommt, weil insbesondere im Bereich der gestaltenden und planenden Verwaltung die Regelungsdichte und *Steuerungskraft des Gesetzes* aus strukturellen Gründen nur *schwach ausgeprägt* ist und weil die gerichtliche Kontrolle diese Steuerungsschwäche des Gesetzes nur unvollkommen auszugleichen vermag[101], steht unter Sachkennern außer Streit. Rainer Wahl hat diese vorherrschende Auffassung und die sie tragenden Argumente für uns wie folgt zusammengefaßt[102]:

„Nur im Kernbereich des Idealtyps der Vollzugsverwaltung braucht die Verwaltung in ihren Verfahren Legitimationswirkungen nicht oder kaum zu erbringen, so wie sie dort auch einer quasi perfekten Gerichtskontrolle unterworfen ist. In den *Brennpunkten der modernen Verwaltung,* bei den gestaltenden und komplexen Verwaltungsentscheidungen, *operiert die Verwaltung dagegen im Feld schwacher gesetzlicher Programmierung* mit der doppelten Folge, daß in und durch das Verwaltungsverfahren Legitimationswirkungen erwartet werden und daß zugleich in und durch das Verwaltungsverfahren Defizite in nachträglichen Gerichtsverfahren kompensiert werden sollen. Von den benachbarten Staatsfunktionen aus werden also Teilen der Verwaltung zusätzliche konkrete Funktionen aufgelastet und damit die Anforderungen an die Verfahren in einem Maße erhöht, daß bei der gestaltenden und abwägenden Verwaltung von einem Engpaßproblem der gegenwärtigen Verwaltung gesprochen werden muß.

Freizeichnen kann sich die Verwaltung von keiner der beiden *Kompensationsforderungen:* zum einen ist jenseits aller Wellenbewegungen von Partizipationsbegeisterung und Partizipationsverketzerung festzustellen, daß angesichts manifester Akzeptanzprobleme verwaltungs- und rechtspolitisch genügend Anlaß besteht, die komplexen Verfahren für Formen der Öffentlichkeits- und Jedermannsbeteiligung zu öffnen. Zum anderen ist die *gesteigerte Bedeutung der Entscheidungsprämisse Verfahren bei geringer Dichte der Entscheidungsprämisse Rechts- und Sachprogramm* unter dem Stichwort des vorverlagerten Gerichtsschutzes heute praktisch außer Streit. Man kann diesen Zusammenhang als neuere *Je-Desto-Formel bezeichnen, ...*"

---

[100] Vgl. dazu die Beiträge in: *Wilfried Erbguth u.a.* (Hrsg.), Abwägung im Recht. Symposium zur Emeritierung von Werner Hoppe, Köln u.a. 1995.

[101] Siehe dazu *Jürgen Schwarze,* Der funktionale Zusammenhang von Verwaltungsverfahrensrecht und verwaltungsgerichtlichem Rechtsschutz, Berlin 1974.

[102] *Rainer Wahl,* Verwaltungsverfahren zwischen Verwaltungseffizienz und Rechtsschutzauftrag, VVDStRL 41 (1983), S. 153 ff., 158, 159.

cc) Verwaltungsverfahren als Ordnungsidee kooperativer Gemeinwohlkonkretisierung: zur Verzahnungsfunktion des Verwaltungsverfahrens

Wir meinen und haben diese Auffassung auch schon wiederholt zum Ausdruck gebracht[103], daß Veränderungsprozesse moderner Staatlichkeit sich vor allem am Neuzuschnitt der an der öffentlichen Aufgabenwahrnehmung beteiligten Sektoren (öffentlicher, privater und dritter Sektor) ablesen lassen und daß wir es mit einem Prozeß der zunehmenden Verzahnung von öffentlichem und privatem Sektor zu tun haben, wie er etwa in der Verzahnungsfunktion von Privatisierung und Regulierung oder der Sektorenverschränkung durch einen Transfer von Transaktionskosten vom öffentlichen in den privaten Sektor zum Ausdruck kommt[104]. An dieser Stelle nun gilt es, einen verwaltungssoziologischen Blick auf den spezifischen Beitrag zu werfen, den das Verwaltungsverfahren zu diesem *Verzahnungsprozeß* leistet, ein Beitrag, der mit den folgenden drei Stichworten skizziert werden kann:

(1) Rollenzuweisung durch Verfahrensbeteiligung

Verwaltungsverfahren haben es mit *Verfahrensbeteiligten* zu tun, und je mehr *nichtstaatliche Akteure* an Verwaltungsverfahren beteiligt sind, um so mehr wachsen sie aus der Rolle reiner Privatheit heraus und werden *Bestandteil des Prozesses staatlicher Entscheidungsfindung*[105]. Bedeutet die Einräumung von Beteiligungsrechten nicht nur Rollenzuweisung und Rollenveränderung, sondern auch die *Zuteilung von Kommunikations- und Artikulationschancen*, so liegt auf der Hand, daß die Zuteilung von Beteiligungsrechten von ganz zentraler Bedeutung für die Gestalt des jeweiligen Verwaltungsverfahrens ist[106] und die *Betroffenenbeteiligung* ein Schlüsselbegriff der Dogmatik des Verwaltungsverfahrensrechts zu sein hat[107].

---

[103] *Gunnar Folke Schuppert,* Die öffentliche Verwaltung im Kooperationsspektrum staatlicher und privater Aufgabenerfüllung. Zum Denken in Verantwortungsstufen, Die Verwaltung 1998, S. 415 ff.

[104] Dazu *Gunnar Folke Schuppert,* Innovationssteuerung im Verwaltungsorganisationsrecht, in: Wolfgang Hoffmann-Riem/Jens-Peter Schneider (Hrsg.), Rechtswissenschaftliche Innovationsforschung. Grundlagen, Forschungsansätze, Gegenstandsbereiche, Baden-Baden 1998, S. 171–207.

[105] Dazu finden sich Überlegungen bei *Jost Pietzcker,* Das Verwaltungsverfahren zwischen Verwaltungseffizienz und Rechtsschutzauftrag, VVDStRL 41 (1983), S. 194 ff., 204 f.

[106] Dazu *Eberhard Schmidt-Aßmann,* Das Allgemeine Verwaltungsrecht als Ordnungsidee und System: insbesondere zur Bedeutung von Rechtsnorm und Verfahren im Verwaltungsrecht, Heidelberg 1982, S. 289 f.

[107] *Eberhard Schmidt-Aßmann,* Der Verfahrensgedanke in der Dogmatik des öffentlichen Rechts, in: Peter Lerche/Walter Schmitt-Glaeser/Eberhard Schmidt-Aßmann, Verfahren als staats- und verwaltungsrechtliche Kategorie, Heidelberg 1984, S. 1 ff., 26 f.

(2) Verwaltungsverfahren als Begegnungsort von Staat und Gesellschaft

Werden der einzelne Bürger oder korporative Akteure durch Beteiligungsrechte in das Verwaltungsverfahren einbezogen, so werden dadurch zugleich *Arenen der Kommunikation und Interessenartikulation* eröffnet, die als Begegnungsort von Staat und Gesellschaft fungieren und so zu einer Verzahnung von öffentlichem und privatem Sektor wesentlich beitragen. Man kann insoweit mit Eberhard Schmidt-Aßmann[108] von *Begegnungsvorgängen* zwischen Staat und Gesellschaft sprechen, von einer im Verwaltungsverfahren sich ausdrückenden *osmotischen Funktionenteilung* zwischen Staat, Individuen und gesellschaftlichen Gruppen sowie von *verfahrensrechtlichen Bauelementen eines demokratisch-pluralen Entscheidungssystems.*

(3) Verwaltungsverfahren als kooperative Gemeinwohlkonkretisierung

Ein solches Verständnis des Verwaltungsverfahrens als Ausgestaltung eines demokratisch-pluralen Entscheidungssystems ist naturgemäß unvereinbar mit der überkommenen Vorstellung vom Staat und seiner Verwaltung als alleinigem Akteur zur Bestimmung des Gemeinwohlinteresses und bedeutet, *Gemeinwohlfindung als partizipatives Verfahren* zu begreifen: „So sehr jedes staatliche Verfahren und damit auch das Verwaltungsverfahren Gemeinwohlkonkretisierung ist, so sehr bedeutet die bürgerschaftliche Partizipation dementsprechend *Mitwirkung an der Gemeinwohlkonkretisierung* ... Ein Gemeinwohl, das weder vorgegeben, weder ‚dogmatisiert' noch beim Staat monopolisiert ist, verlangt für seine inhaltliche Fixierung *Kompetenzpluralismus*, ein pluralistisches und damit partizipatives Verfahren"[109].

3. Die öffentliche Verwaltung als öffentlicher Dienst

Gestalt, Struktur und Eigenart des öffentlichen Dienstes, also des *Personals der öffentlichen Verwaltung* bilden einen klassischen Gegenstand der Verwaltungswissenschaft[110], der Verwaltungssoziologie[111] wie auch des Staats- und Verwaltungsrechts[112]. Was den verwaltungssoziologischen Zugang angeht, den wir

---

[108] Fn. 107, S. 7/8.

[109] *Walter Schmitt Glaeser*, Die Position der Bürger als Beteiligte im Entscheidungsverfahren gestaltender Verwaltung, in: Peter Lerche/Walter Schmitt Glaeser/Eberhard Schmidt-Aßmann (Fn. 107), S. 35 ff., 59.

[110] Vgl. etwa *Frido Wagener*, Der öffentliche Dienst im Staat der Gegenwart, VVDStRL 37 (1979), S. 217 ff.

[111] Vgl. *Renate Mayntz* (Fn. 1), S. 135 ff.: Das Personal der öffentlichen Verwaltung.

[112] Vgl. stellvertretend *Josef Isensee*, Öffentlicher Dienst, in: Ernst Benda/Werner Maihofer/Hans-Jochen Vogel (Hrsg.), Handbuch des Verfassungsrechts der Bundesrepublik Deutschland, 2. Aufl., Berlin/New York 1992, § 32; *Helmut Lecheler*, Der öffentliche Dienst, in: Josef Isensee/Paul Kirchhof (Hrsg.), Handbuch des Staatsrechts, Bd. III, Heidelberg 1988, § 270.

wegen der ausführlichen Behandlung der vorangehenden Gliederungspunkte „Verwaltung als Organisation“ und „Verwaltung als Entscheidungssystem“ nur stichwortartig streifen können, so scheint uns auch hier die *steuerungstheoretische Perspektive* besonders fruchtbar zu sein, also die Frage nach Erscheinungsformen und Funktionsweise der *Steuerung durch Personal*[113]. Aus dieser Perspektive scheinen uns drei Untersuchungsfelder von besonderem Interesse zu sein, Untersuchungsfelder, die schon wiederholt Gegenstand verwaltungssoziologischer Forschung waren und daher hier nur aufzulisten sind.

a) Verwaltungssoziologie als Rekrutierungs- und Karrieresoziologie

- Herkunft administrativer Eliten
- Karrieremuster in der öffentlichen Verwaltung
- Einstellungsmuster administrativer Entscheidungsträger

Hierbei handelt es sich um ein ebenso klassisches wie spannendes Untersuchungsfeld, da Rekrutierungsart und Karrieremuster in der öffentlichen Verwaltung nicht nur für die *Qualität des Verwaltungspersonals* von Bedeutung sind[114], sondern und gerade für das *Selbstverständnis des öffentlichen Dienstes*[115], das wiederum für die Art der Aufgabenerledigung einen wichtigen Steuerungsfaktor darstellt. Auf die dazu vorliegenden Untersuchungen kann hier nur verwiesen werden[116].

b) Verwaltungssoziologie als – zum Beispiel – Polizeisoziologie

- Rekrutierung (soziale Selektivität)
- Weltbild
- Verhaltensmuster (vor allem im Umgang mit der Klientel)

Reizvoll ist es natürlich, die allgemeinen Befunde zum Zusammenhang von Rekrutierung, Selbstverständnis und Aufgabenerfüllung auf bestimmte Verwaltungszweige mit einem besonders hervorgehobenen Personalkörper anzuwenden, wofür sich die Polizei geradezu anbietet und wo sich besonders eindrucksvoll zeigen läßt, wie die soziale Selektivität der Rekrutierung auf das dienstliche Verhalten durchschlägt, die Art der Aufgabenerfüllung der Verwaltung also in erheblichem Maße durch die Personalauswahl und -führung gesteuert wird[117].

---

[113] Vgl. dazu *Gunnar Folke Schuppert*, Verwaltungswissenschaft (Fn. 20), Teil III.

[114] Dazu *Renate Mayntz* (Fn. 1), S. 135 ff.

[115] Vgl. dazu *Helmut Klages*, Die Situation des öffentlichen Dienstes, in: Klaus König/Heinrich Siedentopf (Hrsg.), Öffentliche Verwaltung in Deutschland, Baden-Baden 1996/97, S. 517 ff.

[116] Vgl. stellvertretend *Christiane Dreher*, Karrieren in der Bundesverwaltung. Voraussetzungen, Merkmale und Etappen von Aufstiegsprozessen im öffentlichen Dienst, Berlin 1996.

[117] Vgl. *Günter Endruweit*, Struktur und Wandel der Polizei, Berlin 1979; *Nelson A. Watson/James W. Sterling*, Police and their Opinions, Washington 1969.

c) Verwaltungssoziologie als Patronagesoziologie

- Phänomen und Arten der Ämterpatronage
- Politisierung der öffentlichen Verwaltung

Auch hier handelt es sich um ein ebenso klassisches wie nach wie vor brisantes Thema, bei dessen häufig ideologieanfälliger Behandlung bestimmte Vorverständnisse des Verhältnisses von Politik und Verwaltung eine entscheidende Rolle spielen[118]; um so wichtiger ist daher der Beitrag einer empirisch arbeitenden Verwaltungssoziologie, um die Debatte über die Politisierung der öffentlichen Verwaltung von ihrem ideologischen Kopf auf die Füße der empirisch beobachteten Realität zu stellen.

4. Die öffentliche Verwaltung als Unternehmen

An dieser Stelle mag ein einziges Stichwort genügen, nämlich der häufig beschworene Wandel „Von der Behörde zum Dienstleistungsunternehmen"[119], ein Wandlungsprozeß, auf den wir im nächsten, von der Veränderung der öffentlichen Verwaltung handelnden Gliederungspunkt noch einmal zurückkommen werden.

D. Die Soziologie der öffentlichen Verwaltung und die Veränderungen ihres Gegenstandes

Eine Soziologie der öffentlichen Verwaltung wird nur dann reiche Früchte tragen, wenn es ihr gelingt, die ihren Gegenstand – die öffentliche Verwaltung – kennzeichnenden *Wandlungsprozesse* nicht nur zu beschreiben, sondern auch zu analysieren und theoretisch zu reflektieren. *Vier solcher Wandlungsprozesse* scheinen uns von besonderer Bedeutung und der Aufmerksamkeit der Verwaltungssoziologie würdig zu sein:

---

118 Klassisch *Theodor Eschenburg,* Ämterpatronage, Stuttgart 1961; siehe ferner *Heinz-Herbert v. Arnim,* Ämterpatronage durch politische Parteien. Ein verfassungsrechtlicher und staatspolitischer Diskussionsbeitrag, Wiesbaden 1980; *Manfred Wichmann,* Parteipolitische Patronage. Vorschläge zur Beseitigung eines Verfassungsverstoßes im Bereich des öffentlichen Dienstes, Frankfurt a.M./Bern/New York 1986.

119 *Gerhard Banner,* Von der Behörde zum Dienstleistungsunternehmen. Die Kommunen brauchen ein neues Steuerungsmodell, VOP 1991, S. 6–11.

I. Die Entgrenzung der öffentlichen Verwaltung oder die öffentliche Verwaltung im Kooperationsspektrum staatlicher und privater Aufgabenerfüllung

1. Soziologische Befunde: von der zunehmenden Pluralität von Anbietern öffentlicher Dienstleistungen zum zunehmenden rechtlichen Regelungsbedarf

Wenn wir zur Kennzeichnung der Verwaltungswirklichkeit jenseits der überkommenen und überholten Antinomie staatlicher *oder* privater Aufgabenerfüllung von einer Pluralität von Anbietern öffentlicher Dienstleistungen sprechen[120], so stellt der Bereich der Sozialpolitik ein sich geradezu aufdrängendes Reverenzgebiet dar[121]. Zur Erhebung des Befundes der dortigen Anbietervielfalt können wir uns der Hilfe des Gesetzgebers bedienen, der z.B. für den Bereich der Jugendhilfe in § 3 Abs. 1 SGB VIII folgendes formuliert hat:

(1) Die Jugendhilfe ist gekennzeichnet durch die *Vielfalt von Trägern* unterschiedlicher Wertorientierungen und die *Vielfalt von Inhalten, Methoden und Arbeitsformen.*

Das Programm für die Zusammenarbeit hat der Gesetzgeber des Sozialgesetzbuches in § 4 SGB VIII wie folgt umschrieben:

§ 4 Zusammenarbeit der öffentlichen Jugendhilfe mit der freien Jugendhilfe.
(1) Die öffentliche Jugendhilfe soll mit der freien Jugendhilfe zum Wohl junger Menschen und ihrer Familien *partnerschaftlich* zusammenarbeiten. Sie hat dabei die Selbständigkeit der freien Jugendhilfe in Zielsetzung und Durchführung ihrer Aufgaben sowie in der Gestaltung ihrer Organisationsstruktur zu achten.

(2) Soweit geeignete Einrichtungen, Dienste und Veranstaltungen von anerkannten Trägern der freien Jugendhilfe betrieben werden oder rechtzeitig geschaffen werden können, soll die öffentliche Jugendhilfe von eigenen Maßnahmen absehen.

(3) Die öffentliche Jugendhilfe soll die freie Jugendhilfe nach Maßgabe dieses Buches fördern und dabei die verschiedenen Formen der Selbsthilfe stärken.

Aber es geht dem Gesetzgeber nicht nur darum, die anerkannten freien Träger wie z.B. die Verbände der freien Wohlfahrtspflege zu respektieren und zu fördern, sondern auch darum, die *Selbstorganisation von Jugendlichen* zu unterstützen; in § 12 SGB VIII heißt es dazu wie folgt:

§ 12 Förderung der Jugendverbände.
(1) Die eigenverantwortliche Tätigkeit der Jugendverbände und Jugendgruppen ist unter Wahrung ihres satzungsgemäßen Eigenlebens nach Maßgabe des § 74 zu fördern.

(2) In Jugendverbänden und Jugendgruppen wird Jugendarbeit von jungen Menschen selbst organisiert, gemeinschaftlich gestaltet und mitverantwortet. Ihre Arbeit ist auf Dauer

---

[120] *Gunnar Folke Schuppert,* Die Erfüllung öffentlicher Aufgaben durch die öffentliche Hand, private Anbieter und Organisationen des Dritten Sektors, in: Jörn Ipsen (Hrsg.), Privatisierung öffentlicher Aufgaben, Köln u.a. 1994, S. 17–37.

[121] Vgl. *Jochem Schmitt,* Leistungserbringung durch Dritte im Sozialrecht, Köln u.a. 1990.

angelegt und in der Regel auf die eigenen Mitglieder ausgerichtet, sie kann sich aber auch an junge Menschen wenden, die nicht Mitglieder sind. Durch Jugendverbände und ihre Zusammenschlüsse werden Anliegen und Interessen junger Menschen zum Ausdruck gebracht und vertreten.

Auch im Bereich der Sozialhilfe gibt es eine Reihe von nicht-öffentlichen Trägern, die für die eigentlichen, also öffentlichen Träger Sozialhilfeleistungen erbringen, und zwar aufgrund und nach Maßgabe von sog. *Leistungsvereinbarungen*, die in dem am 01.01.1999 in Kraft getretenen § 93 a BSHG näher umschrieben sind und an denen sehr schön deutlich wird, daß jede *kooperative und arbeitsteilige Leistungserbringung einen rechtlichen Regelungsbedarf erzeugt*, indem von der Rechtsordnung bestimmte Anerkennungsverfahren für nichtstaatliche Aufgabenträger und bestimmte Typen von Kooperationsverträgen bereitgestellt werden müssen; in § 93 a Abs. 1 und Abs. 3 heißt es dazu wie folgt:

§ 93 a Inhalt der Vereinbarungen.
(1) Die Vereinbarung über die Leistung muß die wesentlichen Leistungsmerkmale festlegen, mindestens jedoch die betriebsnotwendigen Anlagen der Einrichtung, den von ihr zu betreuenden Personenkreis, Art, Ziel und Qualität der Leistung, Qualifikation des Personals sowie die erforderliche sächliche und personelle Ausstattung. In die Vereinbarung ist die Verpflichtung der Einrichtung aufzunehmen, im Rahmen des vereinbarten Leistungsangebotes Hilfeempfänger aufzunehmen und zu betreuen. Die Leistungen müssen ausreichend, zweckmäßig und wirtschaftlich sein und dürfen das Maß des Notwendigen nicht überschreiten.

(3) Die Träger der Sozialhilfe vereinbaren mit dem Träger der Einrichtung Grundsätze und Maßstäbe für die Wirtschaftlichkeit und die Qualitätssicherung der Leistungen sowie für das Verfahren zur Durchführung von Wirtschaftlichkeits- und Qualitätsprüfungen. Das Ergebnis der Prüfung ist festzuhalten und in geeigneter Form auch den Leistungsempfängern der Einrichtung zugänglich zu machen.

2. *Analytische Annäherungen*

Gibt es also – und zwar nicht nur im Bereich der Sozialpolitik, sondern z.B. auch im Städtebaurecht, der Strukturpolitik und der Umweltpolitik[122] – eine beeindruckende Vielfalt von Anbietern öffentlicher Dienstleistungen und eine entsprechende *Vielzahl von Kooperationsbeziehungen*, so stellt sich für die Verwaltungssoziologie die Aufgabe, dieses unübersichtliche Terrain nicht nur zu vermessen, sondern auch zu strukturieren und zu analysieren; dafür bieten sich – wie wir meinen und deshalb vorschlagen[123] – *vier analytische Annäherungswege an*, die wir hier nur stichwortartig skizzieren können:

[122] Vgl. dazu die Beiträge in: *Gunnar Folke Schuppert*, Jenseits von Privatisierung ... (Fn. 56).

[123] Näher dazu *Gunnar Folke Schuppert*, Verwaltungswissenschaft (Fn. 20), Teil II.

a) Zum Denken in Skalen

Will man also die einfache und wenig hilfreiche Dichotomie von staatlicher und privater Aufgabenerfüllung, von staatlicher und privater Organisation, von staatlichen und privaten Trägern überwinden, so besteht eine naheliegende Vorgehensweise darin, auf einer *gedachten Skala mit den Endpunkten staatlich-privat* die verschiedenen Organisationstypen, Trägertypen, Handlungsformen und Steuerungsinstrumente einzutragen und anhand dieses – wie man es nennen könnte – *Skalierungsansatzes* beispielsweise zu den folgenden Skalierungen zu gelangen:

- Organisationen auf einer Skala mit den Endpunkten staatlich-privat[124], mit einer Spannweite vom privaten Tanzclub bis zum staatlichen Ministerium mit Organisationen wie den Industrie- und Handelskammern, der DFG u.a. irgendwo dazwischen
- Optionen der Rundfunkorganisation als Beispiel einer bereichsspezifischen Organisationsskala mit einer Spannweite vom privaten Rundfunk über das duale Rundfunksystem bis zum Staatsrundfunk
- Vertragstypen auf einer Skala mit den Endpunkten staatlich-privat[125] mit einer Spannweite vom erwerbswirtschaftlichen Vertrag der Verwaltung bis zum subordinationsrechtlichen Vertrag
- Regulierungstypen im Handlungsspektrum zwischen gesellschaftlicher Selbstregulierung und staatlicher Steuerung[126]

b) Zum Denken in Sektoren

Eine andere Vorgehensweise besteht darin, verschiedene an der Erbringung öffentlicher Dienstleistungen beteiligte Sektoren zu unterscheiden, wobei es fast mehr eine Geschmacksfrage ist, ob man nur ein Drei-Sektoren-Modell zugrundelegt (öffentlicher, privater und dritter Sektor) oder mit einem ausdifferenzierten Mehr-Sektoren-Modell arbeiten will[127]. Das eigentlich Interessante am Denken in Sektoren ist, der Frage nachzugehen, ob, wie und weshalb sich die Rollenverteilung zwischen öffentlichem, privatem und drittem Sektor verändert, da Sektorverschiebungen ein besonders geeigneter Indikator von Verän-

---

[124] Dazu *Gunnar Folke Schuppert*, Die Erfüllung öffentlicher Aufgaben durch verselbständigte Verwaltungseinheiten, Göttingen 1981, S. 86.

[125] Dazu *Walter Krebs*, Verträge und Absprachen der Verwaltung mit Privaten, VVDStRL 52 (1993), S. 250 ff.

[126] *Wolfgang Hoffmann-Riem*, Öffentliches Recht und Privatrecht als wechselseitige Auffangordnungen – Systematisierung und Entwicklungsperspektiven, in: Wolfgang Hoffmann-Riem/Eberhard Schmidt-Aßmann (Hrsg.), Öffentliches Recht und Privatrecht als wechselseitige Auffangordnungen, Baden-Baden 1996, S. 261 ff.

[127] Vgl. dazu *Gunnar Folke Schuppert*, Markt, Staat, Dritter Sektor – oder noch mehr? Steuerungsprobleme ausdifferenzierter Staatlichkeit, in: Jahrbuch zur Staats- und Verwaltungswissenschaft, Bd. 3, Baden-Baden 1989, S. 47–88.

derungsprozessen moderner Staatlichkeit zu sein scheinen[128]. Von besonderem Interesse sind daher auch – davon war schon kurz die Rede – *Prozesse der Verzahnung der Sektoren* wie sie etwa für bestimmte Privatisierungsarten und den Zusammenhang von Privatisierung und Regulierung typisch sind.

c) Zum Denken in Netzwerken

Die überaus hilfreiche Funktion des Netzwerksbegriffs[129] besteht darin, den politischen Prozeß als ein *Zusammenwirken von Akteuren* zu analysieren, und zwar von Akteuren unterschiedlichen Organisationsgrades und unterschiedlicher Herkunft[130], so daß sich die Kategorie des Netzwerkes geradezu als analytisches Hilfsmittel anbietet, wenn es um die Strukturierung einer Vielfalt von Gemeinwohlakteuren[131] und Anbietern öffentlicher Dienstleistungen geht. Die Struktur solcher Netzwerke ist je nach dem in Rede stehenden Politikbereich und der in ihnen tätigen Akteure sehr unterschiedlich. Die Verwaltungssoziologie interessiert naturgemäß die *Rolle der öffentlichen Verwaltung* in solchen Netzwerken und daher insbesondere die Frage, ob die öffentliche Verwaltung „nur" an bestehenden Netzwerken mitwirkt und sie für ihre Ziele zu instrumentalisieren sucht oder ob es auch als ihre Aufgabe verstanden werden kann, ein *Netzwerk* erst *zu knüpfen* oder jedenfalls um die ihr wichtig erscheinenden Akteure zu erweitern. Eine Reihe von *Netzwerk-Beispielen* wie die

- Netzwerkstruktur im Bereich der Luftreinhaltepolitik in den USA[132]
- Netzwerkstruktur der Sozialpolitik in Großstadtverwaltungen[133]
- Regionale Netzwerke[134] u.a.

---

[128] Vgl. dazu die Beiträge in *Helmut K. Anheier/Eckhard Priller/Wolfgang Seibel/Annette Zimmer* (Hrsg.), Der Dritte Sektor in Deutschland. Organisationen zwischen Markt und Staat im gesellschaftlichen Wandel, 2. Aufl., Berlin 1998.

[129] Vgl. dazu die Beiträge in *Bernd Marin/Renate Mayntz* (Hrsg.), Policy Networks. Empirical Evidence and Theoretical Considerations, Frankfurt a.M. 1991.

[130] Dazu *Patrick Kenis/Volker Schneider*, Policy Networks and Policy Analysis. Scrutinizing a New Analytical Toolbox, in: Marin/Mayntz (Fn. 129), S. 25 ff.

[131] Dazu *Gunnar Folke Schuppert*, Zur Anatomie und Analyse des Dritten Sektors, Die Verwaltung 1995, S. 137–200.

[132] *Paul A. Sabatier*, Advocacy-Koalitionen, Policy-Wandel und Policy-Lernen: Eine Alternative zur Phasenheuristik, in: Adrienne Heritier (Hrsg.), Policy-Analyse. PVS-Sonderheft 24/1993, S. 116 ff.

[133] Nachweise bei *Gunnar Folke Schuppert*, Organisation großstädtischer Aufgabenerfüllung – Nationale und internationale Erfahrungen, in: Dietrich Budäus/Gunther Engelhardt (Hrsg.), Großstädtische Aufgabenerfüllung im Wandel, Baden-Baden 1996, S. 108–139.

[134] Materialreich *Helge-Lothar Batt*, Kooperative regionale Industriepolitik, Frankfurt/M. 1994.

legen eher die Notwendigkeit der Funktion der öffentlichen Verwaltung als Netzwerkknüpfer nahe.

d) Zum Denken in Verantwortungsstufen

Dieser letzte hier aufzulistende Annäherungsweg wird nur der Vollständigkeit halber erwähnt und erst im nächsten Gliederungspunkt genauer abgehandelt.

II. Wandel des Staats- und Verwaltungsverständnisses: vom überforderten Staat der Allzuständigkeit zum verantwortungsteilenden Gewährleistungsstaat

1. Der verantwortungsteilende Staat oder zur Teilbarkeit der Gemeinwohlverantwortung

Sucht man nach Vokabeln, die dazu taugen, den beobachtbaren Wandel des Staats- und Verwaltungsverständnisses[135] auf den Begriff zu bringen, so stößt man in bedeutungsvoller Häufigkeit auf die Begriffe der Verantwortung, der Verantwortungsstufung und der Verantwortungsteilung[136].

Was zunächst den Begriff der Verantwortung angeht, so begegnet er uns in den verschiedensten Kontexten: so wird etwa der *expandierende Staat* beschrieben als ein Staat mit *umfassender Verantwortung* für nahezu alle Bereiche des gesellschaftlichen Lebens und – als Gegenpol dazu – der *neoliberale Minimalstaat* als ein Staat des *Rückzuges aus der Verantwortung* für gesellschaftliche Entwicklungen[137]: der in der angelsächsischen Literatur wohl gelittene „enabling state" ist gekennzeichnet von der Bereitstellung von *„public support for private responsibility"*[138], im *demokratischen Verfassungsstaat* sei das Verhältnis von Staat und Staatsbürger als *Verantwortungsverhältnis* zu begreifen[139]. Die zu ziehende Schlußfolgerung liegt nahe: der Begriff der Verantwortung für das Gemeinwohl, der Verantwortung für die Erfüllung öffentlicher Aufgaben

---

[135] Vgl. *Gunnar Folke Schuppert*, Geändertes Staatsverständnis als Grundlage des Organisationswandels öffentlicher Aufgabenwahrnehmung, in: Dietrich Budäus (Hrsg.), Organisationswandel öffentlicher Aufgabenwahrnehmung, Baden-Baden 1998, S. 15–59.

[136] *Hans-Heinrich Trute*, in: G. F. Schuppert (Hrsg.), (Fn. 56).

[137] *Stephan von Bandemer/Josef Hilbert*, Vom expandierenden zum aktivierenden Staat, in: Bernhard Blanke/Stephan von Bandemer/Frank Nullmeier/Göttrik Wewer (Hrsg.), Handbuch zur Verwaltungsreform, Opladen 1998, S. 25 ff.

[138] Dazu *Stephan von Bandemer/Bernhard Blanke/Josef Hilbert/Josef Schmid*, Staatsaufgaben – Von der „schleichenden Privatisierung" zum „aktivierenden Staat", in: Fritz Behrens (Hrsg.), Den Staat neu denken. Reformperspektiven für die Landesverwaltungen, Berlin 1995.

[139] Vgl. dazu *Detlef Merten*, Bürgerverantwortung im demokratischen Verfassungsstaat, VVDStRL 55 (1996), S. 7 ff.

(Aufgabenverantwortung) ist offenbar ein Schlüsselbegriff für jede Diskussion über die Entwicklungslinien des modernen Staates und seiner Verwaltung.

Wenn man nun von einem wie immer näher zu bestimmenden Verhältnis von privater und staatlicher Gemeinwohlverantwortung spricht, so macht dies nur Sinn, wenn man – und dies dürfte inzwischen fast so etwas wie communis opinio sein – dem Staat ein *Verantwortungsmonopol* abspricht, also von der Vorstellung einer *teilbaren Gemeinwohlverantwortung* ausgeht. Ist Gemeinwohlverantwortung aber teilbar, so gilt es, diese Teilbarkeit der Gemeinwohlverantwortung konzeptionell umzusetzen und auszudifferenzieren; dies kann man dadurch tun, daß man versucht, den gemeinwohlrelevanten Akteuren *Drehbücher für die Rollenverteilung* im Prozeß der kooperativen Gemeinwohlkonkretisierung anzubieten: die dafür hier vorgeschlagenen Drehbücher heißen Verantwortungsstufung und Verantwortungsteilung.

2. *Ausdifferenzierung der staatlichen Aufgabenverantwortung: zum Denken in Verantwortungsstufen*

a) Begriff und Funktion der Verantwortungsstufung

Zentraler Akteur im Prozeß der Konkretisierung der Gemeinwohlverantwortung ist und bleibt der Staat mit seiner Verwaltung und dem ihn personifizierenden öffentlichen Dienst; deswegen ist das für den Staat Geltung beanspruchende Drehbuchkonzept von besonderer Bedeutung und daher zunächst vorzustellen.

Das gemeinte Drehbuchkonzept kann mit dem Begriff der *Verantwortungsstufung* bezeichnet und zusammengefaßt werden[140]. In dem *Konzept einer abgestuften Verwaltungsverantwortung* geht es um die Standortbestimmung und Rollenzuweisung der öffentlichen Verwaltung *im Verhältnis zu nichtstaatlichen Funktionsträgern* aus den Bereichen von Wirtschaft und Gesellschaft, dem privaten und dem dritten Sektor; der Begriff der Verantwortungsstufung fungiert insoweit als *Chiffre für die Intensität staatlicher Aufgabenwahrnehmung* in bezug auf die eigenhändige Zielverwirklichung durch den Staat. Als Abbreviatur umschreibt er typisierend den Umfang staatlicher Verpflichtung für die Erreichung bestimmter Ziele[141]. Wir haben es also bei der Verantwortungsstufung mit einer zentralen *Stellschraube* zu tun, mit der zweierlei reguliert werden kann, nämlich einmal die Intensität der staatlichen Aufgabenwahrnehmung bzw. der *staatlichen Leistungstiefe* und zum anderen – was damit zusammen-

---

[140] Grundlegend *Eberhard Schmidt-Aßmann*, Zur Reform des Allgemeinen Verwaltungsrechts – Reformbedarf und Reformansätze –, in: Reform des Allgemeinen Verwaltungsrechts (Fn. 57), S. 11 ff.

[141] Dazu *Hans-Heinrich Trute*, Verzahnungen von öffentlichem und privatem Recht – anhand ausgewählter Beispiele –, in: Öffentliches Recht und Privatrecht als wechselseitige Auffangordnungen (Fn. 126), S. 171 ff.

hängt – die *Aufgabenverteilung zwischen staatlichen und gesellschaftlichen Akteuren.*

b) Regulierung der Intensität staatlicher Aufgabenwahrnehmung durch Unterscheidung verschiedener Verantwortungsstufen

Es besteht inzwischen weitgehend Konsens darüber, daß man *drei Grundtypen der Verwaltungsverantwortung* unterscheiden sollte, nämlich die Erfüllungsverantwortung, die Gewährleistungsverantwortung und die Auffangverantwortung[142].

aa) Die Erfüllungsverantwortung

Von einer Erfüllungs- oder auch Ergebnisverantwortung kann man dann sprechen, wenn der Staat selbst – sei es durch seine eigenen Behörden oder durch von ihm beherrschte Verwaltungstrabanten – für die Erfüllung bestimmter Aufgaben verantwortlich ist, und zwar in der Weise, daß er diese Aufgaben in *eigener Regie* wahrnimmt und nicht an Dritte delegiert. Diese vor allem in der klassischen Ressortgliederung – Inneres, Äußeres, Verteidigung, Finanzen und Justiz – sich widerspiegelnden Aufgabenbereiche sind in der Regel durch ein *staatliches Wahrnehmungsmonopol* gekennzeichnet – Beispiele: Polizei, Rechtsschutzgewährung, Finanzverwaltung – sowie dadurch, daß der Staat zu ihrer Wahrnehmung ein *spezifisch staatsnahes Personal* einsetzt, nämlich die nach Art. 33 Abs. 4 GG für die Ausübung von Hoheitsbefugnissen vorgesehenen Berufsbeamten.

bb) Die Gewährleistungsverantwortung

Von gänzlich anderer Struktur ist die Gewährleistungsverantwortung des Staates, mit der der Staat im Sinne einer *Rahmenverantwortung* zwar das Verhalten Dritter zu steuern versucht, nicht aber als Garant bestimmter Ergebnisse auftritt. Staat und Verwaltung konzentrieren sich auf die *Gewährleistung* der Erfüllung nach wie vor als öffentlich angesehener Aufgaben; sie sehen ihre eigentliche Aufgabe zuallererst in einer *Steuerung*, nicht unbedingt auch in der *Erbringung* öffentlicher Aufgaben (von „providing" zu „enabling"). Mit diesem *Rollenverständnis* öffnet sich der Blick auf eine Fülle neuer Handlungsformen des Staates, die durch Orientierung, Rahmensetzung und Moderation, generell der *Zusammenarbeit mit nichtstaatlichen Akteuren* und Einrichtungen in Netzwerken und Partnerschaften gekennzeichnet sind[143].

---

142 *Wolfgang Hoffmann-Riem,* Tendenzen in der Verwaltungsrechtsentwicklung, DÖV 1997, S. 433 ff.

143 *Heinrich Reinermann,* Die Krise als Chance: Wege innovativer Verwaltungen, Speyerer Forschungsberichte Nr. 139, Speyer 1994.

Diese so gekennzeichnete Gewährleistungsverantwortung äußert sich – über den Kooperationsaspekt hinaus – vor allem in einer *Regulierungsverantwortung* als Konsequenz von flächendeckenden Privatisierungen – siehe die Beispiele von Bahn und Post –, aber auch in einer *Überwachungsverantwortung* des Staates, da die staatliche Aufsicht als unverzichtbares Scharnier des Übergangs von der Erfüllungs- zur Gewährleistungsverantwortung fungiert[144].

cc) Die Auffangverantwortung

Die Auffangverantwortung des Staates sitzt – um ein Bild aus der Welt des Fußballs zu verwenden – auf der Reservebank, solange das Spiel gut läuft, wird aber in dem Moment aktiviert, in dem gemeinwohlrelevante Steuerungsdefizite zu konstatieren sind. Im Falle eines solchen Steuerungsdefizits kann der Staat korrigierend oder substituierend tätig werden, etwa durch Nutzung seines Rechts zur korrigierenden Intervention (Beispiel: Untersagung des Betriebes einer schädigenden Anlage); eine andere Form der Auffangverantwortung ist die *Abfederungsverantwortung*, bei der der Staat die Aufgabenwahrnehmung durch Dritte nicht korrigiert, aber z.B. für nachteilig Betroffene Hilfen bereitstellt (z.B. Sozialhilfe im Falle des Versagens der arbeitsmarktpolitischen Steuerung).

3. Das Konzept der Verantwortungsteilung

Geht es beim Konzept der Verantwortungsstufung um ein Konzept zur Steuerung der Intensität staatlicher Aufgabenwahrnehmung (Leistungstiefe), so rückt beim Konzept der Verantwortungsteilung die *akteurspezifische Perspektive* in den Vordergrund, denn in diesem Konzept geht es um die *Arbeitsteilung und Kooperation* von staatlichen, halbstaatlichen und privaten Akteuren, die in einem bestimmten Politikfeld tätig sind und darum, daß jeder von ihnen – wie etwa im Bereich der Sozialpolitik die öffentliche Verwaltung, Wohlfahrtsverbände, Selbsthilfegruppen und neue soziale Bewegungen – seinen *spezifischen Beitrag* zur Erfüllung einer öffentlichen Aufgabe leistet. Die Erkenntnis, daß nicht alle im öffentlichen Interesse liegenden Aufgaben von der staatlichen Verwaltung selbst erfüllt werden können, sondern häufig – wie im Bereich der Sozialpolitik – eine Gemengelage von öffentlichen, halböffentlichen und privaten Anbietern gemeinwohlrelevanter Dienstleistungen existiert (Beispiele: Suchtberatung oder Familienhilfe), macht ein Konzept erforderlich, in dem es um die *Zuweisung und Definition von Rollen staatlicher, halbstaatlicher und privater*

---

[144] Vgl. *Gunnar Folke Schuppert*, Vom produzierenden zum gewährleistenden Staat: Privatisierung als Veränderung staatlicher Handlungsformen, in: Klaus König/Angelika Benz (Hrsg.), Privatisierung und staatliche Regulierung, Baden-Baden 1997, S. 539 ff.

Akteure geht. In dem Konzept der Verantwortungsteilung geht es nicht etwa darum, Unterschiede zwischen staatlichen und privaten Akteuren einzuebnen; vielmehr macht der Begriff gerade darauf aufmerksam, daß unter *Nutzung der je unterschiedlichen Bindungen*, Handlungsorientierungen und *Handlungsrationalitäten* staatliche und private Akteure zur gemeinsamen Zielverfolgung beitragen können und sollen[145].

Ein solches Konzept der Verantwortungsteilung, das zugleich ein Konzept des Neuzuschnitts von öffentlichem, privatem und drittem Sektor darstellt, bedarf – soll es nicht im abstrakten und damit zugleich wohlfeilen Begriffshimmel verharren – der *konkretisierenden Umsetzung* durch Herausarbeitung entsprechender *Verantwortungsstrukturen*, für deren Entstehen die staatliche Rechtsordnung geeignete Organisations- und Handlungsformen bereitzustellen hat, wie etwa durch die Entwicklung eines Verwaltungskooperationsrechts. Solche Verantwortungsstrukturen, die notwendig sind, um Verantwortlichkeiten nicht zu verwischen und Verantwortungsteilung nicht der Beliebigkeit preiszugeben, sind durchaus schon in Ansätzen vorhanden: nicht von ungefähr sprechen wir von einem dualen Rundfunksystem mit einer Grundversorgungsverantwortung der öffentlich-rechtlichen Anbieter, nicht von ungefähr trifft man – bis in die Wahl der Begriffe (duales System) – im Umweltrecht auf duale Kontroll- und Entsorgungsstrukturen als Ausdruck dualer Umweltverantwortung (Öko-Audit; Verpackungsordnung).

Diesen Ansatz gilt es fortzuentwickeln, und zwar in einer gemeinsamen Anstrengung von Rechtswissenschaft (Bereitstellungsfunktion des Verwaltungsrechts) und Verwaltungssoziologie (Rollenverständnis der Verwaltung).

III. Ökonomisierung des Verwaltungsverständnisses

Der auf die öffentliche Verwaltung bezogene Reformprozeß ist im wesentlichen ein *Prozeß des Umdenkens.* Bezeichnenderweise trägt daher die Darstellung der Reformbestrebungen in der Kommunalverwaltung von Christoph Reichard den Titel „Umdenken im Rathaus“[146], und nicht von ungefähr führt die „Reformbibel“ von Osborne/Gaebler den Untertitel „How the Entrepreneurial Spirit is Transforming the Public Sector“[147]. Wollen wir diesen Umdenkensprozeß auf eine kurze Formel bringen, so können wir von einer *Ökonomisierung des Verwaltungsverständnisses* sprechen, ein Prozeß, den wir zunächst

[145] *Hans-Heinrich Trute,* in: G. F. Schuppert (Hrsg.), Verantwortungsteilung als Schlüsselbegriff ... (Fn. 56).

[146] *Christoph Reichard,* Umdenken im Rathaus. Neue Steuerungsmodelle in der deutschen Kommunalverwaltung, Berlin 1994.

[147] *David Osborne/Ted Gaebler,* Reinventing Government – How the Entrepreneurial Spirit is Transforming the Public Sector, Reading u.a. 1992.

kurz darstellen wollen, um dann zu fragen, welche *Reformbausteine* sich aus diesem Wandel des Verwaltungsverständnisses ergeben.

1. Von der bürokratischen Steuerung zum New Public Management

In der Literatur wird der angesprochene Wandel des Verwaltungsverständnisses gerne dadurch einzufangen versucht, daß man das Bürokratiemodell Max Webers und die Konzepte des New Public Management einander holzschnittartig gegenüberstellt. Beispielhaft für diese Vorgehensweise ist etwa die Darstellung bei Dietrich Budäus[148], der zunächst das Webersche Bürokratiemodell skizziert, um sodann aus seinen beobachtbaren Disfunktionalitäten ein Argument für die Notwendigkeit neuer Managementkonzepte zu gewinnen; zunächst skizziert er das Webersche Modell wie folgt:

„Die klassische öffentliche Verwaltung des sich zu Ende neigenden 20. Jahrhunderts ist paradigmatisch durch das Bürokratiemodell von Max Weber geprägt. Bekannterweise hat Max Weber zu Beginn dieses Jahrhunderts ein Organisationsmodell prägnant gemacht, das als Antwort auf die damaligen gesellschaftspolitischen Herausforderungen in Europa zu begreifen ist. Im Zentrum stand das Problem der rationalen Ausübung legaler Herrschaft. Für dessen Lösung erwies sich die Bürokratie als ein besonders geeignetes Organisationsmodell. Durch diesen Ansatz sollten personengebundene, patriarchalische Herrschaft und subjektive Willkür ersetzt werden durch korrekte, personenunabhängige, nachvollziehbare und sachbezogene Umsetzung vorgegebener Regeln. Das klassische Bürokratiemodell betont *Rechtsbindung, Unparteilichkeit, Professionalität, Gleichbehandlung und Kontrollierbarkeit* des Verwaltungshandelns. Grundlage war die abstrakte Regelbindung und der Glaube an die Legitimität dieser Regeln."

Dem klassischen Verwaltungsmodell stellt er nun das Konzept des New Public Management (NPM) gegenüber, das er wie folgt erläutert:

„Nun gab es in der Vergangenheit durchaus eine Vielzahl von Reformbestrebungen öffentlicher Vewaltungen. In der Bundesrepublik Deutschland waren dies etwa Versuche und Ansätze der Dienstrechtsreform, Entbürokratisierungsprogramme, Aufgabenkritik, Gebietsreform u.a.m. Diese stellten aber grundsätzlich nicht die Orientierung am Bürokratiemodell und damit das klassische Paradigma der Verwaltungswissenschaften in Frage. Auch wenn sich im Zeitablauf durchaus die Funktionen und Kompetenzen von Verwaltungen geändert haben, so vollzog sich jedoch keine strukturelle Änderung des Verwaltungsmodells.

New Public Management steht vor diesem Hintergrund für die konkrete praktische Erfahrung, daß die bürokratisch ausgerichtete Detailsteuerung nicht mehr geeignet ist, den relevanten gesellschaftlichen Anforderungen hinreichend Rechnung zu tragen. Die bürokratische Organisationsstruktur ist zum Ende des 20. Jahrhunderts selbst zu einem der Lösung harrenden Problem geworden. New Public Management steht für entsprechnde Lösungsversuche. *Die Dysfunktionalitäten des Bürokratiemodells geben Anlaß, neue Organisationsformen zu suchen.* Von daher steht New Public Management im derzeitigen Entwick-

---

[148] *Dietrich Budäus,* Von der bürokratischen Steuerung zum New Public Management – Einführung, in: Dietrich Budäus/Peter Conrad/Georg Schreyögg (Hrsg.), New Public Management, Berlin/New York 1998, S. 1 ff.

lungsstadium inhaltlich auch weniger für ein neues Paradigma, sondern zunächst nur für die Herbeiführung eines Paradigmenwechsels. Dabei spielt ohne Zweifel die *Orientierung an privaten Unternehmen und den dort praktizierten Managementtechniken* eine wesentliche Rolle."

Mit Christoph Reichard[149] kann man die Hauptelemente des New Public Management-Konzepts wie folgt zusammenfassen:

„Seit mehr als 10 Jahren bildet sich weltweit ein gemeinsames Verständnis von professionellem Verwaltungsmanagement heraus, das international als New Public Management (NPM) bezeichnet wird. Im Vordergrund stehen dabei

- Stärkung der Marktorientierung sowie des Wettbewerbsdenkens,
- an Privatunternehmungen orientierte Managementkonzepte,
- Trennung von strategischer (Politik-) und operativer (Administrations-)Verantwortung,
- Konzepte der ziel- und ergebnisbezogenen Steuerung sowie
- dezentrale, teilautonome Strukturen.

Im Gegensatz zu den rationalistischen Planungskonzepten der 60er/70er Jahre, die auf eine Optimierung der Planungskapazitäten der staatlichen Akteure hinzielten, setzen die NPM-bezogenen Reformen breiter an, indem sie die Verbesserung staatlicher Managementmuster durch ökonomische (Stärkung von ‚Markt') und gesellschaftliche (Stärkung von ‚Selbsthilfekräften' und von ‚Drittem Sektor') Regulierungsformen zu ergänzen trachten. Insofern ist es in der Tat nicht abwegig, von einem Paradigmenwechsel im öffentlichen Management zu sprechen, nämlich einem *grundsätzlichen Wandel des Verständnisses von Verwaltung.* NPM als neue, stärker auf ökonomisch-marktliche Rationalität abstellende Sichtweise von Verwaltung, die das bürokratische Verwaltungsverständnis mit der dabei vorherrschenden formalen Rationalität – zumindest teilweise – ablöst. Ob ein solcher Paradigmenwechsel indes für die gesamte öffentliche Verwaltung zu erwarten ist oder ob er nur für den – allerdings ständig größer werdenden – Teil der öffentlichen Dienstleistungsaufgaben (nicht aber: Eingriffs- und Ordnungsaufgaben) zutrifft, erscheint diskussionsbedürftig."

Christoph Reichard ist es auch, der die auch uns interessierende Frage gestellt und beantwortet hat, was eigentlich neu am New Public Management ist, und er hat dazu in uns überzeugender Weise folgendes ausgeführt[150]:

„Häufig wird gefragt, was denn nun eigentlich ‚neu' am NPM sei. Ist nicht viel Rhetorik, Etikettenschwindel, ‚alter Wein in neuen Schläuchen' zu verzeichnen? In der Tat ist – zumal in der populärwissenschaftlichen Debatte – viel Wortgeklingel wie ‚schlanke Verwaltung', ‚Konzern-Stadt' oder ‚Dienstleistungsunternehmen' zu hören. Manche Rezepte, die sich angeblich auf privatwirtschaftliche Erfahrungen stützen, sind von kaum zu überbietender Plattheit und Naivität; sie lassen sich auch meist nur unzulänglich in die administrative Wirklichkeit transferieren. Man muß zudem klarstellen, daß eine Reihe von – überwiegend betriebswirtschaftlichen – Instrumenten, die bei NPM-orientierten Reformen üblicherweise angewendet werden, als separate Elemente durchaus seit längerem bekannt, mithin nicht neu sind. Dazu zählen bspw.:

---

[149] *Christoph Reichard,* Von Max Weber zum „New Public Management" – Verwaltungsmanagement im 20. Jahrhundert, in: Peter Halblützel u.a. (Hrsg.), Umbruch in Politik und Verwaltung, Bern 1995, S. 57 ff.

[150] Fn. 149, S. 63/64.

- die Einrichtung teilautonomer Organisationseinheiten (Verantwortungs- oder Profit Center),
- Ansätze der Aufgabenkritik,
- Einsatz von Leistungsindikatoren,
- ziel- und ergebnisbezogene Steuerungsmodelle (Management by Objectives, Management by Results),
- Ansätze zur Entschlußdezentralisation (Delegation von Verantwortung, ‚Harzburger Modell'),
- Ansätze flexibler bzw. globalisierter Budgetierung (‚Block Grants'), Kosten- und Leistungsrechnung, Controlling.

Dennoch ist dem Gesamtansatz von NPM ‚Neuartigkeit' zu bescheinigen. Das Neue ist vor allem in der neuartigen und stimmigen *Kombination von Managementbausteinen* zu sehen, die isoliert durchaus zuvor bekannt gewesen sein mögen. Das NPM-Konzept ist aber ‚richtig gemischt', die einzelnen Bestandteile passen zueinander und sind auf ein ‚*neues Gesamtziel*' ausgerichtet: Verwaltungsleistungen wirksam und bürgerorientiert in dezentralen Strukturen bei hoher Eigenverantwortung der einzelnen Einheiten im Wettbewerb mit anderen staatlichen wie nichtstaatlichen Leistungsanbietern zu erbringen. Etwas Neues dabei ist vor allem der Wettbewerb, der die öffentlichen Einrichtungen erst ‚unter Strom setzt'. Hinzu kommt, daß im Gegensatz zu früheren Reformen diesmal ein relativ umfassender Implementierungsstil gepflegt wird, der auch die Politik soweit wie möglich einzubeziehen versucht. Ein weiteres Argument ist ferner, daß diesmal im Unterschied zur Vergangenheit die Anstöße zu (NPM-)Reformen weitgehend aus der Verwaltung selbst und nicht aus externen Zirkeln (etwa der Wissenschaft) kommen. Dies fördert zweifellos die Akzeptanz. Schließlich sind in den meisten Staaten, in denen NPM-orientierte Reformen stattfinden, vergleichsweise günstige Voraussetzungen und Rahmenbedingungen zu beobachten (u.a. Finanzdruck, ‚Zeitgeist' usw.). Fazit: NPM-Reformen finden heute in anderem Kontext und mit anderen Zielsetzungen statt als – gescheiterte – Reformen in den 60er/70er Jahren. Oder: ‚Aus der fehlgeschlagenen Einführung des Kühlschranks am Nordpol kann man nicht a priori auf seine Unbrauchbarkeit am Äquator schließen.'"

2. Reformbausteine eines managementorientierten Reformkonzepts am Beispiel Berlins

Die verschiedenen, sich aus der Quelle des New Public Management speisenden Reformstrategien für die öffentliche Verwaltung können hier nicht im einzelnen dargestellt werden. Wir wollen uns darauf beschränken, wenigstens die wichtigsten Bausteine eines managementorientierten Reformkonzepts zu benennen und sie als zehn Grund-Bausteine eines Reformbausteine-Atlanten aufzulisten[151]:

Reformbausteine-Atlas eines managementorientierten Reformkonzepts

- Dezentrale Fach- und Ressourcenverantwortung
- Entwicklung eines Produktkatalogs
- Qualitätsmanagement

---

[151] Wir folgen hier der Arbeit von *Andreas Chmel*, Das Neue Berliner Verwaltungsmanagement. Diss. iur. Humboldt-Universität zu Berlin, 1998.

- Zukunftsorientiertes Personalmanagement
- Kostenrechnung
- Controlling und Berichtswesen
- Budgetierung und Planung
- IT-gestützte Rechnungs- und Berichtssysteme
- Qualifizierungsoffensive
- Öffentlichkeitsarbeit

Inzwischen haben die meisten dieser Reformbausteine Gesetzesrang erhalten, und zwar durch das Verwaltungsreform-Grundsätze-Gesetz des Landes Berlin, das sich zum Ziel gesetzt hat, die Leitprinzipien der Berliner Verwaltungsreform gesetzlich niederzulegen[152].

IV. Zur Europäisierung der Verwaltung und des Verwaltungsrechts

Ein noch mitten im Fluß begriffener Wandlungsprozeß der nationalstaatlichen öffentlichen Verwaltung besteht in ihrer zunehmenden Europäisierung. Auch auf diesen grundlegenden Veränderungsprozeß kann hier nur mit wenigen Stichworten juristischer Natur eingegangen werden. Alle rechtswissenschaftlichen Beobachter sind sich einig in dem Befund, daß wir es mit einem tiefgreifenden Prozeß der *Europäisierung des nationalen Verwaltungsrechts* zu tun haben[153], so daß die Formulierung Friedrich Schochs von der strukturellen *Tiefenwirkung des Europäisierungsprozesses* durchaus gerechtfertigt erscheint[154]. Diese strukturelle Tiefenwirkung kommt vor allem darin zum Ausdruck, daß nahezu alle tragenden Bauelemente des Systems des Allgemeinen Verwaltungsrechts von der Europäisierung erfaßt werden, nämlich:

---

152 Verwaltungsreform-Grundsätze-Gesetz (Entwurf, Stand vom 19. Januar 1999).

153 Vgl. stellvertretend *Friedrich Schoch,* Die Europäisierung des Allgemeinen Verwaltungsrechts, JZ 1995, S. 109 ff.; *ders.* (Hrsg.), Das Verwaltungsrecht als Element der europäischen Integration, Tübingen 1995; *Jürgen Schwarze* (Hrsg.), Das Verwaltungsrecht unter europäischem Einfluß. Zur Konvergenz der mitgliedstaatlichen Verwaltungsrechtsordnungen in der Europäischen Union, Baden-Baden 1996; *Claus Dieter Classen,* Die Europäisierung des Verwaltungsrechts, in: Karl F. Kreuzer (Hrsg.), Die Europäisierung der mitgliedstaatlichen Rechtsordnungen in der Europäischen Union, Baden-Baden 1997, S. 107 ff.; *ders.,* Das nationale Verwaltungsverfahren im Kräftefeld des Europäischen Gemeinschaftsrechts, Die Verwaltung 1998, S. 307 ff.

154 *Friedrich Schoch,* Die Europäisierung des Allgemeinen Verwaltungsrechts und der Verwaltungsrechtswissenschaft, in: Die Wissenschaft vom Verwaltungsrecht, Die Verwaltung 1998, Beiheft 2, S. 135 ff.

- die Verwaltungsorganisation[155]
- die Rechtsquellenlehre sowie die Handlungsformen der Verwaltung[156]
- das Konzept subjektiver öffentlicher Rechte[157]
- die Gesetzesbindung der Verwaltung[158]
- das Verwaltungsverfahren[159]
- der Vertrauensschutz im Verwaltungsrecht[160]
- der gerichtliche vorläufige Rechtsschutz[161] und
- der sog. Sekundärrechtsschutz durch das Staatshaftungsrecht[162]

Wenn es auch im wesentlichen bei dieser Aufzählung verbleiben muß, wollen wir doch wenigstens an einem Beispiel die Wucht und die Dynamik dieses Europäisierungsprozesses veranschaulichen:

Am Beispiel der Rückforderung rechtswidrig gezahlter staatlicher Beihilfen[163] kann exemplarisch gezeigt werden, wie der für die Rücknahme rechtswidriger Verwaltungsakte „zuständige" § 48 des Verwaltungsverfahrensgesetzes „eine komplette europarechtliche Überformung und Durchdringung erfahren hat"[164]. Der leading case ist insoweit die Entscheidung „Alcan II"[165], in der der Europäische Gerichtshof zwar betont, daß die Rückforderung der Beihilfe sich nach nationalem Recht richte, deren Anwendung aber die gemeinschaftsrechtlich gebotene Rückforderung nicht unmöglich machen dürfe. Die Argumentation des Europäischen Gerichtshofes läßt an Deutlichkeit nichts zu wünschen übrig, wenn er in den Entscheidungsgründen dazu folgendes ausführt:

---

155 Vgl. dazu *Wolfgang Kahl*, Europäisches und nationales Verwaltungsorganisationsrecht. Von der Konfrontation zur Kooperation, Die Verwaltung 1996, S. 341 ff.

156 Vgl. dazu *Thomas von Danwitz*, Normkonkretisierende Verwaltungsvorschriften und Gemeinschaftsrecht, VerwArch 1993, S. 73 ff.

157 Siehe dazu *Matthias Ruffert*, Dogmatik und Praxis des subjektiv-öffentlichen Rechts unter dem Einfluß des Gemeinschaftsrechts, DVBl. 1998, S. 69 ff.

158 Zu den „Lockerungen" wegen des Anwendungsvorrangs des EG-Rechts siehe *Eberhard Schmidt-Aßmann*, in: Friedrich Schoch/Eberhard Schmidt-Aßmann/Rainer Pietzner, VwGO, Loseblattkommentar, Stand 1999, Einleitung Rdnr. 110.

159 Vgl. dazu *Claus Dieter Classen*, Europäisches Gemeinschaftsrecht und nationales Verfahrensrecht, Die Verwaltung 1998, S. 307 ff.

160 Vgl. etwa *Juliane Kokott*, Nationales Subventionsrecht im Schatten der EG. Das Beispiel der Rückforderung von Subventionen, DVBl. 1993, S. 1235 ff.; zum europarechtskonformen Verständnis von § 48 VwVfG grundlegend BVerwGE 92, 81 ff.

161 *Friedrich Schoch*, Die Europäisierung des verwaltungsgerichtlichen vorläufigen Rechtsschutzes, DVBl. 1997, S. 289 ff.

162 Richtungsweisend die Francovich-Entscheidung des EuGH, Slg. I 1991, 5403 = DVBl. 1992, 1017 = NJW 1992, 305; siehe ferner *Jürgen Bröhmer*, Die Weiterentwicklung des ursprünglichen Staatshaftungsrechts EuGH, EuGRZ 1996, 144, JuS 1997, S. 117 ff.

163 Wegen Verstoßes gegen Art. 92, 93 Abs. 3 EGV.

164 *Schoch* (Fn. 154).

165 EuGH Slg. I 1997, 1591 = DVBl. 1997, 950 = DÖV 1998, S. 287 ff.

- „Die zuständige Behörde ist gemeinschaftsrechtlich verpflichtet, den Bewilligungsbescheid für eine rechtswidrig gewährte Beihilfe gemäß einer bestandskräftigen Entscheidung der Kommission, in der die Beihilfe für mit dem Gemeinsamen Markt unvereinbar erklärt und ihre Rückforderung verlangt wird, selbst dann noch zurückzunehmen, wenn sie die nach nationalem Recht im Interesse der Rechtssicherheit dafür bestehende Ausschlußfrist hat verstreichen lassen.
- Die zuständige Behörde ist gemeinschaftsrechtlich verpflichtet, den Bewilligungsbescheid für eine rechtswidrig gewährte Beihilfe gemäß einer bestandskräftigen Entscheidung der Kommission, in der die Beihilfe für mit dem Gemeinsamen Markt unvereinbar erklärt und ihre Rückforderung verlangt wird, selbst dann noch zurückzunehmen, wenn sie für dessen Rechtswidrigkeit in einem solchen Maße verantwortlich ist, daß die Rücknahme dem Begünstigten gegenüber als Verstoß gegen Treu und Glauben erscheint, sofern der Begünstigte wegen Nichteinhaltung des in Art. 93 des Vertrages vorgesehenen Verfahrens kein berechtigtes Vertrauen in die Ordnungsmäßigkeit der Beihilfe haben konnte.
- Die zuständige Behörde ist gemeinschaftsrechtlich verpflichtet, den Bewilligungsbescheid für eine rechtswidrig gewährte Beihilfe gemäß einer bestandskräftigen Entscheidung der Kommission, in der die Beihilfe für mit dem Gemeinsamen Markt unvereinbar erklärt und ihre Rückforderung verlangt wird, selbst dann noch zurückzunehmen, wenn dies nach nationalem Recht wegen Wegfalls der Bereicherung mangels Bösgläubigkeit des Beihilfeempfängers ausgeschlossen ist.
- Der Grundsatz der Rechtssicherheit kann daher nicht deshalb der Rückforderung der Beihilfe entgegenstehen, weil die nationalen Behörden der Entscheidung, in der die Rückforderung angeordnet wird, verspätet nachgekommen sind. Andernfalls würde die Rückforderung der zu Unrecht gezahlten Beträge *praktisch unmöglich gemacht und den Gemeinschaftsvorschriften über die staatlichen Beihilfen jede praktische Wirksamkeit genommen.*“

An diesem Beispiel ist leicht erkennbar, daß die strukturelle Tiefenwirkung der Europäisierung des nationalen Verwaltungsrechts bereits weit fortgeschritten ist und daß nicht nur Lehrbücher des Allgemeinen Verwaltungsrechts, sondern auch der Verwaltungssoziologie mit nur nationalstaatlichem Horizont schwerlich eine Zukunftschance haben werden.

E. Die Verwaltungssoziologie im Wettbewerb mit anderen Wissenschaftsdisziplinen

Die öffentliche Verwaltung ist Gegenstand verschiedener Wissenschaftsdisziplinen, die sich mit je eigenen Methoden und Fragestellungen mit der Verwaltung beschäftigen, so daß die Frage von Interesse ist, welche der Fachdisziplinen besonders ertragreiche oder weiterführende Analyserahmen und Theorieansätze anzubieten vermag. Uns will scheinen, daß die Verwaltungssoziologie sich *Geländegewinnen anderer Disziplinen* gegenübersieht und sie daher gut daran täte, die von dort ausgehenden Impulse in sich aufzunehmen und in ihre eigenen analytischen wie theoretischen Konzepte zu integrieren. Wenn hier von Geländegewinnen anderer Disziplinen gesprochen wird, so meinen wir damit die folgenden:

I. Zum Bedeutungsgewinn der Verwaltungswissenschaft im Kontext der Verwaltungsreform

Manchem Beobachter wird es mehr als kühn erscheinen, wenn im Zusammenhang mit der ubiquitären Verwaltungsreform von einem Bedeutungsgewinn der Verwaltungswissenschaft gesprochen wird, scheint sie doch als für Beratungsleistungen in Betracht kommende Wissenschaft eher zugunsten der *Zunft der Unternehmensberater* abgedankt zu haben, die – soweit das Auge reicht – das Beratungsgeschäft gegenüber der Verwaltung als Kunden nahezu monopolisiert haben. Aber da es sich der Sache nach um angewandte Verwaltungswissenschaft handelt, soll dieser Aspekt hier außer Betracht bleiben.

Zur Sache selbst: jede Regierungs- und Verwaltungsreform wird – wenn sie mehr sein will als Verfahrensbeschleunigung und Vorschriftenentrümpelung – immer auch von dem zugrundeliegenden *Staatsverständnis* geprägt. Ohne eine Vergewisserung über die Ziele, die mit einer Reform von Regierung und Verwaltung erreicht werden sollen, bleibt jede Reformbestrebung *orientierungslos.* Daher ist jedes Verwaltungsreformkonzept bestrebt, ein *Leitbild* zu entwerfen, das den einzelnen Reformschritten eine einheitliche Richtung zu geben versucht, heiße dieses nun – wie in den Jahren vor dem Regierungswechsel – *schlanker Staat*[166] oder – wie in der Koalitionsvereinbarung der rot-grünen Bundesregierung festgeschrieben – *aktivierender Staat.* Konsequenterweise hat die beim Bundesminister des Innern gebildete „Stabstelle Moderner Staat – Moderne Verwaltung" zunächst das *Leitbild des aktivierenden Staates* zu präzisieren gesucht und dieses Leitbild wie folgt skizziert[167]:

> „Aktivierender Staat bedeutet, die Selbstregulierungspotentiale der Gesellschaft zu fördern und ihnen den notwendigen Freiraum zu schaffen: ‚Diese Bundesregierung will keinen Bevormundungsstaat, sondern einen Staat, der die Menschen ermutigt' (Regierungserklärung von Bundeskanzler Gerhard Schröder am 10. 11. 1998). Im Vordergrund muß deshalb das Zusammenwirken von staatlichen, halbstaatlichen und privaten Akteuren zum Erreichen gemeinsamer Ziele stehen. Dieses Zusammenwirken muß entwickelt und ausgestaltet werden. Vor allem dem Bund fällt hierbei die Aufgabe zu, die rechtlichen Rahmenbedingungen für einen bürgerorientierten und partnerschaftlichen Staat mit einer effizienten Verwaltung zu schaffen."

Nun darf man die konkrete Steuerungskraft solcher Leitbilder gewiß nicht überschätzen, sie sind aber gleichwohl – nicht zuletzt wegen des Einflusses auf das Selbstverständnis der Verwaltung und die Motivation der Mitarbeiter – sehr wichtig, und es ist die Chance der Verwaltungswissenschaft als Disziplin, solche Leitbilder mit zu entwerfen sowie sie zu konkretisieren und für die Verwaltungspraxis handhabbar zu machen. So kann sie das Feld der *verwaltungspolitischen Diskussion* befruchten und – den Fragenkatalog von Anthony Giddens

[166] *Sachverständigenrat „Schlanker Staat"*, Abschlußbericht, Bonn 1998.
[167] Vom November 1999, Umdruck S. 2.

erweiternd – *konzeptionelle Fragen* bearbeiten, die sonst zwischen die Stühle der Disziplinen fallen.

Ein Bedeutungsgewinn der betriebswirtschaftlich orientierten Verwaltungswissenschaft ist ferner mit der soeben geschilderten *Ökonomisierung des Verwaltungsverständnisses* verbunden, weil die Schule des New Public Management – bei aller Skepsis gegen einfache Rezepttransfers – für die Modernisierung einer unter Sparzwang agierenden Verwaltung wichtige Gesichtspunkte beizusteuern vermag.

II. Zum Bedeutungsgewinn der Rechtswissenschaft als Steuerungswissenschaft

Mit dem mit der Diskussion über eine Reform des Verwaltungsrechts[168] einsetzenden Verständnis der Verwaltungsrechtswissenschaft als Steuerungswissenschaft[169] und insbesondere mit dem damit verbundenen Verständnis des Haushaltsrechts[170] und des Verwaltungsorganisationsrechts als Steuerungsressource[171] hat die Wissenschaft vom Verwaltungsrecht ihre überkommene *Rechtsschutzfixiertheit* überwunden und sich neuen Perspektiven gegenüber geöffnet[172]. Damit ist die Verwaltungsrechtswissenschaft gegenüber der sozialwissenschaftlichen Beschäftigung mit der öffentlichen Verwaltung erheblich kommunikationsbereiter geworden und leistet so mit der übergreifenden Perspektive der *Steuerung des Verwaltungshandelns* einen wichtigen Beitrag zu genuin verwaltungssoziologischen Fragestellungen. Es ist zu hoffen, daß eine „neue“ Verwaltungssoziologie diese Anregungen aufgreift und integriert.

III. Zum Bedeutungsgewinn der Ökonomie als Institutionenökonomik

Fragt man danach, welche Fachdisziplin besonders weiterhelfende Theorieansätze für den Bereich der öffentlichen Verwaltung anzubieten hat, so ist besonders – und daher am Schluß dieses Beitrages – auf die sog. *Neue Institutionen-*

[168] Beginnend mit dem ersten Reformband von *Wolfgang Hoffmann-Riem/Eberhard Schmidt-Aßmann/Gunnar Folke Schuppert* (Hrsg.), Reform des Allgemeinen Verwaltungsrechts. Grundfragen, Baden-Baden 1993.

[169] *Schuppert* (Fn. 168).

[170] Vgl. *Albert von Mutius/Gunnar Folke Schuppert*, Die Steuerung des Verwaltungshandelns durch Haushaltsrecht und Haushaltskontrolle, VVDStRL 42 (1984).

[171] *Eberhard Schmidt-Aßmann/Wolfgang Hoffmann-Riem* (Hrsg.), Verwaltungsorganisationsrecht als Steuerungsressource, Baden-Baden 1997.

[172] Vgl. dazu die Beiträge in: *Wolfgang Hoffmann-Riem/Jens-Peter Schneider* (Hrsg.), Rechtswissenschaftliche Innovationsforschung, Baden-Baden 1998.

ökonomik[173] hinzuweisen, die mit ihrer Transaktionskostentheorie und der *Principal-Agent-Theory (Agenturtheorie)* weiterführende Beiträge zum Verständnis der modernen Verwaltung und ihrer Veränderungsprozesse geleistet hat und weiterhin leistet.

1. Zur Übertragung des Transaktionskostenansatzes auf die öffentliche Verwaltung

Innerhalb der sog. *Markttransaktionskosten* werden in der Regel Such- und Informationskosten, Verhandlungs- und Entscheidungskosten sowie Überwachungs- und Durchsetzungskosten unterschieden[174]. Betrachtet man durch diese Brille den sich verändernden Neuzuschnitt von öffentlichem und privatem Sektor, so sieht man leicht, wie überaus fruchtbar die Übertragung des Transaktionskostenansatzes auf die öffentliche Verwaltung ist[175], ein Befund, der hier nur mit einigen Überschriften belegt werden kann:

- Such- und Informationskosten
  - Informationsbeschaffung für Verwaltungshandeln: vom Amtsermittlungs- zum Beibringungsgrundsatz
  - Beschaffung und Organisation des Regelungs- und Entscheidungswissens: das Beispiel des Sachverständigenwesens
- Verhandlungs- und Entscheidungskosten
  - Konfliktbewältigung durch Verhandlungen (Mediation)
  - Privatisierte Abwägungsvorbereitung im Städtebaurecht
- Überwachungs- und Durchsetzungskosten
  - Verlagerung der Überwachungs- und Kontrollkosten: von der Fremd- zur Eigenüberwachung
  - Privatisierung und Regulierung: von der Debatte über Produktionskosten zur Debatte über Transaktionskosten

2. Zur Übertragung des Principal-Agent-Ansatzes auf die öffentliche Verwaltung

Im Mittelpunkt der Agenturtheorie stehen Austauschbeziehungen – meist vertraglicher Art – zwischen einem *Auftraggeber*, dem sog. *Prinzipal*, und einem *Auftragnehmer*, dem sog. *Agenten*. Typische Beispiele für solche Auftrags- oder Agenturbeziehungen im Kontext von Unternehmungen sind die Beziehungen zwischen Arbeitgeber und Arbeitnehmer, Käufer und Verkäufer, Ei-

---

[173] Grundlegend *Richter/Furubotn* (Fn. 28).

[174] *Richter/Furubotn* (Fn. 28), S. 50 ff.

[175] Dazu *Gunnar Folke Schuppert*, Innovationsstrategien, in: W. Hoffmann-Riem/J.-P. Schneider (Hrsg.), (Fn. 172), S. 172 ff.

gentümer und Geschäftsführer, Aufsichtsrat und Vorstand, Vorstand und Führungskraft, Fremdkapitalgeber und Geschäftsführer, Vorgesetztem und Untergebenem. Die in dieser Principal-Agent-Beziehung typischerweise auftretenden Probleme werden von Mark Ebers und Wilfried Gotsch wie folgt geschildert[176]:

„In all diesen Fällen überträgt ein Auftraggeber (‚Prinzipal') zur Realisierung seiner Interessen bestimmte Aufgaben und Entscheidungskompetenzen auf der Basis einer Vereinbarung an einen beauftragten Partner (‚Agenten'), der für seine Dienste eine Vergütung erhält. Die *Übertragung von Aufgaben* bietet für den Prinzipal den Vorteil, daß er sich die *spezialisierte Arbeitskraft* und den *Informationsvorsprung des Agenten* zunutze machen kann. Allerdings wirft die *Aufgabendelegation* für den Prinzipal auch ein Problem auf. Je weniger Informationen der Prinzipal über die Motive, die Handlungsmöglichkeiten und das faktische Leistungsverhalten des Agenten hat, desto größer ist für ihn das Risiko, daß der Agent nicht nur gemäß des vereinbarten Auftrags handelt, sondern die *eigenen Interessen zum Nachteil des Prinzipals* verfolgt. Der Prinzipal ist somit mit dem Problem konfrontiert, wie vertraglich sichergestellt werden kann, daß der Agent eine Leistung erbringt, die der Vereinbarung bestmöglichst entspricht."

Insbesondere das Informationsungleichgewicht zwischen Prinzipal und Agenten wird dabei zum zentralen Problem:

„Weiterhin schreibt die Agenturtheorie den verfügbaren Informationen und insbesondere der ungleichen Informationsverteilung zwischen den Vertragspartnern eine bedeutende Rolle zu. Sie unterstellt einen Informationsvorsprung des Agenten in bezug auf die sachliche Bearbeitung der Aufgaben. Eine solche Annahme wird als realistisch erachtet, da gerade in den besseren Kenntnissen, Fähigkeiten und Erfahrungen des Agenten ein wesentlicher Grund für das Interesse des Prinzipals an den Diensten des Agenten liegt. Zugleich besteht ein Informationsdefizit des Prinzipals in bezug auf das eigeninteressierte Verhalten des Agenten. Dieses *Informationsdefizit des Prinzipals* ergibt sich aus der mangelnden Beobachtbarkeit der Handlungssituation der Absichten und der Aktivitäten des Agenten. Ein weiteres Informationsdefizit des Prinzipals betrifft die Ergebniskontrolle. Der Prinzipal verfügt nicht immer über alle Informationen darüber, in welchem Ausmaß das Ergebnis dem Leistungsverhalten (‚effort') des Agenten oder aber Umwelteinflüssen zuzurechnen ist. Insbesondere in komplexen und unsicheren Situationen ist eine exakte Zurechnung der tatsächlichen Leistung und damit eine *Effizienzkontrolle* der Dienste des Agenten *sehr erschwert.*"

Es ist leicht erkennbar, daß die geschilderten Probleme keine spezifischen Unternehmensprobleme darstellen, sondern daß sie ebenso gut wenn nicht erst recht im Bereich der sich pluralistisch auffächernden und entgrenzenden öffentlichen Verwaltung bestehen. Wenn die Trends in der Entwicklung der Verwaltungsorganisation mit den Begriffen wie Aufgliederung, Verselbständigung, Contracting Out und Privatisierung richtig wiedergegeben sind, dann sind die dabei entstehenden Vertragsgestaltungs- und Aufsichtsprobleme Principal-Agenten-Probleme par excellence; versteht man Privatisierung als Pro-

[176] *Mark Ebers/Wilfried Gotsch*, Institutionenökonomische Theorie der Organisation, in: Alfred Kieser (Hrsg.), Organisationstheorien, 2. Aufl., Stuttgart 1995, S. 185 ff.

zeß, so werden die Produktionskostenprobleme ersetzt durch Vertragsgestaltungs-, Monitoring- und Rückholbefugnis-Probleme, also typische Principal-Agenten-Probleme.

Damit sind wir am Ende unserer tour d'horizon zum Thema „Soziologie der öffentlichen Verwaltung" angekommen und wir schließen mit der Hoffnung, daß eine sich erneuernde Verwaltungssoziologie die Kraft findet, die verschiedenen weiterführenden Zugänge zum Verständnis der modernen Verwaltung in sich aufzunehmen und zu einer Verwaltungssoziologie als „discipline carrefour"[177] zu verdichten.

---

[177] Vgl. zu diesem Begriff *Georges Langrod*, Verwaltungswissenschaft oder Verwaltungswissenschaften?, in: Heinrich Siedentopf (Hrsg.), Verwaltungswissenschaft, Darmstadt 1976, S. 389 ff.

Rechtssoziologische Aspekte der deutschen Wiedervereinigung

Leo Montada

I. Integration durch Transformation?

Im Bericht der Bundesregierung über den Stand der deutschen Einheit, der 1997 vorgelegt wurde, wird ausgesagt, dass das Ziel der *inneren Einheit* erst erreicht sein wird, wenn die Mehrzahl der Bürger auch in den neuen Bundesländern (NBL) vom vereinigten Deutschland als „ihrem Land" sprechen werden[1]. Es gibt andere und vielleicht validere Indikatoren dafür, dass die „innere Einheit" noch nicht erreicht ist: Es gibt West-Ost-Unterschiede bezüglich politischer Grundwerte und gesellschaftlicher Wertorientierungen, in Ostdeutschland sind u.a. fehlende Akzeptanz der neuen Rechtsordnung, der neuen Institutionen, erlebte Ungerechtigkeit, unbefriedigte Gerechtigkeitsansprüche, anti-westdeutsche Ressentiments sowie Stereotypisierungen der typischen Westdeutschen und der typischen Ostdeutschen zu beobachten, wie sie für eine kulturell/ethnische Abgrenzung charakteristisch sind.

Die Wiedervereinigung wurde als Beitritt des Gebietes und der Bevölkerung der DDR zur Bundesrepublik unter Erhaltung der internationalen Verflechtungen der Bundesrepublik realisiert, nicht als Konstitution eines neuen Staates. Folglich war und ist die westdeutsche Erwartung, dass die Integration zwar große westdeutsche materielle Beiträge zum Aufbau Ost verlange, aber die Akzeptanz der westdeutschen Rechtsordnung und des westdeutschen Institutionengefüges und eine korrespondierende mentale und kulturelle Anpassung von den Ostdeutschen zu leisten seien. Meines Wissens ist diese westdeutsche Erwartung bislang empirisch nicht systematisch erfasst worden. Viele anti-westdeutschen Haltungen und die Bemühungen um eine ostdeutsche Identität könnten jedoch Ausdruck einer Reaktanz gegen diese im Osten wahrgenommene westdeutsche Erwartungshaltung sein. Die Integration der beiden Landesteile ist durch eine „institutionelle Inkorporation der DDR-

---

[1] *Bundesregierung*, Jahresbericht der Bundesregierung zum Stand der deutschen Einheit, 1997, S. 13.

Gesellschaft in das Institutionengefüge der BRD-Gesellschaft" (Mayer, 1994)[2] vollzogen worden.

Für große Teile der westdeutschen Bevölkerung hatte die Wiedervereinigung keine erheblichen Auswirkungen auf das Leben. Es gab keine Änderungen der gesellschaftlichen Ordnungen. Wirtschaftlich brachte der Vereinigungsboom zunächst sogar Vorteile. Die finanziellen Lasten durch die Wiedervereinigung wurden teils durch Kredite finanziert, wo sie individuell spürbar wurden (Anhebung von Versicherungsbeiträgen, Solidarzuschlag), waren sie zeitverzögert und bremsten eher den Wohlstandszuwachs im Westen, als dass sie zu merklichen Verlusten geführt hätten.

Für die ostdeutsche Bevölkerung war der Umbruch ein tiefer, für viele ein krisenhafter Einschnitt. Objektiven Gewinnen an Kaufkraft der Einkommen, an Freizügigkeit und anderen Freiheiten, an demokratischen Mitwirkungsrechten standen Verluste und Problembelastungen gegenüber. Unter den objektiven Verlusten sind die Sicherheit des Arbeitsplatzes, tatsächliche Arbeitslosigkeit, Entwertungen von Berufsqualifikationen, Positionsverluste durch Frühverrentung, relative Status- und Privilegienverluste zu nennen. Objektive Problembelastungen ergaben sich durch den nahezu kompletten Transfer westdeutscher Institutionen, was umfangreiches Neulernen und Neuorientierungen sowie eine in der DDR nicht erwünschte und folglich ungewohnte Eigeninitiative und -verantwortung in vielen Lebensbereichen erforderlich machte.

Subjektive Verluste und Belastungserlebnisse sind mit den objektiven nicht identisch und keineswegs auf diese beschränkt. Ich nenne nur die Identitätsprobleme, die bei diesem Umbruch zu unterstellen sind, z.B. durch den Austritt aus der SED, durch die Entwertung der persönlichen Biographie, die in einem gesellschaftlichen System gelebt wurde, das nun nicht mehr existierte, und für die sich niemand mehr zu interessieren schien. Auch waren viele stolz auf die Wirtschaftsleistung der DDR, die man immerhin zuvor unter den 20 führenden Industrienationen vermutet hatte und die nun als wirtschaftlich marode diskreditiert wurde. Man war auch stolz auf die Leistungen der Sportnation DDR, die relativ zur Bevölkerungsgröße gewiß die Nummer 1 in der Welt war und nun durch Dopingvorwürfe des Betruges bezichtigt wurde. Auch gestaltete sich der Kontakt mit den Westdeutschen nach den ersten Umarmungen beim Fall der Mauer nicht erhebend: Viele „Besserwessis", die in einflussreichen Positionen und Funktionen die Umstrukturierungen vieler gesellschaftlicher Felder organisierten, wurden als arrogant und taktlos (Lepenies, 1992)[3] und am persönlichen Schicksal ihrer „Brüder und Schwestern" desinteressiert erlebt. Es ist in-

---

[2] *K.U. Mayer*, Vereinigung soziologisch: Die soziale Ordnung der DDR und ihre Folgen, in: Berliner Journal für Soziologie, 4, 1994, S. 308.

[3] *W. Lepenies*, Folgen einer unerhörten Begebenheit. Die Deutschen nach der Vereinigung, 1992, S. 61 ff.

sofern nicht überraschend, dass sich Ende 1990 fast 90 % der Ostdeutschen als Bürger 2. Klasse fühlten[4].

Die Integration als Transfer des Grundgesetzes, der westdeutschen Rechtsordnung und des westdeutschen Institutionengefüges ist weitgehend abgeschlossen. Die Entwicklung einer vergleichbaren materiellen Infrastruktur, die Modernisierung der Wirtschaft, der Forschung, der Verwaltung und anderer Bereiche hat große Fortschritte gemacht, die Umwelt und die Städte haben eine neue Qualität bekommen, die Angleichung der Einkommen ist weitgehend vorangekommen.

Diese faktischen Angleichungen bedeuten jedoch weder eine soziale Integration der beiden Bevölkerungsgruppen, noch eine Angleichung der Mentalitäten, noch eine innere Akzeptanz der Transformationen durch die ostdeutsche Bevölkerung. In der Tat lässt die innere Einheit Wünsche offen. In Ostdeutschland gibt es eine erhebliche Distanz zum neuen Staat, zu den Wertorientierungen, die in diesem Staat herrschen, und zur westdeutschen Bevölkerung.

Diese Distanzen sollen im folgenden mit einigen ausgewählten Befunden illustriert und analysiert werden. Anschließend will ich einige rechtssoziologische Fragen zu möglichen Folgen der bestehenden Integrationsdefizite formulieren und einige Vorschläge zur Überwindung der „Mauer in den Köpfen" wagen.

II. Defizite der inneren Einheit

Die Wiedervereinigung der beiden deutschen Staaten wurde auf Antrag der im März 1990 demokratisch gewählten Volkskammer als Beitritt des Gebietes der DDR zur Bundesrepublik nach Artikel 23 GG realisiert. D.h. das Grundgesetz blieb mit wenigen notwendigen Änderungen und einigen auf eine Übergangszeit befristeten Abweichung sowie die Anerkennung der zwischen 1945 und 1949 durch die sowjetische Besatzungsmacht vorgenommenen Enteignungen für Gesamtdeutschland beibehalten.

Nach einer Umfrage des Wickert-Institutes, die am 26.02.1990, also noch vor den Volkskammerwahlen veröffentlicht wurde, stimmten 89,9 % der Westdeutschen und 84,1 % der Ostdeutschen der Wiedervereinigung in Form des Beitritts zum Gebiet des GG zu (zitiert nach Görtemaker, 1996)[5]. Damit war die Übertragung der Grundstrukturen der politischen und institutionellen Ordnung nicht nur legal möglich, sie schien auch in der ostdeutschen Bevölke-

---

[4] *W. Brunner & D. Walz*, Die Selbstidentifikation der Ostdeutschen 1980–1997, in: H. Meulemann (Hrsg.), Werte und nationale Identität im vereinten Deutschland, 1998, Graphik 2, S. 236.

[5] *M. Görtemaker*, Probleme der inneren Einigung, in: Informationen zur politischen Bildung, 250 (1996), S. 51.

rung weitgehend anerkannt. Am 26.4.1990 lehnte die Volkskammer den Antrag auf Ausarbeitung einer neuen Verfassung mit Mehrheitsbeschluß ab. Im Einigungsvertrag vom 31.8.1990 und im Vertrag zur Herstellung der Wirtschafts-, Währungs- und Sozialunion vom 18. Mai 1990 wurden dann die Rechtsordnung und das Institutionengefüge der westdeutschen Republik übertragen und die Anpassungsmaßnahmen konkretisiert. Aus Umfragen läßt sich ablesen, dass anfangs auch diesbezüglich positive Einstellungen in der ostdeutschen Bevölkerung weit verbreitet waren. Dies änderte sich aber schon bald nach dem erfolgten Beitritt und parallel dazu wurden Ordnungen und gesellschaftliche Institutionen der DDR positiver bewertet.

1. Bewertungen der parlamentarischen Demokratie und des Rechtsstaates

Eine große Zahl von Umfragen liegt zu diesem Komplex vor. Gefragt wurde u.a. nach Zufriedenheiten mit Ordnungen und Institutionen, nach Vertrauen in Institutionen und ihre Repräsentanten, nach wahrgenommenen Einflußmöglichkeiten, nach tatsächlicher Partizipation und Interesse an Politik. Die Formulierung und die Kontextuierung der Fragen variierten, die Vergleichbarkeit der Stichproben und ihre Repräsentativität für die Population mag fraglich sein, die Ergebnisse konvergieren jedoch soweit, dass gültige Aussagen möglich sind.

Im Jahre 1990 war es z.B. für über 90 % der ostdeutschen Bevölkerung wichtig, „in einer *demokratischen Gesellschaft* zu leben“. In den Folgejahren sank dieser Prozentsatz kontinuierlich auf 60 % im Jahre 1997. Rascher und drastischer sank die subjektiv eingeschätzte Wichtigkeit, „in einer Gesellschaft mit *pluralistischem Parteiensystem*“ zu leben. Nach knapp 90 % im Jahre 1990 war dies 1997 nur noch 41 % wichtig (Priller, 1997)[6].

„Unzufrieden“ und „sehr unzufrieden“ mit der *Demokratieentwicklung* waren 1997 42 % (zum Vergleich: nur 12 % waren zufrieden oder sehr zufrieden), wobei die mittleren Jahrgänge (41– bis 50–jährige mit 53 %) und die Befragten mit Hochschulabschluß (53 %) besonders hohe Anteile an Unzufriedenen aufwiesen. Gleichzeitig sank der Anteil derjenigen, die eine Verbesserung der demokratischen Entwicklung erwarteten, von über 60 % 1990 auf 10 % 1997, während der Anteil derjenigen die eine Verschlechterung erwarten auf knapp 35 % anwuchs (Priller, 1997)[7].

---

[6] *E. Priller*, Ein Suchen und Sichfinden im Gestern und Heute, Veröffentlichungen der Abteilung Sozialstruktur des Wissenschaftszentrums Berlin, FS III 97-411, 1997, S. 7f. Priller stützt sich auf Erhebungen des Sozialwissenschaftlichen Forschungsinstituts Berlin-Brandenburg (SFZ) und des Wissenschaftszentrum Berlin (WZB).

[7] *E. Priller*, Ein Suchen und Sichfinden im Gestern und Heute, Veröffentlichungen der Abteilung Sozialstruktur des Wissenschaftszentrums Berlin, FS III 97–411, 1997, S. 17, S, 21.

Die Frage nach Möglichkeiten der *demokratischen Mitbestimmung* heute im Vergleich zur DDR wurde 1995 eindeutig zugunsten der DDR beantwortet: In der großen Politik sahen nur 15,9 % der Ostdeutschen heute Verbesserungen im Vergleich zur Vorwendezeit, 36,1 % eine Verschlechterung, am Arbeitsplatz sahen nur 10,2 % Verbesserungen, aber 51,9 % eine Verschlechterung gegenüber den vormaligen Verhältnissen in der DDR[8]. 1997 wurde Mitbestimmung in der DDR von 44 % der ostdeutschen Befragten als in hohem oder mittlerem Maße möglich gesehen, in der heutigen Bundesrepublik nur von 25 %. Korrespondierend sind es 51 %, die Mitbestimmung in der DDR als in nur geringem Maße oder gar nicht möglich sahen, und 72 %, die so über die heutige Bundesrepublik urteilen.

Auch die Möglichkeiten, durch *politische Partizipation* viel zur Gestaltung des Gemeinwesens beizutragen, werden von der Mehrheit in den NBL skeptisch beurteilt: Bezüglich der Teilnahme an Wahlen glaubten das im Jahre 1997 noch 39 %, bezüglich der Mitarbeit in einer Partei nur 29 %, bezüglich politischer Ehrenämter zwischen 23 % und 39 %. *Mitgliedschaften in einer Partei* sind von 8 % im Jahre 1990 auf 4 % im Jahre 1997 gesunken, die *Mitgliedschaft in Gewerkschaften* von 42 % im Jahre 1992 auf 19 % im Jahre 1997. Deutlich mehr sehen große Einflußmöglichkeiten durch Volksabstimmungen (49 %) und durch Streiks (46 %) (Priller, 1997)[9]. Alles in allem sind die Veränderungen als Ausdruck einer zunehmend distanzierten Haltung gegenüber den demokratischen Institutionen zu deuten.

Die relative *Favorisierung plebiszitärer und außerparlamentarischer Formen der politischen Betätigung* bestätigen die Distanzierung vom parlamentarischen System der Bundesrepublik. Die plebiszitären Orientierungen – erfaßt als „Ausprägung des Wunsches, in einer Gesellschaft zu leben, in der bei wichtigen politischen Entscheidungen die Bürger beteiligt werden" – sind in den NBL mit 60 % bis 65 % um etwa 20 % höher als im Westen. In West und Ost findet sich im übrigen eine plebiszitäre Orientierung häufiger bei Anhängern von Oppositionsparteien (besonders ausgeprägt 1995 bei Anhängern von Bündnis 90/Die Grünen im Westen mit 61 % und der PDS im Osten mit 78 %), bei pointierter Selbsteinschätzung als links (im Westen 62 %, im Osten 81 %), bei Unzufriedenheit mit der Demokratie (im Westen 54 %, im Osten 73 %), bei Unzufriedenheit mit der Gleichstellung von Männern und Frauen (im Westen 66 %, im Osten 83 %) und der Einschätzung der Angleichung der materiellen Lebensverhältnisse in Deutschland als sehr wichtig (im Westen 52 %, im Osten 70 %). Im Osten Deutschlands überwiegt in einer multiplen Regressionsanalyse die

---

[8] *G. Winkler*, Leben in Deutschland, in: Sozialreport, herausg. von Sozialwissenschaftliches Forschungszentrum Berlin-Brandenburg und Hans Böckler Stiftung, S. 6

[9] *E. Priller*, Ein Suchen und Sichfinden im Gestern und Heute, Veröffentlichungen der Abteilung Sozialstruktur des Wissenschaftszentrums Berlin, FS III 97–411, 1997, S. S. 13, S. 11, S. 33.

Variable „Wichtigkeit der Angleichung der materiellen Lebensverhältnisse" in der Vorhersage einer plebiszitären Orientierung[10].

Eine plebiszitäre Orientierung kann als Mißtrauen gegen „den Staat" interpretiert werden. Nach Rosar (1998)[11] lag das Vertrauen in rechtsstaatliche und demokratische Institutionen im Westen kontinuierlich um etwa 20 % höher als im Osten. Im Jahre 1995 gab es im Westen knapp 80 % eher zustimmende Äußerungen, im Osten nur knapp 60 %. Wesentlich geringer ist in Ost und West das Vertrauen in die politischen Eliten: Es lag 1995 im Westen bei 43 %, im Osten bei 25 %. Obwohl verschiedenen Institutionen unterschiedliches Vertrauen entgegengebracht wird (dem Bundesverfassungsgericht deutlich mehr als z.B. der Bundesregierung oder dem Bundestag), so sind die individuellen Unterschiede doch hoch konsistent über die verschiedenen zu bewertenden Institutionen.

Deutliche Unterschiede zwischen Ost und West berichtet auch Noelle-Neumann (1995)[12]. *Mit den Gesetzen und der Rechtsprechung nicht zufrieden* sind 36 % im Westen und 60 % im Osten, nicht beschützt durch das Recht fühlen sich im Westen 33 %, im Osten 72 %. Die Aussagen „In unserem Staat wird ein Verbrecher besser geschützt als die normalen Bürger" bewerten 30 % im Westen und 52 % im Osten als zutreffend. Auf die Frage „Wo wurden bzw. werden Menschenwürde und *Menschenrechte* besser geschützt: in der heutigen Bundesrepublik oder in der ehemaligen DDR?" antworten 90 % der Westdeutschen, aber nur 35 % der Ostdeutschen „In der Bundesrepublik". (Der %-Satz der Unentschiedenen ist mit 44 % im Osten hoch). Allerdings muß man beachten, dass die Vorstellungen über Menschenrechte nicht identisch sind in den beiden Landesteilen. Auf die offene Frage „Man hört ja so viel über Menschenrechte. An welche Menschenrechte denken Sie?" werden im Westen häufiger Freiheitsrechte genannt (Meinungs-, Redefreiheit, Glaubens-, Religionsfreiheit), im Osten häufiger Recht auf Arbeit, Recht auf Wohnung, Recht auf Sozialleistungen (Rechte, die eher Freiheit von Not bedeuten).

---

[10] *M. Klein*, Was bleibt von der friedlichen Revolution? Plebiszitäre Orientierungen im vereinten Deutschland, in: H. Meulemann (Hrsg.), Werte und nationale Identität im vereinten Deutschland, 1998, Tab. 2, S. 167 f.

[11] *U. Rosar*, Policy-Orientierung und Systemunterstützung 1991–1995: Die Bedeutung der politischen Agenda für das Vertrauen in rechtsstaatliche und demokratische Institutionen, in: H. Meulemann (Hrsg.), Werte und nationale Identität im vereinten Deutschland, 1998, S. 138, S. 142. Der Versuch, das durchschnittliche Vertrauen in Institutionen auf „Policy-Orientierungen", also Bewertungen konkreter Politikfelder zurückzuführen, ist m.E. nur teilweise überzeugend: Zwar sind Korrelationen mit Unzufriedenheiten (u.a. mit Rechtssicherheit/Gerechtigkeit, Bildungschancen, Aufstiegschancen, soziale Sicherheit u.a.) aufgewiesen, aber die multiple Regression klärt nur 20% der Varianz auf.

[12] *E. Noelle-Neumann*, Rechtsbewusstsein im wiedervereinigten Deutschland, in: ZRS, 16 (1995), S. 124 f, 127, 133.

2. Einstellungen und Meinungen zu Grundwerten: soziale Sicherheit, materieller Wohlstand, Staats- und Selbstverantwortlichkeit, Solidarität u.a.

In Westdeutschland war es eine selbstverständliche Annahme, dass die Bevölkerung der DDR unter der sozialistischen Mangelwirtschaft und unter den Freiheitsbeschränkungen des SED-Regimes leide. Folglich wurde 1989/90 im Westen erwartet, dass Wohlstands- und Freiheitsgewinne der ostdeutschen Bevölkerung nicht nur neue Dimensionen der persönlichen Lebenszufriedenheit eröffneten, sondern auch Zufriedenheit mit einem politischen System erzeugen würden, das diese Gewinne ermöglicht. Diese Annahme trifft so nicht zu.

Die Veränderungen nach der Wende werden von der ostdeutschen Bevölkerung durchaus differenziert beurteilt. Die *Gewinne an Wohlstand* durch höhere Kaufkraft der Einkommen, die *Gewinne an Selbstbestimmung*, *freier Meinungsäußerung*, *Freiheit der wirtschaftlichen Betätigung*, *Reisefreiheit*, die *Gewinne an Wohn- und Umweltqualität* werden nicht geleugnet, aber diesen Gewinnen stehen *Verluste an sozialer Sicherheit*, vor allem an Sicherheit der Arbeitsplätze, gegenüber und in der subjektiven Bilanzierung der Gewinne und Verluste gibt es zwar große Unterschiede, aber durchschnittlich scheint sich gegenüber der DDR-Zeit nicht viel geändert zu haben (Montada, 1997)[13].

Unter den „Errungenschaften des Sozialismus“ ganz oben stand die soziale Sicherheit in der DDR. Die DDR war ein Sozialstaat, der zahlungsunfähig geworden war. Die Wiedervereinigung hat dem Regime drastische Reformen erspart. Für die Bevölkerung ist die überragende Wertigkeit der sozialen Sicherheit (etwa im Vergleich zu Mitwirkungs- und Freiheitsrechten) belegt: Knapp 100 % der Ostdeutschen stufen sie als sehr wichtig und wichtig ein, seit Beginn der systematischen Erhebungen im Jahre 1990 sehr kontinuierlich (Priller, 1997)[14].

Wegener und Liebig (1998)[15] haben im Rahmen des International Social Justice Projektes (ISJP) in West- und Ostdeutschland zu zwei Zeitpunkten (1991 und 1996) Einstellungen zu vier politischen Grundhaltungen erhoben: *Egalitarismus* – was man nach den Inhalten der entsprechenden Aussagen eher Staatsverantwortlichkeit für Wohlstand nennen sollte – (Beispiel: Der Staat soll für das Wohlergehen sorgen.), *Individualismus* (Beispiel: Einkommensdifferenzen sind ein Anreiz), *Askriptivismus* (Beispiel: Privilegien der Reichen – beispiels-

---

[13] *L. Montada*, Gerechtigkeitsansprüche und Ungerechtigkeitserleben in den neuen Bundesländern, in: W.R. Heinz & S.E. Hormuth (Hrsg.), Arbeit und Gerechtigkeit im ostdeutschen Transformationsprozess, 1997, S. 244.

[14] *E. Priller*, Ein Suchen und Sichfinden im Gestern und Heute, Veröffentlichungen der Abteilung Sozialstruktur des Wissenschaftszentrums Berlin, FS III 97–411, 1997, S. 7 f.

[15] *B. Wegener & S. Liebig*, Gerechtigkeitsideologien 1001–1996, in: H. Meulemann (Hrsg.), Werte und nationale Identität im vereinten Deutschland, 1998, S. 38–43.

weise in der Gesundheitsversorgung – sind gerechtfertigt) und *Fatalismus* (Beispiel: Man kann nichts ändern). Stabile Unterschiede zwischen West- und Ostdeutschland sind besonders ausgeprägt bezüglich der Faktoren Egalitarismus (Staatsverantwortlichkeit für Wohlstand), wo die Ostdeutschen weit höhere Werte erreichen, und Individualismus, wo die Westdeutschen deutlich höhere Werte erreichen.

Zur Frage, ob und wie *soziale Ungleichheit* zu rechtfertigen sei, stellt Noll (1998)[16] anhand von Daten aus ALLBUS-Umfragen 1991 und 1994 wachsende Unterschiede zwischen West und Ost in der Zustimmung zu sozialen Unterschieden, die durch Leistung gerechtfertigt werden, fest. Noch 1991 war die Zustimmung im Osten nicht viel geringer als im Westen, aber schon 1994 deutlich geringer (35 % gegenüber 57 % im Westen).

In der „vergleichenden *Bewertung der Wertekulturen* früher vor der Wende und heute" kommt zum Ausdruck, wie verbreitet die soziale Identität durch gesellschaftliche Werte bestimmt war, die auf der offiziellen Linie des SED-Staates liegen (vgl. Tabelle 1 nach Montada 1997, Fn. 13). Solidarität, soziale Sicherheit, gemeinschaftliches Leben, gesellschaftliche Arbeit, gesellschaftliche Anerkennung von Leistung und Chancengleichheit gehören zu den Werten, die früher im Unterschied zu heute als verbreitet und ausgeprägt bewertet wurden. Durchaus im Sinne des westdeutschen Gesellschaftsbildes werden Freiheit, Selbstbestimmung und Selbstverwirklichung heute als ausgeprägter wahrgenommen.

Tabelle 1: Gesellschaftliche Werte früher und heute (Auswahl)

Gesellschaftliche Werte	früher	heute	Differenz
Mittelwert über 21 Werte	2.33	3.05	–.72
Solidarität	1.61	3.86	–2.25
soziale Sicherheit	1.54	3.67	–.2.25
Gemeinschaftliches Leben	1.82	3.63	–1.81
Gesellschaftliche Arbeit, Engagement	2.11	3.60	–1.49
Gesellschaftl. Anerkennung v. Leistung	2.04	3.31	–1.27
Chancengleichheit	2.84	3.32	–.48
Gerechtigkeit	3.02	3.31	–.29
Selbstbestimmung	2.95	2.55	.40
Selbstverwirklichung	2.95	2.62	.33
Freiheit	3.61	2.14	1.47

Skala von 1 = sehr stark ausgeprägt bis 5 = überhaupt nicht ausgeprägt
Alle Differenzen früher – heute signifikant ($p < .01$)

[16] *H.-H. Noll*, Wahrnehmung und Rechtfertigung sozialer Ungleichheit 1991–1996, in: H. Meulemann (Hrsg.), Werte und nationale Identität im vereinten Deutschland, 1998, S. 73.

Die *Bewertung der Wertekulturen früher und heute* ist wohl ein wesentlicher Indikator für die Ausprägung und den *Ausdruck einer ostdeutschen Identität.* Während die Unterschiede in den Durchschnittswerten auf einzelnen Wertedimensionen mit stereotypen Gesellschaftsbildern der DDR und der BRD korrespondieren, geben die individuellen Differenzwerte den Grad der Identifikation mit einer ostdeutschen Identität (oder DDR-Identität?) wieder. Ich werde auf dieses Problem zurückkommen.

3. *Die Bewertung einzelner Ordnungsfelder*

Der westdeutsche Wohlstand wurde wohl auch in Ostdeutschland gemäß dem in den Medien vernommenen westdeutschen Credo der privaten *Marktwirtschaft* zugeschrieben. Entsprechend positiv sind 1990 noch die Umfrageergebnisse: Die Mehrheit der Ostdeutschen glaubt an die Marktwirtschaft. Dass mit der Einführung der Marktwirtschaft die Mangelwirtschaft der DDR aufgehoben wurde, und dass die Wirtschaftskraft insgesamt gestiegen ist, wurde auch später nicht geleugnet, auch nicht, daß die Kaufkraft der Einkommen gestiegen ist[17], aber diese Gewinne wurden für eine Mehrzahl bald schon mehr als aufgewogen durch die Verluste an sozialer Sicherheit, vor allem der Sicherheit der Arbeitsplätze. Die Marktwirtschaft wird in ihren Konsequenzen nicht akzeptiert. Ein *steuerndes Eingreifen des Staates* wird erwartet, sonst wären Zustimmungen zu folgenden Aussagen nicht verständlich: „Die Ostdeutschen fühlen sich als Bürger 2. Klasse, weil es zu viele Unterschiede bei Löhnen und Gehältern gibt“ oder „.... weil die westdeutsche Wirtschaft im Osten alles „plattmacht“, damit ihr keine Konkurrenz aus den neuen Bundesländern droht.“ (Brunner & Walz, 1997)[18]. „Ostdeutschland wird fast nur als Absatzgebiet für Westwaren angesehen, viel zu wenig wird getan, um Ostdeutschland als Produktionsland zu erhalten.“ (Kaase & Bauer-Kaase, 1998)[19].

Nicht nur die Marktwirtschaft und die politischen und demokratischen Institutionen der Bundesrepublik wurden nach Ostdeutschland übertragen, sondern das gesamte institutionelle Gefüge: das Rechtssystem, die Verwaltung, die Polizei, die Bundeswehr, das Bildungssystem, die sozialen Sicherungssysteme, die Gesundheitsversorgung usw.

Bewertungen der gesellschaftlichen Ordnung in einer Studie zu erfragen, ist in sofern problematisch, als bei globalen Fragen die Befragten an ganz verschie-

---

[17] *L. Montada*, Gerechtigkeitsansprüche und Ungerechtigkeitserleben in den neuen Bundesländern, in: W.R. Heinz & S.E. Hormuth (Hrsg.), Arbeit und Gerechtigkeit im ostdeutschen Transformationsprozess, 1997, S. 254.

[18] *W. Brunner & D. Walz*, Selbstidentifikation der Ostdeutschen 1980–1997, in: H. Meulemann (Hrsg.), Werte und nationale Identität im vereinten Deutschland, 1998, S. 245.

[19] *M. Kaase & P. Bauer-Kaase*, Deutsche Vereinigung und innere Einheit 1990–1997, in: H. Meulemann (Hrsg.), Werte und nationale Identität im vereinten Deutschland, 1998, S. 258.

dene Bereiche (Institutionen, Normen, Praxisfelder usw.) denken mögen. Wird konkreter gefragt, wird die Auswahl aus der großen Vielzahl der Bereiche arbiträr, weil Repräsentativität kaum herzustellen ist. Die in einer Studie des ZfG (Montada, 1997)[20] getroffene Auswahl von 25 Bereichen war einmal angeregt durch kritische öffentliche Stimmen in den neuen Bundesländern zu bestimmten Aspekten der neuen, „importierten" gesellschaftlichen Ordnung. Dieser Auswahl wurde dann eine etwa gleich große Zahl von Bereichen gegenübergestellt, in denen eine mehrheitliche Präferenz für die bundesrepublikanische Ordnung erwartet wurde.

Das Ergebnis war insofern erwartungsgemäß, als verschiedene Bereiche im Vergleich früher und heute sehr unterschiedlich und differenziert bewertet wurden. Jedoch wurden in einer ganzen Reihe von Bereichen unerwartet die Verhältnisse in der früheren DDR günstiger bewertet als die heutigen (z.B. das Gesundheitssystem, die Rechtsprechung, berufliche Aufstiegsmöglichkeiten, freie Bildungs- und Berufswahl). Das heißt, dass gemittelt über alle Bereiche eine deutliche Präferenz für die frühere Ordnung bestand, besonders ausgeprägt bezüglich der Sicherheit vor Verbrechen, der sozialen Leistung des Staates, der Schutzfunktion des Staates für die Bürger sowie bezüglich der Betreu-

Tabelle 2: Bewertung der gesellschaftlichen Ordnung (Auswahl)

Lebensbereiche	früher	heute	Differenz[1]
Mittelwerte über 25 Bereiche	2.67	3.08	–.41
Lebensbereiche einzeln			
Schwangerschaftsabbruch	1.44	3.88	–2.44
Sicherheit vor Verbrechen	1.87	4.16	–2.29
Kinder-/Jugendschutz	1.81	4.11	–2.30
Staat als Hüter der Bürger	1.98	3.83	–1.85
Leistungssport	1.52	3.14	–1.62
Gesundheitswesen	1.92	2.60	–.68
Freie Bildungs- und Berufswahl	2.70	3.01	–.31
Rechtsprechung	3.17	3.30	–.13 ns
Schutz der Bürger vor dem Staat	3.57	3.10	.47
Umweltschutz	3.65	2.69	.96
Freie Meinungsäußerung	3.78	2.30	1.48
Reisefreiheit	4.25	1.35	2.90

[1] Alle Differenzen bis auf Rechtsprechung $p < .01$.
Skala von 1 = sehr gut bis 5 = sehr schlecht

[20] *L. Montada*, Gerechtigkeitsansprüche und Ungerechtigkeitserleben in den neuen Bundesländern, in: W.R. Heinz & S.E. Hormuth (Hrsg.), Arbeit und Gerechtigkeit im ostdeutschen Transformationsprozess, 1997, S. 253.

ung und Förderung von Kindern und Jugendlichen, der Einrichtungen für Alte und Behinderte sowie der Sportförderung. Auch die frühere Regelung zum Schwangerschaftsabbruch wurde deutlich positiver bewertet: Sie steht in gewissem Sinne wohl symbolisch für Freiheit und Selbstbestimmung in der DDR. Als positive Veränderungen wurden nur die Reisefreiheit, die größere Meinungsfreiheit und der bessere Umweltschutz gewertet (vgl. Tabelle 2, S. 253).

Aus diesen Bewertungen werden Verluste ersichtlich, die die Menschen in Ostdeutschland erfahren haben bzw. heute wahrnehmen. Es gab vieles in der DDR, was positiv bewertet wurde. Wenn in diesen Bereichen bundesrepublikanische Ordnungen durchgesetzt wurden, deren Notwendigkeit und Begründung nicht eingesehen oder einsichtig gemacht werden konnte, dann erscheint das als arbiträr und aufoktroyiert. Das böse Wort von der Okkupation Ostdeutschlands durch den Westen fällt dann auf fruchtbaren Boden.

4. Ungerechtigkeitswahrnehmungen und Gerechtigkeitsansprüche

Schon bald nach der Wiedervereinigung wurde in Ostdeutschland Gerechtigkeit zu einem Reizthema. Allenthalben wurden *Komitees für Gerechtigkeit* gegründet, die sich nicht etwa mit dem DDR-Unrecht auseinandersetzten, sondern Ungerechtigkeiten in der aktuellen Politik anprangerten und Gerechtigkeitsansprüche an den bundesrepublikanischen Staat artikulierten. Begriffe wie Okkupation durch die Bundesrepublik, Siegerjustiz, Rentenstrafrecht, Plattmachen von Industrien, Ausverkauf der DDR illustrieren diese „Bewegung". Empirisch läßt sich belegen, dass *Ungerechtigkeitswahrnehmungen* weit verbreitet sind. Nur einige wenige Daten seien zum Beleg angeführt:

- Der Aussage „*Unser System ist nicht gerecht.*" stimmen 1995 53 % der Ostdeutschen, aber nur 28 % der Westdeutschen zu[21].
- Auf die Frage „Im Vergleich dazu, wie andere in Deutschland leben: Glauben Sie, dass sie ihren gerechten Anteil erhalten?" antworten 1996 62 % der Ostdeutschen mit „weniger als den gerechten Anteil" (nach 82 % 1992) im Vergleich zu 33 % der Westdeutschen. Chancengleichheit sehen 64 % im Westen, aber nur 34 % im Osten gegeben[22].
- Den Aussagen „Die Ostdeutschen sind am Arbeitsmarkt benachteiligt." und „Die westdeutsche Wirtschaft macht den Osten platt." wird durchschnittlich von den Ostdeutschen zugestimmt[23].

---

[21] *E. Noelle-Neumann*, Rechtsbewusstsein im wiedervereinigten Deutschland, in: ZRS 16 (1995), S. 125.

[22] *H.-H. Noll*, Wahrnehmung und Rechtfertigung sozialer Ungleichheit 1991–1996, in: H. Meulemann (Hrsg.), Werte und nationale Identität im vereinten Deutschland, 1998, S. 70–72.

[23] *W. Brunner & D. Walz*, Selbstidentifikation der Ostdeutschen 1980–1997, in: H. Meulemann (Hrsg.), Werte und nationale Identität im vereinten Deutschland, 1998, S. 245.

- Im *Vergleich zwischen früher (zu DDR-Zeiten) und heute* werden die sozialen Verhältnisse früher in der Mehrzahl der Bereiche als gerechter eingestuft, besonders ausgeprägt in folgenden: die Lebenslage von Frauen, die Verteilung von Arbeit, die Verteilung sozialer Leistungen, die Verteilung von Einkommen und Löhnen, auch die Lebenslage alter Menschen! Dies ist korreliert mit der subjektiven Nähe zu Parteien, nämlich zur PDS (r = .49) und negativ zur CDU (r = –.50) (Montada & Dieter, 1999)[24].
- Die *Benachteiligung der Ostdeutschen* im Berufsleben (bezüglich neun korrelierten Kriterien, u.a. Arbeitsplatzsicherheit, Bezahlung und Aufstiegschancen) wird auch von Westdeutschen im Mittel konzediert, von Ostdeutschen aber durchschnittlich als viel ausgeprägter wahrgenommen. Gleichzeitig halten die Ostdeutschen eine mäßige Besserstellung gegenüber den Westdeutschen für gerecht (Schmitt, Maes & Schmal, 1999)[25].

Diese Daten lassen Gerechtigkeitsansprüche erkennen. Was folgt aus diesen Bewertungen: Impulse für politische Proteste oder für eine tatkräftige Umgestaltung der Ordnungssysteme, nostalgische Reminiszenzen an die schönen alten Zeiten, die Entwicklung von Ressentiments gegen den neuen Staat und die Westdeutschen, innere Immigration, gekränkte Distanzierung vom neuen Staat, individuelle Chancennutzung, trotziger Aufbau einer eigenen ostdeutschen Identität?

5. Selbstkategorisierung als Bürger 2. Klasse

Nach Daten des EMNID-Institutes (Brunner & Walz, 1998)[26] hatten im Dezember 1990 87 % der Ostdeutschen „das Gefühl“, Bürger 2. Klasse zu sein. Diese Quote sank bis Oktober 1995 kontinuierlich auf 69 %, um danach wieder anzusteigen. Im Mai 1997 lag sie bei 80 %.

Korreliert mit dieser gefühlsmäßigen Selbstkategorisierung sind fehlendes Vertrauen in die Demokratie und die Parteien, Wahrnehmung von Ungerechtigkeiten auf dem Arbeitsmarkt (z.B. die abgesenkten Ostlöhne, die Arbeitslosenquote im Osten, die Benachteiligung der Ossis auf dem Arbeitsmarkt), die Wahrnehmung von Abwertungen des Ostens durch den Westen, was in Zustimmung zu Aussagen zum Ausdruck kommt wie „Die Wessis glauben, die

---

[24] *L. Montada & A. Dieter*, Gewinn- und Verlusterfahrungen in den neuen Bundesländern: Nicht die Kaufkraft der Einkommen, sondern politische Bewertungen sind entscheidend, in: M. Schmitt & L. Montada (Hrsg.), Gerechtigkeit im wiedervereinigten Deutschland, 1999, S. 35 f.

[25] *M. Schmitt, J. Maes & A. Schmal*, Ungerechtigkeitserleben im Vereinigungsprozess: Folgen für das emotionale Befinden und die seelische Gesundheit, in: M. Schmitt & L. Montada (Hrsg.), Gerechtigkeit im wiedervereinigten Deutschland, 1999, S. 195.

[26] *W. Brunner & D. Walz*, Die Selbstidentifikation der Ostdeutschen 1980–1997, in: H. Meulemann (Hrsg.), Werte und nationale Identität im vereinten Deutschland, 1998, S. 245.

Ossis seien dumm und faul." „Die Wessis sind gegenüber den Ossis überheblich und arrogant." „Der Osten wurde nicht vereinigt, sondern vereinnahmt." „Der Westen bevormundet den Osten."

Spezifisch hinweisen möchte ich auf die Korrelation mit der Parteienpräferenz, erfaßt über die „Sonntagsfrage". Im Jahre 1997 haben 90 % der Befragten mit Präferenzen für die PDS, 84 % mit Präferenzen für die SPD „das Gefühl" Bürger 2. Klasse zu sein, während sich nur 60 % der Befragten mit Präferenzen für die CDU so äußerten[27].

Unklar bleibt, ob die Befragten meinen, dass sie Bürger 2. Klasse seien oder dass sie als Bürger zweiter Klasse behandelt werden. Letzteres könnte bedeuten, dass sie meinen, ungerechterweise so behandelt zu werden. Dieses wäre ein Vorwurf an den Staat oder die westdominierte Gesellschaft.

6. Ressentiments gegen die Bundesrepublik und die institutionelle Integration

In der bereits erwähnten brandenburgischen Studie (Montada, 1997)[28] wurden Skalen zu Erfassung von Ressentiments gegen die „westdeutschen" Institutionenimporte sowie gegen Wessis konstruiert. Für die Skala Ressentiments gegen den westdeutschen Institutionsimport waren folgende Aussagen zu bewerten: „Der Rechtsstaat bringt uns keine Gerechtigkeit." „Die Einstufung nach Osttarif ist eine Zumutung." „Die Einführung der Marktwirtschaft war für Ostdeutschland eine Katastrophe." „Die Treuhand hat in Ostdeutschland Ausverkauf betrieben." „Deutschland ist seinen Namen Sozialstaat nicht wert." „Unter Demokratie habe ich mir etwas anderes vorgestellt." „Freiheit lohnt sich nur für die, die es sich leisten können."[29]

Die so erfassten Ressentiments (den Aussagen wurde durchschnittlich zugestimmt) korrelierten mit einer Variablen „Erlebte emotionale Belastung nach der Wende", in der Gefühle der Benachteiligung, Demütigung, Empörung, Unsicherheit, das Fehlen von Stolz auf Leistung, das Fehlen von Optimismus erfaßt wurden ($r = .55$), mit einer Präferenz für das vormalige Ordnungsgefüge zu DDR-Zeiten im Vergleich zu heutigen gesellschaftlichen Ordnungen ($r = .49$), mit der Zuschreibung von mehr Gerechtigkeit zum System der DDR

---

[27] *W. Brunner & D. Walz*, Die Selbstidentifikation der Ostdeutschen 1980–1997, in: H. Meulemann (Hrsg.), Werte und nationale Identität im vereinten Deutschland, 1998, S. 235, S., 247, S. 237.

[28] *L. Montada*, Gerechtigkeitsansprüche und Ungerechtigkeitserleben in den neuen Bundesländern, in: W.R. Heinz & S.E. Hormuth (Hrsg.), Arbeit und Gerechtigkeit im ostdeutschen Transformationsprozess, 1997, S. 260 f.

[29] Unter den von *W. Brunner & D. Walz* (Fn. 4) genannten Korrelaten der Selbstkategorisierung als Bürger 2. Klasse und in der Studie von *M. Kaase & P. Bauer-Kaase* (Fn. 19) finden sich ähnliche Indikatoren für ein anti-westdeutsches Ressentiment.

im Vergleich zum heutigen (r = .45) und einer Präferenz für die zu DDR-Zeiten herrschenden gesellschaftlichen Werte gegenüber den heute herrschenden Werten (r = .44). Die persönliche Nähe zum Parteiprogramm der PDS korrelierte positiv mit diesen Ressentiment (r = .42), die Nähe zur CDU negativ (r = –.47). Die Nähe zur SPD war unkorreliert.

Eine multiple Regression antiwestdeutscher Ressentiments auf alle anderen Variablen (inkl. objektiver Wohlstandsindikatoren wie Erwerbsstatus) ergab, dass der einflussmächtigste Prädiktor die „Erlebte emotionale Belastung nach der Wiedervereinigung" ist. Die hohe Kovariation zwischen antiwestdeutschen Ressentiments und emotionaler Belastung mag auf einer *Verantwortlichkeitszuschreibung* beruhen: Westdeutsche Institutionen und Personen werden verantwortlich gemacht für das, was als emotionale Belastung erlebt wird. Die ausgeprägte Tendenz in Ostdeutschland, nicht den SED-Staat für die heutigen Probleme, etwa die wirtschaftlichen Probleme, sondern die Bundesrepublik verantwortlich zu machen, sind gut belegt. Zwischen 77 % und 83 % der Bevölkerung nannten 1996 als schädlich für die Einheit: „Wie die Treuhand die Privatisierung der Ostbetriebe durchgeführt hat.", „Dass man ostdeutsche Wirtschaft nicht vor der Konkurrenz aus dem Westen geschützt hat.", „Dass die Löhne im Osten geringer als im Westen sind.", „Dass soziale Errungenschaften der DDR nicht übernommen wurden"[30]. Mit dieser Studie können wir die Hypothese der Verantwortungszuschreibung als Basis emotionaler Belastung nicht definitiv gegen alternative Hypothesen testen. Gestützt wird die Hypothese allerdings durch die gegensätzlichen Effekte der Einstellungen zu den

Tabelle 3: Regression antiwestdeutscher Ressentiments[1)] auf alle anderen Variablen (schrittweise Regression, beta Koeffizienten der signifikanten Prädiktoren)

Antiwestdeutsche Ressentiments bez. auf	Institutionen
Prädiktoren	beta
Emotionale Belastung	.37
Einstellung zu CDU/CSU	–.15
Gerechtigkeit früher – heute	.15
Einstellung zu PDS	.10
R	.64
R^2	.40

[1)] Erfassung der Ressentiments: Negative Aussagen werden bewertet von 1 = „Entspricht meiner persönlichen Meinung voll und ganz." bis 5 = „Entspricht meiner persönlichen Meinung überhaupt nicht."

[30] *E. Noelle-Neumann*, Die deutsche Einheit gelingt, aber wann? In: FAZ vom 18.12.1996, S. 5.

politischen Parteien PDS und CDU. Eine positive Einstellung zur PDS ist ein Prädiktor für anti-westdeutscher Ressentiments. Wer PDS präferiert, war gegen den Beitritt zur Bundesrepublik und schreibt der DDR keine Verantwortung für die heutigen Probleme in den neuen Bundesländern zu, während die Nähe zur CDU mit gegenteiligen Ansichten korreliert ist.

7. Die ostdeutsche „Nostalgie": eine Renaissance der DDR?

Eine größere Zahl von Studien aus dem Jahre 1990 weist positivere Bewertungen des bundesrepublikanischen Systems und negativere Bewertungen des DDR-Systems auf, als sie dann Mitte der 90er Jahre und später ermittelt wurden. Winkler (1995)[31] berichtet z.B. 1995 deutlich weniger häufige Zustimmung zu den Aussagen, der DDR Staat habe die Bevölkerung gegängelt, bevormundet und überwacht als im Jahre 1990. Gleichzeitig wird eine Gleichmacherei durch den DDR Staat weniger häufig kritisiert und die noch 1990 häufig zu hörende Aussage, dass die Bevölkerung der DDR resigniert habe, wird nur noch von einer kleinen Minderheit geäußert. Demgegenüber wird 1995 die Aussage, die DDR sei vor allem ein Versuch gewesen, eine gerechtere Gesellschaft zu gestalten, von 74,8 % bejaht, während die Aussage, die DDR sei vor allem ein Unrechtsstaat gewesen, nur von 18,2 % bejaht, von 42,8 % jedoch zurückgewiesen wird.

Bei dem Begriff „Sozialismus" dachten im Jahre 1995 50 % an Gerechtigkeit (1990: 27 %), bei „Kapitalismus" nur 7 % (1990: 26 %), 49 % der Bevölkerung assoziierten 1995 mit dem Begriff Sozialismus Wohlstand für alle (1990: 25 %), und mit dem Begriff Kapitalismus gerade noch 6 % (1990: 29 %)[32].

Dass im Bewußtsein der Ostdeutschen das DDR-System nach vollzogener Wiedervereinigung positiver bewertet wird, geht auch aus einer EMNID-Untersuchung hervor, deren Daten in Abb. 1 (S. 259) zusammengefaßt sind. Im Unterschied zu 1990 wurde die DDR 1995 in vielen gesellschaftlichen Feldern von Mehrheiten als das bessere System bewertet. Die Grafik belegt auch die Wertungsveränderungen zwischen 1990 und 1995.

1990 bewerteten 22 % der Ostdeutschen die DDR, aber 44 % die BRD als „insgesamt gerecht" und 34 % bewerteten die DDR, und nur 7 % die BRD als ungerecht. 1995 haben wir bereits ein völlig anderes Bild: Die DDR bekommt die besseren Gerechtigkeitsnoten: 50 % sehen sie als mehr oder weniger gerecht gegenüber 38 %, die die BRD so bezeichnen (Vielhaber, 1996)[33].

---

[31] *G. Winkler*, Leben in Deutschland, in: Sozialreport, herausg. von Sozialwissenschaftliches Forschungszentrum Berlin-Brandenburg und Hans Böckler Stiftung, S. 8 f.

[32] *E. Noelle-Neumann*, Die deutsche Einheit gelingt, aber wann? In: FAZ vom 18.12.1996, S. 5.

[33] *B. Vielhaber*, (N)Ostalgie, in: L. Montada & A. Dieter (Hrsg.), Veränderungsverfahren

Überlegenheit der DDR in verschiedenen Bereichen

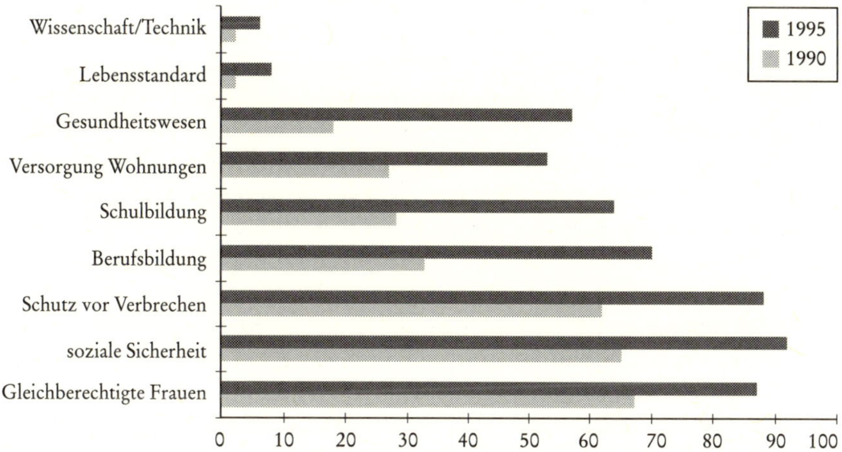

Aus dem ergibt sich Mitte der 90er Jahre das Bild einer durchschnittlich größeren Akzeptanz, Nähe oder Sympathie zur DDR[34]. In diesen Veränderungen seit 1990 mag sich spiegeln, dass die objektiven Verluste und Problembelastungen für viele unerwartet waren, auch wenn sie von informierten Experten vorhergesagt wurden. Z.B. war der Verlust von Arbeitsplätzen bei Einführung der Marktwirtschaft und der D-Mark und bei gleichzeitiger Angleichung des Lohnniveaus angesichts der international nicht wettbewerbsfähigen DDR-Industrie und der außerordentlich hohen Erwerbsbeteiligung der Erwachsenenbevölkerung der DDR für Ökonomen nicht überraschend (z.B. Hankel, 1993[35]; Siebert, 1992[36]).

Die tatsächlich eingetretenen Verluste, die im wesentlichen nicht Einbußen an materiellem Wohlstand, sondern an Sicherheit sind, werden jetzt einseitig den gesellschaftlichen Verhältnissen heute angelastet. Die Beiträge des DDR-Systems zum Zustand der Wirtschaft in den neuen Bundesländern (Planwirtschaft, fehlende Modernisierung, ideologisch motivierte Erwerbsbeteiligung) werden immer weniger wahrgenommen. Übersehen wird auch, dass die Erwerbsbeteiligung in der Bundesrepublik, umgerechnet auf Vollzeitstellen über

---

und Bewertungen der gesellschaftlichen Ordnung, Bericht Nr. 4 des Zentrums für Gerechtigkeitsforschung, Potsdam, 1996.

[34] Die Ergebnisse der bereits erwähnten brandenburgischen Studie (vgl. Fn. 12: *L. Montada*, Gerechtigkeitsansprüche und Ungerechtigkeitserleben in den neuen Bundesländern, in: W.R. Heinz & S.E. Hormuth (Hrsg.), Arbeit und Gerechtigkeit im ostdeutschen Transformationsprozess, 1997, S. 244.) bestätigen dies.

[35] *W. Hankel*, Die sieben Todsünden der Vereinigung, 1993.

[36] *H. Siebert*, Wagnis der Einheit, 1992.

30 % unter derjenigen in der DDR lag und dass das Lohnniveau der Bundesrepublik aus der Produktivität der Wirtschaft erklärbar ist, die einen sehr hohen Kapitaleinsatz erfordert, während das Lohnniveau im Osten aus Transferleistungen gestützt werden muß.

1991 waren es noch 42,7 % der Ostdeutschen, die der SED-Wirtschaft die Hauptschuld an der Arbeitslosigkeit gaben, 1995 nur noch 28,1 %, während 43,7 % die Treuhand verantwortlich machten[37]. Die Arbeitslosigkeit wurde 1996 von 58 % der Ostdeutschen vor allem auf die verfehlte Wirtschafts- und Gesellschaftspolitik nach der Wende und nur noch von 21 % (1992 waren es noch 49 %) auf die verfehlte Politik vor der Wende zurückgeführt (Sozialreport des Forschungsinstituts Berlin-Brandenburg, 1996[38]).

Ob es sich um eine Renaissance der DDR in den Köpfen der Bevölkerung handelt, was bedeuten würde, dass die DDR in den 80er Jahren positiv bewertet worden wäre (hierüber gibt es keine Umfragedaten), oder ob es sich um eine reaktive Abwertung des heutigen Staates handelt, muß offen bleiben. Wahrgenommene Verluste und enttäuschte Erwartungen würden letzteres erklären.

Enttäuschungen beruhen auch auf fehlender Information. Diesbezüglich sind sicher vor der Wiedervereinigung und seither gravierende Fehler gemacht worden. Von politischer Seite wurden Illusionen genährt, statt dass realistische Erwartungen über die Kosten, Verluste und Problembelastungen vermittelt und erklärt worden wären. Und es ist bekannt, dass es unerwartete Verluste sind, die Empörung hervorrufen, insbesondere wenn andere dafür verantwortlich gemacht werden können (Moore, 1984)[39].

Rosar (1998)[40] vermutet, dass sich die Bürger in Ostdeutschland durch die Vereinigung deklassiert fühlten, weil diese nach dem Muster eines Oktroy vollzogen wurde, Oktroy, weil die Ostdeutschen keine wirkliche Möglichkeit der Mitgestaltung der gesellschaftlichen Ordnung hatten, sondern die Ordnung so zu akzeptieren hatten, wie sie in der BRD entwickelt worden ist. Zumindest war diese neue staatliche Ordnung unvertraut, und sie wurde und wird weithin als fremdbestimmt erlebt. Eine Akzeptanz der Institutionen als gegebene Selbstverständlichkeit konnte und kann bei den Ostdeutschen nicht erwartet werden. Es kann allerdings auch nicht angenommen werden, dass sich die Mehrheit der ostdeutschen Bevölkerung in einer fundamentalen Opposition

---

[37] *K. Andruschow, S. Fister, R. Mersmann & G. Winkler,* Arbeitsmarkt und Bildung, in: Forschungszentrum Berlin-Brandenburg (Hrsg.), Sozialreport 1995, Daten und Fakten zur sozialen Lage in den neuen Bundesländern, S. 147.

[38] *Sozialwissenschaftliches Forschungszentrum Berlin-Brandenburg und Hans Böckler Stiftung* (Hrsg.), Sozialreport, II 1996, S. 6.

[39] *B. Moore,* Ungerechtigkeit: Die sozialen Ursachen von Unterordnung und Widerstand. Frankfurt, 1984.

[40] *U. Rosar,* Policy-Orientierung und Systemunterstützung 1991–1995, Die Bedeutung der politischen Agenda für das Vertrauen in rechtsstaatliche und demokratische Institutionen, in: H. Meulemann (Hrsg.), Werte und nationale Identität im vereinten Deutschland, 1998, S. 130.

zum DDR-Staat befunden hätte. Die SED zählte weit über zwei Millionen Mitglieder, etwa 200.000 DDR-Bürger arbeiteten für die Stasi, formell oder informell. Von Massenprotesten kann seit 1953 bis 1989 nicht mehr gesprochen werden. Die Exit-Option nach Albert Hirschmann[41] stand nur noch wenigen offen, also haben sich viele mit dem System arrangiert. Im übrigen: Selbst die Opposition in der DDR wollte nicht das bundesrepublikanische Modell einführen.

Der Mehrzahl der Ostdeutschen war 1990 wohl nicht bewusst, welche Konsequenzen der Beitritt zur BRD und die Einführung der D-Mark, der Marktwirtschaft und Privatwirtschaft haben würde. Vielen war nicht bewusst, dass die Erwerbsquote im Westen unter 70 % lag, weit unter derjenigen der DDR, dass die berufliche Gleichstellung der Frau, die Vereinbarkeit von Beruf und Familie hinter den Verhältnissen der DDR herhinkten, dass der Sozialstaat Bundesrepublik zwar wohlhabender war als der Sozialstaat DDR, aber geringere soziale Sicherheit bot und weit größere soziale Ungleichheiten tolerierte, dass der Polizeistaat DDR einen besseren Schutz vor Kriminalität bot als die liberale Bundesrepublik usw.

Das heißt, erst die reale Erfahrung des Systems der BRD, das sich im übrigen wegen der gigantischen Umbau- und Aufbausituation in den neuen Bundesländern auch anders manifestierte als im Westen, erlaubte vergleichende Urteile. Diese Urteile – wie bereits erwähnt – sind durchaus differenziert in Ostdeutschland. Auch Arbeitslose in Ostdeutschland sagen im Durchschnitt nicht, dass die Kaufkraft ihrer Bezüge niedriger sei als ihre Arbeitslöhne zu DDR-Zeiten[42], aber viele bewerten eben viele Komponenten des früheren Systems positiver als die des heutigen. Soweit könnte man die Vergleiche des heutigen Staates mit dem früheren als vielleicht nostalgisch schön gefärbte, vielleicht auch ideologisch voreingenommene, aber vielfach doch erfahrungsbasierte Vergleiche werten.

Die Psychologie dieser Vergleiche ist allerdings ohne Annahme motivierter Wahrnehmungs- und Urteilsverzerrungen wohl nicht vollständig. Die Distanzierungen vom heutigen System stellen erstens eine Möglichkeit der Gewinnung oder Bewahrung und der Präsentation einer positiven Identität für die Ostdeutschen dar. Die Verantwortlichkeitsattribution für Probleme auf den heutigen westdeutsch geprägten und beherrschten Staat hat zweitens eine subjektiv entlastende Funktion, sowohl für die Zuschreibung der eigenen Misserfolge und Verluste als auch bezüglich der eigenen Mitverantwortung für die

---

[41] *A. Hirschmann*, Exit or voice in the German Democratic Republic. Vortrag am Wissenschaftskolleg zu Berlin, 1992.

[42] *L. Montada & A. Dieter*, Gewinn- und Verlusterfahrungen in den neuen Bundesländern: Nicht die Kaufkraft der Einkommen, sondern politische Bewertungen sind entscheidend, in: M. Schmitt & L. Montada (Hrsg.), Gerechtigkeit im wiedervereinigten Deutschland, 1999, S. 27.

Misswirtschaft und die politischen Zustände in der DDR. Schließlich hat die Distanzierung vom heutigen Staat bei gesicherter Mitgliedschaft in diesem Staat durchaus die Funktion eines Vorwurfs, der sich für die Durchsetzung von Ansprüchen auch strategisch verwenden lässt. Dies sind Hypothesen: Ich sehe keine sozialwissenschaftliche Forschungen, die gesicherte Motivdiagnosen erlauben würden.

Diese verbreitet größere Nähe zum früheren System im Vergleich zum heutigen ist m.E. der wichtigste empirische Beleg für die Behauptung, dass die „innere Mauer“ in den Köpfen großer Teile der ostdeutschen Population noch nicht abgetragen ist. Welche Erklärungen bieten sich an?

8. Die Mauer in den Köpfen: Welche Erklärungen bieten sich an?

Naheliegend ist die *Sozialisationshypothese*, gemäß der ein Großteil der DDR-Bürger sozialistische Vorstellungen verinnerlicht hat (Lepsius, 1995[43]; Meulemann, 1996[44]; Offe, 1994[45]). Dazu gehören Vorstellungen von sozialer Gleichheit, von der primären Verantwortlichkeit des Staates für die Wohlstandsentwicklung und Daseinsvorsorge, dazu gehören auch Solidarität und andere Wertorientierungen in der Gesellschaft.

Eine Alternativhypothese ist die Erklärung durch die *objektive ökonomische Schlechterstellung* des Ostens. Sie besagt, dass die ökonomische Schlechterstellung ein ursächlicher Faktor für die Bewertungen sei (Brunner & Walz, 1998)[46] und hat damit Affinität zu „rational choice“ Erklärungen politischen Verhaltens und politischer Bewertungen als Funktion von Eigeninteressen. Die Hypothese beinhaltet wohl auch, dass die ökonomisch Schwächeren in Ostdeutschland oder die ökonomischen Verlierer der Wende, die Unzufriedenen, in besonderem Maße Distanz zur Bundesrepublik haben und die früheren Verhältnisse besser bewerten.

Zunächst zu dieser Hypothese: Sie ist nicht überzeugend belegt. Ein Blick auf die Daten von Brunner & Walz zeigt, dass ihr Erklärungsversuch nicht gestützt ist. Sie haben nicht die objektive oder subjektive ökonomische Situation erfasst, sondern Meinungen über eine allgemeine Schlechterstellung und ungerechte Benachteiligung der ostdeutschen Population. Im Sinne der Depriva-

---

[43] *M.R. Lepsius*, Das Legat zweier Diktaturen für die demokratische Kultur im vereinigten Deutschland, in: E. Holtmann / H. Sahner (Hrsg.), Aufhebung der Bipolarität: Veränderungen im Osten, Rückwirkungen im Westen, 1995, 25–39.

[44] *H. Meulemann*, Werte und Wertewandel: zur Identität einer geteilten und wieder vereinten Nation, 1996.

[45] *C. Offe*, Der Tunnel am Ende des Lichts: Erkundungen der politischen Transformation im Neuen Osten, Frankfurt/M., New York, 1994.

[46] *W. Brunner & D. Walz*, Die Selbstidentifikation der Ostdeutschen 1980–1997, in: H. Meulemann (Hrsg.), Werte und nationale Identität im vereinten Deutschland, 1998, S. 246 f.

tionstheorie Runcimans (Runciman, 1966)[47] handelt es sich nicht um eine erfahrene individuelle Deprivation (Benachteiligung), sondern um eine perzipierte Gruppendeprivation. Als ungerecht bewertete Benachteiligungen der eigenen Gruppe sind allerdings besonders häufig Anlass zu politischem Protest (Dubé & Guimond, 1986)[48]. Distanzierungen von der Bundesrepublik und größere Präferenzen für das DDR-System können als Protest gedeutet werden. Wahrgenommene Abwertungen des Ostens durch den Westen und Desinteresse des Westens am Osten, was als kollektive Kränkung verstanden werden kann, erweisen sich als prädiktiv für die Selbstkategorisierung als Bürger 2. Klasse[49]. Kränkungen sind als Antezedenzbedingungen für Empörung und aggressive Erwiderung nachgewiesen. Das stützt die Deutung der Aussage, Bürger 2. Klasse zu sein (richtiger wohl: als solcher behandelt zu werden), als Vorwurf gegenüber dem Staat, der Majorität und ihrer Repräsentanten.

Mit der bereits erwähnten brandenburgischen Studie[50] kann die Frage beleuchtet werden, ob es vor allem die Verlierer der Wiedervereinigung sind, die eine besondere Distanz zum neuen Staat aufweisen. Aus dieser Studie können vier Kriterien für eine Distanz zum heutigen System herangezogen werden: bessere Bewertung (1) der gesellschaftlichen Ordnung früher (vor der Wende) im Vergleich zu heute, (2) der Ausprägung von 21 hochgeschätzten gesellschaftlichen Werten früher im Vergleich zu heute, (3) der Gerechtigkeit der sozialen Verhältnisse früher im Vergleich zu heute, (4) Ressentiments gegen die Institutionenimporte in den Osten.

Alle vier Kriterien sind nur schwach korreliert mit Variablen der objektiven ökonomischen Situation. Der objektive Erwerbsstatus ist dreistufig gemessen worden (1. erwerbstätig auf dem ersten Arbeitsmarkt, 2. in staatlichen Arbeitsförderungsmaßnahmen involviert, 3. arbeitslos) und korreliert mit den genannten vier Kriterien wie folgt: (1) $r = -.17$, (2) $r = -.19$, (3) $r = -.12$, (4) $r = .08$. Auch mit anderen objektiven Wohlstandsindikatoren (Immobilieneigentum, Familieneinkommen) ergeben sich keine nennenswerten Korrelationen. Dies spricht gegen die Hypothese von Brunner & Walz, dass die objektive Schlechterstellung die Distanz zum heutigen Staat erkläre.

---

47 *W.G. Runciman,* Relative deprivation and social justice: A study of attitudes to social inequality in the twentieth-century England, 1966.

48 *L. Dubé. & S. Guimond,* Relative deprivation and social protest: The personal-group issue, in: J.M. Olson, C.P. Herman & M.P. Zanna (Eds.), Relative deprivation and social comparison: The Ontario Symposium, Vol. 4, 1986.

49 *W. Brunner & D. Walz,* Die Selbstidentifikation der Ostdeutschen 1980–1997, in: H. Meulemann (Hrsg.), Werte und nationale Identität im vereinten Deutschland, 1998, S. 246.

50 *L. Montada & A. Dieter,* Gewinn- und Verlusterfahrungen in den neuen Bundesländern: Nicht die Kaufkraft der Einkommen, sondern politische Bewertungen sind entscheidend, in: M. Schmitt & L. Montada (Hrsg.), Gerechtigkeit im wiedervereinigten Deutschland, 1999, S. 22 f, S. 31.

Demgegenüber sind alle subjektiven Lageeinschätzungen sehr viel höher mit diesen Distanz-Kriterien korreliert, z.B. die persönliche Gewinn-Verlust-Bilanz durch die Wende (1) r = .57, (2) r = .57, (3) r = .51, (4) r = –.41. Diese subjektiven Einschätzungen sind aber mit dem objektiven Erwerbsstatus nur mäßig hoch korreliert (keine 10 % Varianzüberlappung). Sie haben also einen „Bewertungsüberschuss", der für eine konsistente subjektive Einstellungskonstruktion zum neuen Staat dienlich ist.

Die hohen Korrelationen mit der Nähe zu Parteien belegen die weltanschauliche Basis dieser Konstruktionen. Die Korrelationen liegen in erwarteter Richtung: Die Nähe zur PDS lässt eine Präferenz für alles frühere und ein ausgeprägtes Ressentiments zum heutigen Staat erwarten (durchschnittliche Korrelation r = ca. .50), während Nähe zur CDU eine gegensätzliche Bewertung erwarten lässt (Korrelationen in gleicher Höhe, aber anderem Vorzeichen).

Nun zur *Sozialisationshypothese*: Sie ist kompatibel mit der Deutung, dass die ostdeutsche Distanzierung vom neuen Staat mit politisch-weltanschaulichen Orientierungen assoziiert ist. Sie kann jedoch die Zunahme an Distanz zum Neuen und die Zunahme an Nähe zum alten System seit der Wendezeit 1989/90 nicht erklären, zumindest nicht, wenn man annimmt, dass Sozialisationseffekte eine beträchtliche Stabilität über die Zeit haben.

Pollack (1998)[51] kritisiert die Sozialisationshypothese mit demselben Argument. Offenbar waren zumindest die undemokratischen Zustände, die Freiheitsbeschränkungen und die Mangelwirtschaft Ende der 80er Jahre nicht akzeptiert, sonst wäre es nicht zu den Massendemonstrationen 1989 gekommen, sonst hätten die Erhebungen über Wertorientierungen und die Bewertung politischer Systeme 1990 andere Ergebnisse haben müssen.

Zur Rettung der Sozialisationshypothese könnte man entgegnen, dass über die Repräsentativität der Teilnehmer an den Demonstrationen 1989 nichts bekannt sei – es könnte sich um eine nicht-repräsentative und insgesamt kleine Minderheit gehandelt haben – und dass die Umfrageergebnisse 1990 aus einer aktuellen Opposition gegen den DDR-Staat mitgespeist waren, dass die Befragten in der Ausnahmesituation der Wende ihre persistenten, über Sozialisation erworbenen Orientierungen kurzfristig geleugnet haben, bald aber wieder zu diesen zurückfanden, auch unter dem Einfluss der neuen staatlichen und gesellschaftlichen Wirklichkeit der Bundesrepublik.

Wenn man aber die pro-westlichen Werturteile 1990 mit der Opposition gegen das Regime der DDR erklären kann, warum erklärt man dann die positiven Bewertungen des DDR-Systems in den 90er Jahren nicht mit der Opposition gegen das neue Regime. Nach einer Phase der Identifikationsbereitschaft mit dem neuen System während der Wendezeit könnte die Opposition motiviert

[51] *D. Pollack*, Ostdeutsche Identität – ein multidimensionales Phänomen, in: H. Meulemann (Hrsg.), Werte und nationale Identität im vereinten Deutschland, 1998, S. 302–307.

sein durch die Erfahrung, dass wesentliche Erwartungen und Wünsche der Wendezeit unerfüllt geblieben sind und dass die neue Bevölkerungsmehrheit der Westdeutschen diese Identifikationsbereitschaft der Ostdeutschen beschädigt haben.

Konkordant zu dieser Deutung ist der Befund, daß die Varianz der oben genannten vier Indikatoren für eine größere Nähe zum DDR-System hoch mit dem Konstrukt „Erlebte emotionale Belastung nach der Wiedervereinigung" korreliert ist (durchschnittlich mit r = .57), indem neben anderen Gefühle der Kränkung, Empörung, des Betrogenseins Markiervariablen sind. Je mehr subjektive emotionale Belastung berichtet wird, um so deutlicher werden die staatlichen und gesellschaftlichen Ordnungssysteme und Wertorientierungen der DDR-Zeit gegenüber den heutigen präferiert und um so mehr Ressentiments gibt es gegen den Institutionentransfer aus dem Westen (Montada & Dieter, 1999)[52].

Diese Befunde legen die Hypothese nahe, dass die *Distanz zum westdeutschen System eine identitätsbildende Funktion* hat: Die Ostdeutschen geben sich eine ostdeutsche Identität, und zwar durch und in Abgrenzung von den Westdeutschen. Pollack (1998)[53] gebraucht den Begriff der „Abgrenzungsidentität". In der Wendeperiode waren viele Ostdeutsche offen, eine gemeinsame deutsche Identität anzunehmen. 1990 definierte sich auch die Mehrheit der Ostdeutschen als Deutsche, vier Jahre später als Ostdeutsche (Noelle-Neumann, 1994)[54]. Dies deutet Pollack als einen Akt der Selbstbehauptung gegen eine negative Stigmatisierung der „Ossis" (z.B. als unproduktiv, unselbständig) oder gegen die strukturellen Ungleichgewichte zwischen Ost und West und eine daraus resultierende asymmetrische Kommunikationsstruktur.

9. *Ost- und westdeutsche Identität: Selbst- und Fremdwahrnehmungen*

Kaase und Bauer-Kaase (1998)[55] haben in den Jahren 1992 bis 1997 Bewertungen anti-west- und anti-ostdeutscher Aussagen analysiert. Beispiele für antiwestdeutsche Aussagen: „Die Westdeutschen haben die ehemalige DDR im Kolonialstil erobert." „Die Deutschen im Westen haben trotz ihres Wohlstandes nicht gelernt zu teilen." „Die Bonner Regierung tut wenig, um die Arbeits-

---

52 *L. Montada & A. Dieter*, Gewinn- und Verlusterfahrungen in den neuen Bundesländern: Nicht die Kaufkraft der Einkommen, sondern politische Bewertungen sind entscheidend, in: M. Schmitt & L. Montada (Hrsg.), Gerechtigkeit im wiedervereinigten Deutschland, 1999, S. 36–39.

53 *D. Pollack*, Ostdeutsche Identität – ein multidimensionales Phänomen, in: H. Meulemann (Hrsg.), Werte und nationale Identität im vereinten Deutschland, 1998, S. 311.

54 *E. Noelle-Neumann*, Kein Schutz, keine Gleichheit, keine Gerechtigkeit, in: FAZ, 8.3.1995, S. 5.

55 *M. Kaase & P. Bauer-Kaase*, Deutsche Vereinigung und innere Einheit 1990–1997, in: H. Meulemann (Hrsg.), Werte und nationale Identität im vereinten Deutschland, 1998, S. 258.

plätze in der Ex-DDR zu retten." Beispiele für anti-ostdeutsche Aussagen: „Viele frühere DDR-Bürger machen es sich zu einfach: Sie wollen leben wie im Westen und nur so arbeiten wie früher im Osten." „Viele Arbeiter und Angestellte sind westlichem Leistungsdruck nicht gewachsen."

Die Bewertungen dieser negativen Stereotypen durch Angehörige der jeweiligen Binnen- und Außengruppe lassen interessante Muster erkennen:

- Die Westdeutschen stimmen den anti-westdeutschen Aussagen durchschnittlich häufiger zu (39 %) als die Ostdeutschen den anti-ostdeutschen Aussagen (18 %), was eine Differenz in der Zustimmung zu kritischen Aussagen über die eigene Binnengruppe von 21 % ergibt.
- Die Westdeutschen stimmen den anti-ostdeutschen Aussagen zwar häufig, aber durchschnittlich weniger häufig zu (61 %) als die Ostdeutschen den anti-westdeutschen Aussagen (78 %), was eine Differenz in der Zustimmung zu kritischen Äußerungen über die jeweilige Außengruppe von 17 % ergibt.

Aus dem ergibt sich, dass die Westdeutschen sich selbst kritischer sehen als die Ostdeutschen sich selbst sehen, die Ostdeutschen aber die Westdeutschen kritischer sehen als diese die Ostdeutschen. D.h. *die Ostdeutschen diskriminieren stärker zwischen Binnen- und Außengruppe*, als das die Westdeutschen tun: Die Häufigkeitsdifferenzen zwischen Selbstkritik und Fremdkritik liegen im Osten bei 60 % und im Westen bei 22 %. D.h. die Ostdeutschen bilden sehr viel stärker eine Binnengruppe in Abgrenzung zur Außengruppe als dies die Westdeutschen tun.

Die Autoren legen eine weitere Analyse vor, in der sie die Orientierung der kritischen Einstellungen zur Binnen- und zur Außengruppe als Basis für die Unterscheidung von vier Typen verwenden: (1) die Positivisten, die weder den kritischen Aussagen zur Binnengruppe noch zur Außengruppe zustimmen, (2) die Negativisten, die sowohl den kritischen Aussagen zur Binnen- als auch zur Außengruppe zustimmen, (3) die Externalisierer, die den kritischen Äußerungen zur Außengruppe zustimmen, nicht jedoch denjenigen zur Binnengruppe, und (4) die Internalisierer, die das Umgekehrte tun. Von besonderem Interesse sind die Externalisierer. Recht stabil über die Jahre 1992 bis 1997 liegt deren Anteil im Westen bei etwa 40 %, wobei allerdings deren Zustimmung zu den Anti-Ostaussagen nur mäßig hoch ist. Im Osten finden sich zwischen 1992 und 1995 zwei Drittel Externalisierer, im Jahre 1997 waren es gar 75 %, wobei dort die Bewertungen der Anti-West-Aussagen sehr viel drastischer ausfielen, als dies im Westen bezüglich Anti-Ostaussagen der Fall war. Also kann gefolgert werden, dass sich in der Tat die Ostdeutschen mehr von den Westdeutschen distanzieren, als das umgekehrt der Fall ist. Dies kann als Indiz für eine kulturell/ethnische Separierung im Osten gesehen werden. Die „Mauer" ist eher in den ostdeutschen Köpfen als in den westdeutschen.

Hochinteressant sind auch die Auto- und Heterostereotypen von Ost- und Westdeutschen, die im Projekt „Gerechtigkeit als innerdeutsches Problem" ermittelt wurden (Maes, Seiler & Schmitt, 1997)[56]. Hier wurden an großen, nach demographischen Gesichtspunkten repräsentativen Stichproben der Erwachsenenbevölkerung u.a. Eigenschaftsbeurteilungen der Westdeutschen und der Ostdeutschen erfaßt. Einen Ausschnitt mit Eigenschaften, die moralische Relevanz haben, gibt Tabelle 4.

Tabelle 4: Auto- und Heterostereotypen in Ost- und Westdeutschland

	Das Bild Westdeutscher von		Das Bild Ostdeutscher von	
	Westdeutschen	Ostdeutschen	Westdeutschen	Ostdeutschen
habgierig	2.90	1.93	3.20	1.09
rücksichtslos	2.85	1.71	3.29	1.04
egoistisch	3.36	2.36	3.75	1.59
raffiniert	2.63	2.07	3.62	1.49
machtgierig	3.13	1.89	3.81	1.27
hilfsbereit	2.51	3.08	2.38	3.94
gewissenhaft	3.21	2.65	3.17	3.77
ehrlich	2.53	2.86	2.45	3.67
bescheiden	1.89	2.54	1.38	3.57
zuverlässig	3.25	2.79	3.05	3.91
sympathisch	2.82	2.78	2.77	3.42

(nach Maes, Seiler & Schmitt 1996)
Eigenschaftsbewertungen von 0 = „überhaupt nicht" bis 5 = „sehr", Skalenmittelpunkt 2.5

An diesen Eigenschaftsbewertungen ist folgendes auffällig: Die Ostdeutschen beurteilen die Westdeutschen etwa nach dem DDR-Stereotyp vom „kapitalistischen Menschen", während sie „sich selbst", d.h. die Ostdeutschen, nach dem DDR-Bild des „sozialistischen Menschen" zeichnen. Diese in Ostdeutschland verbreiteten Stereotype über Kapitalismus und Sozialismus sind aus anderen Untersuchungen belegt[57]: Die Westdeutschen werden als habgierig, rücksichtslos, egoistisch, raffiniert und machtgierig beschrieben – Eigenschaften, die die Ostdeutschen durchschnittlich nach eigener Meinung nur in sehr geringer Ausprägung haben. Umgekehrt beschreiben sich die Ostdeutschen als hilfsbereit, gewissenhaft, ehrlich, bescheiden und zuverlässig im Unterschied zu den Westdeutschen. Damit sind auch ihre deutlich höheren Sympathiewerte für die Ostdeutschen verständlich.

---

[56] *J. Maes, U. Seiler & M. Schmitt*, Gerechtigkeit als innerdeutsches Problem (GiP), Ergebnisbericht, Trier: Universität, 1997.

[57] *E. Noelle-Neumann*, Die deutsche Einheit gelingt, aber wann? In: FAZ vom 18.12.1996, S.5.

Interessant ist, dass die Westdeutschen Unterschiede zwischen „sich selbst“ und den Ostdeutschen in derselben Richtung wahrnehmen, wenn auch nicht im selben Ausmaß. Über alle Merkmale aggregiert, sehen die Westdeutschen die Ostdeutschen sogar etwas positiver als „sich selbst“, die Westdeutschen. Auch werden im Westen beide Teilpopulationen als gleich „sympathisch“ bewertet.

Gleichsinnige Ergebnisse wurden auch in anderen Studien gefunden: In einer Studie des SFZ Berlin-Brandenburg (vgl. Priller, 1997[58]) wurden u.a. von 68 % der ostdeutschen Befragten den Ostdeutschen mehr Gerechtigkeitsgefühl, von 80 % mehr Gemeinschaftsgefühl als den Westdeutschen zugeschrieben, während 76 % den Westdeutschen mehr Egoismus zuschreiben.

Die Interpretation drängt sich auf, dass *werthaltige Selbst- und Fremdbilder*, die als kulturell/ethnische Stereotypen anzusehen sind, in Ostdeutschland besonders stark ausgeprägt sind. Da diese Eigenschaften wertmäßig nicht neutral sind, liegt eine stereotype *moralische Abwertung der Westdeutschen* und eine *moralische Aufwertung der Ostdeutschen* vor. Das Ausmaß der Differenz-Wahrnehmung zwischen der Binnen- und der Außengruppe korreliert mit einer Selbstkategorisierung der Befragten als typische(r) Ostdeutsche(r) bzw. typische(r) Westdeutsche(r) (Schmitt/Maes/Seiler, 1999, r = .54)[59]. Also erfüllt die Differenzwahrnehmung die Funktion der *Profilierung einer sozialen Identität* in Abgrenzung zu einer Außengruppe. Solche Gruppenstereotypen, verbunden mit Ressentiments gegen die Außengruppe und wahrgenommene eigene ungerechte Benachteiligungen entsprechen einer Klassenkonfliktlage (Geißler 1995[60]).

Das Erwachen und die Artikulation der ostdeutschen Identität hat vielleicht erst begonnen: Nostalgieveranstaltungen, die Präferenz für ostdeutsche Produkte, der Betrieb von DDR-Cafés, das Sammeln von DDR-Symbolen, der Kult um DEFA-Filme und Ostrock, das Wiederaufleben der Jugendweihe markieren diesen Trend und die Bücher und Filme über das Leben in der DDR kommen erst jetzt in größerer Zahl auf den Markt.

---

[58] *E. Priller*, Ein Suchen und Sichfinden im Gestern und Heute, Veröffentlichungen der Abteilung Sozialstruktur des Wissenschaftszentrums Berlin, FS III 97–411, 1997, S. 22.

[59] *M. Schmitt, J. Maes & U. Seiler*, Fällt die Mauer in den Köpfen der Deutschen? Eine Längsschnittuntersuchung zum Wandel der sozialen Identität Ost- und Westdeutscher, in: G. Krampen & H. Zayer (Hrsg.), Zukunft Mensch – die Republik im Umbruch (im Druck).

[60] *R. Geißler*, Neue Strukturen der sozialen Ungerechtigkeit im vereinten Deutschland, in: R. Hettlage & K. Lenz (Hrsg.), Deutschland nach der Wende, 1995, S. 132–137.

III. Rechtsgefühle und die Anerkennung der Legitimität von Rechtsnormen und institutionellen Ordnungen

Was folgt aus dieser Datenlage für die weitere Entwicklung des Gemeinwesens? Es ist eine interessante Frage, welchen Einfluss ostdeutsche *Rechtsgefühle* auf die Entwicklung der Ordnungssysteme nehmen werden. Seit der Aufklärung ist die Ansicht zu finden, dass demokratische Staaten dadurch zusammengehalten werden, dass die Bürger die Geltung der Rechtsordnung anerkennen. Verfassung, Gesetze und Institutionen bedürfen des breiten Konsenses in der Rechtsgemeinschaft. Die verfassungsstaatliche Legitimität der Rechtsordnung und der Institutionen ist nur zum Teil normativ durch die in der Verfassung vorgegebenen Ziele und Verfahren gewährleistet. In einer demokratischen Gesellschaft muß eine Rechtsordnung und ein System von Institutionen geschaffen werden, die bei den Bürgern *weithin als richtig anerkannt* werden, sonst haben sie keinen Bestand. Richtig heißt: gerecht, nützlich, im Einklang mit kollektiven Grundwerten und dem kollektiven Rechtsgefühl. Es gehört folglich zur politischen Klugheit von Parlamenten und Regierungen, auf die breite Anerkennung der Ordnungssysteme zu achten bzw. auf diese hinzuwirken.

Die Ordnungen, ihre Fortentwicklung und ihre Implementation haben sicherlich eine größere Chance, breite Anerkennung zu finden, wenn die demokratischen Institutionen als legitim und ihr Personal als vertrauenswürdig, als auf Gerechtigkeit und andere Grundwerte bedacht, anerkannt sind. Die *Legitimationsquellen*, auf denen das Vertrauen der Bevölkerung in die Gerechtigkeit des politischen Systems beruht (Larenz, 1979[61]), sind grundsätzlich empirisch zu ermitteln.

1. Legitimationsquellen

Der Rechtsphilosoph Würtenberger (1984)[62] stellte Gründe für die Akzeptanz von Gesetzen zusammen, die er in sieben Kategorien gruppierte. Ich übernehme im folgenden diese Kategorien als Vorlage für eine Reflexion der dargestellten ostdeutschen Distanz zum „neuen" Staat und der Bemühungen um eine spezifisch ostdeutsche Identität.

- *Akzeptanz aufgrund des Verfahrens*:
  Das Mehrheitsprinzip und die zeitliche Begrenzung politischer Herrschaft durch Wahlperioden reichen nicht hin, um etwa das Mißtrauen gegen die Einflußnahme partikularer Interessen aufzuheben. Akzeptanz finden Entscheidungen, die paktiert und nicht oktroyiert werden, um mit Max Weber

[61] *K. Larenz*, Richtiges Recht, Grundzüge einer Rechtsethik, 1979.

[62] *T. Würtenberger*, Legitimität und Recht, in: B. Rüthers & K. Stern, Freiheit und Verantwortung im Verfassungsstaat, 1984.

(1921/1980)[63] zu sprechen, d.h., bei denen die Mitwirkung möglichst aller Betroffenen gegeben ist.

Auch in der parlamentarischen Demokratie gibt es häufig Versuche der Einigung auch mit außerparlamentarischen politischen Interessengruppen, die über Hearings und über den Zugang von Verbänden zu den gesetzesvorbereitenden Bürokratien gewährleistet ist. Aber auch innerhalb von Koalitionen, zwischen Regierungsmehrheit und Opposition, zwischen Bundestag und Bundesrat gibt es vielfältige Aushandlungsprozesse, die einen Oktroy durch die Mehrheit vermeiden.

Breit akzeptierte Entscheidungen und Normsetzungen erwachsen typischerweise aus solchen Konkordanzverfahren, die verhindern, daß unterlegene Parteien die „Richtigkeit" öffentlich in Frage stellen. Wie empirische Studien von Tyler (1994)[64] belegen, sind dabei die Bewertungen der Fairness des *Verfahrens* oft wichtiger als die Bewertungen der Entscheidungsinhalte. Die Vorbehalte, die heute in den neuen Bundesländern gegenüber manchen Regelungen des Einigungsvertrages bestehen, resultieren meines Erachtens zu einem guten Teil aus der Wahrnehmung, dass das Verfahren nicht fair war, weil ohne ausreichende Information und Beteiligung der Betroffenen, dass der Vertrag eher ein Oktroy als eine Einigung war. Auch manche derjenigen, denen die damalige Eile der Vereinigung wegen außenpolitischer Risiken durchaus geboten schien, sehen das als Manko, obwohl der Vertrag formal korrekt zwischen zwei demokratisch legitimierten Regierungen verhandelt und von beiden Parlamenten ratifiziert wurde.

Die heutigen Zweifel an der Fairness haben verständliche Gründe. Parlament und Regierung eines sich selbst auflösenden Staates, der DDR, können im nachhinein ihre Entscheidung nicht mehr mit Amtsautorität rechtfertigen. Ihnen wird zumindest nachträglich von der Bevölkerung keine Gleichwertigkeit in den Verhandlungen zugeschrieben, wenn das Verhandlungsergebnis nicht als offensichtlich vorteilhaft anerkannt wird. Die Bundesregierung und das Bundesparlament sind nach Vollzug der Wiedervereinigung die einzigen existierenden, für den Vertrag Verantwortung tragenden Institutionen. Unzufriedenheiten mit dem Vertrag können nicht gegenüber den früheren Verhandlern und Entscheidern auf ostdeutscher Seite, sondern nur noch gegenüber der als westdeutsch wahrgenommenen Seite geltend gemacht werden.

Eine nachträgliche bewusstseinsbildende und akzeptanzfördernde Begründung des Einigungsvertrages gegenüber der Bevölkerung ist von dieser Seite jedoch unterblieben. Das heißt, die Notwendigkeit und die Nützlichkeit des Transfers des westdeutschen Institutionengefüges ist nicht erläutert worden,

---

[63] *M. Weber*, Wirtschaft und Gesellschaft (1921), 1980, S. 19 f, 27.

[64] *T.R. Tyler*, Why people obey the law, 1990.

auf die Härten wurde nicht vorbereitet – vielleicht in der naiven westlichen Erwartung, dass die Mehrheit der ostdeutschen Bevölkerung nichts sehnlicher erwartet habe als genau diesen westdeutschen Staat.

- *Akzeptanz wegen Einsicht in die Notwendigkeit der Rechtssicherheit*: Das Bedürfnis nach Rechtssicherheit und die Einsicht in ihre Notwendigkeit kann auch dann vorerst zu einer Akzeptanz führen, wenn Ordnungen hinsichtlich ihrer „Richtigkeit" als fragwürdig bewertet werden. Akzeptanz nur um der Rechtssicherheit willen ist natürlich assoziiert mit der Forderung nach möglichst baldiger Reform und Verbesserung.
  Die Einsicht in die Notwendigkeit des Institutionentransfers aus dem Westen aus Gründen der Rechtssicherheit und -klarheit ist in Ostdeutschland beschränkt und wurde, wie bereits gesagt, auch nachträglich nicht vermittelt. Und wenn die Notwendigkeit wegen der außen- und innenpolitisch begründeten Eilbedürftigkeit der raschen Vereinigung der beiden Staaten eingesehen wird: Warum beginnt man nicht alsbald mit einer Reform und Verbesserung, in die die ostdeutschen Erfahrungen mit institutionellen Ordnungen eingehen könnten, ebenso wie die ostdeutschen Gewichtungen der Grundwerte?
- *Akzeptanz aufgrund politischer Autorität*: Die Akzeptanz auf der Basis eines Vertrauens in politische Führungspersonen und Parteien ist auch in einer Demokratie weit verbreitet, weil nur ein kleiner Teil der Bürger ausreichend informiert ist oder sich ausreichend informiert, um eine eigene Position zu durchdenken.
  Der überraschende Erfolg der CDU und der FDP in der Volkskammerwahl 1990 kann wohl zu einem guten Teil auf das Vertrauen zu Kohl und Genscher zurückgeführt werden. Die Projektion von Hoffnungen und der Vertrauensvorschuss bezüglich einer paternalistischen Sorge des Führungspersonals um das Wohlergehen der Bevölkerung wurden mit der Enttäuschung unrealistischer Erwartungen und der Erfahrung unerwarteter Härten zurückgenommen. Die Chancen, diesen Vertrauensvorschuss für die Werbung um Akzeptanz, für Aufklärung über die Rationalität der Politik sowie für die Schaffung realistischer Erwartungen zu nutzen, wurde nicht ergriffen.
- *Akzeptanz aufgrund gerechter Konfliktschlichtung*: In einer Demokratie ist das Vertrauen in die politischen Autoritäten und Institutionen nicht zuletzt auf der Erfahrung aufgebaut, dass Personen und Institutionen in der Lage sind, widerstreitende Interessen, Überzeugungen und Ansprüche zu einem allseits akzeptablen, gerechten Ausgleich zu bringen und damit den sozialen Frieden zu erhalten. Diese Ausgleichsfunktion setzt gleichzeitig voraus, dass Konflikte wegen widerstreitender Interessen, Wertorientierungen, Gerechtigkeitsvorstellungen usw. als legitim akzeptiert werden.

Dieses Vertrauen in die Gerechtigkeit der politischen Autoritäten und Institutionen ist in Ostdeutschland keineswegs gesichert, wie die Zustimmung zu anti-westdeutschen Vorwürfen, die Ressentiments zum westdeutschen Institutionenimport und die desillusionierenden Urteile über die Gerechtigkeit der Bundesrepublik, spezifisch auch im Vergleich zu den Gerechtigkeitsnoten, die heute der DDR-Staat erhält, zeigen.

- *Akzeptanz aufgrund von Rationalität*:
  Rechtsnormen und Ordnungen sind Mittel zur Erreichung von politischen Zielen, sie erfordern insofern eine zweckrationale Begründung. Neben der Zweckrationalität ist die Sinnrationalität, die Begründung mit der Entsprechung von Rechtsordnung und Institutionen zu allgemeinen Wertorientierungen zu nennen. Die Zwecke und der Sinn von Rechtsnormen und Institutionen werden im Zuge ihrer Etablierung und späterer Reformen breit diskutiert und damit der interessierten Öffentlichkeit bewusst (gemacht). In zeitlichem Abstand mag dieses Bewusstsein schwinden und die Rechtsnormen und Institutionen werden zu Selbstverständlichkeiten einer Kultur.
  Für die neu hinzugekommene Bevölkerung der neuen Bundesländer ist das westdeutsche Ordnungsgefüge keine Selbstverständlichkeit und seine Zwecke und sein Sinn waren nicht bewusst (gemacht), das heißt seine Rationalität war nicht bekannt, die Rationalität des totalen Transfers dieser Ordnung schon gar nicht. Ob die Rationalität – wäre sie denn begriffen – generell akzeptiert würde, darf allerdings auch bezweifelt werden, wenn man an die West-Ost-Unterschiede bezüglich der Wertorientierungen und Zielvorstellungen denkt, z.B. die unterschiedliche Gewichtung von sozialer Sicherheit und sozialer Gleichheit und Freiheitsrechten in Ost und West.

- *Akzeptanz aufgrund von Egalität:*
  Gleichheit wird als ein Grundprinzip der Gerechtigkeit angesehen (Koller, 1995)[65], hat allerdings viele Bedeutungen: bezüglich Verteilung- und Austauschgerechtigkeit z.B. faktische Gleichheit der Verteilung von Gütern, Rechten, Lasten, Pflichten u.a., Chancengleichheit, Gleichheit vor dem Gesetz (was nicht bedeutet, dass alle gleich zu behandeln sind, sondern dass die relevanten Unterschiede im Gesetz genannt sein müssen), proportionale Gleichheit (z.B. gleiche Proportionen von Leistung und Gewinn, von Bedürftigkeit und Unterstützung, von Leistungsfähigkeit und Lasten), gleiches Recht auf wirtschaftliche Betätigungen und Erwerb von Eigentum und anderes mehr.
  Bezogen auf materiellen Wohlstand hat sich in der Bundesrepublik die soziale Marktwirtschaft als Ordnungsrahmen für eine Harmonisierung dieser

[65] *P. Koller*, Soziale Gerechtigkeit, in: H.P. Müller & B. Wegener (Hrsg.), Soziale Ungleichheit und soziale Ungerechtigkeit, 1995.

unterschiedlichen Prinzipien entwickelt: Die Herausbildung faktischer Ungleichheit des Wohlstandes im freien Wettbewerb wird toleriert, der Staat sorgt für einen gewissen Ausgleich durch seine Umverteilungspolitik und das ganze kann mit Rawls' (1971)[66] Prinzipien gerechtfertigt werden. Über die Begrenzung des freien Wettbewerbs und das Ausmaß der Umverteilung zur Eindämmung der Ungleichheit wurde und wird auch im Westen heftig gestritten.
Nach 40 Jahren Sozialismus gibt es offenbar in der ostdeutschen Bevölkerung Präferenzen für mehr faktische Gleichheit und mehr staatliche Steuerung zur Eindämmung der Ungleichheit. Folglich ist das Ausmaß von beobachteter Egalität in der Bevölkerung nicht der Art, dass den Ordnungssystemen Legitimität zugesprochen würde.

– *Akzeptanz aufgrund des Zeitgeistes:*
Das kollektive Rechtsbewusstsein unterliegt historischen Veränderungen unter mannigfaltigen Einflüssen. Die Rechtsordnung ist zwar eine prägende Kraft in der Herausbildung und Stabilisierung eines kollektiven Rechtsbewusstseins, determiniert dieses jedoch nicht, schon gar nicht in einer welt-, erfahrungs- und erkenntnisoffenen Demokratie. Veränderungen des Zeitgeistes gehen ein in die Rechtssprechung, in Rechtsentscheide und führen, wenn sie mächtig und dauerhaft sind zu Reformen der Rechtsordnung und der Institutionen. Würtenberger (1987)[67] systematisiert solche Wandlungen des Zeitgeistes, analysiert Einflussfaktoren und -wege und schildert Beispiele aus der westdeutschen Nachkriegsgeschichte.
Die normative Kraft des Faktischen ist in Grenzen auch für Rechtsordnungen und Institutionen beobachtbar. Bestehendes wird vielfach akzeptiert, weil alternative Regelungen gar nicht in den Sinn kommen. Eine allzu häufige Änderung von Rechtsnormen würde das Vertrauen in die Geltung der Rechtsordnung und der Rechtssicherheit untergraben. Die Trägheit von Reformverfahren – durch langwierige Prozeduren des formalen und des informalen Aushandelns – kann insofern auch stabilisierend wirken.
Die Übertragung der bundesrepublikanischen Ordnungssysteme nach der Wiedervereinigung erfolgte ohne valide Kenntnis und ohne Berücksichtigung des ostdeutschen Zeitgeistes. Insofern muss es nicht verwundern, dass sie von Teilen der Population als Oktroy erlebt wurde und, wie beschrieben, als Unrecht erlebt und kritisiert wird. Das kristallisiert sich dann an einzelnen, relativ leicht fassbaren Thesen, z.B. an der Reform des Abtreibungsrechts oder am Eigentumsrecht mit der Regel „Rückgabe vor Entschädigung", oder an der Privatisierung der Staatsbetriebe.

---

[66] *J. Rawls*, A theory of justice, 1971.
[67] *T. Würtenberger*, Zeitgeist und Recht, 1987.

Kann man auf die Kraft des Faktischen in Ostdeutschland hoffen, auf eine Akkulturation durch Gewöhnung an das neue Ordnungsgefüge (Hettlage, 1995[68])? Zu vermuten wäre das nur, wenn Alternativen nicht in öffentlichem Bewusstsein gehalten würden. Da aber zu erwarten ist, dass die ostdeutsche linkssozialistische PDS mit einer kalkulierten Fundamentalopposition zur Bundesrepublik die Kritik am System wachhalten wird und gleichzeitig damit spezifische ostdeutsche Rechte gegenüber dem Westen zu vertreten vorgibt, ist diese „Akkulturation durch Gewöhnung" der um eine soziale Identität bemühten ostdeutschen Population fraglich.

Zusammenfassend: Eine breite Anerkennung der neuen Ordnung durch die ostdeutsche Bevölkerung als richtig ist vorerst nicht zu erwarten. Obwohl 1997 eine breite Mehrheit von 84 % den „Status quo" (also die BRD vor der DDR) präferierte und nur 13 % wünschten, die Wiedervereinigung rückgängig zu machen (Brunner und Walz, 1998[69]), wäre es verfehlt, dieses als Indiz anzusehen, dass die Bevölkerung bereits in der Bundesrepublik angekommen sei. Eine Präferenz des status quo im Vergleich zur DDR bedeutet noch nicht Akzeptanz der neuen Ordnung.

2. *Divergenzen zwischen Rechtsordnung und kollektivem Rechtsgefühl*

Rechtsbewusstsein und Rechtsgefühle können zum geltenden Recht im Verhältnis der Konkordanz oder der Divergenz stehen. Das Rechtsgefühl kann auch die (angemessene) Anwendung des Rechts leiten. Zippelius geht von der Selbstverständlichkeit aus, dass gleichzeitig Rechtsnormen und außerrechtliche Normen (der Sitte, der sozialen Moral, der Gerechtigkeit) existieren, und dass zwischen beiden enge Zusammenhänge bestehen. „Nicht nur historisch ist die rechtliche Ordnung aus „verrechtlichten" Normen heraus gewachsen. Auch heute noch folgt die Gesetzgebung weitgehend der Sozialmoral. Auch das geltende Recht ist für außerrechtliche Normen „durchlässig": Gesetzesauslegung und richterliche Rechtsbildung orientieren sich in ihren Wertentscheidungen fortwährend an den herrschenden sozialethischen Anschauungen." (Zippelius, 1994, S. 17[70]) Konflikte zwischen gesetztem Recht und außerrechtlichen Normen werden z.B. dadurch vermieden, dass allgemein akzeptierte Gerechtigkeitsprinzipien Verfassungsrang bekommen und zum verbindlichen Maßstab der Formulierung positiven Rechts und der rechtlichen Gestaltung von Institutionen werden. Auch kann in Gesetzestexten ein Implementationsspielraum für die Einbeziehung herrschender Wertvorstellungen belassen werden.

---

[68] *R. Hettlage*, Integrationsleistungen des Rechts im Prozess der deutschen Einheit, in: R. Hettlage & K. Lenz (Hrsg.), Deutschland nach der Wende. Eine Bilanz, 1995.

[69] *W. Brunner & D. Walz*, Die Selbstidentifikation der Ostdeutschen 1980–1997, in: H. Meulemann (Hrsg.), Werte und nationale Identität im vereinten Deutschland, 1998, S. 249.

[70] *R. Zippelius*, Rechtsphilosophie, 1994, S. 17.

Rechtsgefühle sind im Falle der Divergenz gespeist durch außerrechtliche Wertnormen. Die Subjekte der Rechtsgefühle unterstellen deren intersubjektive Geltung. Die Begründung dieser Geltung kann unterschiedlich sein. Eine Begründung liegt in der Verbreitung in einem Kollektiv. Wenn Rechtsgefühle vom überwiegenden Teil der Mitglieder einer Gemeinschaft geteilt werden, kann man von „herrschenden" Wertnormen sprechen. Das allgemeine Rechtsgefühl wird sich im Falle der Divergenz zum gesetzten Recht und den gesetzten Ordnungen durchsetzen, wenn die Mehrheit der Gemeinschaft die Möglichkeiten hierzu hat. Die Wege der Durchsetzung können unterschiedlich sein: die formelle Gesetzesänderung, der stille Wandel im Sinne der Bildung von Gewohnheitsrecht, das Obsolet-Werden „unzeitgemäßer" Normen, neue Rechtsinterpretationen und Anwendungen (Zippelius, 1994)[71].

Divergenzen zwischen den Ordnungen und kollektiven, zumindest verbreiteten Rechtsgefühlen in der ostdeutschen Bevölkerung sind anzunehmen. Haben sie „eine Chance", sich durchzusetzen gegen die „gesetzte" Rechtsordnung?

3. Rechtssoziologische Fragen

Wenn die Hypothesen einer verbreiteten Distanz zur bundesrepublikanischen Rechts- und Wirtschaftsordnung und spezifischen transferierten Institutionen zutrifft, wird das nicht ohne Konsequenzen bleiben. Um die Konsequenzen abschätzen zu können, muss man sich Klarheit verschaffen, welche Entscheidungsspielräume auf welcher Ebene gegeben sind. Als Ebenen sind u.a. die Bundes-, Landes- und Kommunalpolitik, die Justiz, die Verwaltungen, weitere Behörden, Verbände und privatwirtschaftliche Betriebe zu nennen.

Auf politischen Ebenen wird im Werben um die Wählergunst dem vermuteten Rechtsgefühl der Bevölkerung Gewicht zukommen, so wie die um Einschaltquoten und Verkaufszahlen besorgten Medien sich den Vorstellungen ihrer ostdeutschen Konsumenten anpassen: Der MDR trifft die ostdeutsche Mentalität, auch die Super-Illu aus dem Hause Burda, die im Westen unverkäuflich, im Osten ein großer Erfolg ist. Die PDS als Partei, die die Interessen der Ostdeutschen nicht nur zu vertreten vorgibt, sondern sicher auch deren Interessen- und Anspruchsartikulation entscheidend mitgestaltet, hat eine Stammwählerschaft und ist darüber hinaus in einem großen Teil der Bevölkerung als legitime politische Kraft akzeptiert: Im Herbst 1999 sagen 59 % der Ostdeutschen, dass die PDS die Sorgen der Bevölkerung am besten kenne, 53 % halten Koalitionen von SPD und PDS für wünschenswert oder akzeptabel, 73 % halten die bisherige Abgrenzungspolitik der CDU gegenüber der PDS für falsch[72].

---

[71] *R. Zippelius*, Rechtsphilosophie, 1994, S. 36 ff.

[72] *EMNID-Umfrage* November 1999, ntv am 19.11.1999.

Das lässt vermuten, dass das Wählerpotential der PDS mit den bisher bei Wahlen erreichten Anteilen noch nicht ausgeschöpft ist. Die anderen Parteien werden sich auch um diese Wählerschaft bemühen. Das heißt, die PDS wird nicht nur als parlamentarische Opposition und als Koalitionspartner Einfluss nehmen: Die anderen Parteien werden versuchen, mit ihren Programmen in Konkurrenz zur PDS um ostdeutsche Wähler zu treten.

Es ist eine auch theoretisch interessante Frage, ob sich in den transferierten westdeutschen Rechtsordnungen und Institutionen in den NBL spezifische Ausprägungen entwickeln, die den Wertorientierungen und dem Rechtsgefühl der Ostdeutschen Rechnung tragen. Zweifellos weisen die Implementationen der Ordnungen schon heute Unterschiede auf. Es ist freilich schwierig zu entscheiden, ob diese Unterschiede von objektiven strukturellen Gegebenheiten „erzwungen" oder ob es sich um politische Anpassungen an das Rechtsgefühl und die Mentalitäten der Bevölkerung handelt.

Für die Zusagen der Fortführung der riesigen finanziellen Transferleistungen in die NBL, die Fortführung eines ausgedehnten zweiten Arbeitsmarkts und anderer arbeitsmarktpolitischer Maßnahmen, für die partiellen Revisionen der Entscheidung, Zusatzrentenansprüche ehemals staatsnah Beschäftigter nicht zu berücksichtigen, die Verzögerungen der Privatisierung der noch unter Treuhandverwaltung stehenden Betriebe, für all das gibt es gute sachliche Gründe, aber vielleicht ist auch eine bundespolitische Rücksichtnahme auf Rechtsgefühle und Ansprüche in Ostdeutschland beteiligt.

Es gibt Anpassungen auf Länderebene. So hat das Land Brandenburg eine Verfassungsklage gegen die sog. Stichtagsregelung eingereicht, die alle Käufe volkseigener DDR-Immobilien – meist aus früheren Enteignungen stammend – nach dem Stichtag 18. Oktober 1989, dem Tag, an dem Honecker zurückgetreten war, für ungültig erklärte. Der Tatbestand: Über 100.000 Immobilien wurden in den letzten Monaten der DDR zu Spottpreisen an Bürger verkauft, so dass man von einem Ausverkauf der DDR gesprochen hat. Die Stichtagsregelung war auf Antrag der enteigneten Alteigentümer zustande gekommen. Nach westdeutschem Rechtsgefühl ist dieser „Ausverkauf der DDR" gravierendes Unrecht gewesen: (1) Die Rückgabe der enteigneten Immobilien wäre durch diese formal rechtsmäßige Veräußerungen an private Bürger erschwert gewesen. (2) Volksvermögen, wenn es denn rechtmäßig gewesen wäre, wurde verschleudert. (3) Die Profiteure dieser Verschleuderung hatten diese Profite nach keinem Gerechtigkeitsprinzip verdient, die dadurch entstehende Ungerechtigkeit in der Bevölkerung ist durch kein Gerechtigkeitsprinzip gerechtfertigt. Trotzdem reichte das Land Brandenburg eine Verfassungsklage ein: Die Abweisung der Klage durch das Bundesverfassungsgericht am 23.11.1999 bedauerte der Ministerpräsident des Landes und kritisierte die 1990 von westdeutscher Seite durchgesetzte Norm „Rückgabe vor Entschädigung". Ein PDS-Sprecher kommentierte die Entscheidung,

„dass es wieder einmal die Ostdeutschen sind, die über den Tisch gezogen werden“[73].

Auf Länderebene könnte auch der „Kampf“ um Bundesinvestitionen (z.B. im Verkehrsbereich) und Bundessubventionen für notleidende Industriebetriebe, die Bemühungen um die Bund-Länder finanzierte Forschungsförderung, spezifische beschäftigungspolitisch motivierte Entscheidungen (auch die z.T. vergleichsweise üppige Personalausstattung in staatlichen Einrichtungen oder drastische Senkung des Sachetats der Berliner Universitäten 1998, um Entlassungen von Personal zu vermeiden) eine solche Anpassung sein. Die im Einigungsvertrag verankerten befristeten Sonderkündigungsrechte in Fällen fehlender Qualifikation von Personal und fehlenden Bedarfs sind vielfach trotz bereits vorliegender Evaluierungen und Entlassungsempfehlungen nicht ausgeübt worden, wohl zum Schaden der Leistungsfähigkeit der betroffenen Institutionen. In der Gestaltung des Bildungswesens sind die NBL eigene Wege gegangen mit der Entscheidung für ein zweigliedriges Schulsystem oder mit der Entscheidung des Landes Brandenburg, anstelle des Religionsunterrichts das Fach LER (Lebenskunde, Ethik und Religion) einzuführen, die verständlich ist, weil nur gut 10 % der Bevölkerung Mitglied einer christlichen Kirche sind.

Die Bildung kommunaler Beschäftigungsgesellschaften großen Stils mit finanzieller Unterstützung durch die Bundesanstalt für Arbeit, auch wenn sie mit privatwirtschaftlichen Interessen kollidieren, die Widerstände gegen die Aufnahme von Aussiedlern und Ausländern, die der verbreiteten Ablehnung von Ausländern in Ostdeutschland entsprechen, Behinderungen von Alteigentümern durch Verwaltungen sind Möglichkeiten auf der kommunalen Ebene, den Rechtsgefühlen der Bevölkerung entgegenzukommen.

Die kommunalen Verwaltungen haben große Spielräume für die Ausgestaltung des Gemeinwesens: Welche Projekte der Jugendförderung, der Kulturförderung, der Kinderbetreuung, der Gewerbepolitik, der Traditionspflege unterstützt werden, welche und wessen Bauvorhaben gefördert und welche gebremst werden, wie die Mittelaufteilung zwischen Sozialem, Bildung und Infrastrukturausgaben vorgenommen wird, das ist auch durch Wertepräferenzen geleitet. Auf kommunaler Ebene könnten am ehesten ostdeutsche Spezifika entstehen.

Es ist eine interessante Frage, ob künftig ostdeutsche Rechtsgefühle in Gerichtsentscheidungen einfließen werden, etwa in arbeits-, renten-, steuer- oder verwaltungsrechtliche Entscheidungen, sofern die Spielräume nicht durch bundesgerichtliche Entscheide sehr beschränkt sein werden. Divergenten Rechtsgefühlen in der Bevölkerung könnte auch dadurch Einfluss verschafft werden, dass Entscheidungen verzögert oder dass mit Nachdruck Vergleiche vorgeschlagen werden, die diesen Rechtsgefühlen entsprechen.

---

[73] *Berliner Zeitung* vom 24.11.1999, S. 1.

IV. Optionen für eine Überwindung der „Mauer in den Köpfen"

Die „Mauer in den Köpfen" würde sich durch die Herausbildung unterschiedlicher rechts- und ordnungspolitischer Kulturen wohl stabilisieren. Ob die vorgegebene Rechtsordnung, wie Hettlage hoffte (s.o.), die Einheit auf mittlere Sicht erzeugen wird, ist offen.

Deshalb muss überlegt werden, auf welche Weise „die Mauer in den Köpfen" abgebaut werden könnte. Ich möchte dazu zwei Vorschläge machen.

(1) Die Vereinigungspolitik war bisher westdeutsch dominiert. Der effiziente Transfer der Rechtsordnung und des Institutionengefüges und der rasche Aufbau der Infrastruktur waren das Ziel. Mit ostdeutschen institutionellen Alternativen und Erfahrungen hat man sich nicht nur nicht auseinandergesetzt, man hat sie nicht einmal zur Kenntnis genommen. Die ostdeutsche Sicht, dass es sich um einen Oktroy gehandelt habe, wird dadurch verständlich. Dass auch 10 Jahre nach dem Mauerfall in keinem Politikfeld darüber gesprochen wird, was denn das vereinigte Deutschland von den Erfahrungen in Ostdeutschland lernen könnte, wird von der Bevölkerung als diskriminierend erlebt.

Wir haben viele Problemfelder, in denen es angezeigt wäre, die Organisationsformen zu DDR-Zeiten anzuschauen: z.B. in der Schulpolitik, wo die stärkere Verflechtung praktischer und intellektueller Lerngegenstände in der DDR heute eine interessante Option wäre, in der Gesundheitspolitik, wo ernsthaft über die Alternative einer poliklinischen Versorgung nachgedacht werden könnte, in der Sportförderung, in der die DDR wirklich erfolgreich war, der Jugendpolitik im Sinne der Beteiligung Jugendlicher an Gemeinschaftsaufgaben sowie in der Prävention von Jugenddelinquenz, die in Gesamtdeutschland erschreckende Ausmaße angenommen hat, in der Frauenpolitik, wo die Gleichstellung viel weiter entwickelt war, als sie im Westen ist, und in der Integrationspolitik sozial Schwacher und Behinderter ebenfalls.

Der Zeitdruck der Wendezeit kann heute nicht mehr als Grund dienen, die Ordnungen und Institutionen prospektiv wirklich gemeinsam zu gestalten. Es kann in keinem Fall darum gehen, DDR-Politiken zu kopieren: Schon die ideologische Durchdringung aller Politikfelder in der DDR steht dem entgegen. Wenn aber explizit und öffentlichkeitswirksam in schwierigen Problemfeldern nach den Erfahrungen zu DDR-Zeiten gefragt würde, wäre dies dem Selbstbewusstsein der Ostdeutschen im Gemeinwesen förderlich: Sie würden sich als Partner in der Weiterentwicklung des Gemeinwesens anerkannt sehen und müssten sich nicht in einer inneren Separierung und Opposition selbst beweisen.

(2) Wie oben bereits dargelegt, ist die Inkorporation Ostdeutschlands in die Rechtsordnung und das Institutionengefüge der Bundesrepublik in einem

Tempo und einer Art und Weise erfolgt, die die Bildung eines entsprechenden Rechtsgefühls sowie ein angemessenes Verständnis und damit eine innere Anerkennung der staatlichen Ordnungssysteme als richtig nicht möglich machten. Für jede kleine Einzelreform wird normalerweise ein sehr viel ausgedehnterer öffentlicher Diskurs geführt, als bei dieser Übertragung des gesamten Ordnungssystems geführt wurde. Man müsste deshalb darüber nachdenken, in welcher Form eine Debatte wenigstens nachträglich geführt werden könnte, um dieses Defizit auszugleichen.

Man könnte an einen Runden Tisch denken, an dem weithin anerkannte Persönlichkeiten aus Ost und West die wichtigen Streitfragen in einem gut geführten Diskurs vor einer Öffentlichkeit ausdiskutieren und nach Möglichkeit zu gemeinsamen bewertenden Stellungnahmen kommen. In diesen gemeinsamen Stellungnahmen sollten einmal die Gründe für die Einführung der jetzigen Ordnung in Westdeutschland verständlich und prägnant dargelegt werden. Die guten Gründe, die für Elemente der früheren Ordnung der DDR sprechen, sollten in gleicher Weise artikuliert werden. In Feldern, in denen der Diskurs ergibt, dass im Einigungsvertrag und in dessen Umsetzung Fehler gemacht wurden, müssten diese Fehler zugestanden werden. Das Zugestehen von Fehlern kann durchaus befriedend wirken. Dort, wo Elemente der früheren Ordnung für die Weiterentwicklung des heutigen Ordnungssystems bedenkenswert erscheinen, sollte dies für eine Agenda der Reformen in der gemeinsamen Zukunft empfohlen werden.

Was die Agenda für den Runden Tisch betrifft, sollte man jenen Themenbereichen Priorität einräumen, die in Ostdeutschland zu „Reizthemen" geworden sind und breite Empörung ausgelöst haben: Das sind z.B. Eigentumsfragen mit der Norm Rückgabe vor Entschädigung, problematische Privatisierungsentscheidungen durch die Treuhand, vor allem durch fehlende Überprüfung, ob die Käufer ihren Vertragspflichten nachgekommen sind, die Rentenregelung für bestimmte Gruppen staatsnah Beschäftiger, die höhere Arbeitslosigkeit im Osten, die Ostlöhne, die im Osten nicht verstandene Zurückhaltung des Staates bezüglich Eingriffen in die Privatwirtschaft, die üppige Subventionierung der Steinkohle im Vergleich zu notleidenden ostdeutschen Industrien, der aus ostdeutscher Sicht laxe Umgang mit Kriminalität, die liberale Ausländerpolitik u.a.m.

Im Zuge dieser Debatten würde dann auch die Chance bestehen, gewisse Erwartungen und Gerechtigkeitsansprüche in Ostdeutschland als unbillige Forderungen zurückzuweisen, z.B. die ostdeutschen Forderungen der Angleichung der Löhne auf Westniveau bei gleichzeitiger Forderung, die Beschäftigungsquote wieder auf das Niveau zu DDR-Zeiten anzuheben (etwa 90 % der Erwachsenenbevölkerung war in beruflichen Beschäftigungsverhältnissen). Wie sich dies in einer Wirtschaft realisieren lassen könnte, deren Produktivität noch immer weit unter dem westdeutschen Niveau liegt, ist nicht zu sehen.

Auch müsste vermittelt werden, dass dies eine drastische Besserstellung der ostdeutschen Bevölkerung gegenüber der westdeutschen bedeuten würde, denn zur Zeit sind die Erwerbsquoten in beiden Landesteilen etwa gleich. Es müsste auch vermittelt werden, dass die höheren Arbeitslosenzahlen in Ostdeutschland in gewissem Sinne eine Privilegierung darstellen: Sie sind deshalb höher, weil die um mindestens 30 % über der westdeutschen liegende Erwerbsquote zu DDR-Zeiten viele Ostdeutschen heute berechtigt, Lohnersatzleistungen zu beziehen, während der Teil der westdeutschen Bevölkerung, der nicht erwerbstätig war, keine entsprechenden Ansprüche anmelden kann und folglich auch nicht als „arbeitslos" gezählt wird. Es ist politisch problematisch, wenn immer nur die Arbeitslosenzahlen mitgeteilt werden, nicht aber die Erwerbsquote. Dadurch wird im Osten der Eindruck einer Benachteiligung geweckt, der in Wirklichkeit eine Privilegierung darstellt. Es muss über Erwartungen und Ansprüche in den neuen Bundesländern offen und unvoreingenommen geredet werden, aber unbillige Ansprüche müssen mit normativen Argumenten zurückgewiesen werden.

Die Europäische Union als rechtlich konstituierte Verhaltensstrukturierung

M. Rainer Lepsius

Vorbemerkung

In der zweiten Hälfte des 20. Jahrhunderts ist in Europa eine neue politische Ordnung institutionalisiert worden. Sie trägt seit 1992 den Namen Europäische Union. Damit ist ein politisches Ordnungsmodell geschaffen worden, das den westeuropäischen Nationalstaat des 19. Jahrhunderts zunehmend überlagert. Aus einer Aggregation von „Zweckverbänden", der Europäischen Gemeinschaft für Kohle und Stahl, der Europäischen Atomgemeinschaft, dem gemeinsamen Agrarmarkt, der Zollunion und dem gemeinsamen Binnenmarkt, hat sich stufenweise „eine immer engere Union der Völker Europas" (Art. 1 EU-Vertrag) herausgebildet. Ein qualitativer Sprung der Verfassungs-, Staats- und Verwaltungsordnungen für die Mitgliedstaaten der Europäischen Union ist eingetreten. Dieser historisch einzigartige Prozess der Institutionenbildung ist das Ergebnis von Verträgen zwischen souveränen Staaten, die ein System der Willensbildung, Entscheidungsfindung und Maßnahmendurchsetzung schufen, dem sie immer größere Teile ihrer Souveränität übertrugen. Die Interessen der Mitgliedstaaten werden durch supranationale Entscheidungs- und Verfahrensordnungen gefiltert und modifiziert. Neue, rechtlich verbindliche Richtlinien wirken auf die Politikfelder der Mitgliedstaaten ein und verändern dadurch wiederum deren Interessenlagen. Ein Prozess der zirkulären Stimulation verbindet über die EU die Nationalstaaten untereinander. Der erstaunlichen Dynamik dieses Prozesses liegen Gestaltungsimpulse, Paktierungen und Ermächtigungen der Mitgliedstaaten zugrunde, doch die daraus entstandene politische Ordnung wurde wesentlich bestimmt durch die Eigenart und die rechtliche Verbindlichkeit der neuen Institutionenordnung. Sie erst konkretisierte und verstetigte die Gestaltungsimpulse durch neue Handlungsstrukturen und Verhaltensorientierungen. Die rechtliche Konstitution neuer sozialer Verhaltensstrukturierung soll im Folgenden thesenhaft dargestellt werden.

1. Die Europäische Union als Herrschaftsverband

Der Charakter der Europäischen Union ist unbestimmt, ihr territorialer Geltungsraum nicht abgeschlossen und ihr Entwicklungsziel offen. Die Europäische Union ist ein Projekt, das sich mit jeder Entwicklungsstufe verändert und sich gegenüber den Mitgliedstaaten verselbständigt. Sie gewinnt Kompetenzen und spannt über ihre Mitglieder ein immer dichteres Netz von Regulierungen. Ihr Kern ist eine supranationale Rechtsordnung, die auf Verträgen beruht und durch die Kommission und den Europäischen Gerichtshof interpretiert und durchgesetzt wird. Die EU gilt als ein Phänomen *sui generis*, man bezeichnet sie auch als einen „Staatenverbund", doch besagen diese Termini nicht viel. Sie anerkennen zwar die Existenz eines neuen „Regimes", aber sie charakterisieren dieses „Regime" nur abgrenzend als etwas eigenes, das weder ein Staat noch ein Bundesstaat oder ein Staatenbund sei. Auch der Ausdruck „Regime" bleibt unbestimmt und schillernd. Jedes Regelwerk zur Entscheidungsfindung und Kooperation ist ein „Regime" in der neueren Verwendung dieses Ausdrucks. Schließlich spricht man auch von einem dynamischen „Mehrebenensystem".[1]

Angesichts dieser begrifflichen Unterbestimmtheit empfiehlt es sich, die EU unter Anwendung einer Kategorie von Max Weber soziologisch als Herrschaftsverband zu betrachten.[2] Ein Verband in diesem Sinne garantiert durch die Ausdifferenzierung eines Kompetenzbereiches die Orientierung des Handelns auf spezifische Ordnungsvorstellungen, die von Leitungsstäben organisiert und durch Satzungen strukturiert werden. Da die Ordnung Fügsamkeit beansprucht und über Sanktionsmittel verfügt, handelt es sich um einen Herrschaftsverband.

Die EU besitzt eine Organstruktur, einen eigenen Kompetenzraum und Mittel, um die von ihr definierten Ordnungen durchzusetzen. Das dabei zunächst Entscheidende ist die Ausdifferenzierung einer spezifischen Handlungsorientierung, an die sich die Beteiligten und den Regeln Unterworfenen halten. Es ist ein neuer Handlungskontext durch spezifische Leitideen und Verhaltensnormierungen mit tatsächlicher Geltung entstanden. Die seit langem bestehende Idee eines vereinten Europas hat eine Arena gefunden, in der sie für ausgewählte Probleme handlungsfähig wird. Durch die Institutionalisierung der EU haben sich Ideen konkretisiert und Interessen verstetigt. Die EU ist daher mehr als eine weitere Ebene politischer Steuerung, mehr als ein Netzwerk von Akteuren, mehr als ein Regime der Interessenvermittlung, sie ist eine durch einen Herrschaftsverband kognitiv ausdifferenzierte Handlungsorientierung.

---

[1] *Markus Jachtenfuchs* und *Beate Kohler-Koch*, Regieren im dynamischen Mehrebenensystem, in: dies. (Hrsg.), Europäische Integration, Opladen 1996, S. 15–44.

[2] Vgl. *Max Weber*, Wirtschaft und Gesellschaft, 5. Aufl., Tübingen 1972, insb. Kap. 1: Soziologische Grundbegriffe, S. 16–30.

Sie entwickelt Standards, die supranationale Geltung beanspruchen und europäische Kriterien aufstellen. Nationale Interessen müssen sich – soweit für ihre Regelung eine Kompetenzübertragung auf die EU stattgefunden hat – entweder den bestehenden europäischen Normen unterordnen oder um eine entsprechende europäische Kodifizierung bemühen. „Brüssel" bedeutet daher sowohl Konformitätszwang als auch eine neue Arena zur Durchsetzung von eigenen Gestaltungsimpulsen. Die „Europa-Idee" ist keine frei schwebende Vorstellung mehr, sie hat einen Adressaten gewonnen, an den sich konkrete Erwartungen richten.

Die EU wurde durch Rechtsakte konstituiert, nicht durch Usurpation, nicht durch den Einfluss einer dominierenden Hegemonialmacht, aber auch nicht durch einen Akt der Selbstkonstitution der europäischen Völker. Die Basis bilden freie Vertragsschließungen zwischen souveränen Mitgliedern. Durch diese Verträge, das primäre Recht der EU, wurde der Herrschaftsverband konstituiert. Die Mitglieder unterwerfen sich gemeinsamen Entscheidungen, die unmittelbare Wirkung für sie haben. Die gemeinsamen Beschlüsse binden alle Mitglieder und sind von den einzelnen Mitgliedstaaten nicht mehr revidierbar. Sie sind verfahrensmäßig supranational konstituiert. Dies bindet nicht nur die Regierungen, sondern beschränkt auch die Handlungsfreiheit von Verbänden, Unternehmen, Kommunen und Personen durch Regulierungen, die nicht innerhalb des nationalen soziopolitischen Interessenausgleichs formuliert und durch parlamentarische Gesetzgebung normativiert wurden. Die nationalen politischen Institutionen haben eine Überformung erfahren, ohne dass diese neue Ebene im Namen eines übergeordneten Souveräns, etwa des „europäischen Volkes", handeln könnte. Gegenüber den „Brüsseler Beschlüssen" ruht die Fügsamkeit der Bürger der Mitgliedstaaten auf dem Glauben an deren Legalität, ihrer durch Verfahrensordnungen bestimmten Rechtmäßigkeit. Dafür „bürgen" die Regierungen durch ihre Mitwirkung und kraft ihrer nationalen Legitimation. Die rechtliche Kontrolle liegt einerseits bei der Kommission, andererseits beim Europäischen Gerichtshof außerhalb der nationalen politischen Systeme. Die EU ist ein rechtlich konstruierter Herrschaftsverband; sein Handlungsraum, seine agierenden Organe und die Legalität seiner Entscheidungen sind Produkte von Rechtsakten. Es gibt kein „Europa" außerhalb dieses rechtlich konstruierten Herrschaftsverbandes. Und je weiter sich sein Geltungsbereich inhaltlich wie territorial ausdehnt, desto größer wird „Europa". „Europa" ist nicht mehr das Karolinger Reich Karls des Großen, als das sich noch die EWG verstehen konnte, es hat auch die Grenzen der römisch-katholischen Werte- und Rechtsordnungen überschritten. Europa sind die Territorien, Sprachen, kulturellen Traditionen und nationalen Selbstverständnisse der Staaten, die in der EU ein gemeinsames Verfassungsdach erhalten haben. Die Konstruktion des Herrschaftsverbandes geht jeder „Identitätsbildung" voraus, stützt sich auf keine eingelebte Tradition, ist ihrer Art nach nicht die „logische" oder notwendige Form für eine „europäische Friedensordnung", für das Streben nach wirtschaftlichem Wohlstand, freiem Verkehr von Personen, Gütern, Kapital und Dienstleistungen. Dies alles gab es schon im 19. Jahrhundert unter der Ägide der Goldwährung und des Freihandels. Die EU ist ein politisch gewollter und rechtlich konstituierter, neuartiger und selbständiger Herrschaftsverband.

These: Die EU entwickelt sich unbeschadet der formalen Kriterien der Staatlichkeit und der Staatsbildung mit großer Eigendynamik zu einem umfassenden Herrschaftsverband. Dieser Prozess durchdringt die Mitgliedstaaten, löst diese nicht auf, verändert aber deren Charakter durch ein neues institutionalisiertes Zentrum der Willensbildung und Entscheidungsfindung. Durch dieses entwickeln sich spezifisch europäische Handlungsorientierungen und Rationalitätskriterien.

2. Die zentralen Organe: Ministerrat und Kommission

Der Vertrag zur Gründung der Europäischen Gemeinschaft (EG) – zuerst 1957 konstituiert und seither mehrfach verändert und ergänzt – bestimmt die europäische Organstruktur, die in ihren Grundzügen seit der Gemeinschaft für Kohle und Stahl (1951) unverändert geblieben ist. Sie besteht aus dem Ministerrat, den Vertretern der Mitgliedstaaten, der die Entscheidungsbefugnis für die Rechtsakte der EG besitzt, und der Kommission, einer in eigener Zuständigkeit handelnden Agentur, die das exklusive Recht hat, die Vorlagen für die Beschlüsse des Rates zu erarbeiten. Diese beiden aufeinander bezogenen Organe haben eine bemerkenswerte Strukturierung der Willensbildung und Entscheidungsfindung entstehen lassen, die die europäische Ebene verselbständigt und zu einem erheblichen Teil aus der Zuständigkeit der einzelnen Mitgliedstaaten gelöst hat. Sie folgen europäischen Rationalitätskriterien, wie sie von den Fachbürokratien der Generaldirektionen der Kommission entwickelt werden und in die Vorlagen an den Ministerrat eingehen. Die Vertreter der Mitgliedstaaten im Rat müssen sich dazu um eine gemeinsame Beschlussfähigkeit bemühen. In diesen Prozessen bildet sich eine europäische Orientierung aus, eine sich von nationalen Präferenzen und Gewohnheiten lösende Konsensbereitschaft. Das Ergebnis ist eine supranationale Entscheidung. Diese Organkonstitution mit dem Vorlagemonopol der Kommission und dem Beschlussmonopol des Rates hat das so genannte sekundäre Recht der EG entstehen lassen, das auf komplexen Abstimmungs- und Deliberationsprozessen aufbaut. Es ist seiner Art nach mehr als eine Paktierung nach internationalem Recht, es ist strukturiert durch das Zusammenwirken der Staaten mit einem autonomen Dritten, der nach eigenem Recht agierenden Kommission. Aus dieser Organstruktur ist die Stabilität und Kohärenz der

Europapolitik entstanden, die auch längere Perioden der Handlungslähmung der Mitgliedstaaten überwinden konnte.

Schon Jean Monnet[3] hatte diese Organstruktur für die Gemeinschaft von Kohle und Stahl entworfen. Ihm lag an einer starken, unabhängigen Kompetenz der seinerzeitigen Hohen Behörde, um die Entscheidungs- und Kompromisswilligkeit der Mitgliedstaaten zu erhöhen, ihre Willensbildung an Kriterien zu orientieren, die nicht von nationalen Bürokratien bestimmt und mit den traditionellen nationalen Interessen identisch waren. Er hatte das Scheitern des Völkerbundes nach dem Ersten Weltkrieg erlebt und wollte demgegenüber eine supranationale Autorität etablieren. Monnet war ein politischer Entrepreneur, ein Institutionenfinder, weder Politiker noch Bürokrat. In gewisser Weise ist auch Jacques Delors[4] ein politischer Entrepreneur gewesen, als er mit seinem Kabinett das Projekt des Gemeinsamen Binnenmarktes entwarf und damit die Periode der europäischen Stagnation überwand. Mit der Kommission als Plattform konnte er Innovationen entwickeln und in die strukturierten Verfahren der Willensbildung im Rat einführen. Das Ergebnis war die erste große Vertragsrevision, die Einheitliche Europäische Akte von 1986, und dann der Unionsvertrag von Maastricht 1992. Aufgrund der von Monnet geschaffenen relativen Autonomie der Kommission gewann Delors seine Handlungsfähigkeit, um den europäischen Markt zu vervollkommnen und mit der Wirtschafts- und Währungsunion die Schwelle zur politischen Union zu überschreiten.

Zu Recht hat man die Kommission als den Motor der europäischen Einigung bezeichnet. Durch die Eigenart ihrer rechtlichen Konstruktion konnte sie im Rahmen der allgemeinen Ermächtigungen durch die Staats- und Regierungschefs die Agenda der Gemeinschaft bestimmen und die Inhalte der Verordnungen, Richtlinien und Entscheidungen formen. Die Kommission ist der Mittelpunkt der Verhandlungen und Abstimmungen, sie definiert den Kommunikationsraum. Regierungen und Fachbürokratien der Mitgliedstaaten sowie Vertreter von Verbänden suchen Kontakte zu den jeweils zuständigen Kommissaren, Generaldirektoren und Referatsleitern der Kommission, die – im Hinblick auf die multinationale Problemlage und die anzuwendenden Verfahren – über einen Wissens- und Informationsvorsprung gegenüber ihren „Klienten" verfügen.[5] Die Kommission ist offen für Kontakte und pflegt ihre Außenbeziehungen, aber sie ist abgeschlossen und diskret in ihrer eigenen Willensbildung. Wie jede Behörde, so hat auch die Kommission einen eigenen Gestaltungswillen und ist an der Ausdehnung ihrer Kompetenzen interessiert. In ihrem Zuständigkeitsfeld formt sie die Begrifflichkeiten und Rationalitätskriterien in Ver-

[3] Vgl. *François Duchêne,* Jean Monnet. The First Statesman of Interdependence, New York, London 1994, insbes. 6. Kap.: „Europe's Breakthrough 1950".

[4] Vgl. *George Ross,* Jacques Delors and European Integration, Cambridge 1995.

[5] Vgl. *Maurizio Bach,* Die Bürokratisierung Europas. Verwaltungseliten, Experten und politische Legitimation in Europa, Frankfurt 1999.

ordnungen, Richtlinien und Entscheidungen. Sie entwickelt einen Korpsgeist, der von ihrem langjährig amtierenden, multinationalen Beamtenapparat getragen wird. Über dem in Generaldirektionen gegliederten Apparat der Fachbeamten stehen die politisch rekrutierten Kommissare. Sie sind zwar in höherem Maße in die Interessenlagen der Länder, die sie nominiert haben, eingebunden, können sich aber als Kollegialorgan in ihren Entscheidungen von direkter Einflussnahme freisetzen.

Auch auf der Seite des Rates hat sich ein distinkter europäischer Kommunikationsraum ausgebildet. Einerseits stehen die nationalen Minister in einem regelmäßigen persönlichen Kontakt untereinander, andererseits pflegen die Ständigen Vertretungen der Mitgliedstaaten in Brüssel eine beständige und intensive Kommunikation. In einem besonderen Ausschuss (COREPER) beschließen sie selbständig die weniger wichtigen Tagungsordnungspunkte des Ministerrates und bereiten die Verhandlungen zwischen den Ministern vor, stimmen die unterschiedlichen nationalen Gesichtspunkte schon im Vorfeld ab und beeinflussen die mehr oder weniger eindeutigen Weisungen ihrer Minister oder Regierungen. So ist auch auf der Seite des Rates ein europäischer Kommunikationsraum entstanden, der mehr umfasst als nur die Vertretung der jeweiligen nationalen Standpunkte. Zwischen den Repräsentanten der Mitgliedstaaten besteht durch die Verfahrensordnung der einstimmigen, aber auch der mehrheitlichen Beschlussfassung ein Konsensdruck. Die gegenseitige Abhängigkeit von Kommission und Rat hat eine kognitive Ebene entstehen lassen, die durch Institutionen und Verfahrensordnungen strukturiert ist. Das Verhältnis von „Brüssel" zu den nationalen politischen Systemen und ihren Regierungen ist nicht hierarchisch übergeordnet, sondern funktional ausgesondert.

These: Mit der Kommission ist eine politisch-administrative Agentur geschaffen worden, die Exekutivvollmachten und Legislativkompetenzen verbindet. Sie repräsentiert die Leitungsstäbe des Herrschaftsverbandes und verfügt über rechtliche Sanktionsmittel gegenüber den Mitgliedstaaten für die Überwachung der Vertragserfüllung und die Ausführung der Beschlüsse. Die von den Mitgliedstaaten vereinbarten Leitideen der europäischen Integration werden durch die Kommission in konkrete Rationalitätskriterien umgesetzt und nach erteilter Ermächtigung ausgeführt. Aus der verfahrensmäßig strukturierten Interaktionsverdichtung ist auch in den Mitgliedstaaten und ihren Bürokratien eine ideelle und instrumentelle, auf „Europa" ausgerichtete Handlungsorientierung entstanden.

3. Die Judikative als Integrationsfaktor

Der Europäische Gerichtshof (EuGH) hat eine zentrale Definitionsmacht über die Auslegung und Verbindlichkeit des primären und sekundären Gemeinschaftsrechts gewonnen und dies in freiem Richterrecht zum Teil selbständig fortentwickelt. Joseph H. H. Weiler hat darauf besonders hingewiesen,[6] und ich resümiere kurz seine Position. Der Europäische Gerichtshof hat in seiner Rechtsprechung, so Weiler, vier Doktrinen formuliert, die zum Gerüst der europäischen „Verfassung" wurden. (1) Die Doktrin der direkten Wirkung postuliert die Geltung der Normierungen durch die Gemeinschaft als Recht der Mitgliedstaaten, ohne weitere Mitwirkung der Länder. Verstöße gegen diese Normen werden auch von den nationalen Gerichten nach europäischen Standards geahndet. (2) Die Doktrin der Höherrangigkeit des Gemeinschaftsrechts postuliert die Maxime, Europarecht bricht das Recht der Mitgliedstaaten. (3) Die Doktrin der exklusiven Zuständigkeit der Gemeinschaft für bestimmte Felder hindert die Nationalstaaten, auf diesen Feldern selbständig legislativ tätig zu werden. (4) Die Doktrin der Autorisierung des EuGH durch die Menschenrechte ermöglicht diesem eine über die vergemeinschafteten Politikfelder hinausreichende Rechtsprechung. Damit hat der EuGH entscheidende Schritte für die Supranationalität (im Gegensatz zur Internationalität) der EU getan und zugleich seine rechtliche Unabhängigkeit von den Gerichten der Mitgliedstaaten erklärt. Er hat die unbestrittene Interpretationsmacht über das Recht der Gemeinschaft als übergeordnetes Recht gewonnen. Kompetenzkonflikte mit dem Bundesverfassungsgericht über die Geltung der Grundrechte werden durch die Bindung des EuGH an die Menschenrechte vermieden und mit der zurzeit beratenen Grundrechte-Charta der Europäischen Union gegenstandslos. Auch nationale gesetzliche Regelungen, die in keinem direkten Zusammenhang mit den Integrationserfordernissen der EU stehen, können ohne eine nationale Rechtsprüfung aufgehoben werden (wie dies im Falle des Verbots, Frauen mit Kampfaufträgen bei der Bundeswehr einzusetzen, geschehen ist). Der EuGH beansprucht oberste Kompetenz. In seiner Rechtsprechung war der EuGH in aller Regel „europafreundlich" und hat die Position der Kommission gestärkt. Er wird dies auch weiterhin tun und die „Integration through Law" fortführen.

These: Die Rechtsgemeinschaft ist der feste Kern der EU. Ihre Normen sind für alle verbindlich und können von keinem einzelnen Mitgliedstaat verändert werden. Der *aquis communautaire,* die Akkumulation der einmal beschlossenen Regelungen, hat einen Bestandsschutz, der über dem des Grundgesetzes liegt, da für eine Veränderung nicht nur eine Zweidrittelmehrheit, sondern die

---

[6] *Joseph H.H. Weiler,* The Constitution of Europe, Cambridge 1999, insbesondere Kap. 2: The Transformation of Europe, S. 10–101. Ferner: *Christian Joerges,* Das Recht im Prozeß der europäischen Integration, in: Markus Jachtenfuchs und Beate Kohler-Koch (Hrsg.), Europäische Integration, Opladen 1996, S. 73–108.

Einstimmigkeit der Mitgliedstaaten erforderlich ist. Die Interpretationshoheit des EuGH löst die Rechtsgemeinschaft aus den nationalen Rechtssystemen und autonomisiert dadurch die EU gegenüber den Mitgliedstaaten. Es tritt eine Homogenisierung weiter Rechtsbereiche zwischen den Mitgliedstaaten ein, ohne dass dies in den nationalen Systemen wahrgenommen wird. Europarecht gilt unmittelbar, als ob es nationales Recht wäre, oder wird in nationales Recht umgesetzt, ohne dass dabei die Gesetzgeber einen materiell erheblichen Einfluss ausüben können. Die durch Rechtssätze ausgelöste Gleichartigkeit von Normen und die darauf bezogene Verhaltensorientierung bewirkt eine Angleichung von Handlungsstrukturierungen, ohne dass damit ein „europäisches Bewusstsein“ verbunden sein muss.

4. Das Parlament

Im Vergleich zum EuGH war die Rolle des Europäischen Parlaments eher bescheiden. Zunächst nur als eine beratende Versammlung vorgesehen, bestand es aus entsandten Abgeordneten der nationalen Parlamente. Auch nach der Direktwahl der Abgeordneten (erstmals 1979) hat das Parlament nur schrittweise über konsultative Rechte hinaus Einfluss gewonnen. Zwar kann das Parlament die Kommission kontrollieren, sie durch einen Misstrauensbeschluss zum Rücktritt zwingen, auch bedürfen die nominierten Kommissare der Zustimmung des Parlaments, doch ist dadurch kein parlamentarisches Regierungssystem entstanden. Durch den Vertrag von Amsterdam sind die legislativen Rechte des Parlaments erheblich gestärkt worden. Es hat in vielen Sachgebieten nach Art. 251 EG-Vertrag das Recht der Mitentscheidung. Mit der absoluten Mehrheit seiner Mitglieder kann es einen Rechtsakt des Ministerrates ablehnen oder dazu Änderungsvorschläge verabschieden, über die im Streitfall ein Vermittlungsausschuss zu entscheiden hat. Vorlagemonopol der Kommission und Entscheidungsmonopol des Ministerrates sind dadurch für bestimmte Politikfelder eingeschränkt. Der jetzt erreichte Zustand ist ein ambivalenter Kompromiss zwischen einem parlamentarischen Willensbildungsprozess und einer gouvernementalen Entscheidungsstruktur.[7] Diese Ambivalenz kann nicht gelöst werden, ohne das Konstruktionsprinzip der EU prinzipiell zu verändern. Solange die EU nicht demokratisch-parlamentarisch konstituiert ist, ihr Souverän nicht das europäische Volk, sondern die Gemeinschaft ihrer Mitgliedstaaten ist, muss die Funktion des Parlaments untergeordnet bleiben.[8]

---

[7] Dazu *Thomas König* und *Thomas Bräuninger*, Europäische Integration: Institutionenpolitik zwischen Parlamentarismus und Intergouvernementalismus, in: Thomas König u.a. (Hrsg.), Europäische Institutionenpolitik, Frankfurt a.M. 1997, S. 267–288.

[8] Zur demokratischen Legitimation der Unionsgewalt zusammenfassend *Marcel Kaufmann*, Europäische Integration und Demokratieprinzip, Baden-Baden 1997, S. 224–403.

Es hatte seine Logik, das Parlament zunächst als beratende Versammlung aus Vertretern der Parlamente der Mitgliedstaaten zu konstituieren. Durch seine direkte Wahl hat das Parlament eine Legitimationserhöhung erfahren, die seine Funktionen übersteigt. Eine Diskrepanz zwischen der Legitimationshöhe und der Funktionsbedeutung eines demokratischen Organs führt immer zu interinstitutionellen Konflikten. Einerseits kann das Parlament eine direkte Legitimation durch die „Bürger" der Union beanspruchen, andererseits ruht die Souveränität bei den Mitgliedstaaten. Deren Vertreter haben die Legitimität ihrer Regierungen durch die nationalen Staatsvölker. Die sogenannte „Legitimitätslükke" ist also eine zwischen zwei konkurrierenden Legitimationswegen. Da eine prinzipielle Entscheidung in dieser Frage nicht getroffen werden kann, ohne die Basis der EU zu verändern – wozu es keine Mehrheit, geschweige denn eine Einstimmigkeit gibt –, bleibt es bei einem beständigen Lavieren zwischen den Rechten des Parlaments und des Ministerrates. Die Legitimationsbasis verschwimmt in einer Sphäre deliberativer Kommunikationen zwischen Parlament, Kommission und Ministerrat bzw. zwischen einzelnen Vertretern dieser Institutionen ohne eindeutige Verantwortungszurechnungen. Das Parlament drängt naheliegenderweise auf mehr Befugnisse, der Ministerrat sieht sich als „Herr der Verträge" und hält an der Letztentscheidung fest.

Abgesehen von seinen eingeschränkten Rechten – so fehlt ihm das zentrale parlamentarische Recht, Steuern zu erheben – ist das Parlament in seinem Selbstverständnis und in seiner Binnenorganisation noch nicht als Repräsentant des Volkes der Union funktionsfähig. „Das Europäische Parlament besteht aus Vertretern der Völker der in der Gemeinschaft zusammengeschlossenen Staaten", heißt es in Art. 189 EG-Vertrag. Es vertritt die „Völker der Staaten", nicht das „europäische Volk". Binnenorganisation und Selbstverständnis der Abgeordneten sind stark von den politischen Kulturen und Interessen ihrer Herkunftsländer geprägt. Die politischen Fraktionen des Parlaments werden gewissermaßen von den nationalen „Fraktionen" durchsetzt. Es kommt hinzu, dass in den einzelnen Staaten unterschiedliche und zum Teil zersplitterte Parteiensysteme bestehen, die nicht leicht in europäische Fraktionen integriert werden können. Die einzelnen Staaten sind in den Fraktionen höchst ungleichmäßig, zum Teil überhaupt nicht oder nur durch einen oder zwei Abgeordnete vertreten, was die staatenübergreifende Interessenintegration erschwert. Hinzu kommt noch der doppelte Sitz des Parlaments in Straßburg und in Brüssel, was seiner Arbeitsfähigkeit nicht förderlich ist. Dennoch ist das Europäische Parlament der einzige verfasste öffentliche Raum, der den Integrationsprozess kritisch begleiten und einen Diskurs über europäische Rationalitätskriterien führen kann, auch wenn das in den Wahlkämpfen zur Europawahl nicht zum Ausdruck kommt. Seine Reflexionskompetenz ist nicht begrenzt, und es dient damit auch der Vermittlung von national oder ressortmäßig fragmentierten Politikfeldern.

Die EU hat weitere Partizipationsgremien für funktionale und regionale Delegierte im Wirtschafts- und Sozialausschuss und im Ausschuss der Regionen. Beides sind beratende Ausschüsse, die im eigenen Namen Stellungnahmen vorlegen können und ein Anhörungsrecht haben. Sie binden einerseits die Arbeitsmarktparteien und Wirtschaftsverbände, andererseits die Vertreter der Regionen in die Beratungen von Regulierungsvorhaben ein und vermitteln zwischen organisierten Interessen. Alle Bundesländer und europäischen Regionen haben ständige Vertretungen in Brüssel und unterhalten direkte Kontakte mit der Kommission, so wie es auch die Wirtschaftsverbände tun. Die Partizipations- und Informationsbedürfnisse von sektoralen und regionalen Funktionseliten werden dadurch befriedigt, ohne deshalb die Legitimationsbasis der EU zu demokratisieren.

Die nationalen Parlamente sind an der Europapolitik nur über die Kontrolle ihrer Regierungen beteiligt. Sie bleiben in einem nationalstaatlichen Problemverständnis auf die Durchsetzung nationaler sektoraler Interessen orientiert und sind in ihrer Willensbildung nicht wirklich europäisiert. In der Regel ist die Europapolitik der Mitgliedstaaten eine gouvernemental strukturierte Politik in den gewohnten Bahnen der Ressortzuständigkeiten, die von den nationalen Parlamenten stark abgehoben ist. Eine Europäisierung des nationalen Politikverständnisses durch die nationalen Parlamente ist jedenfalls nicht eingetreten.

These: Die Funktionsschwäche des Europäischen Parlaments hat die Demokratisierung der Europapolitik nicht gefördert. Europawahlen gelten in den Mitgliedstaaten als nachrangige Wahlen, die im traditionellen Politikverständnis der nationalen Parteiensysteme wahrgenommen werden. Europapolitik wird als verlängerte nationale Politik verstanden und bleibt an den jeweiligen Regierungsakteuren orientiert. Diese bewegen sich in einem von nationaler und europäischer parlamentarischer Willensbildung und von Mehrheitsentscheidungen relativ freigesetzten Handlungsraum. Gemeinsam mit der Kommission bestimmen sie die Ziele und die Rationalitätskriterien der EU. Ihre Autorität und die Expertise der europäischen und nationalen Verwaltungsbürokratie lassen „Brüssel" als einen bürokratisch-intergouvernementalen Herrschaftsverband erscheinen, auf den sich keine politische supranationale Identitätsbildung richtet.

5. Zuständigkeiten

Während die Organstruktur in ihrem Kern unverändert geblieben ist, sind die Kompetenzen der EU beständig gewachsen. Am Anfang stand die Ausgliederung einzelner Wirtschaftsbereiche aus den nationalen Zuständigkeiten, so der Montanindustrie, des Agrarmarktes und der Zollunion. Diese Felder konnten relativ einfach aus der Kompetenz der Mitgliedstaaten gelöst werden, da sie schon vor ihrer Vergemeinschaftung in einem hohen Grad instrumentell ausdifferenziert waren und spezifisch ökonomischen Rationalitätskriterien unterlagen. Mit den vier Freiheiten des Gemeinsamen Marktes (1985) wurde eine erste Kompetenzschwelle überschritten, der freie Waren-, Personen-, Dienstleistungs- und Kapitalverkehr griff über im engeren Sinne wirtschaftliche Tatbestände hinaus. Zwar hatte sich das Programm des Großen Binnenmarktes primär über postulierte Wohlfahrtsgewinne gerechtfertigt, doch führte es zu Eingriffen in Politikbereiche tradierter nationaler Zuständigkeiten. Mit der Deregulierung der europäischen Grenzregime, den Eingriffen in die nationalen Beihilfe- und Subventionspolitiken unter dem Titel der Wettbewerbsgleichheit war die europäische Politik durch einfache instrumentelle Kriterien nicht mehr funktional aus dem Politikgeflecht isolierbar. Einmal gewonnene Kompetenzen haben beabsichtigte und unbeabsichtigte Folgen, die einen immer größeren Bereich als regulierungsbedürftig erscheinen lassen. Eine sektorale Ausgrenzung wurde immer schwieriger, und die Interdependenz mit den nationalen Zuständigkeiten wuchs ständig.

Mit den Verträgen von Maastricht und Amsterdam sind nun auch zentrale Hoheitsrechte der Staaten betroffen. Die Inkorporation der nationalen Notenbanken in das Europäische System der Zentralbanken und die Gründung einer autonomen Europäischen Zentralbank hat die Währungshoheit der Mitgliedstaaten aufgehoben. Auch symbolisch wird durch den Fortfall der nationalen Währungsbezeichnungen ein erheblicher Schritt vollzogen. Den traditionellen Aufgaben der Europäischen Union sind eine zweite und eine dritte „Säule" angefügt worden, die klassische staatliche Hoheitsrechte in der Außen- und Verteidigungspolitik sowie der polizeilichen und justiziellen Strafverfolgung (Titel V und Titel VI des EU-Vertrages) betreffen. Zwar verbleiben diese neuen Aufgabenfelder noch in der ausschließlichen Zuständigkeit des Rates, sie sind noch nicht in die Institutionen- und Verfahrensstruktur der Europäischen Gemeinschaft eingegliedert, doch darf man davon ausgehen, dass dies im Laufe der Zeit geschehen wird. Schon jetzt ist eine Zusammenarbeit mit der Kommission vorgesehen, deren Infrastruktur auch in Anspruch genommen wird. Die Hoheitsrechte der Mitgliedstaaten verteilen sich fließend über ein Kontinuum von unterschiedlich strukturierten Entscheidungsprozessen. Neben die nationale Autonomie treten die vertraglich geregelte internationale Kooperation (zweite und dritte Säule) und die Übertragung von Souveränitätsrechten an die EU (erste Säule). Damit ist die zweite Schwelle in der Entwicklung vom „Zweckverband" zur Staatswerdung überschritten. Es verbleiben noch „Reservatrechte" der Nationalstaaten: die Steuerpolitik, die Sozialpolitik, die Bildungspolitik und die Kulturpolitik, doch werden auch sie immer stärker von EU-Kompetenzen beeinflusst.

In der Präambel des EU-Vertrages wird die Kompetenzerweiterung auch für die Zukunft bekräftigt. Als Ziele gelten: „den Prozess der europäischen Integration" zu fördern, nach der „Überwindung der Teilung des europäischen Kontinents... eine feste Grundlage für die Gestalt des zukünftigen Europas zu schaffen", „Fortschritte bei der wirtschaftlichen Integration mit parallelen Fortschritten auf anderen Gebieten" zu verbinden, neben der Wirtschafts- und Währungsunion eine gemeinsame Außen- und Sicherheitspolitik sowie „einen Raum der Freiheit, der Sicherheit und des Rechts" zu entwickeln. Die Zuständigkeitserweiterung der EU hat nach der Intention der vertragsschließenden Parteien keine Grenzen.

Kompetenzreservate der Mitgliedstaaten sind nur indirekt erwähnt und bleiben ohne Konkretisierung. So sollen die Solidarität zwischen den Völkern „unter Achtung ihrer Geschichte, ihrer Kultur und ihrer Traditionen" gestärkt und die „Entscheidungen entsprechend dem Subsidiaritätsprinzip möglichst bürgernah getroffen werden". Demgegenüber sind die Bekundungen zu einer „immer engeren Union der Völker Europas" und zur Einführung einer „gemeinsamen Unionsbürgerschaft für die Staatsangehörigen der Mitgliedstaaten" weit entschiedener formuliert. Nimmt man diese Postulate ernst, so ist die EU auf dem Weg zu einer Kompetenzkompetenz mit eigener politischer Identität. Sie „beruht auf den Grundsätzen der Freiheit, der Demokratie, der Achtung der Menschenrechte und Grundfreiheiten sowie der Rechtsstaatlichkeit". Dabei achtet sie die nationale Identität ihrer Mitgliedstaaten (Art. 6 EU-Vertrag). Die Akzente sind klar verteilt, die EU ist auf dem Vormarsch. Die Mitgliedstaaten, vertreten durch die Staats- und Regierungschefs im Europäischen Rat, erteilen immer weitreichendere Ermächtigungen an die Kommission. Eine deutliche Grenze für die Kompetenzübertragung ist im Vertrag nicht vorgesehen. Weder aus der Achtung von Geschichte, Kultur und Traditionen der Völker noch aus der Achtung der nationalen Identität ihrer Mitgliedstaaten lassen sich eindeutige Kompetenzgrenzen ableiten. Und das Subsidiaritätsprinzip enthält nur eine fallweise zu entscheidende Vermutung über die Umsetzungseffizienz und Bürgernähe der Verwaltung.

Mit der Zunahme der Aufgaben verbindet sich auch eine Ausweitung distributiver gegenüber regulativer Politik.[9] Auf dem Gebiet der Regional- und Kohäsionspolitik greift diese in die gemeindlichen Planungen ein. Die örtlichen Behörden müssen für die Zuweisung von Mitteln aus den entsprechenden Fonds direkt bei der Kommission Anträge stellen, dabei den Bewilligungskriterien folgen, und geraten dadurch in einen direkten Verwaltungsvollzug durch die Kommission. Das ist eine neue Dimension von europäischer Politik im Übergang von einer regulativen zu einer distributiven Zielsetzung. Während sich die regulative Politik auf die Herstellung von gleichartigen Rahmenbedin-

[9] Vgl. *Giandomenico Majone*, Redistributive und sozialregulative Politik, in: Markus Jachtenfuchs und Beate Kohler-Koch (Hrsg.), Europäische Integration, Opladen 1996, S. 225–247, sowie *Simon Hix*, The Political System of the European Union, London 1999, S. 211–277.

gungen für die wirtschaftliche Entwicklung bezieht, greift die distributive Politik direkt in die Beseitigung von Ungleichheiten ein. Der Erfolg der EG lag in erster Linie auf ihrer regulativen Politik unter ökonomischen Rationalitätskriterien, wie sie dies unter dem Stichwort der „negativen" Integration[10] bei der Realisierung des Großen Binnenmarktes tat. Wohlfahrtsgewinne sollten erreicht werden durch den Fortfall von hemmenden nationalen Regelungen und durch die damit verbundene Stärkung des Wettbewerbs. Doch schon mit der europäischen Agrarpolitik wurde eine auf den Agrarsektor begrenzte Einkommenspolitik betrieben, die durch Agrarpreisfestsetzungen, Exportausgleichszahlungen und Anbaubeschränkungen zu einer detaillierten Eingriffspolitik führte. Die Agrarpolitik wurde zum größten Ausgabenblock im EU-Haushalt und führte zu einer internationalen Wettbewerbsbeschränkung. Durch die ungleiche Bedeutung des Agrarsektors für die einzelnen Mitgliedstaaten trat eine Differenzierung in Nettozahler und Nettoempfänger ein. Großbritannien setzte die Rückzahlung eines Teils seiner Beiträge an die EG durch, und der Strukturfonds wurde eingerichtet, um auch Zuschüsse für nicht agrarische Subventionen zu ermöglichen. Mit der Süderweiterung verlangten Spanien, Portugal, Griechenland und später auch Irland spezielle Förderungsprogramme, um ihren Entwicklungsrückstand schneller ausgleichen zu können. Daraus entstand schließlich der Kohäsionsfonds für diese Länder. Angesichts der noch weit größeren Entwicklungsrückstände in den osteuropäischen Beitrittsländern kann man sich vorstellen, welche gewaltigen Mittel für deren Unterstützung auf dem Weg zu einer europäischen Strukturhomogenisierung erforderlich werden. Distributive Politik führt aus einer inneren Dynamik zu einer beständigen Ausdehnung der Tätigkeitsfelder der EU. Art. 158 EG-Vertrag umschreibt den offenen Zielhorizont: „Die Gemeinschaft entwickelt und verfolgt weiterhin ihre Politik zur Stärkung ihres wirtschaftlichen und sozialen Zusammenhalts, um eine harmonische Entwicklung der Gemeinschaft als Ganzes zu fördern. Die Gemeinschaft setzt sich insbesondere zum Ziel, die Unterschiede im Entwicklungsstand der verschienenen Regionen und den Rückstand der am stärksten benachteiligten Gebiete oder Inseln, einschließlich der ländlichen Gebiete, zu verringern." Unter Bezugnahme auf diesen Artikel lassen sich alle Eingriffe in Verteilungsungleichheiten und damit auch eine Kompetenzausdehnung der EU in jedes Politikfeld rechtfertigen.

Ein solches Ziel zwingt zu einem europäischen Finanzausgleich. Für ihn wird sich keine Einstimmigkeit im Ministerrat finden. Stattdessen werden zentral administrierte Einzelprogramme mit beschränkten Mitteln aufgelegt. Zuschüsse erhalten nicht die Länder, sondern genau spezifizierte Programme, de-

---

[10] Dazu *Fritz W. Scharpf*, Politische Optionen im vollendeten Binnenmarkt, in: Markus Jachtenfuchs und Beate Kohler-Koch (Hrsg.), Europäische Integration, Opladen 1996, S. 109–140.

ren Genehmigung und Durchführung von der Kommissionsbürokratie kontrolliert wird. Damit gewinnt die Kommission eine gegenüber den Ländern parallele Zuständigkeit, die sich nicht mit dem Subsidiaritätsprinzip vereinbaren lassen dürfte. Die einzige Beschränkung dieser Politik und der damit verbundenen Zuständigkeiten liegt in der Restriktion der Mittelzuweisungen. Der Konflikt zwischen den Nettozahlern und den Nettoempfängern setzt der distributiven Politik durch die Begrenzung der Agrar-, Regional- und Kohäsionsfonds feste Grenzen. Dabei spielen Kriterien der Sicherung des Status quo und der anteiligen Rückflüsse der Mittel an die Mitgliedstaaten eine entscheidende Rolle, nicht etwa Kriterien der europäischen Strukturpolitik. Die Strukturpolitik dient der Legitimitätsbeschaffung der EU unter der Annahme, die distributiven Leistungen der EU müssten über Einzelprogramme für die Bürger sichtbar werden.

These: Angesichts der immer weiter gesteckten Integrationsziele richtet sich die Entwicklungsdynamik auf einen Herrschaftsverband mit zentralen Kompetenzen und einer entsprechenden Einengung der selbständigen Handlungsfreiheit der Mitgliedstaaten. Dies gilt insbesondere für die regulative Politik der EU, die mit der Währungs-, Außen-, Verteidigungs- und Justizpolitik zentrale Hoheitsrechte der Mitgliedstaaten erfasst. Auf dem Gebiet der distributiven Politik schiebt sich die direkte Verwaltungskompetenz der EU materiell in die Länderstrukturen hinein und wirkt auf diese formell vereinheitlichend. Es entstehen all die Probleme, die seit über 15 Jahren unter dem Stichwort des kooperativen Föderalismus und der Politikverflechtungsfalle[11] in der Bundesrepublik diskutiert werden. Die Kompetenzvermischung führt zu einer diffusen Zurechnung von Verantwortlichkeiten und Zuständigkeiten, der Finanzverbund zu einer Veränderung der Präferenzbildung über die Allokation von Mitteln. Die Problemlösungsfähigkeit auf der Ebene der Mitgliedstaaten wird durch generalisierte Vorgaben vermindert. Der politische Prozess verliert weiter an Transparenz und die Bürger verlieren an Mitwirkungspotential. Die Interdependenz der Politikfelder legt eine Kompetenzausdehnung nahe, ohne doch je alle Kontingenzen kontrollieren zu können. Das Modell des zentral regulierten Nationalstaates kann für den heterogenen Staatenverbund der EU nicht zweckmäßig sein. Es erlaubt keine politisch gewollte Externalisierung von Ungleichheiten auf die Mitgliedstaaten und überlastet insbesondere die distributive Regelungsautorität der EU. Angesichts der Osterweiterung muss die Tendenz der Zuständigkeitserweiterung an den geweckten Erwartungen scheitern und an Legitimität verlieren.

---

[11] Vgl. dazu *Fritz W. Scharpf*, Die Politikverflechtungs-Falle: Europäische Integration und deutscher Föderalismus im Vergleich, in: Politische Vierteljahresschrift 26 (1985), S. 323–356.

6. Unionsbürger

Die demokratische Legitimationsschwäche der EU wird rhetorisch durch das Postulat der Bürgernähe zu kompensieren versucht. Die Entscheidungen im „Prozess der Schaffung einer immer engeren Union der Völker Europas" sollen „entsprechend dem Subsidiaritätsprinzip möglichst bürgernah getroffen werden" (Präambel EU-Vertrag). Doch weder das Subsidiaritätsprinzip noch die Bürgernähe werden in den Verträgen substanziiert. Es handelt sich um deklamatorische Formeln. Europa soll für den Bürger erfahrbar werden durch Informationen und durch konkrete Einzelleistungen, etwa durch die finanziellen Unterstützungen von Baumaßnahmen im Rahmen der Struktur- und Regionalfonds. Diesem Ziel soll auch die im Maastrichter Vertrag eingeführte Unionsbürgerschaft dienen. „Unionsbürger ist, wer die Staatsangehörigkeit eines Mitgliedstaates besitzt. Die Unionsbürgerschaft ergänzt die nationale Staatsbürgerschaft, ersetzt sie aber nicht" (Art. 17 EG-Vertrag). Die Unionsbürgerschaft leitet sich von der Staatsbürgerschaft in einem Mitgliedstaat ab und umfasst insbesondere das in die nationalen Gesetze umgesetzte Wahlrecht bei Kommunal- und Europawahlen im Wohnsitzland auch derjenigen, die dessen Staatszugehörigkeit nicht besitzen. Damit wird eine Rechtsfigur begründet, die den Übergang von den „Völkern der Mitgliedstaaten" zu einem Volk der EU einleiten könnte. Aber noch ist es nicht so weit. Die Freizügigkeitsrechte im Rahmen der Verordnungen der EG bestanden schon, ebenso das Petitionsrecht beim Europäischen Parlament. Auch der diplomatisch und konsularische Schutz durch einen anderen Mitgliedstaat der Union im Hoheitsgebiet eines dritten Landes ist keine erhebliche Neuerung.

Aber in dem Maße, in dem dem Unionsbürger Rechte zukommen, die nicht in der nationalen Gesetzgebung ihren Ursprung haben, entsteht ein supranationaler Rechtsraum für den einzelnen Staatsbürger, der sich zu einer dualen Bürgerschaft ausdehnen lässt. Ein einheitliches Wahlgesetz für die Wahlen zum Europäischen Parlament ohne Länderquoten würde die Basis für einen von den Mitgliedstaaten unabhängigen Souverän sein und damit auch die Voraussetzung für eine föderative Verfassung der EU bilden. Die gegenwärtigen Mitentscheidungsrechte des Europäischen Parlaments und die Tendenz, Mehrheitsentscheidungen im Ministerrat auszudehnen, sind andere Elemente, die in diese Richtung zeigen. Die Mitgliedstaaten verlieren ihr Entscheidungsmonopol. Sie müssen sich mit dem Parlament verständigen, können von diesem in ihrer Entscheidung blockiert werden und müssen sich einer Mehrheit der Mitgliedstaaten beugen. Im Aggregat bedeutet das einen Typenwechsel der EU. Die Unionsbürgerschaft könnte sich zu einer postnationalen Staatsbürgerschaft entwickeln, die EU auf einen Kurs der Staatsbildung ohne Nationsbildung setzen.

Prinzipiell ist die Formierung eines Volkes der EU auch ohne eine Nationsbildung denkbar. Dazu bedürfte es einer klar unterscheidbaren, verfassungsmäßigen Dualität von europäischer und nationaler Staatsbürgerschaft. Die Mitgliedstaaten müssten ihre Bürger in einen supranationalen Rechtsraum entlassen, und die EU müsste einen der nationalen Staatsbürgerschaft exklusiv vorbehaltenen Rechtsraum ausdifferenzieren. Beides widerspricht der Vorstellung von einem einheitlichen, umfassenden und abschließenden Staatsbürgerrecht. Indem die Nationalstaaten die exklusive Vertretung von Hoheitsrechten abgeben, wie dies mit der Währungshoheit schon geschehen ist, wird eine solche Entwicklung plausibel. Absehbar ist auch die Aufgabe der nationalen Wehrpflicht zugunsten einer europäischen Freiwilligenarmee. Die Erhebung von europäischen Steuern außerhalb der exklusiven Beschlussfassung der Mitgliedstaaten ist voraussehbar. Eine Ausdifferenzierung verschiedener verfassungs- und rechtsmäßig konstituierter Herrschaftsdimensionen wird zu einem Nebeneinander von Arenen staatsbürgerlicher Rechte und Pflichten führen, die nicht mehr in das Ordnungsprinzip des Nationalstaates eingebunden sind. Das aber bedeutet, dass sich die EU nicht als neuer Nationalstaat verstehen sollte. Nicht nationale Identitäten sind zu homogenisieren, sondern verschiedene Rechtskreise sind zu organisieren. Der Unionsbürger bezieht sich nicht auf tradierte nationale Solidaritäten, sondern auf einen gesatzten Rechtsstatus, auf europäische Bürgerrechte. Die EU muss sich als Nationalitätenstaat[12] verstehen, in dem nationale Interessen ohne Majorisierungsdruck verfolgt werden können. Das bedeutet die bewusste und verfassungsmäßig garantierte Freisetzung der Nationalstaaten von Konformitätspflichten gegenüber Normsetzungen, die durch Zwecke der Integration der europäischen Staaten nicht zwingend geboten sind. Damit entstehende Ungleichheiten sind zu akzeptieren. Dem Umbau der nationalstaatlichen Selbstbeschreibung muss eine entsprechende Differenzierung des Selbstverständnisses der EU als Nationalitätenstaat folgen.

These: Die Entwicklung der EU ist ein offenes Projekt. Weder in der territorialen Ausdehnung noch in der inneren Konsolidierung ist ein Ziel fixiert. Der Beitritt der ersten sechs ost- und mitteleuropäischen Staaten erfordert eine Revision der Institutionenstruktur der EU. Die folgenden Beitrittsverhandlungen mit Rumänien und Bulgarien sowie die spätere Einbindung der Balkanstaaten und der Türkei erweitern den Geltungsraum von Regulierungen der EU in Ländern mit höchst unterschiedlichen Kulturen und Entwicklungsstufen. Dies kann nur durch eine Begrenzung der Standards für die innere Homogenisierung gelingen. Ein heterogener Raum muss unterschiedliche Integrationsgrade ermöglichen und Differenzierungen vorsehen, was mit der Formel „Flexibilitätsklausel" zum Ausdruck gebracht wird. Unter diesen Aspekten wird die Binnenintegration zunächst erschwert werden. Dennoch steht sie für die be-

---

[12] Vgl. dazu *M. Rainer Lepsius,* Nationalstaat oder Nationalitätenstaat als Modell für die Weiterentwicklung der Europäischen Gemeinschaft, in: Rudolf Wildenmann (Hrsg.), Staatswerdung Europas?, Baden-Baden 1991, S. 19–40.

reits integrierten Mitgliedstaaten weiterhin zur Debatte. Dafür ist mit dem Unionsbürger ein europäischer Bürgerstatus vorgezeichnet. Dieser ist rechtlich zu konstituieren, er ist nicht durch die Berufung auf eine wie immer abgegrenzte „Wertegemeinschaft" gegeben. Auch die Wertegemeinschaft ist ein Rechtskonstrukt, wenn ihr Rechte und Pflichten und nicht nur Bekenntnisse folgen sollen. Die schon formierten Nationalstaaten bleiben die Basis des politischen Prozesses und der kulturellen Solidaritäten in Europa, denn die supranationale Organisation der EU bedarf noch der inneren Bindekraft und Legitimation, die die Nationalstaaten schon besitzen. Eine verfahrensmäßige und kategoriale Differenzierung von Verhaltensstrukturen und Erwartungsfixierungen zwischen den Nationalstaaten und der EU ist aber bereits eingetreten.

Statements der Podiumsdiskussion: Die Rechtssoziologie in der juristischen Ausbildung

Die Rechtssoziologie im Gefüge der juristischen Grundlagenfächer

Ralf Dreier

Die letzte Sitzung des hier dokumentierten Symposions war der Rechtssoziologie in der juristischen Ausbildung und im Gefüge der juristischen Grundlagenfächer gewidmet. Der folgende Text ist eine überarbeitete und erweiterte Fassung einer dazu vorgelegten Thesenreihe. Die thesenförmige Knappheit ist streckenweise erhalten geblieben. Im Mittelpunkt steht die Frage nach dem Standort der Rechtssoziologie im Zusammenhang der Grundlagenfächer, insbesondere nach ihrem Verhältnis zur Rechtstheorie und zur Rechtsphilosophie[1]. Ich beginne mit einem Überblick über die juristischen Grundlagenfächer[2].

I. Überblick

Ein grober Überblick über die Fächer, die heute im allgemeinen als juristische Grundlagenfächer gelten, läßt sich verhältnismäßig rasch gewinnen. Sinnvoll und üblich ist, sie in zwei Gruppen aufzuteilen: die historischen (rechtsgeschichtlichen) und die theoretischen Grundlagenfächer. Beide Fächergruppen überschneiden sich im Bereich der Theorie oder Philosophie der Rechtsgeschichte einerseits und der Geschichte der Rechtswissenschaft und ihrer Grundlagenfächer andererseits. Ich beschränke mich im folgenden auf die theoretischen Fächer.

---

[1] Für die diesem Text zugrunde liegende Konzeption der Rechtstheorie verweise ich generell auf *R. Alexy/R. Dreier,* The Concept of Jurisprudence, in: Ratio Juris 3 (1990), S. 1–13, sowie (auch wegen weiterer Belege) auf *R. Dreier,* Was ist und wozu Allgemeine Rechtstheorie?, Tübingen 1975 (Recht und Staat, Heft 444/445), wieder abgedruckt in: ders., Recht – Moral – Ideologie. Studien zur Rechtstheorie 1, Frankfurt/M. 1981, Kap. 1; ders., Rechtstheorie und Rechtsgeschichte, in: Rechtsdogmatik und praktische Vernunft. Symposion zum 80. Geburtstag von Franz Wieacker, hg. v. O. Behrends und R. Dreier, Göttingen 1990, S. 17–34, wieder abgedruckt in: R. Dreier, Recht – Staat – Vernunft. Studien zur Rechtstheorie 2, Frankfurt/M. 1991, Kap. 9.

[2] Die Ausdrücke „Fach" und „Disziplin" werden im folgenden synonym verwendet.

Es sind dies im wesentlichen die schon erwähnte Fächertrias Rechtsphilosophie, Rechtstheorie und Rechtssoziologie sowie die Allgemeine Staatslehre. Letztere ist eine Parallelbildung zur Allgemeinen Rechtslehre, als welche sich die Rechtstheorie im 19. Jahrhundert herausgebildet hat. Sie wirft in der Sache die gleichen Abgrenzungsprobleme auf wie diese. Vereinfacht gesagt: Die (juristische) Staatstheorie verhält sich zur Staatsphilosophie und zur Staatssoziologie bzw. politischen Soziologie wie die Rechtstheorie zur Rechtsphilosophie und zur Rechtssoziologie; oder anders ausgedrückt: Die Allgemeine Staatslehre ist eine Verdoppelung der theoretischen Grundlagendisziplinen in bezug auf den Staat. Wie die Rechtstheorie so läßt sich auch die Allgemeine Staatslehre auf sehr unterschiedliche Weise behandeln. Zu beiden Fächern gehört die Analyse der Grundbegriffe des Rechtes und des Staats; in diese Analyse können mehr oder weniger intensiv philosophische und soziologische wie historische und rechtsvergleichende Aspekte einbezogen werden. Die Allgemeine Staatslehre sei hier ebenfalls ausgeklammert. Außer Betracht bleiben weiter die Kriminologie einschließlich der Kriminalsoziologie und der Kriminalpsychopathologie sowie Fächer, die einstweilen Spezialbildungen innerhalb der genannten Fächer sind, insbesondere (ohne Anspruch auf Vollständigkeit): Rechtsanthropologie, Rechtspsychologie, Rechtslogik, juristische Linguistik, Rechtsinformatik, Gesetzgebungslehre, Verwaltungslehre. Kein eigenständiges Grundlagenfach, aber eine ergänzende Dimension aller Grundlagenfächer ist die Rechtsvergleichung.

Bemerkenswert ist, daß die ökonomischen Grundlagen des Rechts nicht zum Gegenstand einer eigenständigen juristischen Grundlagendisziplin geworden ist. Sie werden den Juristen (abgesehen von der ökonomischen Rechtsanalyse, die einstweilen nicht mehr als eine spezifische Methodenrichtung ist) teils im Rahmen der Rechtssoziologie, teils durch Spezialvorlesungen von Wirtschaftswissenschaftlern vermittelt. Ähnliches gilt für die religiösen Grundlagen des Rechts. Bis zu einem gewissen Grade sind sie als faktische Gegenstand der Rechtssoziologie (und der Religionssoziologie) und als normative Gegenstand der Rechtsphilosophie. Die Rechtstheologie hat sich als eigenständige Grundlagendisziplin nicht durchsetzen können.

Was den Begriff der juristischen Grundlagendisziplinen anbelangt, so kann erwogen werden, ihn – analog zu den Naturwissenschaften – durch die Differenz zwischen (zweckfreier) Grundlagenforschung und (zweckgebundener) angewandter Forschung zu definieren. Doch würden damit große Teile der empirischen Rechtssoziologie aus dem Bereich der Grundlagenfächer hinausdefiniert, was nicht zweckmäßig ist. Auch für die Rechtstheorie, die durch ihren Bezug auf die Rechtsdogmatik und über diese auf die Rechtspraxis definiert ist, läßt sich die Grenze zwischen grundlagen- und anwendungsorientierter Forschung schwer ziehen. Näher liegt daher, unter den juristischen Grundlagenfächern, wie ihr Name sagt, die Gesamtheit derjenigen Disziplinen zu verstehen, die sich auf die Grundlagen des Rechts und der Rechtswissenschaft richten – wobei der Grundlagenbegriff freilich zunächst nur eine Metapher ist. In der Sache läßt sich dann weiter zwischen faktischen, moralischen und begrifflichen Grundlagen unterscheiden, und es bietet sich an, dieser Grundlagentrias die Fächertrias Rechtssoziologie, Rechtsphilosophie und Rechtstheorie zuzuordnen. Das ist aber, wie zu zeigen sein wird, eine grobe Vereinfachung.

II. Abgrenzungen und Überschneidungen

1. Problemstellung

Im folgenden soll es, wie gesagt, hauptsächlich um das Verhältnis der Rechtssoziologie zur Rechtstheorie und zur Rechtsphilosophie gehen. Die damit verbundenen Probleme liegen zunächst einmal darin, daß sich diese Fächer sachlich überschneiden und eine befriedigende Abgrenzung zwischen ihnen bisher nicht gelungen ist. Dabei könnte man es bewenden lassen, zumal die Abgrenzungsfragen in der Lehr- und Forschungspraxis in der Regel relativ problemlos durch subjektive und pragmatische Schwerpunktsetzungen gelöst werden. In einer Zeit knapper Finanzen und härter werdender Verteilungskämpfe auch an den Universitäten ist es aber nicht sehr glücklich, wenn sich die Vertreter von Fächern, die ohnehin unter dem Verdacht stehen, „Orchideenfächer" zu sein, über die Abgrenzungen ihrer Fächer nicht einig sind; dies um so mehr, als sich fragt, ob die Rechtsphilosophie und die Rechtssoziologie, sofern sie, wie ihre Namen nahelegen, philosophische bzw. soziologische Disziplinen sind, überhaupt an die juristischen Fakultäten gehören. Zumindest dies steht für die Rechtstheorie außer Streit. Als juristische Theorie der Grundbegriffe des Rechts und der Rechtswissenschaft ist sie definitionsgemäß eine juristische Disziplin. Aber bedarf es eigener Lehrstühle für sie? Und zusätzlicher Lehrstühle für Rechtsphilosophie und Rechtssoziologie? Ist die Rechtswissenschaft überhaupt philosophie- und soziologiebedürftig? Können Studierende, die sich für Rechtsphilosophie und Rechtssoziologie interessieren, nicht auf entsprechende Lehrveranstaltungen an den Nachbarfakultäten verwiesen werden? Das würde voraussetzen, daß an ihnen, also an den philosophischen und soziologischen Fakultäten, ein entsprechendes Lehrangebot gewährleistet ist. Davon kann aber ebenso wenig die Rede sein wie von einem voll ausgebildeten Lehrangebot in den Rede stehenden Fächern an den juristischen Fakultäten. Hinter der scheinbar akademischen Frage nach angemessenen Fächerabgrenzungen verbirgt sich also ein ganzes Bündel wissenschaftstheoretischer, fächerpolitischer und ausbildungspraktischer Fragen.

Einige kursorische Bemerkungen zur Fächergeschichte mögen die Problemstellung verdeutlichen[3]. Die Rechtsphilosophie war von Platon und Aristoteles bis zu Kant und Hegel ein Zweig der praktischen Philosophie und als solcher eine außerjuristische Disziplin[4]. Doch arbeitete sie der Jurisprudenz seit deren Anfängen in Grundlagenfragen zu, nicht nur in Fragen ihrer logischen, anthropologischen und moralischen, sondern ansatzweise auch ihrer gesellschaftlichen Grundlagen. Erst im 18. Jahrhundert faßte sie, in Gestalt von Naturrechtslehrstühlen, auch an den juristischen Fakultäten Fuß. Nach Hegel zog sich die Fachphilosophie, im Zuge des aufkommenden Relativismus und der zunehmenden Konzentration philosophischer Forschung auf Fragen der Erkenntnis- und der Wissenschaftstheorie, für rund 150 Jahre fast völlig von der Rechtsphilosophie zurück. Sie überließ sie den Juristen, von denen sie in der Regel neben einem dogmatischen Fach, als Freizeit- und „Sonntagsphilosophie", betrieben wurde. Erst seit einigen Jahrzehnten läßt sich auf breiter Front eine Rückwendung der Fachphilosophie zur Rechtsphilosophie beobachten[5].

Die Rechtstheorie, als eine von der Rechtsphilosophie verschiedene Disziplin, hat sich im 19. Jh., zunächst unter wechselnden Bezeichnungen (allgemeine Rechtswissenschaft, juristische Elementarlehre, juristische Prinzipienlehre, Allgemeine Rechtslehre u.ä.), als allgemeiner Teil der Rechtswissenschaft herausgebildet[6]. In ihrer ursprünglichen, exemplarisch von Savigny begründeten Gestalt richtete sie sich auf die systematischen Grundlagen des Rechts und der Rechtswissenschaft überhaupt, also auf die logischen und methodischen ebenso wie auf die dem Recht immanenten moralischen und die für sein Verständnis wichtigen gesellschaftlichen Grundlagen. Da etwa gleichzeitig die Rechtsphilosophie von den Philosophen auf die Juristen überging, kam es an den juristischen Fakultäten zu einem Nebeneinander, teilweise auch Gegeneinander von Juristen-Rechtsphilosophie und Rechtstheorie. Das Gegeneinander erklärt sich daraus, daß die Rechtstheorie zeitweise unter den Einfluß des Rechtspositivismus geriet und sich als Theorie juristischer Grundbegriffe unter Ausklammerung des Gerechtigkeitsproblems definierte. Doch hat sich diese Verengung,

---

[3] Zur Geschichte des Systems der juristischen Disziplinen vgl. *J. Schröder*, Wissenschaftstheorie und Lehre von der „praktischen Jurisprudenz" auf den deutschen Universitäten an der Wende zum 19. Jahrhundert, Frankfurt/M. 1979, S. 99 ff.; *A. Brockmöller*, Die Entstehung der Rechtstheorie im 19. Jahrhundert in Deutschland, Baden-Baden 1997, bes. S. 21 ff. und 137 ff.

[4] Als noch immer beste problemgeschichtliche Darstellung der Geschichte der Rechtsphilosophie vgl. *H. Welzel*, Naturrecht und materiale Gerechtigkeit, 4. Aufl. Göttingen 1962 (2. Nachdruck 1990).

[5] Vgl. exemplarisch *J. Rawls*, Eine Theorie der Gerechtigkeit (1971), dt. Ausg. Frankfurt/M. 1975; *O. Höffe*, Politische Gerechtigkeit. Grundlegung einer kritischen Philosophie von Recht und Staat, Frankfurt/M. 1987; *J. Habermas*, Faktizität und Geltung. Beiträge zur Diskurstheorie des Rechts und des demokratischen Rechtsstaats, Frankfurt/M. 1992.

[6] Dazu und zum folgenden die oben Fn. 1 genannten Schriften sowie zur Geschichte insbes. *A. Brockmöller* aaO. (oben Fn. 3).

wie auch andere Verengungstendenzen, namentlich solche im Zeichen eines restriktiven Wissenschaftsbegriffs, nicht durchzusetzen vermocht. Im übrigen hat sich die Rechtstheorie, sieht man von ihrer normativen Dimension ab, seit der zweiten Hälfte des 19. Jahrhunderts in der Zweigleisigkeit analytischer und „realistischer", d.h. soziologischer und psychologischer Richtungen entwikkelt, von denen letztere der sich etablierenden Rechtssoziologie wichtige Impulse vermittelt haben.

Die Rechtssoziologie ist – von Vorläufern abgesehen – erst im 20. Jahrhundert zu den juristischen Grundlagendisziplinen hinzugetreten[7]. Sie hat sich historisch teils innerhalb, teils außerhalb der Rechtswissenschaft herausgebildet und wird heute, wie eingeschränkt auch immer, sowohl an juristischen wie an sozialwissenschaftlichen Fakultäten betrieben. Als theoretische Rechtssoziologie ist sie ein integrierender Bestandteil der allgemeinen theoretischen Soziologie, als empirische Rechtssoziologie eine von mehreren Spezialsoziologien. Die „soziologische Jurisprudenz", wie sie Anfang des 20. Jahrhunderts von Eugen Ehrlich, Roscoe Pound und anderen begründet worden ist, ist der Sache nach ein Zweig der Rechtstheorie. Mit „Rechtstatsachenforschung" sind ihrer urprünglichen, 1914 von Arthur Nußbaum begründeten Konzeption nach von Juristen angeregte und im Zweifel auch durchgeführte empirische Forschungen im Bereich des Privatrechts gemeint; heute wird der Ausdruck meist gleichbedeutend mit empirischer Rechtssoziologie verwendet. Im Zentrum der hier interessierenden Fächerabgrenzungen steht die Frage, wie sich soziologische Rechtstheorien, z.B. die Max Webers, Theodor Geigers und Niklas Luhmanns, zur (juristischen) Rechtstheorie und zur Rechtsphilosophie verhalten.

2. *Abgrenzungen*

Die vielfältigen Versuche, Rechtsphilosophie, Rechtstheorie und Rechtssoziologie voneinander abzugrenzen, sollen hier nicht im einzelnen dargestellt und erörtert werden[8]. Zu allgemein akzeptierten Ergebnissen haben sie bisher nicht geführt. Die Abgrenzung nach dem Gegenstand steht vor der Schwierigkeit, daß alle drei Fächer das Recht und die Rechtswissenschaft in einem weiten Sinne zum Gegenstand haben. Die Abgrenzung nach der Methode ist mit dem Befund konfrontiert, daß es *die* rechtstheoretische Methode ebenso wenig gibt

[7] Zur Geschichte der Rechtssoziologie vgl. die unten Fn. 9 genannten Lehrbücher.

[8] Vgl. zum folgenden z.B. *H. Rottleuthner*, Rechtstheorie und Rechtssoziologie, Freiburg/München 1981, S. 13 ff., und die einschlägigen Abschnitte in den unten Fn. 9 genannten Lehrbüchern und Einführungen, jeweils m.w. N. Als noch immer instruktive Sammelbände s.a. *G. Jahr/W. Maihofer* (Hg.), Rechtstheorie. Beiträge zur Grundlagendiskussion, Frankfurt/M. 1971; *A. Kaufmann* (Hg.), Rechtstheorie. Ansätze zu einem kritischen Rechtsverständnis, Karlsruhe 1971; *W. Maihofer* (Hg.), Begriff und Wesen des Rechts, Darmstadt 1973; *G. Roellecke* (Hg.), Rechtsphilosophie oder Rechtstheorie?, Darmstadt 1988.

wie *die* rechtsphilosophische und *die* rechtssoziologische. Zwar kann man gegenständlich zwischen faktischen, moralischen und begrifflichen Grundlagen des Rechts und der Rechtswissenschaft und nach dem Status der auf sie gerichteten Aussagen zwischen empirischen, normativen und analytischen Aussagensystemen sowie ihnen primär zugeordneten Methoden unterscheiden. Doch erlaubt dies lediglich disziplinäre Schwerpunktangaben, die zudem oft ein verengtes Fachverständnis bekunden; so etwa, wenn die Rechtstheorie als eine *nur* analytische, die Rechtsphilosophie als eine *nur* normative und die Rechtssoziologie als eine *nur* empirische Disziplin charakterisiert wird. Ich verweise dazu auf die vorstehenden Bemerkungen zur Fächergeschichte.

Auch Versuche, die in Rede stehenden Fächer als Handlungssysteme voneinander abzugrenzen, führen zu wenig befriedigenden Ergebnissen. Was ihre Struktur betrifft, so kommen als Indikatoren ihrer Institutionalisierung in Betracht: Lehrveranstaltungen (deren Selbstbezeichnung freilich irreführend sein kann), Lehrbücher, Fachkonferenzen, Fachvereinigungen, Fachzeitschriften, Lehrstühle, Institute, ausbildungsrechtliche Verankerungen u.ä. Diese Indikatoren sind bei den hier interessierenden Disziplinen in unterschiedlichem Maße erfüllt. Ich beschränke mich auf einige Hinweise auf den deutschsprachigen Bereich. Am deutlichsten ist für alle drei Fächer das Kriterium der Lehrbuchreife erfüllt[9]. Ein uneinheitliches Bild ergibt sich auf der Ebene der Fachvereinigungen und Fachzeitschriften[10]. Durchweg unzureichend ist die Ausstattung der Rechtssoziologie wie der Rechtsphilosophie und der Rechtstheorie in Ge-

---

[9] Vgl. z.B. für die Rechtsphilosophie: *A. Kaufmann*, Rechtsphilosophie, 2. Aufl. Frankfurt/M. 1998; *St. Smid*, Einführung in die Philosophie des Rechts, München 1991; *K. Seelmann*, Rechtsphilosophie, München 1994; *R. Zippelius*, Rechtsphilosophie, 4. Aufl. München 1994; für die Rechtstheorie: *K. Adomeit*, Rechtstheorie für Studenten, 3. Aufl. Heidelberg 1990; *P. Koller*, Theorie des Rechts, Wien u.a. 1992; *K. F. Röhl*, Allgemeine Rechtslehre, Köln u.a. 1994; zur Überschneidung von Rechtsphilosophie und Rechtstheorie: *A. Kaufmann/W. Hassemer* (Hg.), Einführung in die Rechtsphilosophie und Rechtstheorie der Gegenwart, 6. Aufl. Heidelberg 1996; für die Rechtssoziologie: *E. Blankenburg*, Mobilisierung des Rechts. Eine Einführung in die Rechtssoziologie, Berlin u.a. 1995; *N. Luhmann*, Rechtssoziologie, 3. Aufl. Opladen 1987 (Nachdruck 1998); *Th. Raiser*, Das lebende Recht. Rechtssoziologie in Deutschland, 2. Aufl. von Rechtssoziologie. Ein Lehrbuch, Baden-Baden 1995; *M. Rehbinder*, Rechtssoziologie, 3. Aufl. Berlin 1993; *K. F. Röhl*, Rechtssoziologie. Ein Lehrbuch, Köln u.a. 1987; *H. Rottleuthner*, Einführung in die Rechtssoziologie, Darmstadt 1987.

[10] Auf ihr ist die Ausdifferenzierung der Rechtsoziologie weiter fortgeschritten als die der Rechtstheorie im Verhältnis zur Rechtsphilosophie. So gibt es in Deutschland neben der Sektion Rechtssoziologie in der Deutschen Vereinigung für Soziologie die 1975 gegründete Vereinigung für Rechtssoziologie, nicht aber eine Vereinigung für Rechtstheorie. Wichtigster Fachverband sowohl für die Rechtsphilosophie als auch für die Rechtstheorie ist nach wie vor die 1909 gegründete (seit 1959 in nationale Sektionen aufgegliederte) Internationale Vereinigung für Rechts- und Sozialphilosophie (IVR). Im Fachorgan der IVR, dem Archiv für Rechts- und Sozialphilosophie (seit 1907), finden sich neben rechts- und sozialphilosophischen auch rechtstheoretische und rechtssoziologische Beiträge. Das gilt auch für die 1970 gegründete Zeitschrift „Rechtstheorie" (Untertitel: „Zeitschrift für Logik, Methodenlehre, Kybernetik und Soziologie des Rechts"; seit 1999: „Zeitschrift für Logik und Juristische Methodenlehre,

stalt von Lehrstühlen und Instituten. Unterentwickelt ist daher auch der Grad der Professionalisierung dieser Fächer. Sie bleibt, jedenfalls in Deutschland, weitgehend der Eigeninitiative einzelner Forscher überlassen. Interessant wären empirische Erhebungen zu einschlägigen Lehrveranstaltungen[11], die auch die philosophischen und sozialwissenschaftlichen Fakultäten einzubeziehen hätten. Und selbstverständlich wären für alle Indikatoren internationale Vergleiche wünschenswert.

Wie die Struktur so bietet auch die Funktion der Fächer nur vage Abgrenzungskriterien. Immerhin findet sich dazu ein interessanter Anknüpfungspunkt bei Luhmann[12]. Danach besteht die Funktion der Rechtstheorie in der Selbstreflexion des Rechtssystems. Das ist plausibel, legt aber ein usurpatorisches Verständnis dieses Fachs nahe. Denn in jener Funktion ist die Rechtstheorie zugleich eine Grenzpostendisziplin, der es obliegt, nachbarwissenschaftliche Erkenntnisse, auch philosophische und soziologische, auf ihre Bedeutung für die Rechtsdogmatik und die Rechtspraxis zu überprüfen. Für die Rechtsphilosophie und die Rechtssoziologie, soweit sie von und für Juristen und daher im Zweifel im juristischen Erkenntnisinteresse betrieben werden, stellt sich dann die Frage, ob sie nicht in Wahrheit als Unterabteilungen der Rechtstheorie in ihrer philosophischen bzw. soziologischen Dimension aufzufassen sind. Allerdings kann die Rechtstheorie in diesem Sinne heute nur noch arbeitsteilig betrieben werden, und für diejenigen Abteilungen, denen die Aufarbeitung philosophischer und soziologischer Forschungsergebnisse obliegt, bieten sich dann doch wieder die herkömmlichen Namen Rechtsphilosophie und Rechtssoziologie an – ganz abgesehen von der Frage nach der Funktion dieser Fächer an den philosophischen bzw. soziologischen Fakultäten.

Im übrigen verdient an dieser Stelle bemerkt zu werden, daß Luhmanns Funktionsbestimmung der Rechtstheorie eine einleuchtende Antwort auf die Frage nach der Autonomie der Rechtswissenschaft einerseits und ihrer Philosophie- und Soziologiebedürftigkeit andererseits bereithält. Die Rechtswissenschaft würde ihrer Aufgabe, juristisches Entscheiden anzuleiten, nicht gerecht werden, wenn sie sich von Informationen aus anderen Wissenschaftsbereichen

---

Rechtsinformatik, Kommunikationsforschung, Normen- und Handlungstheorie, Soziologie und Philosophie des Rechts"). Daneben existiert seit 1980 die „Zeitschrift für Rechtssoziologie".

[11] Eine grob operationalisierte Auswertung der Vorlesungsverzeichnisse juristischer Fakultäten bzw. Fachbereiche in der (alten) Bundesrepublik, die sich auf die in Rede stehenden Fächer bezieht und den Zeitraum vom WS 1972/73 bis zum SS 1974 (insgesamt vier Semester) umfaßt, findet sich in Fußnote 1 meiner Göttinger Antrittsvorlesung „Was ist und wozu Allgemeine Rechtstheorie?" (oben Fn. 1).

[12] Vgl. *N. Luhmann*, Rechtstheorie im interdisziplinären Zusammenhang, in: *ders.*, Ausdifferenzierung des Rechts. Beiträge zur Rechtssoziologie und Rechtstheorie, Frankfurt/M. 1981, Kap. 9; *ders.*, Systemtheoretische Beiträge zur Rechtstheorie, ebd. Kap. 10; *ders.*, Das Recht der Gesellschaft, Frankfurt/M. 1991, Kap. 1.

abkoppeln würde. Aber sie entscheidet selbst darüber, welche Informationen für sie relevant sind. In diesem Sinne sind die Rechtswissenschaft und das Rechtssystem autonom.

Zurück zu den Abgrenzungsversuchen: Ihre bislang eher skeptisch stimmende Bilanz darf nicht darüber hinwegtäuschen, daß sich Rechtstheorie, Rechtsphilosophie und Rechtssoziologie, unbeschadet aller Überschneidungen, nicht nur durch zentrale Lehr- und Forschungsmaterien, sondern auch durch ihren konzeptuellen Zugriff auf den Gegenstandsbereich Recht unterscheiden. Exemplarisch läßt sich dies an der Differenz zwischen juristischen, soziologischen und philosophischen Fassungen des Rechtsbegriffs zeigen[13]. Juristische Rechtsbegriffe, z.B. die Radbruchs und Kelsens, beruhen im Zweifel auf der Teilnehmerperspektive des Juristen, vor allem der des Richters; sie definieren das Recht daher im wesentlichen als Gesamtheit von Normen, nach denen Fälle entschieden werden sollen. Demgegenüber ist für soziologische Rechtsbegriffe, z.B. die Max Webers und Theodor Geigers, im Zweifel eine Beobachterperspektive konstitutiv, in der das Recht als eine sozial wirksame Normenordnung erscheint, etwa als eine solche, die von einem Sanktionierungsstab tatsächlich gehandhabt wird[14]. Philosophische Rechtsbegriffe schließlich, z.B. die Kants und Hegels, sind in der Regel dadurch charakterisiert, daß sie das Recht in den Kontext universaler Deutungssysteme stellen und etwa durch die Idee der Kompatibilität individueller Freiheitssphären oder als System verwirklichter Freiheit definieren.

Recht kann also in verschiedenen Hinsichten zum Objekt wissenschaftlicher Forschung werden, und mir scheint, daß darin der noch immer sinnvollste Ansatz der Fächerabgrenzung liegt. In der Tat läßt sich die generelle These vertreten, daß sich wissenschaftliche Disziplinen durch die Institutionalisierung spezifischer Forschungsaspekte bilden. Institutionalisierte Forschungsaspekte oder, wie man auch sagen kann, objektive Erkenntnisinteressen beruhen auf Konventionen der Forschergemeinschaft, die festlegen, in welchen Hinsichten ein Gegenstandsbereich im allgemeinen tatsächlich erforscht wird und sinnvollerweise erforscht werden sollte[15] – im Unterschied zu den subjektiven Interes-

---

[13] Vgl. dazu (auch wegen einzelner Definitionsbeispiele) *R. Alexy*, Begriff und Geltung des Rechts, 2. Aufl. Freiburg/München 1994, sowie *R. Dreier*, Der Begriff des Rechts, NJW 1986, S. 890–896, wieder abgedruckt in *ders.*, Recht – Staat – Vernunft, Frankfurt/M. 1991, Kap. 4.

[14] Im Überschneidungsbereich zwischen der juristischen und der soziologischen Perspektive liegen Voraussagedefinitionen des Rechts, z.B. die Oliver Wendell Holmes', wonach das Recht dadurch definiert ist, was die Gerichte voraussichtlich tun werden. Ihnen ist die Perspektive des Rechtsanwalts zuzuordnen, insofern dieser seine Mandanten über die Erfolgsaussichten eines Prozesses zu informieren hat; aber auch der Anwalt muß die Perspektive des Richters einnehmen, wenn er beurteilen will, ob es sinnvoll ist, in einer bestimmten Sache einen Musterprozeß zur Klärung einer streitigen Rechtsfrage oder zur Änderung einer bestehenden Rechtsprechung durchzuführen.

[15] Zum Begriff der Forschungshinsicht als eines Instruments des Theorienvergleichs s. *K.*

sen einzelner Forscher, denen sie nach Belieben nachgehen können, soweit sie genügend Zeit und Geld haben und bereit sind, die Sanktionen zu tragen, die auf der Verfolgung „abwegiger" Interessen liegen. Legt man den Begriff des objektiven Erkenntnisinteresses zugrunde, so bieten sich folgende Definitionen an, die einen teils feststellenden und teils festsetzenden Charakter haben: Die Rechtsphilosophie ist eine philosophische Disziplin, weil und soweit ihr ein philosophisches Erkenntnisinteresse, die Rechtstheorie eine juristische Disziplin, weil und soweit ihr ein juristisches Erkenntnisinteresse, die Rechtssoziologie eine soziologische Disziplin, weil und soweit ihr ein soziologisches Erkenntnisinteresse im allgemeinen tatsächlich zugrunde liegt und sinnvollerweise zugrunde liegen sollte. Das philosophische Erkenntnisinteresse läßt sich dann weiter dadurch kennzeichnen, daß es sich auf die Erforschung des Rechts und der Rechtswissenschaft als Teilbereiche der Wirklichkeit im ganzen, das juristische dadurch, daß es sich auf die Erforschung des Rechts und der Rechtswissenschaft als Einrichtungen zur Ermöglichung juristischen, vor allem richterlichen Entscheidens, das soziologische dadurch, daß es sich auf die Erforschung des Rechts und der Rechtswissenschaft als Teilbereiche der gesellschaftlichen Wirklichkeit richtet.

Das sind, wie auf der Hand liegt, „weiche" Definitionen, die Überschneidungen einschließen, sich aber gerade dadurch als adäquat erweisen. Ihre Vagheit liegt zum einen in der Vagheit des Begriffs des objektiven Erkenntnisinteresses und seiner Konkretisierungen (über deren obige Kennzeichnung man streiten mag), zum anderen darin, daß objektive Erkenntnisinteressen aussagensystemexterne Abgrenzungskriterien mit nur mittelbar aussagensysteminternen Konsequenzen sind. M.a.W.: Einem einzelnen Aussagensystem, z.B. einem Aufsatz oder einer Monographie, ist es „von außen" nicht notwendig anzusehen, welches Forschungsinteresse ihm zugrunde liegt. Doch wirkt sich in der Gesamtheit der Aussagensysteme, die innerhalb einer Disziplin als Handlungssystem erzeugt werden, das sie leitende Erkenntnisinteresse im Zweifel auch inhaltlich aus, etwa in der Bestimmung der einschlägigen Grundbegriffe, der Auswahl und Akzentuierung von Materien und Problemen, aber auch z.B. im Referenzschrifttum u.ä. Empirische Untersuchungen hierzu wären interessant.

O. Hondrich, Entwicklungslinien und Möglichkeiten eines Theorienvergleichs, in: *R. M. Lepsius* (Hg.), Zwischenbilanz der Soziologie, Verhandlungen des 17. Deutschen Soziologentags (1974), Stuttgart 1976, S. 14–36; *R. Klima*, Theorienpluralismus in der Soziologie, in: *A. Diemer* (Hg.), Der Methoden- und Theorienpluralismus in den Wissenschaften, Meisenheim am Glan 1971, S. 198–219; *R. Dreier*, Reine Rechtslehre und marxistische Rechtstheorie. Aspekte eines Theorienvergleichs, in: Reine Rechtslehre und marxistische Rechtstheorie, Schriftenreihe des Hans Kelsen-Instituts Bd. 3, Wien 1987, wieder abgedruckt in: *ders.*, Recht – Moral – Ideologie (oben Fn. 1), Kap. 8.

Gegen die Qualifikation der Rechtsphilosophie als einer philosophischen und der Rechtssoziologie als einer soziologischen Disziplin kann eingewendet werden, beide seien *sowohl* philosophische bzw. soziologische *als auch* juristische Disziplinen. Sofern damit gemeint ist, daß beide sowohl an den juristischen als auch den philosophischen bzw. soziologischen Fakultäten sinnvoll betrieben werden können, ist dagegen nicht nur nichts zu erinnern, sondern im Gegenteil zu betonen, daß dies um des systematischen Zusammenhangs der Forschungsaspekte willen wünschenswert ist. Allerdings verdeckt die Doppelnaturthese das eigentliche Abgrenzungs- und das mit ihm verbundene Kompetenzproblem. Gewiß verlangen beide Disziplinen idealerweise eine Doppelkompetenz. Realistischer ist die Annahme, daß die Rechtstheorie eine im Schwerpunkt juristische, die Rechtsphilosophie eine im Schwerpunkt philosophische und die Rechtssoziologie eine im Schwerpunkt soziologische Kompetenz erfordert. Ob die Rechtsphilosophie und die Rechtssoziologie, soweit sie von und für Juristen betrieben werden, der Sache nach eher der Rechtstheorie zuzuordnen sind, ist zweitrangig und nach dem jeweils dominierenden Interesse zu beantworten.

3. Überschneidungen

Einige Bemerkungen noch zu den erwähnten Überschneidungen. Im Verhältnis von Rechtsphilosophie und Rechstheorie gehen sie so weit, daß eine systematische Vorlesung Rechtsphilosophie auch unter dem Namen Rechtstheorie gehalten werden kann und umgekehrt. Freilich gebietet die Stoffülle Aufteilungen. Faustformelartig läßt sich sagen, daß zur Rechtsphilosophie die Geschichte ihrer selbst und die Rechtsethik, zur Rechtstheorie die Theorie juristischer Grundbegriffe, die juristische Methodenlehre und die Theorie der Rechtswissenschaft gehören. Rechtsphilosophie kann aber auch als Analyse rechtlicher Grundbegriffe und Rechtslogik betrieben werden. Umgekehrt gehören in eine Vorlesung Rechtstheorie, entgegen positivistischen Verengungen, Analysen des Gerechtigkeitsbegriffs und die Präsentation normativer Theorien der Gerechtigkeit. Die „großen" Grundbegriffe des Rechts und der Rechtswissenschaft – objektives und subjektives Recht, Rechtsgeltung, Gerechtigkeit, Legitimität, Rechtsnorm, Rechtssystem, Rechtsanwendung, Rechtsfortbildung – sind gleichermaßen Themen der Rechtstheorie wie der Rechtsphilosophie.

Was das Verhältnis von Rechtstheorie und Rechtssoziologie anbelangt, so seien zunächst einige Materien benannt, die für die Rechtssoziologie spezifisch sind. Es sind dies, neben der Geschichte des Fachs, namentlich die Methoden empirischer Sozialforschung und die Themen der empirischen Rechtssoziologie, also Effektivitätsforschung, Zugang zum Recht, Alternativen zum Recht, Soziologie juristischer Berufe, Entscheidungssoziologie usw. Hinzu kommt die Anwendung allgemein-soziologischer Begriffe und Methoden auf eine bestimmte Gesellschaft, z.B. die Erforschung der „Rechtskultur der Bundesrepublik“[16]. Dagegen bestehen zwischen den Materien der (allgemeinen) theoretischen Rechtssoziologie und der Rechtstheorie weitgehende Überschneidungen. Auch hier gilt, daß die „großen“ Themen – Begriff und Geltung des Rechts, Legitimation des Rechts, Rechtsnorm, Funktionen des Rechts, Evolution des Rechts, Struktur des Rechtssystems – sowohl solche der Rechtssoziologie wie der Rechtstheorie sind. In der Tat ist schwer denkbar, Rechtstheorie als allgemeine juristische Theorie des Rechts und der Rechtswissenschaft zu behandeln, ohne soziologische Theorien des Rechts und der Rechtswissenschaft einzubeziehen.

Auch im Verhältnis von Rechtssoziologie und Rechtsphilosophie gibt es Überschneidungen. Das liegt für die geschichtsphilosophisch inspirierte kritische Rechtssoziologie marxistischer und neomarxistischer Provenienz ebenso auf der Hand wie für die anthropologisch fundierten Institutionentheorien z.B. Arnold Gehlens und Hans Schelskys[17]. Generell greift die Rechtssoziologie überall dort, wo sie, gestützt auf die allgemeine Soziologie, eine „Schlüsselattitüde“, d.h. eine zeitdiagnostische Kompetenz beansprucht, in traditionelle Reservate der Rechts- und Sozialphilosophie ein. In diesem Sinne ist heute nicht zuletzt die Systemtheorie Niklas Luhmans eine Herausforderung an die Rechtsphilosophie[18]. Eine instruktive, an Kant angelehnte Problemformulierung hierzu findet sich bei Jürgen Habermas: „Ohne den Blick auf das Recht als empirisches Handlungssystem bleiben die philosophischen Begriffe leer. Soweit sich aber die Rechtssoziologie auf den objektivierenden Blick von außen versteift und gegenüber dem nur intern zugänglichen Sinn der symbolischen Dimension unempfindlich ist, gerät umgekehrt die soziologische Anschauung in Gefahr, blind zu bleiben“[19].

Anspruchsloser und zusammenfassend formuliert: Systematische Vorlesungen zur Rechtstheorie wie zur Rechtsphilosophie und Rechtssoziologie sind an herausgehobener Stelle mit Begriffen und Problemen konfrontiert, die sachgemäß nur in der Kombination juristischer, philosophischer und soziologischer Aspekte behandelt werden können. In ihnen geht es im Kern um die adäquate Bestimmung von Elementen der autoritativen Gesetztheit, der materialen Richtigkeit und der sozialen Wirksamkeit von Normen und Normensystemen.

---

[16] Dazu z.B. *Th. Raiser*, Das lebende Recht (oben Fn. 9), Teil 4.

[17] Als polemische Zuspitzung der damit verbundenen Kontroversen vgl. *Hans Schelskys* Konzept einer „Anti-Soziologie“ in: *ders.*, Die Arbeit tun die anderen. Klassenkampf und Priesterherrschaft der Intellektuellen, Opladen 1975, S. 256 ff.

[18] Vgl. dazu als inzwischen klassische Kontroverse *J. Habermas/N. Luhmann*, Theorie der Gesellschaft oder Sozialtechnologie – Was leistet die Systemforschung?, Frankfurt/M. 1971; ergänzend: *Adorno/Albert/Dahrendorf/Habermas/Pilot/Popper*, Der Positivismusstreit in der deutschen Soziologie, Frankfurt/M. 1969.

[19] *J. Habermas*, Faktizität und Geltung (oben Fn. 5), S. 90.

Alle drei Elemente sind für das Recht konstitutiv, und alle drei hier erörterten Fächer tragen aus ihrem Blickwinkel zu dieser Verhältnisbestimmung bei. Auch wenn die Rechtstheorie beanspruchen kann, theoretische Grundlagendisziplin der Rechtswissenschaft par excellence zu sein, so läßt sie sich doch in der Praxis nur arbeitsteilig betreiben, und im Interesse einer fruchtbaren Arbeitsteilung sollten alle drei in Rede stehenden Fächer an den juristischen Fakultäten in Lehre und Forschung vertreten sein.

III. Die Grundlagenfächer im Rechtsunterricht

Aspekte des Rechtsunterrichts sind vorstehend bereits mehrfach zur Sprache gekommen. Hier seien nur noch einige Gesichtspunkte nachgetragen[20]. Zunächst ist festzustellen, daß die Fächer Rechtstheorie, Rechtsphilosophie und Rechtssoziologie, in wechselnden Kombinationen, heute in den meisten Bundesländern auch ausbildungsrechtlich festgeschrieben sind. In einem auffälligen Gegensatz dazu stehen ihre unzureichende institutionelle Ausstattung und ihre mangelhafte Präsenz im Lehrbetrieb. Reine Grundlagenlehrstühle sind die Ausnahme. Anfang der siebziger Jahre hatte die Konferenz der Länderjustizminister empfohlen, an allen juristischen Fakultäten Lehrstühle für Rechtsphilosophie, Rechtstheorie und Rechtssoziologie zu errichten. Spätestens bei der Zweitbesetzung sind die meisten dieser Lehrstühle, soweit sie überhaupt errichtet wurden, in solche für ein Grundlagenfach in Verbindung mit einem dogmatischen Fach umgewidmet worden – in der Regel aus prüfungspraktischen Gründen. Andere sind im Zuge von Sparmaßnahmen entfallen.

Was die Verbindung mit einem dogmatischen Fach betrifft, so ist neben die traditionelle Kombination Strafrecht und Rechtsphilosophie heute in etwa gleichgewichtig die Kombination Öffentliches Recht und Rechtsphilosophie getreten. Seltener ist die Kombination Privatrecht und Rechtsphilosophie (im Unterschied zu der im Gefolge der Historischen Rechtsschule stehenden Kombination Privatrecht und Rechtsgeschichte). Eher vereinzelt sind die Kombinationen Privatrecht und Juristische Methodenlehre oder (in der Tradition der Rechtstatsachenforschung) Privatrecht und Rechtssoziologie. Ob statt der Bezeichnung „Rechtsphilosophie" der Name „Rechtstheorie" gewählt wird, scheint weithin beliebig zu sein. Auch Fächerbezeichnungen haben ihre Konjunkturen. Während in den siebziger Jahren bei der Vergabe von Lehrbefugnissen und der Benennung von Lehrstühlen der Name „Rechtstheorie" Konjunktur hatte (weil er Wissenschaftlichkeit und Nähe zur Jurisprudenz insinuierte),

---

[20] Zur Entwicklung der Debatte vgl. *R. Dreier*, Arbeitstagung „Probleme des rechtssoziologischen Unterrichts für Studenten der Rechtswissenschaft (Bericht), JZ 1975, S. 450 f.; *ders.*, Wahlfachgruppe Rechtsphilosophie und Rechtssoziologie, Jura 1984, S. 524–529.

scheint heute im Zweifel wieder der altehrwürdige Name „Rechtsphilosophie“ bevorzugt zu werden. Die Rechtssoziologie befindet sich in einer allgemeinen Baisse. Ein regelmäßiges Lehrangebot in allen drei Fächern ist gegenwärtig m.W. an keiner juristischen Fakultät gewährleistet. Diese Bemerkungen beruhen auf „teilnehmender Beobachtung“. Auch dazu wären empirische Untersuchungen wünschenswert.

Nicht vergessen werden sollte, daß grundlagenfachliches Wissen bis zu einem gewissen Grade auch in rechtsdogmatischen Vorlesungen und Lehrbüchern vermittelt wird. Das gilt besonders für die Allgemeinen Teilen des Privat-, des Straf- und des Verwaltungsrecht und innerhalb ihrer vor allem für die Lehrstücke Grundbegriffe, Rechtsquellen und Methoden[21]. In den Besonderen Teilen dieser Rechtsgebiete werden nicht selten auch Ergebnisse der Rechtstatsachenforschung (für das Strafrecht: der Kriminologie; für das Verwaltungsrecht: der Verwaltungslehre) mitgeteilt. Doch macht dies die Grundlagenfächer im Rechtsunterricht nicht entbehrlich. Im Gegenteil: Ihre Bedeutung wächst, je mehr der positive Rechtsstoff expandiert und die zunehmende Komplexität moderner Rechts- und Gesellschaftssysteme wachsende Orientierungsprobleme erzeugt. Zu warnen ist allerdings vor einer Flucht in die Grundlagenfächer aus Unbehagen an der Rechtsdogmatik. Ein guter Jurist ist nur, wer die Rechtsdogmatik beherrscht. Ein besserer Jurist ist, wer zudem über ein solides Grundlagenwissen verfügt.

Im Interesse einer gründlichen Juristenausbildung sollte an allen juristischen Fakultäten ein regelmäßiges Lehrangebot in Rechtstheorie, Rechtsphilosophie und Rechtssoziologie gewährleistet sein. Die Fächer sollten Pflichtfächer und zugleich Wahlfächer sein. Ein curriculares Schema könnte (neben Vertiefungsveranstaltungen) etwa folgende Vorlesungen vorsehen, wobei die Zuordnung zu Semestern und sonstigen Ausbildungsaufteilungen offenbleiben mag:

- eine Vorlesung Rechtsphilosophie mit Schwerpunkten auf der Problemgeschichte;
- eine Vorlesung Rechtstheorie (oder Rechtsphilosophie II) mit den Schwerpunkten: Begriff und Geltung des Rechts; Gerechtigkeit; Rechtsnorm; Rechtssystem, Rechtswissenschaft;
- eine Vorlesung Juristische Methodenlehre (oder Rechtstheorie II) mit den Schwerpunkten: Die Bindung des Richters an Gesetz und Recht; Norm und Subsumtion; Interpretation und Abwägung; Rechtsfortbildung;
- eine Vorlesung Rechtssoziologie mit den Schwerpunkten: Hauptetappen der Geschichte der Rechtssoziologie; Methoden und Beispiele empirischer Rechtssoziologie; Begriff in Geltung des Rechts in soziologischer Sicht;

---

[21] Noch immer exemplarisch: *Enneccerus/Nipperdey*, Lehrbuch des Bürgerlichen Rechts. I. Band, Erster Halbband (Allgemeine Lehren, Personen, Rechtsobjekte), 15. Aufl. Tübingen 1959 (855 S.).

Evolution des Rechts; Funktionen des Rechts; Legitimität des Rechts; Struktur von Rechtssystemen.

Die Gewährleistung dieses oder eines ähnlichen Lehrangebots setzt eine entsprechende Ausstattung der theoretischen Grundlagenfächer voraus. Die Verbindung mit einem dogmatischen Fach beeinträchtigt ihre Professionalisierung, ist aber hinnehmbar und bis zu einem gewissen Grade (aus prüfungspraktischen Gründen wie um des Kontakts zwischen Theorie, Dogmatik und Praxis willen) auch wünschbar. Ergänzend sollte die Kooperation mit den philosophischen und sozialwissenschaftlichen Fakultäten bzw. Fachbereichen verstärkt werden. Dortige Lehrstühle, an denen (auch) die Fächer Rechtsphilosophie und Rechtssoziologie betreut werden, könnten zugleich den juristischen Fakultäten zugeordnet und ihre Lehrdeputate auf beide Fakultäten verteilt werden. Fragen der Beteiligung an Berufungen und Prüfungen wären pragmatisch zu lösen.

Rechtssoziologie als Grundlagenfach in der Juristenausbildung

Thomas Raiser

I. Die didaktische Bedeutung der Grundlagenfächer

Im folgenden Beitrag werde ich mich auf die Aufgaben, die Ziele und den Stellenwert der Rechtssoziologie im juristischen Universitätsstudium konzentrieren. Dies kann ich um so leichter tun, als ich der grundsätzlichen Kennzeichnung der Grundlagenfächer Rechtsphilosophie, Rechtstheorie, Rechtsgeschichte und Rechtssoziologie durch die Kollegen Ralf Dreier und Willoweit nichts Wesentliches hinzuzufügen oder gar entgegenzusetzen habe. Daß *Rechtsgeschichte, Rechtsphilosophie* und *Rechtstheorie* Farben ausstrahlen, ohne die das Spektrum der rechtswissenschaftlichen Disziplinen nicht hell genug leuchten würde, wird niemand bestreiten wollen, und daß die Grenzen zwischen ihnen unscharf sind, schmälert ihre Bedeutung nicht.

Institutionell blicken diese drei Disziplinen auf eine lange Tradition zurück, sind gut eingeführt und daher trotz aller aktuellen Gefährdungen im Bewußtsein der Juristen weit besser verankert als die Rechtssoziologie. Gleichwohl sollte man sich allerdings nicht darüber täuschen, daß sie heute kein selbstverständlicher Bestandteil der akademischen Juristenausbildung mehr sind. Sie sind aus dem Kanon der examensrelevanten Fächer verschwunden oder drohen doch zu verschwinden. Auch das Interesse der geistig wachen und interessierten Studenten, die sich nicht allein auf den für Examen und Beruf unerläßlichen Stoff beschränken, richtet sich inzwischen häufig auf andere Gegenstände – Europarecht, ausländisches Recht, Umweltrecht, Computerrecht usw. Wozu die traditionellen Grundlagenfächer gut sein sollen, leuchtet ihnen nicht mehr ohne weiteres ein. Später, in der beruflichen Praxis als Anwälte, Richter, Verwaltungs- und Wirtschaftsjuristen, beschäftigt sich nur noch ein kleiner Kreis mit diesen Grundlagen, und die praktischen Aufgaben geben auch nur selten Anlaß dazu. Fortbildungsveranstaltungen gegen hohes Honorar werden eben zum Insolvenz-, Gesellschafts- oder Baurecht nachgesucht und angeboten. Die Grundlagenfächer schmücken dagegen Sonntags- und Jubiläumsreden.

Worauf wollen diese kritischen Bemerkungen hinaus? Ich beobachte, daß auch diese Fächer trotz ihrer prinzipiell immer noch unangefochtenen Stellung in den juristischen Fakultäten einem Rechtfertigungsdruck ausgesetzt sind, der angesichts der Notwendigkeit, die Fülle des examens- und berufsrelevanten Rechtsstoffs zu bewältigen, stärker geworden ist und aller Wahrscheinlichkeit nach weiter wachsen wird. Um diesem Druck wirksam zu begegnen genügt es nicht mehr, auf ihre wissenschaftliche Unentbehrlichkeit zu verweisen. Ein guter Arzt braucht von Medizingeschichte kaum etwas zu wissen, noch weniger ein Ingenieur, der sich in der elektronischen Steuerung von Maschinen aller Art auskennt, von antiker Naturphilosophie und Technik. Kenntnisse solcher Art werden daher von diesen im Examen auch nicht verlangt. Sollte dies bei den Juristen anders sein? Wir werden antworten, Hintergrundwissen in Rechtsphilosophie, Rechtsgeschichte usw. gehöre zur juristischen Bildung, oder auch pragmatischer, es werde benötigt, um über das eigene Tun als Jurist reflektieren und sich darüber Rechenschaft ablegen zu können. Das Wissen um die Relativität, die historische Bedingtheit oder politische Zufälligkeit des jeweils geltenden Rechts sei eine Vorbedingung dafür, daß sich die künftigen Juristen später im Beruf angesichts ungeklärter Rechtsfragen und ständiger Änderungen des positiven Rechts zurechtfinden werden. Liegt darin aber die Rechtfertigung der Grundlagenfächer, so müssen Stoffauswahl, Fragestellungen und Methoden des Unterrichts darauf ausgerichtet werden. Es geht nicht an, die Fächer um ihrer selbst, sozusagen l'art pour l'art, oder um ihrer Bestätigung als wissenschaftlicher Disziplinen willen zu lehren. Auswahlkriterium muß vielmehr die berufs- und lebenspraktische Bedeutung für die Vielzahl der künftig als Spezialisten des Rechts in der Gesellschaft wirkenden Richter, Anwälte, Verwaltungsbeamten usw. sein.

II. Rechtssoziologie als Lehrfach

All dies gilt selbstverständlich auch, und sogar mit noch größerem Gewicht, für das *Grundlagenfach Rechtssoziologie*. Es unterscheidet sich von den anderen durch mehrere spezifische Schwächen, die sich gegenseitig beeinflussen und die Lage des Fachs in ihrer Summe noch erheblich prekärer, nach Meinung vieler inzwischen sogar lebensbedrohlich machen. Davon ist auf dieser Tagung schon mehrfach ausdrücklich oder doch nach der Tendenz und Stimmung einiger Beiträge die Rede gewesen. Bekanntlich ist die Rechtssoziologie als besondere Disziplin erst vor knapp 100 Jahren entstanden. Bis 1933 hat sie zunächst nur bescheidene Wurzeln schlagen können, die im Dritten Reich wieder völlig ausgerissen wurden. Auch der Neubeginn nach 1945 verzögerte sich lang und war mühsam. Als sie seit Beginn der 60er Jahre wieder aufzukeimen begann, geriet sie alsbald in den Sturmwind der Reformzeit, der ihr Wachstum anfangs zwar zu begünstigen schien, im Ergebnis aber bis heute nachhaltig behindert.

Neben dem unzureichenden historischen Humus sind es einige spezifische Eigenheiten der Rechtssoziologie selbst, die ihrem Wachstum im Wege stehen. Dazu gehört der Mangel eines abgegrenzten und leicht faßlichen Themen- und Methodenkanons. Ihr Gegenstand ist prinzipiell die ganze Breite und Fülle des Rechtslebens, weshalb sie weder sachlich noch personell einem der eingeführten Fächer oder Fächerkombinationen der Rechtswissenschaft zugeordnet werden kann. Nicht weniger vielgestaltig sind ihre Fragestellungen und Methoden; sie reichen von der hoch abstrakten Gesellschaftstheorie bis zur theoretisch kaum reflektierten Beobachtung der sozialen Realität und zum statistischen Fliegenbeinzählen. Nicht minder ungesichert und uneinheitlich ist aber auch ihr wissenschaftlicher Ort: Gehört die Rechtssoziologie zu den Sozialwissenschaften oder zur Jurisprudenz? Geht es um die möglichst unvoreingenommene, jedenfalls unbeteiligte Erfassung des Rechtslebens durch einen außenstehenden Beobachter oder um Erkenntnis und Rezeption sozialer Wirklichkeit durch die in das Rechtssystem eingebundenen und es selbst praktizierenden Juristen? Die Alternative ist, wie man weiß, keineswegs entschieden, sondern ganz im Gegenteil Anlaß zu fortdauernden Meinungsverschiedenheiten, welche die Disziplin spalten. Dabei können beide Seiten nicht nur gute Gründe für ihren Standpunkt anführen, sondern auch Ergebnisse vorweisen. Man muß beide gewähren lassen und akzeptieren, sofern sie zum Fortschritt der wissenschaftlichen Erkenntnis beitragen, ja sie machen erst zusammengenommen die Fruchtbarkeit dieser Wissenschaft aus. Aber sie schwächen sich eben auch gegenseitig, nicht zuletzt in den Augen dogmatisch und praktisch denkender Juristen. Übrigens erschwert der Anspruch, das Recht und die Juristen von außen zu erforschen, die Akzeptanz zusätzlich, denn er entwickelt unversehens eine kritische Dynamik, und niemand, auch ein Jurist nicht, sieht sich gern mit dem kritischen Blick Dritter.

Schließlich schwächt die Rechtssoziologie eine Anzahl von äußerlichen, aber deshalb nicht weniger gravierenden Lasten. Dazu gehören vor allem der ständige personelle und finanzielle Druck auf die juristischen Fakultäten, sich angesichts viel zu hoher Studentenzahlen und personeller Engpässe auf das Notwendigste zu beschränken; weiter die mangelnde Bereitschaft der gesellschaftswissenschaftlichen Fachbereiche, sich mit dem Rechtsleben zu beschäftigen, die ich außer mit dem schwierigen Zugang zum Recht für Nichtjuristen nur mit temporären, um nicht zu sagen modischen Präferenzen der Zunft erklären kann; schließlich die außerordentlichen Kosten guter empirischer Forschung, der hochgezüchtete Stand der empirischen Methoden, die diese für gelernte Juristen schwer zugänglich macht, und die in Deutschland traditionell geringe Bereitschaft zu interdisziplinärer Kooperation über die Grenzen einer Fakultät hinweg.

Trotz alledem ist die Unverzichtbarkeit sowohl theoretischer als auch empirischer rechtssoziologischer Forschung in der Rechtswissenschaft heute meines

Erachtens prinzipiell nicht weniger anerkannt als die Notwendigkeit von Rechtsphilosophie, Rechtstheorie und Rechtsgeschichte. Ihre Existenz und ihre Unterstützungswürdigkeit als wissenschaftliche Disziplin bedürfen keiner Rechtfertigung mehr. Sie legitimiert sich durch ihre Themen, die Art ihrer Fragestellungen und ihre Ergebnisse. Daher erhebt sie auch mit Recht den Anspruch, besser als bisher gefördert, namentlich aus der gegenwärtigen personellen und institutionellen Krise herausgeführt zu werden. Dies reicht jedoch nach dem eingangs Gesagten sowenig wie bei Rechtsphilosophie, Rechtstheorie und Rechtsgeschichte aus, sie als juristisches Unterrichtsfach zu legitimieren. Vielmehr gilt auch für die Rechtssoziologie, daß sie nicht um ihrer selbst, um der Demonstration ihrer wissenschaftlichen Leistungsfähigkeit willen Anspruch auf Präsenz im Curriculum der Juristenausbildung und in den Examina hat, sondern nur und soweit sie dazu beiträgt, künftige Juristen auf ihren Beruf und ihre Funktion in der Gesellschaft richtig vorzubereiten. Auch die Rechtssoziologen sehen sich deshalb vor die eingangs herausgearbeitete Aufgabe gestellt, über Unterrichtsthemen, Lehrziele und Lehrmethoden genauer nachzudenken als bisher.

III. Der Rahmenplan von 1985

Wie Rechtssoziologie in der Juristenausbildung gelehrt werden soll, hat die Fachvertreter auch schon früher beschäftigt. Bereits 1975 fand zum erstenmal eine zweitägige Tagung zum Thema „Probleme des rechtssoziologischen Unterrichts für Studenten der Rechtswissenschaft" statt, an der alle damals aktiven Rechtssoziologen, insgesamt 38 Personen, teilnahmen[1]. Die Zusammenkunft fiel noch in die Zeit der abklingenden Studentenunruhen und der durch sie ausgelösten Reformen, in deren Gefolge die Rechtssoziologie in die Juristenausbildung eingefügt und in einigen Bundesländern zum Pflichtfach erklärt worden war. Aus der Tagung ging die Vereinigung für Rechtssoziologie hervor, die nicht nur als Fachverband für die wissenschatliche Forschung, sondern auch als institutioneller Rahmen für die Fortentwicklung der Lehre gedacht war. Anfangs der 80er Jahre versandte die Vereinigung an alle Fachkollegen einen Fragebogen zu den Gegenständen und Methoden, die sie in ihren Lehrveranstaltungen behandeln.

Aus den eingegangenen Antworten ergaben sich, ungeachtet einer beträchtlichen Variationsbreite im einzelnen, vier verschiedene Unterrichtskonzepte. Das erste konnte man den *geisteswissenschaftlichen Typ* nennen. Bei ihm stand die Darstellung der großen Theoretiker der Rechtssoziologie oder

[1] Vgl. die Berichte von *R. Dreier*, in: JZ 1975, S. 540ff.; *E. Klausa*, in: ZRP 1975, S. 197; *J. Limbach*, in: JA 1975, S. 557.

der Vergleich verschiedener Theorien und rechtssoziologischer Schulen im Vordergrund. Der Typ scheint auch in den später veröffentlichten Lehrbüchern noch durch, wenn zum Beispiel *Röhl* handlungstheoretische, normtheoretische, schichten- und klassentheoretische, institutionstheoretische, systemtheoretische und konflikttheoretische Gesellschaftslehren einander gegenüberstellt [2] oder wenn im zweiten Teil *meines* Buchs „Das lebende Recht" die führenden Theoretiker der Rechtssoziologie behandelt werden.[3] Lehrveranstaltungen hierzu waren in der Regel als systematischer Überblick konzipiert und orientierten sich am Vorbild der herkömmlichen Vorlesungen in den Geisteswissenschaften. Als Lehrziel verfolgten sie die Vermittlung abstrakter gedanklicher Modelle und ihrer Einordnung in die geisteswissenschaftliche Tradition.

Die dem zweiten – *rechtssoziologischen – Typ* verpflichteten Hochschullehrer setzten sich zum Ziel, den gegenwärtigen Stand der Rechtssoziologie mit dem Akzent auf der empirischen Forschung im In- und Ausland darzustellen und deren Themen, Methoden und Ergebnisse systematisch aufzubereiten. Er verstand die Rechtssoziologie als einen Zweig der allgemeinen Soziologie, die sich von der Jurisprudenz emanzipiert hat. Der Typ wurde vor allem von Hochschullehrern vertreten, die selbst von der Soziologie herkamen und keine oder nur eine begrenzte juristische Ausbildung genossen hatten. Die Folge war eine unverkennbare Distanz gegenüber rechtsdogmatischen Lehrinhalten und Prüfungsstoffen.

Die dritte Gruppe von Hochschullehrern verzichtete auf eine eigenständige rechtssoziologische Grundlagenveranstaltung zugunsten *themen-* oder *projektbezogener Kurse*, in denen gleichzeitig rechtssoziologische und rechtsdogmatische Fragestellungen aufgegriffen und miteinander kombiniert wurden. Im Idealfall konnten solche Kurse von zwei Lehrkräften angeboten werden, von denen die eine die dogmatischen, die andere die soziologischen Aspekte einbrachte. Die vierte Gruppe schließlich hielt zwar an selbständigen Lehrveranstaltungen im Grundlagenfach Recht fest, bemühte sich in diesen aber darum, *rechtssoziologische* und *rechtsdogmatische Begriffe, Fragestellungen* und *Theorien aufeinander zu beziehen* und *wechselseitig fruchtbar* zu machen. Das Ziel solcher Lehrveranstaltungen war die Erweiterung der Perspektiven bei der Beurteilung der im Jurastudium auftretenden Rechtsfragen im Hinblick auf ihren Bezug zur gesellschaftlichen Realität.

Die Ergebnisse der Fragebogenaktion wurden auf einer zweitägigen Tagung beraten, die sich zum Ziel setzte, ein die vier Typen übergreifendes, integriertes Lehrkonzept zu erarbeiten. Daraus ging der im April 1985 von der Vereinigung für Rechtssoziologie beschlossene *Rahmenplan für das Grundlagenfach Rechts-*

---

[2] *K. F. Röhl*, Rechtssoziologie, 1987, S. 133 ff.

[3] *T. Raiser*, Das lebende Recht, 3. Aufl. 1999.

soziologie hervor, der anschließend veröffentlicht wurde.[4] Er beruhte auf einer Mischkonzeption vor allem zwischen dem zweiten und dem vierten Modell. Zugeschnitten war er auf eine Grundlagenveranstaltung von zwei bis drei Semesterwochenstunden für Studenten in den Anfangsemestern. Die wichtigste Aufgabe der rechtssoziologischen Ausbildung junger Juristen sah er darin, den Wirklichkeitsbezug des Jurastudiums zu verstärken. Im einzelnen umfaßte der Rahmenplan sieben Abschnitte. Er sieht wie folgt aus:

1. *Soziologie juristischer Berufe*

Hinweise auf die Vielgestaltigkeit juristischer Berufe, die Berufschancen der Juristen, die Untersuchungen zur Justizsoziologie, die Probleme der Klassenjustiz und selektiver Strafverfolgung sowie auf den beruflichen Sozialisationsprozeß während der juristischen Ausbildung.

2. *Empirische Denkweisen und Methoden*

Einführung in die wichtigsten quantitativen und qualitativen Forschungsmethoden der Sozialwissenschaften und in den Umgang mit Statistiken sowie Wecken eines kritischen Bewußtseins gegenüber ungefilterter Alltagserfahrung.

3. *Grundbegriffe der Rechtssoziologie*

Einführung der Begriffe soziale Handlung, Norm, Sanktion, Rolle, Institution, System, abweichendes Verhalten, Geltung und Effektivität von Normen und des Unterschieds zwischen sozialen Normen und Rechtsnormen. Dabei sollen Kerngedanken zum Beispiel von *Durkheim, Ehrlich, Weber, Geiger* und *Luhmann* dargestellt werden. Notwendig erscheint auch der Hinweis auf die normative Struktur der Gesellschaft als Vorbedingung ihres Zusammenhalts und der Orientierung des einzelnen in ihr.

4. *Recht, Macht, Herrschaft, Legitimität und Legalität des Rechts*

Darstellung der physischen und sozialen Faktoren des Entstehens von Herrschaftsverhältnissen und der Rolle des Rechts bei der Stabilisierung und Begrenzung von Herrschaft. Hinweise auf die drei Typen legitimer Herrschaft nach *Max Weber* und auf neuere Aussagen zur Soziologie der Herrschaft und der Bürokratie. Verbindung mit rechtlichen Problemfeldern, zum Bei-

---

[4] Vgl. JuS 1985, S. 823 mit meiner Einführung, JuS 1987, S. 93; abgedruckt auch bei *T. Raiser*, Das lebende Recht, 2. Aufl. 1995, S. 52.

spiel subjektives Recht, Kontrahierungszwang, Diskriminierungsverbot, Kontrolle allgemeiner Geschäftsbedingungen u. a.

5. *Die Bedeutung der Rechtssoziologie für die juristische Praxis*

Gegenüberstellung rechtssoziologischer und juristischer (rechtsdogmatischer und rechtspolitischer) Argumentationsweisen und Explikation ihrer wechselseitigen Ergänzung im Bereich der Gesetzgebung (Stichworte: Gesetzgebungslehre, Bedingungen der Effektivität des Rechts, Implementationsforschung) und der Rechtssanwendung (Stichworte: rechtsdogmatische und rechtssoziologische Dimension der Generalklauseln, Folgeberücksichtigung bei rechtlichen Entscheidungen). Die Themen sollen anhand von Beispielen exemplifiziert werden.

6. *Die Funktion des Rechts*

Die Funktion des Rechts in der Gesellschaft, Verrechtlichung und Entrechtlichung sozialer Beziehungen, dargestellt an ausgewählten Lebensbereichen und Institutionen (z.B. Familie, Betrieb, Konsumentenkredit, Straßenverkehr, Strafvollzug, internationale Beziehungen u. a.).

7. *Rechtssoziologie und Verfahrensrecht*

Darstellung der verschiedenen Arten der Konflikte und der Konflikterledigung, der Eigenart justizförmiger Behandlung von Konflikten, der Barrieren beim Zugang zum Gericht, der Bedingungen gleicher Verhandlungschancen und der Häufigkeit bestimmter Konfliktarten vor Gericht.

Wieweit der Rahmenplan übernommen wurde und in den Unterricht tatsächlich eingegangen ist, und wieweit er sich bewährt hat, ist in der Folgezeit nicht untersucht worden. Weder die Vereinigung für Rechtssoziologie noch die Sektion Rechtssoziologie in der Deutschen Gesellschaft für Soziologie haben das Thema seitdem wieder zum Gegenstand ihrer Tagungen gemacht. Manches spricht deshalb dafür, daß der Plan weithin in Vergessenheit geraten ist und sich die Unterrichtskonzepte der einzelnen Universitätslehrer weiterhin stark unterscheiden. Dabei erscheint es nicht als unwahrscheinlich, daß sich auch heute noch ähnliche Typen finden wie Anfang der 80er Jahre. Der Zustand kann nicht befriedigen. Im Gegenteil dürfte, um es noch einmal zu betonen, gerade diese Zersplitterung der Lehrinhalte und -methoden einer der wichtigsten Gründe für die mangelnde Anerkennung und institutionelle Stütze der Rechtssoziologie an den juristischen Fakultäten sein. Wie soll ein Fach, das seiner eigenen Lehrgegenstände so wenig sicher ist, andere von seiner Unentbehrlichkeit überzeugen? Ich meine deshalb, es wäre in der gegenwärtigen Lage ganz besonders dringlich, sich diesen Fragen wieder zuzuwenden mit dem Ziel, neuen Elan und neue Stoßkraft zu gewinnen. Selbstverständlich bietet sich dabei an, an die bis 1985 gesammelten Erfahrungen anzuknüpfen. Doch muß es darauf ankommen, den Rahmenplan im Licht des inzwischen erreichten Stands der Wissenschaft und der seitdem gemachten Erfahrungen im Unterricht weiterzuentwickeln, gegebenenfalls auch zu revidieren und zu ergänzen.

IV. Der Stellenwert der Rechtssoziologie in der Juristenausbildung

Zuvor wird allerdings eine Verständigung über die Maßstäbe erforderlich, an denen sich die Diskussion darüber orientieren sollte. Es geht also um den Versuch, den richtigen Stellenwert der Rechtssoziologie in der auf die künftige Berufstätigkeit der Studierenden als Rechtsanwälte, Richter, Verwaltungsbeamte oder Wirtschaftsjuristen ausgerichteten Universitätsausbildung zu bestimmen. Dazu genügt nicht, um es zu wiederholen, auf den Bildungswert der Rechtssoziologie zu verweisen. Auch Schlagwörter wie Lehre der Gesellschaftlichkeit oder des Realitätsbezugs des Rechts helfen nicht weiter. Ebensowenig fängt die Mehrheit der Studierenden mit der Darstellung abstrakter Gesellschaftstheorien etwas an; sie fragt nicht zu Unrecht, was ihnen diese nützen. Ein junger Mensch kann an der Universität Verständnis für das geltende Recht und für juristisches Denken erwerben und später ein tüchtiger Jurist werden, auch ohne daß er sich mit der Rationalitätsdebatte, mit dem Werturteilsstreit, mit der Theorie selbstreflexiver autopoietischer sozialer Systeme oder mit der Theorie des kommunikativen Handelns und rationaler Diskurse auseinandergesetzt hat. Ebensowenig ist die Kenntnis der Methoden empirischer Sozialforschung und der Statistik erforderlich. Diese Themen können in Vertiefungsveranstaltungen und im Wahlfach für die Minderheit der speziell daran Interessierten behandelt werden. Die Beschäftigung damit bringt zwar mittelbaren Gewinn auch für die späteren beruflichen Aufgaben eines Juristen, weil sie das gedankliche Blickfeld erweitert. Aber sie ist eben nicht jedermanns, auch nicht jedes Juristen, Sache.

Gehen wir realistischerweise davon aus, daß die Hauptaufgabe des Studiums die Aneignung von Kenntnissen des geltenden Rechts und der Methoden seiner Auslegung und Anwendung darstellt, so muß den Grundlagenfächern die Aufgabe zufallen, Themen aufzugreifen, die für die Orientierung, das Denken und das Handeln der angehenden Juristen unmittelbar folgenreich sind, in der dogmatischen Ausbildung aber zu kurz kommen. Die Aufgabe ist eine komplementäre. Sie läßt sich aber nur erfüllen, wenn der Bezug zum geltenden Recht und zu den dogmatischen Fächern stets gewahrt und auch für die Studierenden nachvollziehbar bleibt. Ich stelle mit anderen Worten die Behauptung auf, daß die Rechtssoziologie, nicht anders als Rechtsphilosophie, Rechtstheorie und Rechtsgeschichte, ihren Platz in der Juristenausbildung nur behaupten und über den kleinen Kreis der „Bildungsjuristen“ hinaus wirken wird, wenn sie ihre Unterrichtsthemen nicht unabhängig vom übrigen Lehrstoff auswählt und definiert, sondern im Gegenteil in ständigem engsten Bezug darauf. Es gilt in der direkten Auseinandersetzung damit herauszuarbeiten, inwiefern die rechtssoziologische Perspektive die rechtsdogmatische in neuem Licht erscheinen läßt oder ergänzt. Je deutlicher die jungen Hörer nach Maßgabe ihres eigenen Horizonts und Beurteilungsvermögens erkennen, was ihnen die Rechtssoziologie bringt, desto größer wird ihr Erfolg sein.

V. Inhalte der Grundlagenveranstaltung Rechtssoziologie

Die genannten Kriterien geben inhaltlich noch nicht vor, welche Stoffe konkret ausgewählt werden. Hier gibt es Spielräume, in denen jeder Lehrer seinen eigenen Präferenzen nachgeben und selbst Schwerpunkte setzen kann. Letztlich kann nur die Erfahrung zeigen, was ankommt und interessiert und wie sich die Bezüge zum sonstigen Lehrstoff am besten herstellen lassen. Aus diesem Grund scheint es mir sinnvoll, beispielhaft den *Vorlesungsplan* darzustellen, den ich selbst zugrunde lege. Er ist das Produkt inzwischen vieljährigen regelmäßigen Unterrichts, in dessen Verlauf naturgemäß auch gewisse Akzentverschiebungen stattgefunden haben. Zu seinem Verständnis sind drei Bemerkungen vorauszuschicken. Zum einen: Die Veranstaltung ist bestimmt für Studierende der Rechtswissenschaft im ersten und zweiten Semester. Die Entscheidung, die Rechtssoziologie so früh und zu einer Zeit anzubieten, in der die Hörer noch über geringe Kenntnisse im geltenden Recht verfügen, hat rein pragmatische Gründe. Sie beruht auf der Erfahrung, daß die Jurastudenten in höheren Semestern so stark mit anderen Stoffen und mit dem Erwerb ihrer Scheine belastet sind, daß sie das vermeintliche Luxusfach Rechtssoziologie nicht mehr hinreichend aufnehmen. Der frühe Zeitpunkt hat den Nachteil, daß oft auch die rechtliche Seite der angeschnittenen Fragen mit vorgetragen werden muß, weil auf bereits vorhandenes Wissen nicht zurückgegriffen werden kann. Zugleich liegt darin aber auch ein Vorzug, denn bei unvorbelasteten Hörern kann die Verbindung zwischen juristischer und rechtssoziologischer Betrachtungsweise besonders eindrucksvoll hergestellt werden. Die jungen Studenten sind eben offen und neugierig. Zum zweiten ist der Begriff Vorlesung irreführend. Viele Punkte können durch Fragen und im Gespräch mit den Hörern erarbeitet werden, so daß sich die Veranstaltung als eine Mischung von Vorlesung und Kolloquium darstellt. Sie wird überdies begleitet von – freiwilligen – Arbeitsgemeinschaften unter der Leitung von Mitarbeiterinnen und Mitarbeitern des Lehrstuhls, in denen das vertiefende Gespräch über die im Plenum behandelten Gegenstände ohnehin vorherrscht. Drittens wird die Motivation zur Mit- und Nacharbeit durch den äußeren Anreiz verstärkt, daß der behandelte Stoff in einer Semesterabschlußklausur abgefragt wird, bei deren Bestehen der sogenannte Grundlagenschein erworben werden kann, der für das Erste Staatsexamen relevant ist. Da der Schein auch in anderen Lehrveranstaltungen, namentlich zur Rechtsgeschichte und zur Rechtsphilosophie, erlangt werden kann, besteht insoweit ein gesundes Wettbewerbsverhältnis. Für diejenigen Studenten, die sich entscheiden, ihn im Fach Rechtssoziologie zu machen, handelt es sich überwiegend um die erste schriftliche Leistung, die sie an der Universität erbringen.[5]

Die Veranstaltung ist in drei Teile gegliedert: Einführung, empirischer Teil, theoretischer Teil. Aufgabe der *Einführung* ist es, verständlich zu machen, daß Recht weit mehr ist als der Inbegriff der geschriebenen Rechtsquellen, die als Texte verstanden werden können, weil dazu auch die Juristen und die rechtlichen Institutionen gehören, die das Recht gestalten und anwenden, nicht weniger aber auch alle Rechtsgenossen, die ihm unterworfen sind oder von ihm Gebrauch machen. Weiter behandelt die Einführung die Funktionen, welche das Recht als Mittel zur Organisation der Gesellschaft und als Orientierungsmaßstab für jeden einzelnen spielt, und in diesem Zusammenhang den Unterschied zwischen empirischer und normativer Betrachtungsweise, Wissensinhalt und Handlungsanweisung, Sein und Sollen. Als sachlich und didaktisch wertvoll hat es sich schließlich erwiesen, die Teilnehmer in einer der ersten Stunden einen Fragebogen ausfüllen zu lassen, in dem sie nach sozialen Merkmalen, nach ihren Vorstellungen vom Recht, vom Jurastudium und von ihrer künftigen Tätigkeit, nach in der Schule bereits erworbenen Rechtskenntnissen und nach Einstellungen zur Gesellschaft der Bundesrepublik und ihrem Recht gefragt werden. Der Fragebogen lehnt sich an den von *Heldrich* und *Schmidtchen* in ihrer schon Ende der 70er Jahre durchgeführten Studentenuntersuchung[6] an und wurde seitdem nur wenig verändert, weshalb er sich auch als Grundlage für eine Längsschnittauswertung eignet.[7] Als Unterrichtsmittel verfolgt er den doppelten Zweck, die Studierenden mit einem der wichtigsten Instrumente der empirischen Soziologie in Berührung zu bringen und Daten über ihre eigene studentische Umwelt zu erheben, die anschließend im Unterricht bekanntgegeben und verwertet werden können.

Den ersten Schwerpunkt des *empirischen* Teils bildet die *Berufssoziologie der Juristen* und darin vor allem die Zahlenentwicklung der großen juristischen

[5] Seit zwei Semestern mache ich gute Erfahrungen damit, die Klausur in zwei Teilklausuren aufzuspalten, von denen die erste bereits etwa nach der Hälfte des Semesters geschrieben wird.

[6] *A. Heldrich/G. Schmidtchen,* Gerechtigkeit als Beruf, 1982, S. 216ff.

[7] Der Fragebogen ist in seiner gegenwärtigen Fassung im Anhang beigefügt.

Berufsgruppen im Zeitvergleich, die Entwicklung des Verhältnisses zwischen Männern und Frauen in den Rechtsberufen, die gesellschaftliche Stellung der Juristen, gemessen am Ansehen in der Bevölkerung, am politischen Einfluß und an den Verdienstchancen in den verschiedenen juristischen Berufen, sowie die Dichte der Richter und Rechtsanwälte im internationalen Vergleich und im Vergleich mit der füheren DDR. Bedenklicher ist die Behandlung der sozialen Herkunft der Juristen, weil die Forschungen der 60er und 70er Jahre dazu überholt sind und neuere Daten fehlen. Doch können die alten Feststellungen als Ausgangspunkt für eine offene Diskussion über die vermutlich inzwischen erreichte Lage dienen. In diesem Zusammenhang läßt sich auch das Thema Klassenjustiz anschneiden, wenn diese nicht als Faktum, sondern als Problem gekennzeichnet wird. Ob die Juristensoziologie zur Berufssoziologie oder zur Rechtssoziologie gehört, ist dagegen eine müßige Frage. Im rechtssoziologischen Unterricht ist sie meines Erachtens unverzichtbar, denn sie liefert für die angehenden Juristen wichtiges Orientierungswissen, das sonst nirgends vermittelt wird. Außerdem stößt sie regelmäßig auf Interesse und ist ohne Vorkenntnisse verständlich.

Das zweite Hauptthema des empirischen Teils versehe ich mit der Überschrift „*Die Menschen und das Recht*“. Es soll deutlich machen, daß Recht nicht nur Sache der Juristen ist, sondern aller Menschen, und daß deshalb ein verkürztes und verzerrtes Bild entsteht, wenn sich der Blickwinkel der Juristen und zusehends auch schon von Jurastudenten auf die eigene „Zunft“ verengt. Als spannend erweist sich hierbei die Frage, ob es ein angeborenes und genetisch fixiertes Rechtsgefühl aller Menschen gibt, untermauert mit Hinweisen auf neuere biologische und sozialpsychologische Forschungen zu dem Thema. Dankbar und ergiebig sind weiter Diskussionen darüber, wie sich das individuelle Rechtsbewußtsein im Lauf von Kindheit und Jugendzeit herausbildet, weil dazu an die eigenen Erfahrungen der Hörer appelliert werden kann. Ähnliches gilt für die Frage, welche Rechtskenntnisse bei juristischen Laien angenommen werden dürfen, denn Studienanfänger stehen Laien noch weitgehend gleich. Weitere wichtige Themen in diesem Zusammenhang bilden Akzeptanz und Akzeptabilität des positiven Rechts sowie die Voraussetzungen, unter denen die Menschen bereit sind, die Vorschriften des positiven Rechts auch zu befolgen. Hier können auch die rechtssoziologischen Theorien zu Effektivität und Wirksamkeit des Rechts eingeführt werden.

Das dritte Thema des empirischen Teils betrifft die *soziale Funktion des Zivilprozesses*. Dabei kommt mein eigener wissenschaftlicher Schwerpunkt im Zivilrecht zur Geltung. Andere können mit guten Gründen statt dessen auf die Kriminalsoziologie oder auf die Verwaltungslehre und ihre Verflechtung mit dem Strafrecht oder dem Verwaltungsrecht eingehen. Immerhin kommt dem Verfahren zur Regelung zivilrechtlicher Streitigkeiten quantitativ das größte soziale Gewicht zu. Auch ist es gut erforscht und eignet sich daher auch als Beispiel für rechtssoziologische Fragestellungen und Arbeitsweisen. Allerdings können wegen der begrenzten Zeit bei weitem nicht alle einschlägigen Punkte behandelt werden. Für besonders wichtig halte ich die Bedingungen der Mobilisierung von Recht und im Zusammenhang damit die Untersuchungen über Barrieren und Defizite beim Zugang zu den Gerichten einschließlich der Verfahrenskosten. Gewissermaßen als Gegengewicht dazu sollten Hinweise auf die besonders hohe Prozeßdichte in Deutschland im internationalen Vergleich, auf die häufigsten Verfahrensgegenstände und auf die geringe Ausbildung von alternativen Streiterledigungsverfahren in der Bundesrepublik folgen. Als weitere Einzelthemen können die Dauer von Prozessen, die von den Gesetzen vorgezeichnete Zuweisung der Klagelast und die Unterschiede zwischen den Rollen des Klägers und des Beklagten, die besseren Gewinnchancen korporativer Parteien und die Alternative Urteil/Vergleich behandelt werden.

VI. Einführung in die rechtssoziologische Theorie

Das Gerüst des theoretischen Teils bilden vier Themen: Soziologischer Begriff der Norm und des Rechts, Lehre von den Sanktionen, Grundzüge der Herrschaftssoziologie sowie Grundzüge der Theorie sozialer Konflikte und Konfliktregelungsmöglichkeiten.

Beim *Begriff der Norm* muß zunächst der Unterschied zwischen Verhaltensgleichförmigkeit und Verhaltensforderung erklärt werden, sodann der Unterschied zwischen religiösen, sittlichen, rechtlichen und konventionalen Normen und der soziologische Rechtsbegriff. Das Thema kann als allgemeine Einführung in die soziologische Analyse der normativen Struktur menschlicher Gesellschaften aufgebaut werden. Die Lehre von den *Sanktionen* umfaßt nicht nur die im geltenden Recht vorkommenden Sanktionen, sondern auch solche, die bei Verstößen gegen religiöse und sittliche Normen und gegen soziale Konventionen zu beobachten sind. Im Bereich des Rechts ist wichtig, die Bedeutung des staatlichen Sanktionsmonopols zu vermitteln, wofür sich leicht aktuelle Beispiele finden lassen. Vor diesem Hintergrund kann dann weiter die Bedeutung des Begriffs Rechtsstaat als des Inbegriffs aller rechtlichen Mittel herausgearbeitet werden, welche die Staatsgewalt daran hindern sollen, die ihr durch das Sanktionsmonopol zugefallene Macht zu mißbrauchen.

Für besonders wichtig halte ich die Beschäftigung mit den Problemen von Macht und Herrschaft in der Gesellschaft, weil sie ein Thema sind, das junge Menschen beschäftigt und, wenn sie ihre eigene Machtlosigkeit erleben, leicht Resignation oder gar Ressentiments hervorruft. Auch ist es bei der Beschäftigung mit Recht und rechtlichen Verfahren und demgemäß auch in der Ausbildung im geltenden Recht ständig gegenwärtig, wird als solches aber nirgends thematisiert. Dabei lohnt sich, auf die biologischen und anthropologischen

Grundlagen der Herrschaftssoziologie hinzuweisen. Eindrucksvoll sind weiter die Analysen bestimmter Prozesse der Machtbildung von *Popitz*.[8] Als unvermindert erkenntnisfördernd bieten sich die drei Typen legitimer Herrschaft nach *Max Weber* an. Nicht zuletzt sollte, anknüpfend an die Erkenntnisse zum Sanktionsmonopol des Staates, auf die Bedeutung des Rechts und des Rechtsstaats zur Begrenzung, aber eben auch zur Legitimation von Herrschaft eingegangen werden. Auch bei der Lehre von den *sozialen Konflikten* kann auf deren anthropologischen Hintergrund hingewiesen werden, die zur Aussage veranlassen, daß Konflikte normal sind. Angefügt werden können Überlegungen zur Konflikttoleranz einer Gesellschaft und deren Grenzen sowie zu der begrenzten Chance rechtlicher Verfahren, Konflikte zu lösen anstatt sie nur einzudämmen oder zu unterdrücken. Für Juristen notwendig und als Vorblick auf künftige berufliche Aufgaben hilfreich ist sodann die Gegenüberstellung von Vermittlung, Schlichtung und Richten. Wer weiter in die Theorie einsteigen will, kann sich referierend und kritisch mit *Luhmanns* Buch „Legitimation durch Verfahren" beschäftigen.

VII. Schluß

Soweit der Bericht über meine in vielen Jahren gewachsene und immer wieder auf die Probe gestellte Konzeption der Lehre in der Rechtssoziologie als Grundlagenfach für Studienanfänger. Vergleicht man das Programm mit dem Rahmenplan von 1985, so fällt die Nähe zwischen beiden Modellen auf. Das ist natürlich kein Zufall. Wichtiger dürfte es daher sein, hervorzuheben, in welchen Punkten die Konzeption von dem Rahmenplan abweicht. Sie legt keinen Wert auf die Vermittlung empirischer Forschungsmethoden der Sozialwissenschaften, sondern begnügt sich damit, an geeigneten Stellen Statistiken in den Unterricht einzuführen und ihre Aussagekraft gegenüber der unkritischen Übernahme von Alltagserfahrungen zu verdeutlichen. Im übrigen hat sich das in dem Rahmenplan aufgestellte Programm, wenn man es Ernst nimmt, als zu anspruchsvoll erwiesen. Auch die in meinem Vorlesungsüberblick zusammengestellten Themen erwecken Erwartungen, die sich nur unvollkommen erfüllen lassen. Sie auf den Verständnishorizont von Studienanfängern auszurichten verlangt nachhaltige und immer wieder kritisch geprüfte didaktische Erwägungen. Soweit es aber gelingt, kann sich die Rechtssoziologie als Grundlagenfach im juristischen Universitätsstudium nach meinem Urteil überzeugend rechtfertigen. Die Beteiligung der Studierenden ist ein Hinweis darauf, daß sie es nicht anders sehen.

---

[8] *H. Popitz*, Prozesse der Machtbildung, 2. Aufl. 1968; *ders.*, Phänomene der Macht, 1986.

Anhang

Der in der Vorlesung „Grundzüge der Rechtssoziologie" verwendete Fragebogen

Wir haben einige Fragen zu Studium und Gesellschaft zusammengestellt, zu denen wir gern Ihre persönliche Meinung wissen wollen. Selbstverständlich ist die Anonymität Ihrer Antworten gewährleistet. Bitte kreuzen Sie an, was Ihrer Meinung nach zutrifft.

1.
Worin sehen Sie die wichtigsten Aufgaben des Juristen?
Welchen Zielen und Grundsätzen sollte er vor allem dienen?
(zwei Nennungen möglich)

A) ◯ dem freiheitlich-demokratischen Staat ....
B) ◯ der Sicherung von Recht/Ordnung, Bekämpfung von Kriminalität ....
C) ◯ der Gerechtigkeit ....
D) ◯ dem sozialen Ausgleich ....
E) ◯ dem gesellschaftlichen Fortschritt ....
F) ◯ dem Schutz der natürlichen Lebensgrundlagen ....
G) ◯ der erfolgreichen Ordnung des Wirtschaftslebens ....
H) ◯ der Gewährleistung persönlicher Entfaltungsmöglichkeiten ....

2.
Wer, glauben Sie, ist auf Dauer der bessere Rechtsanwalt:
derjenige, der sich mit seinem Mandanten identifiziert, oder
derjenige, der ihm neutral und mit einer gewissen Distanz gegenübersteht?

A) ◯ der identifizierende Rechtsanwalt ....
B) ◯ der neutrale, distanzierte Rechtsanwalt ....
C) ◯ unentschieden ....

3.
Welches Ziel des Strafrechts ist Ihrer Meinung nach am wichtigsten?

A) ◯ Schutz der staatlichen Ordnung ....
B) ◯ Schutz der öffentlichen Moral ....
C) ◯ Schutz von Leben und Gesundheit ....
D) ◯ Schutz von Eigentum und Vermögen ....

4.
Wenn der Staat seine Aufgaben erfüllen soll, muß der Einzelne manchmal seine Ansprüche zurückstellen. Sind Sie der Ansicht, daß das öffentliche Interesse bei den hier angegebenen Sachverhalten Vorrang vor den Interessen der Einzelnen hat?

A) Enteignung von Grundstücken zur Erfüllung staatlicher Aufgaben	(ja)	(nein)
B) beim Umweltschutz	(ja)	(nein)
C) Entlohnung von Staatsbediensteten	(ja)	(nein)

5.
Welche juristische Laufbahn möchten Sie einschlagen, sofern sich keine Hindernisse ergeben? (Bitte nur eine Alternative ankreuzen)

A) ◯ Richter ....
B) ◯ Verwaltungsbeamter ....
C) ◯ Rechtsanwalt ....
D) ◯ Notar ....
E) ◯ Wirtschaftsjurist ....
F) ◯ Wissenschaftler ....
G) ◯ Politiker ....
H) ◯ auswärtiger Dienst, internationale Organisationen ....
I) ◯ sonstiges (bitte nennen) ....
J) ◯ weiß noch nicht ....

6.
Gibt es außer Ihnen Juristen in Ihrer Familie?

A) ◯ Ja, und zwar: Vater/Mutter/Geschwister ....
B) ◯ andere Verwandte ....
C) ◯ Nein, keinen Juristen in der Familie ....

7.
Geben Sie bitte Ihr Geschlecht an:

A) ◯ weiblich ....
B) ◯ männlich ....

Wie alt sind Sie? .... Jahre

8.
Woher beziehen Sie die Mittel, um Ihre monatlichen Ausgaben zu bestreiten? (Mehrfachnennungen möglich)

A) ○ über Bafög ....
B) ○ von den Eltern ....
C) ○ vom (Ehe) Partner ....
D) ○ durch eigene Erwerbstätigkeit ....
E) ○ sonstiges (bitte nennen) ....

9.
Wie wohnen Sie in Berlin?

A) ○ zur Untermiete ....
B) ○ bei den Eltern ....
C) ○ in eigener Wohnung (ev. zusammen mit Ehepartner/Kindern) ....
D) ○ in einer Wohnung mit mehreren Personen (Wohngemeinschaft) ....
E) ○ Studentenwohnheim ....
F) ○ sonstiges (bitte nennen) ....

10.
Welche Partei steht Ihren politischen Vorstellungen am nächsten?

A) ○ Bündnis 90/Die Grünen ....
B) ○ CDU/CSU ....
C) ○ FDP ....
D) ○ PDS ....
E) ○ Republikaner ....
F) ○ SPD ....
G) ○ andere Partei ....
H) ○ keine Partei ....
I) ○ weiß nicht ....

11.
Haben Sie gleich nach dem Abitur das Hochschulstudium begonnen?

A) ○ Ja, ich habe gleich das *Jurastudium* begonnen ....
B) ○ Ja, aber ich habe erst ein *anderes Fachstudium* gewählt ....
(bitte Studienrichtung angeben)
C) ○ Nein ....

Wenn Sie *nicht* gleich nach dem Abitur studiert haben, was haben Sie dann getan? (Mehrfachnennungen möglich)

A) ○ Lehre/andere Ausbildung ....

B) ○ Berufstätigkeit ....

C) ○ Wehrdienst ....

D) ○ Zivildienst ....

E) ○ sonstiges (bitte angeben) ....

12.
Im wievielten Studiensemester sind Sie jetzt? im .... Studiensemester

Und im wievielten Fachsemester Jura? im .... Fachsemester

---

13.
Mußten Sie aufgrund des numerus clausus in einem anderen Fach Ihren ursprünglichen Studienwunsch aufgeben oder ändern? (ja) (nein)

14.
Wo haben Sie Ihren Schulabschluß gemacht?

A) ○ in den neuen Bundesländern ....

B) ○ in den alten Bundesländern ....

C) ○ in Berlin-Ost ....

D) ○ in Berlin-West ....

E) ○ sonstiges (bitte angeben) ....

15.
Welchen beruflichen Abschluß haben Ihr Vater und Ihre Mutter?

	Vater	Mutter
A) keinen beruflichen Abschluß	○	○
B) Lehre	○	○
C) Fachschule/Meisterschule	○	○
D) Fachhochschule	○	○
E) Hochschule/Universität	○	○
F) sonstiges (bitte nennen)	○	○

16.
Welche *berufliche Tätigkeit* übt ihr Vater zur Zeit aus bzw. hat Ihr Vater zuletzt ausgeübt? Kreuzen Sie bitte eine Gruppe an.

A) ◯ privater Arbeitnehmer ....

B) ◯ Staatsbediensteter ....

C) ◯ Selbständiger ....

D) ◯ Hausarbeit ....

E) ◯ arbeitslos ....

Und Ihre Mutter?

A) ◯ private Arbeitnehmerin ....

B) ◯ Staatsbedienstete ....

C) ◯ Selbständige ....

D) ◯ Hausarbeit ....

E) ◯ arbeitslos ....

17.
Welches der angegebenen *Lebensziele* ist für Sie besonders wichtig?
(nur eine Nennung)

A) ◯ Beruf ....

B) ◯ Familie ....

C) ◯ individuelle Selbstentfaltung ....

D) ◯ Freizeit/Kreativität ....

18.
Welches der angegebenen *Berufsziele* ist für Sie besonders wichtig?
(nur eine Nennung)

A) ◯ Arbeitsplatzsicherheit ....

B) ◯ Einfluß ....

C) ◯ Einkommen ....

D) ◯ ethische Erfüllung ....

19.
Welche der folgenden Rechtspositionen sind als Grundrechte im Grundgesetz verankert?
(Wissensfrage)

	ja	nein
A) Recht auf freien Abschluß von Verträgen	◯	◯
B) Recht auf freie Entfaltung der Persönlichkeit	◯	◯
C) Recht auf ungestörte Religionsausübung	◯	◯
D) Freiheit der Wissenschaft	◯	◯

	ja	nein
E) Recht auf informationelle Selbstbestimmung	○	○
F) Recht auf Arbeit	○	○
G) Recht auf Freizügigkeit	○	○
H) Recht auf Sozialhilfe	○	○

20.
Wissen Sie, was das Recht auf informationelle Selbstbestimmung meint?

	ja	nein
....	○	○

21.
In einigen Rechtsbereichen sind in jüngster Zeit Gesetzesänderungen erfolgt.
Bei welchen? (Wissensfrage)

	ja	nein
A) Hochschulrecht	○	○
B) Bafög	○	○
C) Erbschaftssteuerrecht	○	○
D) Insolvenzrecht	○	○
E) Verteilung der Kompetenzen zwischen Bund und Ländern	○	○

22.
Die Menge der Mitbestimmungsrechte ist in letzter Zeit in die öffentliche Diskussion geraten. Manche meinen, die Mitbestimmungsrechte von Bürgern, Arbeitnehmern, Studierenden usw. seien noch zu gering, und fordern mehr Demokratie. Andere sagen, die bestehenden Mitbestimmungsrechte verhindern notwendige bzw. zügige Entscheidungen. Was meinen Sie?

A) ○ Es sollte mehr Mitbestimmung geben ....

B) ○ Die geltenden Mitbestimmungsvorschriften sind im ganzen ausgewogen ....

C) ○ Die Mitbestimmungsrechte müssen in einigen Bereichen reduziert werden ....

23.
In den Rechtsgrundlagen der Europäischen Union finden sich seit dem Vertrag von Maastricht zwei gegenläufige Prinzipien. Einerseits soll der EWGV „die Grundlagen für einen immer engeren Zusammenschluß der europäischen Völker schaffen". Andererseits gilt das Subsidiaritätsprinzip, wonach die Gemeinschaft grundsätzlich nur tätig wird, „sofern und soweit die Ziele der in Betracht kommenden Maßnahmen auf Ebene der Mitgliedstaaten nicht ausreichend erreicht werden können" (Art 3 b). Welches dieser Prinzipien sollte nach Ihrer Meinung stärker betont werden?

A) ○ Das Einheitsprinzip ....

B) ○ Das Subsidiaritätsprinzip ....

Das war's! Vielen Dank für Ihre Mühe.

Anmerkungen zum Verhältnis von Rechtsgeschichte und Rechtssoziologie

Dietmar Willoweit

Über Grundlagen-„Fächer“ zu sprechen, hat zur Voraussetzung, daß die Grundlagen von denen hier die Rede sein soll, in ihrem gegenseitigen Verhältnis wenigstens oberflächlich reflektiert werden, ehe das Studium zur Sprache kommt. Ich gehe daher in zwei Schritten vor, die mit den Schlagworten „Methodik“ und „Didaktik“ überschrieben werden könnten.

I. Methodik

Rechtsgeschichte darf sich nach dem Zeugnis von Eugen Ehrlich als Wissenschaft vom Recht verstehen, im Gegensatz zur Rechtsklugheit der Jurisprudenz, die technische Regeln für die Lösung von Rechtsproblemen bereitstellt.[1] In der Geburtsstunde der Rechtssoziologie als akademischer Disziplin erscheint die Rechtsgeschichte als ältere Schwester der Rechtssoziologie, weil sie methodisch – trotz rechtsdogmatischer Verformungen durch die Historische Schule – empirisch angelegt ist. Rechtsgeschichte versucht wie Rechtssoziologie Rechtswirklichkeit in den Blick zu nehmen, in welchen Spiegelungen und Widerspiegelungen des erkennenden Subjekts auch immer. Zu den spezifischen Vorverständnissen des Rechtshistorikers gehört seine Ausbildung als Jurist, die ihn befähigt, mit seinesgleichen, die in früheren Jahrhunderten gelebt haben, in einen Fachdialog einzutreten – wenn sich dies bewerkstelligen ließe.[2] Von dieser – forschungsstrategisch wichtigen – Besonderheit einmal abgesehen, werden die Methoden rechtsgeschichtlichen Arbeitens aber so weitgehend von den Geschichtswissenschaften bestimmt, daß die Verwandtschaft mit der Rechtsso-

---

[1] *Eugen Ehrlich,* Grundlegung der Soziologie des Rechts (1912), 4. Aufl. hrsg. von Manfred Rehbinder, Berlin 1989, S. 16.

[2] *Franz Wieacker,* Notizen zur rechtshistorischen Hermeneutik, in: Nachrichten der Akademie der Wissenschaften in Göttingen, Philologisch-historische Klasse, 1963, S. 1 ff., Neudr. in: ders., Ausgewählte Schriften, Bd. 1, hrsg. von Dieter Simon, Frankfurt am Main 1983, S. 84 ff.; *Sten Gagnér,* Zur Methodik neuerer rechtsgeschichtlicher Untersuchungen, Bd. 1: Eine Bestandsaufnahme aus den sechziger Jahren, Ebelsbach 1993.

ziologie verdunkelt erscheint. Sie ist am ehesten noch erkennbar im Vergleich von historischen und soziologischen Arbeiten über den Rechtsstab, insbesondere die Sozialgeschichte des Juristenstandes, am Interesse an der Aufhellung sogenannter Rechtstatsachen in Abgrenzung von einem nur normorientierten Rechtsbegriff, aber auch in den Forschungen um die Normbildung und das Normverständnis vergangener Zeiten – zentrale Themen der heutigen rechtsgeschichtlichen Forschung.

Die Gemeinsamkeiten zwischen Rechtsgeschichte und Rechtssoziologie schrumpfen freilich, wenn man über die Fragestellungen im einzelnen nachdenkt. Hier sind Unterschiede festzustellen, die mit der Plazierung der Forschungsgegenstände in der Vergangenheit einerseits, in der Gegenwart andererseits allein nicht zu erklären sind. Wie Historiker fragen auch Rechtshistoriker zunächst – und oft ausschließlich – nach einzelnen historischen Vorgängen, weil die historische Methode trotz der vorangehenden, notwendigen Hypothesenbildung dazu zwingt, von einzelnen Quellen – Texten, Überresten der Vergangenheit – auszugehen. Rechtssoziologen scheinen mir demgegenüber eher ein allgemeines Thema im Blick zu haben, weil anders die überbordende Fülle gegenwärtigen Geschehens schon technisch gar nicht erfaßt, geschweige denn irgendwie erklärt werden kann. Rechtshistoriker andererseits sind zu verallgemeinernden Feststellungen erst am Ende eines langen Forschungsprozesses in der Lage. Oft kommen sie nicht mehr dazu, oft verhindert auch die Verliebtheit in das historische Detail, daß ein Interesse an der soziologischen Auswertung historischer Forschungsergebnisse überhaupt entstehen kann. Umgekehrt läßt sich auch nicht gerade ein brennendes Interesse der Soziologie an einer permanenten Erneuerung ihres historischen Wissens durch aufmerksame Beobachtung und Rezeption dessen konstatieren, was die historischen Wissenschaften der Gegenwart in zum Teil atemberaubendem Tempo hervorbringen.

Beide Disziplinen, Rechtsgeschichte wie Rechtssoziologie, schließen aber Erkenntnisinteressen ein, die auf eine partielle Konvergenz hinauslaufen.[3] Die Rechtsgeschichte als wissenschaftliche Disziplin läßt sich letztlich von einem evolutionären Verständnis des Rechts leiten, das die Berücksichtigung der sich wandelnden sozialen Bedingungen ebenso einschließt wie die Möglichkeit der

---

[3] Zu dem nun schon älteren Diskussionsstand vgl. z.B. *Peter Landau,* Rechtsgeschichte und Soziologie, in: VSWG 61 (1974) S. 145 ff.; *Gerhard Dilcher,* Überlegungen zum Verhältnis von Rechtsgeschichte und Sozialwissenschaften, in: ders. u. Norbert Horn (Hrsg.), Sozialwissenschaften im Studium des Rechts, Bd. IV: Rechtsgeschichte, München 1978, S. 3 ff.; *Martin Kilias* u. *Manfred Rehbinder* (Hrsg.), Rechtsgeschichte und Rechtssoziologie, Berlin 1985; *Diethelm Klippel,* Sozialgeschichte und Rechtsgeschichte. Recht und Rechtsgeschichte in der historischen Familienforschung, in: Heinz Mohnhaupt (Hrsg.), Zur Geschichte des Familien- und Erbrechts, Frankfurt am Main 1987 (Ius Commune, Sonderheft 32); *Joachim Rückert,* Zeitgeschichte des Rechts: Aufgaben und Leistungen zwischen Geschichte, Rechtswissenschaft, Sozialwissenschaften und Soziologie, in: ZRG (GA) 115 (1998) S. 1 ff., 38 ff.

Frage nach anthropologischen Konstanten.[4] Umgekehrt muß die Rechtssoziologie daran interessiert sein, den riesigen historischen Erfahrungsraum der Menschheit für ihre Fragestellungen zu nutzen. Man wird nicht behaupten können, daß diese spezifische Nähe der beiden Disziplinen heute die wissenschaftliche Tagesarbeit besonders nachhaltig motiviert, wenn sich auch vom Werk Max Webers nicht nur Rechtssoziologen, sondern auch Rechtshistoriker anregen lassen.[5] Jedenfalls dann, wenn man Recht als einen konstitutiven Faktor jeder Gesellschaft, also nicht lediglich als ein Produkt des Staates begreift, ist der rechtsgeschichtlichen und rechtssoziologischen Forschung eine Bedeutung beizumessen, die in einem grotesken Gegensatz zu ihrer marginalen Rolle im heutigen akademischen Betrieb steht. Diese Situation ist freilich von Rechtshistorikern, vielleicht auch Rechtssoziologen, in nicht geringem Maße selbst verschuldet. Zur Erklärung dieses Zustandes ist indessen daran zu erinnern, daß die Entstehung einer neuen wissenschaftlichen Kultur nicht in einer Generation zu bewältigen, sondern stets ein Jahrhundertgeschäft gewesen ist.

II. Didaktik

Es läßt sich nicht leugnen, daß die angedeutete Forschungsperspektive, welche die Disziplinen der Rechtsgeschichte und Rechtssoziologie legitimiert, nicht ohne weiteres in das Studium von Grundlagenfächern an juristischen Fakultäten umgesetzt werden kann. Insoweit ist auszugehen von den Bedürfnissen dieses Studiums und nach einer eventuellen Schnittmenge zwischen der wissenschaftlichen und didaktischen Aufgabe der genannten Fächer zu fragen. Wenn nicht glaubhaft gemacht werden könnte, daß der Jurist in seiner Ausbildung rechtsgeschichtlicher und rechtssoziologischer Kenntnisse bedarf, würden die beiden Disziplinen eines Tages unweigerlich in die jeweils benachbarten Fakultäten auswandern müssen.

Indessen muß hier nur wiederholt werden, was schon oft gesagt worden ist.[6] Der immer wieder geforderte Praxisbezug der juristischen Ausbildung, der auf

---

[4] Man denke etwa an die vieldiskutierte These vom „alten, guten Recht" des Mittelalters bei *Fritz Kern*, dazu zusammenfassend *Dietmar Willoweit*, Vom guten alten Recht – Normensuche zwischen Erfahrungswissen und Ursprungslegenden, in: Jahrbuch des Historischen Kollegs München 1997, S. 23–52, oder zu einem anderen Teilaspekt der Rechtsgeschichte *Wilhelm Ebel*, Geschichte der Gesetzgebung in Deutschland, um Nachträge erw. Neudr. der 2. Aufl. 1958 bes. von Friedrich Ebel, 1988; ferner der neueste Entwurf einer Universalrechtsgeschichte von *Uwe Wesel*, Geschichte des Rechts. Von den Frühformen bis zum Vertrag von Maastricht, München 1997.

[5] Vgl. nur aus neuester Zeit *Stefan Breuer*, Der Staat. Entstehung, Typen, Organisationsstadien, Reinbek 1998; *Karl S. Bader* u. *Gerhard Dilcher*, Deutsche Rechtsgeschichte. Land und Stadt – Bürger und Bauer im Alten Europa, Heidelberg 1999, S. 251 ff., 400 ff. u. passim.

[6] Vgl. zuletzt das „*Ladenburger Manifest*", in: JuS 1999, Beilage zu Heft 2; *Dietmar Willo-*

den ersten, oberflächlichen Blick theoretische Fächer überflüssig erscheinen läßt, führt sich selbst ad absurdum, wenn der Praktiker in seiner Praxis – wie es in den vergangenen Jahrzehnten regelmäßig geschehen ist – mit vollkommen neuartigen Rechtsproblemen konfrontiert wird, von denen er während seines Studiums nichts hören konnte, weil es sie noch nicht gab. Die bisherige Praxis ist niemals identisch mit der zukünftigen Praxis. Das Studium aber soll nicht nur dazu befähigen, die gleichbleibenden Probleme der Vergangenheit zu lösen, sondern vor allem die ungelösten Aufgaben der Zukunft in einer überzeugenden, das heißt konsensfähigen Weise zu bewältigen.

Das ist nur möglich auf der Basis einer breit angelegten wissenschaftlichen Ausbildung, die zugleich Brücken zu den Rechtsordnungen jenseits der nationalen Grenzen schlägt. Die Antwort auf das immense Anwachsen des Rechtsstoffes kann ja nicht lauten, immer mehr Oberflächenwissen in die Studierenden hineinzupumpen, das ein ausgebildeter Jurist sich im Bedarfsfall in der Praxis auch selbst aneignen kann. Vielmehr ist die Vermittlung methodischer Fähigkeiten und daher Stoffkonzentration auf der Grundlage eines theoretischen Basiswissens anzustreben.

Die Rechtspraxis erfordert eine breiter angelegte wissenschaftliche Ausbildung aber auch deshalb, weil der Jurist über eine Entscheidungstechnik verfügt, die ihn fast zwangsläufig in politische und gesellschaftliche Führungspositionen geführt hat und auch weiterhin führen wird. Dort aber, wo Macht ausgeübt werden muß und Kompromisse zu finden sind, genügt jener geistige Horizont, den unsere Examensklausuren vermitteln, nicht mehr. Hier ist ein überdurchschnittliches Wissen um Staat und Gesellschaft vonnöten, Kenntnisse über politische Theorie im allgemeinen und die Geschichte der europäischen Staatenwelt im besonderen. Angesichts der politischen Katastrophen dieses Jahrhunderts ist es unverantwortlich, weiterhin den politischen Führungsnachwuchs so auszubilden, als sei das Wissen über die Vergangenheit überflüssig. Wir werden lernen müssen, die Geschichte der menschlichen Sozialverfassung und speziell der europäischen Staatsbildung als einen Entwicklungsprozeß zu begreifen, der eine Fülle von Informationen über zwanghafte Konflikte vermittelt und damit zugleich Einsichten ermöglicht über Konfliktstrategien in der Gegenwart.

Das Bildungsproblem der Juristen lautet also: das Spannungsverhältnis zwischen wissenschaftlicher und praktischer Jurisprudenz bewußt machen; die Notwendigkeit beider erkennen, nachdem seit der Reichsgründungszeit das Verständnis für diesen fruchtbaren Dualismus weitgehend abhanden gekommen war; Konsequenzen ziehen für eine Reorganisation des Rechtsstudiums.

Vergleicht man den Bedarf an rechtshistorischem und rechtssoziologischem Basiswissen mit den Forschungsperspektiven dieser Fächer, dann ist allerdings

weit, Praxisbezug ohne Wissenschaft. Wider den Provinzialismus der deutschen Juristenausbildung, in: DUZ 1988, Nr. 15/16, S. 17 ff.

an der Einsicht schwer vorbeizukommen, daß deren Unterrichtsprogramme einer – vielleicht: tiefgreifenden – Modernisierung bedürfen. Nur ein Stichwort dazu. Sozialwissenschaftliche und anthropologische Fragen an die Rechtsgeschichte können nicht im nationalen Rahmen beantwortet werden. Vom Rechtsdenken der einzelnen Völker aber ging bekanntlich die Historische Rechtsschule aus, auf deren Vorgaben unser rechtshistorisches Lehrprogramm bis heute beruht. Insoweit Veränderungen einzuleiten, einschließlich einer partiellen Integration der Rechtssoziologie in historisch-sozialwissenschaftliches Fragen, ist eine Aufgabe, die noch die Arbeit einer ganzen Forschergeneration erfordern wird. Man denke nur an die Zeiträume, die erforderlich waren, um nach Jahrhunderten scholastischer und humanistischer Lehrpraxis historisch-positivistische und naturrechtliche Lehrveranstaltungen an Juristischen Fakultäten zu etablieren. Immerhin zeichnet sich ab, daß es in Zukunft zwei bis drei historisch-vergleichende Vorlesungen geben muß, die wirklich geeignet wären, angehenden Juristen „Grundlagen" zu vermitteln, auf denen das Rechtsstudium aufgebaut werden kann: Grundzüge der europäischen Privatrechtsgeschichte (unter Einbeziehung sozialgeschichtlicher und insbesondere auch wirtschaftsgeschichtlicher Elemente); vergleichende Verfassungsgeschichte der europäischen Staaten; Geschichte des gerichtlichen Verfahrens und der Strafverfolgung. In Vorlesungen dieses Zuschnitts müßten – wenn sie nicht bei einer bloßen Dogmengeschichte stehenbleiben sollen – Fragen der Rechtssoziologie aufgenommen werden. Vielleicht kann dann eine vernünftige Teilintegration beider Fächer gelingen.

Autorenverzeichnis

Blankenburg, Erhard, Prof. Dr., Faculteit der Rechtsgeleerdheid, Sectie Rechtssociologie, Universität Amsterdam.

Wichtige Veröffentlichungen: Empirische Rechtssoziologie, 1975; Mobilisierung des Rechts, 1995; Organisation und Recht, 1996.

Bock, Michael, Prof. Dr. Dr., Lehrstuhl für Kriminologie, Jugendstrafrecht, Strafvollzug und Strafrecht, Johannes Gutenberg-Universität Mainz.

Wichtige Veröffentlichungen: Soziologie als Grundlage des Wirklichkeitsverständnisses, 1980; Kriminologie als Wirklichkeitswissenschaft, 1984; Recht ohne Maß, 1988; Kriminologie, begr. von Göppinger, 5. Aufl. 1997; Kriminologie, 2. Aufl. 2000 (i.E.).

Bryde, Brun-Otto, Prof. Dr., Professur für Öffentliches Recht I und Wissenschaft von der Politik, Justus-Liebig-Universität Gießen.

Wichtige Veröffentlichungen: The Politics and Sociology of African Legal Development, 1976; Verfassungsentwicklung. Stabilität und Dynamik im Verfassungsrecht der Bundesrepublik Deutschland, 1982; Die Effektivität von Recht als Rechtsproblem, 1993.

Dreier, Horst, Prof. Dr., Lehrstuhl für Rechtsphilosophie, Staats- und Verwaltungsrecht, Bayerische Julius-Maximilians-Universität Würzburg.

Wichtige Veröffentlichungen: Rechtslehre, Staatssoziologie und Demokratietheorie bei Hans Kelsen, 2. Aufl. 1990; Hierarchische Verwaltung im demokratischen Staat, 1991; Dimensionen der Grundrechte. Von der Wertordnungsjudikatur zu den objektiv-rechtlichen Grundrechtsgehalten, 1993; Grundrechtsschutz durch Landesverfassungsgerichte, 2000.

Dreier, Ralf, Prof. (em.) Dr., Juristisches Seminar, Georg-August-Universität Göttingen.

Wichtige Veröffentlichungen: Der Begriff der Natur der Sache, 1965; Das kirchliche Amt, 1972; Recht – Moral – Ideologie, 1981; Recht – Staat – Vernunft, 1991.

Hofmann, Hasso, Prof. Dr., Lehrstuhl für Öffentliches Recht, Rechts- und Staatsphilosophie, Humboldt-Universität zu Berlin.

Wichtige Veröffentlichungen: Legitimität gegen Legalität – Der Weg der politischen Philosophie Carl Schmitts, 3. Aufl. 1995; Repräsentation, 3. Aufl. 1998; Rechtsfragen der atomaren Entsorgung, 1981; Verfassungsrechtliche Perspektiven, 1995; Das Recht des Rechts, das Recht der Herrschaft und die Einheit der Verfassung, 1998; Einführung in die Rechts- und Staatsphilosophie, 2000.

Lepsius, M. Rainer, Prof. (em.) Dr. Dr. h.c., Institut für Soziologie, Universität Heidelberg.
Wichtige Veröffentlichungen: Interessen, Ideen und Institutionen, 1990; Demokratie in Deutschland, 1993; Der Plan als Befehl und Fiktion, 1995.

Lucke, Doris, Prof. Dr., Seminar für Soziologie, Rheinische Friedrich-Wilhelms-Universität Bonn.
Wichtige Veröffentlichungen: Akzeptanz. Legitimität der „Abstimmungsgesellschaft", 1995; Familie der Zukunft (Mithrsg. Gerhardt/Hradil/ Nauck), 1995; Recht ohne Geschlecht?, Zu einer Rechtssoziologie der Geschlechterverhältnisse, 1996; Annahme verweigert. Beiträge zur soziologischen Akzeptanzforschung (Mithrsg. Hasse), 1998.

Montada, Leo, Prof. Dr., Fachbereich I – Psychologie, Universität Trier und Leiter des Zentrums für Gerechtigkeitsforschung an der Universität Potsdam.
Wichtige Veröffentlichungen: Current societal concerns about justice, 1996 (Mithrsg. Lerner); Gerechtigkeitsansprüche und Ungerechtigkeitserleben in den neuen Bundesländern, in: W.R. Heinz/S.E. Hormuth (Hrsg.), Gerechtigkeitsansprüche und Ungerechtigkeitserleben in den neuen Bundesländern, 1997, S. 231-274; Justice: Just a rational choice?, in: Social Justice Research 12 (1998), S. 81-101; Responses to victimizations and belief in a just world, 1998 (Mithrsg. Lerner).

Raiser, Thomas, Prof. Dr., Lehrstuhl für deutsches und europäisches Unternehmens- und Wirtschaftsrecht, Rechtssoziologie und Bürgerliches Recht, Humboldt-Universität zu Berlin.
Wichtige Veröffentlichungen: Das lebende Recht, 3. Aufl. 1999; Recht der Kapitalgesellschaften, 2. Aufl. 1992.

Röhl, Klaus, Prof. Dr., Lehrstuhl für Rechtssoziologie und Rechtsphilosophie, Ruhr-Universität Bochum.
Wichtige Veröffentlichungen: Rechtssoziologie, 1987; Allgemeine Rechtslehre, 1995.

Schluchter, Wolfgang, Prof. Dr., Dekan des Max-Weber-Kollegs für kultur- und sozialwissenschaftliche Studien, Universität Erfurt und Professor für Soziologie an der Universität Heidelberg.
Wichtige Veröffentlichungen: Rationalismus der Weltbeherrschung, 1980; Entscheidung für den sozialen Rechtsstaat, 1983; Aspekte bürokratischer Herrschaft, 1985; Religion und Lebensführung, 2 Bände, 1991; Unversöhnte Moderne, 1996; Die Entstehung des modernen Rationalismus, 1998; Verantwortungsethik und Vielfalt, 2000.

Schulze-Fielitz, Helmuth, Prof. Dr., Lehrstuhl für Öffentliches Recht, Umweltrecht und Verwaltungswissenschaften, Bayerische Julius-Maximilians-Universität Würzburg.
Wichtige Veröffentlichungen: Sozialplanung im Städtebaurecht, 1979; Der informale Verfassungsstaat, 1984; Theorie und Praxis parlamentarischer Gesetzgebung, 1988;

Kontrolle der Verwaltung durch Rechnungshöfe, in: Veröffentlichungen der Vereinigung der Deutschen Staatsrechtslehrer 55 (1996), S. 231-277.

Schuppert, Gunnar Folke, Prof. Dr., Lehrstuhl für Öffentliches Recht, insbesondere Europarecht, Finanz-/Steuerrecht und Verwaltungswissenschaft, Humboldt-Universität zu Berlin.

Wichtige Veröffentlichungen: Die Erfüllung öffentlicher Aufgaben durch verselbständigte Verwaltungseinheiten, 1981; Verwaltungswissenschaft – Verwaltung, Verwaltungsrecht, Verwaltungslehre, 2000 (i.E.).

Willoweit, Dietmar, Prof. Dr., Institut für deutsche und bayerische Rechtsgeschichte, Bayerische Julius-Maximilians-Universität Würzburg

Wichtige Veröffentlichungen: Rechtsgrundlagen der Territorialgewalt, 1975; Deutsche Verfassungsgeschichte, 3. Aufl. 1997; Die Entstehung des öffentlichen Strafrechts (Hrsg.), 1999; Die Begründung des Rechts als historisches Problem (Hrsg.), 2000 (i.E.).

Max Weber bei Mohr Siebeck

Wirtschaft und Gesellschaft
Grundriß der verstehenden Soziologie. Studienausgabe
Bearbeitet von J. Winkelmann

In seiner jetzigen Gestalt wird dieser großangelegte Grundriß der sinninterpretativen Soziologie mit ihren universalgeschichtlichen Aspekten und weltumfassenden Einsichten in die Zusammenhänge gesellschaftlicher, politischer und geistiger Strukturen mit der Wirtschaft zu allen Zeiten und bei allen Völkern das lebhafteste Interesse weiter Kreise gewinnen. „Wirtschaft und Gesellschaft" gehört seit langem zu den wissenschaftlichen Standardwerken der Weltliteratur.
5. Auflage 1985. XXXIII, 945 Seiten. Broschur.

Die Max Weber Studienausgabe

Die römische Agrargeschichte in ihrer Bedeutung für das Staats- und Privatrecht 1891
Herausgegeben von Jürgen Deininger
1988. VII, 242 Seiten (Band I/2). Fadengeheftete Broschur.

Wirtschaft, Staat und Sozialpolitik
Schriften und Reden 1900–1913. Herausgegeben von Wolfgang Schluchter in Zusammenarbeit mit Peter Kurth und Birgitt Morgenbrod
1999. VI, 224 Seiten (Band I/8). Fadengeheftete Broschur.

Zur Russischen Revolution von 1905
Schriften und Reden 1905–1912. Herausgegeben von Wolfgang J. Mommsen in Zusammenarbeit mit Dittmar Dahlmann
1996. VI, 476 Seiten (Band I/10). Fadengeheftete Broschur.

Zur Psychophysik der industriellen Arbeit
Schriften und Reden 1908-1912. Herausgegeben von Wolfgang Schluchter in Zusammenarbeit mit Sabine Frommer
1998. VI, 268 Seiten (Band I/11). Fadengeheftete Broschur.

Zur Politik im Weltkrieg
Schriften und Reden 1914–1918. Herausgegeben von Wolfgang J. Mommsen in Zusammenarbeit mit Gangolf Hübinger
1988. VII, 445 Seiten (Band I/15). Fadengeheftete Broschur.

Zur Neuordnung Deutschlands
Schriften und Reden 1918–1920. Herausgegeben von Wolfgang J. Mommsen in Zusammenarbeit mit Wolfgang Schwentker
1991. VII, 264 Seiten (Band I/16). Fadengeheftete Broschur.

Wissenschaft als Beruf 1917/1919 / *Politik als Beruf* 1917
Herausgegeben von Wolfgang J. Mommsen und Wolfgang Schluchter in Zusammenarbeit mit Birgitt Morgenbrod
1994. 151 Seiten (Band I/17). Fadengeheftete Broschur.

Die Wirtschaftsethik der Weltreligionen. Konfuzianismus und Taoismus
Schriften 1915–1920. Herausgegeben von Helwig Schmidt-Glintzer in Zusammenarbeit mit Petra Kolonko
1991. VI, 332 Seiten (Band I/19). Fadengeheftete Broschur.

Die Wirtschaftsethik der Weltrelitionen.
Hinduismus und Buddhismus
Schriften 1916–1920. Herausgegeben von Helwig Schmidt-Glintzer in Zusammenarbeit mit Petra Kolonko
1998. VI, 415 Seiten (Band I/20). Fadengeheftete Broschur.

Max Weber bei UTB

Gesammelte Aufsätze
1988. 7 Taschenbuchbände mit insgesamt 3800 Seiten (UTB 1496).

Die Einzelbände:

Gesammelte Aufsätze zur Religionssoziologie I
9. Auflage 1988. 578 Seiten. Broschur (UTB 1488).

Gesammelte Aufsätze zur Religionssoziologie II
7. Auflage 1988. 385 Seiten. Broschur (UTB 1489)

Gesammelte Aufsätze zur Religionssoziologie III
8. Auflage 1988. 472 Seiten. Broschur (1490)

Gesammelte Politische Schriften
5. Auflage 1988. 659 Seiten. Broschur (1491)

Gesammelte Aufsätze zur Wissenschaftslehre
7. Auflage 1988. 624 Seiten. Broschur (1492)

Gesammelte Aufsätze zur Sozial- und Wirtschaftsgeschichte
2. Auflage 1988. 560 Seiten. Broschur (1493)

Gesammelte Aufsätze zur Soziologie und Sozialpolitik
2. Auflage 1988. 522 Seiten. Broschur (1494)